Studien zum Wirtschaftsstrafrecht

herausgegeben von
Klaus Tiedemann / Bernd Schünemann

Band 18

Peter M. Röhm

Zur Abhängigkeit des Insolvenzstrafrechts von der Insolvenzordnung

Centaurus Verlag & Media UG 2002

Zum Autor: Peter M. Röhm, geb. 1974, Dr. iur., studierte Rechtswissenschaften an der Eberhard-Karls-Universität in Tübingen und promovierte im Jahre 2001 mit einem Stipendium nach dem Landesgraduiertenförderungsgesetz Baden-Württemberg. Er ist derzeit Rechtsreferendar im Bezirk des LG Stuttgart.

Die vorliegende Arbeit wurde 2002 mit dem Preis der Reinhold und Maria Teufel-Stiftung, Tuttlingen ausgezeichnet.

Die Deutsche Bibliothek - CIP-Einheitsaufnahme

Röhm, Peter M.:
Zur Abhängigkeit des Insolvenzstrafrechts von der Insolvenzordnung /
Peter M. Röhm. - Herbolzheim : Centaurus-Verl., 2002
(Studien zum Wirtschaftsstrafrecht ; Bd. 18)
Zugl.: Tübingen, Univ., Diss., 2001
ISBN 978-3-8255-0373-4 ISBN 978-3-86226-503-9 (eBook)
DOI 10.1007/978-3-86226-503-9

ISSN 0938-9512 * D 21

Satz: Vorlage des Autors
Umschlaggestaltung: DTP-Studio, Antje Walter, Hinterzarten

Meinen lieben Eltern

Vorwort

Die vorliegende Arbeit wurde im Wintersemester 2001/ 2002 von der rechtwissenschaftlichen Fakultät der Eberhard-Karls-Universtität Tübingen als Dissertation angenommen.

Zu herzlichem Dank verpflichtet bin ich meinem Doktorvater Herrn Professor Dr. Dr. Kristian Kühl für seine umfassende fachliche Betreuung und Förderung der Untersuchung.

Bedanken möchte ich mich ferner bei Herrn Professor Dr. Ulrich Weber für die Erstellung des Zweitgutachtens, sowie bei Herrn Professor Dr. Dr. h.c. mult. Klaus Tiedemann und Herrn Professor Dr. Bernd Schünemann für die Aufnahme der Arbeit in die Reihe „Studien zum Wirtschaftsstrafrecht".

Dank sagen möchte ich auch Herrn wiss. Ass. Edward Schramm für bereichernde Diskussionen während meiner Zeit als Doktorand.

Ich widme die Arbeit meinen Eltern, die meine gesamte Ausbildung und Entwicklung in beispielloser Weise gefördert und unterstützt haben. Ich danke Ihnen für das in mich gesetzte, uneingeschränkte Vertrauen.

Stuttgart-Sonnenberg, im Herbst 2001
Peter M. Röhm.

Inhaltsübersicht

Inhaltsverzeichnis

Abkürzungsverzeichnis

a.A. .... anderer Ansicht
ABGB .... Allgemeines bürgerliches Gesetzbuch (Österreich)
Abs. .... Absatz
AE .... Alternativ-Entwurf
a.E. .... am Ende
a.F. .... alter Fassung
AG .... Aktiengesellschaft oder Amtsgericht (je nach Zusammenhang)
AK .... Alternativkommentar
AktG .... Aktiengesetz
Alt. .... Alternative
Anm. .... Anmerkung
AnwBl .... Anwaltsblatt
AO .... Abgabenordnung
Art. .... Artikel
AT .... Allgemeiner Teil
BAnz. .... Bundesanzeiger
BayObLG .... Bayerisches Oberstes Landesgericht
BB .... Betriebs-Berater
betr. .... betreffend
BFuP .... Betriebliche Forschung und Praxis
BGB .... Bürgerliches Gesetzbuch
BGBl .... Bundesgesetzblatt
BGH .... Bundesgerichtshof
BGHR .... Bundesgerichtshof, Rechtsprechung in Strafsachen
BGHSt .... Entscheidungen des Bundesgerichtshofs in Strafsachen
BGHZ .... Entscheidungen des Bundesgerichtshofs in Zivilsachen
BR .... Bundesrat
BR Drs. .... Bundesratsdrucksache
BT .... Besonderer Teil oder Bundestag (je nach Zusammenhang)
BT Drs. .... Bundestagsdrucksache
BuW .... Betrieb und Wirtschaft
BVerfG .... Bundesverfassungsgericht
BVerfGE .... Entscheidungen des Bundesverfassungsgerichts
BVerwG .... Bundesverwaltungsgericht
BVerwGE .... Entscheidungen des Bundesverwaltungsgerichts
bzw. .... beziehungsweise
CR .... Computer und Recht
dass. .... dasselbe
DB .... Der Betrieb

ders.	derselbe
DGVZ	Deutsche Gerichtsvollzieherzeitung
dh	das heißt
dies.	dieselbe, dieselben
DJT	Deutscher Juristentag
DRiZ	Deutsche Richterzeitung
DStR	Deutsches Steuerrecht
DSWR	Datenverarbeitung, Steuer, Wirtschaft, Recht
DtZ	Deutsch-deutsche Rechtszeitschrift
DZWir	Deutsche Zeitschrift für Wirtschafts- und Insolvenzrecht
EGInsO	Einführungsgesetz zur Insolvenzordnung
EGInsOÄndG	Gesetz zur Änderung des Einführungsgesetzes zur Insolvenzordnung und anderer Gesetze
EInsO	Insolvenzordnung (Entwurf)
EStR	Amtliches Einkommensteuerhandbuch, herausgegeben vom Bundesministerium der Finanzen
e.V.	eingetragener Verein
FAZ	Frankfurter Allgemeine Zeitung
f., ff.	folgende (-r), fortfolgende
FK	Frankfurter Kommentar zur Insolvenzordnung
FLF	Finanzierung, Leasing, Factoring
Fn.	Fußnote
FS	Festschrift
GA	Goltdammer's Archiv für Strafrecht
GBl	Gesetzblatt des Landes Baden-Württemberg
gem	gemäß
GenG	Gesetz betreffend die Erwerbs- und Wirtschaftsgenossenschaften
GesO	Gesamtvollstreckungsordnung
GG	Grundgesetz
GmbH	Gesellschaft mit beschränkter Haftung
GmbHG	Gesetz betreffend die Gesellschaften mit beschränkter Haftung
GmbHR	GmbH-Rundschau
GS	Gedächtnisschrift
GVG	Gerichtsverfassungsgesetz
HdWW	Handwörterbuch der Wirtschaftswissenschaft
HGB	Handelsgesetzbuch
HK	Heidelberger Kommentar zur Insolvenzordnung
hM	herrschende Meinung
Hrsg.	Herausgeber
HWiStR	Handbuch des Wirtschafts- und Steuerstrafrechts
IDW	Institut der Wirtschaftsprüfer
INF	Information über Steuer und Wirtschaft

InsO .... Insolvenzordnung
InsVV .... Insolvenzrechtliche Vergütungsverordnung
InVo .... Insolvenz & Vollstreckung
iVm .... in Verbindung mit
JA .... Juristische Arbeitsblätter
JR .... Juristische Rundschau
Jura .... Juristische Ausbildung
JuS .... Juristische Schulung
JW .... Juristische Wochenschrift
JZ .... Juristenzeitung
KG .... Kommanditgesellschaft
KK-OWiG .... Karlsruher Kommentar zum Gesetz über Ordnungswidrigkeiten
KO .... Konkursordnung
KR .... Kriminalistik
krit. .... kritisch
KritV .... Kritische Vierteljahresschrift für Gesetzgebung und Rechtswissenschaft
KTS .... Zeitschrift für Insolvenzrecht (Konkurs, Treuhand, Sanierung)
LdR/ StrafR .... Lexikon des Rechts – Strafrecht, Strafverfahrensrecht
LG .... Landgericht
LK .... Leipziger Kommentar, Großkommentar zum StGB
MDR .... Monatsschrift für Deutsches Recht
MiZi .... Mitteilungen in Zivilsachen
NJ .... Neue Justiz, Zeitschrift für Rechtsetzung und Rechtsanwendung
NJW .... Neue Juristische Wochenschrift
NJW-RR .... NJW Rechtsprechungs-Report Zivilrecht
NK .... Nomos Kommentar, Kommentar zum Strafgesetzbuch
Nr. .... Nummer
NStZ .... Neue Zeitschrift für Strafrecht
NWB .... Neue Wirtschaftsbriefe
NZG .... Neue Zeitschrift für Gesellschaftsrecht
NZI .... Neue Zeitschrift für das Recht der Insolvenz und Sanierung
OHG .... Offene Handelsgesellschaft
OLG .... Oberlandesgericht
OWiG .... Gesetz über Ordnungswidrigkeiten
PolG BW .... Polizeigesetz des Landes Baden-Württemberg
PrALR .... Preußisches Allgemeines Landrecht
RBerG .... Rechtsberatungsgesetz
RG .... Reichsgericht
RGSt .... Entscheidungen des Reichsgerichts in Strafsachen

RGZ .... Entscheidungen des Reichsgerichts in Zivilsachen
RGBl .... Reichsgesetzblatt
Rpfleger .... Der Deutsche Rechtspfleger
Rspr .... Rechtsprechung
RWS .... Recht, Wirtschaft, Steuern
Rz. .... Randzeichen
S. .... Seite
Sch/Sch .... Schönke, Adolf; Schröder, Horst, Strafgesetzbuch Kommentar
SK .... Systematischer Kommentar zum Strafgesetzbuch
sog. .... sogenannte (-r, -s, -n)
Sp. .... Spalte
StabG .... Gesetz zur Förderung der Stabilität und des Wachstums der Wirtschaft
StGB .... Strafgesetzbuch
StPO .... Strafprozeßordnung
StV .... Strafverteidiger
uU .... unter Umständen
UStG .... Umsatzsteuergesetz
Var. .... Variante
VerbKrG .... Verbraucherkreditgesetz
vgl. .... vergleiche
VglO .... Vergleichsordnung
WiB .... Wirtschaftsrechtliche Beratung
WiKG .... 1., bzw. 2. Gesetz zur Bekämpfung der Wirtschaftskriminalität
WiSta .... Wirtschaft und Statistik
wistra .... Zeitschrift für Wirtschafts- und Steuerstrafrecht
WM .... Wertpapiermitteilungen
WPg .... Die Wirtschaftsprüfung
ZAP .... Zeitschrift für die Anwaltspraxis
z.B. .... zum Beispiel
ZERP .... Zentrum für Europäische Rechtspolitik
ZInsO .... Zeitschrift für das gesamte Insolvenzrecht
ZIP .... Zeitschrift für Wirtschaftsrecht
zit. .... zitiert als
ZPO .... Zivilprozeßordnung
ZRP .... Zeitschrift für Rechtspolitik
ZStW .... Zeitschrift für die gesamte Strafrechtswissenschaft
ZVG .... Zwangsversteigerungsgesetz
ZZP .... Zeitschrift für Zivilprozeß

Erster Teil: Einführung

Kapitel 1: Zielsetzung und Gang der Untersuchung

Am 1.1.1999 ist das neue Insolvenzrecht der Insolvenzordnung (InsO) an die Stelle der vormals geltenden Regelungen der Konkursordnung (KO), der Vergleichsordnung (VglO) und der Gesamtvollstreckungsordnung (GesO) getreten.
Auf den ersten Blick betrachtet scheint diese Insolvenzrechtsreform für das Insolvenzstrafrecht allerdings wenig bedeutsam zu sein: Im Laufe der gesamten Reformdiskussion blieben strafrechtliche Aspekte weitgehend unberücksichtigt und auch die später verabschiedeten Regelungen befassen sich nur am Rande mit den Auswirkungen auf die §§ 283ff. StGB. Art. 60 des Einführungsgesetzes zur Insolvenzordnung (EGInsO) sieht lediglich die Umbenennung der früheren Konkursstraftaten in Insolvenzstraftaten vor und paßt die Delikte im übrigen in ihrem Wortlaut auf die Ersetzung des früheren Konkurs- durch das heutige Insolvenzverfahren an.[1] In der knappen Begründung zu dieser Vorschrift verweist der Gesetzgeber auf die begriffskonkretisierende Funktion des zivilen Insolvenzrechts im Bereich der drohenden Zahlungsunfähigkeit und geht insgesamt von einer erleichterten Aufklärung der Insolvenzstraftaten nach der Reform aus.[2] Im übrigen aber nimmt er auf das Strafrecht keinen Bezug; weitere Änderungen des StGB erscheinen ihm von den Zielen der Insolvenzrechtsreform her explizit als nicht erforderlich.[3]
Auch Wissenschaft und Praxis haben sich mit der strafrechtlichen Dimension der Insolvenzrechtsreform bislang nur zurückhaltend beschäftigt. Die ersten Stellungnahmen machen jedoch bereits deutlich, daß sich mit der Neuregelung des zivilen Insolvenzrechts und der terminologischen Anpassung des Insolvenzstrafrechts weiterreichende, in der Begründung des Gesetzgebers nicht angesprochene materielle Konsequenzen für die §§ 283ff. StGB verbinden.[4] Auf Grund der engen teleologi-

---

[1] BT Drs. 12/ 3803, 40, 100; BT Drs. 12/ 7303, 71.

[2] BT Drs. 12/ 3803, 100.

[3] BT Drs. 12/ 3803, 100. Bereits der Erste Kommissionsbericht, S. 111 (Leitsatz 1.2.5) ließ es im Zusammenhang mit der Neudefinition der Zahlungsunfähigkeit explizit *offen (...), wie sich die Änderungen im (...) Strafrecht auswirken.*

[4] Erschienen sind bislang neben den Dissertationen von **Moosmayer**, „Einfluß der Insolvenzordnung 1999 auf das Insolvenzstrafrecht" (besprochen von **Otto** NJW 1999, 554f.; **Penzlin** Jura 1999, 56; **Penzlin** WM 1999, 983f. und **Uhlenbruck** NZI 1998, 33) und **Penzlin**, „Strafrechtliche Auswirkungen der Insolvenzordnung" (besprochen von **Bieneck** wistra 2001, 53f. und **Röhm** NZI 2000, 467) sowie den Kommentierungen von **Lackner/ Kühl** vor § 283, Rz. 1, § 283, Rz. 1ff. und LK-**Tiedemann** vor § 283, Rz. 3f., 10f., 48, 88ff., 125f., 139, 143f., 152f., 167, 176, 180 einzelne Beiträge von **Uhlenbruck** wistra 1996, 1ff.; **Uhlenbruck** ZInsO 1998,

schen, dogmatischen und gesetzestechnischen Verknüpfung beider Normkomplexe erscheint diese Annahme naheliegend. Die vorliegende Arbeit hat es sich daher zum Ziel gemacht, das Abhängigkeitsverhältnis des Insolvenzstrafrechts vom zivilen Insolvenzrecht nach Inkrafttreten der InsO neu zu bestimmen.
Im einzelnen wird dabei wie folgt vorgegangen:
Nach dem *ersten einführenden Teil*, der neben einer kurzen Klärung der maßgeblichen Begrifflichkeiten eine phänomenologische Darstellung der Insolvenz zum Gegenstand hat, wird im *zweiten Teil* auf die Entstehung und Entwicklung der beiden für die Untersuchung maßgeblichen Regelungskomplexe der InsO und des Insolvenzstrafrechts eingegangen. Dabei befaßt sich das Kapitel 1 dieses Teils mit der InsO als erstem Eckpunkt und beschreibt nach Darstellung der Defizite des früheren Rechts den zivilreformgeschichtlichen Prozeß sowie die insolvenzstrafrechtlich relevanten Neuerungen des Gesetzes im Überblick. Das anschließende Kapitel 2 stellt mit dem Insolvenzstrafrecht den zweiten Eckpunkt vor. Dabei wird zunächst die grundsätzliche Frage nach der kriminalpolitischen Legitimation eines Insolvenzstrafrechts gestellt, sodann dessen historische Entwicklung nachgezeichnet und schließlich der zeitliche Anwendungsbereich der durch Art. 60 EGInsO geänderten Normen bestimmt.
Der folgende *dritte Teil* bildet mit der Untersuchung des Abhängigkeitsverhältnisses zwischen diesen beiden Eckpunkten den zentralen Gegenstand der Arbeit.
Diese Abhängigkeit zeigt sich zunächst in der gleichgelagerten Zielsetzung des zivilen Insolvenz- und des Insolvenzstrafrechts. Beide Rechtsgebiete dienen grundsätzlich dem Schutz der materiellen Befriedigungsinteressen der Gesamtgläubigerschaft im Falle der Insolvenz des Schuldners. Im einzelnen wird heute der schon vor Inkrafttreten der InsO bestehende Streit um die Bestimmung der Schutzgüter des § 283 StGB um einen zusätzlichen Aspekt erweitert. Um die materielle Befriedigung der Gläubiger zu verbessern, vergrößert die InsO in mehrerlei Hinsicht deren Gestaltungsmöglichkeiten innerhalb des Verfahrens gegenüber dem früheren Recht. Neben einer exakten Bestimmung der bereits bislang geschützten Rechtsgüter ist daher in Kapitel 1 auch zu prüfen, ob und gegebenenfalls inwieweit diese zivilrechtliche Stärkung der Gestaltungsinteressen der Gläubiger eine Veränderung der Rechtsgutbestimmung im Strafrecht erfordern.

250ff.; **Hörl** S. 58ff.; **Wessels/ Hillenkamp** BT 2, Rz. 457ff., sowie aus der Praxis von **Bieneck** in Müller-Gugenberger/ Bieneck, §§ 75ff.; **Bieneck** StV 1999, 43ff.; **Bittmann** wistra 1998, 321ff. und wistra 1999, 10ff.; **Höffner** BB 1999, 198ff., 252ff.; **Weyand** S. 28f., 37f., 44ff., 60ff., 64ff.; **Reck** ZInsO 1999, 195ff.; **Reck** BuW 1997, 743ff.; **Reck** ZAP Ost Fach 21, 153ff. und **Reck** GmbHR 1999, 267ff.

In Kapitel 2 steht die gesetzestechnische Abhängigkeit des Insolvenzstrafrechts hinsichtlich der wirtschaftlichen Krisensituationen im Mittelpunkt. Bereits bislang verwendete das Insolvenzstrafrecht mit der eingetretenen Zahlungsunfähigkeit und der Überschuldung in diesem Zusammenhang Begriffe, die das zivile Insolvenzrecht der KO wortgleich zur Umschreibung der Eröffnungsgründe einsetzte und die in beiden Rechtsgebieten weitestgehend auch inhaltsgleich ausgelegt wurden. Das Insolvenzrecht der InsO vergrößert und komplettiert nun diese begriffliche Parallelität durch die Neueinfügung der drohenden Zahlungsunfähigkeit als zusätzlichen dritten Insolvenzauslöser. Darüber hinaus finden sich in den §§ 17-19 InsO erstmalig Legaldefinitionen sämtlicher Insolvenzgründe, die vom früheren Begriffsverständnis teilweise abweichen. Es ist daher nach Inkrafttreten des neuen Insolvenzrechts zu klären, ob diesen zivilrechtlichen Definitionen auch bei der Begriffsbestimmung der strafrechtlichen Krisenmerkmale Bedeutung zukommt, ob also auch heute über die begriffliche Parallelität hinaus eine inhaltliche Abhängigkeit des Insolvenzstrafrechts besteht, was dann bejahendenfalls zu einer näheren Auseinandersetzung mit den §§ 17-19 InsO aus strafrechtlicher Perspektive zwingt.
Gesetzestechnisch zeigt sich die Abhängigkeit des Insolvenzstrafrechts vom zivilen Insolvenzrecht ferner in der Ausgestaltung der objektiven Strafbarkeitsbedingung des § 283 VI StGB. Das Eingreifen der Bankrottdelikte setzt danach alternativ das Vorliegen einer Zahlungseinstellung, die Eröffnung eines Insolvenzverfahrens oder dessen Ablehnung mangels Masse voraus. Auch hier verwendet das Insolvenzstrafrecht somit zivilrechtlich vorgeprägte Begriffe oder knüpft an formalrechtliche Akte des Insolvenzgerichts an. In Kapitel 3 ist daher zunächst das Begriffsverständnis der drei Varianten der objektiven Strafbarkeitsbedingung nach neuer Rechtslage zu klären. Dabei ist insbesondere im Rahmen des § 283 VI, 1. Var. StGB wiederum die Frage aufzuwerfen, ob das zivilrechtliche Begriffsverständnis einer Zahlungseinstellung nach § 17 II 2 InsO inhaltsakzessorisch auf das Strafrecht zu übertragen ist. Daran anschließend ist auf Veränderungen des sachlichen und zeitlichen Anwendungsbereichs der objektiven Strafbarkeitsbedingung einzugehen, die sich neben der Vorschrift des § 17 II InsO vor allem auf Grund der Ersetzung des Wortes Konkursverfahren und der Anbindung des § 283 VI StGB an das neue Insolvenzverfahren gem. Art. 60 Nr. 2b) EGInsO ergeben haben. Abschließend ist zu fragen, ob die entstandenen Ausweitungen des Anwendungsbereichs im einzelnen einer Korrektur bedürfen, um Wertungswidersprüche zum Zivilrecht zu vermeiden. Die vorliegende Arbeit bejaht dies zum Teil und plädiert insofern für eine gesetzliche Umgestaltung des § 283 VI StGB an Stelle einer interpretatorischen Lösung.
Schließlich begrenzen die §§ 283-283c StGB als Sonderdelikte den Kreis der tauglichen Täter auf Schuldner im Sinne des zivilen Insolvenzrechts. Das letzte Kapitel 4 des Hauptteils behandelt diesen Sonderdeliktscharakter, befaßt sich dabei zunächst mit der umstrittenen Frage der Strafbarkeit von schuldenden juristischen

Personen oder Personenvereinigungen nach §§ 283ff. StGB und untersucht anschließend die Abhängigkeit des Täterkreises des Bankrotts von den zivilrechtlichen Neuerungen der Insolvenzrechtsreform. Probleme bereitet hier die Einführung eines besonderen Verbraucherinsolvenzverfahrens in den §§ 304ff. InsO. Dies hat zur Folge, daß künftig vermehrt auch private Schuldner dem Anwendungsbereich des Bankrottatbestandes unterfallen. Allerdings begegnet die Erfassung privatschuldnerischer Bankrotthandlungen über § 283 StGB erheblichen Bedenken. De lege ferenda befürwortet diese Arbeit daher die Einfügung eines gesonderten Tatbestandes des Verbraucherbankrotts in das StGB und schlägt einen entsprechenden Gesetzesentwurf vor.
Der abschließende *vierte Teil* faßt am Ende die wesentlichen Ergebnisse der Arbeit thesenartig zusammen.

Kapitel 2: Der Begriff der Insolvenz und deren Regelung im Rechtssystem

Insolvenz liegt vor, wenn der Schuldner wirtschaftlich gescheitert, d.h. zahlungsunfähig oder überschuldet ist.[5] Dann regelt das *Insolvenzrecht* das Verfahren zum Zwecke einer gleichmäßigen Befriedigung aller Gläubiger.[6] Die Rechtsgrundlage dieses Verfahrens bildet seit 1999 bundesweit einheitlich die InsO, nachdem zuvor der KO und der VglO in den neuen Bundesländern die GesO gegenübergestanden hatte. Im Gegensatz zur Einzelzwangsvollstreckung nach der ZPO dient ein Insolvenzverfahren nicht der Befriedigung eines Gläubigers, sondern führt zu einer Gesamtbereinigung aller Schulden. Dabei tritt bei Unzulänglichkeit des Schuldnervermögens an die Stelle des Prioritätsprinzips der Einzelzwangsvollstreckung das Prinzip der par condicio creditorum, d.h. der gleichmäßigen, quotenmäßigen Befriedigung aller Gläubiger unabhängig davon, ob deren Forderungen im einzelnen tituliert und wann sie entstanden sind. Diese Befriedigung kann auf unterschiedliche Weise erfolgen: Eine erste Möglichkeit besteht nach der Liquidation eines insolventen Unternehmens in der anschließenden Verteilung des Erlöses. Ferner können das Unternehmen einer Sanierung zugeführt und die Gläubiger aus den neu erwirtschafteten Gewinnen befriedigt werden. Schließlich wird bei einer übertra-

---

5 Etymologisch leitet sich der Begriff der Insolvenz vom lateinischen Verb *solvere* ab, was „lösen, auflösen" und im übertragenen Sinne „eine Schuld abtragen" bedeutet.

6 In diese Richtung weist auch die etymologische Herleitung des Wortes Konkurs: *Concurrere* bedeutet im Lateinischen: zusammenlaufen, zusammenkommen. Bildlich gesprochen kommen also die Gläubiger in der Insolvenz des Schuldners zu ihrer gemeinsamen Befriedigung zusammen.

genden Sanierung das Unternehmen ganz oder zum Teil von seinem Rechtsträger getrennt und an Dritte übertragen. Hier dienen der erzielte Kaufpreis oder künftige Überschüsse der Befriedigung der Gläubiger.
Strafrechtlich konnte bis zum 1.1.1999 zwischen dem Konkursstrafrecht und dem Insolvenzstrafrecht unterschieden werden. An die Stelle dieser Begriffe ist heute nach der Umbenennung der §§ 283ff. StGB durch Art. 60 Nr. 1 EGInsO die inhaltsgleiche Zweiteilung in Insolvenzstraftaten im engeren und im weiteren Sinne getreten. Als *Insolvenzstraftaten im engeren Sinne* wird zunächst die Gesamtheit der Normen bezeichnet, die das Verfahren der gleichmäßigen Gesamtvollstreckung zugunsten aller Gläubiger des Gemeinschuldners schützen. Dazu zählen neben den Straftaten des 24. Abschnitts des Besonderen Teils des StGB (§§ 283-283d StGB) auch die Tatbestände der Insolvenzverschleppung des Nebenstrafrechts nach §§ 401 I Nr. 2, II AktG, 84 I Nr. 2, II GmbHG, 130b HGB, 148 I Nr. 2, II GenG iVm §§ 92 II AktG, 64 I GmbHG, 130a I, 177a HGB, 99 I GenG.[7] Demgegenüber werden mit dem Begriff *Insolvenzstraftaten im weiteren Sinne* solche Verhaltensweisen erfaßt, die lediglich im Zusammenhang mit einem wirtschaftlichen Zusammenbruch stehen und durch diesen bedingt zur Verwirklichung eines strafrechtlichen Tatbestandes führen. Hierunter fallen damit sog. Begleitdelikte wie §§ 263, 264, 265, 265b, 266, 266a, 267, 246, 156 StGB oder §§ 370ff. AO.[8] Diese Insolvenzstraftaten im weiteren Sinne spielen im Hinblick auf die Fragestellung der vorliegenden Arbeit im weiteren Verlauf keine Rolle. Darüber hinaus kann aber auch die Untersuchung der Insolvenzdelikte im engeren Sinne vielfach exemplarisch auf den Bankrott als zentralen Tatbestand des heutigen Insolvenzstrafrechts bezogen werden, da die übrigen Delikte der §§ 283b-d StGB und des Nebenstrafrechts, was ihr Abhängigkeitsverhältnis zum Zivilrecht betrifft, keine zusätzlichen Fragen aufwerfen.
Innerhalb der Vorschrift des § 283 StGB kann weiter differenziert werden zwischen bestandsbezogenen Bankrotthandlungen, durch die eine Verringerung des Vermögensbestandes herbeigeführt wird, und informationsbezogenen Bankrotthandlungen, durch die der Täter unrichtige Informationen über seinen Vermögensstand gibt oder die ihm obliegende Darstellung seines Vermögensbestandes unrichtig oder gar nicht vornimmt.[9]

---

7 **Weyand** S. 25ff.; **Tiedemann** ZIP 1983, 513; LK-**Tiedemann** vor § 283, Rz. 2; **Tiedemann** in HWiStR, Art. Konkursstraftaten, S. 1; NK-**Kindhäuser** vor § 283, Rz. 1f.; **Teufel** Insolvenzkriminalität S. 64f.; **Moosmayer** S. 53.

8 **Weyand** S. 25ff.; LK-**Tiedemann** vor § 283, Rz. 2; Schloz-**Tiedemann** vor §§ 82ff., Rz. 53; **Tiedemann** ZIP 1983, 513; **Moosmayer** S. 53f.; **Eisenberg** § 47, Rz. 38; **Kaiser** § 74, Rz. 39.

9 Bestandsbezogene Bankrotthandlungen enthalten die § 283 I Nr. 1, 1. Alt., 1. Var. und 2. Alt., Nr. 2, Nr. 3 StGB, wohingegen die Tathandlungen nach § 283 I Nr. 1, 1. Alt., 2. Var., Nr. 4, Nr. 5, Nr. 6, Nr. 7 StGB als informationsbezogen anzusehen sind. Vgl. hierzu NK-**Kindhäuser** vor

Kapitel 3: Das Phänomen der Insolvenz

Im folgenden Kapitel soll vor einem phänomenologischen Hintergrund in die Problematik der Arbeit eingeführt werden. Beide Rechtsgebiete, das zivile Insolvenzrecht wie auch das Insolvenzstrafrecht, knüpfen Rechtsfolgen an den Zustand der Insolvenz. Es wird daher zu Beginn der Arbeit dargestellt, wie es zu Insolvenzen kommt, welche Schuldnertypen davon betroffen sind und worin die Gründe für die Begehung einer Straftat in dieser Situation bestehen.

A. Insolvenzursachen

Die Entstehung von Insolvenzen ist ein sehr vielfältiger und komplexer Vorgang und läßt sich nahezu nie auf nur eine Ursache zurückführen. Vielmehr sind in aller Regel unterschiedliche Ursachen multikausal miteinander verknüpft, d.h. erst das Zusammenwirken einer Vielzahl von Faktoren löst den finanziellen Zusammenbruch eines Unternehmens aus.[10]

Fast immer aber und insbesondere bei mittelständischen Unternehmen, spielen Managementfehler eine herausragende Rolle.

Dies erklärt sich daraus, daß der Mensch und damit hier im besonderen die Unternehmensleitung im gesamten Unternehmen-Umwelt-System den einzigen Faktor darstellt, der willentlich auf das Geschehen Einfluß nehmen kann. Insofern ist er als sog. Aktionsvariable den anderen Faktoren (Situationsvariablen) überlegen, die allesamt unwillentlicher Natur sind. Im einzelnen werden in diesem Zusammenhang als Gründe für das wirtschaftliche Scheitern neben einer unzureichenden Qualifikation der Führungskräfte vor allem strategische und organisatorische Fehler in den Bereichen Absatz und Finanzierung genannt, die beispielsweise in einer feh-

---

§ 283, Rz. 6; **Krause** S. 35ff.; **Hartwig** in FS Bemmann S. 313f.; **Hörl** S. 52.

10 Vgl. allgemein zur Insolvenzursachenforschung **Bea/ Kötzle** DB 1983, 565ff.; **Buchmann** Sparkasse 1987, 384ff.; **Doehring** KTS 1969, 34ff.; **Angele** WiSta 1994, 205; **Hansen** GmbHR 1996, 327ff.; **Weiland** INF 1995, 375ff., 405ff.; **Zainhofer** KR 1992, 507ff.; **Weyand** S. 21ff.; LK-**Tiedemann** vor § 283, Rz. 13ff.; NK-**Kindhäuser** vor § 283, Rz. 4f.; **Kaiser** § 74, Rz. 40; **Schlüchter** Grenzbereich S. 20ff.; **Teufel** Insolvenzkriminalität S. 61. Eine Auflistung und Darstellung der wichtigsten Studien findet sich bei **Günther/ Scheipers** DStR 1993, 448ff. und **Hohmeier/ Krehl** DSWR 1985, 62ff.
Neben der Frage nach den Ursachen einer Insolvenz, ist es für das Unternehmen und dessen Geschäftspartner von großem praktischem Interesse, bereits im Vorfeld frühzeitig zu erkennen, ob dem Unternehmen eine Insolvenz droht. In den letzten Jahren hat sich daher der Schwerpunkt der empirischen Forschung in der Betriebswirtschaftslehre von der Insolvenzursachen- zur Insolvenzprognoseforschung verschoben. Vgl. hierzu **Günther/ Scheipers** DStR 1993, 1077ff.; **Weiland** INF 1995, 85ff., 114ff., 150ff.; **Baetge/ Huß/ Niehaus** WPg 1986, 605ff.; **D. Schneider** DB 1985, 1489ff.

lerhaften Markteinschätzung und Kalkulation, einer unzureichenden Preisbildung, einer zu hohen Fixkostenbelastung oder einem Informations- und Wissensdefizit, bestehen können.[11]

Gerade im besonders insolvenzrelevanten Bereich des Absatzes erlangen allerdings neben solchen unternehmensinternen Ursachen oftmals auch externe Einflüsse, etwa konjunkturelle Nachfrageschwankungen oder eine ungünstige Wettbewerbs- und Marktlage Bedeutung als Insolvenzursache. Dazu tritt im Finanzierungssektor häufig eine zu geringe Eigenkapitalausstattung, was zwangsläufig zu einer erhöhten Kredit- und Zinsbelastung führt und so ein gesteigertes Insolvenzrisiko begründet.[12] Statistiken der Eigenkapitalstruktur deutscher Unternehmen zeigen in den vergangenen Jahren eine deutlich abfallende Tendenz: 1971 betrug der Eigenkapitalanteil durchschnittlich noch 25,3%, 1976 22,5%, 1981 19,7%, 1986 18,1%, 1991 17,7% und 1994 17,8%. Dabei ist die Eigenkapitalstruktur erkennbar branchenabhängig. Während sich die chemische Industrie mit einem Eigenkapitalanteil um 40% als besonders kapitalintensiv darstellt, finden sich besonders niedrige Quoten im Baugewerbe (rund 6%) und im Groß- und Einzelhandel (zwischen 5,2% und 14,5%).[13] Als weitere Insolvenzgründe im Finanzierungsbereich werden eine Verteuerung der Kreditzinsen, das Unterhalten von Geschäftsbeziehungen zu anderen insolvenzgefährdeten Unternehmen sowie eine zu starke Abhängigkeit von einzelnen Kunden, im Falle größerer Unternehmen zusätzlich das Ausbleiben von Exportaufträgen und hohe Personalkosten genannt. Schließlich kommen neue, technische Entwicklungen als Insolvenzursache in Betracht.[14]

---

11 Vgl. hierzu im einzelnen **Weisel** S. 247ff.; **Teufel** Insolvenzkriminalität S. 61ff.; **Zainhofer** KR 1992, 512; LK-**Tiedemann** vor § 283, Rz. 13; **Bieneck** in Müller-Gugenberger/ Bieneck, § 75, Rz. 3; **Beck** in Wabnitz/ Janovsky 2/ 60; **Weyand** S. 24; **Günther/ Scheipers** DStR 1993, 448ff.; **Doehring** KTS 1969, 39; **Gössweiner-Saiko** Archiv für Kriminologie 1982, 37ff.; **Hammerl** S. 67; **Schlüchter** Grenzbereich S. 20ff.; NK-**Kindhäuser** vor § 283, Rz. 4; **V. Grub/ Rinn** ZIP 1993, 1584.

12 Die Frage, wann eine angemessene Eigenkapitalausstattung vorliegt, läßt sich nicht generell beantworten. Vielmehr sind hierbei Geschäftsumfang, Unternehmenszweck, Branche sowie das vorhandene Anlagevermögen und das eingegangene Risiko einzelfallabhängig zueinander in ein Verhältnis zu setzen. Die Einzelheiten sind in der Betriebswirtschaftslehre umstritten. Vgl. dazu **Buchmann** Sparkasse 1987, 387; **Büschgen** GmbHR 1974, 25ff., 49ff.; **Tiedemann** Wirtschaftsstrafrecht II S. 73f.; **Hansen** GmbHR 1996, 326f.; **Weyand** S. 22ff.

13 Detaillierte Übersichten der Eigenkapitalstruktur nach Wirtschaftszweigen finden sich bei **Hansen** GmbHR 1996, 328f.; **Weyand** S. 23ff. und **Teufel** Insolvenzkriminalität S. 81ff.; vgl. ferner Statistisches Jahrbuch 1999, S. 138ff.; **Angele** WiSta 1994, 209; **Angele** WiSta 1997, 230.

14 **Weyand** S. 24; **Angele** WiSta 1994, 205; **Baur/ Stürner** Insolvenzrecht § 4 II 1, S. 14; LK-**Tiedemann** vor § 283, Rz. 15ff.; NK-**Kindhäuser** vor § 283, Rz. 4; **Gössweiner-Saiko** Archiv für Kriminologie 1982, 44ff.; **Hammerl** S. 68ff.; **Doehring** KTS 1986, 623f.

B. Insolvenzanfälligkeit unterschiedlicher Branchen

Im Bereich des Baugewerbes ist die Zahl der Unternehmenszusammenbrüche auf Grund des dort besonders niedrigen Eigenkapitalanteils sehr hoch. Ähnlich finden sich gehäufte Insolvenzen auch im Groß- und Einzelhandel, auf Grund dessen besonderer Abhängigkeit von Krediten, fremden Zulieferungen und Kommissionswaren und der auch hier niedrigen Eigenkapitalquoten. Im Gegensatz dazu verzeichnet innerhalb des verarbeitenden Gewerbes die eigenkapitalreiche chemische Industrie vergleichsweise wenig Insolvenzfälle.[15]

C. Insolvenzanfälligkeit nach Rechtsformen

Besonders insolvenzgefährdet sind die GmbH und die GmbH & Co.KG. In den letzten Jahren entfielen rund zwei Drittel der Unternehmensinsolvenzen auf diese Rechtsformen, während OHG, KG, AG und die Genossenschaft im Vergleich deutlich weniger häufig betroffen waren.[16] Dies läßt sich einerseits daraus erklären, daß eine der Hauptinsolvenzursachen in der zu geringen Eigenkapitalausstattung der Unternehmen besteht. Bei einer GmbH beträgt das Mindeststammkapital gem. § 5 I GmbHG nur 25.000 €, zur Eintragung ist nach § 7 II 2 GmbHG allein der Nachweis nötig, daß dieser Betrag zur Hälfte eingezahlt worden ist. Danach kann sich die Gesellschaft uneingeschränkt am wirtschaftlichen Verkehr beteiligen. Dabei reicht häufig die Kapitaldecke für die geplanten geschäftlichen Aktivitäten nicht aus und der weitere Geschäftsbetrieb kann nur durch Bank- oder Warenkredite ermöglicht werden. Bereits geringfügige Veränderungen des Umfeldes wie etwa Zinsschwankungen oder kurzfristige, nicht vorhersehbare Absatzschwierigkeiten können dann bei solchermaßen unterkapitalisierten Firmen zu wirtschaftlichen Engpässen bis hin zum Zusammenbruch führen.[17] Andererseits hängt die Insolvenzhäufigkeit im Bereich der GmbH auch damit zusammen, daß jährlich in Deutschland rund 30.000 solcher Gesellschaften nach dem GmbHG neu gegründet werden. Zwischen 1990 und 1995 stieg der GmbH-Bestand um mehr als 40% auf rund 650.000. Ferner wird bis heute gerade bei einer Unternehmensneugründung in großer Mehrheit die Rechtsform der GmbH gewählt.[18]

---

[15] **Bora/ Liebl/ Poerting/ Risch** S. 157f.; **Tiedemann/ Sasse** S. 17; **Kaiser** § 74, Rz. 40; **Herbert Wagner** KR 1998, 659.

[16] **Weyand** S. 21ff.; **Doehring** KTS 1986, 621; Scholz-**Tiedemann** vor § 82, Rz. 5; LK-**Tiedemann** vor § 283, Rz. 20; NK-**Kindhäuser** vor § 283, Rz. 5.

[17] **Labsch** wistra 1985, 1; **Uhlenbruck** BB 1985, 1278ff.; **Weyand** S. 22; **Bieneck** in Müller-Gugenberger/ Bieneck, § 75, Rz. 3; **Hansen** GmbHR 1996, 327.

[18] **Hansen** GmbHR 1996, 330.

D. Insolvenzanfälligkeit nach dem Alter des Unternehmens

Häufig treten Insolvenzen im Zusammenhang mit Einführungs-, Expansions- und Absatzkrisen auf, denen eine fehlerhafte Einschätzung der Kostenentwicklung der ersten Jahre zugrunde liegt. Zusätzlich fallen vielmals zunächst gewährte staatliche Existenzfördermittel nach einigen Jahren weg. Es verwundert daher nicht, daß gerade junge Unternehmen eine besondere Insolvenzanfälligkeit zeigen. Zwischen 1979 und 1985 hat sich der Anteil insolventer Unternehmen, deren Gründung maximal acht Jahre zurücklag, verdoppelt und betrug 1985 rund 75%. Dieser Wert blieb in den letzten Jahren nahezu konstant. 1997 betrafen sogar annähernd 79% der Zusammenbrüche im wirtschaftlichen Bereich Unternehmen, die jünger als acht Jahre waren.[19]

E. Insolvenzen nach der Größe des Unternehmens

Schließlich läßt sich den Insolvenzstatistiken entnehmen, daß kleinere und mittlere Unternehmen (bis 30 Mio., bzw. 100 Mio. DM Umsatz pro Jahr) einer gesteigerten Insolvenzgefahr ausgesetzt sind. Dies liegt zum einen daran, daß eine zufriedenstellende Ausstattung mit Eigenmitteln vermehrt bei Unternehmen anzutreffen ist, die einen Umsatz von über 100 Mio. DM pro Jahr erreichen. Zum anderen werden Unternehmenszusammenbrüche von Großunternehmen häufig durch die Gewährung staatlicher Subventionen vermieden.[20]

F. Kriminologische Aspekte der Insolvenz

Nach allgemeiner Ansicht wird der Zusammenbruch eines Unternehmens in der Praxis vielfach von der Begehung unterschiedlicher Straftaten begleitet. Genaue Statistiken existieren insofern allerdings nicht und die einzelnen Schätzungen schwanken.[21] Die Polizeiliche Kriminalstatistik weist dagegen für 1997 nur 3893,

---

[19] Statistisches Jahrbuch 1999, S. 138ff.; **Doehring** KTS 1986, 616f.; **Angele** WiSta 1994, 209; **Weyand** S. 24; LK-**Tiedemann** vor § 283, Rz. 21f.; **Bora/ Liebl/ Poerting/ Risch** S. 156f.

[20] **Hansen** GmbHR 1996, 330; LK-**Tiedemann** vor § 283, Rz. 4, 22; vgl. ferner zum Fall des wirtschaftlich gescheiterten Bauunternehmens Philipp Holzmann Der Spiegel Nr. 48 vom 29.11.1999, S. 116ff.

[21] So gehen **Wessels/ Hillenkamp** BT 2, Rz. 458 davon aus, daß rund ein Drittel der Insolvenzen mit kriminellen Verhaltensweisen zu tun hat, **Dreher/ Tröndle**[46] vor § 283, Rz. 6; **Tiedemann/ Sasse** S. 18 und **Hammerl** S. 47ff. sprechen von 50%; NK-**Kindhäuser** vor § 283, Rz. 5 von 50%-80%; **Kaiser** § 74, Rz. 40 von 75%; **Müller/ Wabnitz/ Janovsky** 6/ Rz. 8 sogar von 80%-90%. Vgl. ferner hierzu **Bora/ Liebl/ Poerting/ Risch** S. 25ff.; **Beck** in Wabnitz/ Janovsky 2/ 61.

für 1998 4279 Straftaten nach den §§ 283ff. StGB mit einer Aufklärungsquote von 99,3%, bzw. 99,5% auf. Diese geringe Anzahl polizeilich erfaßter Insolvenzdelikte deutet auf ein erhebliches Dunkelfeld im Bereich des Insolvenzstrafrechts hin, was verschiedene Ursachen hat:[22]

Zum einen erteilen zwar die Amtsgerichte den Staatsanwaltschaften nach einer Verwaltungsanordnung[23] Mitteilung von der Eröffnung eines Insolvenzverfahrens, wie von deren Ablehnung mangels Masse, woraufhin die Staatsanwaltschaften in aller Regel Vorprüfungen durchführen.[24] In Fällen aber, in denen der Eröffnungsantrag mangels Masse abgelehnt wird, ist der Akteninhalt vielfach zu dürftig, um einen strafprozessual relevanten Anfangsverdacht nach § 152 II StPO zu begründen. Gerade dieses Fälle weisen jedoch eine erhöhte Kriminalitätsneigung auf.[25]

Zum anderen wird eine große Zahl von Insolvenzen, um Kosten zu sparen, außergerichtlich abgewickelt. Anzeigen von Gläubigern sind in diesen Fällen selten. Als Gründe hierfür kommen z.B. in Betracht: die Scheu zuzugeben, auf Grund eigener kaufmännischer Ungeschicklichkeit einem Straftäter zum Opfer gefallen zu sein, ferner die Gefahr eines Imageverlusts, der mit einer Anzeige verbundene Zeitverlust, Angst vor der Aufdeckung eigener Vergehen oder Rücksichtnahme auf langjährige Geschäftsbeziehungen.[26]

Weiter besteht eine große Diskrepanz zwischen der Anzahl der polizeilich ermittelten Tatverdächtigen und der später tatsächlich Verurteilten. Hier spiegeln sich die Schwierigkeiten des prozessualen Nachweises von Straftaten nach §§ 283ff. StGB wieder, die durch schwer überschaubare wirtschaftliche Vorgänge und kaufmännische Manipulationen bedingt sind. Dementsprechend liegt auch die Anklagequote mit 35% seit 1975 erheblich unter dem Durchschnitt.[27]

---

22 **Wessels/ Hillenkamp** BT 2, Rz. 458; **Kaiser** § 74, Rz. 41; **Neubauer**, S. 19f.; **Tiedemann** ZRP 1975, 129.

23 Verwaltungsanordnung über Mitteilungen in Zivilsachen (MiZi), BAnz. Nr. 218 vom 18.11.1967, S. 2, ausführlich dazu **Baumgarte** wistra 1991, 171ff.

24 Andere Quellen, aus denen Informationen gewonnen werden können, sind das Handelsregister, die Akten des Gerichtsvollziehers, die Zwangsvollstreckungs- und die Insolvenzakten, das Gewerbezentralregister oder das Schuldnerverzeichnis nach §§ 915ff. ZPO. Vgl. ausführlich zum Vorgehen der Ermittlungsbehörden in der Praxis **Janovsky** KR 1998, 269ff., 331ff.; **Müller/ Wabnitz/ Janovsky** 6/ Rz. 8ff.; **Teufel** Insolvenzkriminalität S. 137ff.; **Teufel** Betrügerischer Bankrott S. 67ff.; **U. Richter** in Tagungsberichte III, Anlage 4, S. 4; **Herbert Wagner** KR 1998, 659ff., 662f.; **H. Richter** GmbHR 1984, 114; **Bieneck** in Müller-Gugenberger/ Bieneck, § 75, Rz. 51ff.; LK-**Tiedemann** vor § 283, Rz. 25.

25 Scholz-**Tiedemann** vor § 82, Rz. 2; LK-**Tiedemann** vor § 283, Rz. 25.

26 **Eisenberg** § 47, Rz. 40; **Teufel** Insolvenzkriminalität S. 76f.

27 **Eisenberg** § 47, Rz. 41.

Unter den Gesellschaftsformen stehen die GmbH und die GmbH & Co.KG entsprechend ihrem hohen Anteil an den Insolvenzen insgesamt auch im Zentrum der Insolvenzkriminalität; die weitaus meisten Straftaten werden von Geschäftsführern und Gesellschaftern dieser Unternehmensform begangen.[28]
Die Rechtsfolgen im Falle einer Verurteilung reichen von Geldstrafen bis hin zu mehrjährigen Freiheitsstrafen ohne Bewährung, insbesondere dann, wenn der Täter nicht nur die Erhaltung seines Unternehmens im Auge hatte, sondern sich auch persönlich bereichern wollte. Weiterhin ist, wie eben gesehen, nach §§ 290 I Nr. 1, bzw. 297 InsO eine Restschuldbefreiung zu versagen und der verurteilte Täter kann nach §§ 6 II GmbHG, 76 III AktG für einen Zeitraum von fünf Jahren nach Rechtskraft der Entscheidung nicht Geschäftsführer einer GmbH oder Vorstandsmitglied einer AG sein.[29] Das Nichtvorliegen eines solchen Berufsverbots ist nach § 8 III 1 GmbHG, § 37 II 1 AktG bei der Anmeldung der Gesellschaft zu versichern. Falsche derartige Versicherungen sind nach §§ 84 I Nr. 4 GmbHG, 399 I Nr. 6 AktG strafbar.

G. Gründe für die Begehung von Straftaten in der Insolvenz

Abschließend sollen im folgenden noch Beweggründe und Motive für die Begehung von Straftaten in der Insolvenz aufgezeigt werden. An vorderster Stelle steht hier die Gewinnsucht.[30] Ausgelöst durch die Befürchtung, die eigene Existenzgrundlage vollständig zu verlieren, versuchen kriminelle Unternehmer in einer

---

[28] **Labsch** wistra 1985, 1; **H. Richter** GmbHR 1984, 115; **Beck** in Wabnitz/ Janovsky 2/ 62; Scholz-**Tiedemann** vor § 82, Rz. 5; LK-**Tiedemann** vor § 283, Rz. 19ff., 23ff.; **Uhlenbruck** BB 1985, 1278ff.; **Winkelbauer** wistra 1986, 17; **Weyand** S. 21f.; vgl. im übrigen zur Person des Täters aus kriminologischer Sicht **Bora/ Liebl/ Poerting/ Risch** S. 159ff., 165; **Eisenberg** § 47, Rz. 43; **Liebl** Geplante Konkurse S. 47ff., 83; **U. Richter** in Tagungsberichte III, Anlage 4, S. 22ff.; **Moosmayer** S. 60, Fn. 25; **Teufel** Insolvenzkriminalität S. 77ff., 92ff.

[29] Verfassungsrechtliche Bedenken an dieser Regelung äußern **Stein** AG 1987, 165ff.; **Voerste** AG 1987, 376f.; **Bieneck** in Müller-Gugenberger/ Bieneck, § 75, Rz. 54; **Tiedemann** in FS Dünnebier S. 522; **Moosmayer** S. 62 und **Arloth** NStZ 1990, 574. Um dem Gleichheitssatz des Art. 3 GG genüge zu tun, ist ihrer Meinung nach das Berufsverbot auch im Falle der Insolvenzverschleppung (§§ 401 I Nr. 2, II AktG; 84 I Nr. 2, II GmbHG; 130b HGB; 148 I Nr. 2, II GenG), bzw. der Untreue (§ 266 StGB) auszusprechen. Dieser Forderung komme insofern um so mehr Bedeutung zu, als die Rechtsprechung eigennützige Vermögensverschiebungen durch Organe einer Kapitalgesellschaft im Sinne der Interessentheorie nicht als Bankrott nach § 283 StGB, sondern als Untreue nach § 266 StGB bestraft, vgl. etwa BGHSt 28, 371; BGHSt 30, 127; BGH NStZ 1987, 279 und LK-**Schünemann** § 14, Rz. 50f., einschränkend BGHSt 34, 221, a.A. dagegen im Sinne der Funktionstheorie **Weber** StV 1988, 16; **Winkelbauer** JR 1988, 33; **Labsch** wistra 1985, 4; **Lampe** GA 1987, 251; **Schäfer** wistra 1990, 83; **Arloth** NStZ 1990, 574; **Deutscher/ Körner** wistra 1996, 8. Vgl. hierzu auch unten Fn. 827.

[30] Vgl. **Weyand** S. 24f.; **Labsch** wistra 1985, 3; ferner ausführlich hierzu **Teufel** Insolvenzkriminalität S. 100ff.

wirtschaftlichen Krisensituation vielfach, die wirtschaftliche Basis ihres Lebensunterhaltes mit allen Mitteln zu retten oder einem bereits vorhandenen Auffangbetrieb einen akzeptablen Start zu sichern. Weitere Tatanreize ergeben sich aus der Befürchtung, nicht nur wirtschaftliche Einbußen zu erleiden, sondern auch die erreichte soziale Stellung und das damit verbundene Sozialprestige zu gefährden. Oftmals führen auch übersteigerter Geltungsdrang, mangelndes Fachwissen und fehlender Überblick zur Selbstüberschätzung, bzw. zu sträflicher Leichtfertigkeit. Schließlich gehen externe Tatanreize von berufsmäßigen Scheinsanierern und von Großgläubigern des Unternehmens aus, die ihre Einflußmöglichkeiten zur Verfolgung eigennütziger Ziele einsetzen und dabei häufig sogar versuchen, die strafrechtlichen Folgen ihres Handelns dem schuldenden Unternehmer aufzubürden.[31]

[31] **Kaiser** § 74, Rz. 42; **Bieneck** in Müller-Gugenberger/ Bieneck, § 75, Rz. 6.

Zweiter Teil: Entstehung und Entwicklung der InsO und des Insolvenzstrafrechts

Um im Hauptteil der Arbeit das Abhängigkeitsverhältnis des Insolvenzstrafrechts von der Insolvenzordnung untersuchen zu können, ist es zunächst erforderlich, die Entstehung und Entwicklung dieser beiden Rechtsbereiche im einzelnen bis hin zu ihrer heutigen Fassung darzustellen und ihre Rollen als Eckpunkte dieses Abhängigkeitsverhältnisses festzulegen. Dabei befaßt sich das folgende erste Kapitel des zweiten Teils zunächst mit der InsO als erstem Eckpunkt. Hier werden nach Darstellung der Defizite des vormaligen Insolvenzrechts die grundsätzlichen Zielvorstellungen des Gesetzgebers an Hand des Reformprozeßes aufgezeigt, sowie die insolvenzstrafrechtlich bedeutungsvollen Rechtsinstitute und Regelungen der InsO vorgestellt. Anschließend wird im zweiten Kapitel des zweiten Teils auf die Legitimation, die Entstehungsgeschichte und den zeitlichen Anwendungsbereich der Insolvenzdelikte de lege lata und damit auf den zweiten Eckpunkt des Abhängigkeitsverhältnisses eingegangen.

Kapitel 1: Die InsO als erster Eckpunkt des Abhängigkeitsverhältnisses

A. Defizite des bis zum 31.12.1998 geltenden Rechts – Anlaß und Motivation für eine gesetzliche Neuregelung

Am 1.10.1879 trat die KO in Kraft. Auf Grund ihrer Logik, Klarheit und materiell rechtlichen Ausgewogenheit blieb sie bis zum 31.12.1998 in ihrer Systematik weitestgehend unverändert und wurde über Jahrzehnte hinweg als das trefflichste der Reichsjustizgesetze, als deren Perle gerühmt. Während sich die KO auch in der wirtschaftlich besonders belastenden Situation zweier nur kurz aufeinander folgender Weltkriege bewährte, trat ihr als Folge einer Maßnahmegesetzgebung während des Ersten Weltkrieges die Vergleichsordnung von 1927, eine Vorläuferin der VglO von 1935, zur Seite.[32] Erst Mitte der 70er Jahre verblaßte der Glanz der einstigen Perle und das Schlagwort vom Konkurs des Konkurses wurde geprägt.[33]

---

[32] **Hofmann** DRiZ 1994, 411; **Moosmayer** S. 7; **Pick** NJW 1995, 993; **Schmidt-Räntsch** Insolvenzordnung S. 49, Rz. 172; **Uhlenbruck** GmbHR 1995, 82

[33] So der Titel eines vielbeachteten Vortrages und Aufsatzes von **Kilger** KTS 1975, 142ff.; vgl.

Die Gründe hierfür sind vielschichtig und sollen an Hand unterschiedlicher Insolvenzstatistiken dargestellt werden:

1. Zahl der Insolvenzfälle

Jahr[34]	*1950*	*1955*	*1960*	*1965*	*1970*	*1975*	*1980*
Insolvenzfälle	5694	4647	2958	3156	4201	9195	9140

Jahr	*1985*	*1986*	*1987*	*1988*	*1989*	*1990*	*1991*
Insolvenzfälle	18876	18842	17589	15963	14643	13271	13323

Jahr	*1992*	*1993*	*1994*	*1995*	*1996*	*1997*	*1998*
Insolvenzfälle	15302	20298	24928	28785	31471	33398	33977

Die Statistik verzeichnet nach dem Ende des Zweiten Weltkrieges bis in die 70er Jahre jährlich durchschnittlich nur rund 4000 Insolvenzfälle. Die niedrigste Insolvenzzahl überhaupt wurde 1962, also in der Zeit des „Wirtschaftswunders", mit rund 2900 Insolvenzen festgestellt. Im Zuge der Ölkrise 1973 und der dadurch bedingten Rezessionsphase gerieten viele Unternehmen in wirtschaftliche Schwierigkeiten. Entsprechend stieg die Zahl der Insolvenzen in dieser Zeit rasch an.[35] Mit Ausnahme von kurzzeitigen Schwankungen Ende der 70er Jahre setzte sich diese Tendenz in den Folgejahren stetig fort und führte 1985 zu einem vorläufigen Höchststand von fast 19000 Insolvenzfällen. In der Folgezeit kam es zwar kurzfristig wieder zu niedrigeren Insolvenzzahlen, doch im Anschluß an die deutsche Wiedervereinigung setzte erneut ein Zuwachs ein. Ab Mitte der 90er Jahre nahmen die Zuwachsraten dann zwar etwas ab, es kam aber dennoch zu immer neuen Höchstständen. Zum Ende der Geltungsdauer des vormaligen Insolvenzrechts wurde 1998

ferner zur Krise des Insolvenzrechts **Uhlenbruck** NJW 1975, 897; **Berges** BB 1976, 387ff.; **F. Weber** in Einhundert Jahre KO, S. 321ff.; **Hanisch** ZZP 1977, 1ff.

34 Die Statistik erfaßt Konkursverfahren ohne Anschlußkonkurse, denen ein eröffnetes Vergleichsverfahren vorangegangen ist, und Vergleichsverfahren, sowie ab 1991 auch die in den neuen Bundesländern nach der GesO beantragten Insolvenzverfahren. Vgl. hierzu Statistisches Bundesamt, Fachserie 2, R 4.1. 12/98, Seite 6; Statistisches Jahrbuch 1999, S. 138ff.; Erster Kommissionsbericht S. 457ff.; **Angele** ZIP 1981, 463ff.; **Angele** WiSta 1994, 205ff.; **Angele** WiSta 1997, 226ff.; **Weyand** S. 20; **Hofmann** DRiZ 1994, 411; **Mommsen** in Moderne Wirtschaftsdelikte, S. 137ff.; **Doehring** KTS 1986, 613ff., sowie die Insolvenzstatistiken in ZIP 1994, 831; ZIP 1995, 875; ZIP 1996, 1150; ZIP 1997, 1766ff.; ZIP 1998, 1981ff.

35 Ein weiterer Grund für das Ansteigen der Insolvenzzahlen in dieser Zeit ist im Inkrafttreten des Gesetzes über das Konkursausfallgeld 1974 zu sehen, vgl. näher dazu **Angele** WiSta 1994, 205.

– nimmt man die Insolvenzen in den neuen Bundesländern hinzu – mit knapp 34000 ein letzter Spitzenwert erreicht.
Vergleicht man die Zahlen von 1973 bis heute, so läßt sich feststellen, daß sich die Anzahl der Insolvenzfälle in Deutschland in den letzten 25 Jahren in etwa verfünffacht hat.
Dieser Ansteig der Insolvenzfälle allein gab aber der Reform des Insolvenzrechts noch nicht den entscheidenden Anstoß. Vielmehr ist in einer marktwirtschaftlich organisierten Wirtschaftsordnung jedes Unternehmen vom Zeitpunkt seiner Gründung an einem Existenzrisiko ausgesetzt, das im ungünstigsten Fall in die Insolvenz führen kann. Darüber hinaus kann der Konkurs auch volkswirtschaftlich als ein sinnvoller Reinigungs- und Ausleseprozeß gesehen werden, der die Leistungsfähigkeit der am Markt verbleibenden Teilnehmer steigert.[36] Ferner hat heute ein Wandel der gesellschaftlichen Einstellung stattgefunden: Schuldenmachen ist keineswegs mehr etwas Ehrenrühriges, sondern in der Gesellschaft üblich, vielfach unumgänglich und weitestgehend akzeptiert. Dabei spielt die Entwicklung hin zu einer Dienstleistungsgesellschaft eine nicht unbedeutende Rolle. Ein großer materieller Grundsockel ist hier nicht mehr nötig, Räume und Gerätschaften werden vielfach nur gemietet oder geleast, was das Insolvenzrisiko vergrößert.[37] Vom bloßen Anstieg der Insolvenzzahlen allein kann daher noch nicht auf Defizite des geltenden Insolvenzrechts geschlossen werden.

2. Zahl der eröffneten und mangels Masse abgewiesenen Verfahren

Erhebliche Defizite werden aber bei einer Betrachtung der Entwicklung des Verhältnisses von eröffneten und mangels Masse abgelehnten Konkursverfahren offenbar:[38]

36 **Hey** ZAP Ost Fach 21, 198; **Mommsen** in Moderne Wirtschaftsdelikte S. 137; **Günther/ Scheipers** DStR 1993, 448; **Knieper** BB 1977, 623; **Zirpins/ Terstegen** S. 948; **Eucken** S. 237; **Höfner** S. 30; **Däubler** in Studien zum Wirtschaftsstrafrecht S. 5; **Moosmayer** S. 8, kritisch **Gerhardt** in FS F. Weber S. 183ff., 187f.; **U. Richter** in Tagungsberichte III, Anlage 4, S. 8.

37 **Baudrexel** JuS 1996, 700.

38 Die Statistik bezieht sich zunächst auf das Deutsche Reich, ab 1950 auf die Bundesrepublik Deutschland, seit 1991 einschließlich der neuen Bundesländer der früheren DDR. Vgl. hierzu Erster Kommissionsbericht S. 457ff.; **Angele** WiSta 1994, 205; Statistisches Bundesamt, Fachserie 2, R 4.1. 12/98, Seite 7.

Jahr	*1900*	*1905*	*1910*	*1915*	*1930*	*1935*
eröffnete Konkursverfahren	7712	7708	8387	4545	11506	2936
Ablehnungen mangels Masse	846	1649	2396	1947	3980	3019
entspricht in %	9,9	17,6	22,2	30,0	25,7	50,7

Jahr	*1939*	*1950*	*1955*	*1960*	*1965*	*1970*
eröffnete Konkursverfahren	1205	3259	2459	1742	1659	2081
Ablehnungen mangels Masse	1235	1207	1564	947	1269	1862
entspricht in %	50,6	27,0	38,9	35,2	43,3	47,2

Jahr	*1975*	*1980*	*1985*	*1986*	*1987*	*1988*
eröffnete Konkursverfahren	3056	2420	4292	4098	3800	3649
Ablehnungen mangels Masse	5886	6639	14512	14695	13743	12238
entspricht in %	65,8	73,3	77,2	78,2	78,3	76,8

Jahr	*1989*	*1990*	*1991*	*1992*	*1993*	*1994*
eröffnete Konkursverfahren	3403	3214	3236	3691	4629	5053
Ablehnungen mangels Masse	11204	10029	9667	10403	12853	14997
entspricht in %	76,7	75,7	75,0	73,8	73,5	74,8

Jahr	*1995*	*1996*	*1997*	*1998*
eröffnete Konkursverfahren	5616	6053	6195	6268
Ablehnungen mangels Masse	16072	17010	17982	18134
entspricht in %	74,1	73,8	74,4	74,3

Während sich die Zahl der Insolvenzen in den letzten 25 Jahren insgesamt betrachtet stark erhöhte, zeigt diese Tabelle, daß die Anzahl der tatsächlich eröffneten Konkursverfahren keinen so großen Schwankungen unterlag. Ein Vergleich macht deutlich, daß der Verfünffachung der Gesamtzahl der Insolvenzfälle nur eine Verdopplung der tatsächlich eröffneten Verfahren gegenüber steht. Im Gegensatz dazu nahm die Anzahl der Insolvenzfälle, in denen mangels Masse kein Verfahren eröffnet werden konnte, drastisch zu. Betrug ihre Anzahl in den ersten Jahrzehnten der Konkursordnung noch nur rund 2000, so setzt auch hier Mitte der 70er Jahre ein enormer Zuwachs ein. Nach einer kurzen Phase mit absinkender Tendenz, stieg die Anzahl dann ab 1991 wieder regelmäßig. In den letzten 8 Jahren der KO kann in etwa eine Verdopplung mangels Masse abgelehnter Verfahren festgestellt werden, im Schlußjahr 1998 wurde ein Höchstwert von 18134 solcher Fälle gezählt. Es hat mithin im Laufe der Zeit eine Umkehrung der Verhältnisse stattgefunden: Während um die Jahrhundertwende nur knapp 10% der Konkursanträge mangels Masse abgewiesen wurden, lag deren Anteil vor dem Ende des Zweiten Weltkrieges bereits bei 50% und in den letzten 25 Jahren konstant um die 75%. In rund drei Viertel der Insolvenzfälle trat damit an die Stelle einer geregelten verfahrensförmigen Abwicklung ein unkontrolliertes Wettlaufen der Gläubiger um das verbleibende, verwertbare Schuldnervermögen, sofern dieses überhaupt bekannt war.

3. Befriedigungsquoten

Darüber hinaus boten sich auch bei Eröffnung eines Verfahrens in den letzten Jahren der KO nur geringe Befriedigungsaussichten für die Gläubiger, wie der statistische Überblick über die erzielten Quoten in % beweist:

Jahr[39]	*1965*	*1970*	*1975*	*1980*	*1985*	*1986*
bevorrechtigte Forderungen	43,3	43,5	32,7	32,1	34,2	31,3
nicht bevorrechtigte Forderungen	6,2	4,5	2,3	5,8	7,5	3,8

Jahr	*1987*	*1988*	*1989*	*1990*	*1991*	*1992*
bevorrechtigte Forderungen	36,7	27,8	33,7	37,1	25,5	33,7
nicht bevorrechtigte Forderungen	4,7	6,3	4,1	3,1	4,7	3,1

Jahr	*1993*	*1994*	*1995*
bevorrechtigte Forderungen	38,6	42,2	39,2
nicht bevorrechtigte Forderungen	3,9	3,0	5,0

Hier zeigt sich, daß die Befriedigungsquoten nicht bevorrechtigter Forderungen in den letzten 10 Jahren konstant unter 5,0% geblieben sind. Aber auch bei bevorrechtigten Forderungen konnten nur Quoten von durchschnittlich 30-35% erzielt werden. Die KO ermöglichte damit einerseits in einer Vielzahl von Fällen keine geordnete Befriedigung der Gläubiger mehr. Andererseits mußte ihre Zielvorstellung aber auch in den zur Eröffnung gelangten Verfahren als gescheitert bewertet werden. Genau betrachtet wurde hier das Ziel einer gleichmäßigen Befriedigung sogar gleich in zweierlei Hinsicht verfehlt: Zum einen blieben die Befriedigungsquoten der Gläubiger nur äußerst gering und zum anderen war diese Befriedigung keineswegs gleichmäßig; vielmehr ergaben sich beachtliche Unterschiede zwischen nicht

[39] Aktuellere Angaben liegen z.Zt. nach Anfrage beim Statistischen Bundesamt nicht vor. Vgl. zur wiedergegebenen Statistik Erster Kommissionsbericht S. 462; Statistisches Jahrbuch 1999 Seite 141; **Moosmayer** S. 7f.; **Hofmann** DRiZ 1994, 411; **Baur/ Stürner** Insolvenzrecht § 4 I, S. 13; LK-**Tiedemann** vor § 283, Rz. 4.

gesicherten und gesicherten Gläubigern.
Gründe, die zu diesen Statistiken führten, sind vor allem in der Auszehrung der Masse durch ausufernde Massekosten und Masseschulden sowie in der Bevorzugung dinglich gesicherter Gläubiger zu sehen.[40]

II. Die Krise des Vergleichsrechts an Hand einer Analyse von Insolvenzstatistiken

Ferner zeigen die Insolvenzstatistiken neben den praktischen Defiziten der KO auch die Krise des zweiten Standbeins des vormaligen Insolvenzrechts, der VglO, auf.
Diese war im Laufe der Zeit geradezu zur Bedeutungslosigkeit verkommen. Ihr Anteil an den gesamten Insolvenzverfahren sank von rund 20% in den ersten Jahren der Bundesrepublik Deutschland stets weiter ab und betrug zuletzt nur noch weniger als 1%. 1950 standen 4497 Insolvenzfällen insgesamt 1721 Vergleichsverfahren gegenüber, das entspricht einem Anteil von rund 38%, 1994 wurden dagegen bei 20092 Insolvenzen nur 67 Vergleichsverfahren eröffnet (0,33%), 1998 sank die Quote weiter auf 0,12% herab (24402 Insolvenzen, 30 eröffnete Vergleichsverfahren).[41] Der niedrige Anteil von Vergleichsverfahren erschien besonders besorgniserregend, da es sich hier gerade um die Fälle mit den günstigsten Aussichten für einen künftigen Fortbestand des wirtschaftlich gefährdeten Unternehmens handelte. Die Gründe für diese Entwicklung sind vorrangig in den hohen Anforderungen, die die VglO an den Schuldner richtete, zu sehen. So mußte dieser nach § 7 I, II VglO seinen Gläubigern einen Mindestsatz von 35%, bzw. 40% ihrer Forderungen gewähren können. Ferner zielte die VglO auf eine rasche Schuldenbereinigung und enthielt keine Maßnahmen zur Förderung einer langfristigen Sanierung.[42] Insgesamt war das frühere Insolvenzrecht vorrangig auf die Befriedigung der Gläubiger durch Liquidation des Schuldners ausgerichtet. Die erfolgreiche Sanierung von Unternehmen blieb demgegenüber die große Ausnahme.[43]

---

40 **Baudrexel** JuS 1996, 700; **Häsemeyer** Rz. 18.06; **Kilger** KTS 1975, 142ff.; **Arnold** in Gottwald (Hrsg.), Insolvenzrechtshandbuch § 1, Rz. 24f.; **Moosmayer/ Smeets** NJ 1998, 511.

41 Vgl. hierzu Erster Kommissionsbericht S. 462; Statistisches Bundesamt, Fachserie 2, R 4.1. 12/98, Seite 7; **Moosmayer** S. 9; **Moosmayer/ Smeets** NJ 1998, 511; **Hofmann** DRiZ 1994, 411; **Balz** in Verbraucherkredit und Verbraucherinsolvenz S. 251; **Balz** ZRP 1986, 15; **Lutz** S. 38.

42 **Angele** WiSta 1994, 205; **Baudrexel** JuS 1996, 698; **Hofmann** DRiZ 1994, 411; **Moosmayer** S. 9; **Moosmayer/ Smeets** NJ 1998, 511; **Penzlin** S. 22; **Uhlenbruck** ZRP 1988, 471; **Warrikoff** KTS 1996, 491; **Kilger** ZIP 1982, 779f.

43 Eine Sanierung war unter der Geltung des früheren Konkursrechts praktisch ausschließlich außerhalb eines Verfahrens in Form einer übertragenden Sanierung möglich. Ausführlich dazu **Penzlin** S. 21ff.

III. Wirtschaftliche Schäden durch Forderungsausfälle

Die wirtschaftliche Dimension der Krise des früheren Konkurs- und Vergleichsrechts wird deutlich, wenn man sich die Forderungsausfälle der Gläubiger vergegenwärtigt.[44] Genaue Feststellungen der Höhe der Forderungsverluste sind zwar nicht möglich, da die Gerichte nur für die eröffneten Verfahren zuverlässige Angaben machen können. Hinsichtlich der Forderungen bei Ablehnung des Insolvenzantrags sind sie dagegen allein auf die Auskünfte der Schuldner angewiesen, ohne möglicherweise sämtliche Gläubiger zu kennen. Dennoch geht das Statistische Bundesamt unter Inkaufnahme einer möglichen Untererfassung für 1998 von einem wirtschaftlichen Schaden der Gläubiger in Höhe von 39,4 Milliarden DM aus. Zum Vergleich betrug die mitgeteilte Summe der Außenstände 1991 rund 11, 1992 rund 23,5 und 1993 rund 30 Milliarden DM.[45] Der Betrag hat sich also mit den steigenden Insolvenzzahlen in den letzten Jahren verdreifacht.

IV. Uneinheitliche Rechtslage im wiedervereinigten Deutschland

Zuletzt wurde die gespaltene Rechtslage in Deutschland allenthalben als unbefriedigend empfunden. Der Gesetzgeber hatte im Hinblick auf die bekannten Probleme der Anwendung der KO nach der Wiedervereinigung davon abgesehen, diese auch in den neuen Bundesländern einzuführen. Statt dessen begnügte man sich hier damit, der in Teilbereichen veränderten Gesamtvollstreckungsordnung der DDR aus dem Jahr 1975 Geltung zu verschaffen (Anlage II, Kapitel III Sachgebiet A Abschnitt II Nr. 1a) Einigungsvertrag).[46] Es erwies sich aber rasch, daß die GesO auf Grund ihres fragmentarischen Charakters sehr stark auslegungsbedürftig war und zahlreiche Regelungslücken aufwies.[47]

---

[44] Große volkswirtschaftliche und individuelle Schäden entstehen ferner durch den insolvenzbedingten Verlust von Arbeitsplätzen. Vgl. hierzu LK-**Tiedemann** vor § 283, Rz. 12; **Liebl** Geplante Konkurse S. 6; **Herbert Wagner** KR 1998, 659.

[45] Statistisches Bundesamt, Fachserie 2, R 4.1. 12/98, Seite 9, vgl. auch **Pick** NJW 1995, 893; LK-**Tiedemann** vor § 283, Rz. 12; **Eisenberg** § 47, Rz. 42; **Herbert Wagner** KR 1998, 659.
Die Zahlen beziehen sich auf die alten Bundesländer, in den neuen Bundesländern verlief diese Entwicklung aber ähnlich, vgl. **Angele** WiSta 1994, 209.

[46] BGBl 1991 I, 1185.

[47] Hierzu **G. Pape** NWB Fach 19, Seite 2121ff.; **G. Pape** DtZ 1995, 218ff.; **Moosmayer/ Smeets** NJ 1998, 512.

V. Zwischenergebnis zu A.

Zusammenfassend läßt sich also feststellen, daß das alte insolvenzrechtliche System verschiedene Defizite aufwies, die eine umfassende Neuregelung dieses Rechtsgebietes erforderlich machten.

B. Gang der Insolvenzrechtsreform

Die wesentlichen Stationen dieses Reformprozeßes sollen im folgenden dargestellt werden.[48] Ende der 70er Jahre mehrten sich Stimmen gegen eine streng liberalistische Haltung gegenüber dem Phänomen der Insolvenz. Der Konkurs wurde nicht mehr einseitig als ein der Gesamtwirtschaft wohltuender Reinigungsprozeß gesehen. Vielmehr richtete man zunehmend den Blick auch auf die Gefahren einer Verschleuderung von hochwertigem Anlagevermögen und technischem know-how, sowie einer Vernichtung von Produktionsstätten und Arbeitsplätzen. Wurden die zahlreichen Unternehmenszusammenbrüche früher noch als bloße Folge eines funktionsfähigen Systems begriffen, so erschienen sie nun bereits als erste Symptome von Funktionsstörungen dieses Systems.[49]

I. Die Berichte der Kommission für Insolvenzrecht von 1985/ 1986

Ihren konkreten Ursprung nahm die Insolvenzrechtsreform mit der Einsetzung einer unabhängigen und ehrenamtlich tätigen Kommission für Insolvenzrecht im Jahre 1978 durch den damaligen Bundesjustizminister Hans-Jochen Vogel. Diese bestand aus Wissenschaftlern und Praktikern des Insolvenz- und des Arbeitsrechts, sowie Sachverständigen der Wirtschaftsverbände und der Gewerkschaften.[50]
Trotz Drängens von Seiten der Wirtschaft und der Politik ließ sich die Kommission für Insolvenzrecht nicht darauf ein, eine Reform „aus dem Boden zu stampfen“, sondern erkannte, daß eine nur fragmentarische Umgestaltung des geltenden Rechts nur weitere Probleme mit sich brächte. Ihren ersten Bericht legte die Kommission daher erst 1985, den zweiten 1986 vor.[51]

---

[48] Vgl. allgemein zur Geschichte der Insolvenzrechtsreform **Schmidt-Räntsch** Insolvenzordnung S. 49ff., Rz. 172ff.; **Bork** Rz. 8ff.; **Hofmann** DRiZ 1994, 411ff.; HK-**Flessner** Einleitung Rz. 1ff.; zur Geschichte des Insolvenzrechts überhaupt ausführlich **Hess** InsO Einleitung vor § 1, Rz. 15ff.

[49] **Hofmann** DRiZ 1994, 412; **U. Richter** in Tagungsberichte III, Anlage 4, S. 8; LK-**Tiedemann** vor § 283, Rz. 5.

[50] **Ahnert** S. 18; **Schmidt-Räntsch** Insolvenzordnung S. 50f., Rz. 177.

[51] Vgl. hierzu **Hofmann** DRiZ 1994, 412; **Uhlenbruck** Insolvenzrecht S. 20ff.; **Uhlenbruck** BB 1984, 1949ff.; **Schmidt-Räntsch** Insolvenzordnung S. 50ff., Rz. 177ff.; **Arnold** in Gottwald

Darin wurde bereits erkennbar, daß die Reform auf eine vollständige Umgestaltung des gesamten Rechtsgebietes gerichtet war. Die Berichte gaben die Trennung in Konkurs- und Vergleichsverfahren auf und sahen nur noch ein einheitliches Insolvenzverfahren vor. Nach einer noch neutralen Verfahrenseröffnung und einer Vorprüfung sollte alsbald die Weichenstellung auf Erhaltung nach Maßgabe eines Reorganisationsplans oder Verwertung durch das Insolvenzgericht erfolgen, wobei grundsätzlich der Konkurs vermieden und der Erhaltung und Sanierung der Vorrang eingeräumt werden sollte.[52] Das diesem Ziel dienende Reorganisationsverfahren entstand in Anlehnung an ausländische Rechtsordnungen und stellte in Deutschland ein Novum dar. Hiernach konnten die gesicherten Gläubiger in das Verfahren miteinbezogen werden, strukturelle wie auch gesellschaftsrechtliche Umgestaltungen des insolventen Unternehmens waren gestattet.[53] Daneben beschloß die Kommission auch Empfehlungen zur Bekämpfung der Massearmut. Mit Blick auf das Ziel einer wieder vermehrten Verfahrenseröffnung sollten zum einen alle bisherigen Konkursvorrechte beseitigt werden und die Kosten des Insolvenzverfahrens den ersten Rang in der Reihenfolge der Masseansprüche erhalten.[54] Zum anderen sollte ein Verfahrensbeitrag, den absonderungsberechtigte Inhaber besitzloser Mobiliarsicherheiten zu bezahlen hatten, der Anreicherung der Masse dienen.[55] Ferner zielten die Vorschläge der Kommission auf eine präzisere Fassung und vorsichtige Vorverlagerung der Insolvenzauslösetatbestände sowie auf eine Verschärfung des Anfechtungsrechts.[56] Schließlich war ein Verfahren für Kleininsolvenzen vorgesehen[57], von einer Restschuldbefreiung wurde dagegen noch Abstand genommen.[58]

(Hrsg.), Insolvenzrechtshandbuch § 1, Rz. 33ff.; **Baur/ Stürner** Insolvenzrecht § 4 V, S. 18ff.

52 Erster Kommissionsbericht, S. 36, 155ff. (Leitsatz 1.3.4.4); **Moosmayer** S. 10; **Moosmayer/ Smeets** NJ 1998, 511; **Hofmann** DRiZ 1994, 412.

53 Orientierungspunkte waren Regelungen in Frankreich, Italien, Belgien, vor allem aber auch in den USA, vgl. Erster Kommissionsbericht S. 36, 155ff. (Leitsatz 1.3.4.4), S. 37ff., 161ff. (Leitsatz 2.1.1ff.) und **Uhlenbruck** BB 1984, 1949ff.

54 Erster Kommissionsbericht S. 68ff., 342ff. (Leitsatz 3.8.1ff.), S. 36, 145 (Leitsatz 1.3.3).

55 Erster Kommissionsbericht S. 62, 312ff. (Leitsatz 3.3.2); vgl. auch Zweiter Kommissionsbericht S. 194ff. (Leitsatz 9.8).

56 Erster Kommissionsbericht S. 30f., 108ff. (Leitsatz 1.2.4ff.), S. 74ff., 399ff. (Leitsatz 5.1ff.).

57 Zweiter Kommissionsbericht S. 33ff., 146ff. (Leitsatz 6.1ff.).

58 Zweiter Kommissionsbericht S. 163 (Leitsatz 6.3).

II. Die Entwürfe des Bundesjustizministeriums

Die beiden Kommissionsberichte fanden auf der einen Seite Zustimmung. Die Zusammenführung von Liquidation und Sanierung in einem Gesetz, sowie Maßnahmen zur Vergrößerung der Insolvenzmasse wurden allgemein begrüßt.[59] Kritische Äußerungen kamen dagegen von Seiten der Wirtschaft, die eine Verringerung des Kreditvolumens, eine strengere Bewertung von Sicherheiten, sowie eine Verteuerung der Kredite prophezeite.[60] Ferner rügten die im Gravenbrucher Kreis zusammengeschlossenen Insolvenzpraktiker nach wie vor eine Verstaatlichung der Insolvenzabwicklung insofern, als die Entscheidung „Liquidation oder Sanierung" nach der Konzeption der Kommission allein dem Insolvenzgericht oblag.[61] Immer mehr wurden in der Folgezeit Rufe nach einer noch marktkonformeren Ausgestaltung der Sanierungsverfahren und nach einem weiteren Ausbau der Gläubigerposition im Sinne einer Deregulierung, d.h. einer in einem stärkeren Maße zurückgenommenen Stellung der Gerichte im Verfahren, laut.[62]

1. Der Diskussionsentwurf von 1988

Der 1988 vom Bundesjustizministerium vorgelegte Diskussionsentwurf[63] betonte daher die Aspekte der Flexibilität und Verfahrensderegulierung stärker und setzte auch im übrigen einige Schwerpunkte anders.[64] Ungewöhnlich an der Vorgehensweise war, daß anstelle eines unmittelbaren Regierungsentwurfes und dessen Erörterung zunächst ein Diskussionsentwurf veröffentlicht wurde. Dahinter stand die Absicht, den in vielerlei Hinsicht neuartigen Gesetzesvorschlag in der gesellschaftlichen und wissenschaftlichen Diskussion zunächst ohne politische Zwänge zu testen.[65]

---

59 **Ahnert** S. 19; **Hofmann** DRiZ 1994, 413; **Moosmayer** S. 12.

60 **Engelhard** ZIP 1986, 1289f.; **Arnold** in Gottwald (Hrsg.), Insolvenzrechtshandbuch § 1, Rz. 51ff.; **Hofmann** DRiZ 1994, 413.

61 Gravenbrucher Kreis BB Beilage 15/ 1986 zu Heft 29/ 1986, S. 1ff.

62 **Ahnert** S. 20; **Engelhard** ZIP 1986, 1290; **Balz** ZIP 1988, 274ff.; **Balz** in Neuordnung des Insolvenzrechts, S. 2ff., 8f., 18f.; **Moosmayer** S. 12; **Moosmayer/ Smeets** NJ 1998, 511; vgl. ferner BT Drs. 12/ 2443, 104; kritisch zum Konzept der Deregulierung **Henckel** KTS 1989, 477ff.

63 Der Diskussionsentwurf ist in zwei Bänden veröffentlicht. Die in Band 2 veröffentlichten Ergänzungen besaßen dabei keineswegs nur redaktionellen Charakter, sondern regelten u.a. die Vergütung des Insolvenzverwalters, die Neufassung des Anfechtungsgesetzes sowie die Aufhebung des § 419 BGB.

64 Vgl. zum Diskussionsentwurf allgemein **Uhlenbruck** ZRP 1988, 471ff.; **Arnold** in Gottwald (Hrsg.), Insolvenzrechtshandbuch § 1, Rz. 56ff., 71; **Balz** in Neuordnung des Insolvenzrechts, S. 1ff.; **Häsemeyer** Rz. 4.03; **Drukarczyk** ZIP 1989, 341ff.; **Hofmann** DRiZ 1994, 413f.; **Moosmayer** S. 12f.; Gravenbrucher Kreis ZIP 1989, 468ff.

65 **Ahnert** S. 20.

Dieser Entwurf enthielt bereits die wesentlichen Grundzüge der späteren InsO: Den Empfehlungen der Kommission folgend war das Verfahren einheitlich ausgestaltet. Ebenso war eine Reorganisationsmöglichkeit für den Schuldner vorgesehen, wenngleich deren prinzipieller Vorrang aufgegeben und die Sanierungsförderung nicht mehr länger als eigenständiges Verfahrensziel anerkannt wurde. Der Diskussionsentwurf sah insofern das neue Rechtsinstitut des Insolvenzplans vor. Im Gegensatz zum Reorganisationsplan der Kommission, der ausschließlich auf Sanierungskonzepte zugeschnitten war, bot dieser ein Forum für die Diskussion und Gestaltung einer vom Gesetz abweichenden Fortführungs- oder Liquidationsalternative und billigte dabei den Gläubigern größeren Einfluß zu.[66] Ebenfalls im Hinblick auf die Zielrichtung einer verstärkten Deregulierung der Insolvenzabwicklung wurde den Gläubigern eine Entscheidungsmöglichkeit eingeräumt, dem insolventen Schuldner weitgehende Verfügungs- und Verwaltungsrechte im Rahmen einer Eigenverwaltung zu belassen.[67] Ferner wurden die Verfahrensbeiträge, die die gesicherten Gläubiger zu entrichten hatten, gesenkt.[68] Schließlich sah der Entwurf ein dem deutschen Recht bislang völlig fremdes Restschuldbefreiungssystem vor.[69] Ein redlicher Schuldner, der sieben Jahre lang seine pfändbaren Forderungen auf Bezüge aus einem Dienstverhältnis seinen Gläubiger abtrat, konnte hiernach Befreiung von den gegen ihn gerichteten Forderungen erlangen.[70]

Der Diskussionsentwurf stieß auf eine positive Resonanz. Er wurde als ein geschlossenes und übersichtliches Gesetzesvorhaben gelobt, das allerdings die Gefahr von Verfahrensverschleppungen in sich berge und hohe Erwartungen an ein vernünftiges Vorgehen der mit starken Positionen ausgestatteten Gläubigerorgane setze.[71]

---

[66] Diskussionsentwurf Band 1, §§ 243ff., S. 125ff.; Teil A, S. 56ff.; Teil A, S. 22f., 80ff.; Teil B, S. 216ff.; **Hofmann** DRiZ 1994, 413; **Ahnert** S. 20; **Moosmayer** S. 13; **Balz** in Neuordnung des Insolvenzrechts, S. 4f.; 11ff.; **Bork** Rz. 375ff.

[67] Diskussionsentwurf Band 1, §§ 320ff., S. 164ff.; Teil A, S. 84f.; Teil B, S. 289ff.

[68] Vorgesehen waren nunmehr Quoten von jeweils 5% für die Feststellung der Sicherheiten, sowie für deren Verwertung. Vgl. im einzelnen Diskussionsentwurf Band 1, § 185, S. 95; Teil A, S. 51ff.; Teil B, S. 177f.

[69] Diskussionsentwurf Band 1, §§ 225ff., S. 116ff.; Teil A, S. 27ff., S. 85ff.; Teil B, S. 195ff.

[70] Diskussionsentwurf Band 1, § 226 II, § 234, S. 116, 119f.; Teil B, S. 198f., S. 206ff.

[71] **Hofmann** DRiZ 1994, 413; **Uhlenbruck** ZRP 1988, 471.

2. Der Referentenentwurf von 1989

Auf dem Diskussionsentwurf aufbauend erstellte das Bundesjustizministerium 1989 den Referentenentwurf.[72] Dieser lehnte sich stark an den Diskussionsentwurf an und korrigierte diesen nur in einigen Detailfragen.[73]

III. Der Einigungsvertrag

Entgegen dem Grundsatz des Art. 8 des Einigungsvertrages von 1990, wonach im Beitrittsgebiet grundsätzlich Bundesrecht in Kraft trat, sah man davon ab, das geltende Insolvenzrecht auf die neuen Bundesländer zu übertragen.[74] Die dadurch entstandene, unbefriedigende Situation einer getrennten Rechtslage in einem wiedervereinigten Deutschland gab der Reformbewegung einen neuen, zusätzlichen Impuls.

IV. Der Regierungsentwurf von 1991 und das Gesetzgebungsverfahren

Grundlage des nun folgenden Gesetzgebungsverfahrens wurde der Regierungsentwurf vom November 1991[75], der die vorangegangenen Entwürfe zusammenführte, sich aber bald auf Grund seines Umfanges von 399 Paragraphen dem Vorwurf der Überjustizialisierung und der Überperfektion ausgesetzt sah. Kritiker forderten in erster Linie wiederum eine noch freiere Verfahrensgestaltung und wollten Unsicherheiten durch Minderheitenschutzregelungen abbauen.[76]

Im Rahmen des Gesetzgebungsverfahrens wurden nochmals weitere Änderungen beschlossen, die das Gesetz nicht nur formal verschlankten, sondern auch an manchen Stellen inhaltlich veränderten.[77] Das Amt des Insolvenzverwalters sollte entgegen früheren Überlegungen nun doch nur von natürlichen Personen bekleidet werden können[78], der Überschuldungsbegriff erfuhr eine letzte Präzisierung, anstelle des ursprünglich vorgesehenen Verfahrens über Kleininsolvenzen trat ein eigen-

---

72 Die Veröffentlichung des Referentenentwurfs setzt sich zusammen aus den Entwürfen eines Gesetzes zur Reform des Insolvenzrechts (Band 1) und eines Einführungsgesetzes zur Insolvenzrechtsreform (Band 2).

73 Vgl. **Hofmann** DRiZ 1994, 414.

74 Vgl. bereits oben Zweiter Teil, Kapitel 1 A. IV.

75 BT Drs. 12/ 2443.

76 Kritisch zum Regierungsentwurf **Uhlenbruck** KTS 1992, 499ff.; **Uhlenbruck/ Brandenburg/ V. Grub/ Schaaf/ Wellensiek** BB 1992, 1734ff.

77 Vgl. BT Drs. 12/ 2443; BT Drs. 12/ 7302.

78 Vgl. **Uhlenbruck** AnwBl 1993, 453ff.; **Pick** NJW 1995, 993 gegen die im Regierungsentwurf zunächst vorgesehene Ausweitung des Kreises tauglicher Insolvenzverwalter auch auf juristische Personen.

ständiges Verbraucherinsolvenzverfahren, die Regelungen der Mobiliarsicherheiten erfuhren nochmals eine Veränderung und die Restschuldbefreiung sowie der Insolvenzplan wurden vereinfacht.[79]
Der entsprechend abgeänderte Gesetzesentwurf wurde am 21.4.1994 vom Bundestag verabschiedet und sollte am 1.1.1997 in Kraft treten.[80] Der Bundesrat rief daraufhin am 20.5.1994 den Vermittlungsausschuß mit einer Fülle von Begehren an. Letztlich griff dieser aber nur das Anliegen auf, das Inkrafttreten der Reform bis zum 1.1.1999 aufzuschieben. Grund hierfür war vor allem, die mit der Reform verbundene, erwartete hohe Arbeits- und Finanzbelastung.[81] Nachdem der Bundestag dieser zeitlichen Verschiebung zustimmte[82], trat die InsO am 1.1.1999 in ganz Deutschland in Kraft.[83]

C. Überblick über die insolvenzstrafrechtlich relevanten Neuerungen der InsO

Der folgende Teilabschnitt stellt überblickartig die Neuerungen der InsO insoweit vor, als ihnen Bedeutung für das Abhängigkeitsverhältnis zu den Insolvenzdelikten zukommt. Um die wesentlichen Grundzüge und die Struktur des neuen Insolvenzrechts deutlich zu machen, bleiben dabei zivilrechtliche Streit- und Detailfragen weitestmöglich unberücksichtigt.[84]

---

79 Vgl. im einzelnen **Hofmann** DRiZ 1994, 415ff.

80 BR Drs. 336/ 94; BR Drs. 337/ 94.

81 Der deutsche Richterbund hatte diesbezüglich auf den Mehrbedarf von 500 Richterstellen und 1800 Rechtspflegerstellen hingewiesen, vgl. DRiZ 1994, 148 und DRiZ 1994, 231; ferner **G. Pape** Rpfleger 1995, 134; **G. Pape** ZRP 1993, 289f.; **Uhlenbruck** DGVZ 1992, 37; **Haarmeyer/ Wutzke/ Förster** 1/ 4.

82 BT Drs. 12/ 7948; BR Drs. 644/ 94.

83 Vgl. BGBl 1994 I, 2866 (InsO) und BGBl 1994 I, 2911 (EGInsO). Gem. Art. 2 Nr. 1, Nr. 4 und Nr. 7 EGInsO wurden die VglO, die KO und die GesO aufgehoben. Seitdem erfolgten insbesondere durch das Gesetz zur Änderung des Einführungsgesetzes zur Insolvenzordnung und anderer Gesetze (EGInsOÄndG) vom 19.12.1998 (BGBl 1998 I, 3836) einige Änderungen der Vorschriften der InsO, vgl. hierzu **K. Wimmer** DZWir 1999, 62ff. Ferner haben die Länder mittlerweile entsprechende Ausführungsvorschriften erlassen, vgl. z.B. das Gesetz zur Ausführung der Insolvenzordnung in Baden-Württemberg, GBl 1998, 436.

84 Vgl. allgemein zu den insolvenzrechtlichen Neuerungen **Weinbörner** INF 1995, 18ff., 50ff.; **Breuer** Beilage zu NJW Heft 1/ 1999, 3ff.; **Pick** NJW 1995, 992; **G. Pape** NWB Fach 19, S. 2121ff.; **Huber** JuS 1998, 437ff., 543ff., 644ff., 744ff., 830ff., 924ff., 1036ff., 1140ff.; **Windel** Jura 1999, 1ff.; **Funke** BFuP 1995, 26ff.; **Funke** AnwBl 1993, 446ff.; **Baudrexel** JuS 1996, 691ff.; **Landfermann** BB 1995, 1649ff.; **Smid** DZWir 1994, 278ff.; **Moosmayer/ Smeets** NJ 1998, 513ff.

I. Grundsatz der Einheitlichkeit

In zweierlei Hinsicht führt die InsO zu einer Rechtsvereinheitlichung.[85] Zum einen wird der vormalige Dualismus zwischen Konkurs- und Vergleichsordnung aufgegeben. Zum anderen wird mit der InsO auch eine innerdeutsche Rechtseinheit wiederhergestellt. Das Insolvenzverfahren findet damit heute in all den Fällen statt, in denen früher ein Verfahren nach der KO oder der VglO oder der GesO zu eröffnen gewesen wäre. Welche Auswirkungen diese Vereinheitlichung auf die Insolvenzdelikte hat, wird später im Rahmen des § 283 VI, 2. und 3. Var. StGB zu untersuchen sein, die heute pauschal auf das Insolvenzverfahren abstellen, ohne zwischen den einzelnen früheren Verfahrensarten zu differenzieren.

II. Neufassung der Insolvenzgründe in §§ 17-19 InsO

Das Insolvenzverfahren wird auf Antrag (§§ 13ff. InsO) eröffnet, wenn ein Eröffnungsgrund vorliegt (§ 16 InsO). Eröffnungsgründe stellen die eingetretene Zahlungsunfähigkeit, die Überschuldung und neuerdings auch die drohende Zahlungsunfähigkeit dar, die in den §§ 17-19 InsO legaldefiniert sind.[86] Diese neuen Begriffsbestimmungen zielen neben einer begrifflichen Klarstellung auf eine Vorverlagerung der Insolvenzauslösung. Dahinter steht die Intention, mehr Verfahren als bislang eröffnen zu können. Für den Fall der Liquidation werden so höhere Befriedigungsquoten auf Grund einer größeren, verteilungsfähigen Vermögensmasse erwartet. Ferner dient das neue Insolvenzrecht wie angesprochen nicht mehr nur einseitig einer schnelleren Marktbereinigung, sondern unterstützt gleichrangig auch Sanierungskonzepte unter Mitwirkung und Mitbestimmung der Gläubiger. Auch deren Realisierung hat bei einer frühzeitigeren Verfahrenseröffnung größere Erfolgschancen.[87]

Die Eröffnungsgründe für ein Insolvenzverfahren entsprechen begrifflich den Krisenmerkmalen des § 283 I StGB. Es ist daher zu klären, ob und inwieweit die Legaldefinitionen der §§ 17-19 InsO auch für die inhaltliche Bestimmung der Kri-

---

[85] **Huber** JuS 1998, 438; **Hörl** S. 27f.; **Windel** Jura 1999, 1f.; **Haarmeyer/ Wutzke/ Förster** 1/ 12; kritisch **Smid** BB 1999, 2.

[86] Bislang kam dem Eröffnungsgrund der eingetretenen Zahlungsunfähigkeit gegenüber dem der Überschuldung in der konkursrechtlichen Praxis ganz überwiegende Bedeutung zu, vgl. **V. Grub** ZIP 1993, 395 und Fn. 9; **Penzlin** S. 78, 82f.; **Penzlin** NZG 2000, 464.

[87] **Bittmann** wistra 1998, 321f. Kritisch hierzu **Penzlin** S. 76, 128, der darauf hinweist, daß sich in der Praxis nach wie vor und unabhängig vom Verlauf des Verfahrens bereits mit der Stellung eines Insolvenzantrags zwangsläufig negative Folgewirkungen ergeben. Auch die Gläubiger seien daher keineswegs immer daran interessiert, ein Insolvenzverfahren möglichst früh zu eröffnen. Vgl. ferner zu dieser negativen Publizität des Insolvenzantrags **Penzlin** NZG 1999, 1208; **Wittig** NZI 1998, 50; **V. Grub** ZIP 1993, 393f.

senmerkmale des Bankrotts maßgeblich sind. Daneben sind die Auswirkungen herauszuarbeiten, die sich aus der Einführung der drohenden Zahlungsunfähigkeit als Insolvenzgrund und aus der Neubestimmung der beiden bisherigen Insolvenzgründe der eingetretenen Zahlungsunfähigkeit und der Überschuldung auf die objektive Strafbarkeitsbedingung des § 283 VI StGB ergeben.

III. Die Sicherungsmaßnahmen im Insolvenzverfahren

Für die Prüfung der Eröffnungsvoraussetzungen benötigt das Insolvenzgericht oft längere Zeit. Es kann sein, daß der Antrag des Schuldners nicht vollständig ist, so daß gem. § 20 InsO weitere Auskünfte anzufordern sind. Im Falle eines Gläubigerantrags muß der Schuldner ferner nach § 14 II InsO gehört werden. Schließlich hat das Gericht gem. § 5 I InsO von Amts wegen Ermittlungen zum Eröffnungstatbestand anzustellen. Dies erfordert in nicht wenigen Fällen aufwendige betriebswirtschaftliche Prüfungen. Währenddessen kann das verwertbare Vermögen des Schuldners nicht ungesichert bleiben. Das Gericht hat daher die Möglichkeit, während dieser Phase Maßnahmen nach § 21 I, II InsO zu ergreifen, insbesondere einen vorläufigen Insolvenzverwalter einzusetzen (§§ 21 II Nr. 1, 22 InsO)[88], dem Schuldner ein allgemeines Verfügungsverbot aufzuerlegen (§§ 21 II Nr. 2, 1. Alt., 24, 81f. InsO), Maßnahmen der Zwangsvollstreckung gegen den Schuldner zu untersagen oder einstweilen einzustellen (§ 21 II Nr. 3 InsO) oder eine vorläufige Postsperre anzuordnen (§ 21 II Nr. 4, 99, 101 I InsO). Diese Sicherungsmaßnahmen tragen dazu bei, die Masse vor Auszehrung zu sichern und zu erhalten, um letztlich die Zahl der Verfahrensabweisungen mangels Masse zu reduzieren.
Insolvenzstrafrechtlich hat dies zur Folge, daß heute vermehrt an die Stelle des Bedingungseintritts nach § 283 VI, 3. Var. StGB der nach § 283 VI, 2. Var. StGB tritt.

---

[88] Vgl. hierzu **Burger/ Schellberg** DB 1994, 1833; **Haarmeyer/ Wutzke/ Förster** 1/ 21; **Bork** Rz. 102ff.; **Windel** Jura 1999, 3; **Huber** JuS 1998, 440; **Uhlenbruck** KTS 1994, 169; **Uhlenbruck** WiB 1994, 852.
Zu den Aufgaben des vorläufigen Insolvenzverwalters gehört es im Falle des § 22 I 1 InsO, die Vermögensmasse des Schuldners zu sichern und zu erhalten, das Unternehmen zunächst einmal fortzuführen, sowie Sanierungsaussichten zu prüfen (§ 22 I 2 Nr. 1-3 InsO). In der Praxis werden hier vielfach bereits die entscheidenden Weichen für oder gegen eine Sanierung gestellt.

IV. Die Abschaffung der ehemaligen Konkursvorrechte

Einer größeren Verteilungsgerechtigkeit kommt die Streichung aller früher in § 61 KO enthaltenen Konkursvorrechte zugute.[89] Dessen Rangordnung hatte wesentlichen Anteil daran, daß die Befriedigungsquoten der nicht bevorrechtigten Gläubiger iSd § 61 I Nr. 6 KO nur bei rund 5% lagen.[90] Bei der Verteilung werden heute die Insolvenzgläubiger nach § 38 InsO grundsätzlich alle gleich behandelt. Eine Rangfolge gibt es nur hinsichtlich der nachrangigen Insolvenzgläubiger nach § 39 InsO, sofern diese nach § 174 III InsO gerichtlich zur Anmeldung ihrer Forderungen aufgefordert wurden.[91] Die Nachrangigkeit dieser Forderungen kann jedoch nicht als Aufrechterhaltung der ehemaligen Konkursvorrechte verstanden werden, da diese früher gem. §§ 63 KO, 32a GmbHG a.F. gänzlich vom Konkursverfahren ausgeschlossen waren.[92] Zu beachten ist aber, daß diesem Befriedigungssystem die Aus- und Absonderungsberechtigten (§§ 47ff. InsO)[93] sowie die Massegläubiger[94] (§ 53 InsO) nicht unterliegen. Erstere werden außerhalb des Verfahrens befriedigt und auch die Masseverbindlichkeiten der letzteren sind keine normalen Insolvenzforderungen, sondern vorweg zu berichtigende Ansprüche.

Eine volle Gläubigergleichbehandlung ist daher auch nach neuer Rechtslage nicht gegeben.[95]

Dennoch aber entspricht das neue Recht mit seinem vollständigen Abbau der nach § 61 KO bestehenden Vorrechte wesentlich stärker dem Leitbild einer gleichmäßigen Befriedigung aller Gläubiger als die KO. Die Neuregelung bringt ferner als Konsequenz mit sich, daß die bislang bevorrechtigten Gläubiger nunmehr wesentlich früher einen Insolvenzantrag stellen, denn sie können nicht mehr damit rech-

---

89 **Weinbörner** INF 1995, 20; **Haarmeyer/ Wutzke/ Förster** 1/ 28, 7/ 5; **Moosmayer/ Smeets** NJ 1998, 514; **G. Pape** NWB Fach 19, 2121ff.; **Smid** BB 1999, 5.

90 Vgl. nochmals oben die Insolvenzstatistik Zweiter Teil, Kapitel 1 A. I. 3.

91 BT Drs. 12/ 2443, 123; FK-**Schulz** § 39, Rz. 1; **Haarmeyer/ Wutzke/ Förster** 1/ 28; **Bork** Rz. 301.

92 **G. Pape** NWB Fach 19, 2121ff.; **Haarmeyer/ Wutzke/ Förster** 1/ 27; **Bork** Rz. 301f. Vgl. speziell zu Forderungen auf Rückgewähr eines eigenkapitalersetzenden Gesellschafterdarlehens auch unten Dritter Teil, Kapitel 2 C. II. 2. d).

93 Vgl. hierzu **Niesert** InVo 1998, 85ff., 141ff.; **Lwowski/ Heyn** WM 1998, 473ff.; **Breuer**, Beilage zu NJW 1999, Heft 1, 17f.; **G. Pape** NWB Fach 19, 2121ff.; **Huber** JuS 1998, 746ff.; **Smid** BB 1999, 5.

94 Massegläubiger sind die Gläubiger, deren Ansprüche erst nach Eröffnung des Insolvenzverfahrens begründet oder durch das Verfahren selbst veranlaßt wurden. Die Ansprüche dieser Gläubiger werden als Masseverbindlichkeiten bezeichnet. Dazu gehören die Kosten des Insolvenzverfahrens nach § 54 InsO und die Masseverbindlichkeiten nach §§ 123 II 1, 324 InsO (vgl. hierzu **Smid** BB 1999, 5; Smid-**Müller** § 123, Rz. 19ff.) sowie die sonstigen Masseverbindlichkeiten nach § 55 InsO.

95 **Haarmeyer/ Wutzke/ Förster** 7/ 5; FK-**Schulz** § 55, Rz. 1.

nen, vorrangig vor den anderen Gläubigern befriedigt zu werden. Damit dient die Neuregelung auch hier dem Ziel einer frühzeitigeren Entscheidung über die Verfahrenseröffnung und ermöglicht so den Zugriff auf eine größere Masse.[96] Insolvenzstrafrechtlich führt dies zu einer Vorverlagerung des Eintritts der objektiven Bedingungen nach § 283 VI, 2. oder 3. Var. StGB. Dem Handeln des Schuldners kann damit heute bereits zu einem früheren Zeitpunkt strafrechtliche Relevanz beigemessen werden.

V. Sonstige Maßnahmen zur Masseanreicherung

Die InsO sieht eine Fülle von Maßnahmen zur Masseanreicherung vor. Auf die Neugestaltung der Insolvenzgründe, die Sicherungsmaßnahmen im Eröffnungsverfahren und die Beseitigung der ehemaligen Konkursvorrechte wurde bereits hingewiesen. Weitere Maßnahmen werden im folgenden dargestellt. Für das Insolvenzstrafrecht hat die Reduzierung des Anteils mangels Masse abgewiesener Verfahren zur Folge, daß die objektive Bedingung des § 283 VI StGB häufiger in ihrer 2. Var. anstatt in ihrer 3. Var. eintritt.

1. Die Insolvenzmasse

Nach § 26 I InsO weist das Insolvenzgericht einen Antrag auf Verfahrenseröffnung nur dann mangels Masse ab, wenn das Vermögen des Schuldners voraussichtlich nicht ausreicht, um die Kosten des Verfahrens zu decken. Da das Verfahren nicht im öffentlichen, sondern im Gläubigerinteresse durchgeführt wird, ist der Staat in diesem Fall nicht verpflichtet auf seine Kosten ein Verfahren zu eröffnen.[97] Nach § 54 InsO sind aber unter den Verfahrenskosten lediglich die Gerichtskosten des Verfahrens und die Vergütungen und Auslagen des Insolvenzverwalters zu verste-

---

[96] **Haarmeyer/ Wutzke/ Förster** 7/ 5; **G. Pape** NWB Fach 19, 2121ff.

[97] Nach § 26 I 2 InsO unterbleibt die Abweisung, wenn ein entsprechender Geldbetrag vorgeschossen wird. Diesen kann ein Gläubiger nach § 26 III InsO von jeder Person erstattet verlangen, die entgegen den Vorschriften des Gesellschaftsrechts pflichtwidrig und schuldhaft keinen Eröffnungsantrag gestellt hat.
Stellt sich erst nach der Verfahrenseröffnung heraus, daß die Insolvenzmasse zur Deckung der Verfahrenskosten nicht ausreicht, so wird das Verfahren nach § 207 InsO mangels Masse eingestellt. Reicht dagegen die Masse zwar zur Deckung der Verfahrenskosten aus, nicht aber um die fälligen, sonstigen Masseverbindlichkeiten zu erfüllen, so liegt Masseunzulänglichkeit nach § 208 I InsO vor und die Verbindlichkeiten sind in der Rangfolge des § 209 InsO zu befriedigen. Anschließend erfolgt dann ebenso die Einstellung des Verfahrens (§ 211 InsO). Vgl. hierzu **G. Pape** NWB Fach 19, 2121ff.; FK-**Schulz** § 207, Rz. 1f.; **Bork** Rz. 276ff.; HK-**Landfermann** § 207, Rz. 3f.; **Haarmeyer/ Wutzke/ Förster** 1/ 19, 8/ 109ff. Kritisch zur Rangfolge des § 209 InsO **Häsemeyer** Rz. 14.24 und **Windel** Jura 1999, 3, die diese teilweise für verfassungswidrig halten.

hen. Ein Verfahren ist daher nach neuem Recht wesentlich leichter als bislang zu eröffnen. Dies führt insofern zu einer besseren Befriedigung der Gläubiger, als nun vermehrt ein kontrolliertes und geordnetes Abwicklungsverfahren zur Verfügung steht.[98]

Weiter erfaßt das Insolvenzverfahren wie bisher das gesamte Vermögen, das dem Schuldner zur Zeit der Verfahrenseröffnung gehört, sowie nunmehr auch das Vermögen, das er während des Verfahrens hinzu erlangt, § 35 InsO. Im Gegensatz zum Grundsatz „Neuerwerb ist konkursfrei." der alten KO[99] wird also nach der InsO auch das Neuvermögen des Schuldners vom Insolvenzbeschlag erfaßt.[100]

2. Die Kostenbeiträge der gesicherten Gläubiger

Der Auslaugung der Insolvenzmasse durch Sicherungsrechte entgegenwirken sollen die im Reformprozeß lange kontrovers diskutierten Kostenbeiträge der gesicherten Gläubiger. Nach §§ 170, 171 I 1, II InsO sind der Masse grundsätzlich Feststellungs- und Verwaltungskosten in pauschaler Höhe von 4%, bzw. 5% des Verwertungserlöses zuzuführen. Alternativ können auch tatsächlich entstandene höhere oder niedrigere Kosten geltend gemacht werden. Schließlich ist eine bei Verwertung eventuell anfallende Umsatzsteuer, die die Masse belastet, ebenfalls vom Verwertungserlös in Abzug zu bringen. Bei einem Anfall von 15% Umsatzsteuer hat jeder Sicherungsgläubiger damit nach der InsO einen Abzug von insgesamt 24% hinzunehmen.[101] Damit wird die Insolvenzmasse entlastet und der bisherige Mißstand der Befriedigung der Sicherungsgläubiger auf Kosten der Masse zumindest herabgemindert.[102]

---

98 **Haarmeyer/ Wutzke/ Förster** 3/ 283; **Bork** Rz. 98ff.; **Moosmayer** S. 37; **Moosmayer/ Smeets** NJ 1998, 514; **Uhlenbruck** WiB 1994, 852; **Uhlenbruck** GmbHR 1995, 83.
Zu befürchten ist allerdings, daß viele massearme Verfahren rasch nach Eröffnung wegen Masseunzulänglichkeit nach §§ 208ff., 211 InsO wieder eingestellt werden müssen, was zur Folge hätte, daß sich die Befriedigungsquoten der Gläubiger auch nach neuem Recht nicht wesentlich verbesserten, vgl. **Windel** Jura 1999, 3; **Smid** BB 1999, 2f.; **V. Grub** ZIP 1993, 393ff.; **Penzlin** S. 52. Immerhin verläuft die Abwicklung aber dann soweit als möglich nach geordneten Regeln.

99 Vgl. § 1 I KO und dazu **Kilger/ K. Schmidt** § 1 KO, Anm. 3) B, S. 30f.

100 Erster Kommissionsbericht S. 93f. (Leitsatz 1.1.4); BT Drs. 12/ 2443, S. 120; **Hess/ G. Pape** Rz. 195; **Hess/ Weis** InVo 1998, 275; **Bork** Rz. 119; **Haarmeyer/ Wutzke/ Förster** 1/ 26; **Moosmayer/ Smeets** NJ 1998, 514; **Windel** Jura 1999, 3; **Uhlenbruck** WiB 1994, 853; krit. **Dieckmann** in Insolvenzrecht im Umbruch S. 127ff.

101 **Weinbörner** INF 1995, 21; **G. Pape** NWB Fach 19, 2121ff.; **Pick** NJW 1995, 995; **Moosmayer** S. 38; **Moosmayer/ Smeets** NJ 1998, 515; **Smid** DZWir 1994, 279f.; **Uhlenbruck** WiB 1994, 853.

102 HK-**Landfermann** § 170, Rz. 2, § 171, Rz. 15ff.; **Bork** Rz. 256f.; FK-**Wegener** § 171, Rz. 2. Kritisch hierzu **Penzlin** S. 51; **Smid** DZWir 1994, 279f.; **Burger/ Schellberg** KTS 1995, 576; **Breuer** Beilage zu NJW 1999, Heft 1, 18, die zwar den positiven Effekt der Masseanreicherung durch die getroffene Neuregelung anerkennen, auf der anderen Seite aber anmerken, das es nicht

3. Die Verschärfung des Anfechtungsrechts

Ebenfalls neu geregelt wird die Insolvenzanfechtung in den §§ 129-147 InsO. Wesentliches Kennzeichen des neuen Rechts ist die uneingeschränkte Anwendung in einem künftigen Insolvenzverfahren.[103] Vormals war die Anfechtung auf den Konkurs beschränkt, das Vergleichsverfahren kannte kein entsprechendes Rechtsinstitut. Durch die frühzeitige Verknüpfung der Anfechtungsfristen bereits mit dem Antrag auf Verfahrenseröffnung wird der Mißstand einer nicht möglichen Anfechtbarkeit von Rechtshandlungen im Eröffnungsverfahren beseitigt. Weiter schaffen die §§ 130 III, 131 II 2 InsO Beweiserleichterungen hinsichtlich der subjektiven Elemente der Anfechtungstatbestände, die im einzelnen in ihrer Grundstruktur unverändert bleiben und lediglich entzerrt werden.[104] Als Rechtsfolge der Anfechtung ergibt sich aus § 143 InsO ein Rückgewähranspruch der Masse.

4. Das Verhältnis zur Einzelzwangsvollstreckung

Während der Dauer des Insolvenzverfahrens dürfen die Insolvenzgläubiger nach § 89 I InsO weder in die Insolvenzmasse noch in das sonstige Schuldnervermögen vollstrecken. Neu eingeführt wurde darüber hinaus in § 88 InsO eine sog. Rückschlagsperre, wonach Sicherungen, die ein Insolvenzgläubiger im letzten Monat vor dem Insolvenzantrag oder nach diesem durch Zwangsvollstreckung erlangt hat, mit Verfahrenseröffnung unwirksam werden.[105] Diese Unwirksamkeit tritt ipso iure ein, also ohne daß es einer Anfechtung bedarf. Auch § 88 InsO dient so den Zielen einer Anreicherung der Insolvenzmasse sowie einer ausgeprägteren Gleichbehandlung der Gläubiger.[106]

---

nachvollziehbar sei, warum der Gesetzgeber es diesen Gläubigern explizit gestatten will, die Feststellungs- und Verwertungskosten durch eine entsprechende Übersicherung zu kompensieren, vgl. BT Drs. 12/ 2443, S. 89, 181f., ferner im gleichen Sinne BGHZ 94, 113ff.; BGHZ 120, 303 und grundlegend BGH (Großer Senat) WM 1998, 232f., anders noch Erster Kommissionsbericht S. 312 (Leitsatz 3.3.2). Der gesicherte Gläubiger soll ihrer Ansicht nach gerade nicht durch eine entsprechende Vertragsgestaltung eine 100%ige Befriedigung erlangen können, so daß es entgegen dem eigentlichen legislatorischen Ansinnen der Reform am Ende doch wieder die ungesicherten Gläubiger sind, die die wirtschaftlichen Folgen der Feststellung und Verwertung tragen. Kritisch ferner **Uhlenbruck** WiB 1994, 853; **Uhlenbruck** Insolvenzrecht S. 70f., der die Zulässigkeit einer Übersicherung zwar begrüßt, aber davon ausgeht, daß das Sicherungsgut eine solche meist nicht zuläßt.

[103] **G. Pape** NWB Fach 19, 2121ff.; **Moosmayer** S. 38.

[104] BT Drs. 12/ 2443, S. 161f. Vgl. ferner §§ 30-32a KO einerseits und §§ 130-135 InsO andererseits.

[105] Bislang gab es ein vergleichbares Rechtsinstitut nur im Vergleichsrecht, vgl. §§ 28, 87, 104 VglO.

[106] Die Rückschlagsperre gestattet es dem Schuldner, über eine frühzeitige Antragstellung den Pfändungspfandgläubigern ihr Vorzugsrecht zu nehmen und so das gepfändete Gut für die In-

VI. Der Insolvenzplan

Von vielen als das Kernstück der Reform bezeichnet[107], führt die InsO in den §§ 217-269 InsO das Insolvenzplanverfahren ein.[108]

1. Wesen, Sinn und Zweck des Insolvenzplans

Mit Hilfe eines Insolvenzplans kann einzelfallabhängig die wirtschaftlich effektivste Verwertungsalternative ausgewählt werden. So sollen die Gläubigerinteressen stärker durchgesetzt und ihre gleiche Befriedigung in größerem Umfang erreicht werden. Der Insolvenzplan setzt damit die Zielvorstellungen eines marktkonformen und deregulativen Verfahrens, sowie einer verstärkten Gläubigerautonomie im Gesetz um.[109]

Gegenstand eines Insolvenzplans kann zwar auch eine Liquidation oder eine übertragende Sanierung sein. In erster Linie soll aber mit Hilfe des Insolvenzplans ein flexibleres und wirtschaftlich effektiveres, originäres Sanierungsverfahren ermöglicht werden.[110] Die §§ 217ff. InsO treten im einheitlichen Insolvenzverfahren an die Stelle des Vergleichsverfahrens als bisheriges Institut für eine Sanierung, ohne dabei die engen Anforderungen zu übernehmen, die diese zur Bedeutungslosigkeit verkommen ließen.[111]

---

solvenzmasse zu sichern. So kann uU in der Praxis die erforderliche Liquidität für die Verfahrenseröffnung geschaffen werden. Vgl. zur Rückschlagsperre allgemein FK-**App** § 88, Rz. 1; **Hess** InsO § 88, Rz. 8f.; **Bork** Rz. 128a; **Huber** JuS 1998, 439, 545f.; **G. Pape** NWB Fach 19, 2121ff.; **G. Pape** NWB Fach 19, 2328; **Haarmeyer/ Wutzke/ Förster** 1/ 2, 4/ 10; Smid-**Smid** § 88, Rz. 1; HK-**Eickmann** § 88, Rz. 1ff.; **Harald Wagner** § 88, Rz. 1; **Smid** BB 1999, 5; **Vallender** ZIP 1997, 1993ff.; **Uhlenbruck** GmbHR 1995, 197.

107 **Windel** Jura 1999, 6; **Hörl** S. 45; **Huber** JuS 1998, 1038; **Pick** NJW 1995, 995; **Moosmayer/ Smeets** NJ 1998, 516; **G. Pape** NWB Fach 19, 2121ff.

108 BT Drs. 12/ 2443, S. 49ff., 90ff., 194ff., 259, 268.

109 **Weinbörner** INF 1995, 50f.; **Huber** JuS 1998, 1038; **Funke** AnwBl 1993, 447; **Funke** BFuP 1995, 33f.; **Moosmayer/ Smeets** NJ 1998, 516; **Moosmayer** S. 40; **Penzlin** S. 25f.; **Smid** DZWir 1994, 283. Vgl. zur Anlehnung des Insolvenzplans an das US-amerikanische Reorganisationsverfahren nach Chapter 11 Bankruptcy Code **Funke** in FS Helmrich, S. 627ff.; **Pick** NJW 1995, 995.

110 Auch der Gesetzgeber sieht den Insolvenzplan als ein universelles und deregulatives Instrument zur Masseverwertung, das insbesondere im Interesse einer Sanierung eingesetzt werden könne, vgl. BT Drs. 12/ 2443, S. 90f. Vgl. darüber hinaus **Weinbörner** INF 1995, 50; **Riggert** WM 1998, 1521f.; **Windel** Jura 1999, 6; **Warrikoff** KTS 1996, 500; **G. Pape** NWB Fach 19, 2121ff.; **Funke** AnwBl 1993, 447; **Huber** JuS 1998, 1038 und aus strafrechtlicher Sicht **Moosmayer** S. 40; **Penzlin** S. 25; **Hörl** S. 45f.
Für den Fall der Liquidation ist das Verfahren der Aufstellung und Annahme des Insolvenzplans in aller Regel zu aufwendig ausgestaltet. Insbesondere **Burger/ Schellberg** DB 1994, 1833f. befürworten aber auch die Variante des Liquidationsplans, wenn dieser gegenüber der gesetzlichen Regelung eine für den Einzelfall effektivere Vermögensverwertung vorsieht.

111 **Landfermann** BB 1995, 1654; **Windel** Jura 1999, 6; **Huber** JuS 1998, 1038; **Schmidt-Räntsch**

Aus insolvenzstrafrechtlicher Sicht ist später die Frage aufzuwerfen, ob dem Insolvenzplan in gewissen Konstellationen strafbefreiende Wirkung zugemessen werden muß. Bedenken gegenüber einer Strafbarkeit nach § 283 StGB werden im Schrifttum insbesondere dann erhoben, wenn innerhalb eines auf Grund drohender Zahlungsunfähigkeit eröffneten Insolvenzverfahrens ein auf der Grundlage eines Insolvenzplans durchgeführtes Sanierungsprojekt erfolgreich verläuft, wenn es also dem Schuldner gelingt, seine wirtschaftliche Krisensituation im Verfahren vollständig und dauerhaft zu überwinden.[112]

2. Das Insolvenzplanverfahren

Aus diesem Grund ist im folgenden kurz auf den Ablauf des Insolvenzplanverfahrens und seine Wirkungen einzugehen.

Gem. § 218 InsO haben nur der Schuldner[113] und der Insolvenzverwalter[114] das Planinitiativrecht. Den Gläubigern wird lediglich in § 157 InsO die Möglichkeit eingeräumt, dem Insolvenzverwalter eine Zielvorgabe für einen Plan zu erteilen und ihn mit der Ausarbeitung zu beauftragen.[115]

Den Regelungsgegenstand des Plans bestimmt die InsO nur in weiten Grenzen und läßt große Freiräume für eigene Gestaltungskonzepte. Nach §§ 219ff. InsO ist der Plan lediglich in einen darstellenden Teil im Sinne einer umfangreichen Krisenanalyse und in einen gestaltenden Teil, in dem die Änderungen der Rechtsstellungen

MDR 1994, 321; **Funke** AnwBl 1993, 447; **Funke** BFuP 1995, 34.

[112] Vgl. hierzu **Moosmayer** S. 191ff.; **Uhlenbruck** ZInsO 1998, 251f.; **Uhlenbruck** NZI 1998, 33. Ausführlich zu diesen Fragen unten Dritter Teil, Kapitel 3 E. und F.

[113] Zwar sind nach neuem Recht auf Grund des nunmehr einheitlichen Insolvenzverfahrens mißbräuchlich gestellte Vergleichsanträge, deren Zweck allein darin bestand, ein Konkursverfahren zunächst zu verhindern, nicht mehr denkbar. Teile der Insolvenzrechtspraxis sehen aber im Antragsrecht des Schuldners nach § 218 InsO Möglichkeiten zu einem ähnlichen Mißbrauch, wenn dieser seinen Insolvenzeröffnungsantrag mit einer illusionären Planvorlage verbindet, deren Erörterung dann u.U. viel Zeit vergeudet, die besser zur Einleitung und raschen Durchführung eines Regelinsolvenzverfahrens hätte genutzt werden können, vgl. **V. Grub/ Rinn** ZIP 1993, 1583; **G. Pape** NWB Fach 19, 2121ff.

[114] Vielmals werden der vorläufige Insolvenzverwalter (§§ 21f. InsO) und der Insolvenzverwalter (§§ 56ff. InsO) personengleich sein, so daß dieser bereits gem. § 22 I Nr. 3 InsO die Aussichten für eine Fortführung des Unternehmens des Schuldners prüft, vgl. **Landfermann** BB 1995, 1654; **Uhlenbruck** GmbHR 1995, 209f. und oben Zweiter Teil, Kapitel 1 C. III. sowie Fn. 88.

[115] Der Regierungsentwurf hatte noch ein Initiativrecht eines jeden Gläubigers vorgesehen, wovon der Gesetzgeber dann aber wieder Abstand nahm, um eine unüberschaubare Vielzahl von Insolvenzplänen zu vermeiden und die Gerichte vor einer zu großen Belastung zu bewahren, vgl. **Funke** AnwBl 1993, 447, ferner zum Planinitiativrecht **Smid** BB 1999, 3; Smid-**Smid/ Rattunde** § 218, Rz. 7ff.; **Funke** BFuP 1995, 34; **Pick** NJW 1995, 995; **Huber** JuS 1998, 1039; **Riggert** WM 1998, 1521; **Moosmayer/ Smeets** NJ 1998, 516; aus dem strafrechtlichen Schrifttum **Penzlin** S. 25.

der Beteiligten durch den Plan festgelegt werden, zu gliedern.[116] Im gestaltenden Teil des Plans ist nach §§ 222ff. InsO eine Einteilung der Gläubiger mit unterschiedlicher Rechtsstellung in verschiedene Gruppen vorzunehmen. Innerhalb dieser Gruppen müssen die Gläubiger in der Regel gleichbehandelt werden, es müssen also gruppenintern die gleichen Rechte angeboten werden (§ 226 InsO).[117]
Der Insolvenzplan ist dann nach § 218 InsO dem Insolvenzgericht zur Kontrolle vorzulegen. Dieses prüft, ob neben den formalen Voraussetzungen die Durchführbarkeit des Plans gegeben ist und weist ggf. den Plan durch Beschluß zurück (§ 231 I InsO).[118] Andernfalls müssen sich Gläubiger und Schuldner für den Insolvenzplan aussprechen.[119] Um das Risiko einer mißbräuchlichen Blockadehaltung des Schuldners auszuschließen, kann dessen Zustimmung unter den Voraussetzungen des § 247 II InsO ersetzt werden. Ebenso gestaltet sich die Annahme des Plans auf Gläubigerseite vielfach schwierig, da diese im einzelnen oft widerstreitende Interessen verfolgen und so häufig kein einheitlicher Wille existiert. So kann ein Gläubiger, um seinen finanziellen Verlust möglichst gering zu halten, zum Beispiel die Strategie verfolgen, sich den Schuldner mittel- oder langfristig als Geschäftspartner oder Arbeitgeber zu erhalten, und so ein Sanierungskonzept unterstützen. Ein anderer mag dagegen möglichst rasch Befriedigung erlangen wollen und somit auf Liquidation drängen.[120] Die Abstimmung erfolgt hier in den zuvor festgestellten Gläubigergruppen. Dabei muß innerhalb jeder Gruppe eine Mehrheit, die mehr als die Hälfte der abstimmenden Gläubiger und mehr als die Hälfte der Ansprüche dieser Gruppe ausmacht, für den Plan stimmen.[121] Für den Fall, daß die erforderlichen Mehrheiten nicht zustande kommen, enthält § 245 InsO ein sog. Obstruktionsverbot[122], das inhaltlich der Regelung des § 247 II InsO bezüglich des widersprechen-

[116] **Warrikoff** KTS 1996, 502f.; **Bork** Rz. 315ff.; **Windel** Jura 1999, 6; **Uhlenbruck** Insolvenzrecht S. 105f.; **Pick** NJW 1995, 996; **Huber** JuS 1998, 1038; **Landfermann** BB 1995, 1654; **Burger/ Schellberg** DB 1994, 1834f.; **Moosmayer/ Smeets** NJ 1998, 516; aus dem strafrechtlichen Schrifttum **Hörl** S. 46; **Penzlin** S. 25.

[117] **Hörl** S. 46; **Huber** JuS 1998, 1038; **Windel** Jura 1999, 7; **Burger/ Schellberg** DB 1994, 1835.

[118] **Riggert** WM 1998, 1522, kritisch hierzu **Burger/ Schellberg** DB 1994, 1835 und **Stürner** in Insolvenzrecht im Umbruch S. 46f., der eine betriebswirtschaftliche Kontrolle durch die Gerichte für nicht möglich hält.

[119] BT Drs. 12/ 2443, S. 205ff.; **Windel** Jura 1999, 7; **Penzlin** S. 25f.

[120] **Smid** DZWir 1994, 283.

[121] Vgl. §§ 235, 237f., 77, 244ff. InsO und hierzu **Weinbörner** INF 1995, 50; **Huber** JuS 1998, 1039; **Pick** NJW 1995, 996; **Windel** Jura 1999, 7; **Funke** BFuP 1995, 34f.; **Landfermann** BB 1995, 1655; **Burger/ Schellberg** DB 1994, 1836; **Riggert** WM 1998, 1523.

[122] Vorbild für dieses Obstruktionsverbot war die sog. „cram-down-rule" des amerikanischen Insolvenzrechts, **Balz** ZIP 1988, 287; Smid-**Smid/ Rattunde** § 245, Rz. 15; vgl. im übrigen **Weinbörner** INF 1995, 50; **Huber** JuS 1998, 1039; **Landfermann** BB 1995, 1655; krit. zum Obstruktionsverbot **Stürner** in Insolvenzrecht im Umbruch S. 46f., 49; **Riggert** WM 1998, 1523.

den Schuldners entspricht.[123] Nach § 248 InsO bedarf der Plan nach Annahme durch die Gläubiger und Zustimmung des Schuldners der Bestätigung durch das Insolvenzgericht. Dieses hat nach der Minderheitenschutzregelung in § 251 InsO die Bestätigung zu versagen, wenn ein einzelner überstimmter Gläubiger dem Plan widersprochen hat und glaubhaft machen kann, daß er nach der Planlösung wirtschaftlich schlechter steht als im Falle der gesetzlichen Liquidation.[124]
Mit Rechtskraft der den Plan bestätigenden Entscheidung treten gem. § 254 InsO die im gestaltenden Teil des Plans festgelegten Wirkungen ein und das Insolvenzverfahren wird nach § 258 InsO aufgehoben.[125] Das Amt des Insolvenzverwalters erlischt und der Schuldner erhält die Verfügungsbefugnis über die Insolvenzmasse wieder zurück, § 259 InsO. Zu einem Wiederaufleben der ursprünglichen Forderungen kann es nach § 255 InsO nur dann ausnahmsweise kommen, wenn der Schuldner mit der Planerfüllung erheblich in Rückstand gerät.[126] Trifft der Plan keine anderweitige Bestimmung, so erlangt der Schuldner gem. § 227 InsO nach der im Plan vorgesehenen Befriedigung der Gläubiger Restschuldbefreiung.[127]
Schließlich gehört es zu den Entscheidungen der Gläubiger festzulegen, ob ein Planüberwachungsverfahren nach §§ 260-269 InsO durchgeführt werden soll, oder ob die Erfüllung des Plans dem Schuldner alleine überlassen bleibt. Die Überwachung wird ggf. vom Insolvenzverwalter vorgenommen, dessen Amt dann insofern bestehen bleibt, § 261 InsO.[128]

VII. Die Eigenverwaltung

Während die Verwaltungs- und Verfügungsbefugnis über die Insolvenzmasse im Regelinsolvenzverfahren gem. § 80 I InsO durch die Verfahrenseröffnung auf den Insolvenzverwalter übergeht, bietet das neue Insolvenzrecht unter den Voraussetzungen des § 270 II InsO daneben auch die Möglichkeit, diese dem Schuldner un-

---

[123] Die Insolvenzrechtspraxis äußert hier insofern Kritik, als sie befürchtet, die Feststellung, ob eine angemessene Beteiligung einer obstruierenden Gläubigergruppe iSd § 245 II InsO vorliegt, werde zu wahren Sachverständigenschlachten führen, vgl. **V. Grub** AnwBl 1993, 459; **Stürner** in Insolvenzrecht im Umbruch S. 46f.; **Uhlenbruck** Insolvenzrecht S. 109; **Windel** Jura 1999, 7 und **Burger/ Schellberg** DB 1994, 1836f.; **Moosmayer/ Smeets** NJ 1998, 517; vgl. auch **Penzlin** S. 26. Insoweit bleibt mit **Weinbörner** INF 1995, 50 zu hoffen, daß sich die Einsicht der Gläubiger durchsetzen wird, daß sich über einen gut ausgestalteten Insolvenzplan höhere Befriedigungsquoten erzielen lassen, als über zeitaufwendige Beweiserhebungen vor Gerichten, die im Hinblick auf ein Sanierungsvorhaben nur kontraproduktiv sein können.

[124] Kritisch hierzu Smid-**Smid/ Rattunde** § 251, Rz. 2.

[125] **Bork** Rz. 344f.; **Pick** NJW 1995, 996.

[126] **Windel** Jura 1999, 8.

[127] **Huber** JuS 1998, 1039; **Burger/ Schellberg** DB 1994, 1835.

[128] Vgl. hierzu im einzelnen **Huber** JuS 1998, 1039; **Windel** Jura 1999, 8.

ter Aufsicht lediglich eines Sachwalters (§§ 270 I, 274 II, III InsO) im wesentlichen[129] zu belassen.[130]

Eine solche Eigenverwaltung bietet sich im Hinblick auf das Ziel einer bestmöglichen Gläubigerbefriedigung insbesondere dann an, wenn es einen überdurchschnittlichen Einarbeitungs- und Finanzaufwand für einen Insolvenzverwalter bedeuten würde, die notwendigen Kenntnisse und Erfahrungen für eine sachgerechte Geschäftsführung des Unternehmens zu erlangen. Statt dessen soll in solchen Fällen das Insiderwissen des Schuldners genutzt werden. Auch die §§ 270ff. InsO dienen somit einer Bekämpfung der Massearmut und dem Ausbau der Beteiligtenautonomie.[131] Der Gesetzgeber hat mit dem Institut der Eigenverwaltung großes Vertrauen in die Fähigkeit des Schuldners gesetzt, sein unzureichendes Vermögen selbst abzuwickeln und gleichmäßig an die Gläubiger zu verteilen. Trotz Überwachung durch einen Sachwalter besteht jedoch ein enormes Risiko für die Gläubiger. Um deren Interessen ausreichend zu schützen, sieht § 272 I Nr. 1 InsO daher die Aufhebung der Eigenverwaltung auf deren Antrag hin ohne besondere Begründung und jederzeit vor.[132] Ferner soll nach der Gesetzesbegründung die Eigenverwaltung auf Ausnahmefälle beschränkt bleiben, da im Regelfall demjenigen, der sein Unternehmen aus eigener Kraft nicht hat retten können, auch nunmehr nicht zugetraut werden kann, dieses wieder zu sanieren, bzw. seine Gläubiger zu befriedigen.[133]

---

[129] Gem. § 280 InsO bleiben auch bei einer Eigenverwaltung die Insolvenzanfechtungen und die Geltendmachung von Haftungsansprüchen nach §§ 92f. InsO dem Sachwalter vorbehalten.

[130] Vgl. hierzu **Warrikoff** KTS 1996, 495; **Bork** Rz. 404ff.; **G. Pape** NWB Fach 19, 2121ff.; **Moosmayer/ Smeets** NJ 1998, 515. Was den Sachwalter betrifft, bestehen gewisse Parallelen zum Vergleichsverwalter nach altem Recht, dem zwar weitgehende Überwachungs- und Antragsrechte zustanden, der jedoch im Gegensatz zum Konkursverwalter in der Regel ebenfalls nicht das Recht der Verwaltung und Verwertung des Schuldnervermögens hatte, vgl. BR Drs. 1/ 92, 222f. Andererseits stellt die Eigenverwaltung kein speziell auf eine Sanierung zugeschnittenes Rechtsinstitut dar, sondern kann generell in einem einheitlichen Insolvenzverfahren Anwendung finden. Nicht zuletzt deshalb vergleicht **Vallender** WM 1998, 2131, 2134 sie daher eher mit der US-amerikanischen Regelung des debtor in possession (11 USC § 1101, 11 USC § 1107).

[131] BT Drs. 12/ 2443, S. 222f.; **Koch** S. 24; **Vallender** WM 1998, 2129f.; **Weinbörner** INF 1995, 51; **Moosmayer/ Smeets** NJ 1998, 515; **Bork** Rz. 399.

[132] **G. Pape** NWB Fach 19, 2121ff.; **Vallender** WM 1998, 2130; **Moosmayer** S. 47; **Moosmayer/ Smeets** NJ 1998, 515.

[133] BT Drs. 12/ 2443, 222; BT Drs. 12/ 7302, 185; **Häsemeyer** Rz. 8.02; HK-**Landfermann** vor §§ 270-285, Rz. 7; **G. Pape** NWB Fach 19, 2121ff.; **Leipold** in Insolvenzrecht im Umbruch, S. 168; **Bork** Rz. 401; **Huber** JuS 1998, 1140; **Moosmayer** S. 47; Nach Ansicht von **Vallender** WM 1998, 2139 und **Braun/ Uhlenbruck** S. 696 kommt eine Eigenverwaltung aus diesem Grund nur in Betracht, wenn das Verfahren auf die Sanierung des Schuldners und nicht auf dessen Liquidation gerichtet ist.

Auf Grund der hohen Mißbrauchsgefahr äußern Insolvenzrechtspraktiker grundsätzliche Kritik am neuen Rechtsinstitut. Sie sehen zwischen Gläubiger und Schuldner einen natürlichen Interessengegensatz und in einem Insolvenzverfahren die Abstrafung eines wirtschaftlich gescheiterten Schuldners. Durch die Möglichkeit der Eigenverwaltung entfalle dagegen für den Schuldner die abschreckende Wirkung eines Entzugs der Verfügungsmacht und dadurch bedingt ein Anreiz, das Insolvenzverfahren zu vermeiden.[134] Dagegen wird angeführt, daß es niemandem diene, einen Interessengegensatz hochzustilisieren, der eine Insolvenzabwicklung nur unnötig behindere. Auch der Schuldner sei in aller Regel an einer umfassenden Regulierung interessiert und könne im Einzelfall mit seiner Sachkenntnis dazu beitragen, daß das Vermögen gesichert und nicht unter Wert verschleudert werde. Ferner böte die Aussicht, auch nach der Verfahrenseröffnung nicht völlig aus der Geschäftsführung verdrängt zu werden, einen Anreiz, ein Insolvenzverfahren früher als bisher, etwa schon im Stadium nur drohender Zahlungsunfähigkeit nach § 18 InsO, zu beantragen. Somit unterstützten auch die §§ 270ff. InsO das Ziel einer Vergrößerung der verteilungsfähigen Masse.[135]Strafrechtlich führt die frühere Entscheidung über die Verfahrenseröffnung zum früheren Eintritt einer der objektiven Bedingung nach § 283 VI, 2. Var. oder 3. Var. StGB und damit zu einer Ausdehnung des Anwendungsbereichs der Insolvenzdelikte. Allerdings bieten sich bei Durchführung einer Eigenverwaltung für den Schuldner vielfach Anreize und Möglichkeiten zur Begehung einer Straftat nach §§ 283ff. StGB, deren Nachweisbarkeit dann durch die reduzierte externe Überwachung erschwert wird. Unter diesem Gesichtspunkt scheint daher aus strafrechtlicher Sicht eine zurückhaltende Anwendung des Instituts der Eigenverwaltung geboten.[136]

VIII. Die Regelung der Verbraucherinsolvenz

Die InsO sieht in den §§ 304-314 InsO als Gegensatz zum Regelinsolvenzverfahren ein eigenes Verfahren zur Abwicklung von Verbraucherinsolvenzen vor, das auf die Besonderheiten der ihm unterworfenen Schuldner iSd § 304 InsO zugeschnitten ist.[137]

---

[134] **V. Grub** in Neuordnung des Insolvenzrechts S. 90; **V. Grub** AnwBl 1993, 460; **V. Grub** WM 1994, 881, **V. Grub** ZIP 1993, 397f.; **V. Grub/ Rinn** ZIP 1993, 1586f.; Gravenbrucher Kreis ZIP 1990, 476f.; Gravenbrucher Kreis ZIP 1992, 656ff.; **Vallender** WM 1998, 2130; ferner **Leipold** in Insolvenzrecht im Umbruch S. 168; **Smid** DZWir 1994, 281f.; **Häsemeyer** Rz. 8.03.

[135] BT Drs. 12/ 2443, S. 222f.; FK-**Foltis** vor §§ 270ff., Rz. 8ff.; **Braun/ Uhlenbruck** S. 691ff.; **Schmidt-Räntsch** DStR 1992, 1478; **Weinbörner** INF 1995, 51; HK-**Landfermann** vor §§ 270-285, Rz. 3; **Vallender** WM 1998, 2130; **Smid** BB 1999, 4; Smid-**Smid** § 270, Rz. 7ff.

[136] Ebenso **Moosmayer** S. 186f.; **Penzlin** S. 174f.

[137] Vgl. zum Verbraucherinsolvenzverfahren im allgemeinen BT Drs. 12/ 2443, S. 46ff., 100ff.,

1. Wesen, Sinn und Zweck des Verbraucherinsolvenzverfahrens

Das Verbraucherinsolvenzverfahren hat nicht nur die Verwertung der ohnehin vielfach geringen Vermögensmasse eines Verbraucherschuldners zum Ziel. Vielmehr soll diesem insbesondere auch im Zusammenhang mit dem Restschuldbefreiungsverfahren ein wirtschaftlicher Neuanfang ermöglicht werden. Ferner strebt das Verfahren bei Antrag des Schuldners verstärkt eine Einigung zur Schuldenbereinigung zwischen ihm und seinen Gläubigern an, was der Reduzierung der Arbeits- und Finanzbelastung der Gerichte dient. Dem liegt die Erkenntnis des Gesetzgebers zugrunde, daß viele wirtschaftliche Krisensituationen eskalieren, weil der Schuldner sich nicht ernsthaft um eine Schuldenbereinigung bemüht oder gar nicht erst in Kontakt mit seinen Gläubigern tritt.[138]
Aus der Perspektive des Insolvenzstrafrechts hat die Einführung eines Verbraucherinsolvenzverfahrens eine Ausweitung des möglichen Täterkreises der Bankrottdelikte zur Folge. Es wird daher später die Frage aufzuwerfen sein, inwieweit sich § 283 StGB auch zur Erfassung von Verbraucherbankrotthandlungen eignet. Ferner wird zu überlegen sein, ob die fehlende Anpassung der objektiven Strafbarkeitsbedingung des Insolvenzstrafrechts an die besondere Struktur des Verbraucherinsolvenzverfahrens de lege ferenda zu gesetzlichen Korrekturen zwingt.

2. Das Verbraucherinsolvenzverfahren

Hinsichtlich des Verfahrens unterscheidet das Gesetz danach, ob zumindest auch ein Antrag des Schuldners auf Eröffnung eines Insolvenzverfahrens vorliegt oder nicht. Im ersten Fall ist das Verbraucherinsolvenzverfahren dreistufig aufgebaut.[139]

187ff., 254ff., 266ff.; **Arnold** DGVZ 1996, 129ff.; **Henckel** in FS Gaul, S. 199ff.; **Bork** Rz. 410ff.; **Huber** JuS 1998, 1140f.; **Maier/ Krafft** BB 1997, 2173ff.; **Lenz/ Seit** INF 1998, 338f.; **G. Pape** Rpfleger 1995, 133ff.; **G. Pape** NWB Fach 19, 2405ff.; **G. Pape** ZIP 1999, 2037ff.; **Hess/ G. Pape** Rz. 129ff.; **V. Grub/ Smid** DZWir 1999, 2ff.; **Schulte-Kaubrügger** DZWir 1999, 95ff.; **Scholz** FLF 1995, 88ff.; **Scholz** DB 1996, 765ff.; **Schmidt-Räntsch** MDR 1994, 321ff.; **Schmidt-Räntsch** in Kölner Schrift[1], S. 1177ff., Rz. 1ff.; **Fuchs** in Kölner Schrift, S. 1679ff., Rz. 1ff.; **Döbereiner** JA 1996, 603ff.; **Jauernig** § 65, S. 290ff. und aus der strafrechtlichen Literatur **Moosmayer** S. 26ff.; **Penzlin** S. 200ff.

[138] Vgl. BT Drs. 12/ 7302, S. 189; ferner **Arnold** DGVZ 1996, 129; Kübler/ Prütting-**Wenzel** § 304, Rz. 2; Smid-**Krug/ Haarmeyer** § 304, Rz. 1; **Pick** NJW 1995, 996f.; **Schmidt-Räntsch** MDR 1994, 321; FK-**Kothe**, § 304, Rz. 2; **Vallender** InVo 1998, 169; **Hess/ Wienberg/ Titze-Fischer** NZI 2000, 99f.; **Schulte-Kaubrügger** DZWir 1999, 95; **Wigo Müller** NZI 1999, 174; **N. Preuß** Rz. 1ff.; Breutigam/ Blersch/ Goetsch-**Goetsch** § 304, Rz. 2; **Heyer** Verbraucherinsolvenzverfahren S. 11ff.; **Moosmayer/ Smeets** NJ 1998, 517, sowie aus strafrechtlicher Sicht **Moosmayer** S. 172f.; **Penzlin** S. 200.

[139] Nach Ansicht von **Forsblad** S. 202; **Kirchhof** ZInsO 1998, 60; **Wittig** WM 1998, 168; **Vallender** InVo 1998, 173; **Hess/ Obermüller** Insolvenzplan Rz. 766, 780; Kübler/ Prütting-**Wenzel** § 306, Rz. 3 und Nerlich/ Römermann-**Römermann** § 306, Rz. 13 ist in Fällen, in denen erst

Wird der Antrag dagegen ausschließlich von der Gläubigerseite gestellt, so wird nur einstufig ein vereinfachtes Verfahren nach §§ 311ff. InsO durchgeführt (§§ 305, 306 I, III InsO).[140] Den folgenden Ausführungen liegt das Verfahren bei Antrag des Schuldners zugrunde.

a) Der außergerichtliche Einigungsversuch

In einer ersten Stufe muß der Verbraucher zunächst in einem außergerichtlichen Vorverfahren versuchen, eine Einigung mit seinen Gläubigern über die Schuldenbereinigung zu erzielen. Hierbei hat sich der Schuldner der Hilfe einer geeigneten Person oder Stelle zu bedienen (§ 305 I Nr. 1 InsO). Nach § 305 I Nr. 1 a.E. InsO können die Länder bestimmen, welche Personen oder Stellen als geeignet anzusehen sind. Neben Rechtsanwälten, Notaren, Steuerberatern und Wirtschaftsprüfern sind hier Schuldnerberatungsstellen zu nennen, die den Schuldner in rechtlicher Hinsicht beraten, aber auch psychologisch und sozial unterstützen.[141] Weitere Regelungen dieser außergerichtlichen Einigung enthält die InsO nicht. Für das weitere Verfahren fordert § 305 I Nr. 1 InsO lediglich eine Bescheinigung, daß eine solche innerhalb der letzten sechs Monate vor dem Insolvenzeröffnungsantrag des Schuldners erfolglos versucht worden sein muß.
Um den Anteil außergerichtlicher Einigungserfolge zu erhöhen, versagt das Gesetz zum einen in § 310 InsO im späteren Verfahren nach §§ 305ff. InsO den Gläubigern einen Kostenerstattungsanspruch.[142] Ferner kann deren Zustimmung im

---

nach einem Antrag der Gläubigerseite ein zweiter auch vom Schuldner gem. § 306 III InsO gestellt wurde, auf die erste Verfahrensstufe des außergerichtlichen Einigungsversuchs verzichten, da der Antrag auch nur eines Gläubigers als ausreichendes Indiz gesehen werden könne, daß ein solcher Einigungsversuch, der das Einverständnis aller Gläubiger voraussetzt, wahrscheinlich nicht erfolgreich gewesen wäre. Weitergehend hält **N. Preuß** Rz. 25 dann sogar auch die zweite Stufe des gerichtlichen Schuldenbereinigungsplanverfahrens für entbehrlich. Gegen diese Ansicht überzeugend FK-**Grote** § 306, Rz. 18ff., 21ff.; HK-**Landfermann** § 306, Rz. 6; **Henckel** in FS Gaul S. 202; Breutigam/ Blersch/ Goetsch-**Goetsch** § 306, Rz. 14.

140 HK-**Landfermann** vor § 304, Rz. 3ff., § 306, Rz. 6f.; **Bork** Rz. 413ff.; **Jauernig** § 65 III, S. 291ff.; Nerlich/ Römermann-**Römermann** § 306, Rz. 14; **Heyer** Verbraucherinsolvenzverfahren S. 27; **Hess/ Obermüller** Insolvenzplan Rz. 765; FK-**Grote** § 306, Rz. 18ff.; Kübler/ Prütting-**Wenzel** § 306, Rz. 2 und aus der strafrechtlichen Literatur **Penzlin** S. 201, Fn. 898.

141 Welche Personen oder Stellen im einzelnen als geeignet anzusehen sind, bestimmen für Baden-Württemberg §§ 305 I Nr. 1 a.E. InsO iVm 1 I, II des Gesetzes zur Ausführung der Insolvenzordnung vom 16.7.1998 (GBl 1998, 436). Vergleichbare Vorschriften finden sich auch in den anderen Bundesländern. Eine Übersicht findet sich bei **I. Pape** NZI 1999, 89, Fn. 3. Vgl. auch die Ergänzung von Art. 1 § 3 RBerG durch Art. 1 Nr. 3 EGInsOÄndG und hierzu **K. Wimmer** DZWir 1999, 63f., sowie ferner zum außergerichtlichen Einigungsverfahren im allgemeinen BT Drs. 12/ 7302, S. 190; **Hess/ Wienberg/ Titze-Fischer** NZI 2000, 98; **Heyer** Verbraucherinsolvenzverfahren S. 15ff.; **S. Veit/ Reifner** S. 15ff.; **Weinbörner** INF 1995, 52; **Pick** NJW 1995, 996; **Moosmayer/ Smeets** NJ 1998, 517; **Schmidt-Räntsch** MDR 1994, 323.

142 BT Drs. 12/ 7302, S. 193; FK-**Kothe** § 310, Rz. 1; HK-**Landfermann** § 310, Rz. 1; **Haarmey-**

Schuldenbereinigungsplanverfahren unter den Voraussetzungen des § 309 InsO ersetzt werden und schließlich besteht im Anschluß an das vereinfachte Insolvenzverfahren nach §§ 311ff. InsO die Möglichkeit einer für die Gläubigerseite ungünstigen Restschuldbefreiung des Schuldners.[143]

b) Das Schuldenbereinigungsplanverfahren

Scheitert die außergerichtliche Einigung dennoch, wird in einer zweiten Stufe nach §§ 305-310 InsO unter Mitwirkung des Gerichts versucht, eine Schuldenbereinigung zu erreichen.[144] Dazu hat der Schuldner seinen Eröffnungsantrag mit den in § 305 I Nr. 1-4 InsO genannten Anlagen zu verbinden, insbesondere einen Schuldenbereinigungsplan vorzulegen.[145]

Nach § 306 I InsO ruht dann das Eröffnungsverfahren bis zur Entscheidung über den Plan. Dieser unterliegt in den Grenzen der §§ 138, 826, 242 BGB in vollem Umfang den privatautonomen Vereinbarungen der Beteiligten. In ihm wird ähnlich wie im gestaltenden Teil eines Insolvenzplans festgelegt, wie in die Rechtsposition der Gläubiger eingegriffen werden soll.[146] Das Insolvenzgericht stellt die in § 305

---

er/ Wutzke/ Förster 10/ 45; **Schmidt-Räntsch** MDR 1994, 324; **Pick** NJW 1995, 996f.; **Döbereiner** JA 1996, 605; zweifelnd insoweit **Scholz** FLF 1995, 90.

143 BT Drs. 12/ 7302, S. 189; FK-**Grote** § 305, Rz. 11; **Pick** NJW 1995, 997; **G. Pape** WM 1998, 2125ff.; **Scholz** DB 1996, 765f.; **Schmidt-Räntsch** MDR 1994, 323.

144 **Uhlenbruck** wistra 1996, 2 bezeichnet das gerichtliche Schuldenbereinigungsverfahren zutreffend als eingeschobenes gerichtliches Vertragshilfeverfahren.

145 **Döbereiner** JA 1996, 607; **Hess/ Wienberg/ Titze-Fischer** NZI 2000, 98 und **Kothe** ZIP 1994, 184ff. bemängeln, daß viele Schuldner auf Grund fehlender Sachkenntnisse ohne fremde Hilfe damit überfordert seien, einen solchen Schuldenbereinigungsplan vorzulegen. Ferner fehle es vielfach an einer psychologischen und sozialen Unterstützung zur Stärkung des Durchhaltewillens während der Plandurchführungsphase.

146 Taugliche Regelungsgegenstände können also z.B. sein: Stundung, Ratenzahlung, Verzinsung, Sicherheitenverwertung, Teilerlaß, Verfallklausel, Sicherstellung der Vereinbarung durch Dritte, Treuhänder, od. ähnl., vgl. im einzelnen **Scholz** DB 1996, 766; **G. Pape** NWB Fach 19, 2121ff.; **G. Pape** NWB Fach 19, 2409; **Schmidt-Räntsch** in Kölner Schrift[1] S. 1195ff., Rz. 75ff.; **Schmidt-Räntsch** MDR 1994, 324.
Strittig ist in diesem Zusammenhang, ob der Schuldenbereinigungsplan, eine Mindestquote für die Gläubiger ausweisen muß, oder ob auch ein sog. Nullplan zulässig ist. Vgl. hierzu **Vallender** ZIP 1999, 128; **Vallender** InVo 1998, 170f.; **G. Pape** Rpfleger 1997, 241ff.; **G. Pape** NWB Fach 19, 2410f.; **G. Pape** WM 1998, 2125f.; **Bork** ZIP 1998, 1213; **Heyer** JR 1996, 314ff.; **Thomas** in Kölner Schrift S. 1763ff., Rz. 1ff.; **Henckel** in FS Gaul, S. 204ff. Im Hinblick auf die Grundprinzipien des Gesetzes, deregulierend zu wirken und den Gläubigern in weitem Umfang autonom Entscheidungen zu überlassen, um willkürliche Quotenfestsetzungen zu vermeiden und mangels anderweitiger Angaben in der InsO, wird man eine Mindestquote ablehnen und die Zulässigkeit der Nullpläne fordern müssen. Ebenso auch OLG Karlsruhe NZI 2000, 166; OLG Köln NJW 2000, 223; LG München II NJW-RR 2000, 993, a.A. dagegen AG Baden-Baden NZI 1999, 125 und 106. Vgl. in diesem Zusammenhang auch den Gesetzesvorschlag der Bundestagsfraktion der PDS BT Drs. 14/ 2496, S. 1ff. und hierzu BT Plenarprotokoll 14/ 88, S. 8202f., 8222ff., der die Einfügung einer klarstellenden Nr. 5 in § 305 I InsO vorsieht, wonach

InsO genannten Unterlagen den Gläubigern zu und fordert sie zur Stellungnahme auf (§ 307 I InsO). Diese haben sich dann innerhalb einer einmonatigen Notfrist zu erklären, können Einwendungen gegen den Plan erheben oder die Angaben über ihre Forderungen ergänzen.
Wenn alle Gläubiger dem Plan zustimmen oder keine Einwendungen erheben, ist dieser angenommen (§ 308 I InsO).[147] § 309 InsO enthält insofern ein Obstruktionsverbot zur Förderung einer gütlichen Einigung, als die Zustimmung eines Gläubigers ersetzt werden kann, wenn mehr als die Hälfte der Gläubiger kopf- und summenmäßig zugestimmt haben.[148]
Mit der gerichtlichen Feststellung der Annahme des Plans bestehen die Ansprüche der Gläubiger nur noch nach den darin getroffenen Regelungen; der Plan hat die Wirkung eines Vergleichs und ist Vollstreckungsgrundlage (§ 308 I InsO iVm § 794 I Nr. 1 ZPO).[149] Anträge auf Eröffnung eines Insolvenzverfahrens und auf Restschuldbefreiung gelten als zurückgenommen, § 308 II InsO.

c) Das vereinfachte Insolvenzverfahren

Führt das gerichtliche Schuldenbereinigungsplanverfahren nicht zu einer Annahme des Plans, so wird das Verfahren über den Insolvenzeröffnungsantrag wieder aufgenommen (§ 311 InsO) und gegebenenfalls als dritte Stufe ein vereinfachtes Verbraucherinsolvenzverfahren eröffnet.
Vereinfachungen gegenüber dem Regelinsolvenzverfahren ergeben sich aus den §§ 312-314 InsO: Unter anderem tritt ein Treuhänder mit eingeschränkten Befug-

---

ein Schuldner, der über kein pfändbares Einkommen und kein Vermögen zur Schuldenbereinigung verfügt, einen Nullplan vorzulegen hat, bevor dann auch in seinem Falle das Verfahren nach §§ 304ff. InsO durchgeführt werden kann.

[147] Vgl. dazu ausführlich **Tobias** DZWir 1999, 66ff.; ferner **Bork**, Rz. 418; **G. Pape** NWB Fach 19, 2412; **Haarmeyer/ Wutzke/ Förster** 10/ 36; **Schmidt-Räntsch** MDR 1994, 324; **Döbereiner** JA 1996, 605.

[148] Der einwendende Gläubiger muß aber angemessen beteiligt werden (§ 309 I Nr. 1 InsO) und darf wirtschaftlich nicht schlechter als im Falle eines Insolvenzverfahrens stehen (§ 309 I Nr. 2 InsO). Vgl. insoweit die parallele Regelung in § 245 I Nr. 1, 2 InsO und **G. Pape** NWB Fach 19, 2121ff.; **G. Pape** Rpfleger 1995, 135f.; **Scholz** DB 1996, 766; **Döbereiner** JA 1996, 606; **Maier/ Krafft** BB 1997, 2175; **Schmidt-Räntsch** in Kölner Schrift[1] S. 1196ff., Rz. 79ff.; **Schmidt-Räntsch** MDR 1994, 322; **Haarmeyer/ Wutzke/ Förster** 10/ 38ff.; **Wittig** WM 1998, 166; **Uhlenbruck** WiB 1994, 856f., sowie **Penzlin** S. 201.

[149] Wegen Forderungen, die nicht im Plan enthalten sind, kann dagegen nach § 308 III InsO ungeachtet weiterhin Erfüllung verlangt werden. Eine § 255 InsO entsprechende Regelung, die beim Scheitern des Plans zu einem Wiederaufleben der Ursprungsforderungen führt, gibt es allerdings im Schuldenbereinigungsplanverfahren nicht. Vgl. hierzu BT Drs. 12/7302, S. 191; **Tobias** DZWir 1999, 68; **Bork** Rz. 418 und Fn. 9; **G. Pape** NWB Fach 19, 2417; **Schmidt-Räntsch** MDR 1994, 322; **Weinbörner** INF 1995, 52; **Pick** NJW 1995, 997; **Scholz** DB 1996, 776; **Haarmeyer/ Wutzke/ Förster** 10/ 44; **Moosmayer/ Smeets** NJ 1998, 517; **Wittig** WM 1998, 166f.; **Schmidt-Räntsch** MDR 1994, 322; **Uhlenbruck** WiB 1994, 857.

nissen an die Stelle des Insolvenzverwalters, § 313 InsO. Ferner sind nach § 312 III InsO die zentralen Vorschriften über den Insolvenzplan (§§ 217ff. InsO) und die Eigenverwaltung (§§ 270ff. InsO) nicht anwendbar.[150]

IX. Die Restschuldbefreiung

An die Durchführung eines (Verbraucher-)Insolvenzverfahrens kann sich dann eine Restschuldbefreiung des Schuldners anschließen.[151]

1. Wesen, Sinn und Zweck der Restschuldbefreiung

Nach Abschluß des Insolvenzverfahrens gilt gem. § 201 InsO im Grundsatz das Recht der freien Nachhaftung, d.h. die Gläubiger können ihre durch das Insolvenzverfahren nicht erfüllten Forderungen weiterhin gegen den Schuldner geltend machen.[152] Dieses Prinzip wird durch das Verfahren zur Restschuldbefreiung (§§ 286-303 InsO), die nach § 1 S. 2 InsO zu den Zielen des Insolvenzverfahrens zählt, eingeschränkt (§ 201 III InsO). Auch die Restschuldbefreiung stellt im deutschen Rechtssystem ein Novum dar.[153] Ihre Einführung und Ausgestaltung gehörte in der Diskussion um die Reform des Insolvenzrechts zu den am heftigsten umstrittenen

---

[150] Vgl. hierzu und zu den sonstigen Vereinfachungen **Huber** JuS 1998, 1141; **Weinbörner** INF 1995, 52; **Wigo Müller** NZI 1999, 172; **Pick** NJW 1995, 997; **G. Pape** NWB Fach 19, 2419f.; **Moosmayer/ Smeets** NJ 1998, 517; **Schmidt-Räntsch** MDR 1994, 322; **Haarmeyer/ Wutzke/ Förster** 1/ 34; **Penzlin** S. 201.

[151] Umstritten ist, ob dies auch dann gilt, wenn der Eröffnungsantrag nur von der Gläubigerseite gestellt wurde und damit die Verfahrensstufe des außergerichtlichen Einigungsversuchs und des gerichtlichen Schuldenbereinigungsplanverfahrens nicht stattgefunden haben (vgl. §§ 306 I, III InsO). Dies wird etwa von OLG Köln ZInsO 2000, 334ff.; AG Düsseldorf ZInsO 2000, 112; HK-**Landfermann** § 306, Rz. 7; **Fuchs** ZInsO 1999, 188; Kübler/ Prütting-**Wenzel** § 306, Rz. 2, 4 und Breutigam/ Blersch/ Goetsch-**Goetsch** § 287, Rz. 3 verneint. Nach deren Ansicht widerspräche es sowohl dem Wortlaut des § 305 I Nr. 2 InsO als auch dem Willen des Gesetzgebers, wenn ein Verbraucherschuldner zusammen mit einem beliebigen Gläubiger die Mehrstufigkeit des Verbraucherinsolvenzverfahrens aushebeln und direkt über das Verfahren nach §§ 311ff. InsO einen schnelleren Weg zur Restschuldbefreiung erlangen könnte. Dagegen ist einzuwenden, daß durch die Regelung des § 306 III InsO lediglich eine einvernehmliche Schuldenbereinigung ermöglicht, der Schuldner aber nicht von der Möglichkeit einer Restschuldbefreiung ausgeschlossen werden soll. Ferner kann zwar der Antrag auf Restschuldbefreiung nach § 287 I 3 InsO bereits mit dem Eröffnungsantrag verbunden werden, diese Regelung ist aber nicht zwingend, sondern läßt auch im Falle der Verbraucherinsolvenz noch einen späteren Antrag des Schuldners zu. Ebenso AG Bielefeld ZIP 1999, 1180f.; FK-**Grote** § 306, Rz. 23; **Grote** ZInsO 2000, 146ff.; Smid-**Krug/ Haarmeyer** § 306, Rz. 8; **Heyer** Verbraucherinsolvenzverfahren S. 27; **Wittig** WM 1998, 163; **Kirchhof** ZInsO 1998, 60f.

[152] Inhaltlich entspricht § 201 InsO dem früheren § 164 KO.

[153] Vorbild war vor allem die discharge nach Chapter 13 des U.S. Bankruptcy Code, vgl. dazu rechtsvergleichend **Ackmann** KTS 1986, 555ff.

Bereichen.[154] Vor allem soziale Aspekte gaben den Anstoß für ein Restschuldbefreiungsverfahren, das einer praktisch lebenslangen Schuldenhaftung ein Ende machen und dem Schuldner einen fresh start in das Wirtschaftsleben ermöglichen soll.[155] Die lange Haftung des Schuldners beruht darauf, daß zum einen nach § 218 BGB rechtskräftig festgestellte Ansprüche erst nach 30 Jahren verjähren und daß sich zum anderen diese Frist mit Hilfe der Unterbrechungstatbestände des § 209 BGB praktisch beliebig verlängern läßt.[156]

2. Das Restschuldbefreiungsverfahren

Das Verfahren steht nach § 286 InsO ausschließlich natürlichen Personen offen; bei juristischen Personen oder Personenhandelsgesellschaften wäre es ohnehin nur von untergeordneter Bedeutung, weil diese mit Beendigung des Insolvenzverfahrens vielfach aufhören zu existieren und dann kein Haftungssubjekt mehr vorhanden ist.[157] Unter den Begriff der natürlichen Person fallen private Verbraucher wie auch selbständig wirtschaftlich tätige Schuldner.[158]
Dem eigentlichen Restschuldbefreiungsverfahren muß zunächst nach § 286 InsO ein Insolvenzverfahren vorausgegangen sein. Im Falle eines Verbraucherschuldners nach § 304 InsO ist die Durchführung eines vereinfachten Insolvenzverfahrens nach §§ 311ff. InsO Voraussetzung.[159] Für den Fall der Verfahrenseinstellung ent-

---

[154] BT Drs. 12/ 2443, S. 100ff., 187ff.; BR Drs. 1/ 92, S. 188; **Uhlenbruck** KTS 1992, 513ff.; **Uhlenbruck** DGVZ 1992, 33ff.; **Wenzel** ZRP 1993, 161ff.; **G. Pape** ZRP 1993, 285ff.; **Landfermann** in FS Henckel S. 520f.; **Smid** DZWir 1994, 285f.; **Scholz** ZIP 1988, 1157; **Balz** ZRP 1986, 12; **Klopp** KTS 1992, 346; gegen eine Restschuldbefreiung sprachen sich insbesondere **Buchner** WM 1992, 1268; Gravenbrucher Kreis ZIP 1990, 476; Gravenbrucher Kreis ZIP 1992, 656 und **Prütting** ZIP 1992, 883 aus.

[155] **Weinbörner** INF 1995, 51; **Döbereiner** JA 1996, 724; **Huber** JuS 1998, 1141; **Pick** NJW 1995, 996; **Uhlenbruck** WiB 1994, 856; **G. Pape** Rpfleger 1995, 133; **Moosmayer/ Smeets** NJ 1998, 517.

[156] Plakativ wird daher auch von einem Schuldenturm der Moderne gesprochen.

[157] **G. Pape** NWB Fach 19, 2121ff.; **G. Pape** ZRP 1993, 285; **Windel** Jura 1999, 9.

[158] Zu denken ist etwa an den Fall eines persönlich haftenden Unternehmers, wenn nicht oder nicht nur über das Gesellschaftsvermögen, sondern nur oder auch über sein eigenes Gesellschaftervermögen ein Insolvenzverfahren eröffnet wird, vgl. BT Drs. 12/ 2443, S. 189; **Huber** JuS 1998, 1141; **Moosmayer/ Smeets** NJ 1998, 517; **Landfermann** BB 1995, 1656.

[159] Kritik erfährt das Erfordernis eines vorausgehenden Insolvenzverfahrens vor allem im Hinblick auf die Ausgrenzung derjenigen Verbraucherschuldner, die sich zunächst weder außergerichtlich noch im gerichtlichen Schuldenbereinigungsplanverfahren mit ihren Gläubigern einigen konnten und deren Vermögensmasse anschließend nicht zur Eröffnung eines vereinfachten Insolvenzverfahrens ausreicht. Es wird befürchtet, daß eine uneingeschränkte Nachhaftung in diesem Bereich der „Ärmsten der Armen" viele besonders finanzschwache Schuldner in die Schattenwirtschaft und die Schwarzarbeit abdrängen könnte, mit der Folge, daß ihre Fähigkeiten für die Volkswirtschaft endgültig verloren wären, vgl. **Hess/ Wienberg/ Titze-Fischer** NZI 2000, 97, 101f.; **Döbereiner** JA 1996, 729; **G. Pape** ZRP 1993, 290; **K. Schmidt** Unternehmensinsolvenz S. 251;

hält § 289 III InsO eine Sonderregelung, wonach die Restschuldbefreiung insbesondere dann nicht erteilt werden kann, wenn das Verfahren nach § 207 InsO mangels Masse eingestellt wurde, wenn also anders als im Fall der §§ 208, 209, 211 InsO gar keine Verwertung des schuldnerischen Vermögens stattfand. Hier erschien dem Gesetzgeber die Restschuldbefreiung als unzumutbar für die Gläubiger.[160]
Nach der Konzeption der §§ 286ff. InsO muß der Schuldner während eines Zeitraums von sieben Jahren (sog. Wohlverhaltensperiode) seine Arbeitskraft nutzen, jede ihm zumutbare Arbeit annehmen und mit dem pfändbaren Teil seines Einkommens seine Gläubiger befriedigen, um nach Ablauf dieser Zeit, von allen verbliebenen Verbindlichkeiten mit Ausnahme der in § 302 InsO genannten Forderungen befreit zu werden (§§ 286, 300 I, III InsO).[161]
Dem Antrag auf Restschuldbefreiung muß nach § 287 II InsO eine Erklärung beigefügt werden, daß Forderungen auf Bezüge aus einem Dienstverhältnis für die Dauer der Wohlverhaltensperiode an einen Treuhänder abgetreten werden, die dieser dann einmal jährlich verteilt (§ 292 I 2 InsO).[162] Über den Antrag entscheidet

---

Uhlenbruck WiB 1994, 856. De lege ferenda ist daher zu überlegen, ob solchen Verbraucherschuldnern nicht auch ohne vorherige Durchführung eines Insolvenzverfahrens Zugang zum Restschuldbefreiungsverfahren gewährt werden sollte. Weitergehend will **G. Pape** ZRP 1993, 290 diesen Gedanken sogar auf alle Schuldnertypen ausdehnen und folgenden Absatz 2 in § 286 InsO einfügen: *Der Antrag auf Restschuldbefreiung kann auch dann gestellt werden, wenn eine Abweisung mangels Masse gem. § 26 I 1 InsO erfolgt ist.* Alternativ könnte den Verbraucherschuldnern geholfen werden, wenn sie Prozesskostenhilfe für das Insolvenzverfahren erhalten und so die Voraussetzung des § 286 InsO erfüllen könnten. Die analoge Anwendung der §§ 114ff. ZPO ist aber in Rechtsprechung und Literatur stark umstritten und wird vielfach abgelehnt, vgl. gegen Gewährung von Prozeßkostenhilfe im Insolvenzverfahren etwa LG Berlin NZI 1999, 371; LG München I ZIP 1999, 1316; LG Münster ZIP 1999, 1316; LG Braunschweig ZIP 1999, 1316; LG Essen ZIP 1999, 1180; LG Memmingen NZI 1999, 419; ferner HK-**Landfermann** vor § 304, Rz. 16ff.; **N. Preuß** Rz. 16; FK-**Schulz** § 54, Rz. 34ff., 49; **Maier** Rpfleger 1999, 1ff.; **Bork** ZIP 1998, 1209ff.; Kübler/ Prütting-**Wenzel** § 286, Rz. 87ff.; andererseits dafür AG Hechingen ZIP 1999, 1182; AG Dortmund ZIP 1999, 456f. und FK-**Ahrens** § 286, Rz. 45ff.; Nerlich/ Römermann-**Römermann** vor § 286, Rz. 63; **Funke** ZIP 1998, 1708ff.; Kübler/ Prütting-**G. Pape** § 13, Rz. 16ff.; **G. Pape** Rpfleger 1997, 237ff. Aus diesem Grund hat die Bundestagsfraktion der PDS den Entwurf eines § 4 S. 2 InsO vorgelegt, der für Verfahren nach dem 8. und 9. Teil der InsO im Gesetz ausdrücklich auf die Regelungen der Prozeßkostenhilfe der ZPO verweist. Vgl. hierzu BT Drs. 14/ 2496, S. 1ff. und BT Plenarprotokoll 14/ 88, S. 8202f., 8222ff., ferner zu diesem Gesetzesentwurf oben Fn. 146. Vgl. schließlich zur Kritik am Restschuldbefreiungsverfahren auf Grund der Aufwendigkeit und Kostenbelastung **Hofmann** DRiZ 1994, 416; **Uhlenbruck** KTS 1994, 169; **V. Grub** WM 1994, 880; **Döbereiner** JA 1996, 729; **Smid** DZWir 1994, 284f.

[160] BT Drs. 12/ 2443, S. 87f.; **Huber** JuS 1998, 1141; **Windel** Jura 1999, 9; **Smid** in Insolvenzrecht im Umbruch S. 139ff.; **Scholz** DB 1996, 768.

[161] **Pick** NJW 1995, 996; **Weinbörner** INF 1995, 52. Der Gesetzesentwurf der PDS (vgl. hierzu bereits oben Fn. 146 und 159) sieht vor, diese Wohlverhaltensperiode auf fünf Jahre zu verkürzen, BT Drs. 14/ 2496, S. 3f.

[162] Um die Motivation des Schuldners über die sieben Jahre aufrecht zu halten, verbleibt diesem

das Gericht im Schlußtermin durch Beschluß, mit dessen Rechtskraft das Insolvenzverfahren aufgehoben wird (§ 289 I, II InsO). Das Gericht kündigt die Restschuldbefreiung an, falls nicht ein Insolvenzgläubiger die Versagung beantragt und ein Versagensgrund glaubhaft gemacht wird (§§ 290, 291 InsO). Ein solcher ist insbesondere die rechtskräftige Verurteilung wegen einer Insolvenzstraftat nach den §§ 283ff. StGB (§ 290 I Nr. 1 InsO).

Während der Wohlverhaltensperiode ist die Zwangsvollstreckung in das schuldnerische Vermögen unzulässig (§ 294 II InsO) und den Schuldner treffen die Obliegenheiten des § 295 InsO.[163] Das Insolvenzgericht versagt die Restschuldbefreiung nach §§ 296-298 InsO, wiederum etwa dann, wenn der Schuldner zwischen Schlußtermin und Aufhebung des Insolvenzverfahrens oder während der Laufzeit der Abtretungserklärung wegen einer Insolvenzstraftat nach §§ 283ff. StGB verurteilt wird (§ 297 InsO).

Andernfalls entscheidet das Gericht gem. § 300 InsO nach Ablauf der sieben Jahre über die Restschuldbefreiung. Deren Erteilung ist unabhängig davon, ob und in welcher Höhe die Gläubiger befriedigt wurden.[164] Die Restschuldbefreiung wirkt gegen alle Insolvenzgläubiger, also auch gegen diejenigen, die ihre Forderungen nicht angemeldet haben. Sämtliche Forderungen verwandeln sich in unvollkommene Verbindlichkeiten, § 301 I, III InsO.[165] Neugläubiger dagegen, die ihre Ansprüche erst nach Eröffnung des Insolvenzverfahrens erworben haben, nehmen am Restschuldbefreiungsverfahren nicht teil und behalten daher ihre Ansprüche in vollem Umfang.[166] § 303 InsO ermöglicht schließlich auf Gläubigerantrag hin ausnahmsweise einen nachträglichen Widerruf der Restschuldbefreiung, wenn sich herausstellt, daß der Schuldner vorsätzlich seine Obliegenheiten verletzt und dadurch die Befriedigung der Gläubiger erheblich beeinträchtigt hat.[167]

Insolvenzstrafrechtlich ist nach der Insolvenzrechtsreform mit einer Vermehrung der Anzeigebereitschaft der Gläubiger zu rechnen, da einem Schuldner, wie eben gesehen, nach §§ 290 I Nr. 1, bzw. 297 InsO die Restschuldbefreiung zu versagen

---

nach § 292 I 3 InsO ein gewisser, mit der Zeit ansteigender Prozentsatz der Forderungen. Vgl. BT Drs. 12/ 7302, S. 187f.; **Pick** NJW 1995, 996; **Weinbörner** INF 1995, 52; **Scholz** DB 1996, 769.

[163] Kritisch hierzu **Scholz** DB 1996, 769, wonach § 295 InsO einem unredlichen Schuldner Mißbrauchsmöglichkeiten bietet, da ein Verstoß für die Gläubiger kaum feststellbar und glaubhaft machbar sei.

[164] **Huber** JuS 1998, 1142.

[165] Die Forderungen bilden also einen Rechtsgrund iSd § 812 BGB für gleichwohl erbrachte Leistungen. Ferner bleiben Sicherungsrechte von der Restschuldbefreiung unberührt, vgl. § 301 II InsO und **Häsemeyer** Rz. 26.62; **Weinbörner** INF 1995, 52; **Windel** Jura 1999, 10; **Lenz/ Seit** INF 1998, 339; **Scholz** DB 1996, 770.

[166] **Haarmeyer/ Wutzke/ Förster** 10/ 84; **Bork** Rz. 398.

[167] **Huber** JuS 1998, 1142; **Scholz** DB 1996, 770.

ist, wenn er wegen einer Insolvenzstraftat verurteilt wurde.[168] Ein enttäuschter Gläubiger kann so nach dem Scheitern einer Einigung und nach nicht zufriedenstellender Befriedigung im Insolvenzverfahren unter Umständen vermeiden, daß sich sein Schuldner im Anschluß an das Verfahren zu seinen Lasten auch noch aller restlichen Verbindlichkeiten entledigt.

Kapitel 2: Das Insolvenzstrafrecht als zweiter Eckpunkt des Abhängigkeitsverhältnisses

Das folgende zweite Kapitel des zweiten Teils stellt die Entwicklung des Insolvenzstrafrechts als zweiten Eckpunkt des von dieser Arbeit zu untersuchenden Abhängigkeitsverhältnisses dar. Dabei wird der entstehungsgeschichtliche Verlauf, der zu den §§ 283ff. StGB heutiger Fassung führte, aufgezeigt und der zeitliche Anwendungsbereich der Insolvenzdelikte nach der Insolvenzrechtsreform bestimmt. Zunächst soll aber im folgenden Abschnitt die grundsätzliche Frage nach der Legitimation eines eigenen Insolvenzstrafrechts gestellt werden.

A. Legitimation für ein Insolvenzstrafrecht

I. Aufgaben des Strafrechts – Legitimation eines Straftatbestandes

Das Zusammenleben der Menschen in der Gemeinschaft vollzieht sich in erster Linie nach überlieferten Regeln (Normen), die in ihrer Gesamtheit die soziale Ordnung bilden. Die Geltung dieser vorgegebenen Normen ist von äußerem Zwang weitgehend unabhängig, da sie auf der Einsicht aller in ihre Notwendigkeit beruhen und durch immanente Sanktionen geschützt sind, die selbsttätig als Gesamtsystem sozialer Kontrolle auf Zuwiderhandlungen reagieren. Diese Sozialordnung wird durch eine Rechtsordnung ergänzt und verstärkt. Letztere gewährleistet die Allgemeinverbindlichkeit aller als Recht geltenden Normen und tritt Rechtsverletzungen entgegen. In letzter Linie sichert das Strafrecht den Bestand dieser Rechtsordnung unter Zuhilfenahme staatlichen Zwangs in Form von öffentlicher Strafe. Diese Strafgewalt des Staates darf aber zum Schutze des Zusammenlebens der Menschen in der Gemeinschaft nicht in beliebiger Weise und nicht in beliebigem Umfang eingesetzt werden. Die Verurteilung zu einer Strafe und deren Vollstreckung bedeuten nämlich schwere Eingriffe in die verfassungsrechtlich garantierte Freiheit

[168] Vgl. in diesem Zusammenhang nochmals zum zurückhaltenden Anzeigeverhalten der Gläubiger vor dem 1.1.1999 und den Gründen hierfür oben Erster Teil, Kapitel 3 F.

und Würde des Betroffenen. Unter Beachtung des Grundsatzes der Verhältnismäßigkeit ist notwendige Folge hieraus eine Beschränkung des Strafrechts auf den Schutz elementarer Grundwerte, d.h., Strafe ist als ultima ratio nur dort zuzulassen, wo sie unerläßlich ist. Allen Strafnormen liegen damit positive Wertentscheidungen des Gesetzgebers über Lebensgüter zugrunde, die für das gesellschaftliche Zusammenleben unentbehrlich sind und deshalb unter die Obhut der Zwangsgewalt des Staates gebracht werden müssen.[169]

Dieser subsidiäre Rechtsgüterschutz zur freien Entfaltung des einzelnen, ferner die Aufrechterhaltung einer Sozialordnung und des Rechtsfriedens innerhalb dieser, sowie schließlich die Gewährleistung, das Recht im Konfliktsfall gegenüber dem Unrecht zu behaupten und durchzusetzen, beschreiben letztlich die Aufgaben des Strafrechts als Friedens- und Schutzordnung.[170]

Allein die Existenz eines zu schützenden Rechtsguts genügt aber noch nicht, um einen Straftatbestand, der vor Verletzungen dieses Rechtsgutes schützen soll, hinreichend zu legitimieren. Vielmehr muß die Verletzung eine gewisse Qualität erreichen. Rechtsdogmatisch setzt eine hinreichende Legitimationsgrundlage insofern zusätzlich zur Feststellung des zu schützenden Rechtsguts die Strafwürdigkeit und die Strafbedürftigkeit der gegen dieses gerichteten Verletzungshandlungen voraus.[171] Die Strafwürdigkeit eines Verhaltens erfordert eine bewußte und gewollte Mißbilligung der Tat und des Täters im Sinne eines sozialethischen Unwerturteils. Bloß lästige oder unerwünschte Verhaltensweisen reichen nicht; vielmehr muß es sich um gravierende Rechtsgutverletzungen handeln, die geeignet sind, die sozialen Beziehungen innerhalb der Rechtsgesellschaft erheblich zu gefährden oder zu schädigen. Die Strafwürdigkeit wird damit wesentlich durch die Wertung der Sozialschädlichkeit eines Verhaltens bestimmt. Im Gegensatz dazu erfaßt die Strafbedürftigkeit vorrangig das Zweckmoment der Strafe. Dieses Zweckmoment steht einer Bestrafung auch eines an sich strafwürdigen Verhaltens dann entgegen, wenn andere, weniger schwerwiegende Eingriffe zu Verfügung stehen, die zumindest den gleichen Erfolg versprechen.

---

[169] BVerfGE 45, 187ff., 253; BVerfGE 51, 324ff., 343f.; **Roxin** § 3, Rz. 1; **Jescheck/ Weigend** § 1 I, III, S. 2ff.; **Maurach/ Zipf** AT 1, § 7, Rz. 1ff.; **Freund** § 1, Rz. 12ff.; **Penzlin** S. 10; SK-**Rudolphi** vor § 1, Rz. 1ff.; **Wessels/ Beulke** AT, Rz. 6ff.

[170] Mit der Bestimmung der Aufgaben des Strafrechts wird nur festgelegt, welches Verhalten der Staat mit Strafe bedrohen darf. Noch nichts ausgesagt ist damit über den Zweck der Strafe. Seit dem Altertum streiten insoweit die unterschiedlichen Vergeltungs-, sowie spezial- und generalpräventive Lehren gegeneinander, die noch heute in mannigfachen Kombinationen vertreten werden. Vgl. hierzu **Roxin** § 3, Rz. 1ff.; **Maurach/ Zipf** AT 1, § 7, Rz. 1ff.; **Köhler** S. 37ff.; **Freund** § 1, Rz. 3ff.; **Wessels/ Beulke** AT, Rz. 12a; NK-**Hassemer** vor § 1, Rz. 404ff.; **Jescheck/ Weigend** § 8, S. 60ff.

[171] **Otto** ZStW 1984 (96), 346ff.; **Otto** in GS Schröder S. 53ff.; **Lackner/ Kühl** vor § 13, Rz. 3; **Penzlin** S. 10ff.

II. Legitimation des Insolvenzstrafrechts

Die §§ 283ff. StGB schützen individuell das Rechtsgut der Gesamtheit der Gläubiger vor Gefährdung oder Schmälerung ihrer materiellen Befriedigung. Daneben wird die Existenz eines zusätzlichen überindividuellen Rechtsguts diskutiert.[172] An der Legitimation des Insolvenzstrafrechts werden dennoch in der Literatur im Hinblick auf die Strafwürdigkeit und die Strafbedürftigkeit vereinzelt Zweifel erhoben. Im wesentlichen werden zwei unterschiedliche Argumentationslinien verfolgt.

1. Bedenken gegen die Strafwürdigkeit und die Strafbedürftigkeit von Bankrotthandlungen aus grundsätzlichen Erwägungen

Erstens werden Zweifel an einer hinreichenden Legitimation aus grundsätzlichen Erwägungen heraus erhoben, da zum einen der insolvent gewordene Schuldner mit seinem wirtschaftlichen Scheitern bereits ausreichend „gestraft" sei. Sein Unternehmen sei zusammengebrochen, er habe den Konkurrenzkampf gegen seine Mitbewerber am Markt verloren. Damit sei im Sinne eines zu Ende gedachten liberalen Ansatzes ein zusätzliches Eingreifen des Staates mit Kriminalstrafen überflüssig. Statt dessen müsse die Regulierung autonom dem freien Spiel der wirtschaftlichen Kräfte am Markt überlassen werden. Zum anderen böte das Zivilrecht den Gläubigern ausreichende Gestaltungsmöglichkeiten zu ihrer Interessenwahrnehmung an. So könnten sie Waren nur gegen Bezahlung im voraus liefern oder Geschäfte ausschließlich bei vorhandenen Sicherheiten (z.B. Sicherungsübereignungen, Bürgschaften oder Forderungsabtretungen) abwickeln. Verzichteten sie trotz dieser Möglichkeiten auf eine sorgfältige Prüfung der Identität und Kreditwürdigkeit eines Vertragspartners, so begäben sie sich freiwillig sichererer Rechtspositionen und damit ihrer Schutzbedürftigkeit in strafrechtlicher Hinsicht. Das Strafrecht dürfe in solchen Fällen aber nicht dazu mißbraucht werden, sorglose Geschäftspraktiken zu fördern oder fehlgeschlagene wirtschaftliche Erwartungen abzusichern.[173]
Diese Bedenken gegen die Strafwürdigkeit und Strafbedürftigkeit von Bankrotthandlungen überzeugen nicht. Zum einen trägt der erste Gesichtspunkt keine durchgreifenden Zweifel an einer hinreichenden Legitimation für ein Insolvenzstrafrecht. Grundsätzlich impliziert zwar ein freiheitlich marktwirtschaftliches System in gewissen Grenzen unternehmerisches Risikohandeln, was immer auch zu

---

[172] Vgl. zur Rechtsgutbestimmung bei § 283 StGB im einzelnen und zur Frage, ob sich hierbei durch die Insolvenzrechtsreform Veränderungen ergeben unten Dritter Teil, Kapitel 1.

[173] Entsprechende Zweifel an der Legitimation des Insolvenzstrafrechts hegen etwa **Hörl** S. 48; **Kindhäuser** Gefährdung S. 317; **Weyand** S. 26. Vgl. ferner unter Bezugnahme auf die Insolvenzverschleppungsdelikte des Nebenstrafrechts **Penzlin** S. 100f.

Fehlentscheidungen und daraus folgend im Einzelfall zur Insolvenz führen kann.[174] Die strafrechtliche Haftung nach §§ 283ff. StGB setzt aber gerade deswegen auch nicht nur eine Risikoentscheidung oder nur ein wirtschaftliches Scheitern des Schuldners voraus, selbst wenn sich bereits hieraus beträchtliche Schäden ergeben. Vielmehr bestrafen die Insolvenzdelikte erst solche Schuldner, die darüber hinaus die Grenze ordnungsgemäßen Wirtschaftens in sozialethisch zu mißbilligender Weise verlassen, indem sie Handlungen begehen, die die Gläubigerpositionen erheblich gefährden. Liegt dann zusätzlich zu einer solchen Verhaltensweise in einer wirtschaftlichen Krisensituation auch noch eine der drei Bedingungsvarianten nach § 283 VI StGB vor, so umschreibt diese Kombination strafwürdiges und strafbedürftiges Unrecht.[175] Zum anderen bieten die zivilrechtlichen Sicherungsmechanismen den Gläubigern nur gegen üblicherweise im Rechtsverkehr auftauchende, kalkulierbare Risiken Schutz. Gegen Risiken aus einem verantwortungslosen Verhalten eines ordnungswidrig wirtschaftenden Täters können sich die Gläubiger dagegen mit den zivilrechtlichen Instrumentarien nicht hinreichend absichern. Diese Risiken dürfen daher nicht einseitig auf die Gläubiger verlagert werden.

2. Bedenken gegen die Strafwürdigkeit und die Strafbedürftigkeit von Bankrotthandlungen auf Grund der tatsächlichen Wirkungslosigkeit des früheren Konkursrechts

Zweitens werden Bedenken an der Strafwürdigkeit und der Strafbedürftigkeit von Bankrotthandlungen im Hinblick auf die Defizite des früheren Konkursrechts erhoben. Unter seiner Geltung waren die Befriedigungsquoten der Gläubiger weitestgehend gering geblieben, sofern überhaupt ein Verfahren eröffnet und nicht mangels Masse abgewiesen wurde.[176] Entsprechend, so wird vorgetragen, reduzierten sich die Vorstellungen und Erwartungen der Gläubiger auf eine nahezu theoretische, minimale Befriedigung. Bestünden Befriedigungsinteressen auf Gläubigerseite aber nicht mehr oder nur noch in geringem Umfang, so könnten sie auch durch Bankrotthandlungen des Schuldners nicht mehr oder nur noch in geringem Maße verletzt oder gefährdet werden. Die Strafwürdigkeit und die Strafbedürftigkeit von Handlungen, die sich gegen dieses Rechtsgut richteten, seien damit zweifelhaft.[177] Zudem böten in Einzelfällen zumeist die sonstigen Eigentums- und Vermögensdelikte

---

[174] **Schlüchter** Grenzbereich S. 10; **Mohr** S. 31.

[175] **Mohr** S. 31f.; **Arzt/ Weber** § 16, Rz. 51; **Schlüchter** Grenzbereich S. 10, 136ff.; **Tiedemann** KTS 1984, 547; **Moosmayer** S. 122; **Kaiser** § 74, Rz. 41; **Bieneck** in Müller-Gugenberger/ Bieneck, § 75, Rz. 8.

[176] Vgl. im einzelnen nochmals die Insolvenzstatistiken oben Zweiter Teil, Kapitel 1 A. I.

[177] LK-**Tiedemann** vor § 283, Rz. 6f.; **Mohr** S. 29f.; **Krause** S. 158f.; **Moosmayer** S. 20, 140; **Penzlin** S. 47ff.

des StGB den Gläubigern ausreichenden Schutz.[178] Aus diesen Gründen wurden die Bankrotthandlungen teilweise als bloßer Verstoß gegen ein überholtes Ordnungsprinzip begriffen und es wurde erwogen, die Straftatbestände zu Ordnungswidrigkeiten herabzustufen.[179]
Unabhängig von der Diskussion zur früheren Rechtslage, lassen sich diese Bedenken gegen die Legitimation eines Insolvenzstrafrechts jedenfalls heute nicht mehr aufrechterhalten. Um die Insolvenzmasse zu vergrößern und dadurch die Befriedigung der Gläubiger gegenüber dem alten Recht zu verbessern, sieht die InsO unter anderem eine frühzeitigere Verfahrenseröffnung, den Abbau der ehemaligen Konkursvorrechte, Kostenbeiträge für gesicherte Gläubiger, eine Verschärfung des Anfechtungsrechts sowie neue Institute der Eigenverwaltung und des Insolvenzplans vor.[180] Die unterschiedlichen zivilrechtlichen Regelungen verleihen damit den Gläubigerpositionen wieder größere praktische Existenz und damit aus strafrechtlicher Sicht gesteigerte Schutzwürdigkeit und Schutzbedürftigkeit. Ferner muß das Bankrottstrafrecht gerade auch in Fällen gegeben sein, in denen die Vermögensmasse so gering ist, daß selbst nach neuem Recht kaum Aussicht auf Befriedigung für die Gläubiger besteht, da andernfalls ein Anreiz für vermögensschwache, kriminelle Schuldner geschaffen würde, ihr Haftungspotential so weit wie möglich abzusenken, um dadurch ihrer Bankrottstrafbarkeit zu entgehen. Jedenfalls nach der Insolvenzrechtsreform bestehen damit keine Zweifel mehr an einer ausreichend breiten Legitimationsgrundlage für das Insolvenzstrafrecht.[181]

B. Historische Entwicklung des Insolvenzstrafrechts

Die Ausgestaltung und Funktion der Insolvenzstraftaten in der Geschichte sowie ihr Verhältnis zu den entsprechenden damaligen zivilrechtlichen Regelungen liefern einen Ausgangspunkt für das später zu untersuchende Abhängigkeitsverhältnis des Insolvenzstrafrechts von der heutigen InsO. Der folgende Abschnitt zeigt daher die historischen Entwicklung des Insolvenzstrafrechts auf.

---

178 NK-**Kindhäuser** vor § 283, Rz. 3; **Hörl** S. 47f.; LK-**Tiedemann** vor § 283, Rz. 6; **Tiedemann** ZIP 1983, 513f.; **Hörl** S. 48.

179 Jäger-**Klug** vor § 239, Rz. 6; **Tiedemann** ZIP 1983, 513f.; **Franzheim** in Verbrechen in der Wirtschaft S. 97ff.; **Gallandi** wistra 1992, 10ff.; **Mohr** S. 29f.

180 Vgl. dazu nochmals eben Zweiter Teil, Kapitel 1 C.

181 Ebenso wie hier **Moosmayer** S. 20, 140f.; **Mohr** S. 30; **Krause** S. 159, ferner zweifelnd, letztlich aber mit gleichem Ergebnis **Penzlin** S. 47ff., 50ff., 53.

I. Insolvenzstrafrechtliche Regelungen im römischen Recht

Im römischen Recht existierte kein Insolvenzstrafrecht im heutigen Sinne. Vielmehr erfolgte die strafrechtliche Bewältigung von Insolvenzen nach allgemeinen Vermögensdelikten (crimen falsi, stellionatus, furtum). Daneben bildeten zivilrechtliche Institute mit strafähnlichem Charakter einen wichtigen Bestandteil der römischen Vollstreckungsverfahren.[182] Generell wurde allerdings zwischen zivil- und strafrechtlicher Haftung lange Zeit nicht streng unterschieden.

1. Das Zwölftafelgesetz von 451/ 450 v. Chr.

Als Rechtsfolge einer Schädigung der Gläubiger in ihren Vermögensinteressen war zunächst nach dem Zwölftafelgesetz[183] eine umfassende Personalexekution vorgesehen: Ein solcher Schuldner verfiel den Gläubigern mit seiner ganzen Person und konnte nach ihrer Wahl als Sklave behalten, verkauft, oder sogar getötet werden, wovon allerdings selten Gebrauch gemacht wurde.[184] Diese Form der Schuldhaft setzte jedoch kein objektives Fehlverhalten des Schuldners und kein Verschulden voraus und kann somit nicht als Strafe nach heutigem Verständnis angesehen werden.[185]

2. Die Lex Poetilia von 326 v. Chr.

Dem Zwölftafelgesetz folgte die Lex Poetilia. Die strenge Haftung des Schuldners mit Leib und Leben in Form von Tötungs- und Verkaufsrecht wurde als unangemessen begriffen, gemildert und in erster Linie auf eine Vermögenshaftung beschränkt.[186] Als personelle Folge blieb einzig eine Schuldknechtschaft. Diese konnte aber erst nach der „Einweisung in die Güter“ (missio in bona) durch den Prätor und dem „Verkauf der Güter“ (bonorum venditio) durchgeführt werden. Nach Einleitung des Verfahrens durch einen entsprechenden Antrag des oder der Gläubiger (postulatio) beim Prätor, gewannen die Gläubiger durch die missio in bona eine weitreichende Dispositionsbefugnis über das Vermögen des Schuldners, sowie Ein-

---

182 NK-**Kindhäuser** vor § 283, Rz. 11; **Hammerl** S. 27ff., 29; **Krause** S. 52f.; **Neumeyer** S. 15.

183 Vgl. zur Entstehung **Düll** S. 7ff.; ferner **Hörl** S. 8f.; **Hiltenkamp-Wisgalle** S. 14ff., 22; **Hammerl** S. 27; **Schlüchter** Grenzbereich S. 26; **Neumeyer** S. 2, 13f.; **Krause** S. 51; **Teufel** Insolvenzkriminalität S. 70.

184 Vgl. Tabula III, 6 und hierzu **von Bethmann-Holweg** Band 2 (Formulae) S. 692; **Dürr**, S. 17, 34f.; **Hiltenkamp-Wisgalle** S. 15; **Hammerl** S. 27; **Schlüchter** Grenzbereich S. 26; **Krause** S. 51.

185 Ebenso **Schlüchter** Grenzbereich S. 27; **Hiltenkamp-Wisgalle** S. 16.

186 **Hörl** S. 9; **von Bethmann-Holweg** Band 1 (Legis actiones) S. 164; **Hiltenkamp-Wisgalle** S. 16; **Neumeyer** S. 3f.; **Schlüchter** Grenzbereich S. 27; **Hammerl** S. 28.

sichtsrechte in Rechnungsbücher und Urkunden. Der Schuldner konnte in diesem Stadium durch Befriedigung aller Gläubiger die Alleinherrschaft über sein Vermögen wiedererlangen. Andernfalls kam es nach dreißig Tagen zur bonorum venditio. Wurden hierdurch alle Gläubiger befriedigt, so hatte der Schuldner keinerlei Nachteile gegen seine Person zu befürchten. Soweit dies aber nicht der Fall war, konnten die Gläubiger ihn in Schuldhaft nehmen.[187] Auch die Sanktionen der Lex Poetilia waren allerdings immer noch unabhängig von einem Verschulden und stellten daher keine Strafen nach heutiger Sicht dar.[188]

3. Die Lex Iulia iudiciorum privatorum von 17 v. Chr.

Ausgehend von der Erfahrung, daß die Gläubiger immer häufiger von ihren Schuldnern über deren schwierige Vermögenssituation getäuscht wurden und so nicht mehr befriedigt werden konnten, führte Augustus mit der Lex Iulia iudiciorum privatorum eine neue Regelung ein, die zum einen den Gläubigern größeren Schutz, zum anderen den Schuldnern einen Anreiz bot, ihre Zahlungsunfähigkeit eher zu offenbaren.[189] Um seine Schuldhaft zu vermeiden, konnte der Schuldner hiernach in einem ersten Schritt seine Insolvenz freiwillig und offiziell erklären.[190] Daran anschließend mußte er seine Güter den Gläubigern abtreten (cessio bonorum) und ihnen Besitzergreifung und Verwertung ermöglichen. Versuchte der Schuldner während dieses Verfahrens seine Gläubiger zu benachteiligen, so wurde gegen ihn – auch bei späterer Befriedigung der Gläubiger – die Schuldhaft verhängt.[191] Zum ersten Mal spielt also in dieser Regelung das Verschulden des Schuldners eine Rolle. Insoweit kann hier erstmalig von einer Strafe im heutigen Sinne gesprochen werden. Dennoch aber führte die Regelung zu ungerechten Ergebnissen: Ein Schuldner, der unverschuldet insolvent wurde, diesen Zustand aber zu spät offenbarte, konnte hiernach – im Gegensatz zu einem Schuldner, der seine Insolvenz schuldhaft herbeigeführt, diese dann aber freiwillig eingestanden hatte – in Schuldhaft genommen werden. Das System barg also die Gefahr in sich, wegen der Vorteile bei eigenem Eingeständnis mißbraucht zu werden.[192]

---

[187] **Neumeyer** S. 4f.; **von Bethmann-Holweg** Band 2 (Formulae) 672f., 675, 682, 686f.; **Hiltenkamp-Wisgalle** S. 16f.; **Hörl** S. 9; **Hammerl** S. 28.

[188] So auch **Hörl** S. 9; **Hiltenkamp-Wisgalle** S. 18; **Schlüchter** Grenzbereich S. 27.

[189] **Neumeyer** S. 5; **Hörl** S. 10; **Hiltenkamp-Wisgalle** S. 19; **Schlüchter** Grenzbereich S. 27; **Krause** S. 51f.; NK-**Kindhäuser** vor § 283, Rz. 11; **von Bethmann-Holweg** Band 2 (Formulae) S. 687ff.

[190] **Hörl** S. 10 spricht in diesem Zusammenhang von einem Vorläufer der heutigen Insolvenzantragspflicht.

[191] LK-**Tiedemann** vor § 283, Rz. 11; **Hiltenkamp-Wisgalle** S. 19; **von Bethmann-Holweg** Band 2 (Formulae) S. 688; **Hörl** S. 10; **Krause** S. 52f.

[192] Vgl. ebenso **Hörl** S. 10; **Hiltenkamp-Wisgalle** S. 20; **Hammerl** S. 28.

4. Die Verordnung Gratians von 379 n. Chr.

Begünstigt durch den Sittenverfall und die Zerrüttung der Vermögensverhältnisse in der nachkonstantinischen Zeit, konkretisierte sich diese Mißbrauchsgefahr und führte dazu, daß viele Schuldner all ihr Geld ausgaben und sich dann ohne Hab und Gut freiwillig zu einer cessio bonorum bereit erklärten. Vor diesem Hintergrund wird die Verordnung Gratians verständlich, wonach nur ein durch Unglücksfälle insolvent gewordener Schuldner durch cessio bonorum von der Schuldhaft befreit werden konnte. Ob ein schuldhaftes Herbeiführen der Insolvenz vorlag, oblag dabei der Überprüfung durch ein Gericht.[193] In dieser Regelung werden wiederum Ansätze modernen strafrechtlichen Denkens erkennbar: Zwar handelte es sich formal immer noch um eine zivilrechtliche Rechtsfolge, die Sanktion knüpfte aber nun nicht mehr an die Insolvenz als solche, sondern vielmehr an die schuldhafte Verursachung derselben an.[194]

Zusammenfassend kann also eine Entwicklung im römischen Recht vom undifferenzierten Vorgehen gegen jeden in Vermögensverfall geratenen Schuldner bis zur Bestrafung einer schuldhaft herbeigeführten Insolvenz festgestellt werden, wobei das Verschulden nicht in einem verwerflichen Schuldnerverhalten gesehen wurde, sondern nur bei einem von außen kommenden Unglück zu verneinen war. Anders als heute wurden ferner Sanktionen nicht auf Grund eines während der Insolvenz vorgenommenen oder zur Insolvenz führenden Fehlverhaltens des Schuldners, sondern wegen der Verursachung der Insolvenz als solcher verhängt.

II. Insolvenzstrafrechtliche Regelungen im Recht des Mittelalters

1. Frühes und hohes Mittelalter

Diese Entwicklung setzt sich im Recht des frühen Mittelalters zunächst nicht fort. In den germanischen und fränkischen Volksrechten gab es auf Grund der sozialen Strukturen abgesehen von Maßnahmen gegen sog. Wergeldschuldner[195] weder zivil- noch strafrechtliche Regelungen bei Insolvenz des Schuldners. Die Menschen waren fast ausschließlich als Selbstversorger in der Landwirtschaft tätig und pro-

---

[193] **Schlüchter** Grenzbereich S. 28; **von Bethmann-Holweg** Band 3 (Cogitiones) S. 917f.; LK-**Tiedemann** vor § 283, Rz. 33; **Neumeyer** S. 5; **Hiltenkamp-Wisgalle** S. 21; **Hörl** S. 10; **Hammerl** S. 28.

[194] Vgl. auch **Hiltenkamp-Wisgalle** S. 22; **Hörl** S. 11.

[195] Ein Wergeld bestimmter Höhe mußte nach dem Stammesrecht der salischen Franken für einen begangenen Totschlag je nach Stand des Getöteten geleistet werden. War der Täter zahlungsunfähig und also hierzu nicht in der Lage, so konnten die Gläubiger, dh. die Angehörigen des Erschlagenen, diesen verletzen oder töten, vgl. **G. Schmidt** S. 24ff.; **Hammerl** S. 23; **Hilten-**

duzierten lediglich für den eigenen Bedarf. Handel, Tausch und Dienstleistungen, aus denen sich Schuldverpflichtungen hätten ergeben können, hatten keine Bedeutung.[196] Erst nach den Wanderungen verschiedener Volksgruppen in der Zeit zwischen dem 4. und dem 6. Jahrhundert erlangten allmählich auch Handelsbeziehungen und damit Schuldverträge Bedeutung und es kam zu Zahlungsunfähigkeiten. Ein Gläubiger konnte dann seinen Schuldner unabhängig von dessen Verschulden in Schuldhaft nehmen.[197]
Im hohen Mittelalter ab etwa 900 wurde ein strenges Recht gebräuchlich, das Personalexekutionen gegen einen insolventen Schuldner unabhängig von dessen Verschulden ermöglichte.[198] Dieser mußte nicht mehr nur seine Schuld im Hause des nicht befriedigten Gläubigers als Knecht abverdienen, sondern konnte dabei auch gefesselt, geschlagen und, falls er die Flucht ergriff, sogar getötet werden.[199]

2. Spätes Mittelalter

Bedingt durch das Aufblühen des Handels und das Anwachsen großer Städte zum Mittelpunkt weitläufiger Handels- und Wirtschaftsbeziehungen kam es im späten Mittelalter ab 1250 zu einer erheblichen Weiterentwicklung zivilinsolvenzrechtlicher und insolvenzstrafrechtlicher Regelungen, wobei nach und nach die Obrigkeit aktiver hervortrat.[200] Die einzelnen Stadtrechte waren verschieden ausgestaltet und drohten neben peinlichen Strafen auch eine Vielzahl von Ehrenstrafen an. So war zum Beispiel vorgesehen: die Einweisung der Gläubiger in das Eigentum des Schuldners oder dessen Zuweisung als Knecht[201], ein Zwang für den Schuldner, bis zum Abtrag der Schulden auf der Straße am rechten Fuß barfuß, nur mit heraushängenden leeren Taschen oder mit bestimmter Kleidung zu gehen[202], sowie die Anordnung öffentlicher Haft oder einer Acht mit anschließender Stadtverweisung.[203]

---

kamp-Wisgalle S. 23; **Teufel** Insolvenzkriminalität S. 69.

196 **Wilda** S. 936f.; **Bechtel** S. 105f.; **Teufel** Insolvenzkriminalität S. 69; **Hammerl** S. 22; **Hörl** S. 11; **Hiltenkamp-Wisgalle** S. 22f.

197 Vgl. zu dieser sog. Übernahme zu Hand und Halfter z.B. Lex Burgundonium um 501, 19, 7; Lex Visigothorum um 654, V, VI, § 5; Lex Baiuvariorum um 741, II, 1, § 5 und **Teufel** Insolvenzkriminalität S. 69; **von Hoiningen** S. 6ff.; **Hammerl** S. 23; **Bechtel** S. 105f.; **Hiltenkamp-Wisgalle** S. 23f.

198 **Köstlin** GA 1857, 722f.; **Hörl** S. 11; **Hiltenkamp-Wisgalle** S. 24f.

199 Vgl. z.B. Freiburger Stiftungsbrief von 1120; Nürnberger Freiheitsbrief von 1229, § 5.

200 Vgl. hierzu **Köstlin** GA 1857, 723; **Hammerl** S. 24; **Neumeyer** S. 58ff.; **Hiltenkamp-Wisgalle** S. 26; **Hörl** S. 11f.; **Teufel** Insolvenzkriminalität S. 69.

201 Stadtrechte von Winterthur von 1297, Nr. 5, 9, 10.

202 Vgl. z.B. Bamberger Stadtrechte von 1493, Art. 256, 434 b, c oder die Tyroler Malefizordnung von 1499 und hierzu **G. Schmidt** S. 37; **Hammerl** S. 26.

203 Hamburger Stadtrecht von 1270; Augsburger Statuten von 1276; Stralsunder Stadtbuch von

Ausführlichere Regelungen als alle anderen Rechtsordnungen dieser Zeit trafen oberitalienische Städte wie Venedig, Genua oder Florenz. Deren ausgeprägte Handelsbeziehungen sowie das im 13. Jahrhundert aufblühende Bank- und Kreditwesen erforderten einen wirksamen Schutz gegen zunehmend betrügerische Insolvenzen.[204] Zum ersten Mal in der Geschichte wurde hier eine Unterscheidung in zivil- und strafrechtliche Folgen einer Insolvenz getroffen und es kam zur Ausgestaltung eigener Bankrottstraftatbestände:[205] Wie im römischen Recht führte die Insolvenz – verschuldet oder unverschuldet – zur Schuldhaft, die durch cessio bonorum abgewendet werden konnte, wenn der Schuldner öffentlich und in entehrender Form einen Offenbarungseid geschworen hatte. Über denjenigen Schuldner aber, der durch betrügerische Handlungen im Insolvenzverfahren sein Vermögen den Gläubigern entzog, verhängte man die Verbannung, Todes- oder Galeerenstrafen.[206]

III. Insolvenzstrafrechtliche Regelungen im neuzeitlichen Recht

Auf Grund des ausgeprägten Partikularismus gab es lange Zeit in Deutschland keine regional übergreifende Regelung des Bankrottstrafrechts. Ausnahmen bildeten lediglich die Peinliche Gerichtsordnung Karls V. von 1532 und die Augsburger Reichspolizeiordnung von 1548.

1. Die Peinliche Gerichtsordnung Karls V. von 1532

In Anlehnung an die oberitalienischen Stadtrechte des späten Mittelalters wurde im Deutschen Recht die Peinliche Gerichtsordnung Karls V. von 1532 (Constitutio Criminalis Carolina) bedeutsam, die Fälle schuldhafter Insolvenz als Diebstahl (Art. 170 CCC) oder Fälschung (Art. 112 CCC) bestrafte. Aber nicht nur die Gesetzgebung sondern auch die Gerichtspraxis unterschied nun mehr und mehr zwischen schuldhafter und schuldloser Insolvenz.[207]

1277; Münchner Rechtsbrief von 1297; Braunschweiger Stadtrecht von 1349; Rigische Bursprake von 1376; Prager Stadtrecht von 1397; Lübecker Stadtrecht von 1443; Stuttgarter Stadtrecht von 1492, Art.17; hierzu **Hammerl** S. 24f.; **Hiltenkamp-Wisgalle** S. 28f.; **Hörl** S. 11f.; **Neumeyer** S. 51; **Köstlin** GA 1857, 726; **von Hoiningen** S. 17; **G. Schmidt** S. 37.

[204] **Dahm** S. 21ff.; **Teufel** Insolvenzkriminalität S. 70; LK-**Tiedemann** vor § 283, Rz. 34; **Hammerl** S. 29; **Ullrich** S. 21; **Hiltenkamp-Wisgalle** S. 29; NK-**Kindhäuser** vor § 283, Rz. 12; **Hörl** S. 12.

[205] Etymologisch entstammt das Wort *Bankrott* dem Italienischen und bedeutet: zerbrochene Bank, Bankbruch.

[206] Vgl. z.B. die Statuten von Genua von 1306 oder von Florenz von 1327 und hierzu **Neumeyer** S. 39; **Hammerl** S. 29f.; **G. Schmidt** S. 20ff.; **Krause** S. 54; **Teufel** Insolvenzkriminalität S. 70.

[207] Vgl. **Hammerl** S. 32f.; **Hiltenkamp-Wisgalle** S. 29; **Teufel** Insolvenzkriminalität S. 71.

2. Die Augsburger Reichspolizeiordnung von 1548

Einen vorläufigen Schlußpunkt dieser Entwicklung markierte die Augsburger Reichspolizeiordnung von 1548 (RPO), die eine Teilung der Insolvenzfälle in drei Gruppen vorsah: Unterschieden wurden zum einen der einfache Bankrott im Sinne einer pflichtwidrigen Insolvenzverursachung auf Grund des Mißlingens fremdfinanzierter Geschäfte, zum zweiten der betrügerische Bankrott, der zusätzlich eine Gläubigerbenachteiligungsabsicht voraussetzte, sowie drittens die unverschuldete Insolvenz, die strafrechtlich keinerlei Sanktionen nach sich zog, sondern nur im Rahmen eines Vollstreckungsverfahrens vergleichbar der cessio bonorum des rezipierten römischen Rechts zu einer Vermögensverwertung führte.[208]

Ein Großteil der folgenden landesrechtlichen Kodifikationen lehnte sich an diese Regelungen der RPO an.[209] Als später die Handels- und Kreditbeziehungen im wirtschaftlichen Liberalismus des ausgehenden 17. und des beginnenden 18. Jahrhunderts immer weitläufiger und unübersichtlicher wurden, ergaben sich für den betrügerischen Schuldner neue Formen kriminellen Verhaltens, denen die Territorialgesetzgeber mit Ausweitung des Kreises strafrechtlich relevanter Bankrotthandlungen begegneten. Nunmehr wurden u.a. auch masseschmälernde Handlungen bei eingetretener Zahlungsunfähigkeit ähnlich dem heutigen Beiseiteschaffen iSd § 283 I Nr. 1 StGB als Bankrottunrecht begriffen. Erstmalig traten damit die Insolvenzverursachung und die Masseschmälerung durch Verringerung des Vermögensbestandes als eigenständige Deliktstypen nebeneinander.[210]

3. Das Preußische Allgemeine Landrecht von 1794

Das Preußische Allgemeine Landrecht von 1794 (PrALR) enthielt eine umfangreiche Regelung des Bankrottstrafrechts und setzte hohe Strafen an. In 36 Einzelvorschriften (Zweyter Theil, Zwanzigster Titel, §§ 1452-1487 PrALR) wurden der einfache und der betrügliche (§§ 1452-1455 PrALR), der mutwillige (§§ 1458-1465 PrALR), der fahrlässige (§§1466-1472 PrALR) und der unbesonnene Bankrott (§§ 1473, 1474 PrALR), sowie die Gläubigerbegünstigung (§ 1478 PrALR) unter-

[208] **Hiltenkamp-Wisgalle** S. 29; **Hammerl** S. 31; **Krause** S. 56; **Schlüchter** Grenzbereich S. 31; **Neumeyer** S. 42f.; **Teufel** Insolvenzkriminalität S. 71.

[209] Vgl. Frankfurter Reformation von 1580; Augsburger Ratsverordnung von 1580; Polizeiordnung für Schwedisch Pommern von 1681; Ulmer Stadtrecht von 1681; Churtirerisches Landrecht von 1713; Untergerichtsordnung von Zweibrücken von 1722; hierzu **von Hoiningen** S. 63; **Hammerl** S. 32; **Neumeyer** S. 71.

[210] Vgl. z.B. Preußisches Banqueroutier-Edikt von 1723; Braunschweiger Edikt wider die Banqueroutierer von 1726; Augsburger Fallitenordnung von 1749 und **Hammerl** S. 33ff.; **G. Schmidt** S. 57; **von Hoiningen** S. 74; **Krause** S. 56f.

schieden.[211] Der mutwillige Bankrott erfaßte den *übertriebenen oder liederlichen Aufwand*, der im Zustand der Zahlungsunfähigkeit vorgenommen wurde oder zur Zahlungsunfähigkeit führte[212], stellte also in erster Linie auf Pflichtverstöße in der privaten Lebensführung ab, während der unbesonnene Bankrott das Fehlschlagen nicht genehmigter, *verwegener und unsicherer Unternehmungen* mit fremdem Kapital, mithin also geschäftliche Dispositionen betraf. Kaufleute und Privatleute konnten damit nach dem PrALR zwar gleichermaßen taugliche Täter sein. Unternehmerische Fehlentscheidungen unterlagen aber im Rahmen der Bankrottdelikte anderen Regelungen als Unwirtschaftlichkeiten der persönlichen Lebens- und Haushaltsführung.[213] Eine solche Differenzierung zwischen Haushalts- und Geschäftsführung war keineswegs neu[214] und setzte sich auch in der Folgezeit fort.

4. Der code de commerce von 1804

Die deutschen Bankrottregelungen des 19. Jahrhunderts wurden stark beeinflußt von den Regelungen der art. 586ff. des französischen code de commerce von 1804. Auch hier wurde zwischen einfachem und betrügerischem Bankrott (banqueroute simple und banqueroute frauduleuse), die noch weiter untergliedert waren, unterschieden; eine Trennung von privatem und geschäftlichem Fehlverhalten im Sinne des PrALR (mutwilliger und unbesonnener Bankrott) kannte der code de commerce dagegen nicht.[215] Die für die Folgezeit bedeutendste Änderung bestand darin, daß der Unrechtsgehalt des Bankrotts anders als in den deutschen Partikularrechten nicht mehr im Insolventwerden als solchem, sondern nur noch in der konkreten vermögensmindernden Handlung des Schuldners gesehen wurde.[216]

---

211 Vgl. im einzelnen zu den Regelungen des PrALR **Vormbaum** GA 1981, 101ff.; **Krause** S. 56f.; **Hammerl** S. 35f.; LK-**Tiedemann** vor § 283, Rz. 35; **Schlüchter** Grenzbereich S. 31ff.; NK-**Kindhäuser** vor § 283, Rz. 13; **Neumeyer** S. 76f.; **Zirpins/ Terstegen** S. 924; **Teufel** Insolvenzkriminalität S. 72.

212 Eine entsprechende Unterscheidung wird auch heute in § 283 I und II StGB vorgenommen.

213 **Schlüchter** Grenzbereich S. 31ff.; NK-**Kindhäuser** vor § 283, Rz. 13; **Krause** S. 57f.; LK-**Tiedemann** vor § 283, Rz. 35; **Vormbaum** GA 1981, 102.

214 Vgl. die Nürnberger Fallitenordnung von 1717 sowie das Preußische Edikt von 1715, das Strafen u.a. für einen Schuldner vorsah, der sich *durch Üppigkeit, überflüssiges Thun, unnötige Depenses, übel geführte Menages oder andere einem ehrliebenden verständigen und fleißigen Kaufmann nicht anständige Dinge in Abgang seines Vermögens gebracht hatte*. Insofern wurde also explizit an die Eigenschaft des Schuldners als Kaufmann angeknüpft. Die Differenzierung beschränkte sich aber im frühen 18. Jahrhundert noch auf die Beschreibung unterschiedlicher Pflichtverstöße innerhalb ein und desselben Tatbestandes.

215 **Neumeyer** S. 112f.; **Krause** S. 58; **Hammerl** S. 35.

216 **Schlüchter** Grenzbereich S. 34; **Krause** S. 58.

5. Das Preußische Strafgesetzbuch von 1851

Im Anschluß an den code de commerce verwandelte sich auch in Deutschland der Umstand des Insolventwerdens mit dem Preußischen StGB von 1851 vom Strafgrund in ein bloßes Symptom, wohingegen sich die Einzelhandlung des Schuldners und die durch sie bewirkte Gefährdung der Gläubigerinteressen – ursprünglich allenfalls Symptom für das schuldhafte Insolventwerden – zum eigentlichen Unrechtskern der Tat entwickelte.[217] Die eigentliche Insolvenz bot dem Strafrichter nur noch die formelle Handhabe zum Einschreiten im Sinne einer objektiven Bedingung der Strafbarkeit.[218] Unterschieden wurde der einfache und der betrügliche Bankrott. Weiter war der Täterkreis des preußischen StGB wie schon in den Landesrechten des beginnenden 19. Jahrhunderts auf Kaufleute beschränkt (§§ 259, 261 PrStGB).[219]

6. Das Reichsstrafgesetzbuch von 1871

Das Reichsstrafgesetzbuch von 1871 (RStGB) übernahm in seinen §§ 281-283 die Bankrottregelungen des preußischen StGB von 1851 ohne wesentliche Änderungen. Insbesondere blieb auch hier der Charakter der Delikte als Sonderdelikte für Kaufleute bestehen.[220]

7. Die Reichskonkursordnung von 1877

Mit Inkrafttreten der Reichskonkursordnung wurden die Bankrottdelikte der §§ 281-283 RStGB durch die §§ 209-214 der KO ersetzt.[221] Im Zuge dieser Reform entfiel die Beschränkung des Täterkreises. Beibehalten wurde dagegen die grundsätzliche Unterscheidung zwischen betrügerischem (§ 209 KO) und einfachem Bankrott (§ 210 KO).[222] Nach der Konkursordnungs-Novelle anläßlich der Einführung des BGB und seiner Nebengesetze von 1898 traten an die Stelle der §§ 209-214 KO die §§ 239-244 KO.[223] Dabei kam es zu weiteren Detailregelungen und Verschärfungen der Bankrottatbestände. Der Kreis tauglicher Täter wurde nunmehr

---

217 **Böhle-Stamschräder** KTS 1957, 177; **Maurach/ Schroeder/ Maiwald** BT 1, § 48, Rz. 1; **Krause** S. 59; **Hiltenkamp-Wisgalle** S. 33.
218 **Maurach/ Schroeder/ Maiwald** BT 1, § 48, Rz. 1; **Hiltenkamp-Wisgalle** S. 33.
219 LK-**Tiedemann** vor § 283, Rz. 37f.; **Krause** S. 59; **Hörl** S. 12f.; **Hiltenkamp-Wisgalle** S. 33; NK-**Kindhäuser** vor § 283, Rz. 14; **Zirpins/ Terstegen** S. 925.
220 RGBl 1871, S. 127-205; **Hörl** S. 12f.; **Maul** DB 1979, 1758; **Krause** S. 59; **Matzen** S. 13.
221 § 3 II Nr. 3 EG zur KO.
222 LK-**Tiedemann** vor § 283, Rz. 38; **Vormbaum** GA 1981, 103; **Krause** S. 59f.; **Hörl** S. 12f.
223 RGBl 1898, 657ff.; **Ebermayer/ Lobe/ Rosenberg** vor § 239 KO, S. 806; **Hahn/ Mugdan** VII, S. 213ff.

ausdrücklich auf die Organe juristischer Personen erweitert, der einfache Bankrott um einzelne Tatalternativen ergänzt und ein eigenständiger Tatbestand der Gläubigerbegünstigung hinzugefügt.[224]
Auf Kritik stieß die Rechtsprechung des Preußischen Obertribunals, wonach Zahlungseinstellung, Konkurseröffnung und Ablehnung der Konkurseröffnung mangels Masse als objektive und schuldunabhängige Strafbarkeitsmerkmale außerhalb des Unrechtstatbestandes anzusehen waren.[225] Um dem später in Art. 1, Art. 103 GG verfassungsrechtlich garantierten Schuldstrafrecht genüge zu tun, mußten die Bankrotthandlungen auf wirtschaftlich gefährliche Verhaltensweisen begrenzt werden, was durch die interpretatorische Hinzuführung eines ungeschriebenen, strafbarkeitseinschränkenden Merkmals der Verschlechterung der Gläubigerposition geschah.[226]

8. Das Erste Gesetz zur Bekämpfung der Wirtschaftskriminalität von 1976

Durch das 1. WiKG von 1976[227] wurden die Konkursstraftaten wieder in das StGB (§§ 283-283d) zurückgeführt, um die allgemeine Bedeutung der Delikte zu unterstreichen.[228]
Auslöser und zentrales Problem dieser Reform bildeten die bereits angesprochenen Bedenken im Hinblick auf die Vereinbarkeit der Straftaten mit den Grundsätzen eines Schuldstrafrechts, da nach dem Wortlaut der Normen der KO auch rechtlich neutrale Handlungen strafrechtliche Relevanz erlangen konnten, wenn nur die objektive Strafbarkeitsbedingung eingetreten war. Eine rein interpretatorische Lösung dieses Problems im Sinne der Rechtsprechung wurde im Verlauf der Reform für zu unbestimmt gehalten und statt dessen nach einem einschränkenden Kriterium im Gesetz gesucht, das die Strafbarkeit auf wirtschaftlich gefährliche Verhaltensweisen beschränken sollte.[229] Letztlich entschied sich der Gesetzgeber, das Vorliegen einer wirtschaftlichen Krisensituation des Schuldners als zusätzliche Voraussetzung in die §§ 283, 283c und 283d StGB einzufügen und umschrieb diese mit den Begriffen der eingetretenen Zahlungsunfähigkeit, der drohenden Zahlungsunfähig-

---

224 LK-**Tiedemann** vor § 283, Rz. 38; NK-**Kindhäuser** vor § 283, Rz. 15; **Vormbaum** GA 1981, 103ff.
225 Jäger-**Klug** vor § 239, Rz. 8; **Hörl** S. 12; LK-**Tiedemann** vor § 283, Rz. 39.
226 **Hörl** S. 12; **Tiedemann** Wirtschaftsstrafrecht I, S. 231ff., 237; LK-**Tiedemann** vor § 283, Rz. 39.
227 BGBl 1976 I, 2034.
228 Vgl. Art. 5 Nr. 4; Art. 1 Nr. 5 des 1. WiKG; BT Drs. 7/ 3441, 34.
229 BT Drs. 7/ 3441, 19; **Tröndle/ Fischer** vor § 283, Rz. 4; **Klug** KTS 1962, 65ff.; **Stree** JuS 1965, 470f.; **Penzlin** S. 102f.; **Schlüchter** MDR 1978, 977ff.; **Tiedemann** ZRP 1975, 130; LK-**Tiedemann** vor § 283, Rz. 40; **Tiedemann** Wirtschaftsstrafrecht I, S. 237; **Tiedemann** ZStW 1975 (87), 288f.; NK-**Kindhäuser** vor § 283, Rz. 16f.; **Harneit** S. 6.

keit und der Überschuldung.[230] Daneben hielt er auch am Erfordernis einer objektiven Strafbarkeitsbedingung fest und verwirklichte so das Schuldprinzip nach allgemeiner Auffassung sogar weiterreichend als notwendig.[231] Weiter ergänzte er den Bankrottatbestand um einige Tathandlungen sowie die Generalklausel des § 283 I Nr. 8 StGB, um sich neu entwickelnde, noch nicht typisierbare sozialschädliche Verhaltensweisen in Insolvenznähe zu erfassen, und normierte schließlich eine umfassende Fahrlässigkeitshaftung.[232] Auf das Merkmal einer Gläubigerbenachteiligungsabsicht und damit auf eine Qualifizierung im Sinne eines betrügerischen Bankrotts wurde dagegen verzichtet.

9. Die Insolvenzrechtsreform von 1999

Im Rahmen der Insolvenzrechtsreform 1999 wurde das Insolvenzstrafrecht nur am Rande berücksichtigt. Art. 60 EGInsO sah lediglich die Umbenennung der §§ 283-283d StGB in Insolvenzstraftaten vor und paßte die Vorschriften in ihrem Wortlaut im einzelnen auf die Ersetzung der früheren Konkurs- und Vergleichsverfahren durch das Insolvenzverfahren an.[233]

C. Bestimmung des zeitlichen Anwendungsbereichs des Insolvenzstrafrechts de lege lata

Abschließend bleibt der zeitliche Anwendungsbereich des insofern geänderten Insolvenzstrafrechts zu bestimmen. Während das neue zivile Insolvenzrecht der InsO gem. Art. 103, Art. 104 EGInsO in all den Fällen zur Anwendung gelangt, in denen der Insolvenzantrag nach dem 31.12.1998 gestellt wurde, existieren für das Strafrecht keine speziellen, zeitlichen Übergangsvorschriften. Hier muß daher auf die allgemeinen, das Rückwirkungsverbot nach Art. 103 II GG, § 1 StGB konkretisierenden[234] Regelungen des § 2 StGB zurückgegriffen werden.[235] Dabei ist nach § 2

[230] Vgl. Art. 1 Nr. 5 des 1. WiKG, BT Drs. 7/ 3441, S. 5. Lediglich in § 283b StGB wurde auf Grund der generellen, abstrakten Gefährlichkeit der Tathandlungen auf das zusätzliche Erfordernis einer wirtschaftlichen Krisensituation des Schuldners verzichtet. Generell Abstand genommen wurde dagegen vom Erfordernis der Herbeiführung einer konkreten Gefährdungssituation als tatbestandlicher Erfolg der Bankrottdelikte, da eine solche vielfach nur schwer zu beweisen gewesen wäre, vgl. BT Drs. 7/ 3441, 19.

[231] LK-**Tiedemann** vor § 283, Rz. 40f.; **Tiedemann** Wirtschaftsstrafrecht I, S. 241f.; **Tiedemann** in FS Dünnebier S. 535ff.; SK-**Samson** § 283, Rz. 7; **Heinz** GA 1977, 216; **Hörl** S. 13; NK-**Kindhäuser** vor § 283, Rz. 17; **Penzlin** S. 103; **Krause** S. 207ff.; **Otto** in GS Bruns S. 265ff.; **Hess** KO Anhang III, vor § 283, Rz. 4.

[232] BT Drs. 7/ 5291, 18; NK-**Kindhäuser** vor § 283, Rz. 17; LK-**Tiedemann** vor § 283, Rz. 42.

[233] Vgl. dazu bereits oben Erster Teil, Kapitel 1.

[234] Sch/Sch-**Eser** § 2, Rz. 1; **Lackner/ Kühl** § 2, Rz. 1; LK-**Gribbohm** § 2, Rz. 1; **Roxin** § 5, Rz.

I, II StGB grundsätzlich das Gesetz anzuwenden, das im Zeitpunkt der Tatbeendigung galt, wobei unter Tat nach § 8 StGB die tatbestandsmäßige Handlung, bzw. deren Unterlassen zu verstehen ist. Keine Rolle für die Frage nach dem zeitlich anwendbaren Recht spielt also etwa der Zeitpunkt des Eintritts der objektiven Strafbarkeitsbedingung nach § 283 VI StGB.[236] Allerdings zwingt das strafrechtliche Rückwirkungsverbot lediglich dazu, eine Schlechterstellung des Täters nach der Tat, nicht aber auch seine Besserstellung zu verhindern. Aus diesem Grund gilt es nicht uneingeschränkt, sondern nur in malam partem. In umgekehrten Fall dagegen ordnet § 2 III StGB bei Gesetzesverschiedenheit zwischen Tatbeendigung und Entscheidung sogar ein Rückwirkungs*gebot* für das aus Tätersicht mildere, neue Gesetz an.[237]

Vorliegend muß eine solche Rückwirkung allerdings verneint werden.

Zwar liegt eine relevante Gesetzesänderung iSd § 2 III StGB vor. Zum einen wurden die Normen der §§ 283ff. StGB im Rahmen der Insolvenzrechtsreform in ihrem Wortlaut geändert. Zum anderen müssen die Änderungen der zivilinsolvenzrechtlichen Bezugsnormen als relevante Änderung des Gesetzes iSd § 2 III StGB angesehen werden: Insbesondere bei Blankettstrafnormen[238] besteht heute weitestgehend Einigkeit, daß auch Änderungen der außerstrafrechtlichen Ausfüllungsnormen als Gesetzesänderung iSd § 2 III StGB anzusehen sind, wenn eine solche innere Abhängigkeit besteht, daß mit ihrer gänzlichen oder teilweisen Auswechslung zwangsläufig auch das eigentliche Strafgesetz eine Änderung erfährt. Entsprechend definiert die ganz hM den Begriff des Gesetzes iSd § 2 III StGB als den gesamten Rechtszustand, von dem die Strafe abhängt.[239] Was nun die Insolvenzdelik-

---

51ff.; **Jescheck/ Weigend** § 15 IV 1., S. 137; **Köhler** S. 96ff.; **Jakobs** 4/ 48ff.; **Gropp** § 2, Rz. 31ff.; SK-**Rudolphi** § 2, Rz. 1ff.

235 Erbs/ Kohlhaas-**Schaal** § 130b HGB, Rz. 4, § 84 GmbHG, Rz. 3a; **Penzlin** S. 72f.; **Bieneck** StV 1999, 43; **Bieneck** in Müller-Gugenberger/ Bieneck, § 75, Rz. 62.

236 **Lackner/ Kühl** § 2, Rz. 1; **Tröndle/ Fischer** § 2, Rz. 2; **Bieneck** StV 1999, 43; **Bieneck** in Müller-Gugenberger/ Bieneck, § 75, Rz. 63; **Penzlin** S. 72f.; Sch/Sch-**Eser** § 2, Rz. 12; LK-**Gribbohm** § 2, Rz. 11, 13.

237 SK-**Rudolphi** § 2, Rz. 5; **Baumann/ Weber/ Mitsch** § 9, Rz. 43; **Lackner/ Kühl** § 2, Rz. 3; LK-**Gribbohm** § 2, Rz. 15ff.; Sch/Sch-**Eser** § 2, Rz. 16; **Jakobs** 4/ 68ff.; **Meyer** JR 1975, 69.

238 Unter Blankettnormen versteht man Rechtsvorschriften, die eine Rechtsfolge festlegen, aber die Bestimmung der Voraussetzungen hierfür anderen Rechtsquellen überlassen.

239 BGHSt 20, 177; BGHSt 37, 322; BGHSt 40, 381; BGH NStZ 1994, 231; BGH NStZ 1998, 354; OLG Koblenz NStZ 1989, 188f.; OLG Stuttgart NStZ 1990, 88f.; OLG Düsseldorf NStZ 1991, 133; a.A. noch BGHSt 7, 294, ferner aus der Literatur **Lackner/ Kühl** § 2, Rz. 4; LK-**Gribbohm** § 2, Rz. 30, 33ff.; **Mazurek** JZ 1976, 233; **Dannecker** in Parteispendenproblematik S. 91ff.; **Dannecker** Intertemporales Strafrecht S. 461f.; **Mezger** ZStW 1921 (42), 348ff., 372; SK-**Rudolphi** § 2, Rz. 8a; **Jescheck/ Weigend** § 15 IV 5., S. 140f.; **Penzlin** S. 72f.; **Blei** AT § 13 II 2., S. 51; **Tröndle/ Fischer** § 2, Rz. 8; **Schmidhäuser** AT 3/ 57; ähnlich auch Sch/Sch-**Eser** § 2, Rz. 26f.; **Meyer** JR 1975, 69f.; **Wenner** MDR 1975, 161f.; **Mohrbotter** ZStW 1976 (88), 923ff., 956ff. und **Jakobs** 4/ 170ff., die einschränkend allerdings eine Rückwirkung zu-

te anbelangt, so können diese zumindest als blankettartige Tatbestände bezeichnet werden.[240] Die InsO legaldefiniert nämlich vor allem in den §§ 17-19 InsO Begriffe neu, denen über das zivile Insolvenzrecht hinaus auch Bedeutung im Insolvenzstrafrecht zukommt und verändert so unmittelbar auch die Tatbestände der §§ 283ff. StGB in materieller Hinsicht, was im weiteren Verlauf dieser Arbeit gezeigt wird.

Einer Rückwirkung nach § 2 III StGB steht aber entgegen, daß die heutige Fassung des Insolvenzstrafrechts nach §§ 283ff. StGB im Vergleich zur Rechtslage vor dem 1.1.1999 keine mildere Regelung darstellt. Diese Entscheidung kann zwar grundsätzlich nicht an Hand eines abstrakten Vergleichs der Tatbestände und Strafrahmen getroffen werden, sondern hat sich im Sinne einer konkreten Betrachtungsweise danach zu richten, welche Regelung für den Einzelfall nach seinen besonderen Umständen die mildere Beurteilung zuläßt.[241] Berücksichtigt werden muß dabei aber auch die Gesamtkonstruktion der alten und der neuen Regelung.[242] Insofern kann bereits hier gesagt und im folgenden Hauptteil der Arbeit nachgewiesen werden, daß die Insolvenzrechtsreform für das Insolvenzstrafrecht mit erheblichen Vorverlagerungen und Ausdehnungen der Strafbarkeit trotz gleich gebliebener Strafdrohungen verbunden ist.

Somit greift das Rückwirkungsgebot des § 2 III StGB nicht ein. Der zeitliche Anwendungsbereich der Insolvenzdelikte ist vielmehr nach den allgemeinen Regeln des § 2 I, II StGB zu bestimmen. Insbesondere sind also der strafrechtlichen Beurteilung die unter der Geltung des früheren Rechts entwickelten Definitionen der Krisen- und Bedingungsmerkmale des § 283 I, VI StGB nach wie vor zugrunde zu legen, sofern der Zeitpunkt der Tatbeendigung vor dem 1.1.1999 liegt.[243]

---

gunsten des Täters ablehnen, wenn die Gesetzesänderung das Unrecht der begangenen Tat im Kern nicht berührt, sondern nur mittelbar bedeutsame, auswechselbare Tatumstände betrifft.
Den Gegensatz zu diesem materiellen Strafgesetzbegriff bildete der formelle Strafgesetzbegriff des RG. Dieses verstand unter Gesetz iSd § 2 III StGB nur die jeweils anzuwendenden Straftatbestände des StGB und des Nebenstrafrechts, ergänzt durch die Bestimmungen des Allgemeinen Teils, vgl. etwa RGSt 4, 4; RGSt 16, 171f.; RGSt 31, 227; RGSt 46, 339; RGSt 46, 396; RGSt 49, 413.

[240] So explizit Erbs/ Kohlhaas-**Schaal** § 130b HGB, Rz. 4, § 84 GmbHG, Rz. 3a; ferner **Bieneck** StV 1999, 43; **Bieneck** in Müller-Gugenberger/ Bieneck, § 75, Rz. 64ff.

[241] RGSt 61, 135; RGSt 71, 43; BGHSt 14, 156; BGHSt 20, 124; BGHSt 28, 337; BGH NJW 1987, 1276; BGH NStZ 1996, 32; BGH StV 1997, 634; BGH NJW 1999, 299; **Roxin** § 5, Rz. 65; **Baumann/ Weber/ Mitsch** § 9, Rz. 44; **Dannecker** Intertemporales Strafrecht S. 501ff.; **Maurach/ Zipf** AT 1, § 12, Rz. 14; SK-**Rudolphi** § 2, Rz. 11; **Lackner/ Kühl** § 2, Rz. 3; LK-**Gribbohm** § 2, Rz. 20; KK-OWiG-**Rogall** § 4, Rz. 28ff.; Sch/Sch-**Eser** § 2, Rz. 30f.; **Tröndle/ Fischer** § 2, Rz. 10; AK-**Hassemer** § 2, Rz. 24, 42; **Jescheck/ Weigend** § 15 IV 5., S. 140.

[242] BGH NStZ 1998, 354f.

[243] Im Ergebnis ebenso **Bieneck** StV 1999, 43; **Bieneck** in Müller-Gugenberger/ Bieneck, § 75, Rz. 64ff.; Erbs/ Kohlhaas-**Schaal** § 130b HGB, Rz. 4, § 84 GmbHG, Rz. 3a; **Penzlin** S. 72f.

Dritter Teil: Zur Abhängigkeit des Insolvenzstrafrechts von der InsO

Nachdem im vorstehenden zweiten Teil Entstehung und Entwicklung der beiden Eckpunkte dieser Arbeit aufgezeigt wurden, bestimmt der folgende Hauptteil das Abhängigkeitsverhältnis des Insolvenzstrafrechts vom zivilen Insolvenzrecht nach der Insolvenzrechtsreform und zeigt deren Auswirkungen auf die Tatbestände der §§ 283ff. StGB auf.
Diese Abhängigkeit der Insolvenzdelikte zeigt sich zunächst im parallelen Schutzzweck beider Rechtsgebiete. Im folgenden Kapitel sind daher zum einen die von § 283 StGB geschützten Rechtsgüter im einzelnen exakt zu bestimmen, zum anderen ist dabei zu fragen, ob sich durch die Insolvenzrechtsreform bereits hier Veränderungen für das Strafrecht ergeben haben.

Kapitel 1: Die Bestimmung der von § 283 StGB geschützten Rechtsgüter als Grundlage der Abhängigkeit des Insolvenzstrafrechts vom zivilen Insolvenzrecht

Materieller Kern und Bezugspunkt jedes strafrechtlichen Tatbestandes ist das von ihm zu schützende Rechtsgut. Es sollte keine Strafvorschrift ohne Rechtsgutbezug geben.[244] Rechtsgüter sind diejenigen Lebensgüter, Sozialwerte und rechtlich anerkannten Interessen des einzelnen oder der Allgemeinheit, die wegen ihrer besonderen Bedeutung für die Gesellschaft Rechtsschutz genießen.[245] Die Bestimmung des Rechtsguts ermöglicht die Systembildung des Besonderen Teils des StGB, legt die maßgebliche Grundlage eines jeden Straftatbestandes fest und liefert ein wesentliches Instrument zu ihrer Auslegung und ihrem Verständnis.[246]
Im Falle des § 283 StGB ist die Rechtsgutbestimmung umstritten, wofür auch der Gesetzgeber selbst Verantwortung trägt. Dessen Begründung zum Entwurf des 1. WiKG, durch das die Bankrottdelikte in modifizierter Form wieder in das StGB zu-

---

[244] **Maurach/ Zipf** AT 1, § 19, Rz. 14ff.; Sch/Sch-**Lenckner** vor § 13, Rz. 9; **Roxin** § 2, Rz. 2ff.; LK-**Jescheck** vor § 13, Rz. 8; SK-**Rudolphi** vor § 1, Rz. 3ff.; **Penzlin** S. 7.

[245] **Roxin** § 2, Rz. 9; **Krause** S. 154; **Wessels/ Beulke** AT, Rz. 7; **Jescheck/ Weigend** § 1 III, S. 7f.; **Moosmayer** S. 131; **Jakobs** 2/ 15; **Otto** ZStW 1984 (96), 344; **Penzlin** S. 7.

[246] **Maurach/ Zipf** AT 1, § 19, Rz. 17; SK-**Rudolphi** vor § 1, Rz. 3ff.; **Jescheck/ Weigend** § 26 I 2, S. 257f.; Sch/Sch-**Lenckner** vor § 13, Rz. 9; Sch/Sch-**Eser** § 1, Rz. 48; LK-**Tiedemann** vor § 283, Rz. 53f.; **Moosmayer** S. 131; **Penzlin** S. 8f.; NK-**Kindhäuser** vor § 283, Rz. 33.

rückgeführt wurden, legt nämlich nicht eindeutig fest, was als Rechtsgut des § 283 StGB anzusehen ist.[247] Einerseits wird die Gefährdung der Gläubigerbefriedigung betont, was auf den alleinigen Schutz entsprechender individueller Interessen hindeuten könnte; ebenso finden sich aber auch andere Stellen in der Begründung, die in besonderem Maße auf die Sozialschädlichkeit der Bankrottdelikte hinweisen und so einen zusätzlichen Schutz überindividueller Universalrechtsgüter nahelegen.[248] Ebensowenig führt die gesetzliche Systematik weiter. Zwar kann grundsätzlich die Zugehörigkeit eines Straftatbestandes zu einem bestimmten Abschnitt des Besonderen Teils des StGB Aussagen auch über das Schutzgut ermöglichen.[249] Die Insolvenzstraftaten der §§ 283-283d StGB entziehen sich aber einer solchen Argumentation, da sie mit dem 24. Abschnitt einen eigenen, von den anderen Tatbeständen abgegrenzten Bereich innerhalb des Besonderen Teils des StGB bilden.
Es bleibt daher nur der Weg, die Schutzrichtung des § 283 StGB im Wege der Auslegung aus der Strafnorm selbst abzuleiten. Dabei werden im folgenden die individuelle und die überindividuelle Schutzrichtung des § 283 I StGB getrennt betrachtet.

A. Individueller Rechtsgüterschutz durch § 283 StGB

I. Schutz der materiellen Befriedigungsinteressen der Gläubiger

Grundsätzlich kann ein Insolvenzstrafrecht nur solche Positionen schützen, die auf Grund entsprechender zivilrechtlicher Regelungen als schützenswert anerkannt sind. Insofern besteht anders als zum Teil im Rahmen der §§ 263, 266 StGB eine enge Abhängigkeit des Schutzgutes der Bankrottdelikte von der konkreten Ausgestaltung des zivilen Insolvenzrechts.[250] Diesem Umstand kommt weitreichende Bedeutung zu, er bildet letztlich die maßgebliche Grundlage für das gesamte, von dieser Arbeit im einzelnen zu untersuchende Abhängigkeitsverhältnis des Insolvenzstrafrechts von den Regelungen der InsO. Besonders deutlich erkennbar wird die Parallelität der Schutzrichtungen beider Rechtsgebiete etwa bei Betrachtung der

[247] BR Drs. 5/ 75, S. 19f., 33ff.; BT Drs. 7/ 3441, S. 19f.; 33ff.; krit. hierzu **Schöne** JZ 1973, 446ff.; **Höfner** S. 24ff.; **Tiedemann** ZRP 1975, 133; vgl. ferner LK-**Tiedemann** vor § 283, Rz. 54; **Mohr** S. 14; **Moosmayer** S. 133; **Penzlin** S. 31; **Ohde** S. 25.

[248] Vgl. einerseits BT Drs. 7/ 3441, S. 19 und andererseits BT Drs. 7/ 3441, S. 33, 36.

[249] Zwingende Schlußfolgerungen lassen sich jedoch aus der systematischen Stellung eines Tatbestandes nicht ziehen, wie z.B. der 22. Abschnitt zeigt: Während die §§ 263, 266 StGB ausschließlich das individuelle Vermögen schützen, dient § 264 StGB vorrangig dem Allgemeininteresse an einer wirksamen staatlichen Wirtschaftsförderung, vgl. **Lackner/ Kühl** § 263, Rz. 2, § 264, Rz. 1, § 266, Rz. 1.

[250] **Krause** S. 156ff.; **Moosmayer** S. 122, 155; **Penzlin** S. 7, 13ff.

Vorschriften über die Insolvenzanfechtung. Sowohl die §§ 129ff. InsO wie auch die §§ 283ff. StGB regeln unter Verwendung teilweise gleichlautender Tatbestandsmerkmale die Rechtsfolgen masseschmälernder Verfügungen des Schuldners.[251] Die Straftatbestände bedienen sich dabei der Androhung der Kriminalstrafe, die Anfechtungstatbestände statuieren einen zivilrechtlichen Rückgewähranspruch. Rechtspolitisch betreffen beide aber gleichermaßen Aspekte der Risikoverteilung im Wirtschaftsleben.[252] Ferner stellt der praktisch außerordentlich bedeutsame § 283 I Nr. 1 StGB das Beiseiteschaffen von Vermögensbestandteilen nicht generell unter Strafe, sondern sanktioniert nur ein Verhalten, das sich gegen die spätere Insolvenzmasse richtet.[253]
Das zivile Insolvenzrecht hat nun die bestmögliche Befriedigung der Gläubigergesamtheit in der Insolvenz des Schuldners zum Ziel. Folglich entspricht es weitestgehend einhelliger Auffassung im Strafrecht als individuell ausgerichtetes Rechtsgut des § 283 StGB den Schutz der Gesamtheit der Gläubiger vor Gefährdung oder Schmälerung ihrer materiellen Befriedigungsinteressen zu begreifen.[254] Die Insolvenzdelikte schützen also keine Einzelansprüche der Gläubiger. Wie das zivilrechtliche Verteilungsverfahren zielt auch das Insolvenzstrafrecht auf den Schutz der par

---

[251] So wird z.B. sowohl in § 283c StGB als auch in § 131 InsO die inkongruente Deckung verstanden als Gewährung einer Sicherheit oder Befriedigung, die der Gläubiger nicht oder nicht in der Art oder nicht zu der Zeit zu beanspruchen hat. Vgl. hierzu bereits **von Brunegg** GS 82 (1914), 240f.

[252] **Mohr** S. 31, 126; **Moosmayer** S. 121, 158; **Penzlin** S. 16.

[253] **Penzlin** S. 13, 15.

[254] BGHSt 34, 225; OLG München ZIP 2000, 1841f.; **Lackner/ Kühl** § 283, Rz. 1; **Penzlin** S. 13ff., 17; **Wessels/ Hillenkamp** BT 2, Rz. 458; LK-**Tiedemann** vor § 283, Rz. 45f.; **Tiedemann** ZRP 1975, 133; **Tiedemann** ZIP 1983, 520; **Mohr** S. 32; **Ohde** S. 20f.; **Höfner** S. 21ff., 38; Preisendanz-**Bieneck** vor § 283, Anm. 1.b), S. 884, § 283 Anm. 1., S. 888; **Bieneck** in Müller-Gugenberger/ Bieneck, § 75, Rz. 39; **Moosmayer** S. 121f.; **Otto** BT § 61, Rz. 80; Sch/Sch-**Stree/ Heine** vor § 283, Rz. 2; **Maurach/ Schroeder/ Maiwald** BT 1, § 48, Rz. 8; **Hörl** S. 46, 51; Jäger-**Klug** § 239, Rz. 1; **Schmidhäuser** BT 11/ 93; **Hammerl** S. 106; **Matzen** S. 13; **U. Richter** in Tagungsberichte III, Anlage 4, S. 7; **L. Müller** in LdR/ StrafR, Art. Konkursstraftaten, S. 464; NK-**Kindhäuser** vor § 283, Rz. 20, 24ff., 30; a.A. **Hälschner** S. 402f. und **von Hoiningen** S. 96, die ein individuelles Schutzgut der Bankrottdelikte ablehnen; zutreffend gegen diese **Hiltenkamp-Wisgalle** S. 48.
Als Gläubiger sind insofern insbesondere die Insolvenzgläubiger iSd § 38 InsO anzusehen, deren Forderungen aus unterschiedlichsten Sachzusammenhängen resultieren können. Häufig fallen hierunter etwa Ansprüche aus der Geldkreditvergabe oder aus Lieferantenbeziehungen, aber auch Lohnansprüche von Arbeitnehmern, Steuerforderungen oder Ansprüche von Sozialversicherungsträgern, sowie Delikts- oder Unterhaltsforderungen, vgl. hierzu **Penzlin** S. 14, 18ff., 34f. Gegen seiner Ansicht nach bestehende Mißverständnisse in der insolvenzstrafrechtlichen Literatur stellt Penzlin ferner ausdrücklich und jedenfalls insoweit zutreffend klar, daß alle diese Gläubiger und nicht nur diejenigen kreditwirtschaftlicher Forderungen in gleicher Weise als Träger des strafrechtlichen Individualrechtsguts anzusehen sind. Vgl. schließlich ausführlich zum Gläubigerbegriff in § 283c StGB **Hartwig** in FS Bemmann S. 311ff.

condicio creditorum, der gleichmäßigen anteiligen Befriedigung aller Gläubiger nach Quoten. Diese bilden insofern eine gleichgelagerte Interessengemeinschaft.[255] Keine inhaltliche Abweichung hiervon bringt es mit sich, wenn man den Blickwinkel stärker auf das dingliche Vermögen des Schuldners richtet und so die potentielle Insolvenzmasse als individuelles Rechtsgut des § 283 StGB auffaßt[256], da der Erhalt der Masse in der Insolvenz nicht um ihrer selbst willen erfolgt, sondern der gleichmäßigen Befriedigung der Gläubigergesamtheit dient und somit ihren vermögenswerten Interessen entspricht.[257]
Was den strafrechtlichen Schutz anbelangt, nehmen insbesondere die Interessen der Arbeitnehmer nach Abschaffung der ehemaligen Konkursvorrechte (§ 61 I Nr. 1 KO) keine Sonder- oder Vorrangstellung ein. Ihre Interessen werden vielmehr wie die aller anderen Gläubiger auch nur insoweit geschützt, als ihnen materielle Ansprüche, etwa auf Lohn, zustehen.[258] Darüber hinausgehend ist ein individuelles Recht am Arbeitsplatz als selbständiges Rechtsgut nicht anzuerkennen.[259] Zwar strebt § 1 S. 1 InsO als Ziel des Insolvenzverfahrens den Erhalt des Unternehmens an, worunter auf den ersten Blick auch der Schutz des individuellen Arbeitsplatzes verstanden werden könnte, was dann möglicherweise zur Herausbildung eines zusätzlichen selbständigen Rechtsgutes im Insolvenzstrafrecht führte. Einer solchen Argumentation ist jedoch bereits im Ausgangspunkt zu widersprechen. § 1 S. 1 InsO strebt nämlich nach hM den Erhalt des Unternehmens ausschließlich zum Zwecke einer besseren Gläubigerbefriedigung als bei sonst stattfindender Liquidation an. Der Erhalt des Unternehmens wird somit lediglich als wirtschaftliche Investitionsentscheidung der Gläubiger geschützt, die Vorschrift kann aber nicht als Ausfluß staatlich intendierter Sanierungs- oder Arbeitsmarktpolitik interpretiert werden.[260] Zielt aber § 1 S. 1 InsO ausschließlich auf den Schutz vermögenswerter

---

[255] Es handelt sich dabei um keine Gemeinschaft im rechtlichen Sinne, vgl. BGHSt 34, 311; BGH NJW 1980, 407; **Krause** S. 159; NK-**Kindhäuser** vor § 283, Rz. 30; LK-**Tiedemann** vor § 283, Rz. 45; **Ohde** S. 20f.; **Penzlin** S. 16.

[256] So **Gallandi** wistra 1992, 10; **Gössel** § 28, Rz. 1f.; **Tröndle/ Fischer** vor § 283, Rz. 3; SK-**Samson** § 283, Rz. 3; **Krause** S. 156; ferner BGHSt 28, 373.

[257] Im Ergebnis ebenso LK-**Tiedemann** vor § 283, Rz. 46; NK-**Kindhäuser** vor § 283, Rz. 31; **Hörl** S. 47.
Nicht zur Masse gehören dagegen die mit Aussonderungsrechten (§§ 47f. InsO) belasteten Vermögensgegenstände. Sie sind daher für § 283 StGB, insbesondere für den Tatbestand des Absatz 1, Nr. 1, ohne Bedeutung, ebenso **Penzlin** S. 14.

[258] **Moosmayer** S. 125; **Penzlin** S. 14ff., 17; Sch/Sch-**Stree/ Heine** vor § 283, Rz. 2; **Matzen** S. 14; **Tiedemann** ZIP 1983, 519f.; LK-**Tiedemann** vor § 283, Rz. 51; **Uhlenbruck** GmbHR 1995, 83; **Hiltenkamp-Wisgalle** S. 61; **L. Müller** in LdR/ StrafR, Art. Konkursstraftaten, S. 459; **Mohr** S. 157; vgl. ferner Unterkommission I in Tagungsberichte III, S. 79, 89, 122.

[259] So aber **Hiltenkamp-Wisgalle** S. 61f.; **Mohr** S. 156; **Däubler** in Studien zum Wirtschaftsstrafrecht S. 13.

[260] BT/ Drs. 12/ 2443, S. 76; **Uhlenbruck** GmbHR 1995, 82f.; **Moosmayer** S. 23, 125; **Warrikoff**

Positionen und weist damit schon das zivile Insolvenzrecht keine arbeitsplatzschützende Tendenz auf, so kann das Insolvenzstrafrecht als ultima ratio auf Grund seiner Abhängigkeit zu diesem entsprechende Belange erst recht nicht schützen.[261] Ferner kann strafrechtlich auch im Falle eines gerichtlich bestätigten Insolvenzplans zur Sanierung des Unternehmens den Interessen der Gläubiger zur Zeit der Annahme des Plans kein Vorrang vor den Interessen der Neugläubiger eingeräumt werden. Hierfür ließe sich zwar anführen, daß diese Altgläubiger für ihren Anteil am Zustandekommen des die Liquidation verhindernden Insolvenzplans entsprechend belohnt werden müßten. Letztlich sind solche Überlegungen aber abzulehnen. Die Gläubiger sind nämlich in ihrer Entscheidung, einen Insolvenzplan anzunehmen, frei.[262] Stimmen sie dem Plan zu, so ordnen sie sich diesem bewußt unter und müssen sich an ihren eigenen im Plan getroffenen Vereinbarungen festhalten lassen. Der Schuldner kann dann nach § 259 I 2 InsO wieder völlig frei, d.h. auch im Interesse der Neugläubiger, über die Masse verfügen, solange er nicht iSd § 255 InsO mit der Planerfüllung erheblich in Rückstand gerät. In Anbetracht dieser Umstände besteht aus der Sicht des Insolvenzstrafrechts kein Anlaß, vom Grundsatz des gleichmäßigen Schutzes der Befriedigungsinteressen aller Gläubiger abzuweichen.[263]

II. Änderungen des individuellen Rechtsguts des § 283 StGB durch Stärkung der Gestaltungsinteressen der Gläubiger nach der InsO ?

Damit bleibt zu prüfen, ob sich durch die Insolvenzrechtsreform Veränderungen des individuellen Rechtsguts des § 283 StGB ergeben haben.
Einigkeit besteht dabei insofern, als die materiellen Befriedigungsinteressen der Gläubigergesamtheit auch weiterhin als individuell geschütztes Rechtsgut anzusehen sind.[264] Nach der Insolvenzrechtsreform erfährt diese Schutzrichtung sogar insofern eine um so größere Berechtigung, als die InsO vielfältige Regelungen und Neuerungen zur Vergrößerung der Insolvenzmasse und damit zu einer besseren Befriedigung der Gläubiger in der Praxis vorsieht.[265]

KTS 1996, 489f.

[261] Im Ergebnis ebenso NK-**Kindhäuser** vor § 283, Rz. 32; LK-**Tiedemann** vor § 283, Rz. 51; **Tiedemann** ZIP 1983, 519f.; **Moosmayer** S. 125; **Ohde** S. 22f.; **Krause** S. 163.

[262] Einschränkungen ergeben sich für den einzelnen Gläubiger lediglich aus dem Mehrheitsprinzip des § 244 InsO und dem Obstruktionsverbot des § 245 InsO. Vgl. dazu oben Zweiter Teil, Kapitel 1 C. VI. 2. a).

[263] Im Ergebnis ebenso LK-**Tiedemann** vor § 283, Rz. 52.

[264] **Moosmayer** S. 122; **Penzlin** S. 21; **Beck** in Wabnitz/ Janovsky 2/ 67.

[265] Vgl. nochmals oben Zweiter Teil, Kapitel 1 C. und Zweiter Teil, Kapitel 2 A. II.

Daneben aber vertritt eine Mindermeinung heute die Existenz eines zusätzlichen, selbständig neben den *Befriedigungs*interessen angesiedelten Rechtsgutes der *Gestaltungs*interessen der Gläubiger.[266] Während das alte Insolvenzrecht ganz vorrangig auf die Liquidation des schuldnerischen Vermögens zugeschnitten war und die wesentlichen Verfahrensentscheidungen dem Gericht oblagen, habe mit der InsO ein Bedeutungswandel eingesetzt: Kennzeichen des neuen Insolvenzrechts sei ein deregulativ ausgestaltetes Verfahren unter Betonung einer weitreichenden Gläubigerautonomie. In deren Händen läge nun vor allem die Entscheidung für ein Sanierungsvorhaben und dessen Steuerung über das neu geschaffene Institut des Insolvenzplans (§§ 217ff. InsO).[267] Damit würden neben den *Befriedigungs*interessen neue, auf die Wiederherstellung der schuldnerischen Wirtschaftskraft gerichtete *Gestaltungs*interessen der Gläubiger geschaffen.[268] Diese müßten zu einem selbständigen Rechtsgut der Insolvenzdelikte erhoben werden, da die Vornahme einer Bankrotthandlung des Schuldners nach neuem Recht nicht mehr nur die Verteilungsquote der Gläubiger, sondern nunmehr auch ihren Gestaltungsspielraum im Insolvenzverfahren verkürze, indem sie die Möglichkeiten sachgemäßer eigener Entscheidungen der Gläubiger einenge.[269]
Die herrschende Meinung lehnt dagegen die Existenz eines zusätzlichen, selbständigen Rechtsguts des § 283 StGB als Folge der Insolvenzrechtsreform ab.[270] Zwar gefährde in der Tat eine Bankrotthandlung des Schuldners nach neuem Recht neben den Befriedigungsinteressen auch die Entscheidungsfreiräume der Gläubiger. So sei es denkbar, daß etwa die Realisierung eines Sanierungskonzeptes in einem Insolvenzplan durch die Straftat des Schuldners verhindert werde, mit der Folge, daß dann nur noch der Weg in die Liquidation verbliebe. Allerdings könnte in die-

---

266 NK-**Kindhäuser** vor § 283, Rz. 19, 26; **Krause** S. 159ff.

267 NK-**Kindhäuser** vor § 283, Rz. 19, 26; **Krause** S. 159ff.; vgl. ferner rechtsvergleichend **Hohloch** ZIP 1982, 1029ff.; **Kilger** ZRP 1984, 46ff. und **Brandstätter** S. 20ff.
Innerhalb des besonderen Verbraucherinsolvenzverfahrens nach §§ 304ff. InsO sind die Vorschriften über den Insolvenzplan nach §§ 217ff. InsO zwar nicht anwendbar, vergleichbare Gestaltungsmöglichkeiten bietet hier aber das Institut des Schuldenbereinigungsplans, vgl. ebenso **Moosmayer** S. 124, Fn. 14.

268 Kritisch insofern **Penzlin** S. 21ff. der zunächst hervorhebt, daß auch nach altem Recht insbesondere im Hinblick auf die Möglichkeit einer übertragenden Sanierung in gewissen Grenzen Optionen für die Gläubiger bestanden, die folglich schon damals in irgendeiner Form in die strafrechtliche Rechtsgutbestimmung einbezogen werden mußten. Allerdings sieht auch er letztlich (S. 24ff., 27) heute insbesondere im Rechtsinstitut des Insolvenzplans Gestaltungsmöglichkeiten, die über die des früheren Rechts weit hinausgehen.

269 NK-**Kindhäuser** vor § 283, Rz. 19, 26; **Krause** S. 159ff., 162.

270 **Lackner/ Kühl** § 283, Rz. 1; LK-**Tiedemann** vor § 283, Rz. 48, 88; **Moosmayer** S. 122ff.; **Penzlin** S. 21ff., 24ff., 27f.; **Hörl** S. 59, Fn. 251; **Hartwig** in FS Bemmann S. 315f.; **Bieneck** in Müller-Gugenberger/ Bieneck, § 75, Rz. 39; Sch/Sch-**Stree/ Heine** vor § 283, Rz. 1a, 2; **Beck** in Wabnitz/ Janovsky 2/ 67.

sen Gestaltungsinteressen der Gläubiger nur dann ein eigenständiges Rechtsgut gesehen werden, wenn ihnen tatsächlich ein originärer und selbständig schutzwürdiger und schutzbedürftiger Charakter innewohnte, wenn sie also im Vergleich zu den vermögensrechtlichen Befriedigungsinteressen ein gleichrangiges aliud darstellten.[271] Dies werde aber von der Mindermeinung nicht hinreichend begründet und sei im Ergebnis zu verneinen. Die InsO halte zwar neben der Liquidation, auch die Möglichkeit einer abweichenden Gestaltung der Gläubiger im Sinne einer Fortführung des schuldnerischen Unternehmens nach Maßgabe eines Insolvenzplans bereit. Eine solche Fortführung geschehe aber nicht um ihrer selbst oder des Schuldners willen und werde von der InsO nicht als eigenständiges Ziel angestrebt, sondern stelle lediglich eine alternative Option zur Liquidation dar und diene wie diese ausschließlich der Befriedigung der vermögensrechtlichen Interessen der Gläubiger. Letztlich trage somit die Erweiterung der Gestaltungsinteressen nur zur Erreichung des Ziels einer im Vergleich zum früheren Insolvenzrecht verbesserten Haftungsverwirklichung bei, führe aber darüber hinaus nicht zur Herausbildung eines neuen, eigenen Ziels.[272]

Eine weiteres Gegenargument ergebe sich aus § 245 InsO. Erkannte man die Gestaltungsinteressen als eigenständiges Rechtsgut an, so wäre nicht einzusehen, warum die Zustimmung einer einen Insolvenzplan ablehnenden Gläubigerabstimmungsgruppe ersetzt werden kann, wenn diese materiell nicht benachteiligt und insgesamt angemessen am wirtschaftlichen Wert beteiligt wird (§ 245 I Nr. 1 und 2 InsO). In dieser Konstellation räume das Gesetz dem Befriedigungsinteresse Vorrang vor der Dispositionsbefugnis ein. Die Gestaltungsmöglichkeiten der Gläubiger fänden mithin dort ihr Ende, wo eine vermögensrechtliche Beeinträchtigung ausgeschlossen sei.[273]

Die hM begreift daher die gestärkten Dispositionsbefugnisse lediglich als unselbständigen Bestandteil des Rechtsguts der materiellen Befriedigungsinteressen. Damit werde ausreichend deutlich gemacht, daß die Interessen der Gläubiger nach der Insolvenzrechtsreform nicht mehr nur monoton auf Liquidation des schuldnerischen Vermögens ausgerichtet seien, sondern nunmehr auch eine investive Verwertung durch Sanierung oder Übertragung des Unternehmens mit einschlössen.[274]

---

271 **Moosmayer** S. 123.

272 BT Drs. 12/ 2443, S. 83; **Moosmayer** S. 123f.; **Penzlin** S. 24f., 27; LK-**Tiedemann** vor § 283, Rz. 48.

273 **Moosmayer** S. 124.

274 **Lackner/ Kühl** § 283, Rz. 1; **Moosmayer** S. 124; LK-**Tiedemann** vor § 283, Rz. 48, 88; **Penzlin** S. 28.
Nach Ansicht von **Moosmayer** S. 123, Fn. 11, 124f. nivellieren allerdings die Ansichten von **Krause** S. 162f., 186 und der hM im Ergebnis, wenn dieser vorschlägt, die Befriedigungs- und die Gestaltungsinteressen unter dem einheitlichen Begriff der Insolvenzinteressen zusammenzu-

Dieser Ansicht soll auch hier gefolgt werden. Gegen die Anerkennung der Gestaltungsinteressen als selbständiges Rechtsgut im Sinne der Mindermeinung spricht neben den bereits vorgetragenen Argumenten auch der Wortlaut § 1 S. 1 InsO. Ziel des Insolvenzverfahrens ist danach die gemeinschaftliche Befriedigung der Gläubiger. Aus dem Wortlaut „indem“ ergibt sich, daß die daran anschließend genannten Alternativen keine Ziele des Verfahrens darstellen, sondern vielmehr unterschiedliche Wege vorgeben, wie das übergeordnete Ziel der Befriedigung erreicht werden kann. Nur hinsichtlich der Entscheidung, welche dieser Alternativen gewählt werden soll, steht den Gläubigern eine umfassende Entscheidungsbefugnis zu. Auch aus § 1 S. 1 InsO läßt sich somit die These der hM ableiten, wonach die Stärkung der Gestaltungsinteressen keineswegs zum Selbstzweck erfolgt, sondern vielmehr ein Mittel zur Erreichung eines übergeordneten Zwecks darstellt. Es besteht damit für das Insolvenzstrafrecht kein Anlaß, diese Gestaltungsinteressen zu einem selbständigen Rechtsgut zu erheben.[275]
Weiter kann auch die Minderheitenschutzregelung des § 251 InsO als Argument herangezogen werden. Diese Norm enthält eine materielle Wertgarantie für die beteiligten Rechte.[276] Die Dispositionsfreiheit der Mehrheit der Gläubiger findet danach ihre Grenze, wenn auch nur einer der Gläubiger widerspricht und wirtschaftlich schlechter gestellt wird, als er ohne einen Plan stünde (§ 251 I Nr. 1 und 2 InsO). Auch § 251 InsO zeigt damit die Unterordnung der Gestaltungsinteressen der Gläubiger unter deren Interessen an bestmöglicher materieller Befriedigung.
Im Ergebnis ist daher mit der hM auch nach der InsO am alleinigen Schutz der materiellen Befriedigungsinteressen als individuellem Rechtsgut des § 283 StGB festzuhalten. Der Schutz der gestärkten Gestaltungsinteressen der Gläubiger wird davon mitumfaßt. Die Herausbildung eines entsprechenden eigenständigen Schutzgutes nach der Insolvenzrechtsreform ist dagegen abzulehnen.

III. Charakterisierung des § 283 StGB als Vermögensdelikt

Abschließend bleibt in diesem Zusammenhang zu untersuchen, ob sich der Bankrott nach der eben erfolgten Bestimmung des individuellen Schutzgutes in das gesamtstrafrechtliche Regelungssystem als Vermögensdelikt einordnen läßt. Unter der Geltung des früheren Konkursrechts war diese Frage jedenfalls zu bejahen. Die

---

fassen. Damit ginge nämlich auch Krause einen Schritt in die Richtung, die Gestaltungsinteressen nur als Bestandteil eines übergeordneten und einheitlich geschützten Individualrechtsguts aufzufassen. Moosmayer bezeichnet aus diesem Grunde die verbleibenden Unterschiede zwischen den Ansichten Krauses und der hM als lediglich terminologischer Natur.

[275] Vgl. hierzu BT Drs. 12/ 2443, S. 108f.; BT Drs. 12/ 7302, S. 155. Ebenso auch **Penzlin** S. 24f., 27; **Hartwig** in FS Bemmann S. 315; **Beck** in Wabnitz/ Janovsky 2/ 67.

[276] **Bork** Rz. 341.

Befriedigungsinteressen der Gläubiger bezogen sich im auf Liquidation ausgerichteten Verfahren nach der KO ausschließlich auf die Erlangung eines gewissen Geldbetrages aus der Masse.

Nach der Insolvenzrechtsreform bezweifelt dagegen Moosmayer auf Grund der angesprochenen Stärkung der Gestaltungsinteressen der Gläubiger in individueller Hinsicht die einseitige Orientierung des § 283 StGB auf den Schutz des Vermögens[277] und stellt Überlegungen im Hinblick auf eine stärker die Dispositionsfreiheit der Gläubiger betonende Ausrichtung des Bankrotts an.[278] Moosmayer selbst verwirft aber diese Überlegungen und mißt der Vorschrift des § 283 StGB im Ergebnis unter Rückgriff auf die personale Vermögenslehre nach wie vor den Charakter eines Vermögensdelikts bei.[279] Diese Lehre stellt im Gegensatz zu den herrschenden wirtschaftlichen und juristisch-ökonomischen Vermögenstheorien zur Bestimmung des strafrechtlichen Vermögensbegriffs entscheidend auf die Beziehung zwischen Person und Vermögensgütern ab und versteht folglich unter einer Vermögensverletzung die Störung der konkreten Vermögensorganisation.[280]

Begreift man indessen – wie im übrigen Moosmayer selbst auch – die Gestaltungsinteressen der Gläubiger trotz ihrer Stärkung lediglich als unselbständigen Bestandteil der übergeordneten, materiellen Befriedigungsinteressen, so bedarf es konsequenterweise zur Einordnung des § 283 StGB in den Kreis der Vermögensdelikte keines Rückgriffs auf die personale Vermögenslehre. Das zivile Insolvenzrecht stärkt die Dispositionsmöglichkeiten der Gläubiger wie gesehen nicht um ihrer selbst willen, sondern lediglich zur Verbesserung der wirtschaftlichen Befriedigungsergebnisse. Auch nach der InsO sind mithin die zivilrechtlichen Interessen der Gläubiger letztendlich einzig auf materiellen Erfolg gerichtet. Damit lassen sich die insolvenzstrafrechtlich geschützten Interessen aber auch nach den herrschenden wirtschaftlichen und juristisch-ökonomischen Lehren als rechtlich zugewiesene und wirtschaftlich geldwerte Vermögenspositionen begreifen.

Im Ergebnis kann also § 283 StGB nach der Insolvenzrechtsreform auch unter Zugrundelegung der herrschenden Vermögensdogmatik den Vermögensdelikten zugeordnet werden.[281]

---

[277] Auf Grund der engen Anbindung des Insolvenzstrafrechts an das zivile Insolvenzrecht ergeben sich für den Begriff des Vermögens iSd § 283 StGB gegenüber §§ 263, 266 StGB einige Unterschiede. Vgl. dazu im Detail ausführlich **Hörl** S. 73ff. Dennoch aber läßt sich der grundsätzliche Streit um die Bestimmung des strafrechtlichen Vermögensbegriffs (vgl. hierzu **Kühl** JuS 1989, 505ff.) auch auf den Bankrott übertragen, ebenso **Moosmayer** S. 126.

[278] **Moosmayer** S. 127.

[279] **Moosmayer** S. 127f., ihm folgend **Penzlin** S. 9f., 27f.

[280] **Schmidhäuser** BT 11/ 1ff.; **Otto** BT § 38, Rz. 3ff., § 51, Rz. 53ff.; **Penzlin** S. 9f.; **Alwart** JZ 1986, 564f. Vgl. zur grundsätzlichen Kritik am personalen Vermögensbegriff Sch/Sch-**Cramer** § 263, Rz. 81; LK[10]-**Lackner** § 263, Rz. 124.

[281] Ebenso **Lackner/ Kühl** § 283, Rz. 1; **Wessels/ Hillenkamp** BT 2, Rz. 458; NK-**Kindhäuser**

B. Überindividueller Rechtsgüterschutz durch § 283 StGB

Nach der Bestimmung des individuellen Rechtsguts befaßt sich der folgende Abschnitt mit der Frage nach überindividuellem Rechtsgüterschutz durch § 283 StGB. Dabei entspricht es heute einhelliger Auffassung, daß das Strafrecht grundsätzlich auch dem Schutze überindividueller Rechtsgüter dienen kann.[282] So wird etwa das Rechtsgut der Urkunden- und Geldfälschungsdelikte nach §§ 267ff., 146ff. StGB einhellig überindividuell als Sicherheit und Zuverlässigkeit des Beweisverkehrs[283], bzw. des Geldverkehrs[284] bestimmt. Gleiches gilt für die Sicherheit des Straßenverkehrs als Schutzgut des § 315c StGB[285], für den Schutz des Vertrauens in die Unkäuflichkeit von Trägern staatlicher Funktionen durch die Amtsdelikte der §§ 331ff. StGB[286] sowie für den Schutz der Umwelt in ihrer Funktion, dem Menschen humane Lebensbedingungen zu gewährleisten, bei den §§ 324ff. StGB.[287] Ferner ist allgemein anerkannt, daß eine Strafrechtsnorm auch zugleich dem Schutz individueller *und* überindividueller Rechtsgüter dienen kann.[288] Schließlich liegt der von der hM befürworteten Definition des Wirtschaftsstrafrechts die grundsätzliche Anerkennung überindividueller Rechtsgüter zugrunde.[289] Unter diesem Begriff werden nämlich nach ihr diejenigen Delikte zusammengefaßt, die sich eignen, das Vertrauen in den Bestand und die Funktionsfähigkeit der geltenden Wirtschaftsordnung insgesamt oder zumindest einzelner ihrer Teilbereiche zu verletzten oder zu gefährden und die sich somit überindividuell gegen diese Wirtschaftsordnung an sich richten.[290]

---

vor § 283, Rz. 20. Letztlich gesteht dies auch **Penzlin** S. 27f. ein.

282 **Krause** S. 172f.; **Moosmayer** S. 130f.; **Penzlin** S. 30.

283 **Lackner/ Kühl** § 267, Rz. 1; **Krause** S. 172f.; **Moosmayer** S. 130.

284 **Lackner/ Kühl** § 146, Rz. 1; **Moosmayer** S. 130.

285 **Lackner/ Kühl** § 315c, Rz. 1; **Tröndle/ Fischer** § 315c, Rz. 2; Sch/Sch-**Cramer** § 315c, Rz. 1; **Krause** S. 172f.

286 **Lackner/ Kühl** § 331, Rz. 1; LK-**Jescheck** vor § 331, Rz. 8, 17.

287 **Lackner/ Kühl** vor § 324, Rz. 7; LK-**Steindorf** vor § 324, Rz. 12ff.; SK-**Horn** vor § 324, Rz. 2.

288 Vgl. hierzu **Penzlin** S. 30. Als Beispiel kann etwa § 164 StGB genannt werden, der nach hM neben dem Schutz des Einzelnen auch den der inländischen staatlichen Rechtspflege bezweckt, vgl. **Lackner/ Kühl** § 164, Rz. 1; **Tröndle/ Fischer** § 164, Rz. 1; Sch/Sch-**Lenckner** § 164, Rz. 1; LK-**Ruß** § 164, Rz. 1ff.; a.A. SK-**Rudolphi** § 164, Rz. 1f. (Individualinteressen nur Schutzreflex) und NK-**Vormbaum** § 164, Rz. 10 (Rechtspflegeinteresse nur Schutzreflex). Gleiches gilt für § 315c StGB, der neben den genannten überindividuellen Belangen auch Leib und Leben des individuell betroffenen Verkehrsteilnehmers schützt.

289 **Otto** ZStW 1984 (96), 342ff.; **Otto** BT § 60, Rz. 2; **Tiedemann** Wirtschaftsstrafrecht I, S. 50ff.; **Tiedemann** GA 1969, 80ff.; **Tiedemann** JuS 1989, 691; **Zirpins/ Terstegen** S. 32f.; **Schlüchter** 2. WiKG, S. 6; **Arzt/ Weber** § 19, Rz. 12; **H.-J. Schneider** 29.2, S. 134, 31.1, S. 147; **H. Richter** in Müller-Gugenberger/ Bieneck, § 7, Rz. 7ff.; **Geerds** S. 5ff., 15ff.; vgl. auch **Lampe/ Lenckner/ Stree/ Tiedemann/ Weber** AE StGB, Straftaten gegen die Wirtschaft, S. 19.

290 Dieser strafrechtlich-dogmatische Ansatz zur Definition des Begriffs des Wirtschaftsstrafrechts

Bestehen damit keine Zweifel an der grundsätzlichen Anerkennung überindividueller Schutzgüter im Strafrecht, so wird die Frage nach einer überindividuellen Schutzrichtung im Falle des § 283 StGB im Schrifttum uneinheitlich beantwortet. Im wesentlichen bestehen drei unterschiedliche Meinungen:
Eine erste Ansicht hält neben den Befriedigungsinteressen der Gläubiger ein überindividuelles Rechtsgut der Gesamtwirtschaft für mitgeschützt.[291] Eine zweite Gruppe von Autoren sieht ebenfalls ein überindividuelles Rechtsgut als vom Schutz des § 283 StGB umfaßt, begrenzt dieses aber enger auf die Kreditwirtschaft als Teil der Gesamtwirtschaft.[292] Demgegenüber lehnt eine dritte Meinung jede überindividuelle Schutzrichtung des Bankrotts ab.[293]

---

ist im Schrifttum allerdings nicht unumstritten. Vgl. zur Kritik insbesondere **Volk** JZ 1982, 87ff.; **Kaiser** § 74, Rz. 5 und **Lampe** in HdWW, Art. Wirtschaftsstrafrecht, die in dieser Definition den Ausgangspunkt für eine übersteigerte Suche nach überindividuellen Rechtsgütern des Wirtschaftslebens und einen dabei erzielten, geradezu inflationären Erfolg sehen. Dagegen wiederum im Sinne der hM **Otto** ZStW 1984 (96), 345ff.; **Tiedemann** Tatbestandsfunktionen S. 119; **Tiedemann** JuS 1989, 691; **Tiedemann** Wirtschaftsstrafrecht I, S. 85; **Baumann** JZ 1983, 935ff.; **Arzt/ Weber** § 19, Rz. 8ff.; **Hiltenkamp-Wisgalle** S. 50. Ferner liegt auch der Vorschrift des § 30 IV Nr. 5b) AO das Begriffsverständnis der hM zugrunde.
Demgegenüber knüpft der kriminologische Definitionsansatz weniger an die Tat, als vielmehr an die Person des Täters an. Bekannt geworden ist in diesem Zusammenhang das Schlagwort des white collar crime des US-amerikanischen Soziologen Edwin H. Sutherland. Vgl. zu diesem Ansatz **Kaiser** § 72, Rz. 1ff.; **H.-J. Schneider** 29.1, S. 133; **H.-J. Schneider** in Handwörterbuch der Kriminologie, S. 656ff.; **Heinz** ZStW 1984 (96), 417ff.; **Heinz** GA 1977, 194; **Schlüchter** 2. WiKG, S. 3f. Ein weiterer Ansatz versucht schließlich den Begriff des Wirtschaftsstrafrechts von der Seite der Ermittlungsarbeit her zu bestimmen und faßt darunter alle Straftaten, die zur Bearbeitung besondere Kenntnisse des Wirtschaftslebens voraussetzen. An diesem Definitionsansatz orientiert sich zum einen die Zuständigkeit der Wirtschaftsstrafkammer nach § 74c GVG. Zum anderen beeinflußt er die Zuständigkeitsverteilung bei der Polizei und der Staatsanwaltschaften und führt insbesondere bei letzterer zur Bildung von Schwerpunktstaatsanwaltschaften (§ 143 IV GVG). Ausführlich dazu **Liebl** wistra 1987, 13ff.; **Montenbruck/ Kuhlmey/ Enderlein** JuS 1987, 713ff., 803ff., 967ff.; **H.-J. Schneider** 31.2, S. 148f.; **Reulecke** wistra 1986, 21f.; **Kaiser** § 74, Rz. 14; **U. Richter** in Tagungsberichte III, Anlage 4, S. 3f.

291 **Lackner/ Kühl** § 283, Rz. 1; Sch/Sch-**Stree/ Heine** vor § 283, Rz. 2; **Tröndle/ Fischer** vor § 283, Rz. 3; **Hey** ZAP Ost Fach 21, 198; **Schlüchter** JR 1979, 515; **Wessels**[20] BT 2, Rz. 438; **Dreiss/ Eitel-Dreiss** S. 111; **Arzt/ Weber** § 19, Rz. 15; **Däubler** in Studien zum Wirtschaftsstrafrecht S. 3.

292 LK-**Tiedemann** vor § 283, Rz. 53ff., 58; **Tiedemann** ZIP 1983, 519; **Tiedemann** ZRP 1975, 133; **Tiedemann** in HWiStR, Art. Konkursstraftaten, S. 4f.; **Tiedemann** Wirtschaftsstrafrecht I S. 239; **Moosmayer** S. 133ff.; **Wessels/ Hillenkamp** BT 2, Rz. 458; Preisendanz-**Bieneck** vor § 283, Anm. 1.b), S. 884; **Bieneck** in Müller-Gugenberger/ Bieneck, § 75, Rz. 39; **Bieneck** wistra 2001, 53; **Regner** S. 15ff.; **Petersen** WM 1997, 896; **Otto** Jura 1989, 32; **Hammerl** S. 116ff.; **Maul** DB 1979, 1758f.; **Hiltenkamp-Wisgalle** S. 50ff.; **Weyand** S. 26f.; **Eulencamp** in Tagungsberichte III, Anlage 5, S. 12; **L. Müller** in LdR/ StrafR, Art. Konkursstraftaten, S. 459; **M. Grub** S. 6f.; **Bottke** wistra 1991, 8; **Bottke** in Madrid-Symposium S. 122.

293 NK-**Kindhäuser** vor § 283, Rz. 20ff., 33f.; **Höfner** S. 27ff., 38; **Hörl** S. 51ff.; **Krause** S. 171ff.; **Penzlin** S. 29ff., 34ff.; **Ohde** S. 23ff.; **Maurach/ Schroeder/ Maiwald** BT 1, § 48, Rz. 8; **Arloth** GA 1997, 143f.; **Gössel** § 28, Rz. 1f.; SK-**Samson** vor § 283, Rz. 3; **Schmidhäuser** BT 11/

Die folgende Stellungnahme untersucht aus diesem Grunde in einem ersten Schritt zunächst, ob der Bankrottatbestand überhaupt eine überindividuelle Schutzrichtung aufweist und im Anschluß daran bejahendenfalls, worauf sich diese im einzelnen erstreckt.

I. Existenz einer überindividuellen Schutzrichtung

Für einen überindividuellen Rechtsgüterschutz durch § 283 StGB werden zunächst die hohen finanziellen Schäden angeführt, die durch die Insolvenzkriminalität entstehen.[294] Diese Schäden beträfen zwar unmittelbar nur die jeweiligen Gläubiger als Individuen, wiesen aber darüber hinaus auch auf die generelle Sozialschädlichkeit der Insolvenzdelikte für die gesamte Volkswirtschaft, bzw. die Kreditwirtschaft hin, was nur durch die Annahme eines entsprechenden überindividuellen Schutzgutes hinreichend zum Ausdruck gebracht werden könne.[295]
Neben den finanziellen Schäden wird ferner auf weitere allgemeinwirtschaftliche Folgen hingewiesen, die sich aus der Begehung von Insolvenzstraftaten ergäben. So löse vielfach die Begehung einer Straftat nach § 283 StGB ganze Kettenreaktionen aus, die mit dem Schuldner verflochtene Unternehmen mit in den wirtschaftlichen Untergang rissen und zur Vernichtung von Arbeitsplätzen, zu Erschütterungen des gesamten Kreditgefüges sowie zu einer Minderung des Steueraufkommens

---

93; **Lampe** in HdWW, Art. Wirtschaftsstrafrecht, S. 324; **Mohr** S. 150ff.; **Matzen** S. 13ff.; **Baumann** in Staatslexikon[6], Art. Wirtschaftsstrafrecht, S. 826; **Hartwig** in FS Bemmann S. 314, Fn. 20; **U. Richter** in Tagungsberichte III, Anlage 4, S. 6ff.
Daneben begreift **Schüppen** S. 115f., als geschütztes überindividuelles Rechtsgut das Insolvenzverfahren als Institution, bzw. deren Manipulationsfreiheit. Vgl. ähnlich auch **Krause** S. 180f. und zutreffend gegen diesen Ansatz LK-**Tiedemann** vor § 283, Rz. 46. Schließlich zieht **Penzlin** S. 37f. zumindest für die rechnungslegungsbezogenen Tatbestandsalternativen der §§ 283 I Nr. 5-7, 283b StGB die Existenz eines überindividuellen Schutzgutes des Vertrauens in die ordnungsgemäße Buchführung und Bilanzierung in Erwägung, verwirft diesen Gedanken dann aber selbst.

294 Schon allein auf Grund der Existenz eines erheblichen Dunkelfeldes, lassen sich die durch die Begehung von Insolvenzdelikten entstandenen wirtschaftlichen Schäden nicht genau beziffern. Trotz des Fehlens exakter statistischer Angaben aber, kann dennoch der Umstand, *daß* die Insolvenzstraftaten mit außerordentlichen wirtschaftlichen Schäden verbunden sind, nicht angezweifelt werden. Vgl. zu Schätzungen dieser Schäden und generell zur Problematik von Statistiken über Wirtschaftsdelikte **Damm** wistra 1986, 43ff.; **Römer** Diskussionsbeitrag zum 49. DJT 1972, Band II, M 42ff.; **H. Richter** in Müller-Gugenberger/ Bieneck, § 7, Rz. 19ff. Dabei ist mit **Krause**, S. 176, Fn. 95; **Mohr** S. 148, Fn. 240 und **Höfner** S. 29 festzustellen, daß im Schrifttum nicht immer konsequent zwischen den Insolvenzschäden und den Schäden, die erst durch die Begehung einer Insolvenzstraftat entstehen, unterschieden wird.

295 **Eulencamp** in Tagungsberichte III, Anlage 5, S. 15f.; **Wessels/ Hillenkamp** BT 2, Rz. 458; **Zirpins/ Terstegen** S. 955; LK-**Tiedemann** vor § 283, Rz. 54; **Kribs-Drees** S. 44f.; **Kaiser/ Schöch** 12/ 22ff.; **H.-J. Schneider** 29.6, S. 136. Krit. gegenüber diesem Argument **Mohr** S. 148, 152; **Höfner** S. 29ff.; **Krause** S. 176; **Penzlin** S. 33ff.

führten. Jede Insolvenzstraftat sei somit mit nachteiligen Auswirkungen nicht nur für die unmittelbar betroffenen Gläubiger, sondern auch für den Finanz- und Arbeitsmarkt, letztlich also für die gesamte Volkswirtschaft verbunden.[296]
Als drittes Argument für einen überindividuellen Rechtsgüterschutz durch § 283 StGB wird die häufig von Insolvenzdelikten ausgehende Sog- und Spiralwirkung genannt.[297]
Mit dem Begriff der Sogwirkung wird das kriminologische Phänomen beschrieben, daß Konkurrenten des eigentlichen Insolvenzstraftäters zur Nivellierung der durch die Tat erlangten Wettbewerbsvorteile ihrerseits selbst gleichgerichtete oder ähnliche Straftaten begehen.[298] Die große Bedeutung dieser Sogwirkung im Bereich der Insolvenzdelikte werde durch den enormen Leistungs- und Konkurrenzdruck in der freien Wirtschaft und die Tatsache, daß die Leistungsfähigkeiten unmittelbar konkurrierender Unternehmen in der Praxis vielfach nah beieinander lägen, in besonderem Maße begünstigt. Verschaffe sich daher ein Unternehmer durch eine Tat nach §§ 283ff. StGB wirtschaftliche Vorteile, so gelinge es den Mitbewerbern in vielen Fällen nicht, diese auf legalem Wege zu kompensieren.
Unter Spiralwirkung versteht man demgegenüber die empirisch festgestellte Besonderheit bestimmter Wirtschaftsstraftaten, zu denen auch die Insolvenzdelikte gehören, typischerweise Begleit- oder Folgekriminalität desselben Täters hervorzurufen.[299] Auch an Hand der Sog- und Spiralwirkung lasse sich somit die generelle Eignung der §§ 283ff. StGB belegen, über die individuellen Befriedigungsinteressen der konkret betroffenen Gläubiger hinaus die Integrität und die Funktionsfähigkeit des wirtschaftlichen Gesamtsystems zu beeinträchtigen, was auf Grund der gegebenen Schutzwürdigkeit und Schutzbedürftigkeit zur Anerkennung entsprechender Belange als überindividuelles Schutzgut des § 283 StGB zwinge.

---

296 **Zirpins/ Terstegen** S. 956; **Kribs-Drees** S. 42ff., 55; Sch/Sch-**Stree/ Heine** § 283, Rz. 2; **Hammerl** S. 110; **Tiedemann** Gutachten 49. DJT 1972, S. 65; **Tiedemann** ZIP 1983, 520; LK-**Tiedemann** vor § 283, Rz. 54; **Tiedemann** Wirtschaftsstrafrecht I, S. 27; **Tiedemann/ Sasse** S. 17f.; **Eulencamp** in Tagungsberichte III, Anlage 5, S. 12; **Arzt/ Weber** § 19, Rz. 15; **Hiltenkamp-Wisgalle** S. 46f., 50ff.; **Bockelmann** § 21 I, S. 156; **Hörl** S. 52; **Wessels/ Hillenkamp** BT 2, Rz. 458; **Matzen** S. 14; **H.-J. Schneider** 29.6, S. 136; ebenso bereits **Cohn** GA 1893, 198f.

297 **Kaiser/ Schöch** 12/ 26ff.; **Zirpins/ Terstegen** S. 32, 98ff.; **Tiedemann** Wirtschaftsstrafrecht I, S. 25ff.; **Tiedemann** Gutachten 49. DJT 1972, S. 21ff.; **H. Richter** in Müller-Gugenberger/ Bieneck, § 7, Rz. 25. Krit. dagegen **Höfner** S. 34f.; **Heinz** GA 1977, 200; **Krause** S. 177.

298 **H.-J. Schneider** 29.6, S. 136; **Zirpins/ Terstegen** S. 98; **Höfner** S. 34.

299 Vgl. zu den Insolvenzdelikten im weiteren Sinne oben Erster Teil, Kapitel 2. Zum Begriff der Spiralwirkung **Hiltenkamp-Wisgalle** S. 44; **Tiedemann** Gutachten 49. DJT 1972, S. 22; **Tiedemann** Wirtschaftsstrafrecht I, S. 26; **Arzt/ Weber** § 19, Rz. 13. Abweichend dagegen **Zirpins/ Terstegen** S. 99, deren Begriffsdefinition allerdings die Unterscheidung zwischen Sog- und Spiralwirkung einebnet und letztlich überflüssig macht.

Schließlich wird der Gesichtspunkt der Verletzung und Gefährdung von Vertrauen durch die Insolvenzdelikte als Argument für ein überindividuelles Schutzgut angeführt.[300] Vertrauensbeziehungen bestünden nämlich in diesem Zusammenhang in mehrerlei Hinsicht, zum einen innerhalb einer konkreten Vertragsbeziehung im Verhältnis eines Gläubigers zu seinem Schuldner, zum anderen aber auch als abstraktes, institutionalisiertes Vertrauen in die Organisation, den Ablauf und die Funktionsfähigkeit des wirtschaftlichen Gesamtsystems als solchem im Verhältnis aller am Wirtschaftsverkehr Teilnehmenden untereinander.[301] Über die durch die Begehung einer Straftat nach §§ 283ff. StGB entstehenden individuellen Vertrauensverletzungen und die konkreten materiellen Schäden hinaus sei daher zusätzlich die Eignung der Insolvenzdelikte zu beachten, gerade auch dieses übergeordnete Systemvertrauen zu erschüttern, was einer rein individualschützenden Ausrichtung der Bankrottdelikte entgegenstehe. Innerhalb des § 283 StGB kämen diese unterschiedlichen Vertrauensbeziehungen in besonderer Weise im Tatbestandsmerkmal „in einer den Anforderungen einer ordnungsgemäßen Wirtschaft widersprechenden Weise" zum Ausdruck. Dessen Inhalt könne nicht allein nach individuellen Maßstäben, sondern nur unter Heranziehung übergeordneter Grundregeln eines funktionierenden Wirtschaftssystems bestimmt werden.[302] Dem Schuldner werde mit der Pflicht zum ordnungsgemäßen Wirtschaften die Pflicht zur Einhaltung gewisser Mindeststandards auferlegt, um alle Teilnehmer am Wirtschaftsleben vor Folgeschäden aus unsachgemäßem und ordnungswidrigem Verhalten zu bewahren, um also letztlich die Funktionsfähigkeit und den störungsfreien Ablauf des übergeordneten Systems zu sichern. Die Verwendung dieses Tatbestandsmerkmals in § 283 StGB liefere somit ein weiteres Argument für eine zusätzliche, überindividuelle Schutzrichtung des Bankrotts.

Gegen diese Argumentation wendet die Gegenauffassung ein, daß Insolvenzdelikte zwar in der Tat vielfach enorme finanzielle Schäden sowie Ketten- und Fernwirkungen im oben beschriebenen Sinne zur Folge hätten, daß aber aus diesen Gründen nicht auf ein überindividuelles Rechtsgut des § 283 StGB geschlossen werden

---

[300] **Otto** ZStW 1984 (96), 339, 343ff.; LK-**Tiedemann** vor § 283, Rz. 55; **Tiedemann** ZIP 1983, 520; **Tiedemann/ Sasse** S. 7f.; **Hiltenkamp-Wisgalle** S. 51; ferner zur rechtshistorischen Entwicklung dieses Aspektes **Eulencamp** in Tagungsberichte III, Anlage 5, S. 13; **Hammerl** S. 106; **Stötter** KTS 1963, S. 16f. Krit. dagegen **Krause** S. 178f.; NK-**Kindhäuser** vor § 283, Rz. 34; **Hörl** S. 55; **Matzen** S. 14f.

[301] Insbesondere was den Bereich der Kreditwirtschaft als Teil der Gesamtwirtschaft anbelangt, läßt sich die besondere Bedeutung des Vertrauensaspekts bereits etymologisch begründen. So leitet sich das Wort Kredit vom lateinischen Verb *credere* ab, was „Glauben schenken, vertrauen" bedeutet.

[302] **Moosmayer** S. 136. Näher zu Bedeutung und Inhalt des Merkmals „in einer den Anforderungen eines ordnungsgemäßen Wirtschaftens widersprechenden Weise" unten Dritter Teil, Kapitel 4 C. VI.

könne.[303] Vielmehr setzten sich nämlich auch diese mittelbaren Auswirkungen einer Straftat nach §§ 283ff. StGB stets über individuelle Teilnehmer am Wirtschaftssystem fort. Letztlich läge damit auch bei den großen Folge- und Fernwirkungsschäden nur eine Addition vieler Einzelschäden vor.[304] Der Unrechtsgehalt des Bankrotts erschöpfe sich demnach in der Gefährdung individueller Gläubigerpositionen, eine darüber hinaus gehende Schutzrichtung wohne ihm nicht inne. Die Anerkennung eines überindividuellen Schutzgutes des § 283 StGB verwechsle somit den rechtspolitischen Zweck, der hinter den Bankrottdelikten steht, mit ihrem Rechtsgut.[305] Überdies bestünden Bedenken gegen ein überindividuelles Schutzgut der Gesamt- oder der Kreditwirtschaft im Hinblick auf deren Unbestimmtheit.[306]

In dieser Kontroverse spricht sich die vorliegende Arbeit im Ergebnis für die grundsätzliche Anerkennung eines überindividuellen Rechtsgüterschutzes durch § 283 StGB aus. Entgegen der zuletzt dargestellten Auffassung kann in den angesprochenen hohen finanziellen Schäden, sowie den weitreichenden Ketten- und Fernwirkungen einer Insolvenzstraftat gerade nicht lediglich eine quantitative Anhäufung individueller Einzelschäden gesehen werden. Vielmehr besteht insofern eine im Vergleich zur Verletzung oder Gefährdung der materiellen Befriedigungsinteressen zusätzliche, qualitativ andersartige Beeinträchtigung eines überindividuellen Schutzguts. Dies zeigt insbesondere der Aspekt der Verletzung des abstrakten Systemvertrauens. Ein solches besteht weit über den Kreis der von der Insolvenzstraftat konkret betroffenen Gläubiger hinaus bei allen am Wirtschaftsverkehr Beteiligten.

Ferner ergibt sich ein weiteres, gewichtiges Argument für die Anerkennung einer überindividuellen Schutzrichtung schließlich aus der Ausgestaltung des § 283 StGB in seiner jetzigen Form.[307] Der Gesetzgeber hat sich hier bewußt für die Figur des abstrakten Gefährdungsdeliktes[308] entschieden.[309] Beschränkte sich näm-

---

[303] **Höfner** S. 28ff.; **Krause** S. 176f.

[304] **Mohr** S. 150ff.; **Krause** S. 176ff.; NK-**Kindhäuser** vor § 283, Rz. 34; **Hörl** S. 54f.; **Höfner** S. 32ff.

[305] **Mohr** S. 149; **Krause** S. 176ff.; NK-**Kindhäuser** vor § 283, Rz. 33f.; **Maurach/ Schroeder/ Maiwald** BT 1, § 48, Rz. 8; **Höfner** S. 29; SK-**Samson** vor § 283, Rz. 2.

[306] **Hörl** S. 57; **Krause** S. 181.

[307] **Bottke** wistra 1991, 8; **Tiedemann** Wirtschaftsstrafrecht I, S. 84; **Tiedemann** Tatbestandsfunktionen S. 117ff.; **Tiedemann** in FS Dünnebier, S. 521; LK-**Tiedemann** vor § 283, Rz. 54; **Tiedemann** JuS 1989, 697; **Tiedemann** in HWiStR, Art. Konkursstrafrecht, S. 2; **Otto** ZStW 1984 (96), 363f.; **Regner** S. 15f.; **Moosmayer** S. 135.

[308] Dabei ist der Begriff der Gefahr schwer zu bestimmen und sehr umstritten. Nach der Rspr ist hierunter ein ungewöhnlicher, regelwidriger Zustand zu verstehen, bei dem für ein sachkundiges Urteil nach den konkreten Umständen der Eintritt eines Schadens wahrscheinlich ist oder zumindest die Möglichkeit eines solchen naheliegt, vgl. RGSt 30, 179; BGHSt 8, 32f.; BGHSt 13, 70; BGHSt 18, 272f. Ähnliche Definitionen finden sich auch im Polizeirecht (vgl. z.B. §§ 1, 3 PolG BW), wonach eine Gefahr vorliegt, wenn eine Sachlage oder ein Verhalten bei ungehindertem Ablauf des zu erwartenden Geschehens mit hinreichender Wahrscheinlichkeit

lich der Unrechtsgehalt des Bankrotts auf die Gefährdung individueller Gläubigerinteressen und würden darüber hinaus keinerlei überindividuelle Belange geschützt, so wäre die weitreichende Vorverlagerung der Strafbarkeit in den Bereich nur abstrakter Gefährdung nur schwerlich zu rechtfertigen. Ordnet man dagegen § 283 StGB dem Bereich des Wirtschaftsstrafrechts zu und mißt man ihm also eine überindividuelle Schutzrichtung bei, so kann der Straftatbestand aus Gründen der Effektivität des Rechtsgüterschutzes umgekehrt *nur* als abstraktes Gefährdungsdelikt gefaßt werden. Denn bei Ausgestaltung des § 283 StGB als ein einen Vermögensschaden der Gläubiger voraussetzendes Verletzungsdelikt griffe das Strafrecht regelmäßig zu spät ein, weil zu diesem Zeitpunkt die Beeinträchtigung überindividueller Belange bereits eingetreten ist. Die Entscheidung des Gesetzgebers in § 283 StGB zugunsten eines abstrakten Gefährdungsdeliktes zeigt damit deutlich, daß

---

dertem Ablauf des zu erwartenden Geschehens mit hinreichender Wahrscheinlichkeit ein polizeilich geschütztes Rechtsgut schädigen wird, vgl. BVerwGE 45, 57.

309 **Lackner/ Kühl** § 283, Rz. 1; **Wessels/ Hillenkamp** BT 2, Rz. 459; **Maurach/ Schroeder/ Maiwald** BT 1, § 48, Rz. 9; Sch/Sch-**Stree/ Heine** § 283, Rz. 1; LK-**Tiedemann** § 283, Rz. 2ff.; **Tiedemann** in HWiStR, Art. Konkursstraftaten S. 2; **Tiedemann** NJW 1977, 780f.; **Krause** NStZ 1999, 162; **Krause** S. 210ff.; **Matzen** S. 15ff.; **Otto** BT § 61, Rz. 81; **Otto** in GS Bruns S. 266ff.; **Schmidhäuser** BT 11/ 93; SK-**Samson** vor § 283, Rz. 4; NK-**Kindhäuser** vor § 283, Rz. 21, 35; Sch/Sch-**Stree** § 283, Rz. 1; **Gössel** § 28, Rz. 3; Preisendanz-**Bieneck** § 283, Anm. 1., S. 888; **Bieneck** wistra 2001, 53; **Lampe** in HdWW, Art. Wirtschaftsstrafrecht, S. 324; **L. Müller** in LdR/ StrafR, Art. Konkursstraftaten, S. 459.
Im Unterschied zu den Erfolgsdelikten, die als Verletzungs- oder als konkrete Gefährdungsdelikte ausgestaltet sein können, erfassen abstrakte Gefährdungsdelikte solche Handlungen, die als generell gefahrenträchtig, als gefährlich eingestuft werden. Abstrakte Gefährdungsdelikte warten also nicht den Eintritt eines wie auch immer gearteten Erfolges ab, sondern bestrafen schon dann, wenn der Täter eine Lage geschaffen hat, in der der Erfolgseintritt wahrscheinlich ist, und führen so zu einer Vorverlagerung des strafrechtlichen Schutzes. Im Falle des § 283 I StGB hat der Gesetzgeber vom Eintritt eines Vermögensschadens der Gläubiger wie auch von einem minus in Form einer konkreten Gefährdung als Tatbestandsvoraussetzung abgesehen und statt dessen die Vornahme einer Bankrotthandlung nach § 283 Nr. 1-8 StGB genügen lassen. § 283 I StGB stellt insofern ein abstraktes Gefährdungsdelikt dar. Durch die Erfordernisse einer Krisensituation iSd § 283 I StGB und des Eintritts der objektiven Bedingung nach § 283 VI StGB wird die Abstraktion allerdings abgemildert, so daß der Bankrott nur solche Verhaltensweisen erfaßt, die unter konkreten Umständen als abstrakt gefährlich einzustufen sind, **Otto** in GS Bruns S. 266ff.; **Otto** ZStW 1984 (96), 365; **Otto** BT § 60, Rz. 7; **Penzlin** S. 39ff.; **Gössel** § 28, Rz. 3; **Maurach/ Schroeder/ Maiwald** BT 1, § 48, Rz. 9; **Tiedemann** Wirtschaftsstrafrecht I, S. 240; **Lampe** in HdWW, Art. Wirtschaftsstrafrecht, S. 324; **Krause** NStZ 1999, 162. Von manchen wird § 283 I StGB daher auch als abstrakt-konkretes Gefährdungsdelikt bezeichnet, vgl. **Maurach/ Schroeder/ Maiwald** BT 1, § 48, Rz. 9; Preisendanz-**Bieneck** vor § 283, Anm. 1.c), S. 884f.; **Schlüchter** Grenzbereich S. 137; **Tiedemann** Wirtschaftsstrafrecht I S. 240; LK-**Tiedemann** § 283, Rz. 4; **Arzt/ Weber** § 16, Rz. 51; **Otto** in GS Bruns S. 268; **Wessels/ Hillenkamp** BT 2, Rz. 459; krit. NK-**Kindhäuser** vor § 283, Rz. 35; **Harneit** S. 102. Dies darf aber nicht dahingehend mißverstanden werden, daß eine konkrete Gefahr durch die jeweilige Handlung im Einzelfall nachgewiesen werden muß. Vielmehr sind auch die abstrakt-konkreten Gefährdungsdelikte letztlich den abstrakten Gefährdungsdelikten zuzuordnen.

dieser ebenso von einer überindividuellen Schutzrichtung des Bankrottatbestandes ausging.
Die eine solche Schutzrichtung ablehnende Auffassung müßte demgegenüber de lege ferenda eine Umgestaltung des § 283 StGB in ein ausschließlich individuelle Interessen schützendes Verletzungsdelikt in Erwägung ziehen. Dennoch hält aber auch sie einheitlich an der gegebenen Tatbestandsstruktur fest und nimmt so in gewissem Umfang ein Legitimationsdefizit in Kauf.[310] Eine breit ausgebaute Legitimationsgrundlage läßt sich § 283 StGB dagegen bei Anerkennung eines überindividuellen Schutzgutes zusprechen.
Darüber hinaus ließe sich die weitreichende Inkriminierung fahrlässigen, bzw. leichtfertigen Verhaltens in § 283 IV, V StGB nur schwerlich rechtfertigen, interpretierte man den Tatbestand als ein ausschließlich die Individualinteressen der Gläubiger schützendes Vermögensdelikt.
Insgesamt ist also der Meinung zu folgen, die neben den Befriedigungsinteressen der Gläubiger auch ein überindividuelles Schutzgut durch § 283 StGB geschützt sieht.

II. Schutz der Gesamtwirtschaft oder der Kreditwirtschaft als überindividuelles Rechtsgut ?

Nach dieser grundsätzlichen Entscheidung zugunsten eines überindividuellen Rechtsgüterschutzes ist nunmehr zu untersuchen, ob sich dieser Schutz auf die Gesamtwirtschaft oder lediglich auf die Kreditwirtschaft als Teilbereich dieser Gesamtwirtschaft bezieht.
Gegen die Gesamtwirtschaft als Schutzgut wird dabei vorgebracht, sie stelle auf Grund ihres hohen Abstraktionsgrades und ihrer Konturenlosigkeit einen der Konkretisierung kaum zugänglichen und inhaltlich offenen Sammelbegriff dar.
Ferner würden unter diesem Begriff viele unterschiedliche, unter Umständen auch divergierende und widerstreitende Interessen wie etwa die Wachstumsförderung, der Erhalt von Arbeitsplätzen bei hohem Beschäftigungsstand oder die Stabilität des Preisniveaus zusammengefaßt, weswegen die Gesamtwirtschaft als einheitliches Schutzgut der Insolvenzdelikte ungeeignet sei.[311]
Schließlich ließe sich eine Eignung der §§ 283ff. StGB zur Beeinträchtigung überindividueller Belange empirisch nur belegen, soweit die Kreditwirtschaft betroffen sei, zusätzliche Auswirkungen auf weitere Bereiche der Gesamtwirtschaft seien

[310] Vgl. hierzu **Penzlin** S. 39ff.
[311] LK-**Tiedemann** vor § 283, Rz. 56f.; **Moosmayer** S. 131; ebenso auch **Penzlin** S. 32; **Hörl** S. 57; **Krause** S. 175; NK-**Kindhäuser** vor § 283, Rz. 33. Vgl. im Hinblick auf die unterschiedlichen gesamtwirtschaftlichen Interessen und Zielen ferner die Bestimmung des § 1 S. 2 StabG.

dagegen bloße Fernwirkungen, die außerhalb des Zurechnungszusammenhangs des § 283 StGB lägen.[312]
Dagegen ist einzuwenden, daß der Inhalt des Begriffs der Gesamtwirtschaft zwar in der Tat auf Grund dieser vielfältigen Einzelaspekte nur schwer zu bestimmen ist. Andererseits definiert aber auch die Gegenauffassung das nach ihr geschützte überindividuelle Rechtsgut der Kreditwirtschaft sehr weit und bezieht neben der eigentlichen Fremdfinanzierung von Geldkrediten auch Lieferanten- und Dienstleistungskredite mit ein.[313] Die Funktionsfähigkeit der Kreditwirtschaft wird ferner ebenso durch eine Fülle unterschiedlicher Faktoren wie etwa der Zinspolitik, der Inflationsrate oder der Einlagensicherheit beeinflußt, die wiederum auf verschiedene Art und Weise zusammenwirken können.[314] Somit stellen sich auch kreditwirtschaftliche Interessen keineswegs stets nach außen hin als einheitlich und geschlossen dar. Beispielsweise stehen sich die Positionen von Banken als Geldkreditgebern und Lieferanten als Warenkreditgebern vielfach diametral gegenüber. Schließlich ist zu beachten, daß überindividuellen Rechtsgütern generell eine gewisse Unbestimmtheit innewohnt, da hier regelmäßig schwerer greifbare Belange der Allgemeinheit betroffen sind. Das Argument der Konturenlosigkeit der Gesamtwirtschaft könnte daher allenfalls generell gegen einen überindividuellen Rechtsgüterschutz durch § 283 StGB angeführt werden[315], liefert aber in der hier zu entscheidenden Frage kein Argument zu Gunsten eines Schutz lediglich der Kreditwirtschaft an Stelle der Gesamtwirtschaft.
Für eine Ausrichtung des überindividuellen Schutzes des § 283 StGB auf die Gesamtwirtschaft sprechen ferner die folgenden Gesichtspunkte.
Zum einen erstrecken sich die nachteiligen Folgewirkungen von Insolvenzdelikten typischerweise über das Kreditwesen hinaus auf sämtliche Bereiche des Wirtschaftssystems. So betreffen die hohen finanziellen Schäden, die durch die Begehung einer Straftat nach §§ 283ff. StGB entstehen, vielfach nicht nur die Geld-, Waren- oder Dienstleistungskreditgläubiger, sondern z.B. auch die Gläubiger von Steuer- und Sozialversicherungsansprüchen.[316] Deren Forderungen allerdings beruhen auf Rechtsverhältnissen, die in keinerlei Zusammenhang mit der Kreditwirt-

---

[312] **Tiedemann** ZIP 1983, 520; **Tiedemann** NJW 1977, 783; LK-**Tiedemann** vor § 283, Rz. 55; **Tiedemann** Wirtschaftsstrafrecht I S. 235; **Hammerl** S. 116f.; **Hiltenkamp-Wisgalle** S. 62; **Moosmayer** S. 134.

[313] **Tiedemann** ZIP 1983, 520; LK-**Tiedemann** vor § 283, Rz. 55.

[314] Weitere solcher Faktoren nennt **Krause** S. 180.

[315] So etwa NK-**Kindhäuser** vor § 283, Rz. 33; **Penzlin** S. 18, 32, 34f.

[316] Die empirische Studie von **Gessner/ Rhode/ Strate/ Ziegert** S. 160 beziffert den Anteil von Steuerforderungen, Sozialversicherungsansprüchen und Forderungen der Arbeitsämter, Gemeinden und öffentlichen Anstalten an den Gesamtverbindlichkeiten des Schuldners im Insolvenzfall auf rund 15%, vgl. auch **Penzlin** S. 19.

schaft stehen. Konsequenterweise müßte die Gegenauffassung daher neben dem Rechtsgut der Kreditwirtschaft in solchen Fällen ein weiteres Rechtsgut der Funktionsfähigkeit des Steuer- und Sozialversicherungssystems anerkennen. Auf Grund der generellen Eignung der Insolvenzstraftaten, negativen Folgewirkungen auf die unterschiedlichsten Sektoren des Wirtschaftslebens zu entfalten, erscheint es allerdings demgegenüber sachgerechter, das wirtschaftliche Gesamtsystem als überindividuelles Schutzgut des § 283 StGB anzusehen.[317]

Ferner entspricht es nach dem oben Ausgeführten zum anderen der besonderen Typik der Insolvenzdelikte auch ein übergeordnetes Systemvertrauen der einzelnen Teilnehmer am Wirtschaftsverkehr zu verletzen oder zu gefährden. Ein solches besteht aber nicht nur in die Integrität und Ordnung, sowie die Funktions- und Leistungsfähigkeit der Kreditwirtschaft, sondern muß vielmehr auf das gesamte wirtschaftliche System bezogen werden.

Weiter enthält das Tatbestandsmerkmal der Anforderungen ordnungsgemäßen Wirtschaftens, an dem sich die Existenz einer überindividuellen Schutzrichtung des § 283 StGB im Tatbestand festmachen ließ[318], keine Beschränkung etwa auf den Teilbereich des Kreditwesens, sondern ist bewußt allgemein gefaßt.

Schließlich entspricht die Anerkennung der Gesamtwirtschaft als überindividuelles Rechtsgut der §§ 283ff. StGB den Schutzzwecken des zivilen Insolvenzrechts. Auch die Zielvorstellung der InsO, bessere Befriedigungsergebnisse dadurch zu erzielen, daß vermehrt an die Stelle der Liquidation der Erhalt des Unternehmens in Form einer Sanierung oder übertragenden Sanierung tritt, dient letztlich nicht nur den individuell betroffenen Gläubigern sondern auch dem gesamten Wirtschaftssystem und stärkt das Vertrauen der Bevölkerung in dieses. Die bereits im individuellen Bereich festgestellte Parallelität der Schutzzwecke von zivilem Insolvenzrecht und Insolvenzstrafrecht setzt sich damit nach der Insolvenzrechtsreform auch in überindividueller Hinsicht fort.[319]

---

[317] Vgl. hierzu auch **Penzlin** Jura 1999, 56; **Penzlin** WM 1999, 983f.; **Penzlin** S. 19f. Dieser lehnt allerdings im Ergebnis die Existenz eines überindividuellen Schutzguts im Falle des § 283 StGB ab, da er auch die Interessen der Gläubiger von Steuer- oder Sozialversicherungsansprüchen als auf der Individualrechtsgutsebene ausreichend erfaßt ansieht. Entscheidet man sich dagegen wie diese Arbeit grundsätzlich für einen auch überindividuellen Rechtsgüterschutz durch § 283 StGB, so ist nicht einzusehen, warum dieser nur auf das Segment der Kreditwirtschaft bezogen werden sollte. Mag dieser im Bereich des Insolvenzrechts und des Insolvenzstrafrechts auch eine herausgehobene Bedeutung zukommen, so lassen sich die Argumente dennoch ebenso auf weitere Teilbereiche, mithin letztlich auf das wirtschaftliche System in seiner Gesamtheit übertragen.

[318] Vgl. nochmals eben Dritter Teil, Kapitel 1 B. I.

[319] Kritisch LK-**Tiedemann** vor § 283, Rz. 56 und **Moosmayer** S. 132, der in aller Regel von einem Konflikt zwischen naturgemäß egoistischen Gläubigerinteressen und gesamtwirtschaftlichen Gesichtspunkten ausgeht, was dann innerhalb des § 283 StGB zu divergierenden Schutzrichtungen führte. Indes sprechen aber auch wirtschafts- und strukturpolitische Gesichtspunkte

Im Ergebnis ist daher neben den individuellen Befriedigungsinteressen die Gesamtwirtschaft als überindividuelles Schutzgut anzuerkennen. Diese beiden Schutzrichtungen des § 283 StGB stehen gleichrangig nebeneinander.[320] Der Bankrott läßt sich somit, was seine individuelle Schutzrichtung anbelangt, als Vermögensdelikt, im Hinblick auf seinen überindividuellen Rechtsgüterschutz als Wirtschaftsstraftat einordnen. Ferner folgt daraus, daß im Falle des § 283 StGB die Möglichkeit einer rechtfertigenden Einwilligung auch bei Zustimmung aller Gläubiger auf Grund fehlender Disponibilität abzulehnen ist.[321] Entgegen den Ansichten von Mohr und Penzlin wird dadurch das Gelingen einer Sanierung keineswegs in inakzeptabler Weise behindert.[322] Vielmehr verbleiben dem Schuldner außerhalb der § 283 I Nr. 1-8 StGB noch ausreichend Handlungsspielräume zur Überwindung seiner wirtschaftlich angeschlagenen Situation. Überschreitet er dagegen diese Grenze durch Vornahme einer Bankrotthandlung, so muß das Bankrottstrafrecht unabhängig von der Zustimmung der Gläubiger im Hinblick auf sein überindividuelles Schutzgut der Gesamtwirtschaft eingreifen können.

Kapitel 2: Die Abhängigkeit der Krisenmerkmale des Insolvenzstrafrechts von der Neuregelung der zivilrechtlichen Insolvenzgründe

Nach der Bestimmung der geschützten Rechtsgüter des § 283 StGB zeigt sich das Abhängigkeitsverhältnis des Insolvenzstrafrechts vom zivilen Insolvenzrecht auch in der gesetzestechnischen Ausgestaltung der Insolvenzstraftatbestände:
So gebrauchen die §§ 283ff. StGB und das zivile Insolvenzrecht wortgleiche Grundbegriffe. Ohne zunächst auf die einzelnen Varianten der objektiven Strafbarkeitsbedingung des § 283 VI StGB einzugehen, kommt insbesondere den Merkmalen der eingetretenen und der drohenden Zahlungsunfähigkeit, sowie der Überschuldung einerseits Bedeutung als insolvenzstrafrechtliche Krisendeterminanten zu, während der der Täter eine Bankrotthandlung nach § 283 I StGB vornehmen,

---

in aller Regel für die Sanierung eines fortführbaren und die Liquidation eines aussichtslosen Unternehmens. Vielfach wird daher entgegen der Ansicht Moosmayers die Entscheidung der Gläubiger zugunsten einer Liquidation oder einer Sanierung ebenso den gesamtwirtschaftlichen Interessen entsprechen.

[320] Nach **Eulencamp** in Tagungsberichte III, Anlage 5, S. 12f. kommt den überindividuellen Belangen der Vorrang zu. Dagegen zutreffend **Lackner/ Kühl** § 283, Rz. 1; LK-**Tiedemann** vor § 283, Rz. 57.

[321] Ebenso zum parallelen Problem im Rahmen des § 315c StGB BGHSt 6, 232; **Lackner/ Kühl** § 315c, Rz. 32.

[322] **Mohr** S. 157ff.; **Penzlin** S. 44f.

bzw. die der Täter durch seine Handlung nach § 283 II StGB herbeiführen muß.[323] Andererseits stellten die eingetretene Zahlungsunfähigkeit und die Überschuldung bereits seit jeher zugleich zivilrechtliche Eröffnungsgründe für ein Konkursverfahren dar. Der Gesetzgeber der InsO hielt daran nicht nur fest, sondern fügte mit der drohenden Zahlungsunfähigkeit noch einen dritten Insolvenzgrund hinzu. Damit besteht de lege lata zum ersten Mal eine vollständige begriffliche Kongruenz zwischen den zivilrechtlichen Eröffnungstatbeständen und den strafrechtlichen Krisenmerkmalen.

Was die inhaltliche Bestimmung dieser Begriffe anbelangt, so war die Frage, wann drohende oder eingetretene Zahlungsunfähigkeit oder Überschuldung vorliegt, in Rechtsprechung und Literatur sowohl im Strafrecht wie auch im Zivilrecht seit langem Gegenstand einer breiten Diskussion. Raum für diese bot vor allem der Umstand, daß weder die KO oder die VglO, noch das StGB eine gesetzliche Definition der Merkmale enthielt. Diese Situation hat sich mit dem Inkrafttreten der InsO geändert. In den §§ 17-19 InsO finden sich nunmehr Legaldefinitionen, die im einzelnen bestimmen, wann eingetretene (§ 17 InsO) oder drohende Zahlungsunfähigkeit (§ 18 InsO), bzw. Überschuldung (§ 19 InsO) vorliegt.

Im diesem Kapitel ist zunächst zu untersuchen, ob und inwieweit diese neuen zivilrechtlichen Vorgaben auch für die Bestimmung der entsprechenden Krisenmerkmale im Strafrecht bindend sind, ob also über die begriffliche Akzessorietät der beiden Rechtsgebiete hinaus auch eine inhaltliche Abhängigkeit besteht, oder ob im Strafrecht eine abweichende, selbständige Auslegung möglich und nötig ist. Im ersten Fall hätte sich dann an diese Untersuchung eine Auseinandersetzung mit den Legaldefinitionen der §§ 17-19 InsO aus strafrechtlicher Sichtweise anzuschließen; andernfalls wäre ein strafrechtlich eigenständiges Begriffsverständnis der drei Krisen zu entwickeln. Diese Fragen sind im folgenden aus Gründen der Übersichtlichkeit für die eingetretene und die drohende Zahlungsunfähigkeit, sowie für die Überschuldung jeweils getrennt zu erörtern.

[323] Dabei ist zu beachten, daß die drohende Zahlungsunfähigkeit nur im Falle des § 283 I StGB, nicht aber für § 283 II StGB eine Krisensituation beschreibt, vgl. **Lackner/ Kühl** § 283, Rz. 22; Sch/Sch-**Stree/ Heine** § 283, Rz. 54; LK-**Tiedemann** § 283, Rz. 179.

A. Das Krisenmerkmal der eingetretenen Zahlungsunfähigkeit

I. Die Abhängigkeit der insolvenzstrafrechtlichen Definition der eingetretenen Zahlungsunfähigkeit von der zivilrechtlichen Definition des § 17 II 1 InsO

Hinsichtlich des Merkmals der eingetretenen Zahlungsunfähigkeit wird die Frage, ob sich die Abhängigkeit des Insolvenzstrafrechts auf eine begriffliche Identität mit dem zivilen Eröffnungsgrund beschränkt oder ob darüber hinaus auch eine inhaltliche Akzessorietät des Strafrechts zur Legaldefinition des § 17 II 1 InsO besteht, im Schrifttum nicht einheitlich beantwortet. Eine Ansicht vertritt eine strenge, inhaltliche Akzessorietät.[324] Hiernach hat das Strafrecht also grundsätzlich die zivilrechtlichen Vorgaben des § 17 II 1 InsO zu übernehmen. Eine andere, insbesondere von Penzlin vertretene Ansicht möchte dagegen den insolvenzrechtlichen Neuerungen der InsO für das Begriffsverständnis einer Zahlungsunfähigkeit im Strafrecht keine Bedeutung beimessen, sondern insofern vielmehr an der bisherigen Definition festhalten.[325]

Gegen eine inhaltsakzessorische Bestimmung des Begriffs der eingetretenen Zahlungsunfähigkeit in § 283 I StGB wird der grundsätzlich vom Zivilrecht verschiedene, restriktive Charakter des Strafrechts angeführt. Der Einsatz staatlicher, strafrechtlicher Mittel und Sanktionen komme auf Grund der mit ihm verbundenen schwerwiegenden Eingriffe in die Rechtspositionen der Betroffenen stets nur als ultima ratio gegen strafwürdige und strafbedürftige Verhaltensweisen in Betracht. Insofern müßten daher auch die einzelnen strafrechtlichen Tatbestandsmerkmale eng ausgelegt werden. Unabhängig von der zivilrechtlichen Reformintention eines früheren und häufigeren Verfahrenseintritts sei das Strafrecht aus diesem Grund gezwungen, an seiner hergebrachten engeren Zahlungsunfähigkeitsdefinition weiterhin festzuhalten.[326]

---

[324] **Lackner/ Kühl** § 283, Rz. 7; **Bieneck** StV 1999, 43f.; **Bieneck** in Müller-Gugenberger/ Bieneck, § 75, Rz. 59, § 76, Rz. 56; **Bieneck** wistra 2001, 54; **Moosmayer** S. 151ff.; **Arzt/ Weber** § 16, Rz. 56; LK-**Tiedemann** vor § 283, Rz. 126, 139, 155; **Janovsky** KR 1998, 334; **Reck** ZInsO 1999, 195ff.; **Reck** BuW 1997, 743ff.; **Reck** GmbHR 1999, 267ff.; **Reck** ZAP Ost Fach 21, 154; **Uhlenbruck** wistra 1996, 3ff.; **Hörl** S. 63f.; **Beck** in Wabnitz/ Janovsky 2/ 60; 88ff.; **Weyand** S. 60ff.; ebenso für die Insolvenzstraftaten des Nebenstrafrechts Erbs/ Kohlhaas-**Schaal** § 130b HGB, Rz. 10; **Lutter/ Hommelhoff** § 64, Rz. 1ff.; vgl. ferner **Tröndle/ Fischer** vor § 283, Rz. 6, 9.

[325] **Penzlin** S. 148ff., 160ff.; ferner **Wessels/ Hillenkamp** BT 2, Rz. 462; **Otto** AktG § 401, Rz. 32; vgl. auch **Otto** BT § 61, Rz. 87, Fn. 57. In Ergebnis ähnlich **Bittmann** wistra 1998, 323; Sch/Sch-**Stree/ Heine** § 283, Rz. 52. Vgl. generell für ein eigenständiges strafrechtliches Begriffsverständnis außerstrafrechtlich vorgeprägter Rechtsbegriffe im Sinne einer „Befreiung des Strafrechts vom zivilistischen Denken" **H.-J. Bruns** S. 107ff., 171ff. und speziell zu den Bankrottdelikten der KO S. 238ff.

[326] **Penzlin** S. 149ff., 161f.; in diese Richtung ferner **Wessels/ Hillenkamp** BT 2, Rz. 462.

Demgegenüber hält die vorliegende Arbeit mit der wohl hM die Vorgaben der zivilrechtlichen Legaldefinition des § 17 II 1 InsO auch im Rahmen der Auslegung der eingetretenen Zahlungsunfähigkeit in § 283 I StGB für maßgeblich. Dieses Ergebnis ist im folgenden zu begründen.

1. Argumentation an Hand des Wortlautes

Als Argument für ein inhaltlich gleiches Verständnis der eingetretenen Zahlungsunfähigkeit im Insolvenzstrafrecht wie im zivilen Insolvenzrecht kann zunächst die wortgleiche Verwendung des Begriffs in beiden Gesetzen angeführt werden. Gesichtspunkte der Rechtsklarheit, der Rechtssicherheit sowie der Einheit der Rechtsordnung sprechen grundsätzlich immer dafür, wortgleichen Begriffen, die innerhalb eines Gesetzes an verschiedenen Stellen auftauchen oder wie hier in verschiedenen Gesetzen benutzt werden, jeweils auch ein inhaltsgleiches Begriffsverständnis beizulegen.[327]
Dem könnte allerdings der Gedanke einer Relativität der Rechtsbegriffe entgegenstehen. Die Auslegung einer Norm oder eines einzelnen Tatbestandsmerkmals muß auch den Zusammenhang, in dem das entsprechende Merkmal gebraucht wird, und die Funktion, die es dabei erfüllt, berücksichtigen, was im Einzelfall dazu führen kann, ein und dasselbe Merkmal trotz wörtlicher Gleichheit in unterschiedlichen Zusammenhängen abweichend zu definieren. So entspricht es z.B. der hM den Begriff der Wegnahme trotz Wortgleichheit in § 289 StGB weiter auszulegen als in § 242 StGB.[328] Ferner kann unter Umständen eine zivilrechtlich mögliche Auslegung nicht auf das Strafrecht übertragen werden, weil letzteres der Bindung an das verfassungsrechtliche Bestimmtheitsgebot (Art. 103 II GG) unterliegt.
Aus dem mehrmaligen Gebrauch desselben Begriffs der Zahlungsunfähigkeit in der InsO und im StGB läßt sich damit zwar ein Indiz für die synonyme Bedeutung in den verschiedenen Funktionszusammenhängen gewinnen, eine Entscheidung zugunsten eines zu § 17 II 1 InsO inhaltsakzessorischen Zahlungsunfähigkeitsverständnisses in § 283 I StGB kann aber allein auf Grund der wortgleichen Verwendung des Begriffs in beiden Rechtsgebieten noch nicht getroffen werden.

[327] **Moosmayer** S. 152.
[328] **Lackner/ Kühl** § 289, Rz. 3, § 242, Rz. 8ff.; **Küper** S. 403ff.; LK-**Schäfer**[10] § 289, Rz. 8ff.; **Tröndle/ Fischer** § 289, Rz. 2, § 242, Rz. 13ff. Vgl. insgesamt zum Gedanken der Relativität der Rechtsbegriffe **Vormbaum** GA 1981, 113f.; **Stratenwerth** ZStW 1964 (76), S. 672.

2. Historische Betrachtung

Für eine Ausrichtung des insolvenzstrafrechtlichen Begriffs der Zahlungsunfähigkeit an der zivilrechtlichen Legaldefinition in § 17 II 1 InsO lassen sich aus der Rechtshistorie zwei Argumente gewinnen:
Zum einen taucht der Begriff der Zahlungsunfähigkeit erstmalig in der KO auf. Diese enthielt seit ihrem Inkrafttreten am 1.10.1879 ursprünglich in § 94 KO, später dann unverändert in § 102 KO eine Regelung der Zahlungsunfähigkeit als allgemeinen Eröffnungsgrund. Zu dieser Zeit war das Insolvenzstrafrecht noch innerhalb der KO, zunächst in den §§ 209-214 KO, seit 1898 dann in den §§ 239-244 KO geregelt.
Den damaligen Bankrottdelikten der §§ 239, 240 KO, aus denen der heutige § 283 StGB hervorging, war aber die Voraussetzung einer wirtschaftlichen Krisensituation des Schuldners noch fremd. Die Krisenmerkmale der eingetretenen Zahlungsunfähigkeit, der drohenden Zahlungsunfähigkeit und der Überschuldung fanden hier erst im Rahmen des 1. WiKG Eingang.[329] Der Gesetzgeber von 1976 konnte mithin nicht nur auf eine seit rund einhundert Jahre bestehende zivilgesetzliche Regelung der eingetretenen Zahlungsunfähigkeit, sondern auch auf die entsprechend lange fortentwickelte Auslegung und Handhabung dieses Merkmals in der Praxis zurückgreifen. In Kenntnis dieser Umstände übernahm er bewußt den identischen Begriff in das Insolvenzstrafrecht. In der Begründung zum 1. WiKG heißt es insofern, der Entwurf greife mit dem Begriff der Zahlungsunfähigkeit auf Merkmale zurück, die der Gesetzessprache seit langem bekannt seien.[330] Daran wird deutlich, daß der Gesetzgeber der Zahlungsunfähigkeit im Bankrottstrafrecht denselben Bedeutungsgehalt wie im Zivilrecht beimessen wollte. Hätte der Gesetzgeber von 1976 das strafrechtliche Krisenmerkmal nämlich inhaltlich abweichend bestimmen wollen, so wäre es nahegelegen, entweder einen vom Begriff des zivilrechtlichen Verfahrensauslösers gänzlich verschiedenen Begriff zur Umschreibung der Krise zu wählen, oder zumindest den vorhandenen Begriff der Zahlungsunfähigkeit durch die Hinzufügung eines entsprechenden Adjektivs zu ergänzen. Dies ist aber nicht geschehen. Insbesondere kann das Adjektiv „eingetreten“ nicht als eine solche Ergänzung angesehen werden. Vielmehr dient die bis heute in § 283 I StGB zu findende Bezeichnung der Krise als *eingetretene* Zahlungsunfähigkeit lediglich der sprachlichen Unterscheidung zur drohenden Zahlungsunfähigkeit, begründet aber keine in-

[329] Vgl. nochmals oben Zweiter Teil, Kapitel 2 B. III. 8.; ferner **Hartung** wistra 1997, 1; **Schlüchter** Grenzbereich S. 62ff.; **Moosmayer** S. 148; **Penzlin** S. 102f.; **Vormbaum** GA 1981, 103f. In strafrechtlicher Hinsicht enthielten zuvor lediglich die Vorschriften über die unterlassene Konkursanmeldung und der schon damals als Privilegierung geschaffene Tatbestand der Gläubigerbegünstigung (§ 241 KO) das Merkmal der Zahlungsunfähigkeit im Tatbestand.
[330] BT Drs. 7/ 3441, S. 20.

haltliche Abweichung vom parallelen zivilrechtlichen Begriff. Dies wird mit Blick auf die Vorschrift § 283 II StGB deutlich, die den Begriff der Zahlungsunfähigkeit inhaltsgleich wie Absatz 1 verwendet, dabei aber auf die zusätzliche Umschreibung dieser Zahlungsunfähigkeit als eingetretene Zahlungsunfähigkeit verzichtet, da hier keine Notwendigkeit zur Unterscheidung zur drohenden Zahlungsunfähigkeit besteht. Aus diesen Umständen läßt sich mithin ein erstes rechtsgeschichtliches Argument gewinnen, auch heute nach der Insolvenzrechtsreform den wortgleichen Begriff der Zahlungsunfähigkeit im Insolvenzstrafrecht und im zivilen Insolvenzrecht jeweils inhaltsgleich zu interpretieren.[331]

Zum anderen kann daneben als weiterer historischer Gesichtspunkt die Tatsache angeführt werden, daß das bis 1976 in der KO geregelte Bankrottstrafrecht, wie bereits angedeutet, zwar nicht in den Tatbeständen des betrügerischen und des einfachen Bankrotts (§§ 239, 240 KO), wohl aber im Tatbestand der Gläubigerbegünstigung (§ 241 KO) das Merkmal der Zahlungsunfähigkeit gebrauchte. Bereits dieser vormalige Standort des Bankrottstrafrechts innerhalb der KO unterstreicht den engen sachlichen Zusammenhang zwischen den beiden Rechtsmaterien. Ferner ist die bis 1976 geltende Regelung aber auch Ausdruck einer Unterordnung der Bankrottdelikte unter die korrespondierenden zivilrechtlichen Regelungen. Die Bankrottstraftaten wurden als so eng zusammengehörig mit dem zivilen Recht verstanden, daß beide Regelungsbereiche in einem Gesetz angesiedelt wurden. Dabei handelte es sich nicht etwa um ein strafrechtliches Gesetz, das nebenbei auch zivilrechtliche Regelungen vorsah, sondern mit der KO um das zentrale zivilrechtliche Insolvenzgesetz, das gleich einem Anhang auch Regelungen sachverwandter Straftatbestände enthielt. In Anbetracht dieses Verhältnisses der Bankrottdelikte zu den übrigen, zivilen Regelungen der KO schien es zwingend, den Begriff der Zahlungsunfähigkeit in § 241 KO nicht strafrechtlich eigenständig, sondern in enger inhaltlicher Anlehnung an den identischen Begriff in § 102 KO zu bestimmen.

Der Gesetzgeber der InsO hat nun zunächst für den Bereich des Zivilrechts den Begriff der Zahlungsunfähigkeit neu legaldefiniert. Dabei war er sich der Tatsache bewußt, daß die Insolvenzdelikte eine identische und bislang synonym verstandene Begrifflichkeit aufweisen. Dennoch hat er davon abgesehen, Korrekturen an den Krisenmerkmalen der Insolvenzstraftatbestände vorzunehmen. In der Begründung zum EGInsO heißt es, weitere als die in Art. 60 EGInsO vorgesehenen Änderungen des StGB seien nicht erforderlich.[332] Dieses Festhalten an der bisherigen Fassung der Krisen läßt darauf schließen, daß es dem Willen des Gesetzgebers entspricht, die Zahlungsunfähigkeitsdefinition auch heute nach Inkrafttreten der InsO nicht

---

331 Ebenso **Moosmayer** S. 148.

332 Vgl. nochmals BT Drs. 12/ 3803, S. 100 und oben Erster Teil, Kapitel 1.

strafrechtlich eigenständig zu bestimmen, sondern weiterhin, wie bereits bislang geschehen, am entsprechenden Begriffsverständnis des Zivilrechts auszurichten.
Die wiedergegebene Stelle aus der Gesetzesbegründung zum EGInsO unterstreicht ferner nochmals das Verhältnis des Insolvenzstrafrechts zum zivilen Insolvenzrecht. Änderungen der §§ 283ff. StGB erschienen dem Gesetzgeber nur deswegen nicht erforderlich, weil er nach wie vor von einer Unterordnung des Strafrechts unter die insolvenzrechtliche Terminologie ausging und insoweit für ihn eine Möglichkeit zu einer abweichenden Begriffsbestimmung im Strafrecht von vorneherein nicht existierte.[333]

3. Systematische Argumentation

Im Rahmen einer systematischen Betrachtung werden Auslegungsergebnisse einer Norm oder eines Tatbestandsmerkmals aus deren Stellung innerhalb eines größeren Regelungsgefüges gewonnen. Eine solche Auslegung ist im Falle der Insolvenzdelikte und im besonderen in Bezug auf das Merkmal der Zahlungsunfähigkeit seit der Herauslösung der Insolvenzstraftaten aus dem korrespondierenden zivilen Insolvenzgesetz durch das 1. WiKG von 1976 nur eingeschränkt möglich: So spricht die Stellung der §§ 283 und 283c StGB in einem Abschnitt des StGB lediglich dafür, den Begriff der Zahlungsunfähigkeit innerhalb dieser Vorschriften inhaltsgleich auszulegen, liefert aber kein Argument für eine zum zivilrechtlichen Zahlungsunfähigkeitsbegriff inhaltsakzessorische Auslegung im Strafrecht.
Ein solches systematisches Argument kann aber aus der früheren Stellung der Bankrottdelikte innerhalb der KO gewonnen und auf die heutige Rechtslage übertragen werden: Auf Grund der zivil- und strafrechtlichen Verwendung des Begriffs der Zahlungsunfähigkeit innerhalb des gleichen Gesetzes in §§ 102 und 241 KO lag bis 1976 die Annahme eines synonymen Begriffsverständnisses nahe. Aus der Beibehaltung dieser Terminologie bei der Neugestaltung des Insolvenzstrafrechts 1976 und aus den eben erwähnten Aussagen des insolvenzrechtlichen Reformgesetzgebers läßt sich der Schluß ziehen, daß an diesem kongruenten Verständnis bis heute festgehalten werden sollte.

4. Teleologische und funktionale Argumentation

Entscheidend für ein zum Zivilrecht synonymes Begriffsverständnisses der Zahlungsunfähigkeit innerhalb des StGB spricht schließlich eine Auslegung nach Sinn und Zweck:

---

[333] Ebenso **Moosmayer** S. 20ff., 152.

Bereits bei der Bestimmung des geschützten Rechtsguts war auf weitreichende teleologische Parallelen zwischen zivilem Insolvenzrecht und Insolvenzstrafrecht hingewiesen worden. So zielen beide Rechtsgebiete auf den Schutz der Gläubigerinteressen an einer bestmöglichen Befriedigung in der Insolvenz des Schuldners. Die InsO versucht dieses Ziel durch die Eröffnung früherer und massereicherer Verfahren in größerer Zahl zu erreichen, während das Insolvenzstrafrecht entsprechend schuldnerisches Fehlverhalten während einer wirtschaftlichen Krisensituation, das die Interessen der Gläubiger gefährdet, sanktioniert. Die bisherige Untersuchung hat allerdings gezeigt, daß diese Interessen der Gläubiger keineswegs a priori bestehen, sondern in starkem Maße von der Ausgestaltung des zivilen Insolvenzrechts abhängen. Das Strafrecht kann nämlich nur solche Positionen schützen, die das zivile Insolvenzrecht als schutzwürdig und schutzbedürftig begründet und deren Verwirklichung es zivilverfahrensrechtlich realisierbar gestaltet.[334]

Weisen aber beide Rechtsbereiche dieselbe Zielrichtung auf, hängt der strafrechtliche Schutz notwendigerweise von der Ausgestaltung des zivilen Insolvenzrechts ab, knüpft das Strafrecht über eine objektive Bedingung unmittelbar an zivilrechtliche Verfahrensvorschriften an und verwendet es schließlich dabei zudem eine zivilrechtlich vorgeprägte Terminologie, so entspricht es dem Sinn und Zweck der §§ 283ff. StGB auch die außerstrafrechtlichen Norminhalte bei der Auslegung der strafrechtlichen Tatbestandsmerkmale zu übernehmen.[335] Nur so kann die sachliche Nähe beider Rechtsgebiete und ihr besonderes Abhängigkeitsverhältnis im Sinne eines sich-einander-Bedingens hinreichend zum Ausdruck gebracht werden.

Schließlich stehen auch die unterschiedlichen Funktionen der Zahlungsunfähigkeit als allgemeiner Insolvenzeröffnungsgrund in § 17 InsO und als Krisenmerkmal iSd §§ 283ff. StGB, einem synonymen Begriffsverständnis nicht entgegen.

5. Zwischenergebnis zu I.

Die vorstehende Argumentation hat gezeigt, daß sich die Bestimmung des Begriffs der eingetretenen Zahlungsunfähigkeit in § 283 StGB grundsätzlich inhaltsakzessorisch am zivilrechtlichen Begriffsverständnis auszurichten hat. Der neuen zivilrechtlichen Legaldefinition in § 17 II 1 InsO kommt damit auch für das Insolvenzstrafrecht Bedeutung zu. Ihre Vorgaben sind für die §§ 283ff. StGB als verbindlich anzuerkennen, es sei denn, sie ließen sich im einzelnen nicht in Einklang mit dem übergeordneten, im Strafrecht zu beachtenden Bestimmtheitsgebot des Art. 103 II GG bringen.

---

[334] Vgl. insofern nochmals oben Dritter Teil, Kapitel 1 A.

[335] Ebenso **Moosmayer** S. 144f. unter Hinweis auf die andernfalls bestehende Gefahr einer nicht hinnehmbaren Normspaltung.

II. Die Begriffsbestimmung der eingetretenen Zahlungsunfähigkeit

Im folgenden hat daher die Begriffsbestimmung der eingetretenen Zahlungsunfähigkeit nach § 283 StGB an Hand der Legaldefinition des § 17 II 1 InsO zu erfolgen. Die einzelnen Merkmale dieser Definition, die mit ihr verbundenen Veränderungen und Auswirkungen sowie die hinter ihr stehenden Zielsetzungen, werden allerdings erst bei einem Vergleich mit der unter der Geltung des früheren Konkursrechts entwickelten Definition deutlich. Auf diese Definition ist daher zunächst vorab kurz einzugehen.

1. Die Definition der eingetretenen Zahlungsunfähigkeit vor dem Inkrafttreten der InsO

Weder die KO noch die VglO enthielten eine Legaldefinition der eingetretenen Zahlungsunfähigkeit. Allerdings hatten Rechtsprechung und Schrifttum im Laufe der Zeit eine Begriffsbestimmung herausgebildet. Hiernach verstand man unter Zahlungsunfähigkeit *das auf dem Mangel an Zahlungsmitteln beruhende dauernde Unvermögen des Schuldners, seine sofort zu erfüllenden und ernsthaft eingeforderten Zahlungspflichten im wesentlichen zu begleichen.*[336] Diese Definition wurde bis zum Inkrafttreten der InsO 1999 nahezu einhellig von Rechtsprechung und Literatur auch im Strafrecht herangezogen.[337] Um später die Neuerungen der Legaldefini-

---

[336] RG, Urt. vom 22.2.1882 – I 608/ 81; RG, Urt. vom 17.12.1901 – VII 386/ 01; RGZ 50, 41; RGZ 100, 65; BGH WM 1957, 68; BGH WM 1959, 891; BGH NJW 1962, 102; BGH WM 1969, 98; BGH NJW 1985, 1785; BGH NJW 1992, 1960; BGH NJW 1995, 1670; BGHZ 118, 174; BayObLG BB 1988, 1840; **Hess** KO § 102, Rz. 5; Nerlich/ Römermann-**Mönning** § 17, Rz. 12; **Kilger/ K. Schmidt** § 102 KO, Anm. 2) a), S. 395; **Kuhn/ Uhlenbruck** § 102, Rz. 2; **Uhlenbruck** in Gottwald (Hrsg.), Insolvenzrechtshandbuch § 9, Rz. 3; Jäger-**Weber** § 102, Rz. 2; **Drukarczyk/ Schüler** in Kölner Schrift, S. 105f., Rz. 24, 29; **Häsemeyer** Rz. 7.17; **Haas** in Insolvenzrecht 1998, S. 3; Kübler/ Prütting-**G. Pape** § 17, Rz. 2; **Hess/ G. Pape** Rz. 95; **Borup** BB 1986, 1884; **Jäger** DB 1986, 1441; **G. Hoffmann** MDR 1979, 713; **G. Hoffmann** DB 1980, 1527; **Jäger** DB 1986, 1441; **Schedlbauer** DB 1984, 2211f.; **Temme** S. 3; **Baur/ Stürner** Zwangsvollstreckungs-, Konkurs- und Vergleichsrecht Rz. 7.28; **Obermüller/ Hess** InsO Rz. 51; **Macke/ Wegener** INF 1998, 568; **Hess/ Obermüller** Rechtsstellung Rz. 51; **Haarmeyer/ Wutzke/ Förster** 1/ 78f.; **K.-R. Veit** ZIP 1982, 273; **Papke** DB 1969, 735; **Groß/ Hess** WPg 1999, 423; **Möhlmann** WPg 1998, 948; **Harald Wagner** § 17, Rz. 2; **Reulecke** CR 1990, 230; **Kupsch** BB 1984, 159.

[337] RG JW 1934, 842; BGH KTS 1957, 12ff.; BGH wistra 1987, 219; BGH bei Holtz MDR 1990, 1067; BGH wistra 1991, 26; BGH wistra 1993, 184; BGH wistra 2001, 306ff. = BGH NJW 2001, 1874ff.; OLG Stuttgart NStZ 1987, 460; OLG Düsseldorf NJW 1988, 3166; OLG Düsseldorf DB 1998, 1856; BayObLG BB 1997, 850; **Lackner/ Kühl**[22] § 283, Rz. 7; **Bieneck** in Müller-Gugenberger/ Bieneck, § 76, Rz. 36; Preisendanz-**Bieneck** § 283, Anm. 5.b), S. 891; **Tröndle/ Fischer** vor § 283, Rz. 8; Sch/Sch-**Stree/ Heine** § 283, Rz. 52; SK-**Samson** vor § 283, Rz. 9; LK-**Tiedemann** vor § 283, Rz. 125ff.; **Tiedemann** in HiWiStr, Art. Konkursstraftaten, S. 8; **Bittmann** wistra 1998, 321; **Hartung** wistra 1997, 1f.; **Moosmayer** S. 149; **Schlüchter** MDR

tion des § 17 II 1 InsO verdeutlichen zu können, werden die Merkmale dieser vormaligen Definition im folgenden Abschnitt in knappem Umfang dargestellt.

a) Die Ursache des Unvermögens

Zunächst benannte die frühere Definition die Ursache des schuldnerischen Unvermögens explizit als einen Mangel an Zahlungsmitteln.[338]

b) Der Begriff der Zahlungsmittel

Offen blieb allerdings, wie dieser Zahlungsmittelbegriff zu verstehen war. Insoweit stand einer extensiven Auslegung, die neben dem Bargeldbestand, den Guthaben bei Kreditinstituten und sonstigen abrufbaren Geldmitteln zu Gunsten des Schuldners auch solche Vermögenswerte miteinbezog, die in Geld umgewandelt werden können, eine restriktive Auslegung gegenüber, die lediglich die im Betrachtungszeitpunkt vorhandenen Geldmittel als Zahlungsmittel des Schuldners ansah. Liquidierbare oder beleihbare Vermögensteile blieben nach dieser Ansicht außer Betracht.[339] Auch die Legaldefinition des § 17 II 1 InsO löst diesen Meinungsstreit nicht auf, so daß später näher auf ihn einzugehen ist.

c) Das Merkmal der sofort zu erfüllenden Zahlungspflichten

Der Begriff der Zahlungspflichten stellte klar, daß bei der Beurteilung, ob Zahlungsunfähigkeit vorlag, allein Geldverbindlichkeiten zu berücksichtigen waren. Die Unfähigkeit, etwa Lieferverpflichtungen zu erfüllen, konnte damit keine Zahlungsunfähigkeit begründen.[340] Ferner mußte es sich um sofort zu erfüllende Zahlungspflichten handeln. Diese Voraussetzung konnte nur bei Fälligkeit der gegen den Schuldner gerichteten Forderung vorliegen.[341]

1978, 267; **Franzheim** NJW 1980, 2503; **Otto** in GS Bruns S. 276f.; **Otto** AktG § 401, Rz. 27; **Hiltenkamp-Wisgalle** S. 276f.; **Maurach/ Schroeder/ Maiwald** BT 1, § 48, Rz. 13; **Penzlin** S. 78ff., 107f.; NK-**Kindhäuser** vor § 283, Rz. 101; **Weyand** S. 53ff.; **Janovsky** KR 1998, 334; **Wessels/ Hillenkamp** BT 2, Rz. 462; **Reck** BuW 1997, 744; **Reck** ZInsO 1999, 195; **Reck** GmbHR 1999, 267; **Reck** ZAP Ost Fach 21, 154; **Böhle-Stamschräder**[12] § 283, Anm. 4b), S. 531; **Hess** KO Anhang III, § 283, Rz. 4; **Gössel** § 28, Rz. 14; **Beck** in Wabnitz/ Janovsky 2/ 81; **Teufel** Insolvenzkriminalität S. 19; **Hörl** S. 61f.; **Ohde** S. 32; **Grosche** S. 40; **Zirpins/ Terstegen** S. 919; **Reulecke** KR 1984, 80; Erbs/ Kohlhaas-**Schaal** § 130b HGB, Rz. 11.

338 BGH WM 1957, 68; **Kilger/ K. Schmidt** § 102 KO, Anm. 2) a), S. 395; **Kuhn/ Uhlenbruck** § 102, Rz. 2; **Häsemeyer** Rz. 7.18; **Temme** S. 7.

339 Vgl. zum Meinungsstreit unter der Geltung des alten Rechts BGH WM 1957, 67ff.; **Kuhn/ Uhlenbruck** § 102, Rz. 2; **Jäger** DB 1986, 1441; **Smid** GesO § 1, Rz. 75; Kübler/ Prütting-**G. Pape** § 17, Rz. 2 und aus strafrechtlicher Sicht **Matzen** S. 32ff.

340 Jäger-**Henckel** § 30, Rz. 25; **Kuhn/ Uhlenbruck** § 102, Rz. 2a; Scholz-**K. Schmidt** § 63, Rz. 5; a.A. **Rowedder** § 63, Rz. 4.

341 RGZ 50, 41; BGH KTS 1960, 38f.; BGH WM 1959, 470f.; **Jäger** DB 1986, 1441; **Burger/**

d) Das Merkmal des ernsthaften Einforderns

Kennzeichnend für die frühere Zahlungsunfähigkeitsdefinition und auch bedeutsam im Hinblick auf die Abweichungen der neuen Legaldefinition des § 17 II 1 InsO waren aber vor allem die drei Merkmale des *ernsthaften Einforderns*, der *Dauerhaftigkeit* und der *Wesentlichkeit.*
Zusätzlich zur Fälligkeit der Forderung wurde zunächst vorausgesetzt, daß der jeweilige Gläubiger auch auf Zahlung drängt, d.h. also die Eintreibung der Geldschuld ernstlich betreibt.[342] Die Nichtbegleichung zwar fälliger, nicht aber zugleich auch ernsthaft eingeforderter Verbindlichkeiten blieb dagegen für die Frage nach einer Zahlungsunfähigkeit ohne Belang. Mit der Zeit aber nahm man schrittweise Abkehr von der Vorstellung, daß ein erheblicher Druck auf den Schuldner ausgeübt werden müsse, um ein ernsthaftes Einfordern bejahen zu können. So setzte sich bald die Auffassung durch, daß nicht etwa eine Klageerhebung oder gar Zwangsvollstreckungsmaßnahmen nötig seien, sondern vielmehr auch einfache Mahnungen oder telefonische Zahlungsaufforderungen des Gläubigers genügten.[343] Letztlich verlor das Merkmal damit einen Großteil seines einschränkenden Charakters und diente bald nur noch der Ausgrenzung gestundeter Forderungen.[344] Unter den Begriff der Stundung wurde dabei allerdings neben der Stundung im technischen Sinne auch ein rein tatsächliches Stunden ohne rechtlichen Bindungswillen und ohne entsprechende Willenserklärungen gefaßt.[345]

Schellberg KTS 1995, 572; Scholz-**K. Schmidt** § 63, Rz. 7; **Kilger/ K. Schmid** § 102 KO, Anm. 2) a), S. 395; Jäger-**Henckel** § 30, Rz. 26; **Smid** GesO § 1, Rz. 87; anders dagegen, für die Einbeziehung auch erst in nächster Zeit fällig werdender Verbindlichkeiten **Kuhn/ Uhlenbruck** § 102, Rz. 2c.

342 Vgl. hierzu aus dem strafrechtlichen Schrifttum BGH GA 1981, 473; BGH wistra 1987, 217; **Hiltenkamp-Wisgalle** S. 276f.; LK-**Tiedemann** vor § 283, Rz. 128; Sch/Sch-**Stree** § 283, Rz. 52; **Hartung** wistra 1997, 5.

343 BGH ZIP 1997, 1927; BGH NJW 1998, 607; **Burger** AG 1988, 291; **Burger** DB 1992, 2150; **Burger/ Schellberg** BB 1995, 263; **Burger/ Schellberg** KTS 1995, 568; **K.-R. Veit** ZIP 1982, 276; Kübler/ Prütting-**G. Pape** § 17, Rz. 3; **G. Hoffmann** MDR 1979, 713f.; **Groß/ Hess** WPg 1999, 424; **Möhlmann** WPg 1998, 950.

344 **Hartung** wistra 1997, 5; **Möhlmann** WPg 1998, 950; **Reck** ZAP Ost Fach 21, 154; **Uhlenbruck** GmbH & Co.KG S. 231; **Kuhn/ Uhlenbruck** § 102, Rz. 2c, die sogar davon ausgehen, daß das Merkmal des ernsthaften Einforderns auf Grund dieser Bedeutungsreduktion letztlich überflüssig geworden sei.

345 Vgl. BGH NJW 1998, 607. Eine Stundung im technischen Sinne beruht dagegen auf einer vertraglichen Abrede und bedeutet das Hinausschieben der Fälligkeit einer Forderung bei Bestehenbleiben der Erfüllbarkeit, BGH NJW 1998, 2060; Palandt-**Heinrichs** § 271, Rz. 12.

e) Das Merkmal der Dauerhaftigkeit

Stark umstritten war das Merkmal der Dauerhaftigkeit. Es diente der Abgrenzung einer rechtlich relevanten Zahlungsunfähigkeit von einer bloßen Zahlungsstockung, die auf Grund ihrer vorübergehenden Natur keinen Insolvenzauslösetatbestand und kein Krisenmerkmal darstellte.[346] Hier ließ sich keine Einigkeit erzielen, welche Dauer erreicht werden mußte, um nicht mehr von einer solchen Zahlungsstockung, sondern von einer beachtlichen Zahlungsunfähigkeit auszugehen.[347]

Die Vorschläge reichten im Zivilrecht von einer Woche[348] über 10 Tage[349], 3 Wochen[350], 4 Wochen[351], einem guten Monat[352] und 6 Wochen[353] bis hin zu 2-3 Monaten.[354] Ähnlich uneinheitlich war das Meinungsbild im strafrechtlichen Schrifttum. Hier wurde mehrheitlich die zeitliche Obergrenze einer noch unbeachtlichen Zahlungsstockung bei drei Monaten angesetzt[355], wobei nach verbreiteter Ansicht zusätzlich eine positive Liquiditätsentwicklung innerhalb weiterer drei Monate noch zu Gunsten des Schuldners berücksichtigt werden sollte.[356]

---

[346] FK-**Schmerbach** § 17, Rz. 13; **Burger/ Schellberg** BB 1995, 262; **Burger/ Schellberg** KTS 1995, 567; **Groß/ Hess** WPg 1999, 424; **Burger** DB 1992, 2150; **Haas** in Insolvenzrecht 1998, S. 7; **Möhlmann** WPg 1998, 949; **Häsemeyer** 7.20; **Meyer-Cording** BB 1985, 1925; **Meyer-Cording** ZIP 1989, 487 und aus dem strafrechtlichen Schrifttum NK-**Kindhäuser** vor § 283, Rz. 102; LK-**Tiedemann** vor § 283, Rz. 134; **Tiedemann** in HiWiStr, Art. Konkursstraftaten, S. 8; **Penzlin** S. 78f.; SK-**Samson** § 283, Rz. 9; Preisendanz-**Bieneck** § 283, Anm. 5.b), S. 891; **Teufel** Insolvenzkriminalität S. 20; **Hartung** wistra 1997, 7; **Reulecke** KR 1984, 80.

[347] Vgl. zum Streitstand allgemein **Haas** in Insolvenzrecht 1998, S. 8; HK-**Kirchhof** § 17, Rz. 18; Kübler/ Prütting-**G. Pape** § 17, Rz. 8; FK-**Schmerbach** § 17, Rz. 13; **G. Pape** NWB Fach 19, S. 2325; **Burger** DB 1992, 2150; **Burger/ Schellberg** KTS 1995, 567; **Kuhn/ Uhlenbruck** § 102, Rz. 2b; **Uhlenbruck** in Gottwald (Hrsg.), Insolvenzrechtshandbuch § 9, Rz. 7; **G. Hoffmann** MDR 1979, 715.

[348] RGZ 132, 282.

[349] **Obermüller** DB 1973, 269.

[350] **Meyer-Cording** BB 1986, 417.

[351] RG JW 1927, 386.

[352] RG JW 1912, 306.

[353] **Papke** DB 1969, 736, der diesen Wert allerdings als einen reines Orientierungsdatum bezeichnet.

[354] **K.-R. Veit** ZIP 1982, 276 (2 Monate); **Jäger** DB 1986, 1445 (2-3 Monate); ferner **Wimmer** NJW 1996, 2547; **Kilger/ K. Schmid** § 30 KO, Anm. 5) a), S. 170; **Kuhn/ Uhlenbruck** § 102, Rz. 2e (alle 3 Monate).

[355] **Franzheim** NJW 1980, 2504; **Penzlin** S. 78ff., 107f.; **Schlüchter** MDR 1978, 268; **Schlüchter** Grenzbereich S. 77f.; Sch/Sch[25]-**Stree** § 283, Rz. 52; **Weyand** S. 56f.; **Bieneck** in Müller-Gugenberger/ Bieneck, § 76, Rz. 45; ebenso, allerdings nur für Liquiditätslücken unter 50% **Hiltenkamp-Wisgalle** S. 286.

[356] BayObLG BB 1988, 1840; **Otto** in GS Bruns, S. 277f.; **Otto** AktG § 401, Rz. 30; LK-**Tiedemann** vor § 283, Rz. 134; **Tiedemann** in HiWiStr, Art. Konkursstraftaten, S. 8; Schloz-**Tiedemann** § 84, Rz. 44; **Janovsky** KR 1998, 334; NK-**Kindhäuser** § 283, Rz. 102; **L. Müller** in LdR/ StrafR, Art. Konkursstraftaten, S. 461; krit. dazu **Birner** BB 1988, 1841.

f) Das Merkmal der Wesentlichkeit

Die Voraussetzung einer wesentlichen Unterdeckung schließlich machte deutlich, daß eine geringfügige Nichterfüllung der relevanten Geldschulden noch nicht zu einer Zahlungsunfähigkeit führen konnte. Hinsichtlich der konkreten Bestimmung des Begriffs der Wesentlichkeit bestand weitestgehend Einigkeit, daß das Merkmal nicht qualitativ, sondern quantitativ zu verstehen sei, da eine qualitative Abgrenzung zu einer Gewichtung der verschiedenen Zahlungsverpflichtungen nach ihrer Wichtigkeit geführt hätte, was aus Gläubigersicht problematisch, ökonomisch nicht begründbar und schließlich kaum von quantitativen Aspekten zu trennen gewesen wäre.[357] Als entscheidend wurde somit das Verhältnis der verfügbaren Mittel zu den insgesamt fälligen Verbindlichkeiten angesehen. Mit Hilfe des Merkmals der Wesentlichkeit wurde also festgelegt, in welchem Umfang der Schuldner seine Verbindlichkeiten nicht mehr bedienen mußte, um Zahlungsunfähigkeit anzunehmen.

Wie hoch allerdings der Anteil der Forderungen, die nicht mehr befriedigt werden konnten, zahlenmäßig sein mußte, um von einem wesentlichen Teil sprechen zu können, wurde unterschiedlich beurteilt.[358]

In der zivilrechtlichen Literatur sah man zumeist die Nichtbezahlung von 10%-25% als wesentlich an.[359] Andere, dem Schuldner günstigere Ansichten nahmen Zahlungsunfähigkeit erst dann an, wenn nur noch 50% der Forderungen bedient werden konnten.[360] Mit der zivilrechtlichen Interpretation vergleichbare Werte wurden auch im Strafrecht vorgeschlagen. So forderte eine überwiegende Ansicht auch hier, die Nichtbezahlung müßte 25% der gegen den Schuldner gerichteten

---

[357] **Möhlmann** WPg 1998, 951; **Burger/ Schellberg** BB 1995, 263; **Burger** DB 1992, 2151; **Jäger** DB 1997, 1577; aus strafrechtlicher Sicht LK-**Tiedemann** vor § 283, Rz. 129; **Otto** in GS Bruns S. 278; **Hartung** wistra 1997, 7; **Penzlin** S. 79.

[358] Die Rechtsprechung forderte lediglich die Klärung der Frage, ob die Zahlung gegenüber der Nichtzahlung Regel oder Ausnahme sei, vgl. BGH KTS 1960, 38; BGH WM 1979, 472; BGH WM 1984, 1309; BGH WM 1985, 396; BGH ZIP 1991, 1015; BGH ZIP 1995, 930; ferner FK-**Schmerbach** § 17, Rz. 13, 19; **Kuhn/ Uhlenbruck** § 102, Rz. 2a; **Penzlin** S. 79; **Regner** S. 103; **K.-R. Veit** ZIP 1982, 273ff.; **Kilger/ K. Schmidt** § 30 KO, Anm. 5), S. 169f.; **Reulecke** KR 1984, 80; kritisch zu dieser Fragestellung **Hartung** wistra 1997, 7; **Hess** KO § 102, Rz. 7.

[359] BayObLG BB 1988, 1840; **Hess** KO § 102, Rz. 5; **Papke** DB 1969, 736; **K.-R. Veit** ZIP 1982, 278; **Schedlbauer** DB 1984, 2212; **G. Hoffmann** MDR 1979, 714; **G. Hoffmann** DB 1980, 1527; **Uhlenbruck** KTS 1986, 29f.; **Uhlenbruck** in Gottwald (Hrsg.), Insolvenzrechtshandbuch § 9, Rz. 6; **R. Wimmer** NJW 196, 2547; **Kuhn/ Uhlenbruck** § 102, Rz. 2a; **Burger** DB 1992, 2151; **Burger/ Schellberg** BB 1995, 263.

[360] **Jäger** DB 1986, 1441f.; **Obermüller** DB 1973, 269. Allgemein zur Bestimmung der Wesentlichkeitsgrenze **G. Pape** NWB Fach 19, 2326; Kübler/ Prütting-**G. Pape** § 17, Rz. 4; FK-**Schmerbach** § 17, Rz. 19; **Uhlenbruck** in Gottwald (Hrsg.), Insolvenzrechtshandbuch § 9, Rz. 6.

Verbindlichkeiten betreffen[361], andere gingen von 50% aus[362], wieder andere ließen eine Unterdeckung von 15% genügen.[363]

g) Zwischenergebnis zu 1.

Der Begriff der Zahlungsunfähigkeit wurde nach der früheren Definition durch die Merkmale des ernsthaften Einforderns, der Dauerhaftigkeit und der Wesentlichkeit weit eingeschränkt. Diese stellten darüber hinaus die Praxis vor erhebliche Auslegungsschwierigkeiten. So wichen insbesondere die zur Konkretisierung der Dauerhaftigkeit und der Wesentlichkeit vorgeschlagenen Zeiträume und Prozentgrenzen von Autor zu Autor, zum Teil erheblich voneinander ab. Die Zielvorstellungen einer rechtzeitigen Insolvenzeröffnung zur Ermöglichung akzeptabler Befriedigungsquoten für die Gläubigergesamtheit und eines funktionsfähigen, ebenso rechtzeitig eingreifenden strafrechtlichen Sanktionssystems blieben aus diesen Gründen in der Praxis weitgehend unverwirklicht. Die vormalige Definition konnte damit als genereller Maßstab weder in zivil- noch in strafrechtlicher Hinsicht zufriedenstellen.[364] Vielmehr boten sich unter ihrer Geltung auf Grund der bestehenden Meinungsverschiedenheiten Möglichkeiten, trotz wirtschaftlich angeschlagener Situation die Annahme einer Zahlungsunfähigkeit noch abzuwenden, was ein kundiger Schuldner für sich ausnutzen konnte.[365]

2. Die Definition der eingetretenen Zahlungsunfähigkeit nach § 17 II 1 InsO

Aus diesen Gründen bestimmt die InsO den Begriff der eingetretenen Zahlungsunfähigkeit in § 17 II 1 InsO neu. Hiernach ist der Schuldner zahlungsunfähig, *wenn er nicht in der Lage ist, die fälligen Zahlungspflichten zu erfüllen*. Im Vergleich zur vormaligen Definition genügt damit nunmehr an Stelle des ernsthaften Einforderns die bloße Fälligkeit der Forderungen. Ferner verzichtet § 17 II 1 InsO auf die

---

[361] BayObLG wistra 1988, 363; **Otto** in GS Bruns, S. 278; **Otto** AktG § 401, Rz. 31; **Penzlin** S. 79f., 107f.; Sch/Sch[25]-**Stree** § 283, Rz. 52; LK-**Tiedemann** vor § 283, Rz. 129, 132; **Tiedemann** in HiWiStr, Art. Konkursstraftaten, S. 8; **Tiedemann** ZIP 1983, 515; **H. Richter** GmbHR 1984, 139; **Hess** KO Anhang III, § 283, Rz. 4; NK-**Kindhäuser** vor § 283, Rz. 101.

[362] **Schlüchter** MDR 1978, 268.

[363] **Bieneck** in Müller-Gugenberger/ Bieneck, § 76, Rz. 44; **Weyand** S. 56; **Hoffmann** DB 19801527f.; ähnlich **Hiltenkamp-Wisgalle** S. 278f. (20%). Für einen völligen Verzicht auf das Wesentlichkeitsmerkmal bereits unter der Geltung des früheren Rechts sprach sich **Matzen** S. 50ff., 114f. aus. Zur Kritik an dessen Zahlungsunfähigkeitskonzeption im übrigen **Moosmayer** S. 153f. und ihm folgend **Penzlin** S. 108, Fn. 501.

[364] **Haas** in Insolvenzrecht 1998, S. 7f.; **Burger** DB 1992, 2150. Instruktiv zeigt ferner **Hartung** wistra 1997, 9 ein Rechenbeispiel auf, das das Wesentlichkeitskriterium letztlich ad absurdum führt.

[365] Vgl. hierzu Kübler/ Prütting-**G. Pape** § 17, Rz. 4; **Hartung** wistra 1997, 3.

Merkmale der Dauerhaftigkeit und der Wesentlichkeit.[366] Im folgenden sind die Merkmale und Auswirkungen dieser zivilinsolvenzrechtlich wie insolvenzstrafrechtlich gleichermaßen maßgeblichen Legaldefinition im einzelnen zu untersuchen.

a) Die Ursache des Unvermögens

§ 17 II 1 InsO benennt im Gegensatz zur früheren Definition die Ursache des Unvermögens nicht.
Dennoch sieht aber die ganz hM im Zivilrecht insofern keinen inhaltlichen Unterschied zur früheren Definition, als eine Zahlungsunfähigkeit stets ihre Ursache in einem Mangel an Zahlungsmitteln habe. Ein entsprechender expliziter Zusatz in § 17 II 1 InsO hätte damit zwar klarstellende Wirkung gehabt, sei aber im Grunde genommen überflüssig und damit zu Recht nicht in das Gesetz aufgenommen worden.[367]
Zweifel an dieser Auffassung werden dagegen seit jeher von Veit erhoben.[368] Seiner Ansicht nach schließe der Wortlaut der jetzigen Definition das Vorliegen einer Zahlungsunfähigkeit auch auf Grund anderer Ursachen als dem Mangel an Zahlungsmitteln, wie etwa Erkrankung, Überlastung oder Zahlungsunwilligkeit des Schuldners nicht mehr aus. Dieser Umstand spiele zwar im Bereich der Unternehmensinsolvenz allenfalls eine untergeordnete Rolle, da der Fall, daß einem Schuldner zwar noch Zahlungsmittel zur Verfügung stehen, diese aber auf Grund von Erkrankung, Überlastung oder Zahlungsunwilligkeit nicht zur Erfüllung von Zahlungsverpflichtungen eingesetzt werden, hier wenig praktische Relevanz habe; im Bereich der Insolvenz privater Schuldner dagegen komme ihm größere Bedeutung zu.[369] Veit selbst sieht es allerdings im Ergebnis als nicht sachgerecht an, über das Vermögen eines Privatschuldners, der etwa erkrankt ist und nur aus diesem Grund die gegen ihn gerichteten Forderungen nicht mehr begleicht, ein Insolvenzverfahren zu eröffnen und plädiert daher de lege ferenda für eine gesetzliche Klarstellung.[370]

---

366 Insofern erscheint es merkwürdig, wenn es in der Begründung zum Regierungsentwurf (BT Drs. 12/ 2443, S. 114) heißt, der neuen Definition werde diejenige zugrunde gelegt, die sich in Rechtsprechung und Literatur durchgesetzt hat. Als unverständlich, bzw. kurios bezeichnen diese Aussage auch **Burger/ Schellberg** KTS 1995, 567; **Burger/ Schellberg** BB 1995, 263; **Burger** DB 1992, 2150 sowie **Penzlin** S. 118f. und Fn. 547; **Penzlin** NZG 1999, 1204 und Fn. 14.

367 **Temme** S. 7ff.; **Haas** in Insolvenzrecht 1998, S. 4; **Möhlmann** WPg 1998, 949; **Uhlenbruck** in K. Schmidt/ Uhlenbruck Rz. 483; vgl. ferner die Stellungnahme der Kommission Rechnungswesen im Verband der Hochschullehrer für Betriebswirtschaft e.V. ZIP 1981, 214 und aus der strafrechtlichen Literatur Sch/Sch-**Stree/ Heine** § 283, Rz. 52.

368 **K.-R. Veit** ZIP 1982, 274f.

369 **K.-R. Veit** ZIP 1982, 274; ähnlich auch **G. Pape** ZRP 1993, 285ff. Vgl. ferner **Temme** S. 10.

370 **K.-R. Veit** ZIP 1982, 275 will insofern einen der früheren Zahlungsunfähigkeitsdefinition ent-

Eine solche Klarstellung hält die vorliegende Arbeit mit der hM im Zivilrecht für nicht erforderlich. Zwar bezieht der Wortlaut des § 17 II 1 InsO auch die Erkrankung, die Überlastung oder die Zahlungsunwilligkeit des Schuldners als Gründe für eine Zahlungsunfähigkeit ein. Eine Auslegung des § 17 II 1 InsO nach Sinn und Zweck aber macht deutlich, daß nur der Mangel an Zahlungsmitteln mögliche Ursache einer Zahlungsunfähigkeit sein kann. Die Zahlungsunfähigkeit als Insolvenzgrund und als Krisenmerkmal markiert einen Zeitpunkt, ab dem eine Gefährdung für die materielle Befriedigung der Gläubiger besteht und ihre Interessen darum dem besonderen Schutz des zivilen Insolvenzverfahrens und der Insolvenzdelikte unterstehen. Sowohl das zivile Insolvenzrecht wie auch das Insolvenzstrafrecht sichern dabei lediglich materielle Befriedigungsinteressen der Gläubiger an einer bestmöglichen Haftungsverwirklichung, dienen aber darüber hinaus nicht der Erziehung des Schuldners zu einer besseren Zahlungsmoral. Beruht daher die Nichterfüllung der Zahlungspflichten durch den Schuldner nicht auf einem Mangel an Zahlungsmitteln, sondern auf anderen Umständen wie Krankheit, Überlastung oder Zahlungsunwilligkeit, so bedarf es keiner Durchführung eines Gesamtvollstreckungsverfahrens gegen den Schuldner und keines Eingreifens der §§ 283ff. StGB. Zur allseitigen Interessenwahrung genügt hier das Verfahren der Einzelzwangsvollstreckung und der strafrechtliche Schutz des § 288 StGB vollauf.[371]
Daneben sprechen die Vorschriften der §§ 21, 22 InsO für eine allein auf dem Mangel an Zahlungsmitteln basierende Zahlungsunfähigkeitskonzeption in § 17 II 1 InsO. So kann das Gericht dem Schuldner bis zur Entscheidung über den Insolvenzantrag ein allgemeines Verfügungsverbot auferlegen oder Verfügungen des Schuldners von der Zustimmung des vorläufigen Insolvenzverwalters abhängig machen (§ 21 II Nr. 2 InsO), was bei kranken oder überlasteten Schuldnern keinen Sinn machte. Ferner geht auch die Prüfung nach § 22 I Nr. 3 InsO eindeutig von einer finanziellen Notlage des Schuldners aus.[372]

---

sprechenden Zusatz in die neue Legaldefinition einfügen.

[371] Ebenso Nerlich/ Römermann-**Mönning** § 17, Rz. 21; **Burger/ Buchhart** WPg 1999, 156.

[372] Ebenso **Temme** S. 11f., der ferner verfassungsrechtliche Bedenken gegen die Einbeziehung von Krankheit oder Überlastung als Ursachen für die Zahlungsunfähigkeit äußert. In diesen Fällen bestünde keine so schwerwiegende Beeinträchtigung des Eigentums der Gläubiger (Art. 14 I GG), die einen derart gravierenden Eingriff in die Handlungsfreiheit und das Eigentum des Schuldners (Art. 2 I, Art. 14 I GG) rechtfertigten, da der Schuldner nach dem Wegfall des Leistungshindernisses zur Begleichung der Forderungen wieder in der Lage sei. Die Eröffnung eines Insolvenzverfahrens bei Zahlungsunfähigkeit auf Grund von Erkrankung oder Überlastung stelle daher einen unverhältnismäßigen Eingriff in die Grundrechtsposition des Schuldners dar.

Schließlich besteht bei genauer Betrachtung auch kein Widerspruch zwischen der hier vertretenen Ansicht und den im strafrechtlichen Schrifttum häufig anzutreffenden Aussagen, wonach Zahlungsunfähigkeit des Schuldners auch bei Zahlungsunwilligkeit vorliegen kann.[373]

Zum einen wird die Zahlungsunwilligkeit in der Praxis vielfach nur vorgeschoben, um eine tatsächlich bestehende Zahlungsunfähigkeit zu verheimlichen.[374] In diesem Fall sind dann beide Sachlagen gleichzeitig gegeben. Von einer reinen Zahlungsunwilligkeit, die der Annahme einer Zahlungsunfähigkeit entgegensteht, kann dagegen nur ausgegangen werden, wenn der Schuldner die nötigen Zahlungsmittel hat und er diese lediglich nicht einsetzen will.[375] Zum anderen kann die Nichterfüllung der Verpflichtungen auch auf Grund von Zahlungsunwilligkeit eine Zahlungseinstellung und so die widerlegliche Vermutung[376] für das Vorliegen einer Zahlungsunfähigkeit nach § 17 II 2 InsO begründen. Dann trifft den Schuldner die Beweislast, den Gegenbeweis seiner Zahlungsfähigkeit zu führen.[377]

Die angegebenen Stimmen aus dem strafrechtlichen Schrifttum dürfen also nicht mißverstanden werden: Es ist in der Tat zwar nicht ausgeschlossen, daß zusätzlich zur Zahlungsunwilligkeit auch Zahlungsunfähigkeit des Schuldners vorliegt. Im Gegenteil wird dies in der Praxis auf Grund der Vermutungsregel des § 17 II 2 InsO sogar häufig der Fall sein.[378] Dieser Umstand darf aber nicht dazu führen, die bloße Zahlungsunwilligkeit mit der Zahlungsunfähigkeit gleichzusetzen.[379] Eine Zahlungsunfähigkeit kann nicht allein auf bloßer Zahlungsunwilligkeit des Schuldners beruhen, vielmehr muß ein echter Mangel an Geldmitteln oder zumindest eine tatsächlich nicht zu widerlegende Zahlungseinstellung gegeben sein.

---

[373] **Bieneck** StV 1999, 45; **Weyand** S. 61; LK-**Tiedemann** vor § 283, Rz. 125, 144.

[374] Ebenso Kübler/ Prütting-**G. Pape** § 17, Rz. 14; **Hess/ G. Pape** Rz. 98; FK-**Schmerbach** § 17, Rz. 6.

[375] Kübler/ Prütting-**G. Pape** § 17, Rz. 14, 16.

[376] Über den Charakter des § 17 II 2 InsO als widerlegliche Vermutungsregel besteht im Schrifttum Einigkeit, vgl. BT Drs. 12/ 2443, S. 114 und **Häsemeyer** Rz. 7.21; FK-**Schmerbach** § 17, Rz. 27; Kübler/ Prütting-**G. Pape** § 17, Rz. 16; Nerlich/ Römermann-**Mönning** § 17, Rz. 22; Smid-**Smid** § 17, Rz. 9; HK-**Kirchhof** § 17, Rz. 25f., sowie aus der strafrechtlichen Literatur **Wessels/ Hillenkamp** BT 2, Rz. 468; **Moosmayer** S. 179; **Penzlin** S. 177; Erbs/ Kohlhaas-**Schaal** § 130b HGB, Rz. 12.

[377] Ebenso FK-**Schmerbach** § 17, Rz. 6; Kübler/ Prütting-**G. Pape** § 17, Rz. 16 und aus strafrechtlicher Sicht LK-**Tiedemann** vor § 283, Rz. 125; **Uhlenbruck** wistra 1996, 5. Im Gegensatz zur Zahlungsunfähigkeit muß die Zahlungseinstellung nach Ansicht dieser Arbeit nicht auf einem Mangel an Geldmitteln, sondern kann auf anderen Ursachen, insbesondere auch auf bloßer Zahlungsunwilligkeit beruhen. Dieses Ergebnis ist allerdings nicht unumstritten. Vgl. zu dieser Streitfrage und insgesamt zum Begriff der Zahlungseinstellung näher unten Dritter Teil, Kapitel 3 C. I. 2.

[378] So auch **Bieneck** StV 1999, 45; **Weyand** S. 61; LK-**Tiedemann** vor § 283, Rz. 125, 144; **Uhlenbruck** wistra 1996, 5; **Hartung** wistra 1997, 8; vgl. ferner RGSt 3, 294.

[379] So explizit **Böhle-Stamschräder**[12] § 283, Anm. 4b), S. 531; **Hartung** wistra 1997, 8.

Im Ergebnis ist also auch unter der Geltung der neuen Legaldefinition des § 17 II 1 InsO allein der Mangel an Zahlungsmitteln als Ursache einer Zahlungsunfähigkeit anzusehen.

b) Der Begriff der Zahlungsmittel

Im Gegensatz zur früheren Definition enthält § 17 II 1 InsO auch den Begriff der Zahlungsmittel nicht mehr. Allerdings wurde der Mangel an Zahlungsmitteln eben als einzig mögliche Ursache einer Zahlungsunfähigkeit herausgearbeitet, so daß dem Begriff insofern mittelbar auch nach neuer Rechtslage Bedeutung zukommt. Der folgende Abschnitt bestimmt daher diejenigen Vermögenspositionen, die unter den Begriff der Zahlungsmittel subsumiert werden können.
Jedenfalls umfaßt sind dabei die Geldmittel des Schuldners, also sämtliche Bargeldbestände einschließlich der Guthaben bei Kreditinstituten. Darüber hinaus besteht aber hinsichtlich der Berücksichtigung des liquidierbaren Anlagevermögens und nicht ausgeschöpfter Kreditlinien Streit.[380] Auf diese Fragen ist daher wegen ihrer Bedeutung auch für den strafrechtlichen Begriff der Zahlungsunfähigkeit näher einzugehen.

aa) Die Berücksichtigung von liquidierbarem Anlagevermögen

Unter liquidierbarem Anlagevermögen versteht man Vermögenswerte des Schuldners, wie z.B. Aktien, Grundstücke oder Fahrzeuge, aber auch Forderungen, die zwar nicht als Geldmittel zur Verfügung stehen, die aber entsprechend umgewandelt werden können.
Nach einer *extensiven Auslegung* sind neben den genannten unstreitigen Positionen auch solche Vermögenswerte als Zahlungsmittel zu Gunsten des Schuldners zu berücksichtigen. Folglich kann nach dieser Ansicht ein Schuldner, der zwar keine Geldmittel, dafür aber noch Vermögenswerte hat, die er versilbern könnte, auch wenn er sich in dieser Hinsicht weigert, nicht als zahlungsunfähig, sondern lediglich als zahlungsunwillig angesehen werden.[381] Teilweise wird diese Auslegung auch nur auf das nicht betriebsnotwendige Anlagevermögen begrenzt.[382] Dem gegenüber steht eine *restriktive Auslegung*, die unter Zahlungsmitteln allein die Geldmittel des Schuldners versteht; Vermögensteile, die nicht flüssig verfügbar

---

[380] Vgl. darüber hinaus zur weiteren umstrittenen Frage der Berücksichtigungsfähigkeit von illegalem Einkommen des Schuldners **Hartung** wistra 1997, 3f.; NK-**Kindhäuser** vor § 283, Rz. 102.

[381] Eine ausführliche Darstellung dieser Ansicht aus strafrechtlicher Perspektive findet sich bei **Matzen** S. 32ff.; vgl. ferner **Hartung** wistra 1997, 3; **Franzheim** NJW 1980, 2503; **Weyand** S. 55 und BGH WM 1957, 68.

[382] **Bittmann** wistra 1998, 324 und **Hörl** S. 62; ebenso zur Rechtslage vor der Insolvenzrechtsreform **Bieneck** in Müller-Gugenberger/ Bieneck, § 76, Rz. 41, anders aber nunmehr **Bieneck** StV

sind, sondern lediglich zu Geld gemacht werden könnten, bleiben nach ihr dagegen ausklammert.[383]

Die vorliegende Arbeit befürwortet in dieser Kontroverse eine solche restriktive Auslegung.

Zwar läßt sich angesichts des Charakters des Strafrechts als ultima ratio argumentieren, der Begriff der Zahlungsunfähigkeit müsse grundsätzlich auf Grund seiner Funktion in § 283 StGB eng ausgelegt werden und könne folglich nur für solche Schuldner ein Krisenmerkmal darstellen, die wirtschaftlich eindeutig und schwer angeschlagen sind, denen also nicht nur ausreichende Geldmittel fehlen, sondern die darüber hinaus auch nicht mehr über ein Anlagevermögen verfügen, das noch verwertet werden könnte.[384]

Für die restriktive Auslegung spricht aber zunächst der Wortsinn des Begriffs Zahlungsmittel, der es nahelegt, nur solche Vermögenspositionen zu erfassen, die auch im Rechtsverkehr zur Zahlung verwendet werden.[385] Zahlungen werden allgemein allein mit Geldmitteln und nicht mit dem Anlagevermögen getätigt.[386] Dieser Ar-

---

1999, 44.

[383] **Bieneck** StV 1999, 44; **Reck** GmbHR 1999, 268; **Reck** ZInsO 1999, 196; **Reck** BuW 1997, 744; **Uhlenbruck** wistra 1996, 5; **Moosmayer** S. 156; **Schlüchter** MDR 1978, 267, ferner aus dem zivilrechtlichen Schrifttum **Groß/ Hess** WPg 1999, 423; **Macke/ Wegener** INF 1998, 568; **Kuhn/ Uhlenbruck** § 102, Rz. 2; **Uhlenbruck** in K. Schmidt/ Uhlenbruck Rz. 501; **Uhlenbruck** GmbH & Co.KG S. 229; **Jäger** DB 1986, 1441; **Jäger** BB 1997, 1575f.; **Haas** in Insolvenzrecht 1998, S. 5; Nerlich/ Römermann-**Mönning** § 17, Rz. 19f.; **Smid** GesO § 1, Rz. 75; Kübler/ Prütting-**G. Pape** § 17, Rz. 11; ebenso auch **Temme** S. 15ff., der zur Klarstellung folgende Umformulierung des § 17 II 1 InsO vorschlägt: Der Schuldner ist zahlungsunfähig, wenn er *auf Grund von Geldmangel* nicht in der Lage ist, die fälligen Zahlungspflichten zu erfüllen. Eine Zwischenposition nimmt LK-**Tiedemann** vor § 283, Rz. 131; Scholz-**Tiedemann** vor § 84, Rz. 45 ein, der das Anlagevermögen zunächst im Sinne der eingeschränkt extensiven Auslegung berücksichtigen will, dann allerdings selbst erkennt, daß schon bei Einbeziehung des nicht betriebsnotwendigen, ohne Gefahr für die Unternehmensfortführung veräußerbaren Anlagevermögens kein normaler Ablauf des Betriebsprozesses mehr zugrunde gelegt würde, da ein solcher stets auf Ertragserzielung durch Einsatz von Produktionsmitteln und nicht durch deren Veräußerung gerichtet sei. Tiedemann schränkt daraufhin seine Auslegung nochmals ein und verneint auch eine Berücksichtigung des nicht betriebsnotwendigen Anlagevermögens für den Fall, daß das Unternehmen lebensfähig und eine Liquidation nicht geplant ist. Mit dem Argument, diese Feststellung der Lebensfähigkeit des Unternehmens erfordere aber gerade zuvor die Feststellung einer Zahlungsunfähigkeit, kritisiert **Matzen** S. 37 diese neuerliche Einschränkung Tiedemanns als Zirkelschluß, der sich nur durch die generelle Berücksichtigung liquidierbaren Anlagevermögens vermeiden lasse.

Unabhängig davon läßt sich jedenfalls gegen die Ansicht Matzens vortragen, daß Bedenken gegenüber der Auffassung Tiedemanns nicht nur, wie Matzen vorgibt, im Wege einer uneingeschränkt extensiven Auslegung, sondern auch dann vermieden werden können, wenn man im Sinne einer restriktiven Auslegung liquidierbares Anlagevermögen generell nicht berücksichtigt.

[384] In diese Richtung **Bieneck** in Müller-Gugenberger/ Bieneck, § 76, Rz. 41.

[385] **Temme** S. 15f.

[386] Ferner benannten die früheren Zahlungsunfähigkeitsdefinitionen in Rechtsprechung und Litera-

gumentation kommt indes heute nur eingeschränkte Überzeugungskraft zu, da der Begriff der Zahlungsmittel im Wortlaut des § 17 II 1 InsO nicht enthalten ist, sondern der Legaldefinition nur implizit zugrunde liegt.
Darüber hinaus legen jedoch auch zentrale Anliegen der Insolvenzrechtsreform sowie der Sinn und Zweck eines zivilen Insolvenzverfahrens nach der InsO eine restriktive Auslegung des Zahlungsmittelbegriffs nahe. Mit der Neufassung der Insolvenzgründe in §§ 17-19 InsO wird eine frühzeitigere Verfahrenseröffnung angestrebt, um die verteilungsfähige Insolvenzmasse und damit letztlich die Befriedigungsquoten der Gläubigergesamtheit zu vergrößern. Im Hinblick auf diese Zielsetzung erweist sich eine extensive Auslegung als kontraproduktiv: Die Bewertung des Anlagevermögens kann sich nämlich zum einen im Einzelfall als ausgesprochen komplex und zeitaufwendig herausstellen. Eine Zusammenstellung lediglich der vorhandenen Bar- und Buchgeldbestände erfordert demgegenüber einen weit geringeren Prüfungsaufwand, was auch im Hinblick auf die damit verbundene Arbeitsentlastung der Gerichte als begrüßenswert erscheint.[387] Zum anderen führte die extensive Auslegung dazu, daß entgegen sämtlicher Reformbemühungen die Durchführung eines Insolvenzverfahrens in vielen Fällen mangels Masse abgelehnt werden müßte, da ein solches nach ihrem Ansatz erst dann beantragt werden könnte, wenn alles Anlagevermögen liquidiert und verbraucht und damit der Masse entzogen worden ist. Damit würde auch die in der InsO grundsätzlich angelegte Entscheidung der Gläubiger zugunsten einer Sanierung oder einer Liquidation unzulässigerweise bereits bei der Prüfung der Zahlungsunfähigkeit zu Gunsten letzterer vorweggenommen.[388]
Genau aus diesen Gründen begrenzen einige Autoren die extensive Auslegung auf den nicht betriebsnotwendigen Teil des Anlagevermögens.[389] Mit dieser Einschränkung werde der Gefahr entgegengewirkt, bereits im Rahmen der Prüfung der Zahlungsunfähigkeit einer Liquidation des Unternehmens vorzugreifen. Darüber hinaus bilde der nicht als Zahlungsmittel zu berücksichtigende betriebsnotwendige

tur die Ursache einer Zahlungsunfähigkeit nicht einheitlich als Mangel an Zahlungsmitteln. Vielmehr wurden an Stelle des Begriffs der Zahlungsmittel synonym auch andere Begriffe wie flüssige Mittel, bereite Mittel oder Geldmittel gebraucht, vgl. etwa aus dem strafrechtlichen Schrifttum **Schlüchter** MDR 1978, 267 oder **Bieneck** in Müller-Gugenberger/ Bieneck, § 76, Rz. 36, ferner aus der zivilrechtlichen Literatur Scholz-**K. Schmidt** § 63, Rz. 6; **Uhlenbruck** GmbH & Co.KG S. 229. Auch diese alternativen Formulierungen legen ein Begriffsverständnis der Zahlungsmittel im Sinne der restriktiven Auslegung nahe, krit. insofern allerdings **Temme** S. 16.

387 **Reck** ZInsO 1999, 196; **Reck** BuW 1997, 744; **Reck** GmbHR 1999, 268f.; **Temme** S. 17.

388 Vgl. **Moosmayer** S. 156; LK-**Tiedemann** vor § 283, Rz. 131, ferner aus zivilrechtlicher Sicht Nerlich/ Römermann-**Mönning** § 17, Rz. 20; **Temme** S. 18.

389 Vgl. nochmals **Bittmann** wistra 1998, 324; **Hörl** S. 62 und weiter einschränkend auch LK-**Tiedemann** vor § 283, Rz. 131. Vgl. zu dessen Ansicht nochmals oben Fn. 383.

Teil des Anlagevermögens eine ausreichend große Vermögensmasse für die Gläubiger.[390] Speziell gegen diese eingeschränkt extensive Auslegung kann aber eingewandt werden, daß sie keine Kriterien nennt, wie das betriebsnotwendige vom nicht betriebsnotwendigen Vermögen abgegrenzt werden kann.[391] Ferner kann der von der eingeschränkt extensiven Auslegung im Gegensatz zum grundsätzlich extensiven Ansatz stärker betonte Schutz der Gläubiger noch wesentlich weitreichender bei einer restriktiven Auslegung der Zahlungsmittel verwirklicht werden.

Dabei kann gegen eine Ausklammerung jeglichen liquidierbaren Anlagevermögens im Sinne des restriktiven Ansatzes auch nicht vorgebracht werden, daß damit die Zahlungsunfähigkeit des Schuldners und mit ihr die Verfahrenseröffnung sowie der Eintritt einer insolvenzstrafrechtlichen Krise zu weit vorverlegt würden. Zwar setzen die Eröffnung eines Insolvenzverfahrens und das Eingreifen des strafrechtlichen Schutzes jeweils eine Gefährdung der Gläubigerpositionen voraus. Eine solche Gefährdung aber erst dann anzunehmen, wenn der Schuldner über keinerlei liquidierbare Vermögenswerte mehr verfügt, erscheint überzogen.[392]

Ferner ermöglicht die Ausklammerung von liquidierbarem Anlagevermögen im Sinne der restriktiven Auslegung eine erleichterte Abgrenzung zur Überschuldung. Knüpft jene allein an den Geldhaushalt des Schuldners an, so betrifft diese die gesamte Vermögenssituation eines Unternehmens.[393]

Weiter sind bei der Entscheidung, welche Vermögenspositionen des Schuldners als Zahlungsmittel anzusehen sind, auch die übrigen Merkmale der Legaldefinition des § 17 II 1 InsO in die Betrachtung miteinzubeziehen: Werden die bei der Prüfung einer Zahlungsunfähigkeit aktiv zu Gunsten des Schuldners zu berücksichtigenden Vermögenswerte als Zahlungsmittel umschrieben, so benennt § 17 II 1 InsO im Gesetz die passiv gegen den Schuldner gerichteten Positionen als fällige Zahlungsverpflichtungen. Diese gesetzlich definierte passive Seite der Zahlungsunfähigkeitsdefinition muß in ein kongruentes Verhältnis zur aktiven Seite der Zahlungsmittel gebracht werden.[394]

Dabei zeigt zunächst das Abstellen auf fällige Zahlungsverpflichtungen deutlich, daß auf passiver Seite zum einen nur *Geld*forderungen gegen den Schuldner erfaßt

---

390 **Bittmann** wistra 1998, 324.

391 Vgl. insofern **Reck** ZInsO 1999, der eine Lösung über R 13 Abs. 1 EStR 1996, wonach Wirtschaftsgüter, die zu mehr als 90% privat genutzt werden, in vollem Umfang zum Privatvermögen gehören, in Erwägung zieht, dann aber selbst zum Schluß gelangt, daß es ein nicht betriebsnotwendiges Vermögen gar nicht gibt. Vgl. ferner **Reck** BuW 1997, 744; **Reck** GmbHR 1999, 268.

392 Ebenso **Temme** S. 18.

393 **Moosmayer** S. 156; LK-**Tiedemann** vor § 283, Rz. 130; NK-**Kindhäuser** vor § 283, Rz. 101.

394 **Uhlenbruck** wistra 1996, 5; ferner **Haas** in Insolvenzrecht 1998, S. 5; **Temme** S. 17. Um eine solche Kongruenz bemüht sich ebenso **Bittmann** wistra 1998, 324, der im Ergebnis aber dennoch an einer eingeschränkten extensiven Auslegung festhält.

werden, die zum anderen *fällig* sein, d.h. sofort erfüllt werden müssen.[395] Daneben kommt dem Wegfall des Merkmals der Dauerhaftigkeit besondere Bedeutung zu. Streng nach dem Wortlaut genügt es für das Vorliegen einer Zahlungsunfähigkeit nach der InsO, wenn der Schuldner zu einem Zeitpunkt unvermögend ist, seine fälligen Zahlungspflichten zu begleichen. Ob dieses Unvermögen von Dauer ist, spielt dagegen keine Rolle. Im Schrifttum wird zwar verschiedentlich vorgeschlagen, auch unter der Geltung des § 17 II 1 InsO einen kurzen Zeitraum anzuerkennen, währenddessen der Schuldner seine fälligen Zahlungspflichten noch begleichen kann, um eine Zahlungsunfähigkeit abzuwenden. Ohne an dieser Stelle vorzugreifen, wird aber im Hinblick auf den Wortlaut des § 17 II 1 InsO ein solcher Zeitraum, wenn er überhaupt anerkannt werden kann, jedenfalls sehr kurz gewählt werden müssen.[396] Eine kongruente Ausgestaltung der Prüfung einer Zahlungsunfähigkeit erfordert es daher, auch auf aktiver Seite nur diejenigen Vermögenspositionen als Zahlungsmittel zugunsten des Schuldners zu begreifen, mit denen dieser sofort oder allenfalls binnen eines sehr kurz gewählten Zeitraums erfüllen kann.[397] Das Anlagevermögen des Schuldners kann aber zumeist nicht so schnell zur Erfüllung von Verbindlichkeiten eingesetzt werden, dessen Liquidation oder Beleihung erfordert in aller Regel einen gewissen Zeitaufwand.[398] Einbezogen werden können bei Anerkennung eines kurzen Zeitraumes allenfalls diejenigen Geldmittel, die der Schuldner aus der Liquidierung von Vermögenswerten während dieses kurzen Zeitraumes erworben hat.[399] Insofern wird aber nicht das liquidierbare Anlagevermö-

---

[395] Vgl. im einzelnen zu den Merkmalen der Zahlungspflichten und der Fälligkeit unten Dritter Teil, Kapitel 2 A. II. 2. c) und d).

[396] Vgl. im einzelnen hierzu unten Dritter Teil, Kapitel 2 A. II. 2. e).

[397] FK-**Schmerbach** § 17, Rz. 15; **Temme** S. 16f.

[398] **Bieneck** StV 1999, 44; ferner **Reck** BuW 1997, 744f.; **Reck** GmbHR 1999, 268; **Reck** ZInsO 1999, 196; ähnlich auch **Hartung** wistra 1997, 4, die zudem hervorheben, daß die Feststellung einer Zahlungsunfähigkeit sowohl im Zivilrecht wie auch im Strafrecht sehr häufig im Rahmen einer retrospektiven Analyse erfolgt. Praktisch liege nämlich der Zeitpunkt, in dem das Gericht das Vorliegen einer Zahlungsunfähigkeit zu prüfen hat, nahezu immer deutlich hinter dem Zeitpunkt, in dem die Zahlungsunfähigkeit eingetreten ist. Zu diesem Zeitpunkt aber hat der Beschuldigte vielfach noch gar nicht daran gedacht, sein Anlagevermögen zu verwerten. Im späteren Zeitpunkt, in dem er die Krise als solche realisiert, ist dann zumeist die kurze Zeitfrist abgelaufen und das Anlagevermögen kann aus diesem Grund nicht mehr in Geldmittel umgewandelt werden.

[399] Der kurze Zeitraum darf dabei nicht als Verwertungsfrist mißverstanden werden, ebenso **Otto** in GS Bruns S. 277; vgl. ferner **Papke** DB 1969, 736. In erster Linie sollen hier Fälle ausgeschlossen werden, in denen der Schuldner mit baldigen Zahlungseingängen etwa aus Warenverkäufen von seinen Käufern rechnen kann, um damit dann die fälligen Forderungen seiner Gläubiger zu erfüllen. Die Zeitgrenze soll aber den Schuldner nicht unter Druck setzten, große oder alle Teile seines Vermögens hastig und womöglich unter Wert zu verkaufen und sich so seiner Haftungsmasse zu entledigen. In diesen Fällen bietet die Annahme einer Zahlungsunfähigkeit und die Durchführung eines Insolvenzverfahrens den sinnvolleren Weg.

gen als Zahlungsmittel berücksichtigt. Einzubeziehen ist nicht, was vom Schuldner noch verwertet werden könnte, sondern lediglich das, was tatsächlich verwertet wurde und nunmehr als Geldmittel vorhanden ist.
Schließlich erscheint die restriktive Auslegung kriminalpolitisch begrüßenswert, um dem Täter den ansonsten nur schwer zu widerlegenden Einwand abzuschneiden, er habe seine Zahlungsunfähigkeit gerade durch die Ansammlung von zur Liquidation bereiten Anlagevermögen abwenden wollen.[400]
Im Ergebnis ist damit der Begriff der Zahlungsmittel restriktiv im Sinne von Geldmitteln auszulegen. Das liquidierbare Anlagevermögen des Schuldners wird nicht erfaßt. Diese Interpretation führt zu einem frühen Eintritt des Insolvenzgrundes und auf Grund der Inhaltsakzessorietät des Strafrechts auch zu einem frühen Vorliegen des Krisenmerkmals nach § 283 I StGB.

bb) Die Berücksichtigung nicht ausgeschöpfter Kreditlinien

Bei der Zusammenstellung der Zahlungsmittel im Rahmen einer Zahlungsunfähigkeitsprüfung werden ferner vielfach pauschal auch die nicht ausgeschöpften, realistisch abrufbaren Kredite mit in die Betrachtung einbezogen.[401]
Eine generelle Gleichsetzung nicht ausgeschöpfter Kreditlinien mit liquiden Mitteln läßt sich allerdings nicht in Einklang bringen mit der dem zivilen Insolvenzrecht und dem Insolvenzstrafrecht gemeinsamen Zielsetzung, die materiellen Befriedigungsinteressen der Gläubiger bestmöglich zu schützen. Verfügt nämlich ein Schuldner über kein flüssiges Vermögen, sondern steht ihm lediglich die Möglichkeit zur weiteren Kreditaufnahme offen, so nützt dies den Gläubigern wenig, da eine nicht ausgeschöpfte Kreditlinie von ihnen weder gepfändet noch liquidiert werden kann.
In einen Liquiditätsstatus einzubeziehen sind daher nur die flüssigen Geldmittel, wenn ein Kredit wirklich in Anspruch genommen worden ist.

---

400 Anders **Matzen** S. 36, der dem Schuldner diesen Einwand auf subjektiver Tatseite gerade zugestehen will.

401 **Bork** Rz. 85; **Groß/ Hess** WPg 1999, 423; **Temme** S. 12; **Uhlenbruck** in Gottwald (Hrsg.), Insolvenzrechtshandbuch § 9, Rz. 5. Aus der Perspektive des Strafrechts **Reulecke** KR 1984, 82; LK-**Tiedemann** vor § 283, Rz. 132; **Moosmayer** S. 149f.; **Schlüchter** MDR 1978, 267; **Reck** ZInsO 1999, 197; **Reck** BuW 1997, 745; kritisch dagegen **Hartung** wistra 1997, 4.

Diese Ansicht entspricht am besten dem Gedanken des Gläubigerschutzes und überdies auch dem natürlichen Wortsinn des Begriffs der Zahlungsmittel. Der Schuldner hat zur Tilgung seiner Verpflichtungen die wirklich liquiden Mittel einzusetzen; mit der Möglichkeit allein, an weitere liquide Mittel zu gelangen, können fällige Forderungen nicht beglichen werden. Schließlich wird so dem Schuldner der in der Praxis vielfach nur schwer zu widerlegende Einwand abgeschnitten, er hätte von seiner Bank noch einen neuerlichen Kredit bekommen können.[402]
Erst recht abzulehnen ist daneben eine vereinzelte Mindermeinung, die über nicht ausgeschöpfte Kreditlinien hinaus schon bloße Kreditverhandlungen zu Gunsten des Schuldners berücksichtigen will.[403] Durch das bloße in Kontakt treten und Verhandeln fließen nämlich dem Schuldner keinerlei flüssige Mittel zu. Überdies hinge das Vorliegen einer Zahlungsunfähigkeit nach dieser Ansicht davon ab, ob es dem Schuldner gelingt, die Verhandlungen möglichst lange hinaus zu zögern.[404]

c) Das Merkmal der Zahlungspflichten

§ 17 II 1 InsO stellt durch die Verwendung des Begriffs der Zahlungspflichten im Gesetz klar, daß allein Geldverbindlichkeiten zu berücksichtigen sind.[405] Insoweit ergibt sich kein Unterschied zur bisherigen Rechtslage: Die Unfähigkeit, etwa Lieferverpflichtungen zu erfüllen, kann auch heute keine Zahlungsunfähigkeit begründen. Eine solche Forderung kann nur dann erheblich werden, wenn sie z.B. im Wege des Schadensersatzes in eine Zahlungspflicht umgewandelt worden ist. Abweichenden Ansichten[406] dagegen, wonach auch nicht auf Geld gerichtete fällige Verpflichtungen zu berücksichtigen seien, wenn sie nur in Geldforderungen übergehen könnten, steht jedenfalls nunmehr der eindeutige Wortlaut des § 17 II 1 InsO entgegen.

d) Das Merkmal der Fälligkeit

Nach § 17 II 1 InsO müssen die auf der Passivseite zu berücksichtigenden Forderungen lediglich fällig sein, d.h. der Gläubiger muß die Leistung vom Schuldner verlangen können.[407] Im Gegensatz zur früheren Definition der Zahlungsunfähigkeit nimmt die Vorschrift also das Merkmal des ernsthaften Einforderns nicht mehr

---

402 Ebenso **Hartung** wistra 1997, 4.
403 So etwa **Klebba** WPg 1959, 43.
404 Ebenso **Hartung** wistra 1997, 4.
405 LK-**Tiedemann** vor § 283, Rz. 127, ferner ebenso aus dem zivilrechtlichen Schrifttum HK-**Kirchhof** § 17, Rz. 6f.; **Haas** in Insolvenzrecht 1998, S. 5; **Möhlmann** WPg 1998, 950; **Jauernig** § 54 II 1, S. 255; FK-**Schmerbach** § 17, Rz. 15; **Temme** S. 19. Zu einzelnen Bewertungsfragen **Hartung** wistra 1997, 5ff.
406 Vgl. etwa **Rowedder** § 63, Rz. 4.
407 Palandt-**Heinrichs** § 271, Rz. 1.

auf. Fraglich ist, ob und welche Neuerungen sich daraus gegenüber der früheren Rechtslage ergeben.

aa) Die Bedeutung von ausdrücklichen und konkludenten Stundungsvereinbarungen

Am Merkmal des ernsthaften Einforderns fehlte es jedenfalls dann, wenn Gläubiger und Schuldner ausdrücklich eine Stundungsvereinbarung trafen.[408] Insoweit ergibt sich aber kein Unterschied zur neuen Rechtslage, da im Falle einer ausdrücklichen Stundung der Fälligkeitszeitpunkt hinausgeschoben wird, so daß dem zusätzlich einschränkenden Merkmal des ernsthaften Einforderns in diesem Bereich ohnehin keine selbständige Bedeutung zukam.[409]

Dieses Ergebnis muß gleichermaßen auch für die Situation einer nicht ausdrücklichen, konkludenten Stundung gelten. Es ist unbestritten, daß eine Willenserklärung im Zivilrecht stets ausdrücklich oder konkludent durch schlüssiges Verhalten abgegeben werden kann, sofern nicht Formvorschriften entgegenstehen.[410] Insoweit können sich zwar im Einzelfall u.U. schwierige Abgrenzungsprobleme ergeben, ob ein Gläubigerverhalten lediglich als bloßes Stillhalten oder schon als stillschweigende Willenserklärung zu einer Stundungsvereinbarung auszulegen ist. Dies kann aber nicht dazu führen, das Hinausschieben der Fälligkeit grundsätzlich nur bei einer ausdrücklichen Stundung anzunehmen und damit die Möglichkeit einer konkludenten Stundung generell zu verneinen.[411] Vielmehr sind deren Voraussetzungen im Einzelfall sorgfältig zu prüfen. Keinesfalls kann dabei bereits in jedem Stillhalten der Gläubigerseite eine konkludente Willenserklärung zum Abschluß einer Stundungsvereinbarung gesehen werden.[412] Jedenfalls unberücksichtigt bleiben muß ferner auch die bloße Stundungsbereitschaft der Gläubiger, wenn es darüber hinaus nicht zum Abschluß einer Stundungsvereinbarung kommt.[413] Es ist a-

---

[408] Vgl. nochmals zur Auslegung des Merkmals des ernsthaften Einforderns nach der früheren Zahlungsunfähigkeitsdefinition oben Dritter Teil, Kapitel 2 A. II. 1. d).

[409] **Hartung** wistra 1997, 5, ebenso aus dem zivilrechtlichen Schrifttum **Haas** in Insolvenzrecht 1998, S. 5; **Temme** S. 23. Nach FK-**Schmerbach** § 17, Rz. 10 fehlt in dieser Konstellation sogar bereits das rechtliche Interesse des Gläubigers an der Eröffnung eines Insolvenzverfahrens (§ 14 I InsO) und sein Insolvenzantrag ist schon aus diesem Grunde unzulässig. Erreicht der Schuldner dagegen eine ausdrückliche Stundung nur unter Zusicherung von Ratenzahlungsvereinbarungen, obwohl er von Anfang an weiß, daß er diese nicht wird einhalten können, so ist mit **Hartung** wistra 1997, 5 von einer Fälligkeit der Gesamtforderung trotz Stundung auszugehen, wenn er die Ratenvereinbarung zum ersten Mal nicht erfüllt.

[410] Vgl. nur Palandt-**Heinrichs** Einführung vor § 116, Rz. 6.

[411] So aber **Burger/ Schellberg** BB 1995, 263; **Burger** DB 1992, 2151; **Jäger** DB 1981, 1444, vgl. im Ergebnis ähnlich auch **Temme** S. 25.

[412] **Bittmann** wistra 1998, 322; **Reck** ZAP Ost Fach 21, 155; **Temme** S. 23ff.

[413] **Hartung** wistra 1997, 6; vgl. ferner **Uhlenbruck** GmbH & Co.KG S. 231.

ber umgekehrt nicht ersichtlich, warum an das Zustandekommen einer solchen Vereinbarung strengere Maßstäbe als in den übrigen Bereichen des Zivilrechts anzulegen sein sollten. Läßt sich das Verhalten des Gläubigers daher nach den allgemeinen Grundsätzen der §§ 133, 157 BGB aus der Empfängersicht des Schuldners als ein konkludentes Angebot zum Abschluß einer Stundungsvereinbarung begreifen und nimmt dieser an, so schiebt eine solche Stundung den Fälligkeitszeitpunkt genauso hinaus, wie wenn eine ausdrücklich vereinbarte Stundung vorläge, mit der Folge, daß auch die konkludent gestundete Forderung bei der Prüfung der Zahlungsunfähigkeit nicht zu berücksichtigen ist.[414]
Bleibt schließlich in tatsächlicher Hinsicht unklar, ob eine solche Vereinbarung zustande kam oder nicht, kann der Annahme einer Zahlungsunfähigkeit des Schuldners im Strafrecht dennoch der Grundsatz in dubio pro reo entgegenstehen.[415]

bb) Die Rechtslage bei bloßem Stillhalten der Gläubiger ohne Stundungsvereinbarung

In einer Konstellation aber führt der Wegfall des Merkmals des ernsthaften Einforderns in § 17 II 1 InsO dennoch zu Abweichungen gegenüber der alten Rechtslage: Heute müssen nämlich auch solche Zahlungspflichten, die zwar fällig sind, deren Gläubiger aber weder die Einforderung betreiben, noch ausdrücklich oder konkludent eine Willenserklärung zum Abschluß einer Stundungsvereinbarung abgeben, sondern einfach nur stillhalten, allein auf Grund ihrer Fälligkeit in die Beurteilung einer Zahlungsunfähigkeit miteinbezogen werden. Jede andere Interpretation ebnete den Unterschied zwischen alter und neuer Rechtslage ein, und liefe somit dem im Wortlaut des § 17 II 1 InsO zum Ausdruck kommenden Willen des Gesetzgebers zuwider.[416]
Insofern sind nach neuer Rechtslage mehr Zahlungspflichten des Schuldners zu berücksichtigen. Zahlungsunfähigkeit tritt daher als Insolvenzgrund nach § 17 InsO und als Krisenmerkmal nach § 283 StGB zeitlich früher ein.

---

[414] Ebenso BayObLG wistra 1988, 363f.; NK-**Kindhäuser** § 283, Rz. 102; **Bittmann** wistra 1998, 322; **Uhlenbruck** wistra 1996, 5; **Schlüchter** MDR 1978, 268; **Hartung** wistra 1997, 5, ferner aus zivilrechtlicher Perspektive **Möhlmann** WPg 1998, 950f.; **Temme** S. 24.

[415] LK-**Tiedemann** vor § 283, Rz. 128.

[416] **Bieneck** StV 1999, 44; ebenso aus zivilrechtlicher Sicht **Haas** in Insolvenzrecht 1998, S. 5; **Groß/ Hess** WPg 1999, 425; **Temme** S. 24; **Möhlmann** WPg 1998, 950. Unzutreffend daher Nerlich/ Römermann-**Mönning** § 17, Rz. 15, der in der Ersetzung des Begriffs des ernsthaften Einforderns durch den der Fälligkeit lediglich eine Anpassung an die moderne Gesetzessprache sieht, weitergehende substantielle Veränderungen aber nicht erkennt. Ebenso sieht **Kirchhof** Leitfaden S. 25 keinen Unterschied zur früheren Rechtslage. Schließlich hält **Reck** ZAP Ost Fach 21, 155 aus strafrechtlicher Perspektive die alte und die neue Definition an dieser Stelle für nicht wesensverschieden, allein die Formulierungen böten Stoff für eine Diskussion.

cc) Die Behandlung erst fällig werdender Forderungen

Ferner ist die bereits unter Geltung der früheren Zahlungsunfähigkeitsdefinition diskutierte Streitfrage, ob neben den bereits fälligen Forderungen, auch solche zu berücksichtigen seien, die erst demnächst, in absehbarer Zeit fällig werden, nach der Insolvenzrechtsreform im Sinne der bereits bislang überwiegenden Ansicht entschieden. Zum einen spricht der Wortlaut des § 17 II 1 InsO eindeutig von fälligen Zahlungspflichten. Zum anderen liefe andernfalls der neu eingefügte § 18 InsO, der auch erst künftig fällig werdende Forderungen erfaßt, leer und verlöre seine Daseinsberechtigung.[417]
Erst künftig fällig werdende Zahlungspflichten des Schuldners haben damit bei der Beurteilung einer Zahlungsunfähigkeit nach § 17 II 1 InsO außer Betracht zu bleiben.

e) Die Diskussion um das Festhalten an einer zeitraumbezogenen Betrachtungsweise nach Wegfall des Merkmals der Dauerhaftigkeit

Unter der Geltung der früheren Definition führte das Unvermögen des Schuldners, seine fälligen Zahlungspflichten zu erfüllen, nicht sofort zur Annahme einer Zahlungsunfähigkeit. Vielmehr wurde ihm noch ein gewisser Zeitraum als bloße Zahlungsstockung zugestanden. Gelang es ihm aber nicht, seine Gläubiger während dieses Zeitraums zu befriedigen, so war sein Unvermögen als dauerhaft anzusehen und Zahlungsunfähigkeit trat ein. Das Merkmal der Dauerhaftigkeit erfüllte mithin in der früheren Definition eine den Begriff der Zahlungsunfähigkeit einschränkende Funktion. Dabei konnte die Zeitgrenze, ab der eine bislang noch unbeachtliche Zahlungsstockung in eine rechtlich relevante Zahlungsunfähigkeit umschlug, weder für das Zivilrecht noch für das Strafrecht einheitlich bestimmt werden.[418]
§ 17 II 1 InsO enthält nun das Merkmal der Dauerhaftigkeit nicht mehr. Der Wortlaut der Legaldefinition legt damit den Schluß nahe, der zu Gunsten des Schuldners als bloße Zahlungsstockung anzuerkennende Zeitraum sei nunmehr auf Null zusammengeschrumpft, der Schuldner müsse also nur noch einen Zeitpunkt lang außer Stande seine, seine fälligen Zahlungspflichten zu erfüllen. Entsprechend wird diese im strafrechtlichen Schrifttum vorwiegend von Moosmayer vertretene Ansicht im folgenden als *zeitpunktbezogene Betrachtungsweise* bezeichnet.[419] Die hM hält demgegenüber trotz des Wortlautes des § 17 II 1 InsO in engen Grenzen an einer *zeitraumbezogenen Betrachtungsweise* fest, anerkennt mithin auch heute eine

[417] **Temme** S. 25f.; **Häsemeyer** Rz. 7.20; **Haas** in Insolvenzrecht 1998, S. 6f.; FK-**Schmerbach** § 17, Rz. 8.
[418] Vgl. zu den einzelnen vertretenen Ansichten nochmals oben Dritter Teil, Kapitel 2 A. II. 1. e).
[419] **Moosmayer** S. 155ff.

Zeitspanne als Zahlungsstockung, in der der Schuldner zwar zur Erfüllung unvermögend, dennoch aber noch nicht als zahlungsunfähig anzusehen ist.[420]

Neben dem Wortlaut des § 17 II 1 InsO spricht in dieser Kontroverse für die Ansicht Moosmayers das Anliegen der Insolvenzrechtsreform, den Eintritt der Zahlungsunfähigkeit und damit die Verfahrenseröffnung zeitlich möglichst weit vorzuverlegen, um so eine Vergrößerung der Insolvenzmasse und letztlich eine bessere Befriedigung der Gläubiger zu erzielen. Je kleiner man den Zeitraum einer Zahlungsstockung bestimmt, um so früher tritt die Zahlungsunfähigkeit ein. Der frühest mögliche Eintritt einer Zahlungsunfähigkeit läßt sich insofern bei einer zeitpunktbezogenen Betrachtungsweise erzielen, wenn man also den Zeitraum einer Zahlungsstockung auf Null verkürzt. Ferner stellt sich nach dieser Ansicht das Folgeproblem nicht, die maximale Dauer einer Zahlungsstockung im einzelnen exakt festlegen zu müssen, was zur Bestimmtheit des Begriffs der Zahlungsunfähigkeit beiträgt. Dabei unterstreicht die Vielzahl der zudem im einzelnen weit divergierenden Ansichten zur parallelen Frage unter der Geltung der früheren Definition die Gewichtigkeit dieses Arguments.

Moosmayer selbst führt schließlich für sein Verständnis der Zahlungsunfähigkeit als Zeitpunktilliquidität die Anfechtungsvorschriften der §§ 130ff InsO an, die ebenso den Begriff der Zahlungsunfähigkeit verwenden. Insofern gibt er eine Passage aus den Gesetzgebungsmaterialien zur Vorschrift des § 157 EInsO wieder, in der der Begriff der Zahlungsunfähigkeit mehrfach auftaucht und jeweils mit einem Klammerzusatz „zeitpunktbezogen" versehen ist.[421] Dieser Stelle könne nach Auffassung Moosmayers eine allgemeine Entscheidung des Gesetzgebers für die zeitpunktbezogene Betrachtungsweise entnommen werden.[422]

Die vorliegende Arbeit entscheidet sich dagegen im Ergebnis für eine zeitraumbezogene Betrachtungsweise.

Zwar scheint zunächst weiter für die Auffassung Moosmayers zu sprechen, daß sich die Beschreibung der Zahlungsunfähigkeit als zeitpunktbezogene Zahlungsunfähigkeit nicht nur in den von ihm selbst angegebenen Materialien zu § 157 EInsO

---

[420] **Lackner/ Kühl** § 283, Rz. 7; **Uhlenbruck** wistra 1996, 4f.; **Reck** BuW 1997, 745; **Reck** ZInsO 1999, 197; **Reck** GmbHR 1999, 267; Sch/Sch-**Stree/ Heine** § 283, Rz. 52, ferner aus dem zivilrechtlichen Schrifttum Kübler/ Prütting-**G. Pape** § 17, Rz. 8ff.; **Kirchhof** Leitfaden S. 24; **Lenz/ Seit** INF 1998, 337; **Macke/ Wegener** INF 1998, 568; HK-**Kirchhof** § 17, Rz. 18; **Haas** in Insolvenzrecht 1998, S. 8; **Temme** S. 29ff.; **Burger** DB 1992, 2150; **Bork** Rz. 84, Fn. 3; **Burger/ Schellberg** BB 1995, 262f.; **Burger/ Schellberg** KTS 1995, 567; **Uhlenbruck** in K. Schmidt/ Uhlenbruck Rz. 491; **Obermüller/ Hess** InsO Rz. 55; **Haarmeyer/ Wutzke/ Förster** 1/ 80ff., 3/ 63ff.; Smid-**Smid** § 17, Rz. 7; **Hess/ G. Pape** Rz. 97; **Landfermann** BB 1995, 1651; **Hintzen** ZInsO 1998, 18; **Möhlmann** WPg 1998, 949, 956; in der Sache auch **Häsemeyer** 7.20f.

[421] BT Drs. 12/ 2442, S. 164. Die Vorschrift des § 157 EInsO sah in diesem Zusammenhang ein eigenes insolvenzgerichtliches Verfahren zur Feststellung einer Zahlungsunfähigkeit vor.

[422] **Moosmayer** S. 157f.

sondern auch bereits im Kommissionsbericht von 1985 findet.[423] Bei genauer Betrachtung dieser Stelle aber wird klar, daß die Argumentation Moosmayers den begrifflichen Uneinheitlichkeiten in diesem Bereich und damit letztlich einem terminologischen Mißverständnis unterliegt.

Die Kommission für Insolvenzrecht unterscheidet nämlich zwischen der gegenwärtigen, ihrer Bezeichnung nach zeitpunktbezogenen Zahlungsunfähigkeit (Leitsatz 1.2.5, Absatz 2) und der bevorstehenden, von ihr als zeitraumbezogen bezeichneten Zahlungsunfähigkeit (Leitsatz 1.2.5, Absatz 3). Sie verwendet damit das Begriffspaar Zeitraum-, bzw. Zeitpunktilliquidität in grundsätzlich anderem Zusammenhang, nämlich zur Abgrenzung der gegenwärtigen von der bevorstehenden Zahlungsunfähigkeit, d.h. nach der Terminologie der InsO zur Abgrenzung der eingetretenen von der drohenden Zahlungsunfähigkeit nach §§ 17 und 18 InsO. Ebenso ist auch die Begriffsverwendung in den Materialien zu § 157 EInsO zu verstehen.[424] Insofern wurde bereits festgestellt, daß bei der Prüfung einer eingetretenen Zahlungsunfähigkeit nur die Forderungen berücksichtigt werden, die im Zeitpunkt der Prüfung bereits fällig sind.[425] Bei der Prüfung einer drohenden Zahlungsunfähigkeit sind dagegen zusätzlich auch Forderungen in die Betrachtung einzustellen, die erst in Zukunft, in einem bestimmten Zeitraum fällig werden.[426] Verwendete man daher die Begriffe zeitpunktbezogen und zeitraumbezogen in diesem Zusammenhang, so müßte die eingetretene Zahlungsunfähigkeit in der Tat als zeitpunktbezogen, die drohende Zahlungsunfähigkeit dagegen als zeitraumbezogen angesehen werden.

In dieser Arbeit dagegen wird das Begriffspaar der Zeitraum-, bzw. Zeitpunktilliquidität, wie im übrigen von großen Teilen des Schrifttums auch[427], zur Abgrenzung der beiden Ansichten eingesetzt, die sich nach dem Wegfall des Merkmals der Dauerhaftigkeit in § 17 II 1 InsO ergeben haben und entweder weiterhin eine Zeit-

---

423 Erster Kommissionsbericht, S. 109f. (Leitsatz 1.2.5).

424 Auch FK-**Schmerbach** § 17, Rz. 8, § 18, Rz. 4, 8; **Temme** S. 25 und Fn. 85; **Haas** in Insolvenzrecht 1998, S. 11; Kübler/ Prütting-**G. Pape** § 18, Rz. 5; **Bork** Rz. 86f.; **Breuer** Insolvenzrecht S. 39ff.; **Burger/ Schellberg** BB 1995, 264; **K. Schmidt** in Kölner Schrift S. 1204, Rz. 11; **Kilger** ZIP 1982, 781; **Kilger** ZRP 1984, 48; Smid-**Smid** § 18, Rz. 6, 8; **Groß/ Hess** WPg 1999, 426; **Uhlenbruck** KTS 1986, 31; **Jäger** DB 1986, 1443, 1445 und Nerlich/ Römermann-**Mönning** § 17, Rz. 14, § 18, Rz. 25 sowie **Reck** GmbHR 1999, 270; **Reck** ZAP Ost Fach 21, 162; **Reck** BuW 1997, 746 verwenden das Begriffspaar Zeitpunkt-/ Zeitraumilliquidität nur oder auch in diesem Sachzusammenhang.

425 Vgl. Dritter Teil, Kapitel 2 A. II. 2. d) cc).

426 Vgl. im einzelnen zum Begriff der drohenden Zahlungsunfähigkeit unten Dritter Teil, Kapitel 2 B. II.

427 **Lackner/ Kühl** § 283, Rz. 7; **Otto** NJW 1999, 555; **Penzlin** Jura 1999, 56; **Penzlin** WM 2000, 984; **Penzlin** S. 142f.; LK-**Tiedemann** vor § 283, Rz. 134; **Bittmann** wistra 1998, 325; **Uhlenbruck** wistra 1996, 4f.; ferner auch Nerlich/ Römermann-**Mönning** § 17, Rz. 14; **Haas** in Insolvenzrecht 1998, S. 7ff.; Kübler/ Prütting-**G. Pape** § 17, Rz. 9.

spanne, einen Zeitraum als Zahlungsstockung anerkennen oder diese Spanne auf Null, auf einen Zeitpunkt verkürzen.

Moosmayer setzt also das uneinheitlich verwendete Begriffspaar inhaltlich im gleichen Zusammenhang wie diese Arbeit ein, begründet jedoch seine Ansicht in eben diesem Zusammenhang unter Hinweis auf Stellungnahmen des Gesetzgebers, die diese Ansicht lediglich rein begrifflich stützen, die aber, da sie das maßgebliche Begriffspaar in einem inhaltlich unterschiedlichen Zusammenhang gebrauchen, den hier interessierenden und von Moosmayer angesprochenen Zusammenhang gar nicht betreffen. Seine Argumentation verkennt diesen unterschiedlichen Gebrauch des Begriffspaares und entbehrt somit der Überzeugungskraft.[428]

Ferner sprechen gegen Moosmayers Ansatz auch die Gesetzesmaterialien zu § 17 InsO. So läßt sich der Begründung zum Regierungsentwurf eine klare Entscheidung für eine zeitraumbezogene Betrachtung entnehmen. Der Reformgesetzgeber betont, es brauche im Gesetz nicht besonders zum Ausdruck gebracht werden, daß eine vorübergehende Zahlungsstockung auch nach neuem Recht keine Zahlungsunfähigkeit begründen kann, da es sich von selbst verstehe, daß ein Schuldner, dem zwar in einem bestimmten Zeitpunkt liquide Mittel fehlen, der sich aber seine Liquidität kurzfristig wieder beschaffen kann, im Sinne des § 17 II 1 InsO in der Lage ist, die fälligen Zahlungspflichten zu erfüllen.[429] Weiter heißt es, auf die ausdrückliche Aufnahme des Merkmals der Dauerhaftigkeit in den Gesetzestext sei nur deshalb verzichtet worden, weil dies als eine Bestätigung der verbreiteten Neigung, den Begriff der Zahlungsunfähigkeit stark einzuengen, hätte mißverstanden werden können.[430] Moosmayers Gegenauffassung unterstellt damit dem Gesetzgeber zu Unrecht ein widersprüchliches Begründungsverhalten hinsichtlich § 157 EInsO und § 17 InsO.

Darüber hinaus vermögen auch die übrigen, für eine zeitpunktbezogene Betrachtungsweise angeführten Argumente nicht zu überzeugen: Eine solche führte nämlich in der Praxis zu nicht sachgerechten Ergebnissen und wäre ökonomisch nicht sinnvoll. Nach ihr wäre jeder Schuldner, der nur einen Moment lang seinen fälligen Zahlungspflichten nicht mehr nachkommen kann, als zahlungsunfähig anzusehen,

---

[428] Im Ergebnis ebenso **Penzlin** S. 142ff.; Sch/Sch-**Stree/ Heine** § 283, Rz. 52 und mit abweichender Begründung **Bittmann** wistra 1998, 324.

[429] BT Drs. 12/ 2443, S. 114; **Burger/ Schellberg** BB 1995, 262; **Burger** DB 1992, 2150; **Haas** in Insolvenzrecht 1998, S. 8; Kübler/ Prütting-**G. Pape** § 17, Rz. 8; **Möhlmann** WPg 1998, 949, 956; **Harald Wagner** § 17, Rz. 2, ferner aus der strafrechtlichen Literatur **Hörl** S. 62; **Reck** ZInsO 1999, 197; **Reck** BuW 1997, 745; **Uhlenbruck** wistra 1996, 3; **Weyand** S. 60f.

[430] BT Drs. 12/ 2443, S. 114; **Burger/ Schellberg** KTS 1995, 567; **Burger/ Schellberg** BB 195, 262; **Burger** DB 1992, 2150; **Haas** in Insolvenzrecht 1998, S. 8; Kübler/ Prütting-**G. Pape** § 17, Rz. 8; **Möhlmann** WPg 1998, 949 und aus dem strafrechtlichen Schrifttum **Lackner/ Kühl** § 283, Rz. 7; **Hörl** S. 62; **Reck** ZInsO 1999, 197; **Reck** GmbHR 1999, 269; **Reck** BuW 1997,

unabhängig davon, ob er alsbald mit entsprechenden Zahlungseingängen rechnen darf, etwa weil die verspätete Erfüllung eigener Forderungen nunmehr in Kürze zu erwarten ist oder weil sich kurzfristige Verzögerungen bei der Veräußerung von Vermögensgegenständen ergeben haben. Bereits das natürliche Begriffsverständnis spricht dagegen, solche Schuldner als zahlungsunfähig einzustufen.[431] Ferner berücksichtigt die zeitpunktbezogene Betrachtungsweise nicht, daß auch relativ unproblematische Kreditaufnahmen nicht immer an einem Tage zu erledigen sind.[432] Schließlich besteht in solchen Fällen auch keine ausreichende Gefahr für die zivil- und strafrechtlich geschützten Befriedigungsinteressen der Gläubiger. Die Annahme einer Zahlungsunfähigkeit führte daher hier zu vorschnellen und u.U. existenzgefährdenden Verfahrenseröffnungen und brächte den Schuldner auf Grund des Eintritts eines insolvenzstrafrechtlichen Krisenmerkmals in ein nicht zu rechtfertigendes Risiko einer potentiellen Strafbarkeit nach §§ 283ff. StGB.[433]

Im Ergebnis ist also der zeitraumbezogenen Betrachtungsweise zu folgen, d.h. mit dem Unvermögen des Schuldners zur Erfüllung seiner fälligen Zahlungspflichten tritt nicht sofort, sondern erst nach einer Zeitspanne bloßer Zahlungsstockung die Zahlungsunfähigkeit ein.

Damit stellt sich das Folgeproblem, wie lange diese Zeitspanne zu bemessen ist. Aus den Gesetzesmaterialien zu § 17 InsO läßt sich insoweit zwar kein konkreter Wert, immerhin aber eine Ober- und eine Untergrenze entnehmen. Zum einen könne jedenfalls die Nichtbezahlung fälliger Schulden über Wochen oder gar Monate nicht mehr als rechtlich unerhebliche Zahlungsstockung angesehen werden, da eine solche Auslegung, das angestrebte Ziel einer rechtzeitigen Verfahrenseröffnung erheblich gefährdete. Zum anderen aber müsse die Zeitspanne einer Zahlungsstockung zumindest so lange gewählt werden, daß sich ein kreditwürdiger Schuldner durch einen Bankkredit neue flüssige Mittel beschaffen kann.[434]

745; **Uhlenbruck** wistra 1996, 3; **Weyand** S. 61.

[431] **Burger/ Schellberg** KTS 1995, 567; **Burger/ Schellberg** BB 1995, 262f.; Kübler/ Prütting-**G. Pape** § 17, Rz. 8

[432] Vgl. zur umstrittenen Frage, ob die nicht beglichenen Forderungen dabei quantitativ ein gewisses Maß im Verhältnis zu den gesamten Verbindlichkeiten des Schuldners erreichen müssen, ob also auch nach neuer Rechtslage und nach Wegfall des Wesentlichkeitskriteriums zu Gunsten des Schuldners an einer Geringfügigkeitsgrenze festzuhalten ist, unten Dritter Teil, Kapitel 2 A. II. 2. f).

[433] **Otto** NJW 1999, 555; **Penzlin** S. 126f., 143f.; **Penzlin** NZG 1999, 1207; **Penzlin** Jura 1999, 56. Letzterer befürchtet sogar geradezu eine Unternehmensvernichtung, würde im Rahmen des § 17 II 1 InsO auf eine Zeitpunktilliquidität abgestellt.

[434] BT Drs. 12/ 2443, S. 114; **Haas** in Insolvenzrecht 1998, S. 8; **Burger/ Schellberg** KTS 1995, 567; **Burger/ Schellberg** BB 1995, 262f.; **Burger** DB 1992, 2150; Kübler/ Prütting-**G. Pape** § 17, Rz. 8; **Hess/ G. Pape** Rz. 97; **Möhlmann** WPg 1998, 949; FK-**Schmerbach** § 17, Rz. 14, 16; **Macke/ Wegener** INF 1998, 568; **Kirchhof** Leitfaden S. 24f.; **Temme** S. 30; **Groß/ Hess** WPg 1999, 425; **Haas** in Insolvenzrecht 1998, S. 8.

Auch die Literatur hat sich bislang nicht auf einen einheitlichen, konkreten Wert festgelegt. Einigkeit besteht hier lediglich insoweit, als der Wert nach Wegfall des Merkmals der Dauerhaftigkeit heute jedenfalls deutlich niedriger als früher angesetzt werden muß.[435]

Im zivilrechtlichen Schrifttum legt eine erste Ansicht ihrer Bestimmung der maximalen Zeitspanne einer Zahlungsstockung die Angaben der Gesetzesbegründung zugrunde und veranschlagt für die Beschaffung eines Kredits bei einem Unternehmen mit positiven Zukunftsaussichten einen Zeitraum von *ein bis zwei Wochen* unter Berücksichtigung der jeweiligen Verkehrsauffassung und der konkreten Gegebenheiten des Einzelfalles.[436] Andere wenden gegen das Kriterium der Gesetzesbegründung ein, ein Kredit sei in einer wirtschaftlich heiklen Situation niemals so schnell zu bekommen, daß man nur von einer vorübergehenden Zahlungsstockung ausgehen könne. Das Kriterium der Gesetzbegründung sei daher ungeeignet.[437] Eine weitere Ansicht schlägt in Anlehnung an die ehemalige Frist nach § 30 Nr. 2 KO als Obergrenze einen Zeitraum von *zehn Tagen* vor.[438] Wieder andere favorisieren eine starre Zeitgrenze von *zwei Wochen*. Eine kürzere Festlegung sei mit der Gesetzesbegründung unvereinbar, da diese durch den Gebrauch des Plurals des Wortes „Woche" klarmache, daß es sich um mindestens deren zwei handeln müsse. Für die exakte Festlegung werden die Vorschriften der §§ 255 I 2, 256 II 2 InsO angeführt, die ebenso einen Zeitraum von zwei Wochen als erheblichen zeitlichen Zahlungsrückstand definierten.[439] Ferner wird unter Berufung auf die bisherige Rechtsprechung[440] eine Abwägung vorgenommen, inwieweit den Gläubigern das

---

[435] Vgl. **Burger/ Schellberg** KTS 1995, 567; Kübler/ Prütting-**G. Pape** § 17, Rz. 9f.; **Hess/ G. Pape** Rz. 97.

[436] **Burger/ Buchhart** WPg 1999, 156; **Burger/ Schellberg** BB 1995, 262f.; **Burger/ Schellberg** KTS 1995, 567; **Burger** DB 1992, 2150; **Burger** AG 1988, 291; **G. Pape** NWB Fach 19, 2325f.; Kübler/ Prütting-**G. Pape** § 17, Rz. 11. G. Pape sieht an anderer Stelle (Rz. 9) die maximale Dauer einer Zahlungsstockung noch kürzer auf wenige Tage begrenzt. Ähnlich auch HK-**Kirchhof** § 17, Rz. 18; **Kirchhof** Leitfaden S. 25 und **Jäger** BB 1997, 1576, die Zeitspannen von einer bis höchstens drei Wochen, bzw. von genau einer Woche als maßgeblich ansehen.

[437] **Uhlenbruck** KTS 1994, 170f., gegen ihn aber zutreffend FK-**Schmerbach** § 17, Rz. 16 und **Temme** S. 30, die anführen, daß sich die Gesetzesbegründung (BT Drs. 17/ 2443, S. 114) nur auf den kreditwürdigen Schuldner bezieht. Ein solcher aber sei in der Lage innerhalb von maximal zwei Wochen einen Kredit zu erhalten. Gelinge dagegen die Kreditaufnahme während dieses Zeitraums nicht, so sehe auch die Gesetzesbegründung den Schuldner als kreditunwürdig an und gehe von Zahlungsunfähigkeit aus. **Penzlin** S. 126 und Fn. 591; **Penzlin** NZG 1999, 1207 und Fn. 56 dagegen hält diese Frist nach eigenen Nachfragen bei verschiedenen Kreditinstituten für zu kurz.

[438] **Hess/ Obermüller** Rechtsstellung Rz. 55.

[439] **Möhlmann** WPg 1998, 956; im Ergebnis ebenso FK-**Schmerbach** § 17, Rz. 17; **Temme** S. 29ff.; **Lenz/ Seit** INF 1998, 337; Kübler/ Prütting-**G. Pape** § 17, Rz. 11.

[440] BGH ZIP 1997, 1926; BGH ZIP 1995, 931.

Zurückstellen der gemeinschaftlichen Eintreibung ihrer Forderungen zugemutet werden kann, und im Ergebnis ein Zeitraum von maximal *einem Monat* gefordert.[441] Noch weitergehend wird sogar vertreten, auch das Nichtbegleichen fälliger Zahlungspflichten binnen *zwei Monaten* sei noch als unbeachtliche Zahlungsstockung zu begreifen. Nur so könnten die Besonderheiten in den neuen Bundesländern ausreichend berücksichtigt werden.[442]

In ähnlicher Weise unterschiedliche Zeitspannen schlägt auch die strafrechtliche Literatur vor. Hier wird zum Teil ein Zeitraum von *maximal vier Wochen* für angemessen erachtet[443], zum Teil wird in Anlehnung an die Frist der §§ 64, 84 GmbHG[444] die Grenze bei *drei Wochen* gezogen.[445] Lediglich Bittmann will wie bereits unter der Geltung des alten Rechts auch nunmehr auf einen Zeitraum von *drei Monaten* abstellen.[446]

Die vorliegende Arbeit schlägt vor, den Zeitraum einer noch unbeachtlichen Zahlungsstockung auf maximal drei Wochen zu beschränken.

Vorab ist auf Grund der Verwendung des Begriffs der Zahlungsunfähigkeit auch als Krisenmerkmal im Insolvenzstrafrecht und dessen Bindung an das verfassungsrechtliche Bestimmtheitsgebot festzustellen, daß es der Festlegung einer konkreten Zeitgrenze unbedingt bedarf. Es ist daher zu den vorgestellten Ansichten Stellung zu nehmen.

Dabei sind zunächst diejenigen Auffassungen abzulehnen, die Zeiträume von mehr als einem Monat noch als bloße Zahlungsstockung ansehen. Eine solche Auslegung stellt sich nicht nur in Widerspruch zur Begründung des Gesetzgebers und zum Wortlaut des § 17 II 1 InsO, der auf das Merkmal der Dauerhaftigkeit verzichtet hat. Sie negiert darüber hinaus auch die Intention der Insolvenzrechtsreform, mit der Neufassung des Insolvenzgrundes der Zahlungsunfähigkeit über eine frühere Verfahrenseröffnung letztlich zu einer besseren Befriedigung der Gläubiger beizutragen, und erweist sich damit rechtspolitisch als wenig nutzbringend. Jede Aner-

---

441 **Haas** in Insolvenzrecht 1998, S. 8f.; **Groß/ Hess** WPg 1999, 425; ähnlich ferner Breutigam/ Blersch/ Goetsch-**Goetsch** § 17, Rz. 11 (2-4 Wochen).

442 **Haarmeyer/ Wutzke/ Förster** 1/ 81; ebenso auch **Penzlin** NZG 1999, 1208; **Penzlin** S. 129f., der diesen Wert für das Zivilrecht de lege ferenda als Regelfallbestimmung in den Gesetzestext des § 17 InsO aufnehmen will, strafrechtlich (S. 149ff., 161f.) dagegen ein solches Ergebnis im Wege der Auslegung für erreichbar hält.

443 **Lackner/ Kühl** § 283, Rz. 7.

444 Gesellschaftsrechtlich ist im einzelnen umstritten, ob diese dreiwöchige Frist bereits in dem Zeitpunkt, in dem der Insolvenzgrund zutage getreten ist (so **K. Schmidt** ZIP 1988, 1498; Scholz-**K. Schmidt** § 64, Rz. 8, 13, 19ff.) oder erst ab Kenntniserlangung des Vertretungsorganes vom ihm zu laufen beginnt (so die hM, BGHZ 75, 110; BGHSt 15, 306; **Rowedder** § 64, Rz. 8; Baumbach/ Hueck-**Schulze-Osterloh** § 64, Rz. 9).

445 **Bieneck** StV 1999, 44; **Bieneck** wistra 2001, 54.

446 **Bittmann** wistra 1998, 324; ähnlich **Penzlin** S. 149ff., 161f., vgl. zu dessen Ansicht ferner eben Fn. 442.

kennung eines Zeitraumes als Zahlungsstockung enthält nämlich die Einräumung eines gesetzlich nicht vorgesehenen Kredits zu Lasten der Gläubiger. Diese Belastung der Gläubigerinteressen wiegt um so schwerer, als die Ursache für die Nichtbezahlung der Forderungen und damit für die Zahlungsstockung stets in den Risiko- und Verantwortungsbereich des Schuldners fällt.[447] Die Dauer der Zahlungsstockung darf deshalb unter keinen Umständen zu lange bemessen werden.

Gegen die Mehrzahl der verbleibenden Ansichten ist einzuwenden, daß ihre Bestimmung einer konkreten Zeitspanne in gewissen Grenzen willkürlich erfolgt. Nur selten werden konkrete Anknüpfungspunkte wie etwa die §§ 30 Nr. 2 KO oder 255 I 2, 256 II 2 InsO oder 64, 84 GmbHG genannt, was im Hinblick auf das Bestimmtheitsgebot des Art. 103 II GG begrüßenswert erscheint. Gegen eine Heranziehung des § 30 Nr. 2 KO spricht allerdings, daß es nicht sinnvoll erscheint, sich bei der Bestimmung der Obergrenze einer noch unbeachtlichen Zahlungsstockung an einer Frist zu orientieren, auf deren Übernahme der Gesetzgeber der InsO verzichtet hat. Die § 30 KO entsprechenden Anfechtungsregeln des neuen Insolvenzrechts finden sich in den §§ 130ff. InsO. Diese enthalten aber die vormalige 10-Tages-Frist nicht mehr. Was die beiden übrigen Vorschläge betrifft, so hält die vorliegende Arbeit eine Orientierung an den Drei-Wochen-Fristen der §§ 64 I 1, 84 I Nr. 2 GmbHG, 92 II 1, 401 I Nr. 2 AktG, 130a I 3, 130b, 177a HGB, 99 I 1, 148 I Nr. 2 GenG gegenüber der Übertragung der Zwei-Wochen-Grenze der §§ 255 I 2, 256 II 2 InsO für vorzugswürdig. Die angeführten gesellschaftsrechtlichen Normen verpflichten bestimmte Organe zur Stellung eines Insolvenzantrags und bestrafen die Verletzung dieser Pflicht als Insolvenzverschleppung. Ihr Regelungsbereich betrifft damit eine Schnittstelle zwischen Zivilrecht und Strafrecht. In gleicher Weise erfüllt auch das Merkmal der Zahlungsunfähigkeit unterschiedliche Funktionen im Zivilrecht und im Strafrecht. Auf Grund des begriffs- und inhaltsakzessorischen Verständnisses der Zahlungsunfähigkeit in beiden Rechtsgebieten erscheint daher die Heranziehung dieser gesellschaftsrechtlichen Fristen als Maßstab auch zur Bestimmung der maximalen Dauer einer noch unbeachtlichen Zahlungsstockung als sachgerecht. Dies gilt um so mehr, als die Drei-Wochen-Grenze in den gesellschaftsrechtlichen Normen als letzte Schonfrist zugunsten des Schuldners zu verstehen ist. Ebenso weist auch die Anerkennung und Bestimmung eines Zeitraumes als Zahlungsstockung einen schuldnerschonenden Charakter auf.

---

[447] **Meyer-Cording** BB 1985, 1927; **Temme** S. 30; **Röhm** NZI 2000, 467.

f) Die Diskussion um die Beibehaltung einer Geringfügigkeitsgrenze nach Wegfall des Merkmals der Wesentlichkeit

Neben der Dauerhaftigkeit verzichtet § 17 II 1 InsO auch auf das in der früheren Definition enthaltene Merkmal der Wesentlichkeit. Hatte der Wegfall der Dauerhaftigkeit die Streitfrage ausgelöst, ob Zahlungsunfähigkeit nach neuem Recht streng zeitpunktbezogen zu verstehen, oder ob auch weiterhin wie bisher, nur in geringerem Umfang ein Zeitraum als bloße Zahlungsstockung anzuerkennen ist, so findet eine entsprechende Diskussion nach dem Verzicht auf das Wesentlichkeitsmerkmal statt.

Dabei will eine erste Ansicht auch nach Inkrafttreten der InsO bei Nichterfüllung eines nur kleinen Teils der gesamten, fälligen Zahlungspflichten noch keine Zahlungsunfähigkeit annehmen.[448] Hinsichtlich der Bestimmung einer genauen Unterdeckungsquote besteht innerhalb dieser Ansicht insoweit Übereinstimmung, als jedenfalls Prozentsätze in bisheriger Höhe nach neuem Recht nicht mehr vertreten werden können. Es ist aber bislang nicht gelungen, einen einheitlichen Grenzwert festzulegen. So scheidet nach Ansicht mancher Autoren Zahlungsunfähigkeit aus, wenn die Unterdeckung weniger als 5% der Gesamtverbindlichkeiten des Schuldners betrifft.[449] Andere sehen die Grenze dagegen bei maximal 10%[450], bzw. bei 20%.[451] In der strafrechtlichen Literatur wird sogar vereinzelt das Unvermögen des Schuldners, 25% oder mehr seiner Forderungen nicht mehr begleichen zu können, noch für geringfügig und damit unbeachtlich gehalten.[452]

448 **Lackner/ Kühl** § 283, Rz. 7; **Hörl** S. 62; **Bittmann** wistra 1998, 323; **Reck** ZInsO 1999, 197; **Reck** BuW 1997, 745; **Reck** GmbHR 1999, 269; LK-**Tiedemann** vor § 283, Rz. 129, 139; kritisch **Otto** BT § 61, Rz. 87, Fn. 57, der ein Ausscheiden lediglich ganz geringfügiger Liquiditätslücken aus dem Begriff der Zahlungsunfähigkeit für zu wenig weitreichend hält und daher als sachwidrig ansieht; vgl. ferner aus dem zivilrechtlichen Schrifttum **Haas** in Insolvenzrecht 1998, S. 7; **Bork** Rz. 84, Fn. 4; **Möhlmann** WPg 1998, 951; HK-**Kirchhof** § 17, Rz. 20; Smid-**Smid** § 17, Rz. 4; **Smid** GesO § 1, Rz. 80; **Hess/ Obermüller** Rechtsstellung Rz. 56; **Hess/ G. Pape** Rz. 96; **G. Pape** NWB Fach 19, S. 2327; Kübler/ Prütting-**G. Pape** § 17, Rz. 12f.; **Uhlenbruck** KTS 1994, 171; **Burger/ Schellberg** KTS 1995, 569, 574; Nerlich/ Römermann-**Mönning** § 17, Rz. 18.

449 Nerlich/ Römermann-**Mönning** § 17, Rz. 18; **Möhlmann** WPg 1998, 952, 956.

450 HK-**Kirchhof** § 17, Rz. 20; **Kirchhof** Leitfaden S. 25.

451 **Haarmeyer/ Wutzke/ Förster** 1/ 81; ebenso **Penzlin** NZG 1999, 1208; **Penzlin** S. 129f., der auch diesen Wert einerseits für das Zivilrecht de lege ferenda als gesetzliche Regelfallbestimmung in die InsO einfügen will, andererseits strafrechtlich (S. 149ff., 161f.) wiederum von der Möglichkeit und Notwendigkeit einer entsprechenden eigenständigen Auslegung ausgeht. Ähnlich schließlich **Breuer** Insolvenzrecht S. 41 (10%-25%).

452 **Bittmann** wistra 1998, 323.

Eine zweite Auffassung will dagegen jedes auch noch so geringe Unvermögen des Schuldners für eine Zahlungsunfähigkeit ausreichen lassen und lehnt folglich jede Beibehaltung einer Geringfügigkeitsgrenze ab.[453]

Für das Festhalten an einer solchen sprechen zunächst einige Passagen der Gesetzesbegründung zum heutigen § 17 InsO. Dort wird es auch nach der Streichung des Merkmals der Wesentlichkeit aus der Zahlungsunfähigkeitsdefinition als selbstverständlich bezeichnet, daß ganz geringe Liquiditätslücken außer Betracht bleiben müssen. Die Herausnahme des Merkmals sei allein vorgenommen worden, um bisherigen Tendenzen zu einer übermäßig einschränkenden Auslegung des Begriffs der Zahlungsunfähigkeit entgegen zu wirken.[454]

Ferner ließen sich, so die erste Ansicht, nur bei Anerkennung einer Geringfügigkeitsgrenze sachgerechte Ergebnisse erzielen, da ein Schuldner, der seine Forderungen bis auf einen ganz kleinen Teil erfülle, nicht als zahlungsunfähig angesehen werden könne. Die hohe Rate beglichener Forderungen unterstreiche vielmehr den Eindruck eines wirtschaftlich gesunden Unternehmens. Erachtete man dagegen auch Liquiditätslücken ganz geringer Höhe für beachtlich, so bestünde die Gefahr, vorschnell ein Insolvenzverfahren zu eröffnen und zu früh vom Eintritt des strafrechtlichen Krisenmerkmals auszugehen, was nicht gerechtfertigt und im Hinblick auf die Vereinbarkeit mit dem Verhältnismäßigkeitsgrundsatz bedenklich erscheine.[455]

Demgegenüber lehnt die vorliegende Arbeit mit der zweiten Auffassung jedes Festhalten an einer Geringfügigkeitsgrenze nach Inkrafttreten der InsO ab.

Zunächst vermögen die für die Gegenauffassung vorgetragenen Argumente nicht zu überzeugen. Zum einen sind die Ausführungen der Gesetzbegründung zum heutigen § 17 InsO nicht frei von Widersprüchen. An anderer Stelle heißt es nämlich

---

[453] **Bieneck** StV 1999, 44; **Moosmayer** S. 156, ebenso aus der zivilrechtlichen Literatur **Temme** S. 33ff.; **Jauernig** § 54 II 1, S. 255; ähnlich **Burger/ Schellberg** BB 1995, 263; FK-**Schmerbach** § 17, Rz. 20ff.

Eine differenzierende Ansicht, wonach eine Geringfügigkeitsgrenze zwar anzuerkennen, diese jedoch im Strafrecht enger als im Zivilrecht zu ziehen ist, muß dagegen bereits aus grundsätzlichen Erwägungen nach der getroffenen Entscheidung zugunsten einer begrifflichen und inhaltlichen Akzessorietät des Insolvenzstrafrechts bei der Bestimmung einer Zahlungsunfähigkeit abgelehnt werden. Überdies erschiene es auch auf Grund des Charakters des Strafrechts als ultima ratio fragwürdig, eine Zahlungsunfähigkeit hier früher als im Zivilrecht anzunehmen, vgl. hierzu LK-**Tiedemann** vor § 283, Rz. 129; **Penzlin** S. 149.

[454] BT Drs. 12/ 2443, S. 114; ebenso LK-**Tiedemann** vor § 283, Rz. 126; **Bittmann** wistra 1998, 323; **Reck** ZInsO 1999, 197; **Reck** BuW 1997, 745; **Uhlenbruck** wistra 1996, 5 und aus der zivilrechtlichen Literatur **Hess** InsO § 17, Rz. 4; **Obermüller/ Hess** InsO Rz. 55; **Haas** in Insolvenzrecht 1998, S. 7; Kübler/ Prütting-**G. Pape** § 17, Rz. 12; FK-**Schmerbach** § 17, Rz. 20; **Burger** DB 1992, 2151; Smid-**Smid** § 17, Rz. 4; **Möhlmann** WPg 1998, 951.

[455] In diese Richtung FK-**Schmerbach** § 17, Rz. 19ff.; Nerlich/ Römermann-**Mönning** § 17, Rz. 18.

im selben sachlichen Zusammenhang, es erscheine *nicht gerechtfertigt, Zahlungsunfähigkeit erst dann anzunehmen, wenn der Schuldner einen bestimmten Bruchteil der Gesamtsumme seiner Verbindlichkeiten nicht mehr erfüllen kann.*[456] Einerseits fordert der Gesetzgeber daher auch nach Inkrafttreten der InsO ein Festhalten an einer Geringfügigkeitsgrenze. Eine solche Entscheidung setzt jedoch zwangsläufig die Festsetzung eines bestimmten Bruchteils der Gesamtverbindlichkeiten voraus, deren Nichterfüllung dann eben als geringfügig anzusehen ist. Allein die Tatsache, daß diese Grenze auf Grund des Verzichts auf das Merkmal der Wesentlichkeit heute niedriger angesetzt werden müßte als früher, macht die Festsetzung als solche nicht entbehrlich.[457] Andererseits erscheint dem Gesetzgeber aber genau die Bestimmung eines solchen Bruchteils als nicht gerechtfertigt.
Zum anderen sind auch die Bedenken im Hinblick auf einen zu frühen Eintritt einer Zahlungsunfähigkeit bei Verzicht auf jede Geringfügigkeitsklausel unbegründet. Nach der getroffenen Entscheidung zugunsten einer zeitraumbezogenen Betrachtungsweise tritt nämlich die Zahlungsunfähigkeit nicht sofort mit dem schuldnerischen Unvermögen, sondern erst nach einer bis zu dreiwöchigen Zeitspanne einer Zahlungsstockung ein. Ferner ist es für das Vorliegen einer Zahlungsunfähigkeit unbeachtlich, wenn die Nichterfüllung des Schuldners auf Ursachen wie etwa einer unordentlichen Finanzführung oder auf Zahlungsunwilligkeit beruht. Liegt dagegen ein Mangel an Geldmitteln vor und kann der Schuldner diesen binnen drei Wochen nicht beheben, so besteht auch bei nur geringen Liquiditätslücken eine hinreichende Gefährdung für die zivil- wie strafrechtlich geschützten materiellen Befriedigungsinteressen der Gläubiger, die die Annahme einer Zahlungsunfähigkeit als gerechtfertigt erscheinen läßt. Kann nämlich der Schuldner unter diesen Bedingungen bereits kleine und kleinste Anteile seiner Verbindlichkeiten nicht mehr erfüllen, so steht zu befürchten, daß er an der Begleichung größerer Beträge erst recht scheitert.[458]

---

456 BT Drs. 12/ 2443, S. 114; ebenso auch **Reck** BuW 1997, 745; Kübler/ Prütting-**G. Pape** § 17, Rz. 12f.; Nerlich/ Römermann-**Mönning** § 17, Rz. 16; FK-**Schmerbach** § 17, Rz. 19ff.

457 **Uhlenbruck** KTS 1994, 171; **Haas** in Insolvenzrecht 1998, S. 7; FK-**Schmerbach** § 17, Rz. 20.

458 **Uhlenbruck** wistra 1996, 5; **Bieneck** StV 1999, 44; **Moosmayer** S. 156; **Weyand** S. 62, ferner aus der zivilrechtlichen Literatur **Temme** S. 34, 36; FK-**Schmerbach** § 17, Rz. 22; **Jauernig** § 54 II 1, S. 255; **Burger/ Schellberg** KTS 1995, 569; **Burger/ Schellberg** BB 1995, 263f.; **Burger** DB 1992, 2151; **Häsemeyer** 7.19.
Fehlgehend dagegen die Argumentation von **Penzlin** S. 129; **Penzlin** NZG 1999, 1208, der die Bedeutung dieser sonstigen Bedingungen verkennt, wenn er darin Mißbrauchsgefahren befürchtet, daß ein Unternehmen Forderungen in ganz geringer Höhe gegen einen Mitkonkurrenten erwerben könnte, um diesen bei Zahlungsproblemen über einen Eröffnungsantrag aus dem Markt zu drängen.

Unter diesem Blickwinkel erscheint auch eine abweichende Entscheidung im Vergleich zur gleichgelagerten Kontroverse um das Festhalten an einer zeitraumbezogenen Betrachtungsweise angezeigt. In jenem Zusammenhang ließe sich nämlich nicht parallel behaupten, daß ein Schuldner, der im Moment seinen fälligen Zahlungsverpflichtungen nicht nachkommen kann, dies auch erst recht nicht nach Ablauf einer weiteren Zeitspanne können wird. Vielmehr besteht insofern durchaus die Möglichkeit, daß der Schuldner in der Zwischenzeit zu neuen Geldmitteln kommt. Insofern konnte dort der Begriff der Zahlungsunfähigkeit gegen den Wortlaut des § 17 II 1 InsO in engen Grenzen eingeschränkt werden.
Gegen die Bedenken eines zu frühen Eintritts einer Zahlungsunfähigkeit läßt sich überdies einwenden, daß sowohl das zivile Insolvenz- wie auch das Insolvenzstrafrecht neben der eingetretenen auch die drohende Zahlungsunfähigkeit als Insolvenzgrund, bzw. als Krisenmerkmal enthalten. Insofern muß die Möglichkeit einer Insolvenzverfahrenseröffnung und das Vorliegen einer strafrechtlich relevanten, wirtschaftlichen Krisensituation auch dann bejaht werden können, wenn eine Liquiditätslücke des Schuldners zwar einen nur kleinen Anteil seiner Gesamtverbindlichkeiten betrifft, dafür aber bereits eingetreten ist und nicht nur droht.[459]
Darüber hinaus lassen sich gegen ein Festhalten an einer Geringfügigkeitsgrenze weitere Argumente vortragen:
Zunächst kommt diese Ansicht dem Wortlaut der Legaldefinition des § 17 II 1 InsO am nächsten, der ein der früheren Wesentlichkeit vergleichbares Kriterium nicht mehr enthält.
Ferner dient der Verzicht auf jede Geringfügigkeitsgrenze dem vom Reformgesetzgeber bei der Neufassung der Insolvenzgründe angestrebten Ziel einer früheren Verfahrenseröffnung zur Verbesserung der Befriedigungsergebnisse für die betroffenen Gläubiger. Dagegen böte sich bei Anerkennung jeder beliebigen Prozentgrenze dem Schuldner die kriminalpolitisch und aus Gläubigersicht unerwünschte Möglichkeit, selektiv bestimmte Verbindlichkeiten in einem unterhalb dieser Geringfügigkeitsschwelle liegenden Volumen nicht mehr zu erfüllen, ohne daß gegen ihn eine Zahlungsunfähigkeit angenommen werden könnte.[460]
Schließlich ermöglicht die hier vertretene Ansicht eine erleichterte praktische Handhabbarkeit des Zahlungsunfähigkeitsbegriffs:
Erstens wird nach ihr die Festlegung einer konkreten, prozentualen Grenze, ab der eine Unterdeckung als beachtlich anzusehen ist, entbehrlich. Dabei machen die unter Geltung der früheren Definition vertretenen, zwischen 10% und 50% weit divergierenden Werte die Bedeutung dieses Umstandes deutlich.[461] Nach der abzu-

[459] **Temme** S. 34f.
[460] Ebenso Kübler/ Prütting-**G. Pape** § 17, Rz. 13; **Temme** S. 35.
[461] Vgl. hierzu auch **Meyer-Cording** ZIP 1989, 486.

lehnenden Auffassung dagegen bestünden diese Bestimmungsprobleme auch nach Inkrafttreten der InsO fort. Letztlich ersetzt sie lediglich das bislang maßgebliche Kriterium der Wesentlichkeit durch das der Geringfügigkeit.[462] Hinsichtlich der Konkretisierung dieses Begriffs steht dabei einheitlich nur fest, daß die Grenze im Vergleich zur früheren Definition niedriger gewählt werden muß. Im einzelnen werden aber wie früher auch heute immer noch weit voneinander abweichende Prozentgrenzen zwischen 5% und 25% vorgeschlagen, wobei zudem die exakte Festlegung im einzelnen zumeist nahezu willkürlich erfolgt.[463] Unter diesen Voraussetzungen stärkt daher der Verzicht auf jede Geringfügigkeitsgrenze auch die Bestimmtheit des Begriffs der Zahlungsunfähigkeit (Art. 103 II GG) und damit die Rechtssicherheit und Rechtsklarheit.

Zweitens war es in der Vergangenheit für einen Einzelgläubiger in der Praxis ohne Kenntnis entsprechender Unterlagen des Schuldners oftmals schwierig festzustellen, ob seine Forderungen einen wesentlichen Teil der Verbindlichkeiten insgesamt ausmachten.[464] Aus diesem Grunde konnte der Gläubiger in vielen Fällen den Konkursgrund der Zahlungsunfähigkeit nicht glaubhaft machen und so keinen Konkursantrag stellen. Hielte man nunmehr auch heute mit der Gegenauffassung an einer Geringfügigkeitsgrenze fest, so bestünden entsprechende Schwierigkeiten fort. Ein Verzicht auf jede Geringfügigkeitsklausel dagegen erspart es dem einzelnen Gläubiger, bei der Stellung eines Insolvenzantrags zu prüfen, ob die gegenüber ihm bestehenden Zahlungsrückstände im Verhältnis zur Gesamtschuld des Schuldners ein gewisses Maß erreicht haben.[465]

Im Ergebnis ist daher auf die Beibehaltung eines in seinen Grenzen reduzierten Wesentlichkeitsmerkmals in Form einer Geringfügigkeitsklausel gänzlich zu verzichten. Nach § 17 II 1 InsO genügt nunmehr jedes Unvermögen des Schuldners, seine fälligen Zahlungspflichten zu erbringen, betrifft dieses Unvermögen auch einen noch so geringen Teil der sämtlichen gegen den Schuldner gerichteten Forderungen.

---

[462] **Bittmann** wistra 1998, 323; **Moosmayer** S. 152; **Uhlenbruck** KTS 1994, 171; **Möhlmann** WPg 1998, 951.

[463] **Möhlmann** WPg 1998, 951; **Temme** S. 36.

[464] **Temme** S. 35; **Meyer-Cording** ZIP 1989, 486; ebenso auch **Penzlin** S. 125, 129f.; **Penzlin** NZG 1999, 1206.

[465] **Temme** S. 36.

III. Die Auswirkungen der Legaldefinition des § 17 II 1 InsO auf das Insolvenzstrafrecht

Die Untersuchung des Krisenmerkmals der eingetretenen Zahlungsunfähigkeit hat gezeigt, daß über die begriffliche Parallele hinaus auch eine inhaltliche Abhängigkeit zum zivilen Insolvenzgrund besteht. Die Legaldefinition des § 17 II 1 InsO verzichtet auf die bisher gebräuchlichen Definitionsmerkmale des ernsthaften Einforderns, der Dauerhaftigkeit und der Wesentlichkeit. Damit treten sowohl der zivile Insolvenzgrund wie auch das strafrechtliche Krisenmerkmal heute zeitlich früher ein als unter der Geltung des alten Rechts. Im Ergebnis erlangen also Bankrotthandlungen des Schuldners nach der Insolvenzrechtsreform früher strafrechtliche Relevanz.

B. Das Krisenmerkmal der drohenden Zahlungsunfähigkeit

I. Die Abhängigkeit der insolvenzstrafrechtlichen Definition der drohenden Zahlungsunfähigkeit von der zivilrechtlichen Definition des § 18 II InsO

Im Anschluß an die Untersuchung des Krisenmerkmals der eingetretenen Zahlungsunfähigkeit ist nunmehr auch für das der drohenden Zahlungsunfähigkeit die Frage aufzuwerfen, ob über die begriffliche Parallelität hinaus auch hier eine inhaltliche Akzessorietät zur neuen, zivilrechtlichen Legaldefinition des entsprechenden Insolvenzgrundes in § 18 II InsO besteht. Dies wird im Schrifttum nicht einheitlich beurteilt: Eine Ansicht geht von einem strafrechtlich eigenständigen Begriffsverständnis aus und mißt der neuen Legaldefinition der InsO keine Bedeutung für die Begriffsbestimmung im Insolvenzstrafrecht bei.[466] Nach einer anderen Ansicht sind dagegen die Vorgaben des § 18 II InsO auch für das Insolvenzstrafrecht zu übernehmen.[467]
Gegen eine inhaltliche Akzessorietät wird wiederum der eigenständige Charakter des Strafrechts angeführt.[468] Ferner könnte auf den Umstand hingewiesen werden, daß die drohenden Zahlungsunfähigkeit erst mit Inkrafttreten der InsO am 1.1.1999

---

[466] In diese Richtung neigen **Wessels/ Hillenkamp** BT 2, Rz. 462 und **Beck** in Wabnitz/ Janovsky 2/ 96ff.; vgl. auch Kübler/ Prütting-**G. Pape** § 18, Rz. 1; **Penzlin** S. 113ff., 134ff., 162.

[467] **Lackner/ Kühl** § 283, Rz. 8; **Bieneck** StV 1999, 45; **Bieneck** in Müller-Gugenberger/ Bieneck, § 75, Rz. 59, § 76, Rz. 58; **Bieneck** wistra 2001, 54; **Arzt/ Weber** § 16, Rz. 56; **Bittmann** wistra 1998, 324; **Janovsky** KR 1998, 334; **Reck** ZAP Ost Fach 21, 154; **Reck** GmbHR 1999, 270f.; **Reck** ZInsO 1999, 197f.; **Reck** BuW 1997, 746f.; **Hörl** S. 31, ferner aus dem zivilrechtlichen Schrifttum **Haas** in Insolvenzrecht 1998, S. 10; FK-**Schmerbach** § 18, Rz. 3; **Jäger** DB 1986, 1446; **Uhlenbruck** KTS 1986, 31.

[468] Kübler/ Prütting-**G. Pape** § 18, Rz. 1; vgl. ferner **Wessels/ Hillenkamp** BT 2, Rz. 462.

als dritter Insolvenzgrund in das Gesetz aufgenommen wurde. Das frühere Konkursverfahren konnte nur bei eingetretener Zahlungsunfähigkeit oder Überschuldung eröffnet werden. Anders als im Falle der eingetretenen Zahlungsunfähigkeit erfüllte daher das Merkmal der drohenden Zahlungsunfähigkeit lange Zeit nur insolvenzstrafrechtlich eine Funktion als Krisendeterminante. Insofern ließe sich vertreten, ein zivilrechtlich erst kurze Zeit bestehendes Begriffsverständnis einer drohenden Zahlungsunfähigkeit könne keinen Einfluß auf die über einen wesentlich längeren Zeitraum herausgebildete Auslegung des Begriffs im Strafrecht haben. Vielmehr müsse das Strafrecht insofern an seiner Begriffsbestimmung festhalten.[469] Weiter erschiene es aus der Sicht derjenigen, die insolvenzstrafrechtlich bereits das Merkmal der eingetretenen Zahlungsunfähigkeit weiterhin im Sinne der früher Definition verstanden wissen wollen, inkonsequent die Auslegung der Krise der drohenden Zahlungsunfähigkeit an der neuen Definition des § 18 II InsO zu orientieren.[470] Schließlich werden gegen eine Begriffsakzessorietät die unterschiedlichen Zielrichtungen und Funktionen drohender Zahlungsunfähigkeit im zivilen Insolvenzrecht, bzw. im Insolvenzstrafrecht vorgebracht.[471]

Die vorliegende Arbeit orientiert dagegen auch das insolvenzstrafrechtliche Begriffsverständnis einer drohenden Zahlungsunfähigkeit an der entsprechenden zivilrechtlichen Legaldefinition der InsO in § 18 II InsO und geht somit wie schon im Bereich der eingetretenen Zahlungsunfähigkeit von einer nicht nur begrifflichen, sondern auch inhaltlichen Akzessorietät des Insolvenzstrafrechts aus. Dafür sprechen die folgenden Gesichtspunkte:

1. Argumentation an Hand des Wortlautes

Zunächst legt wiederum die wortgleiche Verwendung des Begriffs der drohenden Zahlungsunfähigkeit in beiden Rechtsgebieten ein synonymes Verständnis nahe. Die bereits im Bereich der Zahlungsunfähigkeit angeführten Gesichtspunkte der Rechtssicherheit, Rechtsklarheit und Vorhersehbarkeit, sowie der Einheit der Rechtsordnung lassen sich auch auf die Bestimmung des Begriffs der drohenden Zahlungsunfähigkeit übertragen.

---

[469] In diese Richtung Kübler/ Prütting-**G. Pape** § 18, Rz. 1.

[470] Vgl. insofern **Wessels/ Hillenkamp** BT 2, Rz. 462.

[471] Kübler/ Prütting-**G. Pape** § 18, Rz. 1. Auf das Problem einer funktionalen Inkongruenz zwischen den beiden Rechtsgebieten hinsichtlich des Merkmals der drohenden Zahlungsunfähigkeit ist später noch ausführlich einzugehen, vgl. unten Dritter Teil, Kapitel 2 B. I. 4 und Dritter Teil, Kapitel 3 D. I. c), II., E. III. und F.

2. Historische Betrachtung

Aus einer historischen Betrachtung bis zum Inkrafttreten der InsO und des EGInsO lassen sich zunächst nur in eingeschränktem Maße Argumente für ein inhaltsakzessorisches Begriffsverständnis gewinnen: Erstmalig wird das Merkmal der drohenden Zahlungsunfähigkeit nämlich als Krisendeterminante im Insolvenzstrafrecht nach dessen Umgestaltung und Überführung in das StGB durch das 1. WiKG von 1976 verwendet. Dabei war im Gesetzgebungsverfahren die Einführung weiterer Krisen neben den beiden aus dem zivilen Konkursrecht bereits bekannten Merkmalen der eingetretenen Zahlungsunfähigkeit und der Überschuldung umstritten. Letztlich sah der Gesetzgeber davon ab, die drohende Überschuldung in den neuen § 283 I StGB aufzunehmen und entschied sich nur für die Integration der drohenden Zahlungsunfähigkeit.[472] Insofern konnte er sich allerdings nur begrenzt an einem zivilrechtlich vorgeprägten Begriffsverständnis orientieren.[473] Dieses verwendet nämlich das Merkmal der drohenden Zahlungsunfähigkeit, wie gesehen, erst seit Inkrafttreten der InsO am 1.1.1999 als Insolvenzgrund. Berücksichtigt man jedoch, daß sich die Krise der drohenden Zahlungsunfähigkeit aus den Begriffsmerkmalen der Zahlungsunfähigkeit und des Drohens zusammensetzt, so konnte der Gesetzgeber immerhin jedenfalls hinsichtlich der Komponente der Zahlungsunfähigkeit auf den bereits bislang konkursrechtlich gebrauchten Begriff der Zahlungsunfähigkeit nach § 94 KO, bzw. seit 1898 nach § 102 KO zurückgreifen. Insoweit läßt sich somit die oben vorgebrachte Argumentation übertragen.[474] Bezüglich der Erweiterung dagegen, wann eine solchermaßen bestimmte Zahlungsunfähigkeit nicht eintritt, sondern nur droht, enthielt das frühere Konkursrecht keine entsprechende Regelung und liefert daher insofern kein zusätzliches, historisches Argument für ein inhaltsakzessorisches Begriffsverständnis.

Ein gewichtiges Argument für eine solche Akzessorietät kann aber den Gesetzesbegründungen der Regierungsentwürfe zur InsO und zum EGInsO entnommen werden: Darin heißt es zum einen, der Begriff der drohenden Zahlungsunfähigkeit, den das Konkursstrafrecht schon bisher verwendete, werde in Zukunft durch die

[472] Der Regierungsentwurf 1975 hatte noch zusätzlich zur drohenden Zahlungsunfähigkeit auch die drohende Überschuldung als Krisenmerkmal vorgesehen. Vgl. BT Drs. 7/ 3441, S. 5; andererseits aber auch die Protokolle des Sonderausschusses für die Strafrechtsreform der 7. Wahlperiode S. 2817ff. und dessen Bericht BT Drs. 7/ 5291, S. 16f., ebenso gegen die drohende Überschuldung **Lampe/ Lenckner/ Stree/ Tiedemann/ Weber** AE StGB – Straftaten gegen die Wirtschaft S. 13, 82ff. zu § 193; ferner **Hiltenkamp-Wisgalle** S. 298ff.; **Moosmayer** S. 166; **Müller-Emmert/ Maier** NJW 1976, 1663; **Bieneck** in Müller-Gugenberger/ Bieneck, § 76, Rz. 51; **Maurach/ Schroeder/ Maiwald** BT 1, § 48, Rz. 13.

[473] **Moosmayer** S. 166.

[474] Vgl. oben Dritter Teil, Kapitel 2 A. I. 2.

neue Definition in der InsO konkretisiert[475], zum anderen wird betont, die in der InsO gegebene Definition sei geeignet, auch für das Strafrecht größere Klarheit zu bringen.[476] Der Gesetzgeber der Insolvenzrechtsreform maß damit seinem Handeln Relevanz über das zivile Insolvenzrecht hinaus auch für das Insolvenzstrafrecht bei, denn die zivilrechtliche Definition eines Begriffs kann nur dann eine konkretisierende Funktion für das Verständnis des wortgleichen Begriffs in den §§ 283ff. StGB haben, wenn dieser Begriff in beiden Rechtsgebieten auch inhaltsgleich auszulegen ist. Davon ist auch auszugehen, wenn die zivilrechtliche Definition Klarheit für die entsprechende Auslegung im Strafrecht schaffen soll. Die wiedergegebenen Stellen unterstreichen damit das Verständnis des Reformgesetzgebers von einer inhaltlichen Akzessorietät des Insolvenzstrafrechts im Bereich der drohenden Zahlungsunfähigkeit.
Insofern wird auch neuerlich deutlich, warum der Gesetzgeber darauf verzichtet hat, die Krisenmerkmale etwa innerhalb des StGB legalzudefinieren. Eine solche Definition erweist sich nämlich dann als überflüssig, wenn man eine entsprechende Definition im korrespondierenden Insolvenzgesetz vornimmt und von der uneingeschränkten, inhaltlichen Übertragbarkeit dieser Definition in das Insolvenzstrafrecht ausgeht.

3. Systematische Argumentation

§ 283 I StGB verwendet die Begriffe der eingetretenen Zahlungsunfähigkeit und der drohenden Zahlungsunfähigkeit innerhalb einer Norm. Auch der systematische Zusammenhang spricht damit zunächst dafür, den für beide Krisen relevanten Begriffsteil der Zahlungsunfähigkeit inhaltsgleich auszulegen und das so gewonnene Begriffsverständnis im letzteren Falle lediglich noch um die Komponente des Drohens zu ergänzen.[477] Dies unterstreicht auch die gesetzestechnische Ausgestaltung des § 283 I StGB. Die Formulierung verwendet nur einmal den Begriff Zahlungsunfähigkeit und umschreibt die beiden Krisensituation durch Vorstellung einer zweigliedrigen Aufzählung der Adjektive drohend oder eingetreten. Hinsichtlich des Begriffs Zahlungsunfähigkeit wurde bereits eine inhaltliche Akzessorietät des Insolvenzstrafrechts festgestellt. Was dagegen die Bestimmung des Begriffs „dro-

---

475 BT Drs. 13/ 3803, S. 100 zu Art. 58 EGInsO (heute Art. 60 EGInsO).

476 BT Drs. 12/ 2443, S. 114 zu § 22 EInsO (heute § 18 InsO). Die selbe Aussage findet sich bereits in den Begründungen zu § 20 EInsO des Diskussionsentwurfs Band 1, Teil B, S. 14f. sowie zu § 20 EInsO des Referentenentwurfs Band 1, Teil B, S. 18f. Vgl. ferner aus dem Schrifttum LK-**Tiedemann** vor § 283, Rz. 139; **Hörl** S. 60; sowie **Haas** in Insolvenzrecht 1998, S. 10; FK-**Schmerbach** § 18, Rz. 3; Smid-**Smid** § 18, Rz. 1; HK-**Kirchhof** § 18, Rz. 4; kritisch hierzu **Moosmayer** S. 169ff.; **Uhlenbruck** wistra 1996, 3.

477 Ebenso **Reck** GmbHR 1999, 270; **Reck** ZInsO 1999, 197; **Reck** BuW 1997, 746; FK-

hend“ und sein Abhängigkeitsverhältnis zum zivilen Insolvenzrecht anbelangt, so lassen sich aus dieser systematischen Argumentation keine neuen Anhaltspunkte gewinnen.

4. Teleologische und funktionale Argumentation

Abschließend bleibt damit zu untersuchen, inwieweit eine Auslegung nach Sinn und Zweck den Schluß auf ein synonymes Begriffsverständnis der drohenden Zahlungsunfähigkeit in beiden Rechtsgebieten zuläßt. Zunächst scheint das grundsätzlich parallele Ziel des zivilen Insolvenzrechts und des Insolvenzstrafrechts, die materiellen Befriedigungsinteressen der Gläubiger weitestmöglich zu schützen, wie schon im Bereich des § 17 InsO für eine solche inhaltliche Akzessorietät zu sprechen. Allerdings unterscheiden sich Sinn und Zweck sowie die Funktion des zivilrechtlichen Eröffnungsgrundes nach § 18 InsO von der Zielsetzung des § 17 InsO erheblich, so daß die dort vorgetragene Argumentation nicht ohne weiteres übertragen werden kann.
Es ist daher zunächst erforderlich, die Zielsetzung und Funktion des § 18 InsO im einzelnen herauszuarbeiten und anschließend auf die Vereinbarkeit mit dem Begriff und der Funktion der drohenden Zahlungsunfähigkeit im Insolvenzstrafrecht hin zu überprüfen.

a) Zielsetzung und Funktion der drohenden Zahlungsunfähigkeit als Insolvenzgrund nach § 18 InsO

Während die Neufassung des Insolvenzgrundes der eingetretenen Zahlungsunfähigkeit in § 17 InsO der Vorverlagerung der Verfahrenseröffnung und damit einseitig dem Gläubigerschutz dient, enthält die drohende Zahlungsunfähigkeit nach § 18 InsO daneben auch schuldnerschützende Aspekte. Diese beiden Schutzrichtungen sind im folgenden näher zu beleuchten.

aa) Vorverlagerung der Insolvenzeröffnung – Gläubigerschutz durch § 18 InsO

Auf der einen Seite zielt auch die Konzeption des § 18 InsO auf eine wesentliche Vorverlagerung des Insolvenzverfahrens. Mußten nach altem Recht Zahlungsunfähigkeit oder Überschuldung eingetreten sein, um ein Konkursverfahren eröffnen zu können, so genügt nach der InsO zumindest hinsichtlich der Zahlungsunfähigkeit bereits deren Drohen.
Das frühe Vorliegen eines Insolvenzgrundes reduziert dabei den Anteil der mangels Masse abzuweisenden Verfahren und ermöglicht den Zugriff auf eine größere

---

Schmerbach § 18, Rz. 3.

Verteilungsmasse. Damit können zum einen im Falle der Liquidation die Befriedigungsinteressen der Gläubiger weiterreichend als früher verwirklicht werden. Zum anderen aber dient der Insolvenzgrund der drohenden Zahlungsunfähigkeit auch der Vergrößerung der Entscheidungsspielräume der Gläubiger: Ist das schuldnerische Unternehmen nämlich nur angeschlagen, aber noch nicht vollends zahlungsunfähig, so kann innerhalb eines Insolvenzverfahrens neben die Möglichkeit der Befriedigung aus einer Liquidation auch eine zweite aus der Fortführung und Sanierung des Unternehmens treten.[478]
Unter diesen Gesichtspunkten stellt § 18 InsO eine gläubigerschützende Vorschrift dar. Mit dem Ausbau und der Stärkung dieser Gläubigerinteressen korrespondiert auch ein wachsendes Bedürfnis, diese Position vor einer Gefährdung durch schuldnerisches Fehlverhalten mit den Mitteln des Strafrechts zu schützen. Die insofern parallele Zielrichtung der beiden Rechtsgebiete spricht daher – wie im Bereich der eingetretenen Zahlungsunfähigkeit nach § 17 InsO – auch hier für ein synonymes Begriffsverständnis.[479]

bb) Innenlösung und fehlende Antragspflicht – Schuldnerschutz durch § 18 InsO

Auf der anderen Seite unterscheidet sich der Insolvenzgrund der drohenden Zahlungsunfähigkeit nach § 18 InsO in zweierlei Hinsicht von dem der eingetretenen Zahlungsunfähigkeit nach § 17 InsO und weist insofern schuldnerschützende Elemente auf.
Erstens löst der Eintritt der drohenden Zahlungsunfähigkeit keine Antragspflicht aus.[480] Entsprechend kann sich der Schuldner im Falle nur drohender Zahlungsunfähigkeit weder strafbar noch zivilrechtlich haftbar machen, wenn er keinen Insolvenzantrag stellt.[481] Zweitens ist das Antragsrecht bei drohender Zahlungsunfähig-

---

478 **Groß/ Hess** WPg 1999, 425; **Drukarczyk/ Schüler** in Kölner Schrift S. 108, Rz. 36; **Temme** S. 54; **Burger/ Buchhart** WPg 1999, 157; **Haas** in Insolvenzrecht 1998, S. 10; Kübler/ Prütting-**G. Pape** § 17, Rz. 1; **G. Pape** NWB Fach 19, S. 2327; **Funke** BFuP 1995, 31; **Landfermann** KTS 1989, 770f.; **Uhlenbruck** KTS 1994, 171f.; Nerlich/ Römermann-**Mönning** § 18, Rz. 5, 9ff., 42, 46 und aus der strafrechtlichen Literatur **Moosmayer** S. 35f., 168f.

479 **Hörl** S. 31; **Moosmayer** S. 169.

480 **Moosmayer** S. 35, 169f.; **Bittmann** wistra 1998, 324, ferner aus der zivilrechtlicher Literatur Kübler/ Prütting-**G. Pape** § 18, Rz. 3; FK-**Schmerbach** § 18, Rz. 1; **Macke/ Wegener** INF 1998, 567; **Braun/ Uhlenbruck** S. 284; **Uhlenbruck** wistra 1996, 3; Nerlich/ Römermann-**Mönning** § 18, Rz. 43; **Moosmayer** S. 35, 169f.; **Bittmann** wistra 1998, 324.
Vgl. demgegenüber nochmals die abweichenden Regelungen der §§ 92 II AktG, 64 I GmbHG, 130a I, 177a HGB, 99 I GenG, 42 II BGB für die Fälle der eingetretenen Zahlungsunfähigkeit und der Überschuldung.

481 **Bieneck** StV 1999, 45; **Moosmayer** S. 35f.; **Uhlenbruck** wistra 1996, 3 sowie aus der zivilrechtlichen Literatur FK-**Schmerbach** § 18, Rz. 22; Kübler/ Prütting-**G. Pape** § 18, Rz. 3, 11. Vgl. ferner wiederum die abweichenden Bestimmungen der §§ 401 I Nr. 2, II AktG, 84 I Nr. 2, II GmbHG, 148 I Nr. 2, II GenG, 130b HGB für die Fälle der eingetretenen Zahlungsunfähigkeit

keit in § 18 InsO auf den Schuldner begrenzt. Nur er kann einen solchen Insolvenzantrag stellen (sog. Innenlösung).[482] Dadurch soll verhindert werden, daß die Gläubiger den Schuldner schon im Vorfeld der Insolvenz unter Druck setzen können. Ferner sollen in diesem Stadium stattfindende Versuche, eine außergerichtliche Sanierung durchzuführen, nicht blockiert werden. Schließlich ist der Schuldner über die ökonomische Entwicklung im Vorfeld einer endgültigen Insolvenz im Regelfall am besten informiert.[483]

Diese beiden Eigenschaften des § 18 InsO zeigen deutlich den eigentlichen Impetus, den die Norm verfolgt: Hier geht es zwar auch, wie eben dargestellt, um eine Vorverlagerung der Insolvenzeröffnung. Daneben soll aber zugleich – und das ist ein wesentlicher Gesichtspunkt des § 18 InsO – dem Schuldner eine Chance eingeräumt werden.[484] Hätte der Gesetzgeber mit der Einführung der drohenden Zahlungsunfähigkeit als Insolvenzgrund allein oder vorrangig eine Reduzierung des Anteils mangels Masse abzuweisender Verfahren und eine frühere Zugriffsmög-

---

und der Überschuldung. Ein zivilrechtlicher Erstattungsanspruch kann sich etwa aus § 26 III InsO ergeben. Kritisch hierzu schließlich **Penzlin** S. 138ff.; **Penzlin** NZG 2000, 469, der Mißbrauchsmöglichkeiten durch böswillige Schuldner befürchtet, wenn diese sich mit ihrem Eröffnungsantrag auf drohende Zahlungsunfähigkeit berufen, um so das Vorliegen eines anderen Auslösetatbestandes zu kaschieren und damit der zivil- und strafrechtlichen Haftung wegen Insolvenzverschleppung zu entgehen. Um dem entgegen zu wirken, hat das Insolvenzgericht daher wie bislang in jedem Fall eine umfassende Prüfung sämtlicher Eröffnungsgründe vorzunehmen.

482 **Moosmayer** S. 35, 169; **Bittmann** wistra 1998, 324, ferner aus dem zivilrechtlichen Schrifttum **Burger/ Schellberg** BB 1995, 265; **Moosmayer/ Smeets** NJ 1998, 513; **Macke/ Wegener** INF 1998, 567; Kübler/ Prütting-**G. Pape** § 18, Rz. 2; **G. Pape** NWB Fach 19, 2327; **Temme** S. 54; **Lenz/ Seit** INF 1998, 337; FK-**Schmerbach** § 18, Rz. 1; **Uhlenbruck** KTS 1994, 171; Nerlich/ Römermann-**Mönning** § 18, Rz. 1f.; Smid-**Smid** § 18, Rz. 1, 5; HK-**Kirchhof** § 18, Rz. 3; **Kirchhof** Leitfaden S. 27; **Bork**, Rz. 88.
Dieses Ergebnis folgt aus einer Auslegung des § 18 I InsO, der abweichend von § 13 I 2 InsO den Antrag wegen drohender Zahlungsunfähigkeit nur dem Schuldner zur Verfügung stellt. Der Gegenbegriff zur Innenlösung bildet die Außenlösung. Hier können neben dem Schuldner auch Außenstehende, d.h. die Gläubiger, einen Insolvenzantrag stellen. Die Außenlösung bildet nach § 13 I 2 InsO den Regelfall. Der Erste Bericht der Kommission für Insolvenzrecht sah noch die Außenlösung auch für die drohende Zahlungsunfähigkeit vor, seit dem Diskussionsentwurf aber wurde das Antragsrecht in diesem Bereich auf den Schuldner beschränkt (vgl. Erster Kommissionsbericht S. 109f. (Leitsatz 1.2.5); Diskussionsentwurf Band 1, § 20, S. 9f.; Teil B, S. 14; Referentenentwurf Band 1, § 20, S. 11; Teil B, S. 18f.).

483 BT Drs. 12/ 2443, S. 114; vgl. ferner auch schon Diskussionsentwurf Band 1, Teil B, S. 14; **Moosmayer** S. 35; **Uhlenbruck** wistra 1996, 3; **Hörl** S. 60, ferner aus dem zivilrechtlichen Schrifttum **Moosmayer/ Smeets** NJ 1998, 513; Smid-**Smid** § 18, Rz. 1; **Macke/ Wegener** INF 1998, 568; **Hess/ G. Pape** Rz. 101; Kübler/ Prütting-**G. Pape** § 18, Rz. 2; **Hess/ Obermüller** Rechtsstellung Rz. 58; **Bork** Rz. 88; **Burger/ Schellberg** BB 1995, 265; **Harald Wagner** § 18, Rz. 4; kritisch FK-**Schmerbach** § 18, Rz. 1, 22.

484 Kübler/ Prütting-**G. Pape** § 18, Rz. 1, 3 spricht von § 18 InsO als einem Angebot an den Schuldner und auch Nerlich/ Römermann-**Mönning** § 18, Rz. 47 betont besonders den Schutzcharakter für den Schuldner.

lichkeit der Gläubiger auf eine größere, verteilungsfähige Vermögensmasse zu deren besserer Befriedigung bezweckt, so hätte es zwingend eines Antragsrechts auch von außen, von Seiten der Gläubiger aus bedurft.[485] Statt dessen aber hat der Gesetzgeber das Antragsrecht vor der endgültigen Krise allein auf den Schuldner beschränkt und ihn zusätzlich von einer Antragspflicht befreit. Darüber hinaus hat er die Durchführung eines Insolvenzverfahrens nach der InsO, insbesondere bei nur drohender Zahlungsunfähigkeit, mit weiteren Vorteilen und Anreizen für den Schuldner verbunden, die dazu führen sollen, daß der freiwillige Weg über § 18 InsO außergerichtlichen Lösungen vorgezogen wird:[486]

Zunächst prädeterminiert die Verfahrenseröffnung allem voran heute nicht mehr zwangsläufig die Liquidation des Unternehmens. Im Gegenteil können unter Zuhilfenahme des flexiblen Rechtsinstituts des Insolvenzplans unterschiedlichste Strategien umgesetzt und realisiert werden. Dabei räumt § 218 I 1 InsO dem Schuldner ein eigenes Recht ein, einen solchen Insolvenzplan vorzulegen und stärkt so auch dessen Gestaltungsmöglichkeiten.[487] In der Praxis wird sich für einen reorganisationswilligen Schuldner der Grundstein zu einer erfolgreichen, verfahrensförmigen Sanierung häufig nur über den Weg des § 18 InsO legen lassen, da sich entsprechende Möglichkeiten zu einem späteren Zeitpunkt vielfach nicht mehr stellen, wenn der Vermögenssubstanz wesentliche Bestandteile entzogen wurden, die dann als investiv verwertbare Masse fehlen.[488]

Daneben kann der Schuldner uU nach § 270 I 1 InsO im Rahmen einer Eigenverwaltung das Verwaltungs- und Verfügungsrecht über seine Insolvenzmasse trotz

---

[485] FK-**Schmerbach** § 18, Rz. 1. Kritik an der Entscheidung des Gesetzgebers zu Gunsten der Innenlösung üben **Burger/ Schellberg** BB 1995, 265; **Burger/ Schellberg** KTS 1995, 574 und FK-**Schmerbach** § 18, Rz. 23.

[486] Die folgende Aufzählung verschiedener Anreize eines Insolvenzverfahrens soll nicht darüber hinwegtäuschen, daß die Eröffnung eines solchen Verfahrens auch mit Kosten für den Schuldner verbunden ist und daß seine Rechte hinsichtlich seines Vermögens erheblich eingeschränkt werden können, vgl. nur §§ 21, 80 I InsO. Skeptisch daher insofern Nerlich/ Römermann-**Mönning** § 18, Rz. 50, der gerade entgegen gesetzt davon ausgeht, in den Köpfen der Beteiligten werde auch in Zukunft die außergerichtliche Variante als schonender, schneller, weniger öffentlichkeitswirksam und kostengünstiger angesehen, ähnlich auch FK-**Schmerbach** § 18, Rz. 23. Allerdings liegt in diesen Äußerungen zum Teil auch eine grundsätzliche Skepsis und Verschlossenheit gegenüber dem Neuen. Allein die Praxis der Zukunft kann zeigen, ob von der Regelung des § 18 InsO reger Gebrauch gemacht werden wird. Der theoretische Grundstein dafür ist jedenfalls gelegt.

[487] Nerlich/ Römermann-**Mönning** § 18, Rz. 50; **G. Pape** NWB Fach 19, 2328; Kübler/ Prütting-**G. Pape** § 18, Rz. 13; **Burger/ Schellberg** KTS 1995, 574; **Krüger-Knief** S. 32; FK-**Schmerbach** § 18, Rz. 1.

[488] **Groß/ Hess** WPg 1999, 425f.; **Haas** in Insolvenzrecht 1998, S. 10; FK-**Schmerbach** § 18, Rz. 1; **G. Pape** NWB Fach 19, S. 2327.; **Burger/ Buchhart** WPg 1999, 157; **Uhlenbruck** GmbHR 1995, 197; **Balz** ZIP 1988, 281; Nerlich/ Römermann-**Mönning** § 18, Rz. 42.

Durchführung eines Insolvenzverfahrens weiterhin behalten.[489] Ferner kann er die Antragstellung nutzen, um die Untersagung oder einstweilige Einstellung von gegen ihn gerichteten, möglicherweise existenzvernichtenden Einzelzwangsvollstreckungen nach §§ 21 II Nr. 3 InsO, 30d IV ZVG zu erreichen oder die Rückschlagsperre des § 88 InsO auszulösen.[490] Einen besonders gewichtigen Anreiz stellt schließlich – allerdings begrenzt auf den Bereich natürlicher Personen (§ 286 InsO) – die Aussicht des Schuldners auf die Erlangung einer Restschuldbefreiung gem. §§ 286ff. InsO nach Durchführung eines Insolvenzverfahrens dar.[491] Die Erfolgschancen für den Schuldner steigen hier zum einen mit einer früheren Antragstellung, da dann noch ausreichend Masse zur Durchführung eines Verfahrens vorhanden ist.[492] Zum anderen kann die Restschuldbefreiung mangels Pflicht zur Antragstellung bei nur drohender Zahlungsunfähigkeit nicht wegen Verzögerung der Eröffnung gem. § 290 I Nr. 4 InsO versagt werden.[493]

cc) Zusammenfassung der Ergebnisse zu aa) und bb)

Als Zwischenergebnis ist festzuhalten, daß die Insolvenzordnung den bisherigen Eröffnungstatbeständen der eingetretenen Zahlungsunfähigkeit und der Überschuldung mit der drohenden Zahlungsunfähigkeit einen dritten hinzufügt hat. Damit sind nun besonders frühzeitige Verfahrenseröffnungen, noch vor dem Eintritt der endgültigen schuldnerischen Krise möglich. Allerdings ist der neue Insolvenzgrund mit den beiden anderen nur eingeschränkt vergleichbar. Anders als diese weist § 18 InsO neben gläubigerschützenden auch stark schuldnerschützende Elemente auf. Um ein vorzeitiges Eingreifen von außen zu vermeiden, wurde das Antragsrecht

489 **G. Pape** NWB Fach 19, 2328; Kübler/ Prütting-**G. Pape** § 18, Rz. 13; **Macke/ Wegener** INF 1998, 568; FK-**Schmerbach** § 18, Rz. 1, 21; **Lenz/ Seit** INF 1998, 337; **Krüger-Knief** S. 32; **Burger/ Schellberg** KTS 1995, 574; **Burger/ Schellberg** BB 1995, 265; **Moosmayer/ Smeets** NJ 1998, 514.

490 **G. Pape** NWB Fach 19, S. 2328; Kübler/ Prütting-**G. Pape** § 18, Rz. 11; **Vallender** ZIP 1997, 1993ff.; FK-**Schmerbach** § 18, Rz. 1, 21; Smid-**Smid** § 18, Rz. 12; **Lenz/ Seit** INF 1998, 337; **Krüger-Knief** S. 32.

491 **Burger/ Schellberg** KTS 1995, 574; **Burger/ Schellberg** BB 1995, 265; FK-**Schmerbach** § 18, Rz. 1; **Macke/ Wegener** INF 1998, 568; **Krüger-Knief** S. 32.

492 Kübler/ Prütting-**G. Pape** § 18, Rz. 14; vgl. ferner **G. Pape** NWB Fach 19, 2327.

493 So zutreffend auch FK-**Schmerbach** § 18, Rz. 21; a.A. dagegen **Warrikoff** KTS 1996, 494, der davon ausgeht, das es auch im Falle nur drohender Zahlungsunfähigkeit an einer Aussicht auf Besserung iSd § 290 I Nr. 4 InsO fehlen kann.
Für den besonders insolvenzanfälligen Bereich der GmbH, wie auch für die übrigen juristischen Personen und Personen ohne Rechtspersönlichkeit, besteht allerdings keine Möglichkeit zur Erlangung einer Restschuldbefreiung (vgl. § 286 InsO), so daß hier die Gefahr besteht, daß trotz erkannter Krisensituation weiter auf das Prinzip Hoffnung gesetzt oder durch Auszehrung der Vermögensmasse gezielt auf eine Verfahrensabweisung nach § 26 InsO hingearbeitet, jedenfalls der Weg einer frühen Verfahrenseröffnung bei nur drohender Zahlungsunfähigkeit nicht began-

auf den Schuldner beschränkt und nicht als (strafbewährte) Antragspflicht ausgestaltet. Weiter hält das Insolvenzverfahren für den Schuldner bei Stellung eines frühen Antrags nach § 18 InsO verschiedene Anreize bereit. Der Gesetzgeber setzt so auf die Einsicht, daß die Lösung über § 18 InsO nicht nur als für die Gläubiger günstigste, sondern auch für den Schuldner vorteilhafteste Lösung erkannt wird.

b) Vereinbarkeit dieser zivilrechtlichen Zielsetzung mit dem Begriff und der Funktion der drohenden Zahlungsunfähigkeit im Insolvenzstrafrecht

Zu untersuchen ist nun, ob diese Zielsetzung und Funktion des zivilrechtlichen Insolvenzgrundes der drohenden Zahlungsunfähigkeit einem inhaltsakzessorischen Begriffsverständnis im Insolvenzstrafrecht entgegensteht.
Eine gleichermaßen gläubiger- und schuldnerschützende Zielrichtung wohnt dem Begriff der drohenden Zahlungsunfähigkeit im Strafrecht nicht inne. Zivilrechtlich steht es dem Schuldner frei, ein Insolvenzverfahren über sein Vermögen bei nur drohender Zahlungsunfähigkeit zu eröffnen. Der mit den Mitteln des Strafrechts in den §§ 283ff. StGB gewährte Rechtsgüterschutz ist dagegen zwingend und gerade nicht in das Belieben des Schuldners gestellt.[494] Die §§ 283ff. StGB dienen allein dem Schutz der Interessen der Gläubiger.
Insofern unterscheidet sich die insolvenzstrafrechtliche Krise der drohenden Zahlungsunfähigkeit von den beiden übrigen Krisensituationen nicht, sondern steht gleichgeordnet neben diesen. Ferner führt ein früher Antrag des Schuldners bei drohender Zahlungsunfähigkeit nach § 18 InsO in gleicher Weise wie ein Insolvenzantrag bei bereits eingetretener Zahlungsunfähigkeit oder bei Überschuldung zur Entscheidung des Insolvenzgerichts über die Eröffnung eines Insolvenzverfahrens. Der Schuldner kann damit insolvenzstrafrechtlich zwangsläufig die objektive Strafbarkeitsbedingung nach § 283 VI, 2. oder 3. Var. StGB in gleicher Weise auslösen, wie wenn seine wirtschaftliche Krise bereits manifest geworden wäre, und sich so in das Risiko potentieller Strafbarkeit bringen. Nach Eintritt der Krisensituation der drohenden Zahlungsunfähigkeit und der objektiven Bedingung nach § 283 VI, 2. oder 3. Var. StGB führt dann jedes vorsätzliche Fehlverhalten des Schuldners iSd § 283 I Nr. 1-8 StGB zur Erfüllung des Tatbestandes des Bankrotts.[495] Dieses Risiko einer potentiellen Strafbarkeit kann viele Schuldner ganz im Gegensatz zur Intention der zivilrechtlichen Regelung veranlassen, von der zunächst freiwilligen Stellung eines Insolvenzantrags bei nur drohender Zahlungsunfähigkeit noch Abstand zu nehmen und statt dessen mit aller Kraft und solange wie

---

gen wird, ebenso auch FK-**Schmerbach** § 18, Rz. 21.

[494] **Moosmayer** S. 169f.

[495] **Lackner/ Kühl** § 283, Rz. 8, 26; **Moosmayer** S. 170; **Hörl** S. 61; **Uhlenbruck** wistra 1996, 4; Kübler/ Prütting-**G. Pape** § 17, Rz. 1.

möglich zu versuchen, den endgültigen wirtschaftlichen Zusammenbruch außergerichtlich zu vermeiden. In diesen Fällen wird folglich wie bislang ein Insolvenzantrag wenn überhaupt erst nach Eintritt der Zahlungsunfähigkeit oder der Überschuldung gestellt, wenn sich das Antragsrecht des Schuldners zu einer Antragspflicht verdichtet hat.[496] Damit besteht hinsichtlich des Begriffs der drohenden Zahlungsunfähigkeit eine problematische, funktionale Inkongruenz zwischen dem zivilen Insolvenzrecht und dem Insolvenzstrafrecht. Während das erstere den Schuldner auf vielfache Weise zum frühen Antrag nach § 18 InsO bewegen will, behindert letzteres genau diese Anträge des Schuldners und steht so der Idee des Gesetzgebers, eine aus Schuldnersicht risikolose Handhabung der Norm zu ermöglichen, diametral entgegen.[497]

Fraglich und im folgenden zu untersuchen ist jedoch, ob diese Dysfunktionalität[498] zwangsläufig zu voneinander abweichenden Begriffsbestimmungen einer drohenden Zahlungsunfähigkeit führen muß. Wie gesehen kommen dem Merkmal unterschiedliche Funktionen mit verschiedenartigen Auswirkungen in zivil- und in strafrechtlicher Hinsicht zu, was als Anlaß für ein eigenständiges, unterschiedliches Begriffsverständnis in den jeweiligen Rechtsgebieten aufgefaßt werden könnte.[499] Nach Auffassung der vorliegenden Arbeit allerdings steht dieser Umstand einer inhaltsakzessorischen Auslegung der drohenden Zahlungsunfähigkeit nicht entgegen. Zwar scheint eine Korrektur der Auslegung oder sogar des Gesetzes zur Beseitigung der funktionalen Inkongruenz zwischen § 18 InsO und dem Insolvenzstrafrecht angezeigt. Diese muß aber richtigerweise im Rahmen der Untersuchung der objektiven Strafbarkeitsbedingung vorgenommen werden. Deren Eintritt hat sich aus der Perspektive des Insolvenzstrafrechts als eigentliche Ursache der beschriebenen Inkongruenz herausgestellt. Befindet sich ein Schuldner nämlich lediglich

[496] **Lackner/ Kühl** § 283, Rz. 8, 26; **Moosmayer** S. 170; **Hörl** S. 61; vgl. auch **Penzlin** S. 192. Zu beachten ist nochmals, daß auch bei eingetretener Zahlungsunfähigkeit oder Überschuldung eine Insolvenzantragspflicht nicht für alle Schuldner, sondern nur dann besteht, wenn sie besonders vorgeschrieben ist, vgl. §§ 92 II AktG, 64 I GmbHG, 99 I GenG, 130a I 1, 177a HGB, 42 II BGB. Eine ausführliche Übersicht über Antragsrechte und Antragspflichten findet sich ferner bei FK-**Schmerbach** § 15, Rz. 3. Vgl. ferner oben Erster Teil, Kapitel 2.

[497] Sehr anschaulich formuliert dies **Hörl** S. 61: *Das zivilrechtlich Gewünschte, den Gemeinschuldner zu veranlassen, so früh als möglich einen Insolvenzantrag zu stellen, damit noch möglichst viel Masse vorhanden ist, kann so zu einem strafrechtlichen Bumerang werden.* Vgl. ferner **Bieneck** in Müller-Gugenberger/ Bieneck, § 76, Rz. 71a; Sch/Sch-**Stree/ Heine** § 283, Rz. 53; **Tröndle/ Fischer** vor § 283, Rz. 11; **Uhlenbruck** wistra 1996, 4; **Uhlenbruck** NZI 1998, 33; **Moosmayer** S. 170 und kritisch **Penzlin** S. 162f., Fn. 758, sowie aus zivilrechtlicher Sicht Kübler/ Prütting-**G. Pape** § 18, Rz. 1.

[498] Mit diesem Begriff bezeichnen **Lackner/ Kühl** § 283, Rz. 8; **Moosmayer** S. 170; **Hörl** S. 61 und **Uhlenbruck** wistra 1996, 4 die funktionale Inkongruenz zwischen zivilem Insolvenz- und Insolvenzstrafrecht im Bereich der drohenden Zahlungsunfähigkeit.

[499] In diese Richtung neigend **Moosmayer** S. 168ff.

im Zustand drohender Zahlungsunfähigkeit, löst er aber dabei nicht zugleich die objektive Strafbarkeitsbedingung aus, so ändert der bloße Eintritt des Krisenmerkmals nichts daran, daß das Risiko einer potentiellen Strafbarkeit (noch) nicht besteht, da eine solche nach § 283 I StGB erst dann möglich ist, wenn eine Krisensituation *und* der Eintritt der objektiven Bedingung *und* eine vorsätzlich begangene Tathandlung kumulativ vorliegen.
Ferner wurde bereits im Bereich der eingetretenen Zahlungsunfähigkeit zugunsten eines akzessorischen Begriffsverständnisses entschieden. Dies legt eine entsprechende Entscheidung auch im Falle der nur drohenden Zahlungsunfähigkeit nahe.
Im übrigen könnte auch eine insolvenzstrafrechtliche abweichende, eigenständige Begriffsbestimmung der drohenden Zahlungsunfähigkeit das Problem der funktionalen Inkongruenz nicht überwinden: Läge nämlich nach § 18 II InsO *und* nach einer abweichenden strafrechtlichen Definition drohende Zahlungsunfähigkeit vor, so löste ein Schuldner mit seinem Insolvenzantrag bei Verfahrenseröffnung, bzw. Abweisung mangels Masse wiederum die objektive Strafbarkeitsbedingung des § 283 VI, 2. oder 3. Var. StGB aus. Das angesprochene Problem würde damit nicht beseitigt, sondern lediglich reduziert und auf solche Fälle verlagert, in denen nach beiden – nach der zivil- wie auch nach der strafrechtlichen – Definition drohende Zahlungsunfähigkeit vorläge.
Zu beachten ist schließlich, daß der Begriff der drohenden Zahlungsunfähigkeit genau genommen im Bankrottatbestand zweimal eine Rolle spielt. So definiert er zum einen explizit eine wirtschaftliche Krisensituation. Zum anderen taucht er implizit, mittelbar im Bereich der objektiven Strafbarkeitsbedingung auf, wenn diese die Eröffnung eines Insolvenzverfahrens oder dessen Ablehnung mangels Masse verlangt, was entweder eingetretene Zahlungsunfähigkeit, Überschuldung oder eben drohende Zahlungsunfähigkeit voraussetzt. In dieser zweiten, nur mittelbaren Verwendung knüpft das Insolvenzstrafrecht direkt an das zivile Insolvenzrecht an. Der Begriff der drohenden Zahlungsunfähigkeit ist daher hier jedenfalls im Sinne des § 18 II InsO zu verstehen. Legte man nun der wirtschaftlichen Krisensituation der drohenden Zahlungsunfähigkeit in § 283 I StGB ein abweichendes Begriffsverständnis zugrunde, so bedeutete dies, daß man innerhalb einer Norm einen mehrfach bedeutungsvollen Begriff unterschiedlich interpretierte, was nicht einleuchtet. Vielmehr scheint es nahezuliegen, den Begriff der drohender Zahlungsunfähigkeit auch in seiner ersten expliziten Verwendung als Krisenmerkmal in § 283 I StGB gem. § 18 II InsO auszulegen, zumal der Begriff in seiner impliziten Verwendung in § 283 VI StGB zwingend so zu verstehen ist.[500]

[500] Vgl. hierzu **Röhm** NZI 2000, 467. Aus diesem Grunde spricht sich auch **Hörl** S. 31 im Ergebnis für eine inhaltliche Akzessorietät aus.

5. Zwischenergebnis zu I.

Im Ergebnis ist wie bei der eingetretenen Zahlungsunfähigkeit auch hinsichtlich der Krise der drohenden Zahlungsunfähigkeit von einer begrifflichen und inhaltlichen Akzessorietät des Insolvenzstrafrechts auszugehen. Das strafrechtliche Begriffsverständnis ist somit an der entsprechenden zivilrechtlichen Legaldefinition des § 18 II InsO zu orientieren und hat deren Vorgaben zu übernehmen, es sei denn diese stellten sich als unvereinbar mit dem im Strafrecht stets zu beachtenden Bestimmtheitsgebot des Art. 103 II GG heraus. Der mit Inkrafttreten der InsO entstandenen funktionalen Inkongruenz zwischen § 18 InsO und § 283 StGB muß später im Rahmen der Auseinandersetzung mit der objektiven Strafbarkeitsbedingung des § 283 VI StGB durch eine Korrektur der Auslegung oder des Gesetzes begegnet werden.

II. Die Begriffsbestimmung der drohenden Zahlungsunfähigkeit

Damit sind im folgenden die Begriffsmerkmale der Legaldefinition des § 18 II InsO und ihre Auswirkungen näher zu untersuchen. Wie im Bereich der eingetretenen Zahlungsunfähigkeit soll auch haer zunächst kurz auf die Definition der drohenden Zahlungsunfähigkeit vor Inkrafttreten der InsO eingegangen werden.

1. Die Definition der drohenden Zahlungsunfähigkeit vor dem Inkrafttreten der InsO

Bis zum Inkrafttreten der InsO kannte das zivile Insolvenzrecht nur die eingetretene Zahlungsunfähigkeit und die Überschuldung als Eröffnungsgründe. Überlegungen zur Begriffsdefinition einer drohenden Zahlungsunfähigkeit wurden daher in der Vergangenheit bis zum 1.1.1999 im rechtswissenschaftlichen Schrifttum ausschließlich für den Bereich des Insolvenzstrafrechts angestellt. Dabei war allgemein anerkannt, daß der Begriff der Zahlungsunfähigkeit innerhalb der eingetretenen und der drohenden Zahlungsunfähigkeit gleich auszulegen sei. Es wurde folglich hauptsächlich versucht zu bestimmen, wann das Drohen eines solchen Zustandes vorlag. Nicht zurückgegriffen werden konnte insofern nach überwiegender Ansicht auf die vordergründig naheliegend erscheinende Parallele zu § 288 StGB.[501] Dieser enthält zwar auch ein Merkmal des Drohens, doch liegt der Schwerpunkt beim Drohen der Einzelzwangsvollstreckung auf dem Vollstreckungswillen des

[501] **Tiedemann** NJW 1977, 781; LK-**Tiedemann** vor § 283, Rz. 136; **Matzen** S. 58ff.; **Hiltenkamp-Wisgalle** S. 290ff.; **Moosmayer** S. 167; **Otto** in GS Bruns S. 279; vgl. ferner Protokolle des Sonderausschusses für die Strafrechtsreform der 7. Wahlperiode S. 2817ff. und BT Drs. 7/

einzelnen Gläubigers, während die Insolvenzdelikte auf die Befriedigungsinteressen der gesamten Gläubigerschaft abstellen. Damit wohnt dem Drohen in § 288 StGB eine stärker subjektive, dem in § 283 StGB eine mehr objektive Ausrichtung inne. Man sah es deshalb als notwendig an, den Begriff in § 283 StGB eigenständig zu bestimmen, wobei zumeist in Anlehnung an die Gesetzesbegründung zum 1. WiKG die gleichen Grundsätze herangezogen wurden, die auch für die Feststellung einer konkreten Gefahr maßgebend sind.[502]
Von diesem gemeinsamen Ausgangspunkt aus ließen sich dann zwei verschiedenartige Definitionswege unterscheiden: So forderten die hM im Schrifttum und die Gesetzesbegründung für das Vorliegen einer drohenden Zahlungsunfähigkeit eine nach den festgestellten Umständen des Einzelfalls *naheliegende Wahrscheinlichkeit* für das Eintreten der Zahlungsunfähigkeit[503], während eine Gegenauffassung die *Wahrscheinlichkeit ihres nahen Eintritts* für entscheidend hielt.[504] Während also die erste Formulierung den Intensitätsgrad der Gläubigergefährdung in den Vordergrund rückte, war nach der zweiten Formulierung die zeitliche Nähe für die Annahme einer drohenden Zahlungsunfähigkeit ausschlaggebend. Letztlich ist es aber

---

5291, S. 17.

502 BT Drs. 7/ 3441, S. 34; **Lackner**/ **Kühl**[22] § 283, Rz. 8; **Maurach**/ **Schroeder**/ **Maiwald** BT 1, § 48, Rz. 13; Sch/Sch-**Stree**/ **Heine** § 283, Rz. 53; SK-**Samson** § 283, Rz. 10; Preisendanz-**Bieneck** § 283, Anm. 5.c), S. 891; **Otto** in GS Bruns S. 279; NK-**Kindhäuser** vor § 283, Rz. 103; **Göhler**/ **Wilts** DB 1976, 1660; **Böhle-Stamschräder**[12] § 283, Anm. 4c), S. 531f.; **Schlüchter** MDR 1978, 268; **Schlüchter** Grenzbereich S. 80f.; **Teufel** Insolvenzkriminalität S. 20; **Hörl** S. 59; kritisch dazu **Tiedemann** NJW 1977, 781.

503 BT Drs. 7/ 3441, 34; BT Drs. 7/ 5291, S. 17; OLG Karlsruhe 2 Ws 264/ 76 v. 3.1.1977, sowie aus dem Schrifttum **Bieneck** in Müller-Gugenberger/ Bieneck, § 76, Rz. 51; **Hiltenkamp-Wisgalle** S. 295f.; **Hörl** S. 60; **Bretzke** S. 101ff.; **Maurach**/ **Schroeder**/ **Maiwald** BT 1, § 48, Rz. 13; **Ohde** S. 33; **Gössel** § 28, Rz. 14; **Reck** ZInsO 1999, 197; **Penzlin** S. 113ff.; **Berz** BB 1976, 1440; **Böhle-Stamschräder**[12] § 283, Anm. 4c), S. 531f.; **Göhler**/ **Wilts** DB 1976, 1660; **Müller-Emmert**/ **Maier** NJW 1976, 1663; der Sache nach auch NK-**Kindhäuser** vor § 283, Rz. 103, der den Streit allerdings nur als Streit um Worte begreift. Weitergehend schließlich LK-**Tiedemann** vor § 283, Rz. 138; **Tiedemann** in HWiStR, Art. Konkursstraftaten, S. 8; **Tiedemann** NJW 1977, 781, der eine überwiegende Wahrscheinlichkeit für den Eintritt der Zahlungsunfähigkeit auf Grund der Umstände des Einzelfalls verlangt, bzw. sogar, daß der Eintritt nach dem normalen Ablauf der Dinge zu erwarten ist. Nur mit Hilfe einer solchen Auslegung könne der Gefahr der Unbestimmtheit des Tatbestandsbegriffs entgegen gewirkt werden.

504 In diese Richtung neigend BGH JZ 1979, 77, daneben aus dem Schrifttum **Harneit** S. 110; **Tröndle**/ **Fischer** vor § 283, Rz. 10; **Weyand** S. 57; **Wessels**[20] BT 2, Rz. 442; ähnlich auch **Wessels**/ **Hillenkamp** BT 2, Rz. 462; ferner **Otto** BT § 61, Rz. 88; **Otto** in GS Bruns S. 279f., der zur Bestimmung des Begriffs der drohenden Zahlungsunfähigkeit vergleichend auf die Kriterien zur Abgrenzung von Vorbereitungshandlung und Versuch abstellen will. Gegen diesen Ansatz LK-**Tiedemann** vor § 283, Rz. 138; **Harneit** S. 110 und NK-**Kindhäuser** vor § 283, Rz. 103.
Beide Ansichten vereinigen schließlich die Definitionen von **Lackner**/ **Kühl**[22] § 283, Rz. 8 und Sch/Sch-**Stree**/ **Heine** § 283, Rz. 53, wonach Zahlungsunfähigkeit droht, wenn ihr naher Eintritt als überwiegend wahrscheinlich anzusehen ist.

nie gelungen, den Begriff der drohenden Zahlungsunfähigkeit so hinreichend zu konkretisieren, daß er für die Praxis nutzbringend handhabbar gewesen wäre.[505]

2. Die Definition der drohenden Zahlungsunfähigkeit nach § 18 II InsO

Nach der Legaldefinition des § 18 II InsO droht ein Schuldner zahlungsunfähig zu werden, *wenn er voraussichtlich nicht in der Lage sein wird, die bestehenden Zahlungspflichten im Zeitpunkt der Fälligkeit zu erfüllen.* Im folgenden sind die einzelnen Elemente dieser zivilinsolvenzrechtlich wie insolvenzstrafrechtlich gleichermaßen bedeutungsvollen Definition zu untersuchen. Zentrale Bedeutung kommt dabei den Auslegungsschwierigkeiten im Rahmen der Merkmale der bestehenden Zahlungspflichten und der Voraussichtlichkeit zu. Zur Veranschaulichung soll zunächst ein Fallbeispiel vorangestellt werden.

a) Fallbeispiel

In diesem Fallbeispiel ist am 1.4. eines bestimmten Jahres zu prüfen, ob drohende Zahlungsunfähigkeit eines Schuldners S vorliegt. Gegen S bestehen am 1.4. zwei Zahlungsansprüche mit jeweils unterschiedlicher Entstehungszeit und unterschiedlichen Fälligkeitsterminen. Es ist daneben davon auszugehen, daß S künftig drei weitere Zahlungsverpflichtungen eingehen wird. Im einzelnen handelt es sich dabei um folgende Forderungen:
Die Forderung F_1 wurde am 1.1. begründet und am 25.3. fällig. Diese Forderung ist also im Betrachtungszeitpunkt am 1.4. bestehend und fällig. S hat sie aber am 1.4. noch nicht erfüllt.
Die Forderung F_2 wurde am 1.2. begründet und wird am 1.8. fällig. Sie ist damit ebenfalls im Zeitpunkt der Betrachtung am 1.4. bereits entstanden. Allerdings ist sie zu dieser Zeit noch nicht fällig. Ferner ist zu beachten, daß F_2 mit dem 1.8. den spätesten Fälligkeitstermin der im Prüfungszeitpunkt am 1.4. schon zur Entstehung gelangten Forderungen hat.
Die Forderung F_3 besteht noch nicht, gelangt aber aller Voraussicht nach am 1.5. zur Entstehung und wird dann am 1.7. fällig. Diese Forderung ist damit im Prüfungszeitpunkt weder begründet noch fällig. Zu beachten ist aber der Fälligkeitstermin von F_3. Dieser liegt am 1.7. und damit vor dem spätesten Fälligkeitstermin der am 1.4. bereits bestehenden Forderungen, nämlich vor dem 1.8. Dies liegt daran, daß die Zeitspanne vom Entstehungszeitpunkt bis zum Fälligkeitstermin bei F_3 nur 2 Monate, bei F_2 dagegen 6 Monate beträgt.

---

505 **Uhlenbruck** wistra 1996, 3; **Uhlenbruck** KTS 1994, 172; Nerlich/ Römermann-**Mönning** § 18, Rz. 21. Vgl. ferner **Bretzke** S. 224ff.

Die Forderung F_4 wird am 1.6. begründet und am 1.10. fällig. F_4 hat Gemeinsamkeiten mit F_3. Beide Forderungen sind zum 1.4., also zum Prüfungstermin, noch nicht entstanden und damit zwangsläufig auch noch nicht fällig. Der Unterschied besteht nun darin, daß F_3 in der Zeit bis zum spätesten Fälligkeitstermin der im Betrachtungszeitpunkt bereits begründeten F_2 am 1.8. entsteht und fällig wird. F_4 dagegen entsteht zwar bis zum 1.8., wird aber erst später, am 1.10. fällig.
Die Forderung F_5 schließlich wird am 1.9. begründet und am 1.11. fällig. Diese Forderung ist also nicht nur zum Prüfungszeitpunkt am 1.4., sondern darüber hinaus auch zum spätesten Fälligkeitstermin der am 1.4. bestehenden Forderungen weder entstanden noch fällig.

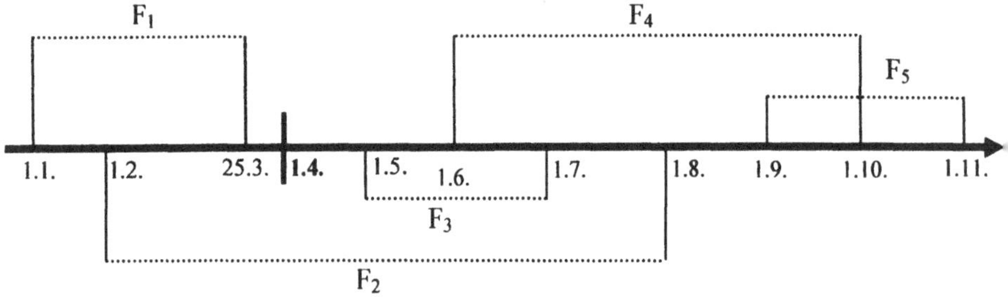

Bei der Prüfung am 1.4. soll zugunsten des S von einem anfänglich vorhandenen Zahlungsmittelbestand in Höhe von 30.000 DM ausgegangen werden. In der Zeit bis zum 1.8. ist mit weiteren Einnahmen des S in Höhe von 8.000 DM zu rechnen. Bei der Verbindlichkeit F_1 handelt es sich um eine Forderung in Höhe von 5.000 DM, F_2 ist auf Zahlung von 20.000 DM gerichtet, der Gläubiger von F_3 kann von S 50.000 DM verlangen.[506]

Im Rahmen der Untersuchung der einzelnen Merkmale wird im folgenden immer wieder auf die Lösung dieses Fallbeispiels zurückgegriffen.

b) Das Merkmal der Zahlungsunfähigkeit

Der Begriff der drohenden Zahlungsunfähigkeit setzt sich aus zwei Komponenten zusammen, nämlich aus der Zahlungsunfähigkeit und deren Drohen. Dabei ist die Begriffskomponente der Zahlungsunfähigkeit im wesentlichen wie im Rahmen der eingetretenen Zahlungsunfähigkeit zu verstehen. Insofern kann daher auf die obi-

[506] Wie später gezeigt werden kann, spielt daneben die Höhe der übrigen Forderungen F_4 und F_5 für die Frage, ob S am 1.4. als drohend zahlungsunfähig anzusehen ist, keine weitere Rolle. Ihre Wertigkeit kann daher offenbleiben. Ebenso sind Einnahmen, die der Schuldner voraussichtlich nach dem 1.8. erzielen wird, für die am 1.4. anzustellende Betrachtung ohne Relevanz.

gen Ausführungen verwiesen werden. Dem Schuldner muß im Ergebnis also ein Zustand drohen, der umschrieben werden kann als ein auf einem Mangel an Geldmitteln beruhendes Unvermögen, die eigenen Zahlungspflichten innerhalb eines maximal drei Wochen andauernden Zeitraumes zu erfüllen, ohne daß dieses Unvermögen quantitativ ein bestimmtes Maß im Verhältnis zur Gesamtsumme der Verbindlichkeiten erreichen muß. Lediglich hinsichtlich des für die Definition der eingetretenen Zahlungsunfähigkeit bedeutenden Merkmals der Fälligkeit sind im Rahmen der drohenden Zahlungsunfähigkeit Abweichungen vorzunehmen. Aus der Formulierung *„im Zeitpunkt ihrer Fälligkeit“* in § 18 II InsO ergibt sich, daß die Feststellung einer drohenden Zahlungsunfähigkeit eine zukunftsgerichtete, prognostische Prüfung erforderlich macht, die gerade auch solche Forderungen einzubeziehen hat, die noch nicht fällig sind, sondern erst fällig werden.[507]

Im obigen Fallbeispiel wäre damit bei der Prüfung einer eingetretenen Zahlungsunfähigkeit nach § 17 II 1 InsO lediglich F_1 zu berücksichtigen, da alle anderen gegen S gerichteten Forderungen am 1.4 noch nicht fällig, teilweise sogar noch nicht einmal zur Entstehung gelangt sind. Zahlungsunfähigkeit des S liegt am 1.4. allerdings aus zwei Gründen nicht vor. Zum einen beruht der Umstand, daß S die fällige F_1 noch nicht erfüllt hat, nicht auf einem Mangel an Geldmitteln, sondern auf anderen Ursachen. S verfügt am 1.4. noch über ein Vermögen in Höhe von 30.000,- DM, F_1 ist lediglich auf Zahlung von 5000,- DM gerichtet. Zum anderen wäre darüber hinaus auch die Zeitgrenze von drei Wochen, innerhalb derer vor einer unbeachtlichen Zahlungsstockung ausgegangen werden kann, noch nicht überschritten, da F_1 erst am 25.3. fällig wurde.

---

[507] Ebenso für ein bis auf die Voraussetzung der Fälligkeit identisches Begriffsverständnis der Zahlungsunfähigkeit bei deren Eintritt wie bei deren Drohen BT Drs. 12/ 2443, 114, ferner aus dem Schrifttum **Lackner/ Kühl** § 283, Rz. 8; LK-**Tiedemann** vor § 283, Rz. 139; Sch/Sch-**Stree/ Heine** § 283, Rz. 53; **Reck** BuW 1997, 746; **Reck** ZAP Ost Fach 21, 162; **Reck** ZInsO 1999, 197; **Reck** GmbHR 1999, 270; **Uhlenbruck** wistra 1996, 4 und aus zivilrechtlicher Perspektive FK-**Schmerbach** § 18, Rz. 3; Nerlich/ Römermann-**Mönning** § 18, Rz. 23; HK-**Kirchhof** § 18, Rz. 5, 12; **Möhlmann** WPg 1998, 955f.; **Harald Wagner** § 18, Rz. 10.

c) Der Kreis der für die Beurteilung einer drohenden Zahlungsunfähigkeit maßgeblichen Forderungen – Das Merkmal der bestehenden Zahlungspflichten

Fraglich ist aber, ob am 1.4. eine drohende Zahlungsunfähigkeit des S vorliegt. Dies hängt wesentlich davon ab, welche Forderungen in die Prognoseprüfung der drohenden Zahlungsunfähigkeit nach § 18 II InsO einzustellen sind, wie also das Merkmal der *bestehenden Zahlungspflichten* iSd § 18 II InsO zu verstehen ist. Dabei ist im einzelnen umstritten, ob und bejahendenfalls inwieweit auch Forderungen in die Prognoseprüfung einbezogen werden müssen, die im Betrachtungszeitpunkt noch gar nicht zur Entstehung gelangt sind.

aa) Die bestehenden Zahlungspflichten

Eine Forderung besteht, wenn sie entstanden ist. Bereits die Verwendung der Begriffe *bestehend* und *fällig* in einer Norm (§ 18 II InsO) macht deutlich, daß es sich hierbei um zwei verschiedene Zeitpunkte handelt. Fällig ist ein Anspruch, dessen Befriedigung rechtlich verlangt werden kann.[508] Als bestehend ist eine Forderung dagegen bereits dann anzusehen, wenn der vom Gesetz zu ihrer Entstehung verlangte Tatbestand verwirklicht ist.[509] Das BGB dagegen trennt nicht immer sauber zwischen diesen Zeitpunkten. So spricht etwa § 198 BGB von der Entstehung eines Anspruchs, obwohl sich eine ganz hM darin einig ist, daß es hier im Falle des Verjährungsbeginns nicht wirklich auf die Entstehung des Anspruchs, sondern vielmehr auf dessen Fälligkeit ankommt.[510]
In zeitlicher Hinsicht kann der Zeitpunkt der Fälligkeit nie vor dem des Entstehens liegen, denkbar ist allenfalls, daß beide Zeitpunkte zusammenfallen, d.h. daß eine Forderung mit ihrem Entstehen sogleich auch fällig wird. Die Menge der fälligen Forderungen kann daher allenfalls im Extremfall einmal gleich groß sein wie die Menge der entstandenen Ansprüche. Im Regelfall aber richten sich gegen einen Schuldner unterschiedliche Forderungen, von denen nur ein kleinerer Teil zugleich auch schon fällig ist.
Im Beispiel fallen die Zeitpunkte des Entstehens und der Fälligkeit bei allen Forderungen auseinander. Im Prüfungszeitpunkt am 1.4. sind lediglich die Forderungen F_1 und F_2 entstanden. F_2 ist im Gegensatz zu F_1 aber am 1.4. noch nicht fällig und aus diesem Grunde bei der Prüfung einer eingetretenen Zahlungsunfähigkeit nach § 17 II 1 InsO nicht zu berücksichtigen. Für die Prüfung nach § 18 II InsO spielt dies dagegen keine Rolle, hier reicht es aus, daß die Forderung vor dem 1.4. ent-

---

508 **Medicus** AT Rz. 108.

509 **Temme** S. 55.

510 Vgl. BGHZ 55, 340f.; Palandt-**Heinrichs** § 198, Rz. 1; **Medicus** AT Rz. 108; ebenso **Temme** S. 55, anders dagegen **Haas** in Insolvenzrecht 1998, S. 10, der offenbar den Begriff der Entstehung

stand. F_1 und F_2 sind daher jedenfalls und unstreitig bei der Prüfung einer drohenden Zahlungsunfähigkeit in die Betrachtung einzustellen.
Die Prüfung nach § 18 II InsO bezieht daher im Vergleich zu der nach § 17 II 1 InsO mehr Zahlungspflichten des Schuldners ein. Anders formuliert: Es kann Situationen geben, in denen die Geldmittel des Schuldners zwar noch zur Befriedigung seiner fälligen Verbindlichkeiten, voraussichtlich aber nicht mehr auch zur Befriedigung der bereits bestehenden und erst künftig fällig werdenden Forderungen ausreichen. In diesen Fällen ist der Schuldner dann (noch) nicht zahlungsunfähig, die Zahlungsunfähigkeit droht aber bereits. Hier wird deutlich erkennbar, daß der Zustand der drohenden Zahlungsunfähigkeit immer zeitlich vor dem der eingetretenen Zahlungsunfähigkeit liegt. Äußerstenfalls können beide zeitlich zusammenfallen, wenn alle gegen den Schuldner gerichteten Forderungen mit ihrer Entstehung zugleich auch fällig werden.

bb) Die Einbeziehung noch nicht bestehender Zahlungspflichten in die Prüfung einer drohenden Zahlungsunfähigkeit

Fraglich und umstritten ist nun, ob bei der Prognose noch weitere Forderungen in die Betrachtung miteinzubeziehen sind, die im Prüfungszeitpunkt noch gar nicht bestehen. Solche Forderungen stellen im Fallbeispiel F_3, F_4 und F_5 dar.
Eine Ansicht lehnt dies ab und begrenzt bei der Prüfung einer drohenden Zahlungsunfähigkeit den Kreis der maßgeblichen Forderungen, auf solche, die im Betrachtungszeitpunkt bereits entstanden sind.[511] Hiernach wären also im Fallbeispiel nur die Forderungen F_1 und F_2 in die Prognoseprüfung einzustellen, die zusammen eine Wertigkeit von 25.000 DM aufweisen. Dem steht aber bereits am 1.4. ein vorhandener Zahlungsmittelbestand des S von 30.000 DM gegenüber. Zudem ist bis zum 1.8., dem Fälligkeitstermin von F_2, mit weiteren Einnahmen in Höhe von 8.000 DM zu rechnen. Nach dieser Ansicht läge damit im Ergebnis im Fallbeispiel am 1.4. noch keine drohende Zahlungsunfähigkeit des S vor. Anders stellte sich nach ihr allerdings der Fall dar, prüfte man deren Vorliegen nicht am 1.4., sondern erst am 1.5: Dem vorhandenen Zahlungsmittelbestand am 1.5. (30.000 DM) zuzüglich der zu erwartenden Einnahmen (8.000 DM), also einer Summe liquider Mittel in Höhe von 38.000 DM, wäre dann neben F_1 und F_2 in Höhe von 5.000 DM und 20.000 DM auch die am 1.5. entstandene Forderung F_3 in Höhe von 50.000 DM

in § 198 BGB im Sinne des Wortlauts verstanden wissen will.

511 **Burger/ Schellberg** BB 1995, 264; **Burger/ Schellberg** KTS 1995, 572; **Jäger** DB 1986, 1446; unklar und in sich widersprüchlich Smid, der sich einerseits explizit gegen die Einstellung noch nicht begründeter Zahlungsverbindlichkeiten in die Prognose ausspricht (Smid-**Smid** § 18, Rz. 8), der dann aber andererseits ebenso explizit das genaue Gegenteil behauptet (Smid-**Smid** § 18, Rz. 10).

gegenüber zu stellen. Der Schuldner wäre daher voraussichtlich nicht in der Lage, die bestehenden Forderungen F_2 und F_3 im Zeitpunkt ihrer Fälligkeit am 1.7. (F_3), bzw. am 1.8. (F_2) zu erfüllen. Damit müßte nach dieser Ansicht zwar noch nicht am 1.4., wohl aber ab dem 1.5. von drohender Zahlungsunfähigkeit ausgegangen werden. Die Stellung eines Insolvenzantrags nach § 18 InsO wäre also erst möglich, nachdem die entscheidende Forderung F_3 gegen S zur Entstehung gelangt ist. Dann läge auch erst eine insolvenzstrafrechtliche Krise vor.[512]

Eine andere Ansicht spricht sich dagegen für die Einbeziehung auch erst zu begründender Forderungen in die Prüfung einer drohenden Zahlungsunfähigkeit aus, jedenfalls insoweit, als deren Fälligkeit vor dem spätesten Fälligkeitstermin der im Prüfungszeitpunkt bereits entstandenen Forderungen liegt.[513] Diese Ansicht bezöge damit neben F_1 und F_2 auch F_3 mit ein und nähme daher im Fallbeispiel schon am 1.4. drohende Zahlungsunfähigkeit des S an.

α) Stellungnahme

Im Ergebnis soll hier dieser zweiten Ansicht gefolgt werden.

Gegen die Einbeziehung weiterer Forderungen in die Prognoseprüfung über den Kreis der schon im Betrachtungszeitpunkt bestehenden hinaus wird vielfach und als stärkstes Argument der Wortlaut der Definition des § 18 II InsO angeführt, der eindeutig von *bestehenden* Zahlungspflichten spreche.

Diese auf den ersten Blick durchaus eindeutige Argumentation an Hand des Wortlauts verliert allerdings bei einer näheren Betrachtung der zunächst konträr erscheinenden Gesetzesbegründung zu § 22 EInsO (heute § 18 InsO) an Überzeugungskraft: Dort wird nämlich zunächst die drohende von der eingetretenen Zahlungsunfähigkeit zwar insofern unterschieden, als bei letzterer auch Zahlungspflichten des Schuldners berücksichtigt werden müssen, die schon *bestehen*, aber noch nicht fällig sind, d.h. also Forderungen im Sinne von F_2 im Fallbeispiel.[514] Im folgenden heißt es aber dann, in die anzustellende Prognose müsse die gesamte Finanzlage des Schuldners bis zur Fälligkeit aller bestehenden Verbindlichkeiten einbezogen

[512] Zahlungsunfähigkeit iSd § 17 II 1 InsO läge dagegen auch am 1.5. nicht vor, selbst wenn S bis dahin die seit dem 25.3., also bereits über drei Wochen fällige F_1 nicht beglichen hätte. F_1 ist nämlich am 2.5. die einzige gegen S gerichtete *und* bereits fällige Forderung. Der Umstand, daß S F_1 in Höhe von 5.000 DM nicht erfüllt, beruht damit nicht auf einem Mangel an Geldmitteln, da S am 1.5. noch über 30.000 DM verfügt, und kann somit keine Zahlungsunfähigkeit begründen.

[513] **Lackner/ Kühl** § 283, Rz. 8; **Bittmann** wistra 1998, 325; **Reck** GmbHR 1999, 270; **Reck** ZInsO 1999, 197; **Reck** BuW 1997, 746; Sch/Sch-**Stree/ Heine** § 283, Rz. 53; **Bieneck** StV 1999, 45 und aus dem zivilrechtlichen Schrifttum **Groß/ Hess** WPg 1999, 426; **G. Pape** NWB Fach 19, 2327; Kübler/ Prütting-**G. Pape** § 18, Rz. 6f.; FK-**Schmerbach** § 18, Rz. 5ff., 9; **Haas** in Insolvenzrecht 1998, S. 10ff.; **Braun/ Uhlenbruck** S. 285; HK-**Kirchhof** § 18, Rz. 6, 11; **Bork** Rz. 89; **Hess/ Weis** InVo 1996, 29; weitergehend **Möhlmann** WPg 1998, 955.

[514] BT Drs. 12/ 2443, S. 114.

werden. Wörtlich formuliert der Gesetzgeber, neben den zu erwartenden Einnahmen seien *auch die zukünftigen, noch nicht begründeten* Zahlungspflichten mitzuberücksichtigen.[515]

Entsprechende Formulierungen finden sich auch in den übrigen Materialien zu § 18 InsO: Nach dessen erstem Entwurf in Absatz 3 des Leitsatzes 1.2.5 der Kommission für Insolvenzrecht steht Zahlungsunfähigkeit bevor, wenn der Schuldner voraussichtlich im Zeitpunkt der Fälligkeit der bestehenden Zahlungspflichten nicht in der Lage sein wird, diese Pflichten zu erfüllen.[516] Wieder stellt also der Wortlaut auf die *bestehenden* Zahlungspflichten ab. Auch in dieser Begründung wird zunächst der Unterschied zur eingetretenen Zahlungsunfähigkeit darin gesehen, daß auch eine erst zukünftig fällig werdende Verbindlichkeit miteinbezogen werden kann. Entsprechend formuliert die Begründung zu diesem Leitsatz, Grundlage für den Eröffnungsgrund der drohenden Zahlungsunfähigkeit bildeten nur die *bereits bestehenden* Zahlungsverpflichtungen. Dies sei erforderlich um von einer sicheren Grundlage auszugehen und die zukunftsgerichtete Betrachtung nicht zu weit auszudehnen.[517] In der Begründung heißt es aber dann wie in der späteren Begründung zu § 22 EInsO weiter, daß bei der Prognose, ob ein Schuldner die bestehenden Ansprüche seiner Gläubiger im Zeitpunkt ihrer Fälligkeit erfüllen kann, sowohl die voraussichtlichen Einnahmen als *auch die zukünftig erst entstehenden* Zahlungsverpflichtungen zu berücksichtigen seien.[518] Betonung erhält dieser Gedanke durch seine in der Begründung unmittelbar folgende Wiederholung, drohende Zahlungsunfähigkeit könne auch dann anzunehmen sein, wenn die zu erwartenden Einnahmen die absehbaren, *erst entstehenden* Gläubigeransprüche nicht abdecken würden.[519]

Darauf aufbauend enthält der Diskussionsentwurf in § 20 EInsO eine Regelung, wonach der Schuldner zahlungsunfähig zu werden droht, wenn er voraussichtlich im Zeitpunkt der Fälligkeit bereits begründeter Zahlungspflichten nicht in der Lage sein wird, diese Pflichten zu erfüllen.[520] Auch hier wird also der Kreis der für die Prüfung einer drohenden Zahlungsunfähigkeit relevanten Forderungen durch den Wortlaut der Norm scheinbar auf *bereits* im Prüfungszeitpunkt *bestehende* beschränkt. Und auch in der Begründung zu dieser Vorschrift heißt es zunächst, anders als bei der eingetretenen Zahlungsunfähigkeit würden bei der drohenden auch diejenigen Zahlungspflichten in die Betrachtung einbezogen, die noch nicht fällig,

---

515 BT Drs. 12/ 2443, S. 115.
516 Erster Kommissionsbericht S. 109 (Leitsatz 1.2.5).
517 Erster Kommissionsbericht S. 110 (Leitsatz 1.2.5).
518 Erster Kommissionsbericht S. 110 (Leitsatz 1.2.5).
519 Erster Kommissionsbericht S. 110 (Leitsatz 1.2.5).
520 Diskussionsentwurf Band 1, § 20, S. 9; Teil B, S. 14f.

jedoch *bereits begründet* sind.[521] Später aber findet sich wiederum die Formulierung, die sich dann bis in die Gesetzesbegründung zur InsO durchgängig hält:[522] In der bei der Prüfung einer drohenden Zahlungsunfähigkeit notwendigerweise anzustellenden Prognose seien neben den erwarteten Einnahmen *auch die zukünftigen, noch nicht begründeten* Zahlungspflichten mitzuberücksichtigen.[523]

Das Schrifttum reagiert auf diesen Befund, wie oben dargestellt, uneinheitlich. Es sieht im Wortlaut des § 18 II InsO und seiner Entwürfe einerseits und in den jeweiligen Begründungen andererseits einen Widerspruch[524] oder spricht zumindest von Ungereimtheiten.[525] Entsprechend haben sich daher auch die zwei obigen Ansichten herausgebildet, wobei die erste der Linie des Wortlautes zu folgen scheint, während sich die zweite an der Fassung der Gesetzesbegründung orientiert.

Die folgende Betrachtung zeigt allerdings, daß ein solcher Widerspruch nur scheinbar besteht. Richtig verstanden lassen sich nämlich Wortlaut und Begründung in Einklang bringen:

§ 18 II InsO nimmt drohende Zahlungsunfähigkeit dann an, *wenn der Schuldner voraussichtlich nicht in der Lage sein wird, die bestehenden Zahlungspflichten im Zeitpunkt der Fälligkeit zu erfüllen*. Dieser Wortlaut stellt insofern eindeutig einen ersten Bezugspunkt fest.

Ein Schuldner kann nur dann als drohend zahlungsunfähig angesehen werden, wenn er Forderungen nicht begleichen kann, die im Betrachtungszeitpunkt bereits bestehen. Kann er dagegen alle bestehenden und fälligen Verpflichtungen erfüllen und ergibt die zukunftsgerichtete Prognose ferner, daß er auch diejenigen Forderungen, die zwar schon bestehen, die aber noch nicht fällig sind, in Zukunft im Zeitpunkt ihrer Fälligkeit voraussichtlich wird begleichen können, so droht die Zahlungsunfähigkeit auch dann nicht, wenn der Schuldner Forderungen, die erst zukünftig entstehen und zukünftig fällig werden, voraussichtlich nicht wird berichtigen können.

Ist also im Fallbeispiel damit zu rechnen, daß S in Zukunft voraussichtlich F_1 und F_2 im Zeitpunkt ihrer Fälligkeit wird erfüllen können, so droht die Zahlungsunfähigkeit nicht.

---

[521] Diskussionsentwurf Band 1, Teil B, S. 15.

[522] Vgl. hierzu Referentenentwurf Band 1, Teil B, S. 19.

[523] Diskussionsentwurf Band 1, Teil B, S. 15.

[524] Vgl. explizit **Penzlin** S. 136f.; **Penzlin** NZG 2000, 468 und **Jäger** DB 1986, 1446, der bereits nach der Veröffentlichung des Ersten Kommissionsberichts aus diesem Grunde für eine Gesetzesänderung plädierte; ferner ebenso **Haas** in Insolvenzrecht 1998, 10f.; **Burger/ Schellberg** BB 1995, 264; ähnlich **Temme** S. 55ff.; **Möhlmann** WPg 1998, 955; **Harald Wagner** § 18, Rz. 8f.; **Moosmayer/ Smeets** NJ 1998, 513; aus strafrechtlicher Sicht **Moosmayer** S. 36, 171.

[525] **Uhlenbruck** KTS 1994, 171f.; **Uhlenbruck** wistra 1996, 4.

Mit dieser Feststellung ist aber lediglich entschieden, welche Forderungen das Unvermögen des Schuldners betreffen muß. Nicht geklärt ist dagegen, an Hand welcher Forderungen ermittelt werden muß, ob der Schuldner die bestehenden Forderungen im Zeitpunkt ihrer Fälligkeit voraussichtlich wird begleichen können, ob also ein solches Unvermögen vorliegt. Insoweit können sich der Bezugspunkt der Prüfung einer drohenden Zahlungsunfähigkeit und der bei dieser Prüfung anzulegende Maßstab durchaus unterscheiden.

Mit den Forderungen des Fallbeispiels gesprochen muß sich das Unvermögen des Schuldners auf die Forderungsmenge F_1 und F_2 erstrecken. Damit ist aber noch nicht entschieden, ob zur Ermittlung dieses Unvermögens nicht auch weitere Forderungen, etwa F_3, F_4 oder F_5, mit in die Betrachtung einzubinden sind.

Die Begründungen zum Regierungsentwurf einer InsO, aber auch zum Kommissionsbericht, zum Diskussionsentwurf und zum Referentenentwurf sind sich allesamt darin einig, daß im Rahmen der Prognose auch solche Forderungen Bedeutung haben, die erst nach dem Prüfungszeitpunkt zur Entstehung gelangen.

Besonders deutlich wird dieser Gedanke erstmalig in den Begründungen im Kommissionsbericht. Dort wird deutlich differenziert zwischen der Grundlage einer drohenden Zahlungsunfähigkeit (das können nur die bestehenden Forderungen sein) und dem Prüfungsumfang, dem Prüfungsmaßstab bei der anzustellenden Prognose (hier sind die erst entstehenden Forderungen mit zu berücksichtigen).[526]

Aber auch die jüngeren Materialien sehen einen klaren Unterschied zwischen den Forderungen, die eine drohende Zahlungsunfähigkeit begründen können, und denen, die bei die Prognoseprüfung zu beachten sind.[527]

Der Wortlaut des § 18 II InsO steht dabei einer solchen Einbeziehung nicht widersprüchlich entgegen. § 18 II InsO enthält eine Legaldefinition des Begriffs der drohenden Zahlungsunfähigkeit, die nur vorgibt, daß auf die bestehenden Verbindlichkeiten als Bezugspunkt abzustellen ist. Die Norm enthält dagegen keine Angaben zum Prüfungsumfang, sondern läßt es offen, welche Forderungen in die Prognoseprüfung einzubeziehen sind. Enthält aber § 18 II InsO in dieser Hinsicht gar keine Anhaltspunkte, so kann der Wortlaut den wiedergegebenen Stellen der Gesetzesbegründung auch nicht widersprechen. Vielmehr wird der insofern unvollständige Wortlaut um eine weitere, bislang in ihm nicht zum Ausdruck gekommene Information ergänzt.

Neben der eindeutigen Gesetzesbegründung sprechen aber auch der Sinn und Zweck des neuen Insolvenzgrundes entscheidend für die hier vertretene Ansicht

---

[526] Erster Kommissionsbericht S. 110 (Leitsatz 1.2.5).

[527] Aus dem insolvenzrechtlichen Schrifttum ebenso FK-**Schmerbach** § 18, Rz. 7; HK-**Kirchhof** § 18, Rz. 6; vgl. ferner, allerdings nicht ganz eindeutig trennend **Kirchhof** Leitfaden S. 27; **Möhlmann** WPg 1998, 955 und aus strafrechtlicher Sicht **Bieneck** StV 1999, 45.

und damit für die Berücksichtigung erst künftig zur Entstehung gelangender Zahlungspflichten des Schuldners im Rahmen der Prognoseprüfung. Diese beantwortet nämlich die Frage, ob der Schuldner die bestehenden Forderungen voraussichtlich wird begleichen können. Dabei markiert § 18 II InsO eine äußerste, eine Maximalgrenze: Abgestellt wird nach der Legaldefinition auf den Zeitpunkt der Fälligkeit der bestehenden Forderungen. Gemeint ist damit die späteste Fälligkeit der bestehenden Forderungen.[528]

Im Beispiel wären also die Fälligkeitstermine von F_1 und F_2 zu vergleichen. Dabei ergibt sich, daß F_2 den spätesten Fälligkeitstermin aufweist, dieser fällt auf den 1.8. F_1 wurde dagegen schon am 25.3., also sogar schon vor dem Betrachtungstermin am 1.4. fällig. Die im Beispiel am 1.4. aufgeworfene und anhand der zukunftsgerichteten Prognose zu beantwortende Frage lautet also: Kann S voraussichtlich alle bestehenden Forderungen im Zeitpunkt ihrer jeweiligen Fälligen bis hin zu F_2 am 1.8. erfüllen ?

Dabei erscheint nun die Einbeziehung von F_3 in die Prognose zwingend geboten: Entsteht eine Forderung gegen den Schuldner erst nach dem Betrachtungszeitpunkt, wird sie aber vor dem spätesten Fälligkeitszeitpunkt der bereits bestehenden Zahlungspflichten fällig und auch getilgt, so verringert der Schuldner durch diesen Tilgungsvorgang seinen Bestand an Geldmitteln und es ist möglich, daß er deswegen Forderungen, die bereits im Betrachtungszeitpunkt entstanden waren, die aber erst nach Fälligkeit und Tilgung der anderen Forderung fällig werden, nicht mehr begleichen kann.

Im Beispiel muß S bereits am 1.7. die dann fällige Verbindlichkeit F_3 vom 1.5. erfüllen. F_2 wird aber erst am 1.8. fällig. Es muß damit bei der Prognose am 1.4. berücksichtigt werden, daß S vor dem 1.8. Ausgaben in Höhe von 50.000 DM zur Tilgung von F_3 aufbringen muß. Würde man F_3 nicht in die Prüfung miteinbeziehen, so ergäbe sich ein unvollkommenes und daher ungenaues Abbild der Zukunft. Es würde dann von einem zu Unrecht erhöhten Bestand an Zahlungsmitteln ausgegangen, da alle Zahlungen, die S zwischen dem 1.4. und dem 1.8. erbringen muß, unbeachtet blieben, es sei denn, der Schuldgrund für diese Zahlungen wäre bereits vor dem 1.4. angelegt gewesen. Diese noch nicht entstandenen aber vor dem 1.8. fällig werdenden Forderungen lösen aber ebenso Zahlungspflichten aus, die dazu führen können, daß der Schuldner die im Betrachtungszeitpunkt bestehenden For-

---

[528] **Lackner/ Kühl** § 283, Rz. 8; **Tröndle/ Fischer** vor § 283, Rz. 11; **Moosmayer** S. 171; **Bieneck** StV 1999, 45; **Bittmann** wistra 1998, 325; **Uhlenbruck** wistra 1996, 4; LK-**Tiedemann** vor § 283, Rz. 139, ferner aus dem zivilrechtlichen Schrifttum Kübler/ Prütting-**G. Pape** § 17, Rz. 6, 9; **Temme** S. 61ff., 80f.; **Haas** in Insolvenzrecht 1998, S. 11; **Drukarczyk/ Schüler** in Kölner Schrift S. 111, Rz. 43; **Burger/ Schellberg** KTS 1995, 572; **Burger/ Schellberg** BB 1995, 264.; FK-**Schmerbach** § 18, Rz. 8; Nerlich/ Römermann-**Mönning** § 18, Rz. 25; Smid-**Smid** § 18, Rz. 8; **Hess/ Weis** InVo 1996, 29; **Macke/ Wegener** INF 1998, 568.

derungen im Zeitpunkt ihrer Fälligkeit voraussichtlich nicht wird erfüllen können.[529]

Anders sieht es dagegen mit F_4, bzw. mit F_5 aus. Diese Forderungen werden erst nach dem 1.8. fällig (F_4), bzw. sogar erst danach begründet und fällig (F_5). Eine Prüfung am 1.4., die auf den 1.8. gerichtet ist, hat daher nicht davon auszugehen, daß auf Grund dieser Verbindlichkeiten der Zahlungsmittelbestand des Schuldners bis zu diesem Termin vermindert wird.

Aus dem Vorgesagten ergibt sich damit, daß der Wortlaut des § 18 II InsO nicht gegen die Einbindung zukünftiger Forderungen im Rahmen der Prognoseprüfung vorgebracht werden kann. Dies entbindet jedoch nicht von einer Auseinandersetzung mit den weiteren Gegenargumenten der abzulehnenden Ansicht.

Für die Berücksichtigung lediglich im Prüfungszeitpunkt bestehender Verbindlichkeiten wird ferner ins Feld geführt, daß eine zusätzliche Einbeziehung auch solcher Forderungen, die erst noch begründet werden müssen, in der Praxis zu Problemen bei der Ermittlung einer drohenden Zahlungsunfähigkeit führte.[530] Diese verlöre ihre Handhabbarkeit und ihren Nutzen, bezöge man im Sinne einer zeitlich unbegrenzten Finanzvorschau sämtliche Verbindlichkeiten mit ein, die der Schuldner in Zukunft eingehe. Während bei einem Abstellen allein auf die bereits begründeten Zahlungspflichten der Zeitraum der Prognose eindeutig an Hand des spätesten Fälligkeitstermins der Forderungen zu bestimmen sei, sei die Gegenauffassung in diesem Bereich mit großen Unsicherheiten verbunden.[531]

Dieser Gesichtspunkt wäre in der Tat dann zutreffend, wenn man ohne Aufstellung einer Zeitgrenze alle Forderungen miteinbeziehen wollte, die überhaupt jemals in der Zukunft begründet werden, im obigen Beispiel also neben F_3, auch F_4 und F_5 und alle weiteren Forderungen in noch fernerer Zukunft. Es leuchtet ein, daß nicht sämtliche Verbindlichkeiten, die der Schuldner irgendwann einmal – womöglich erst in Jahren – eingeht, berücksichtigt werden können. Bei einem solchen Verständnis verlöre der Begriff der drohenden Zahlungsunfähigkeit seine Konturen und seinen praktischen Nutzen und wäre damit in hohem Maße spekulativ. Nach den obigen Ausführungen hat allerdings eine Forderung dann keinen Einfluß auf die Beurteilung, wenn sie ihrerseits nach dem spätesten Fälligkeitstermin der im Prüfungszeitpunkt bereits bestehenden Forderungen fällig wird. Es besteht also auch bei Einbeziehung von zukünftigen Forderungen eine äußerste Grenze der Be-

---

529 FK-**Schmerbach** § 18, Rz. 5ff.; **Temme** S. 61f.; **Haas** in Insolvenzrecht 1998, 11; **Bittmann** wistra 1998, 325; LK-**Tiedemann** vor § 283, Rz. 139.

530 **Burger/ Schellberg** BB 1995, 264, Fn. 27.

531 **Burger/ Schellberg** BB 1995, 264, Fn. 27; ähnlich ferner **Kirchhof** Leitfaden S. 27; **Groß/ Hess** WPg 1999, 426.

rücksichtigbarkeit.[532] Aus diesem Grunde waren F_4 und F_5 oben anders als F_3 auszuklammern gewesen. Die Existenz dieser zeitlichen Maximalgrenze aber verhindert, daß die Einbeziehung erst noch zu begründender Forderungen zu einer unbegrenzten Vorschau und zu einer Undurchführbarkeit der Finanzplanung führt. Auch dieses Argument kann damit nicht für die Ausgrenzung noch nicht entstandener Forderungen angeführt werden.[533]

Aus diesem Grund kann ferner nicht der von Bittmann vorgeschlagenen berichtigenden Auslegung gefolgt werden, wonach ein Schuldner dann als drohend zahlungsunfähig anzusehen sei, wenn er voraussichtlich nicht in der Lage sein wird, die *jeweils* bestehenden Zahlungspflichten im Zeitpunkt der Fälligkeit zu erfüllen.[534] Zwar möchte Bittmann offensichtlich unter Zuhilfenahme dieser Auslegung das auch in dieser Arbeit gewonnene Ergebnis begründen. Auch er will erst zukünftig zur Entstehung gelangende Forderungen dann in die Prognose miteinbinden, wenn sie vor der spätesten Fälligkeit der im Prüfungszeitpunkt bereits begründeten Forderungen fällig werden. Dies gelingt aber nicht, wenn man gedanklich der Legaldefinition das Wort „jeweils“ hinzufügt. Die oben festgestellte Maximalgrenze würde immer weiter in die Zukunft verschoben, weil es immer wieder, in jeder Prüfungsperiode, also „jeweils“ Forderungen mit noch späteren Fälligkeiten gibt. Nach dieser Auslegung wäre dann stets deren spätester Fälligkeitstermin maßgeblich. Im Fallbeispiel ist am 1.4. zu prüfen, ob der Schuldner voraussichtlich am 1.8. F_2 wird erfüllen können. Wären nun die „jeweils“ bestehenden Verbindlichkeiten beachtlich, so müßte man auch F_4 in die Betrachtung einbeziehen, da diese im Prüfungsabschnitt zwischen dem 1.4. und dem 1.8. ab dem 1.6. ebenso besteht. F_4 beeinträchtigt jedoch nach dem oben Gesagten die Fähigkeit oder Unfähigkeit des Schuldners zur Erfüllung von F_2 am 1.8. nicht. Wäre F_4 aber einzubeziehen, so wäre deren späterer Fälligkeitstermin am 1.10. maßgeblich. In diesem Prüfungsabschnitt bestünde voraussichtlich ab dem 1.9. F_5, so daß dann auch diese Forderung einzubeziehen wäre und sich ein neuer spätester Fälligkeitstermin am 1.11. ergäbe. Das Beispiel zeigt, daß die oben gewonnene zeitliche Maximalgrenze am 1.8. aufgegeben und ins Unendliche verschoben würde.[535]

Das von Bittmann, aber auch von dieser Arbeit angestrebte Ergebnis läßt sich dagegen wie oben dargestellt auch ohne berichtigende Auslegung aus dem Wortlaut sowie den Sinn und Zweck des § 18 II InsO gewinnen.

Gegen die Einbeziehung noch nicht begründeter Forderungen wird weiter der Zweck des Insolvenzrechts angeführt. Dieses übernehme die Ordnung von Ver-

---

[532] Vgl. hierzu nochmals die in Fn. 528 angegebenen Stellen.

[533] Ebenso **Temme** S. 63.

[534] **Bittmann** wistra 1998, 325f.

[535] Ebenso auch FK-**Schmerbach** § 18, Rz. 7; **Burger/ Schellberg** BB 1995, 264.

bindlichkeiten, die ein Schuldner nicht mehr berichtigen könne, und stelle hier das Insolvenzverfahren als Lösung zur Verfügung. Das Insolvenzrecht schütze so wie auch das Insolvenzstrafrecht die Befriedigungsinteressen der Gläubiger vor Schädigungen durch den Schuldner. Dieser Schutz aber könne nur aktuellen, nicht auch potentiellen Gläubigern zukommen.[536]
Die Gegenauffassung verkennt an dieser Stelle einmal mehr den Unterschied zwischen denjenigen Forderungen, die eine drohende Zahlungsunfähigkeit begründen können, und denjenigen Forderungen, die bei einer solchen zukunftsgerichteten Prognoseprüfung zusätzlich einzubeziehen sind, an Hand derer also ermittelt wird, ob drohende Zahlungsunfähigkeit vorliegt, mit anderen Worten den Unterschied zwischen dem Bezugspunkt und dem Maßstab der Prüfung. Auch nach Ansicht dieser Arbeit wird das Vorliegen einer drohenden Zahlungsunfähigkeit nur angenommen, wenn der Schuldner seine bestehenden Zahlungspflichten nicht erfüllen kann. Damit kommt der Schutz des zivilen Insolvenzrechts wie auch des Insolvenzstrafrechts nur den aktuellen Gläubigern bestehender Forderungen zu. Um aber diesen Schutz effektiv auszugestalten, ist es zwingend notwendig, in die Prognoseprüfung auch die Forderungen künftiger Gläubiger einzubeziehen, wenn deren Forderung vor der spätesten Fälligkeit der bereits bestehenden Forderungen fällig werden.
Ferner lassen sich nur nach dieser Ansicht zivilrechtlich sachgerechte Ergebnisse erzielen. Lenkt man nochmals den Blick auf das Fallbeispiel, ist für den S schon am 1.4. zu erkennen, daß er die am 1.5. entstehende Forderung F_3 in Höhe von 50.000 DM nicht mehr wird begleichen können. Dennoch könnte S am 1.4. nach der Gegenauffassung noch kein Insolvenzverfahren einleiten, sondern müßte vielmehr den 1.5. abwarten, die Forderung F_3 trotz sicheren Wissens, daß er sie nie wird erfüllen können, gegen sich zum Entstehen bringen und wäre erst dann als drohend zahlungsunfähiger Schuldner insolvenzantragsberechtigt. Ein solches Ergebnis erscheint aber weder aus der Sicht der Gläubiger noch aus der des S sinnvoll.[537]

β) Zwischenergebnis zu bb)

Drohende Zahlungsunfähigkeit kann nur dann vorliegen, wenn der Schuldner voraussichtlich diejenigen Forderungen nicht erfüllen kann, die bereits im Prüfungszeitpunkt bestehen. Bei der Prüfung einer drohenden Zahlungsunfähigkeit sind zunächst die im Prüfungszeitpunkt bereits bestehenden Zahlungspflichten im Hinblick auf ihre jeweiligen Fälligkeitstermine zu vergleichen. Der späteste dieser Fälligkeitstermine markiert dabei nach dem Wortlaut des § 18 II InsO den Endpunkt

---

[536] **Burger/ Schellberg** BB 1995, 264.

der Prüfung. In die Prognoseprüfung, ob drohende Zahlungsunfähigkeit vorliegt, sind dann aber alle Forderungen einzubeziehen, gleichgültig, ob sie schon begründet sind oder erst begründet werden, solange ihr Fälligkeitstermin nur vor diesem Grenztermin liegt.[538]

d) Das Merkmal der Voraussichtlichkeit

Im Unterschied zur eingetretenen Zahlungsunfähigkeit kennzeichnet eine drohende Zahlungsunfähigkeit deren Zukunftsbezug. Eine zukunftsgerichtete Prüfung ist jedoch zwangsläufig mit gewissen Unsicherheiten verbunden; der Verlauf der Zukunft läßt sich niemals exakt vorhersagen. Stets kann sich eine Prognose auf Grund nicht vorhersehbarer, unerwarteter Einnahmen und Ausgaben im nachhinein als falsch herausstellen.[539] Relativ sicher bestimmt werden können zwar neben den rechtlich bereits begründeten Forderungen und Verbindlichkeiten weitgehend konstant bleibende Positionen wie etwa Personalkosten, Miete oder Zins- und Tilgungszahlungen. Ebenso lassen sich zukünftige Strom-, Heiz-, Wasser-, oder Telefonkosten relativ genau festlegen. Dies gilt allerdings nur innerhalb eines kurzen Prognosezeitraumes; wird dieser länger gewählt, so können sich aus Veränderungen des Zinsniveaus oder aus geänderten Miet-, Pacht- oder Lohnverhältnissen z.T. erhebliche Schwankungen ergeben. Ferner sind andere Positionen, insbesondere der gewichtige Faktor Umsatz, generell nur schwer vorhersehbar.[540]
Aus diesem Grunde enthält die Legaldefinition des § 18 II InsO das Merkmal der Voraussichtlichkeit. Es muß im Prüfungszeitpunkt nicht mit letzter Gewißheit festgestellt werden, ob der Zustand der Zahlungsunfähigkeit tatsächlich eintreten wird. Wäre dies Voraussetzung, so läge drohende Zahlungsunfähigkeit in der Praxis nur

---

537 Ebenso **Temme** S. 61.

538 Streng genommen stellt sich bei der Prüfung einer eingetretenen Zahlungsunfähigkeit nach § 17 II 1 InsO ein ähnliches Problem, wenn man wie diese Arbeit eine zeitraumbezogene Betrachtungsweise zugrunde legt und zu Gunsten des Schuldners bis zu drei Wochen lang von einer unbeachtlichen Zahlungsstockung ausgeht. Konsequenterweise müßten nämlich dann nicht nur die Einnahmen des Schuldners während dieser Zeitspanne in die Betrachtung eingestellt werden, sondern auch die Verbindlichkeiten, sofern sie in diesem Zeitraum fällig werden, unabhängig davon, ob sie im Prüfungszeitpunkt schon begründet waren oder nicht. Allerdings wird ein Insolvenzantrag in aller Regel nicht bereits in den ersten Tagen eines Zahlungsmitteldefizits sondern erst später gestellt, so daß die dreiwöchige Zeitspanne der Zahlungsstockung in der Praxis zum Zeitpunkt des Antrags zumeist schon überschritten und eine Prognoseprüfung damit schon aus diesem Grund entbehrlich ist. Vgl. hierzu ebenso wie hier **Temme** S. 65f. und Fn. 39; FK-**Schmerbach** § 17, Rz. 24; **Möhlmann** WPg 1998, 950 und kritisch **Penzlin** S. 80ff. und Fn. 376, S. 127; **Penzlin** NZG 1999, 1207.

539 **Bretzke** S. 193ff.; **Plate** DB 1980, 219; Nerlich/ Römermann-**Mönning** § 18, Rz. 7; **Haas** in Insolvenzrecht 1998, S. 11f.; FK-**Schmerbach** § 18, Rz. 14; **Burger/ Schellberg** KTS 1995, 573; **Burger/ Schellberg** BB 1995, 264f.; **Jäger** DB 1986, 1445.

540 FK-**Schmerbach** § 18, Rz. 14; **Temme** S. 74f.

äußerst selten vor. Vielmehr muß die Zahlungsunfähigkeit nur *voraussichtlich* eintreten. Grundlage der zukunftsgerichteten Finanzprognose ist damit ein Wahrscheinlichkeitsurteil.
Die Gesetzbegründung zum Regierungsentwurf gibt insoweit vor, das Merkmal der Voraussichtlichkeit sei so zu verstehen, daß der Eintritt der Zahlungsunfähigkeit wahrscheinlicher sein muß als deren Vermeidung.[541] Von den beiden möglichen Ereignissen – Zahlungsunfähigkeit tritt in der Zukunft tatsächlich ein oder nicht ein – muß damit dem Ereignis „Eintritt" eine Wahrscheinlichkeit ≥0,5 zukommen, um von einer drohenden Zahlungsunfähigkeit ausgehen zu können. Damit ist nunmehr auch der vor Inkrafttreten der InsO bestehende Streit, ob hinsichtlich des Drohens einer Zahlungsunfähigkeit auf die zeitliche Nähe oder auf die Intensität der Drohung abgestellt werden muß, im letzteren Sinne entschieden worden. § 18 II InsO knüpft mit seinem Merkmal der Voraussichtlichkeit an den Wahrscheinlichkeitsgrad an und entspricht damit der bereits bislang hM im Insolvenzstrafrecht.[542]

aa) Die Ermittlung der Eintrittswahrscheinlichkeit endgültiger Zahlungsunfähigkeit an Hand einer Prognose auf der Grundlage eines Finanzplans

Zur Ermittlung, ob eine solche Wahrscheinlichkeit vorliegt, ist ein zukunftsgerichteter Finanz- oder Liquiditätsplan aufzustellen. Dieser enthält pro Periode eine Gegenüberstellung einerseits der anfänglich vorhandenen Geldmittel und der voraussichtlichen Einnahmen, sowie andererseits der voraussichtlichen Verbindlichkeiten.[543] Ergibt diese Prüfung, daß in einer Planperiode voraussichtlich nicht ausrei-

---

[541] BT Drs. 12/ 2443, S. 115; **Haas** in Insolvenzrecht 1998, S. 12; Kübler/ Prütting-**G. Pape** § 18, Rz. 9; **Hess/ G. Pape** Rz. 100; Nerlich/ Römermann-**Mönning** § 18, Rz. 23f., 44; **Macke/ Wegener** INF 1998, 568; **Temme** S. 65; **Braun/ Uhlenbruck** S. 287f.; **Uhlenbruck** in K. Schmidt/ Uhlenbruck Rz. 146; **Burger** DB 1992, 2151; **Drukarczyk/ Schüler** in Kölner Schrift, S. 119, 60; **Bork** Rz. 89; **Moosmayer/ Smeets** NJ 1998, 513; Smid-**Smid** § 18, Rz. 11; FK-**Schmerbach** § 18, Rz. 8a, 13; HK-**Kirchhof** § 18, Rz. 13; **Burger/ Schellberg** KTS 1995, 573; **Burger/ Schellberg** BB 1995, 573; **Burger/ Buchhart** WPg 1999, 157; **Harald Wagner** § 18, Rz. 7; aus der Perspektive des Insolvenzstrafrechts **Lackner/ Kühl** § 283, Rz. 8; **Bretzke** S. 107f., 233f.; **Bieneck** StV 1999, 45; **Reck** ZAP Ost Fach 21, 162; **Reck** BuW 1997, 746f.; **Reck** GmbHR 1999, 270; **Uhlenbruck** wistra 1996, 4; **Wessels/ Hillenkamp** BT 2, Rz. 462; **Moosmayer** S. 170f.; LK-**Tiedemann** vor § 283, Rz. 139.

[542] In diesem Sinne halten auch **Moosmayer** S. 170f. und LK-**Tiedemann** vor § 283, Rz. 139 den vormaligen Streit nunmehr für erledigt. Vgl. zu diesem nochmals oben Dritter Teil, Kapitel 2 B. II. 1.

[543] BT Drs. 12/ 2443, S. 115; **Drukarczyk/ Schüler** in Kölner Schrift, S. 109ff., Rz. 40ff.; Kübler/ Prütting-**G. Pape** § 18, Rz. 6ff.; **G. Pape** NWB Fach 19, 2327f.; **Temme** S. 65; Nerlich/ Römermann-**Mönning** § 18, Rz. 28; FK-**Schmerbach** § 18, Rz. 9, 11; **Lenz/ Seit** INF 1998, 337; **Moosmayer/ Smeets** NJ 1998, 513; **Macke/ Wegener** INF 1998, 568; **Burger/ Schellberg** BB 1995, 264; **Burger** DB 1992, 2151; HK-**Kirchhof** § 18, Rz. 9ff.; **Kirchhof** Leitfaden S. 28; **Jauernig** § 54 II 2, S. 255; aus strafrechtlicher Perspektive **Lackner/ Kühl** § 283, Rz. 8. Zu den mit der Erstellung eines Finanzplans bei kleinen Unternehmen verbundenen Schwierigkeiten

chend viele Zahlungsmittel zur Verfügung stehen, um die Verbindlichkeiten zu tilgen, so droht die Zahlungsunfähigkeit.[544]
Was die genaue Durchführung der Finanzplanung anbelangt, wird in der betriebswirtschaftlichen Literatur im wesentlichen zwischen subjektiven Planzahlverfahren, extrapolierenden Verfahren und kausalen Verfahren unterschieden.[545] Neben diesen internen Prognosen werden vor allem im Bereich des Insolvenzstrafrechts wie schon vor Inkrafttreten der InsO auch externe Prognosen erstellt. Hier wird eine drohende Zahlungsunfähigkeit anhand äußerer Umstände, also an Hand von Beweisanzeichen, festgestellt.[546]

Penzlin S. 80f., 128.

544 **Möhlmann** WPg 1998, 956; FK-**Schmerbach** § 18, Rz. 4, 9ff.; Kübler/ Prütting-**G. Pape** § 18, Rz. 7; **G. Pape** NWB Fach 19, 2327f.; **Haas** in Insolvenzrecht 1998, S. 10; **Burger/ Buchhart** WPg 1999, 157; **Burger/ Schellberg** BB 1995, 264; Nerlich/ Römermann-**Mönning** § 18, Rz. 28ff.; HK-**Kirchhof** § 18, Rz. 14; **Groß/ Hess** WPg 1999, 426; **Hess/ Weis** InVo 1996, 29.

545 Vgl. näher dazu **Perridon/ Steiner** S. 593ff.; **Uhlenbruck** GmbH & Co.KG S. 263ff.; **Bretzke** S. 117ff., 151ff.; **Hiltenkamp-Wisgalle** S. 295ff.; **Borup** wistra 1988, 88ff.; **Schlüchter** Grenzbereich S. 118ff.; **Temme** S. 65ff.; **Matzen** S. 93ff.; **G. Hoffmann** DB 1980, 1527f.; **Burger/ Buchhart** WPg 1999, 157ff.; **Drukarczyk/ Schüler** in Kölner Schrift, S. 109ff., Rz. 40ff.; aus der Perspektive des ehemaligen Vergleichsverfahrens **Knorr** KTS 1955, 81ff.; zur EDV-gestützen Feststellung **Reulecke** CR 1990, 230ff.

546 Ebenso wird auch die eingetretene Zahlungsunfähigkeit im Insolvenzstrafrecht vielfach nicht nach einer betriebswirtschaftlichen Methode, sondern an Hand von Warnzeichen nach der sog. wirtschaftskriminalistischen Methode festgestellt. Warnzeichen in diesem Sinne können z.B. sein: eine Häufung von Mahnungen, Wechsel- oder Scheckprotesten, fruchtlose Zwangsvollstreckungsmaßnahmen, die Ableistung einer eidesstattlichen Versicherung oder die Nichtbezahlung wiederkehrender Verbindlichkeiten wie etwa Löhne, Gehälter, Telefongebühren, Miete oder Zinsen, vgl. aus der Rspr BGHR § 283 I Zahlungsunfähigkeit 2; BGHSt 1, 191; BGH GA 1953, 73; BGH bei Holtz MDR 1981, 454; BGH wistra 1987, 219; BGH bei Holtz MDR 1990, 1067; BGH wistra 1991, 26; BGH wistra 1992, 246; BGH wistra 1993, 184; LG Köln wistra 1992, 269; sowie **Weyand** S. 57ff.; **Hartung** wistra 1997, 11f.; NK-**Kindhäuser** § 283, Rz. 104; Preisendanz-**Bieneck** § 283, Anm. 5.b), S. 891; **Bieneck** in Müller-Gugenberger/ Bieneck, § 76, Rz. 46ff.; **Tröndle/ Fischer** vor § 283, Rz. 9f.; Sch/Sch-**Stree/ Heine** § 283, Rz. 52; LK-**Tiedemann** vor § 283, Rz. 133, 141f.; **Moosmayer** S. 149ff., 167f.; **Penzlin** S. 81f., 96; **Grosche** S. 43ff.; **Janovsky** KR 1998, 335; **Beck** in Wabnitz/ Janovsky 2/ 93ff.; **Otto** AktG § 401, Rz. 27; **Reck** GmbHR 1999, 269f.; **Zirpins/ Terstegen** S. 922f.; **H. Richter** GmbHR 1984, 138; **Wessels/ Hillenkamp** BT 2, Rz. 462; **G. Hoffmann** MDR 1979, 716; **Herbert Wagner** KR 1998, 662; **G. Hoffmann** DB 1980, 1529; **H. Richter** GmbHR 1984, 138, ferner aus dem zivilrechtlichen Schrifttum FK-**Schmerbach** § 18, Rz. 15; **Temme** S. 79f.; **Haas** NZI 1999, 212; **Hess/ Obermüller** Rechtsstellung Rz. 53f.; HK-**Kirchhof** § 18, Rz. 15.
Zutreffend merkt **Moosmayer** S. 168 in diesem Zusammenhang allerdings an, daß bei einer solchen Vorgehensweise eine trennscharfe Unterscheidung der Feststellungen einer eingetretenen und einer drohenden Zahlungsunfähigkeit erschwert wird.

bb) Bedenken gegen die Vereinbarkeit einer Prognoseprüfung an sich mit dem Bestimmtheitsgebot

Auf Grund der Ausrichtung aller dieser Prüfungsverfahren auf zukünftige Entwicklungen und der damit verbundenen Unsicherheiten und Feststellungsschwierigkeiten werden im insolvenzstrafrechtlichen Schrifttum Bedenken gegen die Verwendung des Krisenmerkmals der drohenden Zahlungsunfähigkeit im Hinblick auf das Bestimmtheitsgebot des Art. 103 II GG erhoben. Vereinzelt wird das Krisenmerkmal sogar für verfassungsrechtlich unzulässig gehalten.[547]
Indes hatte der Gesetzgeber des 1. WiKG 1976 im Rahmen der Umgestaltung des Insolvenzstrafrechts und dessen Einfügung in das StGB den Konflikt zwischen einer rechtspolitisch begründeten Forderung nach Effektivität des strafrechtlichen Schutzes einerseits und nach Bestimmtheit der Krisendeterminanten andererseits sehr wohl gesehen, erörtert und sich im Anschluß daran zwar für die Aufnahme des Merkmals der drohenden Zahlungsunfähigkeit, aber gegen das der drohenden Überschuldung entschieden. Deren praktischer Nachweis wurde als so schwierig angesehen, daß aus Gründen der Tatbestandsbestimmtheit und der Praktikabilität der Vorschrift auf diese Ausweitung des Tatbestandes verzichtet wurde. Die Einfügung des Krisenmerkmals der drohenden Zahlungsunfähigkeit wurde dagegen reform- und rechtspolitisch für erforderlich und auch für vereinbar mit dem Bestimmtheitsgebot gehalten. Als Begründung hierfür wurde vor allem die leichtere Feststellbarkeit gegenüber der drohenden Überschuldung in der Praxis angeführt.[548] War das Merkmal der drohenden Zahlungsunfähigkeit somit aber schon bei seiner Einfügung in das StGB als grundsätzlich mit dem Bestimmtheitsgebot des Art. 103 II GG in Einklang stehend anzusehen, so ist entsprechenden Bedenken heute erst recht der Boden entzogen, da die auch für das Strafrecht maßgebliche Legaldefinition des § 18 II InsO zu einer zusätzlichen Stärkung der Bestimmtheit des Begriffs geführt hat.[549]

---

547 So **Matzen** S. 112f.; ebenso an der Verfassungsmäßigkeit zweifelnd **Moosmayer** S. 167, 170f.; LK-**Tiedemann** vor § 283, Rz. 135.

548 Vgl. insofern die Protokolle des Sonderausschusses für die Strafrechtsreform der 7. Wahlperiode S. 2817ff.; sowie Bericht und Antrag des Sonderausschusses für die Strafrechtsreform BT Drs. 7/ 5291, S. 16f.; ferner **K. Schmidt** JZ 1982, 165; **Temme** S. 72. Zu ähnlichen Erwägungen und Bedenken bei der Einführung der drohenden Zahlungsunfähigkeit als Insolvenzgrund in das zivile Insolvenzrecht Nerlich/ Römermann-**Mönning** § 18, Rz. 6; **Temme** S. 70ff.

549 **Reck** BuW 1997, 746; **Reck** ZAP Ost Fach 21, 162; **Reck** ZInsO 1999, 197; **Reck** GmbHR 1999, 270; **Harald Wagner** § 18, Rz. 6. Kritisch **Moosmayer** S. 167ff., der trotz der nunmehr auf Grund der Legaldefinition zweifelsfrei bestimmteren Rechtslage immer noch Zweifel an der Verfassungsmäßigkeit hegt. Ebenso LK-**Tiedemann** vor § 283, Rz. 135, der in der Definition des § 18 II InsO lediglich den Verweis auf eine Prognose, aber keine klare Entscheidung sieht, wie der Begriff des Drohens einer Zahlungsunfähigkeit materiell-rechtlich zu verstehen ist.

Ferner erfordert auch die Prüfung einer Überschuldung, auf die später noch im einzelnen einzugehen ist[550], eine Fortführungsprognose. Auch diese Prognoseprüfung ist zukunftsgerichtet und damit zwangsläufig mit entsprechenden Unsicherheiten verbunden, wird aber dennoch als nicht gegen das Bestimmtheitsgebot verstoßend erachtet.
Schließlich schreibt das StGB selbst an anderer Stelle Prognoseentscheidungen vor, die ebenso einen Zukunftsbezug aufweisen, ohne daß hier an der Vereinbarkeit mit dem Bestimmtheitsgebot Zweifel erhoben werden. Als Beispiele können insofern die §§ 56 I, 57 I, 57a I 2; 59 I 1, 63, 64 I, 67d II, 68 I, 68c II, 68e I, 70 I, 183 III StGB angeführt werden.[551]
Allein das Erfordernis einer Prognoseprüfung zur Feststellung der drohenden Zahlungsunfähigkeit verstößt damit nicht gegen den Bestimmtheitsgrundsatz.

cc) Restriktive Auslegung der Länge der Prognoseperiode

Diese Prognoseprüfung muß aber auch im Detail so ausgestaltet sein, daß sie den Anforderungen des Art. 103 II GG genügt. Unter diesem Blickwinkel ist im folgenden zu klären, auf welchen Zeitraum die Prognose im Finanzplan zu beziehen ist.
Als äußerster Grenzwert wurde insofern bereits der späteste Fälligkeitstermin der im Betrachtungszeitpunkt entstandenen Forderungen ermittelt. Dieses Ergebnis konnte aus dem Wortlaut des § 18 II InsO gewonnen werden. Die Prognose im Fallbeispiel hatte damit am 1.4. die zukünftige Entwicklung bis zum 1.8., dem Fälligkeitstermin von F_2, abzubilden.[552] Eine solche Prüfung erscheint mit guter Genauigkeit erstellbar, da sie sich nur auf einen Zeitraum von vier Monaten bezieht. Problematisch wird es aber, wenn anders als im Fallbeispiel im Prüfungszeitpunkt bereits Forderungen bestehen, die erst in Jahren fällig werden, wie dies z.B. bei langfristigen Darlehensforderungen der Fall sein kann. Bestünde etwa im Fallbeispiel schon am 1.4. eine solche Forderung gegen den S und würde diese erst nach 10 Jahren fällig, so müßten alle Forderungen der nächsten 10 Jahre in die Prognoseprüfung einbezogen werden, wenn sie ihrerseits selbst vor diesem Termin fällig würden.[553]

---

550 Vgl. unten Dritter Teil, Kapitel 2 C.
551 Vgl. insofern auch **Bieneck** StV 1999, 44; **Bieneck** in Müller-Gugenberger/ Bieneck, § 76, Rz. 34.
552 Vgl. nochmals oben Dritter Teil, Kapitel 2 B. II. 2. c) aa).
553 FK-**Schmerbach** § 18, Rz. 8a; Kübler/ Prütting-**G. Pape** § 18, Rz. 6; **Drukarczyk/ Schüler** in Kölner Schrift, S. 111, Rz. 43; **Temme** S. 81; für das Insolvenzstrafrecht **Reck** GmbHR 1999, 270; **Reck** ZAP Ost Fach 21, 162; **Reck** BuW 1997, 746; **Bittmann** wistra 1998, 325.

Eine so weit in die Zukunft ausgedehnte Prognoseprüfung begegnete jedoch erheblichen Bedenken im Hinblick auf die Vereinbarkeit mit dem strafrechtlichen Bestimmtheitsgebot. Denn je länger der Prognosezeitraum angesetzt wird, um so mehr und um so unsicherere Annahmen müssen getroffen werden. Sind aber die einzelnen Annahmen ungenauer, so büßt zwangsläufig auch die gesamte Prognose an Präzision und an Bestimmtheit ein. Daneben wäre eine solche Prognose überdies auch für die Belange der Praxis zu offen und ungenau und daher nicht nutzbringend.[554]
Der Zeitpunkt der spätesten Fälligkeit der im Prüfungszeitpunkt bereits entstandenen Forderungen kann damit nur eine maximale Zeitgrenze darstellen.[555] Über diesen Zeitpunkt hinaus darf die Prognose jedenfalls nicht bezogen werden. Für den Fall aber, daß dieser Grenzwert zu weit in der Zukunft liegt, muß eine subsidiäre, näher am Prüfungszeitpunkt liegende Zeitgrenze festgelegt werden. Nicht gefolgt werden kann also denjenigen Autoren, die sich einschränkungslos an dem von § 18 II InsO aufgestellten Zeitpunkt der spätesten Fälligkeit der bestehenden Forderungen orientieren.[556]
Um ein wirklich realitätsnahes und wahrscheinliches Bild der zukünftigen Finanzentwicklung zu gewährleisten, darf diese Zeitgrenze einerseits nicht zu nah am Prüfungszeitpunkt liegen. Eine zukunftsgerichtete Betrachtung etwa nur über wenige Wochen lieferte unter Umständen ein unvollkommenes Bild. Sie darf aber andererseits auch nicht zu spät angesetzt werden, um jeden Konflikt mit dem strafrechtlichen Bestimmtheitsgebot zu vermeiden und darüber hinaus für die Praxis verwertbare, hinreichend genaue Prognosen zu gewährleisten.
Eine erste Ansicht schlägt vor, die Planung längstenfalls *auf das laufende Geschäftsjahr und falls möglich auch auf das nächste Geschäftsjahr* zu erstrecken.[557] Ähnlich plädieren andere für einen *maximal zwei Jahre* andauernden Zeitraum.[558] In Anlehnung an die Begründungen im Kommissionsbericht will eine weitere Ansicht den Zeitraum auf *einige Monate* beschränken, zum Beispiel werden *4 bis 6 Monate* vorgeschlagen.[559] Wieder andere fordern weitergehend einen Zeitraum *von maximal drei Jahren*.[560] Besonders restriktiv wird die Zeitgrenze teilweise in der strafrechtlichen Literatur ausgelegt. Um dem Bestimmtheitsgrundsatz genüge zu

---

554 Ebenso **Kressin** S. 227; **Temme** S. 80.
555 FK-**Schmerbach** § 18, Rz. 8f.; **Temme** S. 81; **Haas** in Insolvenzrecht 1998, S. 11f.
556 So **Burger/ Schellberg** BB 1995, 264; **Burger/ Schellberg** KTS 1995, 572; **Burger** DB 1992, 2151; **Jauernig** § 54 II 2, S. 255, ferner aus der strafrechtlichen Literatur **Bieneck** StV 1999, 45.
557 **Temme** S. 81.
558 Kübler/ Prütting-**G. Pape** § 18, Rz. 6, 9.
559 Erster Kommissionsbericht S. 109ff. (Leitsatz 1.2.5); Nerlich/ Römermann-**Mönning** § 18, Rz. 34; **Jäger** DB 1986, 1446; ähnlich **Uhlenbruck** KTS 1986, 32 (drei Monate).
560 FK-**Schmerbach** § 18, Rz. 8a.

tun, wird hier vereinzelt ein Zeitraum von nur *30 Tagen* vorgeschlagen.[561] Andere halten dagegen auch hier einen Zeitraum von *einem Jahr* für angemessen.[562] Vorzugswürdig und sowohl für das zivile Insolvenzrecht wie auch für das Insolvenzstrafrecht gleichermaßen gut handhabbar erscheint dieser Arbeit die zuletzt genannte Grenze von einem Jahr. Dieser Wert begegnet auf der einen Seite strafrechtlich unter Bestimmtheitsgesichtspunkten keinen Bedenken. Auf der anderen Seite gewährleistet er auch eine hinreichende Praktikabilität und Genauigkeit des Begriffs der drohenden Zahlungsunfähigkeit, weil sich in den meisten Fällen die wirtschaftliche Entwicklung des nächsten Jahres bereits mit genügender Gewißheit planen und vorhersehen läßt.[563]

Dabei ist aber zu bedenken, daß diese Jahresgrenze nur in den Fällen Relevanz erlangt, in denen der gesetzlich vorgesehene Grenzwert der spätesten Fälligkeit der bereits im Prüfungszeitpunkt bestehenden Forderungen weiter als ein Jahr in der Zukunft liegt. Andernfalls ist auf eine restriktive Auslegung der Prognoseperiode zu verzichten und dem Wortlaut der Legaldefinition folgend allein dieser Zeitpunkt für die Länge der Prognoseperiode maßgeblich. Im Beispiel ist die Prognoseprüfung am 1.4. entsprechend dem Wortlaut des § 18 II InsO auf einen Zeitraum bis zum 1.8., also auf 4 Monate zu erstrecken. Würde nun aber F_2 erst am 1.5. des Folgejahres oder noch später fällig, so markierte nach hier vertretener Auffassung dieser Fälligkeitstermin nicht die Zeitgrenze für die Prognoseprüfung. Diese wäre vielmehr restriktiv auf den 31.3. des Folgejahres, also auf den Zeitraum von einem Jahr, zu beziehen.

III. Die Auswirkungen der Legaldefinition des § 18 II InsO auf das Insolvenzstrafrecht

Zwar tritt auch das Krisenmerkmal der drohenden Zahlungsunfähigkeit heute im Vergleich zum früheren Recht zeitlich früher ein. Dies hängt aber weniger mit der Einführung der drohenden Zahlungsunfähigkeit als dritten Insolvenzgrund und deren Begriffsbestimmung in § 18 II InsO, als vielmehr mit der auch hier zu beachtenden Legaldefinition des § 17 II 1 InsO zusammen. § 18 II InsO trägt allerdings zu einer Erhöhung der Bestimmtheit des wortgleichen und inhaltsakzessorischen Begriffs in § 283 I StGB bei. Ferner kannte das frühere, zivile Insolvenzrecht keinen Insolvenzgrund der drohenden Zahlungsunfähigkeit. Insofern kann heute zivilrechtlich über § 18 InsO wesentlich früher als bislang eine Entscheidung über die

---

561 **Reck** ZAP Ost Fach 21, 162; **Reck** BuW 1997, 746.

562 So **Bittmann** wistra 1998, 326, der diese Zeitgrenze allerdings nicht starr sieht, sondern u.U. auch danach zu erwartende Ereignisse noch einbeziehen will.

563 So auch **Bittmann** wistra 1998, 325.

Eröffnung eines Insolvenzverfahrens herbeigeführt werden. Insolvenzstrafrechtlich hat dies den früheren Eintritt der objektiven Strafbarkeitsbedingung nach § 283 VI, 2. oder 3. Var. StGB zur Folge. Dabei konnte eine funktionale Inkongruenz zwischen zivilem Insolvenzrecht und Insolvenzstrafrecht aufgezeigt werden, die später im Rahmen der Untersuchung des § 283 VI StGB korrigiert werden muß.

C. Das Krisenmerkmal der Überschuldung

I. Die Abhängigkeit der insolvenzstrafrechtlichen Definition der Überschuldung von der zivilrechtlichen Definition des § 19 II InsO

Abschließend bleibt nach der eingetretenen und der drohenden Zahlungsunfähigkeit das dritte insolvenzstrafrechtliche Krisenmerkmal der Überschuldung zu untersuchen. Wiederum ist dabei zunächst die Frage aufzuwerfen, ob das Insolvenzstrafrecht die Vorgaben der neuen Legaldefinition der InsO inhaltsakzessorisch zu übernehmen hat. Trotz der nach wie vor bestehenden, in den Einzelheiten nur schwierig faßbaren und umstrittenen Bewertungsproblemen zum einen sowie der unterschiedlichen Anwendungsbereiche des Merkmals der Überschuldung im zivilen Insolvenzrecht und im Insolvenzstrafrecht zum anderen, spricht sich die vorliegende Arbeit in Einklang mit der ganz überwiegend im Schrifttum vertretenen Ansicht und wie im Bereich der beiden übrigen Krisen auch hier für eine solche inhaltsakzessorische, an der Legaldefinition des § 19 II InsO orientierte Bestimmung des strafrechtlichen Merkmals der Überschuldung aus.[564] Dieses Ergebnis kann an Hand der folgenden, unter verschiedenen Aspekten geführten Argumentation begründet werden.

---

[564] **Lackner/ Kühl** § 283, Rz. 6; LK-**Tiedemann** vor § 283, Rz. 155; Sch/Sch-**Stree/ Heine** § 283, Rz. 51; **Höffner** BB 1999, 253f.; **Bieneck** in Müller-Gugenberger/ Bieneck, § 75, Rz. 59, § 76, Rz. 6, 33; **Bieneck** StV 1999, 43f.; **Bieneck** wistra 2001, 54; **Arzt/ Weber** § 16, Rz. 56; **Bittmann** wistra 1999, 10ff.; **Wessels/ Hillenkamp** BT 2, Rz. 461; **Moosmayer** S. 163ff.; **Janovsky** KR 1998, 334; **Müller/ Wabnitz/ Janovsky** 6/ Rz. 50; **Beck** in Wabnitz/ Janovsky 2/ 119ff.; **Reck** ZInsO 1999, 199ff.; **Reck** BuW 1997, 747; **Reck** GmbHR 1999, 270ff.; **Uhlenbruck** wistra 1996, 5f.; **Tröndle/ Fischer** vor § 283, Rz. 7; einschränkend auch **Weyand** S. 44f., der grundsätzlich die Konzeption des § 19 II InsO für das Strafrecht übernehmen will, allerdings zusätzlich fordert, daß die Passiva die Aktiva *augenfällig und eindeutig* übersteigen. Eine eigenständige strafrechtliche Auslegung des Merkmals der Überschuldung fordern lediglich **Penzlin** S. 155f., 162 und **Otto** AktG § 401, Rz. 37, **Otto** NJW 1999, 555, die auch nach Inkrafttreten der InsO am bislang herrschenden modifizierten zweistufigen Überschuldungsbegriff festhalten wollen. Vgl dazu unten Dritter Teil, Kapitel 2 C. II. 1. b).

1. Argumentation an Hand des Wortlautes

Zunächst läßt sich für ein inhaltsgleiches Überschuldungsverständnis im zivilen Insolvenzrecht und im Insolvenzstrafrecht der Umstand anführen, daß beide Rechtsgebiete den Begriff in § 19 InsO, bzw. in den §§ 283ff. StGB wortgleich verwenden. Wie im Bereich der beiden anderen Krisen sprechen damit auch hier die Gesichtspunkte der Rechtsklarheit und Rechtsvorhersehbarkeit, der Rechtssicherheit und der Einheit der Rechtsordnung für ein synonymes Begriffsverständnis.

2. Historische Betrachtung

In insolvenzstrafrechtlicher Hinsicht taucht das Krisenmerkmal der Überschuldung erst seit der Ausgliederung der Bankrottdelikte aus der KO durch das 1. WiKG von 1976 auf.[565] Aus den Materialien ergibt sich dabei, daß der Gesetzgeber wie schon mit der eingetretenen Zahlungsunfähigkeit auch mit der Überschuldung bewußt einen Begriff wählte, der auf Grund der Verwendung in anderen Gesetzen bereits seit langem gebräuchlich war und auf dessen Auslegung in anderem Zusammenhang daher zurückgegriffen werden konnte.[566] Sowohl im früheren Konkurs- und Vergleichsrecht wie auch in den korrespondierenden gesellschaftlichen Regelungen war nämlich der Begriff schon lange vor dem Jahr 1976 bekannt: Die KO sah bereits in ihrer ersten Fassung von 1877 in § 193 KO die Überschuldung als Konkursgrund für die Aktiengesellschaft vor.[567] Seit der Novelle von 1898 fand sich diese Regelung unverändert in § 207 I KO. Gleichzeitig wurden im Zuge dieser Reform die Vorschriften des § 209 I 2 KO und des § 213 KO neu an-, bzw. eingefügt, die den zivilrechtlichen Anwendungsbereich der Überschuldung ausdehnten. Auf diese Vorschriften verwies ferner seit jeher § 2 I 3 VglO. Wollte aber der Gesetzgeber von 1976 auch dem Begriff der Überschuldung in § 283 StGB den gleichen Bedeutungsgehalt wie im Zivilrecht beimessen, so kann daraus wiederum ein Argument gewonnen werden, das Krisenmerkmal auch heute inhaltsakzessorisch zur Legaldefinition des § 19 II InsO zu bestimmen.[568]

---

[565] Vgl. Art. 1 Ziffer 5 des 1. WiKG und hierzu BT Drs. 7/ 3441, S. 5; BT Drs. 7/ 5291, 29. ferner nochmals oben Zweiter Teil, Kapitel 2 B. III. 8. und Dritter Teil, Kapitel 2 A. I. 2., B. I. 2., B. II. 2. d) bb).

[566] BT Drs. 7/ 3441, S. 20; vgl. ferner **Bieneck** in Müller-Gugenberger/ Bieneck, § 76, Rz. 19, Fn. 34; **Höffner** BB 1999, 198, Fn. 1; **Göhler/ Wilts** DB 1976, 1659; **Müller-Emmert/ Maier** NJW 1976, 1663.

[567] Vgl. **Hahn/ Mugdan** IV, S. 27, 390ff.; **Höffner** BB 1999, 198. Eine noch ältere, gesetzliche Überschuldungsdefinition findet sich im Zusammenhang mit der Aktiengesellschaft in Art. 240 II ADHGB von 1861. Vgl. hierzu **Teller** S. 33ff.

[568] Insoweit kann die oben Dritter Teil, Kapitel 2 A. I. 2. auf die Krise der eingetretenen Zahlungsunfähigkeit bezogene historische Betrachtung auch auf das Merkmal der Überschuldung über-

Dafür sprechen ferner die Art. 38 Nr. 3a), Art. 45 Nr. 4, Art. 46 Nr. 7, Art. 47 Nr. 15 EGInsO. Durch diese Vorschriften wurden die vormals im HGB, im GmbHG, im AktG und im GenG enthaltenen Überschuldungsdefinitionen gestrichen. Der Gesetzgeber führt insofern als Begründung an, es solle nicht der Eindruck erweckt werden, daß in anderen Gesetzen vom allgemeinen Begriff der Überschuldung in der InsO abgewichen würde und gibt damit ein klares Votum für eine einheitliche Begriffsbestimmung der Überschuldung iSd § 19 II InsO innerhalb der gesamten Rechtsordnung, also auch im Insolvenzstrafrecht, ab.[569] Das StGB bleibt in diesem Zusammenhang lediglich deshalb unerwähnt, weil sich in ihm vormals keine Überschuldungsdefinition fand, keineswegs aber weil der Gesetzgeber in diesem Bereich von einem nicht akzessorischen Begriffsverständnis ausging.

3. Systematische Argumentation

Auch unter systematischen Gesichtspunkten läßt sich ein Argument für eine inhaltsakzessorische Begriffsbestimmung der Überschuldung im Insolvenzstrafrecht finden: Im Zuge der Insolvenzrechtsreform hat der Gesetzgeber zum einen die drohende Zahlungsunfähigkeit als weiteren Insolvenzgrund hinzugefügt, zum anderen wurde die Überschuldungsdefinition an zentraler Stelle in die InsO eingegliedert, was deren systematische Zugehörigkeit zu den übrigen Insolvenzgründen unterstreicht.[570] Damit verwenden heute sowohl die InsO wie auch die Bankrottdelikte zur Umschreibung der Insolvenzgründe, bzw. der Krisendeterminanten drei wortgleiche Merkmale. Wird aber die Überschuldung in beiden Rechtsgebieten systematisch als dritter Begriff neben der eingetretenen und der drohenden Zahlungsunfähigkeit verwendet und ließ sich hinsichtlich dieser beiden Merkmale über die begriffliche Parallele hinaus auch eine inhaltliche Akzessorietät des Strafrechts feststellen, so ist, um die Kongruenz dieser beiden Dreiheiten zu wahren, auch das insolvenzstrafrechtliche Begriffsverständnis einer Überschuldung akzessorisch an den Vorgaben der InsO zu orientieren.

---

tragen werden.

569 Ebenso **Moosmayer** S. 164. Vgl. im einzelnen BT Drs. 12/ 3803, S. 26, 81 zur Änderung des § 130a HGB. Auf diese Stelle verweisen BT Drs. 12/ 3803, S. 29, 85 zur Änderung des § 92 II AktG, BT Drs. 12/ 3803, S. 32, 90 zur Änderung des § 64 I GmbHG, sowie schließlich BT Drs. 12/ 3083, S. 33, 91 zur Änderung des § 98 GenG.

570 Nerlich/ Römermann-**Mönning** § 19, Rz. 2; **Haas** in Insolvenzrecht 1998, S. 12.

4. Teleologische und funktionale Argumentation

Schließlich zielen das zivile Insolvenzrecht und das Insolvenzstrafrecht wie gesehen gleichermaßen auf den Schutz der Interessen der Gesamtgläubigerschaft an materieller Befriedigung. Dieser Parallelität der Schutzrichtungen entspricht es grundsätzlich, innerhalb der einzelnen Normen auftauchende, wortgleiche Merkmale inhaltsgleich auszulegen.

Dieses teleologische Argument greift aber nur dann, wenn auch dem Merkmal der Überschuldung im besonderen zivilrechtlich und strafrechtlich eine solche Schutzfunktion zukommt. Insofern hatte sich bei der Untersuchung der drohenden Zahlungsunfähigkeit eine problematische Inkongruenz ergeben. Vergleichbare Schwierigkeiten scheint das Merkmal der Überschuldung zunächst nicht aufzuwerfen. Zum einen ist das Antragsrecht im Falle der Überschuldung nicht auf den Schuldner beschränkt, zum anderen enthalten hier die §§ 401 I Nr. 2, II AktG, 84 I Nr. 2, II GmbHG, 148 I Nr. 2, II GenG, 130b HGB strafbewährte Insolvenzantragspflichten. Die schuldnerschützenden Elemente des § 18 II InsO weist § 19 II InsO also nicht auf. Darüber hinaus tritt die Überschuldung in Fällen, in denen es einem Schuldner gelingt, trotz seiner Vermögenslosigkeit noch einen Kreditgeber für sich zu gewinnen, vor der Zahlungsunfähigkeit ein. In solchen Konstellationen verhindert damit das Merkmal der Überschuldung, daß die Insolvenz eines überlebensunfähigen Schuldners bis zur Zahlungsunfähigkeit hinausgezögert wird, ermöglicht eine rechtzeitige Insolvenzeröffnung und führt zu einem frühen Vorliegen einer insolvenzstrafrechtlichen Krise. Diese Fälle unterstreichen die rein gläubigerschützende Tendenz des Merkmals der Überschuldung.[571]

Dennoch ergeben sich unter einem anderen Gesichtspunkt Zweifel an der Übernahmefähigkeit der Vorgaben der zivilrechtlichen Legaldefinition zur Bestimmung des Begriffs der Überschuldung in § 283 StGB: Insolvenzstrafrechtlich steht nämlich das Krisenmerkmal der Überschuldung den übrigen Krisensituationen gleich, alle Merkmale sind auf alle denkbaren Bankrottäter in gleicher Form anwendbar. Zivilrechtlich weist der Insolvenzgrund der Überschuldung dagegen im Vergleich zum allgemeinen Insolvenzgrund der eingetretenen Zahlungsunfähigkeit nach § 17 InsO nur ein verkleinertes Anwendungsfeld auf.

Einem inhaltsakzessorischen Überschuldungsverständnis könnte daher die Überlegung entgegenstehen, daß damit ein zivilrechtliches Begriffsverständnis auf

[571] Vgl. hierzu **Ransiek** Unternehmensstrafrecht S. 153; **F. Weber** in Tagungsberichte II, Anlage 4, S. 3f.; **Penzlin** S. 75ff. und aus dem zivilrechtlichen Schrifttum **Bork** Rz. 94; **Jauernig** § 54 II 4., S. 257; Smid-**Smid** § 19, Rz. 12; Nerlich/ Römermann-**Mönning** § 19, Rz. 49; FK-**Schmerbach** § 19, Rz. 4; **Kupsch** BB 1984, 160; Schloz-**K. Schmidt** § 63, Rz. 10; **Kilger/ K. Schmidt** § 102 KO, Anm. 2) b), S. 395f.

Schuldnergruppen im Insolvenzstrafrecht bezogen werden müßte, die dem Anwendungsbereich des zivilrechtlichen Begriffs gar nicht unterfallen und für die folglich die Legaldefinition des § 19 II InsO nicht konzipiert wurde.[572] Würde sich aus diesen Gründen die zivilrechtliche Definition in Teilbereichen als nicht auf das Strafrecht übertragbar herausstellen, so könnte sich hieraus ein Argument für die Herausarbeitung eines strafrechtlich eigenständigen Überschuldungsbegriffs ergeben. Um dies aber im einzelnen beurteilen zu können, sind zunächst die Anwendungsbereiche des Merkmals der Überschuldung im zivilen Insolvenzrecht und im Insolvenzstrafrecht darzustellen.

a) Der Anwendungsbereich der Überschuldung als zivilrechtlicher Insolvenzgrund nach § 19 InsO

Wie bereits nach der KO und der VglO stellt die Überschuldung auch nach § 19 InsO nur bei einem eingeschränkten Schuldnerkreis einen Eröffnungsgrund dar. Der Gesetzgeber ist damit insbesondere nicht der im Rahmen der Reformdiskussion erhobenen Forderung nachgekommen, den Anwendungsbereich der Überschuldung im Zivilrecht auf alle Unternehmensträger einschließlich der Personenhandelsgesellschaften und der Einzelkaufleute auszudehnen.[573] Im Gegensatz dazu sprach sich die Kommission für Insolvenzrecht für einen im Vergleich zu den Regelungen der KO und VglO eingeschränkten Überschuldungsbegriff bei juristischen Personen und nicht rechtsfähigen Vereinen ohne unternehmerische Tätigkeit aus, da hier ein prognostisches Element nicht passe.[574] Auch diesen Vorschlag aber griff der Gesetzgeber nicht auf. Vielmehr hält die InsO an der Verknüpfung der Überschuldung mit der fehlenden Haftung einer natürlichen Person fest und benützt die Eigenschaft der unternehmerischen Tätigkeit anders als die dargestellten Ansichten in keiner Weise als Abgrenzungskriterium. Die Überschuldung stellt daher nach wie vor einen Eröffnungsgrund für juristische Personen (§ 19 I InsO) und für Gesellschaften ohne Rechtspersönlichkeit dar, bei denen keine natürliche Person für die Verbindlichkeiten haftet (§ 19 III InsO, sog. kapitalistische Personengesellschaften).[575]

---

[572] Ähnliche Überlegungen stellen auch **Moosmayer** S. 159 und **Harneit** S. 99ff. an.

[573] Vgl. in erster Linie **K. Schmidt** ZIP 1980, 237; **K. Schmidt** Unternehmensinsolvenz S. 59ff.; **K. Schmidt** JZ 1982, 171ff.; **K. Schmidt** in Kölner Schrift S. 1217, Rz. 42; aber auch Smid-**Smid** § 19, Rz. 8; **Haas** in Insolvenzrecht 1998, S. 12ff.; **Biermann** S. 74ff., 88f.; **Haack** Überschuldung S. 27.

[574] Erster Kommissionsbericht S. 111, 114f. (Leitsatz 1.2.6, Absatz 2); vgl. hierzu auch Nerlich/ Römermann-**Mönning** § 19, Rz. 4.

[575] BT Drs. 12/ 2443, S. 115; ebenso bereits Diskussionsentwurf Band 1, § 21, S. 10; Teil B, S. 16; Referentenentwurf Band 1, § 21, S. 11f.; Teil B, S. 20, vgl. ferner LK-**Tiedemann** vor § 283, Rz. 147 und aus dem zivilrechtlichen Schrifttum Kübler/ Prütting-**G. Pape** § 19, Rz. 3; **Harald**

b) Der Anwendungsbereich der Überschuldung als Krisenmerkmal im Insolvenzstrafrecht

Im Insolvenzstrafrecht findet sich dagegen de lege lata keine entsprechende Beschränkung des Anwendungsbereichs der Überschuldung. Vielmehr stellt diese hier wie auch die eingetretene und die drohende Zahlungsunfähigkeit ein Krisenmerkmal für alle denkbaren Schuldner dar.[576]

c) Konsequenzen aus der Unterschiedlichkeit der Anwendungsbereiche de lege lata und de lege ferenda

Nach Darstellung der Anwendungsbereiche des Merkmals der Überschuldung im zivilen Insolvenzrecht und im Insolvenzstrafrecht ist nun zu fragen, ob deren Unterschiede einer zur Legaldefinition des § 19 II InsO inhaltsakzessorischen Begriffsbestimmung in § 283 StGB entgegenstehen. Innerhalb des insolvenzstrafrechtlichen Schrifttums übt namentlich Otto Kritik an der Ausdehnung der Überschuldung auf alle Schuldner. Seiner Ansicht nach umschreibt die Überschuldung gerade bei natürlichen Personen und echten Personenhandelsgesellschaften keine typischerweise gefährliche Situation für die geschützten Gläubigerinteressen. Ferner erfordere die Prüfung einer Überschuldung, auf die im einzelnen noch später einzugehen ist, zum einen eine Fortführungsprognose und zum anderen die Unterscheidung zwischen Zerschlagungs- und Fortführungswerten, was insbesondere im Bereich natürlicher Personen, die kein kaufmännisches Unternehmen betreiben, schlechthin nicht möglich sei. Im Ergebnis aber spricht sich Otto nicht für die Herausbildung eines vom zivilrechtlichen Begriffsverständnis abweichenden strafrechtlichen Überschuldungsbegriffs aus, sondern fordert im Wege einer verfassungskonformen Auslegung unter Berufung auf den Verhältnismäßigkeitsgrundsatz eine Einschränkung des § 283 StGB gegen dessen Wortlaut: Nach seiner Ansicht soll die Überschuldung nur noch in den Fällen als Krisensituation anerkannt werden, in denen sie auch Insolvenzgrund nach dem zivilen Insolvenzrecht ist.[577]

Wagner § 19, Rz. 1; **Krüger-Knief** S. 33; **Temme** S. 112.
Das häufigste Beispiel für eine kapitalistische Personengesellschaft bildet in der Praxis die GmbH & Co.KG. Darüber hinaus stellt die Überschuldung nach §§ 320, 332 InsO auch einen Insolvenzgrund im Falle der Nachlaßinsolvenz und bei Insolvenzverfahren über das Gesamtgut einer fortgesetzten Gütergemeinschaft dar.

576 **Lackner/ Kühl** § 283, Rz. 6; LK-**Tiedemann** vor § 283, Rz. 147; **Tröndle/ Fischer** vor § 283, Rz. 7; NK-**Kindhäuser** vor § 283, Rz. 100; **Maurach/ Schroeder/ Maiwald** BT 1, § 48, Rz. 13; **Moosmayer** S. 159; **Weyand** S. 40; Sch/Sch-**Stree/ Heine** § 283, Rz. 51; **Maul** DB 1979, 1757f.

577 **Otto** in GS Bruns S. 273ff.; **Otto** BT § 61, Rz. 86; vgl. ferner **Moosmayer** S. 172f.; **Penzlin** S. 205.

Ebenso plädiert auch die vorliegende Arbeit für eine zivilrechtsakzessorische Bestimmung des strafrechtlichen Krisenmerkmals. Gegen Zweifel an diesem Ergebnis auf Grund des eingeschränkten Anwendungsbereichs der Überschuldung im zivilrechtlichen Funktionszusammenhang ist hier allerdings die dieser Arbeit eigene Konzeption des § 283 StGB de lege ferenda anzuführen: An späterer Stelle wird nämlich vorgeschlagen werden, den Anwendungsbereich des § 283 StGB künftig auf Schuldner zu begrenzen, die eine mehr als nur geringfügig selbständige wirtschaftliche Tätigkeit ausüben.[578] Die Divergenz der Anwendungsbereiche der Überschuldung im Zivilrecht und im Strafrecht wird dadurch erheblich reduziert. Ohne hier schon auf die Gründe für diese gesetzliche Korrektur einzugehen[579], stellen die folgenden Ausführungen zum einen die künftigen Überschneidungen, sowie die noch bestehenden Abweichungen dar und zeigen darüber hinaus auf, daß jedenfalls diese Abweichungen einem zivilrechtsakzessorischen Überschuldungsverständnis im Insolvenzstrafrecht nicht entgegenstehen.

aa) Die Behandlung mehr als nur geringfügig selbständig wirtschaftlich tätiger Schuldner, die in den Anwendungsbereich des § 19 InsO fallen

Für großumfänglich selbständig wirtschaftlich tätige Schuldner, die in den Anwendungsbereich des § 19 InsO fallen, also etwa für eine unternehmerisch tätige Aktiengesellschaft oder GmbH ergeben sich nach der geplanten Änderung des § 283 StGB keine Veränderungen. Die Überschuldung ist hier nach wie vor sowohl zivilrechtlicher Insolvenzgrund als auch strafrechtliches Krisenmerkmal. Es besteht daher, was diese Schuldnergruppe anbelangt, keine Inkongruenz der Anwendungsbereiche und mithin auch kein Zweifel an der Übertragbarkeit des zivilrechtlichen Überschuldungsbegriffs in das Insolvenzstrafrecht.

bb) Die Behandlung nicht oder nur geringfügig selbständig wirtschaftlich tätiger Schuldner, die nicht in den Anwendungsbereich des § 19 InsO fallen

Für Schuldner, die nicht in den Anwendungsbereich des § 19 InsO fallen und die darüber hinaus nicht oder nur geringfügig selbständig wirtschaftlich tätig sind, also etwa für einen privaten Verbraucherschuldner, stellt das Merkmal der Überschuldung künftig weder zivilrechtlich einen Insolvenzgrund noch insolvenzstrafrechtlich ein Krisenmerkmal des Bankrotts dar. Im Bereich dieser Schuldnergruppe entsteht mithin durch die vorgeschlagene Änderung ebenso eine Kongruenz zwischen den beiden Rechtsgebieten. Auch diese Schuldnergruppe bietet damit de lege fe-

[578] Vgl. unten Dritter Teil, Kapitel 4 F. VI.

[579] Diese Gründe werden in späterem Zusammenhang (Dritter Teil, Kapitel 4 C.) im einzelnen erläutert.

renda keinerlei Grund zur Herausbildung eines strafrechtlich eigenständigen Begriffsverständnisses der Überschuldung.

cc) Die Behandlung nicht oder nur geringfügig selbständig wirtschaftlich tätiger Schuldner, die in den Anwendungsbereich des § 19 InsO fallen

Für eine nicht oder nur geringfügig selbständig wirtschaftlich tätige juristische Person oder kapitalistische Gesellschaft entsteht dagegen nach dem Vorschlag dieser Arbeit eine Inkongruenz der Anwendungsbereiche. Zwar ist die Überschuldung für solche Schuldner zivilrechtlicher Insolvenzgrund, de lege ferenda aber kein insolvenzstrafrechtliches Krisenmerkmal mehr. Die von Otto kritisierte Ausdehnung des Anwendungsbereichs der Überschuldung im Insolvenzstrafrecht hat sich also in diesem Bereich in ihr Gegenteil verkehrt.
Auch diese Schuldnergruppe legt jedoch in keiner Weise ein strafrechtlich abweichendes Überschuldungsverständnis nahe: Zwar vermag die Tatsache, daß diese Schuldnergruppe in der Praxis einen nur kleinen Teil der gesamten Schuldner darstellt, da die große Mehrzahl der juristischen Personen und kapitalistischen Gesellschaften zugleich auch in größerem oder großem Umfang selbständig wirtschaftlich tätig ist, dieses Ergebnis noch nicht zu begründen. Ein Akzessorietätsproblem stellt sich aber deshalb nicht, weil das Strafrecht hier im Vergleich zum zivilen Insolvenzrecht gerade nicht ausdehnt, sondern einengt. Es steht also in Bezug auf diese Schuldnergruppe gar nicht zu fragen, ob eine für einen begrenzteren Adressatenkreis konzipierte zivilrechtliche Überschuldungsdefinition zusätzlich im Insolvenzstrafrecht auch auf sie übertragen werden kann.

dd) Die Behandlung mehr als nur geringfügig selbständig wirtschaftlich tätiger Schuldner, die nicht in den Anwendungsbereich des § 19 InsO fallen

Somit ist der Blick zuletzt auf diejenigen Schuldner zu richten, die dem Anwendungsbereich des § 19 InsO nicht unterfallen, dennoch aber mehr als nur geringfügig selbständig wirtschaftlich tätig sind. Hierzu sind etwa eine großumfänglich unternehmerisch tätige OHG oder KG, aber auch ein entsprechend tätiger Einzelkaufmann zu rechnen. Über das Vermögen eines solchen Schuldners kann zwar kein Insolvenzverfahren bei Überschuldung eröffnet werden, dagegen markiert die Überschuldung für ihn auch de lege ferenda eine insolvenzstrafrechtlich relevante Krise.
Nach der vorgeschlagenen Begrenzung des § 283 StGB reduziert sich die Erweiterung des Anwendungsbereichs des Überschuldungsmerkmals im Strafrecht gegenüber dem zivilen Insolvenzrecht auf diese Schuldnergruppe. Nur noch im Hinblick auf diese Schuldnergruppe können also de lege ferenda Zweifel an der Übertragbarkeit der nicht für sie konzipierten Überschuldungsdefinition erhoben werden.

Diese Zweifel müssen aber aus zwei Gründen als nicht ausschlaggebend angesehen werden:
Zum ersten ist die Divergenz der Anwendungsbereiche nicht erst mit Inkrafttreten der InsO entstanden, sondern besteht bereits seit der Umgestaltung des Insolvenzstrafrechts durch das 1. WiKG 1976, da auch die KO und die VglO den Anwendungsbereich des Eröffnungsgrundes der Überschuldung entsprechend beschränkten. Wie festgestellt, entsprach es dabei dem Willen des historischen Gesetzgebers das unter der Geltung des alten Konkursrechts entwickelte Begriffsverständnis einer Überschuldung dem Krisenmerkmal der Bankrottdelikte zugrunde zu legen.[580] Dennoch aber lehnte er es explizit ab, auch die Einschränkungen des Anwendungsbereichs im Zivilrecht auf den strafrechtlichen Überschuldungsbegriff zu übertragen.[581] Als Begründung hierfür führte er an, die unterschiedliche Haftung der Schuldner rechtfertige es zwar, ihnen ein unterschiedliches Maß an Vertrauen entgegen zu bringen und deshalb bei Überschuldung nur für bestimmte Arten von Schuldnern Konkursreife anzunehmen. Nach den Vorstellungen des Gesetzgebers genoß also jede natürliche Person, auch etwa als persönlich haftender Gesellschafter eines Unternehmens, bei den Gläubigern auf Grund des Einsatzes ihres gesamten Vermögens höheres Vertrauen als juristische Personen oder kapitalistische Personengesellschaften, deren Identität und Verantwortung rein auf das Haftungsvermögen beschränkt ist.[582] Im Bereich der Bankrottdelikte aber ginge es um die Zulässigkeit wirtschaftlich sinnloser oder zumindest gefährlicher Handlungen. Die Unterlassung solcher Handlungen müsse von jedem Teilnehmer am Wirtschaftsverkehr verlangt werden, sofern er überschuldet sei.[583] Der Gesetzgeber von 1976 sah mithin keine Schwierigkeiten den zivilrechtlichen Überschuldungsbegriff auch auf das Insolvenzstrafrecht und damit auf Schuldnertypen zu übertragen, für die eine Überschuldung zivilrechtlich ohne Bedeutung ist.
Diese Ansicht teilt auch der überwiegende Teil des strafrechtlichen Schrifttums bereits de lege lata. Die Überschuldung wird hier ebenso als eine mit der Zahlungsunfähigkeit vergleichbare, hinreichend gefährliche Situation für die geschützten Gläubigerinteressen gesehen.[584]
Erschien aber dem Gesetzgeber des 1. WiKG sogar die immense Ausdehnung des Anwendungsbereichs einer Überschuldung auf alle Schuldner im Insolvenzstraf-

---

580 Vgl. oben Dritter Teil, Kapitel 2 C. I. 2.

581 BT Drs. 7/ 3441, S. 20.

582 BT Drs. 7/ 3441, S. 20; ferner **Böhle-Stamschräder**[12] § 283, Anm. 4a), S. 531; **Häsemeyer** Rz. 7.16.

583 BT Drs. 7/ 3441, S. 20.

584 LK-**Tiedemann** vor § 283, Rz. 147; **Lackner/ Kühl** § 283, Rz. 6; NK-**Kindhäuser** vor § 283, Rz. 100; **Tröndle/ Fischer** vor § 283, Rz. 7; **Maurach/ Schroeder/ Maiwald** BT 1, § 48, Rz. 13; **Moosmayer** S. 160; **Weyand** S. 40.

recht als erforderlich, hinreichend legitimiert und einem einheitlichen Begriffsverständnis in beiden Rechtsgebieten nicht entgegenstehend, so muß dies a maiore ad minus erst recht dann gelten, wenn nach der vorgeschlagenen Begrenzung des Anwendungsbereichs des § 283 StGB diese Ausdehnung nur noch in reduziertem Umfang hinsichtlich solcher Schuldner besteht, die zwar mehr als nur geringfügig selbständig wirtschaftlich tätig sind, aber nicht in den Anwendungsbereich des § 19 InsO fallen.
Zum zweiten wurde die zivilrechtliche Überschuldungsdefinition zwar in der Tat nicht für diese Schuldnergruppe konzipiert. Ohne hier bereits im einzelnen auf die Prüfung einer Überschuldung vorzugreifen, zeigt sich aber, daß die insbesondere von Otto vorgebrachte Kritik an der Ausdehnung der Überschuldung in strafrechtlicher Hinsicht hier nicht zu überzeugen vermag. Wie gesehen, gehören dieser Schuldnergruppe etwa großumfänglich wirtschaftlich tätige Gesellschaften in den Rechtsformen der OHG oder der KG an. Bei solchen Schuldnern ist die Durchführung einer Fortführungsprognose ebenso wie die Unterscheidung zwischen Zerschlagungs- und Fortführungswerten grundsätzlich möglich und praktisch sinnvoll. Die Kritik Ottos bezog sich daher auch in erster Linie auf die Einbeziehung privater Personen in den strafrechtlichen Überschuldungstatbestand.[585]
Die unterschiedlichen Anwendungsbereiche des Merkmals der Überschuldung stehen damit jedenfalls bei einer Beschränkung des Anwendungsbereichs des Bankrotts im hier vorgeschlagenen Sinne einem zur Legaldefinition des § 19 II InsO inhaltsakzessorischen Überschuldungsverständnis in § 283 StGB nicht entgegen.

d) Relevanz des letztmöglichen Zeitpunkts für einen strafrechtlichen Überschuldungsbegriff

Schließlich wurde von Seiten des Strafrechts vor Inkrafttreten der InsO auf Grund der verschiedenartigen Überschuldungsmodelle einerseits und der zahlreichen Bewertungsunsicherheiten innerhalb dieser Modelle andererseits vielfach vorgeschlagen, eine Überschuldung iSd § 283 StGB nur dann anzunehmen, wenn alle anerkannten betriebswirtschaftlichen und rechtlichen Bewertungsmethoden zu diesem Ergebnis gelangten. Nur auf diesem Wege könne die Vereinbarkeit des Überschuldungsbegriffs mit dem verfassungsrechtlichen Bestimmtheitsgebot sichergestellt werden.[586]

---

[585] Vgl. nochmals **Otto** in GS Bruns S. 273.
[586] So etwa OLG Düsseldorf wistra 1998, 360f. und aus dem Schrifttum LK-**Tiedemann** vor § 283, Rz. 158; Scholz-**Tiedemann** § 84, Rz. 46ff.; **Tiedemann** in GS Schröder S. 299ff.; **Tiedemann** in HWiStR, Art. Konkursstraftaten, S. 8; **L. Müller** in LdR/ StrafR, Art. Konkursstraftaten, S. 460; **Lüderssen** in GS Kaufmann S. 677; **Regner** S. 94; NK-**Kindhäuser** vor § 283, Rz. 98; **Schlüchter** Grenzbereich S. 127; **Weyand** S. 44; **Haffke** KritV 1991, 173f.; Sch/Sch-**Stree/**

Hielte man an dieser Auffassung auch heute noch fest, so stünde dies einer inhaltsakzessorischen Ausrichtung des strafrechtlichen Überschuldungsbegriffs allein an den Vorgaben der zivilrechtlichen Legaldefinition des § 19 II InsO entgegen. Nach Ansicht dieser Arbeit ist diese Auslegung des Überschuldungsmerkmals daher abzulehnen. Ihr Ausgangspunkt und ihre Grundlage sind Unsicherheiten und Bedenken im Hinblick auf die Vereinbarkeit des Überschuldungsbegriffs mit dem verfassungsrechtlichen Bestimmtheitsgebot. Es bleibt jedoch unklar, wie eine Ansicht ohne abschließend bestimmten Inhalt zur Wahrung des Bestimmtheitsgebots beitragen können soll.[587] Darüber hinaus bestünde bei einer Berücksichtigung sämtlicher vertretenen Meinungen und Modelle die Gefahr einer vollständigen Funktionsuntüchtigkeit des Überschuldungsmerkmals in der Praxis.[588] Schließlich bietet das Zivilrecht heute, nach dem Inkrafttreten der InsO in § 19 II InsO einen konkreten, gesetzlichen Anknüpfungspunkt zur Bestimmung des Überschuldungsbegriffs. Im Hinblick auf die Anbindung des Strafrechts an das verfassungsrechtliche Bestimmtheitsgebot erscheint es daher sogar umgekehrt gerade erforderlich das insolvenzstrafrechtliche Begriffsverständnis einer Überschuldung an dieser zivilrechtlichen Legaldefinition zu orientieren.[589]

5. Zwischenergebnis zu I.

Im Ergebnis ist somit auch das dritte insolvenzstrafrechtliche Krisenmerkmal der Überschuldung unter Berücksichtigung der Grenzen des Art. 103 II GG inhaltsakzessorisch zum zivilrechtlichen Begriffsverständnis nach § 19 II InsO zu bestimmen.

Heine § 283, Rz. 51; **Schüppen** DB 1994, 203; **Moosmayer** S. 162; **Lackner/ Kühl**[22] § 283, Rz. 6.
Höfner S. 237ff., 295 geht sogar explizit von der Verfassungswidrigkeit der Krise der Überschuldung wegen Verstoßes gegen Art. 103 II GG aus. Ebenso **Penzlin** 155ff., 158, 162 allerdings nur für den Fall, daß man die Überschuldung nach dem herkömmlichen zweistufigen Modell des § 19 II InsO bestimmt. In der modifizierten zweistufigen Prüfung sieht Penzlin dagegen eine Möglichkeit zur verfassungskonformen Auslegung, vgl. ausführlich zu diesen unterschiedlichen Überschuldungsmodellen unten Dritter Teil, Kapitel 2 C. II. 1. Ferner generell gegen ein Festhalten am Überschuldungsmerkmal aus zivilrechtlicher Sicht **Fenske** AG 1997, 558f.; **Egner/ Wolff** AG 1978, 106; kritisch auch **Uhlenbruck** in Sozialkontrolle S. 80.

587 Ebenso **Höffner** BB 1999, 253; **Penzlin** S. 98, 109, 157; vgl. auch **Ransiek** Unternehmensstrafrecht S. 154.

588 **Penzlin** S. 98, 109; **Lüderssen** in GS Kaufmann S. 677.

589 So auch **Bieneck** in Müller-Gugenberger/ Bieneck, § 76, Rz. 19, Fn. 34.

II. Die Begriffsbestimmung der Überschuldung

Im folgenden ist daher die zivilrechtliche Überschuldungsdefinition des § 19 II InsO näher zu untersuchen. Nach § 19 II 1 InsO liegt Überschuldung vor, *wenn das Vermögen des Schuldners die bestehenden Verbindlichkeiten nicht mehr deckt.*[590] Die InsO faßt so die früher verstreut in den §§ 92 II 2 AktG, 64 I 2 GmbHG, 98 I Nr. 2 GenG a.F. geregelten Definitionen zusammen, enthält insoweit allerdings noch keine inhaltlichen Neuerungen. Auch die gesellschaftsrechtlichen Vorschriften gingen von einer Überschuldung aus, wenn das Vermögen der Gesellschaft die Schulden nicht mehr deckt.[591] Darüber hinaus entscheidet § 19 II 2 InsO aber den seit langer Zeit ausgetragenen Meinungsstreit um die Auslegung des Überschuldungstatbestandes. Diese Entscheidung wird jedoch erst vor dem Hintergrund der bislang vertretenen Überschuldungsmodelle verständlich. Es ist daher auch hier zunächst erforderlich, überblicksartig auf die bislang vertretenen Ansichten einzugehen.

1. Die Definitionen der Überschuldung vor dem Inkrafttreten der InsO

Die vor dem Inkrafttreten der InsO vertretenen Überschuldungskonzeptionen sind das Ergebnis einer Entwicklung im Zivilrecht, die von statischen und dynamischen Modellen hin zu den sog. zweistufigen Überschuldungsprüfungen führte.[592] Ein in strafrechtlicher Hinsicht streng inhaltsakzessorisches Vorgehen bei der Begriffsbestimmung einer Überschuldung war dabei lange Zeit nicht möglich, da ein allgemein verbindlicher Überschuldungsbegriff, den das Strafrecht akzessorisch hätte übernehmen können, gar nicht existierte. Vielmehr wurden als Ergebnis einer von Rechtsprechung und Schrifttum kontrovers geführten Diskussion unterschiedliche Überschuldungsmodelle vertreten. Das insolvenzstrafrechtliche Schrifttum übernahm daher einerseits theoretische Ansätze aus dem Zivilrecht, entwickelte aber andererseits auch eigene Überschuldungskonzeptionen und erzielte so teilweise un-

---

[590] Vgl. BT Drs. 12/ 2443, S. 115, ferner ebenso Diskussionsentwurf Band 1, § 21, S. 10; Teil B, S. 16; Referentenentwurfs Band 1, § 21, S. 11f.; Teil B, S. 20.

[591] Diese Definition entsprach und entspricht auch der allgemeinen Auffassung im Strafrecht, vgl. BGH wistra 1987, 28; OLG Düsseldorf wistra 1983, 122; **Lackner/ Kühl** § 283, Rz. 6; **Bieneck** in Müller-Gugenberger/ Bieneck, § 76, Rz. 6; Sch/Sch-**Stree/ Heine** § 283, Rz. 51; **Tröndle/ Fischer** vor § 283, Rz. 7; **Gössel** § 28, Rz. 13; **Wessels/ Hillenkamp** BT 2, Rz. 461; **Weyand** S. 39; NK-**Kindhäuser** vor § 283, Rz. 93; **Moosmayer** S. 160; SK-**Samson** § 283, Rz. 7; **Tiedemann** in HWiStR, Art. Konkursstraftaten, S. 8; LK-**Tiedemann** vor § 283, Rz. 150; **Otto** BT § 61, Rz. 83; **Maurach/ Schroeder/ Maiwald** BT 1, § 48, Rz. 13; **Reck** ZInsO 1999, 199f.; **Reck** BuW 1997, 747; **Reck** GmbHR 1999, 270ff.; **Schlüchter** wistra 1984, 41.

[592] Ausführliche Darstellungen dieser Entwicklung finden sich bei **Teller** S. 33ff.; **Höffner** BB 1999, 198ff., 252ff.; **Kupsch** BB 1984, 161ff. und **Fenske** AG 1997, 554ff.

terschiedliche Ergebnisse.[593] Der folgende Abschnitt stellt diese unterschiedlichen Auffassungen zur Bestimmung des Begriffs der Überschuldung dar.

a) Einstufige Überschuldungsmodelle

Einstufige Überschuldungsmodelle zunächst nahmen die Feststellung einer Überschuldung an Hand nur eines Prüfungsschritts vor. Insoweit wurden sowohl im Zivilrecht wie auch im Strafrecht statische und dynamische Überschuldungskonzeptionen unterschieden.
Die *statischen* Modelle ermittelten die Überschuldung rein bilanziell, d.h. an Hand einer Einzelbewertung der Vermögensgegenstände zu einem bestimmten Zeitpunkt. Auf das zusätzliche Erfordernis einer Fortführungsprognose wurde noch verzichtet.
Was die Erstellung der Bilanz anbelangt, wurde anfänglich eine Orientierung an den Regeln der Handelsbilanz befürwortet. Insbesondere der Gesetzgeber der KO von 1877 ging davon aus, daß der Tatbestand der Überschuldung aus der gewöhnlichen handelsrechtlichen Bilanz abzulesen sei. Ein Schuldner war hiernach als überschuldet anzusehen, wenn in der handelsrechtlichen Jahresbilanz negatives Eigenkapital ausgewiesen wurde.[594] Überwiegend wuchs aber schon rasch nach dem Inkrafttreten der KO Kritik an den Jahresabschlußzahlen als Grundlage einer Überschuldungsprüfung und es setzte sich die Auffassung durch, die Überschuldung sei durch die Aufstellung eines eigenen Überschuldungsstatus zu ermitteln, in den nur die „wahren" Werte und Verbindlichkeiten aufzunehmen seien.[595] Im einzelnen aber waren die maßgeblichen Bewertungsgrundlagen umstritten.[596] Eine Ansicht

---

[593] **Höffner** BB 1999, 252.

[594] Vgl. **Pribilla** KTS 1958, 4; **K. Schmidt** AG 1978, 338. Auch in neuerer Zeit sprechen sich einige Autoren für die Verwendung des Jahresabschlusses zur Erstellung einer Überschuldungsbilanz aus. Vgl. etwa **Vonnemann** Überschuldung Rz. 60ff.; **Vonnemann** BB 1991, 869f.; **Lütkemeyer** S. 255ff., 338ff.; **Wolf** DStR 1995, 862; **Drukarczyk** WM 1994, 1743f. und **Höffner** BB 1999, 254, wobei allerdings den neueren dieser Überschuldungskonzeptionen zumeist ein zweistufiger Überschuldungsbegriff zugrunde liegt.

[595] BGHSt 15, 309f.; BGH wistra 1987, 28; **Tiedemann** in GS Schröder S. 296; LK-**Tiedemann** vor § 283, Rz. 151; **Schlüchter** MDR 1978 265; **Schlüchter** wistra 1984, 41; **Weyand** S. 40f.; **Otto** in GS Bruns S. 269; **Otto** AktG § 401, Rz. 34; **H. Richter** GmbHR 1984, 139; Sch/Sch-**Stree/ Heine** § 283, Rz. 51; **Franzheim** NJW 1980, 2501; NK-**Kindhäuser** vor § 283, Rz. 93f.; SK-**Samson** § 283, Rz. 7; **Bieneck** in Müller-Gugenberger/ Bieneck, § 76, Rz. 9; **Wessels/ Hillenkamp** BT 2, Rz. 461; **Uhlenbruck** wistra 1996, 6, ferner aus dem zivilrechtlichen Schrifttum bereits **Wiesner** Archiv für Bürgerliches Recht 1906, 311 und **Levy** S. 5ff.; sowie **Höfner** S. 106ff., 115f. und **Berz** BB 1976, 1440.

[596] Da zur Feststellung einer Überschuldung notwendigerweise solche Wertungsfragen zu klären sind, ist die Überschuldung als normatives Tatbestandsmerkmal anzusehen, so auch **Tiedemann** in GS Schröder S. 291; **Moosmayer** S. 160, Fn. 68; **Haack** NJW 1981, 1353; a.A. (deskriptives Tatbestandsmerkmal) aber **Franzheim** NJW 1980, 2502.

wollte das Vermögen grundsätzlich ausschließlich auf der Basis von Liquidationswerten bewerten[597], wohingegen nach einer zweiten Ansicht immer Fortführungswerte zugrunde zu legen sein sollten.[598]
Als Argument für die erste Ansicht wurde aus strafrechtlicher Sicht zum einen die leichtere Bestimmbarkeit der Liquidationswerte angeführt, was gerade im Hinblick auf Art. 103 II GG von großer Bedeutung sei. Zum anderen wurde es im Hinblick auf die Zielsetzung des Insolvenzstrafrechts, die Befriedigungsinteressen der Gläubiger gegenüber wirtschaftswidrigen Verhaltensweisen des Schuldners zu schützen, als widersprüchlich angesehen, das Schuldnervermögen unter der Hypothese ordnungsgemäßen Weiterwirtschaftens im Sinne der Fortführungsprämisse zu bewerten. Dieses Ziel erfordere es vielmehr, die Bewertung der Aktiva nach den Möglichkeiten einer Verwertung im Insolvenzfall, also nach Liquidationswerten, vorzunehmen.[599]
Demgegenüber wies die Gegenauffassung darauf hin, daß eine Bewertung nach den Fortführungswerten für den Täter in aller Regel günstiger sei.[600] Nur so ließe sich

---

597 **Franzheim** NJW 1980, 2501; **Franzheim** wistra 1984, 212f.; **Hiltenkamp-Wisgalle** S. 239ff.; NK-**Kindhäuser** vor § 283, Rz. 95ff., 99; Sch/Sch[25]-**Stree** § 283, Rz. 51, sowie aus dem zivilrechtlichen Schrifttum **Dahl** GmbHR 1964, 112ff.

598 **Schlüchter** wistra 1984, 43; **H. Richter** GmbHR 1984, 140; **Otto** in GS Bruns S. 268ff.; **Bilo** GmbHR 1981, 75; SK-**Samson** § 283, Rz. 7ff. und aus dem zivilrechtlichen Schrifttum **Baier** NJW 1956, 1304; **Sudhoff** NJW 1973, 1829ff.; **Hirsch** in FS Hueck S. 311; **Hundertmark/ Herms** BB 1972, 1119; **Haack** Überschuldung S. 96. Einen abweichenden, dritten Ansatz in Form einer nutzungswertorientierten Überschuldungsbilanz vertrat **Klar** DB 1990, 2077ff.
Höffner BB 1999, 200 weist zutreffend darauf hin, daß sich die Diskussion zwar vorrangig um die Frage drehte, ob in der Überschuldungsbilanz Liquidations- oder Fortführungswerte anzusetzen seien, daß aber allein mit der Entscheidung für die eine oder die andere dieser Bewertungsprämissen noch nichts Wesentliches ausgesagt sei, solange nicht die Einzelheiten der Bewertung geklärt sind.

599 NK-**Kindhäuser** vor § 283, Rz. 99; LK-**Tiedemann** vor § 283, Rz. 154; **Weyand** S. 43; Sch/Sch[25]-**Stree** § 283, Rz. 51; vgl. ferner **Höffner** BB 1999, 252.

600 Nahezu einhellig wird im Schrifttum davon ausgegangen, daß die Aufstellung einer Überschuldungsbilanz nach Liquidationswerten gegenüber einer solchen auf der Basis von Fortführungswerten tendenziell zu einer niedrigeren Bewertung der Vermögensgegenstände und damit häufiger zum Vorliegen einer Überschuldung führt, vgl. **Moosmayer** S. 161; **Reck** ZInsO 1999, 200; **Reck** BuW 1997, 747; **Reck** GmbHR 1999, 272; LK-**Tiedemann** vor § 283, Rz. 153; **Penzlin** S. 97; Sch/Sch-**Stree/ Heine** § 283, Rz. 51; **Weyand** S. 44; **Bittmann** wistra 1999, 11, 14 sowie aus dem zivilrechtlichen Schrifttum HK-**Kirchhof** § 19, Rz. 14; **Kirchhof** Leitfaden S. 28f.; **Lutter** ZIP 1999, 642; **Haas** in Insolvenzrecht 1998, S. 22, Fn. 100; **Fenske** AG 1997, 557f.; ebenso auch die Stellungnahme des Fachausschuß Recht des IDW WPg 1997, 23; krit. dagegen **Jauernig** § 54 II 3., S. 256, der als Gegenbeispiel den Fall eines Unternehmens anführt, das über Maschinen verfügt, die zwar hic et nunc noch gut verkäuflich sind, die aber in Bälde technisch überholt sein werden. Hier könnten relativ hohen Liquidationswerten dann geringere Fortführungswerte gegenüber stehen, wenn eine rentable Fortführung nur mit neuen, modernen Maschinen möglich ist, wenn also große, uU nicht bezahlbare Investitionen nötig sind, die einer Unternehmensfortführung im Wege stehen. Indes dürfte ein solcher Fall in der Praxis ausgesprochen selten sein, da solche Maschinen, die in naher Zukunft technisch veraltet sind, in aller Regel

damit hinreichend deutlich strafwürdiges Verhalten von nicht strafwürdigem unterscheiden. Ferner spreche gegen den Ansatz von Liquidationswerten, daß danach zu viele Unternehmen als überschuldet anzusehen wären, was nicht sachgerecht erscheine. Weiter werde der Wert eines Unternehmens wesentlich von seiner auch zukünftigen Leistungsfähigkeit und nicht vom liquidierbaren Wert seiner einzelnen Vermögensbestandteile bestimmt. Schließlich sei vielfach die Liquidation gerade die Rechtsfolge der Annahme einer Überschuldung, so daß die Gefahr eines Zirkelschlusses bestünde, legte man bereits der Prüfung einer Überschuldung die hypothetische Liquidation zugrunde.[601]

Neben diesen statischen Überschuldungsprüfungen entwickelten sich, begünstigt durch die zunehmende Akzeptanz des Ertragswertverfahrens als geeignete Methode zur Bewertung ganzer Unternehmen in der Betriebswirtschaftslehre, auch *dynamische* Überschuldungsmodelle, die das Vermögen zukunftsgerichtet, in einem aktiven Sinne als Fähigkeit, die Schulden zu begleichen, begriffen. Als entscheidend für das Vorliegen einer Überschuldung wurde hiernach nicht ein statischer Vermögenswert, sondern vielmehr der künftige Ertragswert des Unternehmens gesehen. Teilweise beschränkten sich solche Überschuldungskonzeptionen sogar ausschließlich auf ein Prognoseurteil und verzichteten ganz auf einen bilanziellen Ansatz.[602]

b) Zweistufige Überschuldungsmodelle

Bereits vor dem Inkrafttreten der InsO bestimmte die große Mehrzahl der Autoren die Überschuldung allerdings nach zweistufigen Modellen, die statische und dynamische Elemente miteinander kombinieren.

Dabei verband der *herkömmliche zweistufige Überschuldungsbegriff*[603] die beiden Bewertungsprämissen Liquidation oder Fortführung dergestalt, daß in einem ersten Prüfungsschritt eine Fortführungsprognose vorgeschaltet wurde, deren Ergebnis darüber entschied, welche Werte in der daraufhin aufzustellenden Überschuldungsbilanz anzusetzen waren.

Im Falle einer positiven Prognose waren dies die Fortführungs-, andernfalls die Li-

---

auch jetzt schon nicht mehr gut verkauft werden können.

601 SK-**Samson** § 283, Rz. 8; vgl. ebenso kritisch gegenüber einer reinen Bewertung nach Liquidationswerten **Otto** BT § 61, Rz. 84; **Bieneck** in Müller-Gugenberger/ Bieneck, § 76, Rz. 22; **Moosmayer** S. 162f.; LK-**Tiedemann** vor § 283, Rz. 154 und Erster Kommissionsbericht S. 112 (Leitsatz 1.2.6).

602 Vgl. **Stypmann** wistra 1985, 89 und **Moxter** in Handwörterbuch der Finanzwirtschaft, Sp. 630ff.; **Giebeler** S. 102ff.; **Arens** S. 167ff.; **Fischer** DB 1981, 1345ff.; **Haack** Überschuldung S. 92; zur Kritik an einer dynamischen Überschuldungskonzeption **Lütkemeyer** S. 153ff.

603 **Kuhn/ Uhlenbruck** § 102, Rz. 5c, 6d; **Auler** DB 1976, 2169f.; **Pribilla** KTS 1958, 7; **Herget** AG 1974, 137ff.; **Zilias** WPg 1977, 448; **Blumers** BB 1976, 1442; **Deutler** GmbHR 1977, 38f.; **Schürer** S. 77ff.; vgl. ferner die Stellungnahme des Fachausschuß Recht des IDW WPg 1997, 22ff.

quidationswerte.
Dem gegenüber stand der von K. Schmidt und Ulmer entwickelte[604] *modifizierte zweistufige Überschuldungsbegriff*, der im Gegensatz zur herkömmlichen Prüfungsmethode die beiden Prüfungselemente – Fortführungsprognose und bilanzielle Überschuldungsmessung – als gleichwertig erachtete. Nach diesem Ansatz war zunächst unter Zugrundelegung von Liquidationswerten zu bestimmen, ob eine rechnerische Überschuldung vorlag, die allerdings für sich allein rechtlich noch keine Bedeutung hatte. Von einer rechtlich relevanten Überschuldung ging diese Ansicht vielmehr erst aus, wenn kumulativ auch das Ergebnis der Fortführungsprognose negativ war. Im Gegensatz zur herkömmlichen zweistufigen Überschuldungsprüfung genügte also bereits das positive Ergebnis der Prognose zur Verneinung einer Überschuldung. Da eine feste Prüfungsreihenfolge nicht vorgeschrieben war, konnte der Schuldner eine Überschuldungsprüfung gleich mit der Erstellung der Fortführungsprognose beginnen und mußte gar keine Überschuldungsbilanz mehr aufstellen, falls deren Ergebnis positiv war.[605] Diese Ansicht hatte sich vor Inkrafttreten des § 19 InsO zur hM im Schrifttum herausgebildet.[606] Darüber hinaus hatte sich ihr 1992 der BGH angeschlossen[607] und auch die Kommission für Insolvenzrecht sprach sich im wesentlichen für diese Überschuldungskonzeption aus.[608]

---

[604] **K. Schmidt** AG 1978, 334ff.; **K. Schmidt** ZIP 1980, 233ff.; **K. Schmidt** JZ 1982, 165ff.; **K. Schmidt** Gutachten 54. DJT 1982, S. 61ff.; Scholz-**K. Schmidt** § 63, Rz. 10ff.; **Ulmer** KTS 1981, 469ff.; Hachenburg-**Ulmer** § 63, Rz. 29ff.

[605] Scholz-**K. Schmidt** § 63, Rz. 10; **K. Schmidt** JZ 1982, 170; Hachenburg-**Ulmer** § 63, Rz. 36; vgl. auch **Kuhn/ Uhlenbruck** § 102, Rz. 5f.; **Hess** FLF 1995, 10.

[606] Vgl. etwa aus dem strafrechtlichen Schrifttum **Ransiek** Unternehmensstrafrecht S. 153ff.; **Groth** S. 118f.; **Otto** BT § 61, Rz. 85f.; **Otto** AktG § 401, Rz. 36; **Penzlin** S. 86ff., 108ff.; **Harneit** S. 43ff., 108ff.; vgl. auch **Lüderssen** in GS Kaufmann S. 678ff. und aus der zivilrechtlichen Literatur **Bähner** KTS 1988, 448; **Teller** S. 50ff.; **Schaub** DStR 1993, 1484; **Schüppen** DB 1994, 198; **Kupsch** BB 1984, 165. Zur Kritik dagegen **Klar** Überschuldung S. 52; **Meyer-Cording** BB 1985, 1925f.; **Egner/ Wolff** AG 1978, 99ff.

[607] BGHZ 119, 201ff., 214. Für **Kuhn/ Uhlenbruck** § 102, Rz. 5f. ergibt sich dagegen nach Analyse der Entscheidung nicht eindeutig, daß sich der BGH zur modifizierten zweistufigen Überschuldungsprüfung bekannt habe. Dieser Analyse kann nicht gefolgt werden: In den amtlichen Leitsätzen führt der BGH aus, eine Überschuldung liege nur dann vor, wenn das Vermögen der Gesellschaft bei Ansatz von Liquidationswerten die bestehenden Verbindlichkeiten nicht decken würde (rechnerische Überschuldung) und die Finanzkraft der Gesellschaft mittelfristig nicht zur Fortführung des Unternehmens ausreiche (Überlebens- oder Fortbestehensprognose). Der BGH beschreibt damit genau das Vorgehen bei der Überschuldungsprüfung nach der modifizierten zweistufigen Methode. Diese Interpretation der Entscheidung deckt sich im übrigen mit der ganz hM im Schrifttum. Vgl. darüber hinaus die nach BGHZ 119, 201ff. ergangenen Entscheidungen BGH NJW 1995, 1739, 1743; OLG Hamm NJW-RR 1993, 1445; LG Itzehoe ZIP 1996, 797f. und schließlich in strafrechtlicher Hinsicht OLG München NJW 1994, 3112ff., die ebenso eindeutig nach der modifizierten zweistufigen Überschuldungsprüfung vorgehen.

[608] Vgl. Erster Kommissionsbericht S. 111ff. (Leitsatz 1.2.6, Absatz 1) und zur Diskussion um diesen Vorschlag **Uhlenbruck** KTS 1986, 37ff.; **Uhlenbruck** in Sozialkontrolle S. 80; **Uh-**

2. Die Definition der Überschuldung nach § 19 II InsO

Diese Auseinandersetzung zwischen den verschiedenen Überschuldungsmodellen entscheidet der Gesetzgeber der InsO gegen die Rechtsprechung des BGH und gegen die bislang im Schrifttum hM im Sinne der herkömmlichen zweistufigen Überschuldungsprüfung.

Nach § 19 II 2 InsO ist bei der Bewertung des Vermögens des Schuldners *die Fortführung des Unternehmens zugrunde zu legen, wenn diese nach den Umständen überwiegend wahrscheinlich ist.* Vorgeschrieben wird damit ein zweistufiges Prüfungsverfahren, das sich aus einer Fortführungsprognose und einer Überschuldungsbilanz zusammensetzt. Dabei hängt die Bewertung des Vermögens in der Bilanz vom Ausgang der Prognose ab. Führt sie zu einem negativen Ergebnis, erscheint mit anderen Worten die Fortführung des Unternehmens in Zukunft nicht überwiegend wahrscheinlich, so sind in der Überschuldungsbilanz den Passiva die Auflösungs- oder Liquidationswerte gegenüber zu stellen. Bei einem positiven Prognoseergebnis ist die Bilanz dagegen auf aktiver Seite nach den Fortführungs- oder going-concern-Werten zu erstellen. Im Gegensatz zur modifizierten zweistufigen Überschuldungsprüfung der bislang hM kann also nach der Konzeption des § 19 II 2 InsO im Einzelfall trotz positiver Prognose von einer Überschuldung auszugehen sein. Deren Auswirkungen bestehen heute einzig und allein darin, der Überschuldungsbilanz anstelle der Liquidationswerte die in aller Regel höheren und somit für den Schuldner günstigeren Fortführungswerte zugrunde zu legen. Die endgültige Entscheidung aber, ob Überschuldung vorliegt, kann nach neuem Recht nur auf der Grundlage einer Gegenüberstellung von Vermögen und Schulden, also an Hand einer Überschuldungsbilanz, getroffen werden. Insofern stellt § 19 II 2 InsO damit höhere Anforderungen an den Schuldner als die bislang hM und dehnt so den Anwendungsbereich der Überschuldung aus.[609]

Die bislang herrschende Lehre vom modifizierten zweistufigen Überschuldungs-

---

lenbruck BB 1984, 1951; **Kuhn/ Uhlenbruck** § 102, Rz. 5f.; **Fenske** AG 1997, 556; Nerlich/ Römermann-**Mönning** § 19, Rz. 3.

609 BT Drs. 12/ 7302, S. 157; BT Drs. 12/ 2443, S. 115; vgl. ferner **Lackner/ Kühl** § 283, Rz. 6; **Reck** ZInsO 1999, 200; **Reck** BuW 1997, 747; **Bittmann** wistra 1999, 11; **Höffner** BB 1999, 253f., ferner aus der zivilrechtlichen Literatur **Macke/ Wegener** INF 1998, 569; **Kallmeyer** in GmbH-Handbuch Band II, I. Teil, Rz. 4022; Kübler/ Prütting-**G. Pape** § 19, Rz. 2, 18; HK-**Kirchhof** § 19, Rz. 6; **Drukarczyk/ Schüler** in Kölner Schrift S. 123ff., Rz. 81ff.; **Lutter** ZIP 1999, 644, 647; **Burger/ Schellberg** KTS 1995, 571; **Haas** in Insolvenzrecht 1998, S. 17f., 23; **Häsemeyer** Rz. 7.25; **Bork** Rz. 92f.; **Uhlenbruck** KTS 1994, 173; FK-**Schmerbach** § 19, Rz. 6a; **Harald Wagner** § 19, Rz. 4, 10; sowie die Stellungnahme des Fachausschuß Recht des IDW WPg 1997, 25.
Zur Höhe der Fortführungswerte gegenüber den Liquidationswerten oben Fn. 600.

begriff wird dagegen in den Gesetzesmaterialien explizit abgelehnt. Als Begründung wird angeführt, eine Auslegung, die allein bei einer positiven Prognose das Vorliegen einer Überschuldung verneine und somit einem Schuldner trotz fehlender persönlicher Haftung das Weiterwirtschaften ermögliche, sei aus Sicht der Gläubiger untragbar, insbesondere wenn sich die Prognose im nachhinein als falsch erweise. Überdies würde oftmals eine solche positive Prognose der Lebensfähigkeit des Unternehmens vorschnell erstellt. Schließlich vermeide die in § 19 II 2 InsO gewählte Definition Überschneidungen mit dem Begriff der drohenden Zahlungsunfähigkeit.[610]

Unterschiedliche Ergebnisse ergeben sich damit im Vergleich zur bislang hM in den Fällen, in denen zwar die Zukunftsaussichten des Unternehmens positiv sind, die daraufhin anzustellende Überschuldungsbilanz nach Fortführungswerten aber eine Unterdeckung ausweist.[611] Hier ist nunmehr von einer Überschuldung auszugehen.[612]

Auf Grund der Bindung der Rechtsprechung an Recht und Gesetz nach Art. 20 III

---

[610] BT Drs. 12/ 7302, S. 157; BT Drs. 12/ 2443, S. 115; vgl. ferner **Uhlenbruck** GmbHR 1995, 198; **Schüppen** DB 1994, 199; **Burger/ Schellberg** KTS 1995, 570; **Macke/ Wegener** INF 1998, 569; **Drukarczyk/ Schüler** in Kölner Schrift S. 125f., Rz. 85; **Temme** S. 115; **Haas** in Insolvenzrecht 1998, S. 17; Kübler/ Prütting-**G. Pape** § 19, Rz. 5; **Altmeppen** ZIP 1997, 1175; Nerlich/ Römermann-**Mönning** § 19, Rz. 6; Smid-**Smid** § 19, Rz. 1; **Jauernig** § 54 II 3., S. 256f.; **Hess/ Kranemann/ Pink** Rz. 168 und aus der strafrechtlichen Literatur **Bittmann** wistra 1999, 10; **Moosmayer** S. 162; **Uhlenbruck** wistra 1996, 6. Fehlgehend dagegen **Hörl** S. 65 und **Brüggemann** NZG 1999, 811, die vorgeben, auch nach der InsO sei die Überschuldung weiter nach der modifizierten zweistufigen Prüfung zu bestimmen.

[611] **Fenske** AG 1997, 557; **Haas** in Insolvenzrecht 1998, S. 18f.; **Temme** S. 144; **Egner/ Wolff** AG 1978, 104; **Schüppen** DB 1994, 199; **Kuhn/ Uhlenbruck** § 102, Rz. 5e; **Uhlenbruck** Insolvenzrecht S. 77; **K. Schmidt** in K. Schmidt/ Uhlenbruck Rz. 498; **K. Schmidt** in Kölner Schrift S. 1205f., Rz. 13; **K. Schmidt** AG 1978, 337, ferner aus strafrechtlicher Sicht **Reck** ZInsO 1999, 200; **Reck** GmbHR 1999, 272.

[612] **K. Schmidt** in Kölner Schrift S. 1205f., Rz. 13 ist trotz der eindeutigen Ausführungen in der Gesetzesbegründung der Ansicht, die Ablehnung seines modifizierten zweistufigen Überschuldungsbegriffs sei weithin von Mißverständnissen des Gesetzgebers geprägt. Ebenso **Lutter** ZIP 1999, 643, 647, ferner bedauern auch **Haas** in Insolvenzrecht 1998, S. 18f.; **Temme** S. 144 und **Beintmann** BB 1999, 1546, Fn. 42 die Entscheidung des Gesetzgebers gegen die modifizierte zweistufige Überschuldungsprüfung. Weitergehend fordert **Penzlin** NZG 2000, 468; **Penzlin** S. 130ff., 134 für das Zivilrecht sogar dessen Wiedereinführung im Wege der Gesetzesänderung, strafrechtlich (S. 158ff.) hält er eine entsprechende eigenständige Auslegung für möglich und nötig. Selbst aber bei unterstellter Richtigkeit der Annahme von K. Schmidt läßt sich nicht leugnen, daß die von ihm als solche bezeichneten Mißverständnisse de facto in der Vergangenheit zur Folge gehabt haben, daß in vielen Fällen allein auf Grund z.T. fragwürdiger positiver Fortführungsprognosen eine Überschuldung verneint wurde. § 19 II 2 InsO schließt demgegenüber solche Mißverständnisse aus und zwingt nunmehr stets zur Erstellung auch einer Überschuldungsbilanz.

GG ist zu erwarten, daß auch der BGH in Zukunft seine Auffassung zur Feststellung einer Überschuldung ändern wird.[613]

a) Die Reihenfolge der Prüfungsschritte

§ 19 II 2 InsO schreibt lediglich die Durchführung einer Fortführungsprognose und die Aufstellung einer Überschuldungsbilanz im Sinne des herkömmlichen zweistufigen Überschuldungsmodells, nicht aber eine bestimmte, dabei einzuhaltende Prüfungsreihenfolge vor und bietet so in dieser Hinsicht Raum für eine Diskussion.
Eine Ansicht möchte mit der Fortführungsprognose beginnen und je nach deren Ergebnis in einem anschließenden zweiten Schritt die entsprechende Überschuldungsbilanz entweder auf der Grundlage von Liquidations- oder Fortführungswerten erstellen.[614]
Auf Grund der Verwendung des Wortes „jedoch" in § 19 II 2 InsO beginnt demgegenüber eine andere Ansicht die Überschuldungsprüfung mit einer Überschuldungsbilanz auf der Grundlage von Liquidationswerten.[615] Ergebe sich danach bereits, daß das Vermögen zur Deckung der bestehenden Verbindlichkeiten ausreicht, so sei es nicht mehr nötig, zusätzlich eine Fortführungsprognose zu erstellen. Diese könne allenfalls zum in aller Regel für den Schuldner günstigeren Ansatz von Fortführungswerten in der Bilanz führen, dessen es aber nicht mehr bedürfe, wenn schon nach dem grundsätzlich ungünstigeren Ansatz von Liquidationswerten eine Überschuldung verneint werden konnte. Decke das Vermögen dagegen nach dieser ersten Überschuldungsbilanz die bestehenden Verbindlichkeiten nicht, sei zusätzlich eine Fortführungsprognose zu erstellen. Ein negatives Prognoseergebnis habe dann die Annahme einer Überschuldung zur Folge. Andernfalls sei *jedoch* eine

---

[613] So auch **Schüppen** DB 1994, 199; **Altmeppen** ZIP 1997, 1175; **Höffner** BB 1999, 205, 253; **Penzlin** S. 134; **Penzlin** NZG 2000, 468.

[614] **Bittmann** wistra 1999, 11; **Reck** ZInsO 1999, 200; **Reck** BuW 1997, 747; **Reck** GmbHR 1999, 272, ferner aus dem zivilrechtlichen Schrifttum Nerlich/ Römermann-**Mönning** § 19, Rz. 17; **Deutler** GmbHR 1977, 38; **Auler** DB 1976, 2170; **Blumers** BB 1976, 1442; **Drukarczyk/ Schüler** in Kölner Schrift S. 124ff., Rz. 83ff.; **Macke/ Wegener** INF 1998, 569; **Müller/ Haas** in Kölner Schrift S. 1803, Rz. 10; Smid-**Smid** § 19, Rz. 17; in diese Richtung neigt *in der Regel* auch **Krüger-Knief** S. 33f.

[615] **Uhlenbruck** wistra 1996, 6 und aus der zivilrechtlichen Literatur FK-**Schmerbach** § 19, Rz. 6a; **Uhlenbruck** KTS 1994, 173; Kübler/ Prütting-**G. Pape** § 19, Rz. 7f.; **Hess/ G. Pape** Rz. 108; **Hess** FLF 1995, 10; **Hess/ Kranemann/ Pink** Rz. 167; **Burger/ Schellberg** KTS 1995, 570f.; **Lenz/ Seit** INF 1998, 337; **K. Schmidt** Unternehmensinsolvenz S. 37ff.; **Lutter** ZIP 1999, 644; **Breuer** Insolvenzrecht S. 44; **Bork** Rz. 92; so nun auch **Häsemeyer** Rz. 7.25, der in der Vorauflage seines Lehrbuches noch eine dritte Prüfungsreihenfolge vorgeschlagen hatte: Danach sollte zunächst ein Überschuldungsstatus auf der Grundlage der Fortführungswerte erstellt und – falls sich nach ihm keine Überschuldung ergebe – an Hand einer Fortführungsprognose überprüft werden. Im Falle einer negativen Prognose mußte dann nach dieser Konzeption noch unter Zugrundelegung von Liquidationswerten bilanziert werden, vgl. **Häsemeyer**[1] S. 140f.

zweite Bilanz – diesmal auf der Basis der going-concern-Werte – aufzustellen, die dann endgültig über das Vorliegen einer Überschuldung entscheide. Im Falle einer negativen Prognose ist damit nach dieser Ansicht streng genommen eine dreistufige Überschuldungsprüfung durchzuführen, obwohl sie sich sachlich von der Prüfung der ersten Ansicht in keiner Weise unterscheidet.[616]
Entscheidende Gesichtspunkte für die eine oder andere Auffassung lassen sich nicht finden: So läßt die Reihenfolge der Sätze in § 19 II InsO keinen zwingenden Schluß auf eine bestimmte Reihenfolge der Prüfungsschritte zu.[617] Ferner geht von keiner der beiden Prüfungsreihenfolgen eine größere Warnfunktion auf den Schuldner aus als von der anderen. Insofern ist es nicht zutreffend zu behaupten, die Fortführungsprognose werde dann sorgfältiger erstellt, wenn bereits in einem Schritt zuvor, bilanziell eine rechnerische Überschuldung ermittelt wurde[618], da die verschiedenen zivilrechtlichen Schadensersatzregelungen, sowie die insolvenzstrafrechtlichen Vorschriften dem Schuldner einen ausreichenden Zwang zur Sorgfalt auferlegen.[619] Schließlich kann das Wort „jedoch" in § 19 II 2 InsO auch interpretiert werden als Hinweis auf ein Regel-Ausnahme-Verhältnis, indem der positiven gegenüber der negativen Fortführungsprognose die Rolle der Ausnahme zufällt.[620] Nach dieser Interpretation läge es dann umgekehrt sogar näher, die Prüfung nicht mit der Bilanz, sondern mit der Prognose zu beginnen.
Nach alledem ist davon auszugehen, daß es eine zwingende Reihenfolge für die Prüfung einer Überschuldung nach § 19 II InsO nicht gibt.[621] Vielmehr ist je nach Situation des Einzelfalls zu entscheiden, welcher Prüfungsreihenfolge der Vorzug gegeben wird. Im Zweifel allerdings erscheint die oben zuerst dargestellte Ansicht ökonomisch sinnvoller. Sie vermeidet die Gefahr einer möglicherweise, nämlich bei positiver Fortführungsprognose, vergeblich aufgestellten Bilanz nach Liquidationswerten und prüft in jedem Fall die Überschuldung in nur zwei Stufen.[622] Auch die folgende Darstellung beginnt daher mit einer Untersuchung der Fortführungsprognose und schließt daran eine Auseinandersetzung mit der Überschuldungsbilanz an.

616 So auch **Bittmann** wistra 1999, 11 und aus der zivilrechtlichen Literatur **Bork** Rz. 92; **Temme** S. 116; FK-**Schmerbach** § 19, Rz. 6a.
617 Ebenso **Haas** in Insolvenzrecht 1998, S. 19.
618 In diese Richtung neigend aber **Kuhn/ Uhlenbruck** § 102, Rz. 5f.
619 So auch **Temme** S. 116f.; **Krüger-Knief** S. 35.
620 So etwa **Bittmann** wistra 1999, 11 und Kübler/ Prütting-**G. Pape** § 19, Rz. 18.
621 Ebenso HK-**Kirchhof** § 19, Rz. 16; **Haas** in Insolvenzrecht 1998, S. 19f.; **Temme** S. 116f.
622 Ähnlich auch HK-**Kirchhof** § 19, Rz. 16; Smid-**Smid** § 19, Rz. 17; **Temme** S. 116f.; **Häsemeyer** Rz. 7.25. Ein anschauliches Beispiel findet sich bei **Groth** S. 29 und **Temme** S. 117.

b) Die Fortführungsprognose

Die Legaldefinition des § 19 II InsO gibt zwar mit der Entscheidung zugunsten des herkömmlichen zweistufigen Überschuldungsbegriffs weitreichende Vorgaben für die Überschuldungsprüfung. Das Gesetz bestimmt aber im einzelnen nicht, wie eine Fortführungsprognose zu erstellen, bzw. wie die Bewertung in einer Überschuldungsbilanz nach Liquidations- oder Fortführungswerten vorzunehmen ist. Dies ist im folgenden zu untersuchen. Dabei ist zunächst auf die Fortführungsprognose einzugehen.

aa) Das Ziel der Fortführungsprognose

Nach § 19 II 2 InsO entscheidet das Ergebnis der Fortführungsprognose, welcher Wertansatz der Überschuldungsbilanz zugrunde zu legen ist.[623] Mit der Bestimmung dieser Folgewirkung ist aber noch nicht entschieden, worin das Ziel der Prognose besteht. Auch insofern enthält die Legaldefinition allerdings Hinweise: Geklärt werden soll die Frage, ob die Fortführung des Unternehmens nach den Umständen überwiegend wahrscheinlich ist oder nicht. Die Interpretation dieses Prognosezieles hat im Schrifttum zu zwei unterschiedlichen Ansichten geführt:
Die hM geht davon aus, das Ziel der Prognose bestünde über die Feststellung der subjektiven Fortführungsabsicht hinaus auch in der Ermittlung der objektiven wirtschaftlichen Lebens- und Leistungsfähigkeit des Schuldners in Zukunft. Die Prognose beantworte insofern die Frage, ob das Unternehmen mittelfristig in der Lage ist, wieder die nötige Finanzkraft zu entwickeln, um wirtschaftlich überlebensfähig zu sein.[624]

---

[623] Eine bislang nicht angesprochene Frage ist es, ob die Fortführungsprognose nur die Bewertung der Aktiva oder auch die der Passiva beeinflußt. Nach § 19 II 2 InsO kommen dem Ergebnis der Fortführungsprognose Auswirkungen *bei der Bewertung des Vermögens* zu. Eine systematische Auslegung des § 19 InsO liefert hier ein Argument, daß mit Vermögen nur die Aktiva gemeint sein können. § 19 II 1 InsO grenzt nämlich zwischen Vermögen und Verbindlichkeiten ab. Überschuldung liegt danach vor, wenn das Vermögen die Verbindlichkeiten des Schuldners nicht mehr deckt. Damit gelten für die Passiva in der Überschuldungsbilanz unabhängig vom Ergebnis der Fortführungsprognose einheitliche Grundsätze. Ebenso auch **Haas** in Insolvenzrecht S. 24, anders dagegen **Müller/ Haas** in Kölner Schrift S. 1803, Rz. 9, die von einem unterschiedlichen Verständnis des Begriffs Vermögen in § 19 II 1 und 2 InsO ausgehen und je nach gegebener oder fehlender Fortführungsmöglichkeit unterschiedliche Bewertungen auch auf der Passivseite für notwendig halten.

[624] **Bittmann** wistra 1999, 14; LK-**Tiedemann** vor § 283, Rz. 153; **Bieneck** in Müller-Gugenberger/ Bieneck, § 76, Rz. 25, gegen diesen allerdings **Höffner** BB 1999, 253. Ferner aus dem zivilrechtlichen Schrifttum **Haas** in Insolvenzrecht 1998, S. 20f.; **Breuer** Insolvenzrecht S. 44; **Beintmann** BB 1999, 1546; Nerlich/ Römermann-**Mönning** § 19, Rz. 19; **Fenske** AG 1997, 557; Smid-**Smid** § 19, Rz. 11; **Müller/ Haas** in Kölner Schrift S. 1805ff., Rz. 14ff.; HK-**Kirchhof** § 19, Rz. 8f.; **Klar** Überschuldung S. 48; **Harald Wagner** § 19, Rz. 3; FK-**Schmerbach** § 19, Rz. 20; Kübler/ Prütting-**G. Pape** § 19, Rz. 16; **Drukarczyk/ Schüler** in

Burger und Schellberg messen der Prognose dagegen keine solche objektive, ökonomische Zielsetzung bei, sondern halten diese für eine allgemein gehaltene, zukunftsbezogene Aussage, die lediglich darauf gerichtet sei, die subjektiven Absichten des Schuldners zu ergründen, also der Ermittlung diene, ob dieser die Auflösung oder die Fortführung des Unternehmens plane.[625] Zur Begründung dieser Ansicht wird auf die Entscheidung des Gesetzgebers zugunsten der herkömmlichen zweistufigen Überschuldungsprüfung verwiesen. Danach könne eine Überschuldung nicht mehr allein auf Grund einer positiven Prognose ausgeschlossen werden, vielmehr sei letztlich stets das Ergebnis der Überschuldungsbilanz entscheidend. Bezöge man aber unter diesen Vorgaben die Prognose im Sinne der hM auf die wirtschaftliche Lebens- und Leistungsfähigkeit, so würde gerade bei positiver Prognose, bereits das Ergebnis der Überschuldungsbilanz nach den Fortführungswerten unzulässigerweise vorweggenommen.

Dennoch folgt die vorliegende Arbeit in dieser Kontroverse der hM.

Zum ersten widerspricht die Auffassung Burgers und Schellbergs dem Willen des Gesetzgebers, wie er in den Gesetzesmaterialien zum Ausdruck kommt. Ein positives Ergebnis setzt danach neben der Fortführungsabsicht explizit auch die künftige wirtschaftliche Lebensfähigkeit als überwiegend wahrscheinlich voraus.[626] Daneben spricht auch der Wortlaut des 19 II 2 InsO für dieses Ergebnis, denn ein Urteil über den Wahrscheinlichkeitsgrad einer Unternehmensfortführung, kann nicht ausschließlich von subjektiven Kriterien abhängig gemacht und ohne Blick auf die wirtschaftlichen Gegebenheiten gefällt werden. Die Gegenauffassung führte an dieser Stelle vielfach zu nicht sachgerechten, weil von unternehmerischem Optimismus verfärbten, unrealistisch positiven Prognoseergebnissen und böte überdies angeschlagenen Unternehmerschuldnern die Möglichkeit zum Mißbrauch. Diese müßten lediglich nachdrücklich ihre Fortführungsabsicht beteuern, um eine bilanzielle Prüfung nach den für sie günstigeren Fortführungswerten zu erzwingen.[627]

Im Ergebnis ist damit als Ziel der Fortführungsprognose die Ermittlung sowohl der Fortführungsabsicht des Schuldners als auch der künftigen wirtschaftlichen Lebens- und Leistungsfähigkeit seiner Unternehmung anzusehen.

Kölner Schrift S. 134, Rz. 112; sowie die Stellungnahme des Fachausschuß Recht des IDW WPg 1997, 24; ebenso auch BGHZ 119, 214, allerdings auf der Grundlage der modifizierten zweistufigen Überschuldungsprüfung. Zur Frage, wie der Begriff der Finanzkraft auszulegen ist, was also genau der Inhalt der Fortführungsprognose ist sogleich unten Dritter Teil, Kapitel 2 C. II. 2. b) bb).

625 **Burger/ Schellberg** KTS 1995, 571; **Burger/ Schellberg** BB 1995, 266.

626 BT Drs. 12/ 2443, S. 115.

627 Ebenso FK-**Schmerbach** § 19, Rz. 23; vgl. ferner **Kuhn/ Uhlenbruck** § 102, Rz. 5h.

bb) Der Inhalt der Fortführungsprognose

Steht somit das Ziel der Prognoseprüfung fest, so bleibt zu klären, an Hand welcher Kriterien es bestimmt werden soll, worin also der Inhalt der Fortführungsprognose besteht. Während der Fortführungswille des Schuldners regelmäßig ohne besondere Schwierigkeiten feststellbar ist, haben sich zur Ermittlung der künftigen wirtschaftlichen Lebens- und Leistungsfähigkeit des Schuldners unterschiedliche Ansichten herausgebildet.
Die hM stellt insofern auf die *künftige Zahlungsfähigkeit* des Schuldners ab.[628] Diese Ansicht vertritt auch der BGH, der zwar begrifflich abweichend, inhaltlich aber gleichbedeutend von der Finanzkraft des Unternehmens spricht.[629] Eine zweite Auffassung sieht als maßgebliches Kriterium die *künftige Ertragsfähigkeit* an[630], worunter die Möglichkeit zu verstehen ist, das Unternehmen verlustfrei weiter zu führen, also aus den erwirtschafteten Erträgen mindestens die Verbindlichkeiten und Kosten des laufenden Betriebes zu decken.[631] Eine dritte Meinung stellt noch höhere Anforderungen auf und bestimmt den Inhalt der Fortführungsprognose als Frage nach der *künftigen Rentabilität*, d.h. der Fähigkeit des Unternehmens, Gewinne zu erwirtschaften.[632]
Mit der hM hält die vorliegende Arbeit in dieser Kontroverse ein Abstellen auf die künftige Zahlungsfähigkeit für vorzugswürdig.

---

628 LK-**Tiedemann** vor § 283, Rz. 153; **Bieneck** in Müller-Gugenberger/ Bieneck, § 76, Rz. 26; **Bieneck** StV 1999, 44; **Groth** S. 35; **Reck** ZInsO 1999, 199; **Reck** GmbHR 1999, 271; **Penzlin** S. 87ff., 112, 132ff., 158ff. und aus dem zivilrechtlichen Schrifttum Nerlich/ Römermann-**Mönning** § 19, Rz. 19f.; **Haas** in Insolvenzrecht 1998, S. 21; Kübler/ Prütting-**G. Pape** § 19, Rz. 16, 18; **Smid** GesO § 1, Rz. 116; FK-**Schmerbach** § 19, Rz. 21; Smid-**Smid** § 19, Rz. 11; **Fenske** AG 1997, 557; **Penzlin** NZG 2000, 467f.; **Macke/ Wegener** INF 1998, 569; **Uhlenbruck** GmbH & Co.KG S. 28; **K. Schmidt** AG 1978, 337f.; **Temme** S. 123; **Hundertmark/ Herms** BB 1972, 1118; **Obermüller** DB 1973, 269; vgl. ferner die Stellungnahme des Fachausschuß Recht des IDW WPg 1997, 23f.

629 Vgl. BGH NJW 1998, 233ff.; BGH ZIP 1995, 825; BGH WM 1992, 1652; ferner OLG München GmbHR 1998, 282, allerdings auf der Grundlage des modifizierten zweistufigen Überschuldungsbegriffs. Zur Identität der Kriterien der künftigen Zahlungsfähigkeit und Finanzkraft **Drukarczyk** WM 1994, 1741; **Temme** S. 118; **Haas** in Insolvenzrecht 1998, S. 21; **Kallmeyer** in GmbH-Handbuch Band II, I. Teil, Rz. 4023.

630 **Bittmann** wistra 1999, 14 und aus dem zivilrechtlichen Schrifttum **Wolf** Überschuldung S. 38; FK-**Schmerbach** § 19, Rz. 21; **Harald Wagner** § 19, Rz. 3; **Breuer** Insolvenzrecht S. 44. Diese Ansicht entspricht auch dem Vorschlag der Kommission für Insolvenzrecht, vgl. Erster Kommissionsbericht S. 111f. (Leitsatz 1.2.6).

631 **Fenske** AG 1997, 556f.; **Haas** in Insolvenzrecht 1998, S. 21; **Drukarczyk** WM 1994, 1743; **Drukarczyk/ Schüler** in Kölner Schrift S. 98, Rz. 14; **Vonnemann** Überschuldung Rz. 23; **Temme** S. 118ff.; ferner Erster Kommissionsbericht S. 112 (Leitsatz 1.2.6).

632 **Bähner** KTS 1988, 447; **Blumers** BB 1976, 1442; **Zilias** WPg 1977, 448; ähnlich auch HK-**Kirchhof** § 19, Rz. 12; **Beeck** S. 27, sowie aus strafrechtlicher Sicht Preisendanz-**Bieneck** § 283, Anm. 5.a), S. 891.

Gegen den Ansatz der dritten Ansicht läßt sich teleologisch vorbringen, daß er weder der zivilrechtlichen noch der strafrechtlichen Funktion des Merkmals der Überschuldung gerecht wird. Sowohl die Eröffnung eines Insolvenzverfahrens wie auch das Eingreifen des Insolvenzstrafrechts greifen weitreichend in den Rechtskreis des Schuldners ein und setzen daher eine Gefährdung der geschützten Gläubigerpositionen voraus. Eine solche liegt nicht bereits dann vor, wenn zwar voraussichtlich keine Gewinne (mehr) erwirtschaftet, also Rentabilität nicht gegeben ist, dennoch aber nach wie vor alle Gläubiger vollständig befriedigt werden können. In einem solchen Fall besteht keine Notwendigkeit, auf Grund einer negativen Prognose die Überschuldungsbilanz nach der für den Schuldner ungünstigeren Liquidationsprämisse zu erstellen.[633]

Daneben vermag aber auch ein Abstellen auf die künftige Ertragsfähigkeit nicht zu überzeugen: Während die Zahlungsfähigkeit eines Schuldners auch durch Maßnahmen von außen aufrecht erhalten werden kann, muß sich ein ertragsfähiges Unternehmen aus sich selbst heraus finanzieren. Bei der Prüfung der Ertragsfähigkeit werden also nicht alle Finanzierungsquellen eines Unternehmens berücksichtigt, namentlich bleibt der Bereich der Außenfinanzierung, d.h. Gesellschafterdarlehen, Zuführung von Eigenkapital oder sonstige Kredite, außer Betracht.[634] Ein Unternehmen kann damit im Einzelfall trotz nicht mehr gegebener Ertragsfähigkeit noch allen seinen Verpflichtungen unter Einsatz eben dieser Vermögenspositionen nachkommen können.[635] Solange aber die vollständige Befriedigung der Gläubiger zu erwarten ist, muß im Hinblick auf Sinn, Zweck und Funktion des Überschul-

633 **Teller** S. 51f.; Smid-**Smid** § 19, Rz. 11; **Temme** S. 119f.; **Drukarczyk** Unternehmen und Insolvenz S. 87. Bei einem Abstellen auf die künftige Rentabilität könnte insbesondere auch die besondere Situation eines Unternehmens in der Gründungsphase nicht hinreichend berücksichtigt werden, in der vielfach und uU über mehrere Jahre hinweg mit Verlusten gewirtschaftet wird, ohne daß dabei eine Gefahr für die Gläubiger bestünde, ebenso **Penzlin** S. 88; **Penzlin** NZG 2000, 467.

634 **Bieneck** in Müller-Gugenberger/ Bieneck, § 76, Rz. 26; **Bieneck** StV 1999, 44; und aus der zivilrechtlichen Literatur **Drukarczyk** WM 1994, 1743; **Temme** S. 120. Vgl. auch **Haas** in Insolvenzrecht 1998 S. 21f., Fn. 102, der zwar im Ergebnis wie die vorliegende Arbeit auf das Kriterium der künftigen Zahlungsfähigkeit abstellen will, dabei aber externe Finanzierungsmöglichkeiten gar nicht und Eigenkapitalzufuhren nur insoweit berücksichtigen will, als diese bereits verbindlich zugesagt wurden. Diese Ansicht ist abzulehnen, da sie letztlich den Unterschied zwischen der künftigen Ertragsfähigkeit und der künftigen Zahlungsunfähigkeit einebnet.

635 **Fenske** AG 1997, 557; **Haas** in Insolvenzrecht 1998, S. 21f.; **Penzlin** S. 88; **Penzlin** NZG 2000, 467; **Groth** S. 33, Fn. 56; **Temme** S. 120. Als Beispiel für ein Unternehmen, das zwar voraussichtlich künftig nicht ertragsfähig sein wird, dem aber dennoch eine positive Fortführungsprognose zuzusprechen sein muß, wird von den beiden letzten Autoren eine Tochtergesellschaft genannt, die durch eine rechtlich verbindliche Ausgleichspflicht der Muttergesellschaft gesichert ist. Hier ist eine geordnete Erfüllung der Verbindlichkeiten zu erwarten und es besteht damit keine Gefährdung der Gläubigerinteressen. Die Tochtergesellschaft muß daher als zukünftig voraussichtlich wirtschaftlich lebens- und leistungsfähig angesehen werden.

dungsmerkmals im zivilen Insolvenzrecht und im Insolvenzstrafrecht die wirtschaftliche Lebens- und Leistungsfähigkeit des Unternehmens bejaht und damit ein positives Prognoseergebnis angenommen werden. Ferner spricht auch der Wortlaut des § 19 II InsO gegen ein Abstellen auf die künftige Ertragsfähigkeit: „Nach den Umständen wahrscheinlich" ist im Sinne von „nach allen Umständen wahrscheinlich" zu verstehen; es sind mithin alle Finanzierungsquellen zu erfassen. Vereinzelt wird daher ein einengendes Abstellen auf die künftige Ertragsfähigkeit im strafrechtlichen Schrifttum sogar als Analogie zuungunsten des Schuldners für verfassungswidrig gehalten.[636]

Damit verbleibt nur die Möglichkeit, die wirtschaftliche Lebens- und Leistungsfähigkeit des Schuldners im Rahmen der Fortführungsprognose an Hand des Kriteriums der künftigen Zahlungsfähigkeit zu bestimmen.

Gegen diesen Ansatz wird vor allem vorgebracht, er verwische die Grenzen zwischen den unterschiedlichen zivilrechtlichen Insolvenzgründen, bzw. strafrechtlichen Krisenmerkmalen. Eine auf die künftige Zahlungsfähigkeit gerichtete Fortführungsprognose entspreche nämlich der Prognose zur Ermittlung drohender Zahlungsunfähigkeit. Letztlich führe die Ansicht also dazu, die drohende Zahlungsunfähigkeit als Tatbestandsmerkmal einer Überschuldung anzusehen. Diese Konsequenz sei insbesondere insofern mißlich, als die Überschuldung anders als die drohende Zahlungsunfähigkeit in zivilrechtlicher Hinsicht dem Schuldner eine (strafbewährte) Antragspflicht auferlege. Zumindest in zivilrechtlicher Hinsicht seien die Eröffnungsgründe damit nicht kompatibel.[637]

Dem ist zu entgegnen, daß es zwar in der Tat zu weitgehenden Überschneidungen zwischen der Fortführungsprognose nach § 19 II 2 InsO und der Prognoseprüfung des § 18 II InsO kommt, wenn man auch im Rahmen der ersteren entscheidend auf das Kriterium der künftigen Zahlungsfähigkeit abstellt.[638] Zu beachten ist aber, daß sich trotz dieser Entscheidung die beiden Merkmale der drohenden Zahlungsunfähigkeit und der Überschuldung keineswegs decken.[639] Die Prüfung einer Überschuldung besteht nämlich nach der herkömmlichen zweistufigen Methode des

---

636 So **Bieneck** StV 1999, 44; vgl. ferner **Bieneck** in Müller-Gugenberger/ Bieneck, § 76, Rz. 26 und **Moosmayer** S. 165.

637 **Drukarczyk** WM 1994, 1742f.; **Penzlin** S. 138ff.; **Penzlin** NZG 2000, 469; **Wolf** Überschuldung S. 37f.; vgl. ferner **Temme** S. 121; **Groth** S. 36; **Jauernig** § 54 II 5, S. 257; **Harneit** S. 104f.

638 Nach Nerlich/ Römermann-**Mönning** § 19, Rz. 20 unterscheiden sich die Prognosen im Rahmen der drohenden Zahlungsunfähigkeit und der Überschuldung nur noch hinsichtlich des zu beachtenden Prognosezeitraumes. Ähnlich auch **Haas** in Insolvenzrecht 1998, S. 22. Vgl. zur Bestimmung dieses Zeitraumes bei der Überschuldungsprüfung unten Dritter Teil, Kapitel 2 C. II. 2. b) dd).

639 BT Drs. 12/ 7302, S. 157; **Lackner/ Kühl** § 283, Rz. 6, ferner aus dem zivilrechtlichen Schrifttum **Bork** Rz. 94; **Jauernig** § 54 II 5, S. 257.

§ 19 II 2 InsO nie allein aus einer Fortführungsprognose, sondern setzt stets zusätzlich die Aufstellung einer Überschuldungsbilanz voraus.

Damit liegt drohende Zahlungsunfähigkeit ohne Überschuldung vor, wenn das Ergebnis der Fortführungsprognose zwar negativ, die daraufhin erstellte Überschuldungsbilanz nach Liquidationswerten allerdings zu einem für den Schuldner positiven Ergebnis führt. Solche Fälle sind z.B. dann denkbar, wenn ein Schuldner über einen großen Bestand an zwar wertvollen und individuell für sein Unternehmen hergestellten, damit zugleich aber nur schwer veräußerlichen Maschinen verfügt. Findet sich dann in einer wirtschaftlich schwierigen Situation kein neuer Geldgeber mehr und gelingt es dem Schuldner voraussichtlich auch nicht, sein die bestehenden Zahlungspflichten wirtschaftlich übersteigendes Vermögen, insbesondere die Maschinen, bis zum Zeitpunkt der Fälligkeit der Forderungen zu Geld zu machen, liegt zwar drohende Zahlungsunfähigkeit vor. Eine Überschuldung muß aber verneint werden.[640]

Umgekehrt kann nach der Überschuldungskonzeption des § 19 II 2 InsO auch Überschuldung ohne drohende Zahlungsunfähigkeit vorliegen, wenn nämlich die Fortführungsprognose zu einem positiven, die Überschuldungsbilanz aber zu einem negativen Ergebnis führt. Dieser Fall ist etwa denkbar, wenn ein überschuldeter Schuldner doch noch Kredit erhält.[641] Im Gegensatz dazu kam der statischen Komponente der Überschuldungsbilanz bei positiver Prognose nach dem früher herr-

---

[640] Sch/Sch-**Stree/ Heine** § 283, Rz. 52, ferner aus der zivilrechtlichen Literatur **Jauernig** § 54 II 5, S. 257; **Bork** Rz. 94. **Temme** S. 122f.; **Groth** S. 123 und **Brandhuber** S. 360ff. führen in diesem Zusammenhang als Beispiel aus der Praxis den Konkurs der Carl F.W. Borgward GmbH an. Hier führte eine Liquidation zu einer 100%igen Befriedigung aller Gläubiger. Dennoch aber hatten sich im Vorfeld keine bereitwilligen Kreditgeber mehr gefunden. Das Unternehmen war also zahlungsunfähig geworden, ohne daß Überschuldung vorgelegen hatte. Aus dieser Sachlage schließt **Temme** S. 122f. überzeugend, daß mit großer Wahrscheinlichkeit zu dem Zeitpunkt, als die Zahlungsunfähigkeit noch nicht eingetreten war, sondern nur drohte, erst recht keine Überschuldung vorgelegen hatte. Die Carl F.W. Borgward GmbH bietet so ein Beispiel aus der Praxis dafür, daß drohende Zahlungsunfähigkeit auch ohne Überschuldung vorliegen kann. Kritisch dagegen insofern **Haas** in Insolvenzrecht 1998, S. 22, Fn. 100, der im zusätzlichen Erfordernis der Überschuldungsbilanz neben der Fortführungsprognose keinen die weitgehende Überschneidung von drohender Zahlungsunfähigkeit und Überschuldung hindernden Unterschied sieht. Gerade im Falle einer negativen Prognose verliere eine Überschuldungsbilanz nach Liquidationswerten seiner Ansicht nach an Bedeutung, da das Ergebnis der Prognose hier in aller Regel auch das Ergebnis der Bilanz determiniere. Ähnlich Nerlich/ Römermann-**Mönning** § 19, Rz. 20 und **Penzlin** S. 114f., der darüber hinaus das Vorliegen einer drohenden Zahlungsunfähigkeit trotz negativer Fortführungsprognose verneint, wenn auf Grund positiver Liquidationsbilanz keine Überschuldung vorliegt, und damit sogar in dieser Konstellation Deckungsgleichheit der beiden Merkmale annimmt.

[641] Sch/Sch-**Stree/ Heine** § 283, Rz. 52; und aus der zivilrechtlichen Literatur **Bork** Rz. 94; **Jauernig** § 54 II 5, S. 257, sowie **Haas** in Insolvenzrecht 1998 S. 18f. der allerdings davon ausgeht, daß auch solche Fälle in der Praxis nur äußerst selten auftauchen werden, a.A. dagegen **Penzlin** S. 89, 132f.; **Penzlin** NZG 2000, 467; **Groth** S. 113ff.

schenden, modifizierten zweistufigen Überschuldungsbegriff keine Funktion mehr zu. In solchen Konstellationen wurde also nach diesem Ansatz das dynamische Element der Fortführungsprognose derart weit in den Vordergrund gerückt, daß eine Identität mit der drohenden Zahlungsunfähigkeit entstand. Die oben dargestellte Argumentation gegen die Heranziehung des Kriteriums der künftigen Zahlungsfähigkeit im Rahmen der Fortführungsprognose ließe sich damit treffender gegen das Überschuldungsverständnis der früher hM vorbringen.[642] Die Konzeption des § 19 II 2 InsO reduziert dagegen gerade im hier angesprochenen Bereich Überschneidungen der Überschuldung mit der drohenden Zahlungsunfähigkeit.
Nach § 19 II 2 InsO ergeben sich solche Überschneidungen lediglich im Falle einer negativen Prognose und einer für den Schuldner negativen Überschuldungsbilanz nach Liquidationswerten. Hier liegen beide Krisensituationen vor.[643] Im vierten denkbaren Fall schließlich müssen bei positiver Prognose und positiver Bilanz nach der Fortführungsprämisse sowohl drohende Zahlungsunfähigkeit wie auch Überschuldung verneint werden.[644]

---

642 BT Drs. 12/ 7302, S. 157. Nach **Höffner** BB 1999, 253f. müßten aus diesen Grund die Vertreter der modifizierten zweistufigen Überschuldungsprüfung sogar über die Abschaffung des Überschuldungstatbestandes neben der drohenden Zahlungsunfähigkeit nachdenken. Vgl. dazu auch **Harneit** S. 110f., der auf Grund der weitreichenden Überschneidung der beiden Krisen vorschlägt, § 283 I StGB zu ändern. Nach dessen Konzeption ist der bisherige Wortlaut „*bei Überschuldung oder bei drohender oder eingetretener Zahlungsunfähigkeit*" durch die Formulierung „*bei Überschuldung und drohender Zahlungsunfähigkeit oder bei eingetretener Zahlungsunfähigkeit*" zu ersetzen. Auch **Penzlin** S. 114ff., 134ff., 137 und Fn. 641, 144f., 162f. geht von einer vollständigen Identität der beiden Krisen aus. Er sieht im Ergebnis in der drohenden Zahlungsunfähigkeit neben der Überschuldung ein Merkmal ohne eigenständige Bedeutung, das folglich de lege ferenda im zivilen Insolvenzrecht auf den Bereich nicht-unternehmerischer Schuldner beschränkt und strafrechtlich ganz gestrichen werden sollte. Ferner will **Penzlin** S. 125, 140f., 144f.; **Penzlin** NZG 2000, 470 den Anwendungsbereich des Merkmals der Überschuldung im Zivilrecht künftig auf alle Unternehmen unabhängig von ihrer Rechtsform ausdehnen und dabei am Bestehen einer Antragspflicht für den Schuldner festhalten.

643 Diese Situation tritt nach **Haas** in Insolvenzrecht 1998, S. 22 und **Temme** S. 123 in der Praxis häufig ein.

644 FK-**Schmerbach** § 18, Rz. 2a bezeichnet diese Überschneidungen als *akzeptabel und sinnvoll.*

In einem Schaubild kann dies wie folgt zusammengefaßt werden:

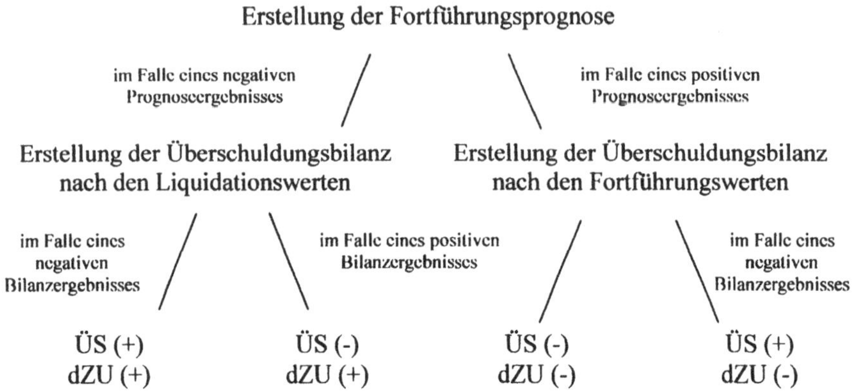

ÜS – Überschuldung dZU – drohende Zahlungsunfähigkeit

Selbst aber für die Bereiche der Überschneidung der beiden Insolvenzgründe, bzw. Krisenmerkmale der drohenden Zahlungsunfähigkeit und der Überschuldung kommt dem Argument fehlender Kompatibilität letztlich keine Überzeugungskraft zu:

Aus der Sicht des Insolvenzstrafrechts zunächst ist ihm gar keine Relevanz beizumessen. Hier beschreibt die Überschuldung eine im Vergleich zur drohenden Zahlungsunfähigkeit in allen Belangen gleichgeordnete Krisensituation. Für die Strafbarkeit eines Schuldners nach §§ 283ff. StGB spielt es daher keine Rolle, ob gleichzeitig neben dem Krisenmerkmal der drohenden Zahlungsunfähigkeit auch noch das der Überschuldung vorliegt.

In zivilrechtlicher Hinsicht kann dagegen nach hier vertretener Ansicht das alleinige Antragsrecht des Schuldners nach § 18 InsO einer strafbewährten Antragspflicht nach § 19 InsO weichen, wenn es sich beim Schuldner um eine juristische Person oder eine kapitalistische Gesellschaft handelt und wenn zusätzlich zur negativen Prognose auch die Überschuldungsbilanz nach den Liquidationswerten zu einem negativen Ergebnis für den Schuldner führt, wenn also zusätzlich zur drohenden Zahlungsunfähigkeit auch Überschuldung vorliegt. Diese angebliche Inkompatibilität der Insolvenzgründe ist allerdings notwendige Folge der Entscheidung des Gesetzgebers, bei fehlender Haftung einer natürlichen Person aus Gläubigerschutzgründen auch die Überschuldung als Insolvenzgrund anzuerkennen und als solche intendiert. Trotz der in diesen Fällen gegebenen Einschränkung des Antragsrechts

nach § 18 InsO ist damit im Ergebnis sachgerechterweise daran festzuhalten, daß die wirtschaftliche Lebens- und Leistungsfähigkeit eines Schuldners iSd § 19 I, III InsO, dessen künftige Zahlungsfähigkeit voraussichtlich nicht mehr gegeben sein wird, in einer Fortführungsprognose nicht positiv beurteilt werden kann.[645]
Schließlich erscheint das Kriterium der künftigen Zahlungsfähigkeit auch aus der Sicht des Insolvenzstrafrechts gegenüber dem der künftigen Ertragsfähigkeit oder Rentabilität geeigneter. Es stellt die geringsten Anforderungen an den Schuldner und wahrt so den Charakter des Strafrechts als ultima ratio. Ferner erscheint diese Ansicht im Hinblick auf das Bestimmtheitsgebot vorzugswürdig, da sie das negative Prognoseergebnis auf wirklich eindeutige Fälle, in denen nicht einmal mehr die künftige Zahlungsfähigkeit gesichert ist, begrenzt.
Insgesamt kann damit festgehalten werden, daß die Ermittlung der künftigen wirtschaftlichen Lebens- und Leistungsfähigkeit des Schuldners im Rahmen der Fortführungsprognose nach § 19 II 2 InsO an Hand des Kriteriums der künftigen Zahlungsfähigkeit vorzunehmen ist. Dabei treten in Teilbereichen Überschneidungen zwischen der Überschuldung und der drohenden Zahlungsunfähigkeit auf, die aber weder zivilrechtlich noch strafrechtlich zu einer Inkompatibilität führen.

cc) Die Ermittlung der Wahrscheinlichkeit einer Unternehmensfortführung

Die Ermittlung, ob die Fortführung des Unternehmens nach den Umständen überwiegend wahrscheinlich iSd § 19 II 2 InsO ist, ist an Hand eines Finanz- oder Liquiditätsplans vorzunehmen.[646] Dabei entspricht die Prognoseprüfung im wesentlichen der einer drohenden Zahlungsunfähigkeit.[647] Eine überwiegende Wahrscheinlichkeit ist nach der Gesetzesbegründung anzunehmen, wenn die Fortführung nach den Umständen wahrscheinlicher ist als die Stillegung.[648] Die Wahrscheinlichkeit des Ereignisses „Fortführung des Unternehmens“ muß also $\geq 0,5$ sein. Davon abweichend wollen einige Autoren im Strafrecht der Überschuldungsbilanz bereits dann die Fortführungswerte zugrunde legen, wenn das Weiterbestehen des Unternehmens nicht ganz unwahrscheinlich ist. Es genügt also nach dieser Ansicht auch

---

[645] Ebenso **Temme** S. 123.

[646] OLG Schleswig GmbHR 1998, 536; OLG München GmbHR 1998, 282; ferner **Bittmann** wistra 1999, 14 und aus dem zivilrechtlichen Schrifttum **Kallmeyer** in GmbH-Handbuch Band II, I. Teil, Rz. 4023; Kübler/ Prütting-**G. Pape** § 19, Rz. 16; Scholz-**K. Schmidt** § 63, Rz. 12; **Temme** S. 124; **Haas** in Insolvenzrecht 1998, S. 22.

[647] Insbesondere können auch hier interne von externen Prognoseverfahren unterschieden werden. Vgl. im einzelnen die betriebswirtschaftlich orientierte Literatur, etwa **Eisele** S. 1015; **Höfner** S. 172ff.; **Groth** S. 118ff.; **Teller** S. 56ff.; **Temme** S. 123ff.; **Klar** Überschuldung S. 50f.; **Wolf** Überschuldung S. 30ff.

[648] BT Drs. 12/ 7302, S. 157; vgl. ferner OLG München GmbHR 1998, 282; **Kallmeyer** in GmbH-Handbuch Band II, I. Teil, Rz. 4023.

eine Wahrscheinlichkeit unterhalb der 0,5-Grenze. Begründet wird diese Abweichung mit dem Hinweis auf eine sinnvolle Beschränkung der strafrechtlichen Haftung.[649]

Dagegen läßt sich vorbringen, daß jede Veränderung des Wahrscheinlichkeitsgrenzwertes von 0,5 im Insolvenzstrafrecht den zivilrechtlichen Vorgaben des § 19 II 2 InsO und damit einer inhaltsakzessorischen Bestimmung des Merkmals der Überschuldung im Strafrecht entgegensteht. Ferner stellt sich für die dargestellte Ansicht das Folgeproblem, einen zusätzlichen, exakten Grenzwert bestimmen zu müssen, ab dem die Fortführung des Unternehmens als *nicht ganz unwahrscheinlich* anzusehen ist. Schließlich diente die vorgeschlagene Einschränkung auch nicht der Beschränkung der strafrechtlichen Haftung: Sieht man mit dieser Arbeit als Inhalt der Fortführungsprognose die Feststellung der künftigen Zahlungsfähigkeit des Unternehmens an, so liegt nämlich bei einem Wahrscheinlichkeitswert unter 0,5 für die Fortführung des Unternehmens jedenfalls das strafrechtliche Krisenmerkmal der drohenden Zahlungsunfähigkeit vor.

Im Ergebnis ist damit die zivilrechtliche Wahrscheinlichkeitsgrenze von 0,5 als auch für das Insolvenzstrafrecht maßgeblich anzusehen.

dd) Der Zeitraum der Fortführungsprognose

Schließlich bleibt die Frage zu klären, auf welchen Zeitraum die Prognose zu beziehen ist.

Noch vom modifizierten zweistufigen Überschuldungsbegriff ausgehend hat der BGH eine *mittelfristige* Prognose verlangt.[650] Das Schrifttum bestimmt den Zeitraum einer solchen mittelfristigen Prognose teilweise auf die Dauer von *zwei bis drei Jahren*[651] Die überwiegende Ansicht geht dagegen von einem Zeitraum *bis zu zwei Jahren* aus, der das laufende und das nächste Geschäftsjahr erfaßt.[652] Um die Prognoseprobleme zu minimieren, wird vereinzelt sogar ein wesentlich kürzerer

---

649 **Lackner/ Kühl** § 283, Rz. 6; **Wessels/ Hillenkamp** Rz. 461; LK-**Tiedemann** vor § 283, Rz. 155; **Bieneck** StV 1999, 44; **Bieneck** in Müller-Gugenberger/ Bieneck, § 76, Rz. 34; **Moosmayer** S. 161; **Uhlenbruck** wistra 1996, 6.

650 BGH ZIP 1995, 825.

651 **R. Wimmer** NJW 1996, 2547; **Bähner** KTS 1988, 452.

652 **Bittmann** wistra 1999, 14; **Weyand** S. 45; **Lackner/ Kühl** § 283, Rz. 6; **Bieneck** in Müller-Gugenberger/ Bieneck, § 76, Rz. 23; Sch/Sch-**Stree/ Heine** § 283, Rz. 51; **Uhlenbruck** wistra 1996, 6 und aus dem zivilrechtlichen Schrifttum Kübler/ Prütting-**G. Pape** § 19, Rz. 16; HK-**Kirchhof** § 19, Rz. 11; **Haas** in Insolvenzrecht 1998, S. 21; **Müller/ Haas** in Kölner Schrift S. 1806, Rz. 17, Fn. 40; **Drukarczyk/ Schüler** in Kölner Schrift S. 128, Rz. 95; **Macke/ Wegener** INF 1998, 569; **W. Wagner** in Neuorientierung der Rechenschaftslegung S. 183; **Krüger-Knief** S. 34; Scholz-**K. Schmidt** § 63, Rz. 12; Hachenburg-**Ulmer** § 63, Rz. 37; **Kuhn/ Uhlenbruck** § 102, Rz. 6e; **Schaub** DStR 1993, 1486 sowie die Stellungnahme des Fachausschuß Recht des IDW WPg 1997, 24.

Zeitraum von nur *drei Monaten* erwogen.[653] Die genannten Endpunkte dieser Zeitspannen werden dabei zumeist nicht als starre, sondern lediglich als Maximalgrenzen gesehen, die im Einzelfall auch früher gewählt werden können, da der betriebswirtschaftlich überschaubare Zeitraum von Branche zu Branche differiere.[654] Jedenfalls dürfe der Prognosezeitraum nicht zu lange gewählt werden, um sowohl Risikoerhöhungen für die Gläubiger als auch Konflikte mit dem Bestimmtheitsgebot zu vermeiden.[655]
In Anbetracht der weitgehenden Übereinstimmung der Fortführungsprognose mit der Prüfung einer drohenden Zahlungsunfähigkeit schlägt diese Arbeit vor, auch hier den Prognosezeitraum auf *maximal ein Jahr* zu begrenzen. Vor allem aus der Perspektive des Insolvenzstrafrechts und seiner Bindung an den Bestimmtheitsgrundsatz erscheint es sinnvoll, eine einheitliche Prognoseprüfung bei den unterschiedlichen Krisenmerkmalen zu ermöglichen.

c) Die Überschuldungsbilanz

Neben der Fortführungsprognose bildet die Überschuldungsbilanz das zweite und entscheidende Element einer Überschuldungsprüfung nach § 19 II 2 InsO. Weder aber im Gesetz selbst noch in den zugehörigen Materialien finden sich Anhaltspunkte, wie die anzusetzenden Werte im einzelnen zu bestimmen sind. Die Begründung zu § 23 EInsO (heute § 19 InsO) enthält lediglich den Hinweis, das vorhandene Vermögen sei *realistisch* zu bewerten.[656] Diese Vorgabe ist im folgenden zu konkretisieren. Dabei muß je nach Prognoseergebnis zwischen der Bilanz nach Fortführungs- und nach Liquidationswerten unterschieden werden.

---

653 **Reck** GmbHR 1999, 273.

654 FK-**Schmerbach** § 19, Rz. 22; Schloz-**K. Schmidt** § 63, Rz. 12; **Krüger-Knief** S. 34; **Temme** S. 127; **Müller/ Haas** in Kölner Schrift S. 1806, Rz. 17.

655 **Bieneck** in Müller-Gugenberger/ Bieneck, § 76, Rz. 23; **Müller/ Haas** in Kölner Schrift S. 1806, Rz. 17.

656 BT Drs. 12/ 2443, S. 115; ferner **Krüger-Knief** S. 36; **Haas** in Insolvenzrecht 1998, S. 23; Kübler/ Prütting-**G. Pape** § 19, Rz. 9 und aus dem strafrechtlichen Schrifttum **Hörl** S. 64; **Uhlenbruck** wistra 1996, 6.

aa) Die Überschuldungsbilanz nach Fortführungswerten

§ 19 II 2 InsO bestimmt, daß der Überschuldungsbilanz bei positiver Fortführungsprognose die Fortführungswerte zugrunde zu legen sind. Grundsätzlich kann diese Bewertung nach dem Substanzwertverfahren[657] oder dem Ertragswertverfahren[658] vorgenommen werden.

α) Das Substanzwertverfahren

Das Substanzwertverfahren setzt die Fortführungswerte eines Unternehmens mit seinen Substanzwerten gleich. Zu deren Ermittlung werden nach einer Ansicht die Wiederbeschaffungs-, nach anderer Ansicht die Reproduktionskosten jedes einzelnen Vermögensgegenstands des Schuldners ermittelt und addiert. Der Substanzgesamtwert entspricht damit letztlich der Summe der Aufwendungen, die erforderlich wären, um das Unternehmen in seiner jetzigen Form neu, bzw. wieder zu errichten.[659]

Gegen die Bestimmung der Fortführungswerte nach dem Substanzwertverfahren spricht allerdings, daß hiernach nur solche Teile des Unternehmensvermögens einbezogen werden können, die selbständig veräußerbar sind, und somit wesentliche wertbildende Faktoren, wie z.B. der Firmenwert oder der Kundenstamm des Unternehmens, unberücksichtigt bleiben.[660] Ferner liefert das Substanzwertverfahren vielfach keine sachgerechten Ergebnisse bei Dienstleistungsunternehmen, die nur

---

657 **Bork** Rz. 92, Fn. 13; **Pribilla** KTS 1958, 7; **Auler** DB 1976, 2171; **Uhlenbruck** GmbH & Co.KG S. 284; **Smid** GesO § 1, Rz. 112; vgl. ferner grundsätzlich zu diesem Ansatz **Piltz** S. 34; **Welf Müller** JuS 1974, 149f., 558ff.

658 Aus strafrechtlicher Sicht LK-**Tiedemann** vor § 283, Rz. 157; **Tiedemann** in FS Dünnebier S. 537; **Tiedemann** in GS Schröder S. 297; **Ransiek** Unternehmensstrafrecht S. 157f.; **Groth** S. 105ff.; NK-**Kindhäuser** vor § 283, Rz. 98; **Moosmayer** S. 165; **Bilo** GmbHR 1981, 75, ferner aus zivilrechtlicher Sicht **Temme** S. 131ff.; **Krüger-Knief** S. 36f.; Nerlich/ Römermann-**Mönning** § 19, Rz. 25f.; **Haas** in Insolvenzrecht 1998, S. 26; **Wolf** DStR 1995, 861; **Großfeld** S. 21f.; **Piltz** S. 19ff.; **Burger/ Schellberg** BB 1995, 265f., sowie die Stellungnahme des Fachausschuß Recht des IDW WPg 1997, 25; schließlich aus dem älteren Schrifttum **Obermüller** DB 1973, 269; **Welf Müller** JuS 1974, 147ff.; **Fischer** Überschuldungsbilanz S. 62ff.; **Giebeler** S. 102ff.; **Lütkemeyer** S. 152ff. Kritisch dagegen **Penzlin** S. 86f.; **Penzlin** NZG 2000, 466.

659 Vgl. zum Substanzwertverfahren allgemein **Groth** S. 104; **Temme** S. 130; **Bork** Rz. 92, Fn. 13; **Krüger-Knief** S. 36, ferner im einzelnen zum Streit um die Ermittlung des Substanzwerts unter Zugrundelegung der Wiederbeschaffungs- oder der Reproduktionskosten **Müller/ Haas** in Kölner Schrift S. 1807, Rz. 20; **W. Wagner** in Neuorientierung der Rechenschaftslegung S. 185, sowie gegen beide Ansätze **Bittmann** wistra 1999, 12.

660 Dieser Mangel des Substanzwertverfahrens wird auch von Vertretern dieser Auffassung selbst gesehen. Diese bringen daher z.T. neben den Wiederbeschaffungs- oder Reproduktionskosten zusätzlich einen pauschalen Betrag etwa für den Firmenwert oder andere nicht selbständig veräußerbare Vermögenspositionen in Ansatz. Vgl. hierzu **Bork** Rz. 92, Fn. 13; **Kallmeyer** GmbHR 1999, 16f.; **Auler** DB 1976, 2171; **Uhlenbruck** GmbH & Co.KG S. 288; **Braun/ Uhlenbruck** S. 294; **Uhlenbruck** in Gottwald (Hrsg.), Insolvenzrechtshandbuch § 9, Rz. 23; **Früh**

über einen geringen Bestand an materiellen Wirtschaftsgütern und damit über einen geringen Substanzwert verfügen, die aber dennoch mit ihren Mitarbeitern ausgesprochen erfolgreich sein können und im Einzelfall hohe Erträge erwirtschaften.[661] Schließlich führte eine Entscheidung für das Substanzwertverfahren jedenfalls bei Ansatz der Reproduktionskosten auch zu einer Nivellierung der Unterschiede zwischen einer Überschuldungsbilanz nach Fortführungswerten bei positiver und nach Liquidationswerten bei negativer Prognose, da dann der Bewertung ergebnisgleich jeweils ein fiktiver Kauf, bzw. ein fiktiver Verkauf der einzelnen Vermögensgegenstände des Unternehmens zugrunde gelegt würde.[662]

β) Das Ertragswertverfahren

Die vorliegende Arbeit spricht sich daher für eine Bestimmung der Fortführungswerte nach dem Ertragswertverfahren aus. Diesem liegt die Überlegung zugrunde, daß ein Unternehmen bei Fortführung Erträge erwirtschaftet, die dann zur Befriedigung der Gläubiger eingesetzt werden können. Mit Hilfe dieser zukünftigen Erträge wird versucht, den Fortführungswert des Unternehmens zu bestimmen. Hiernach ist das Schuldnervermögen bei Fortführung also so viel wert, wie sich mit ihm verdienen läßt; Überschuldung liegt vor, wenn der Ertragswert den Wert der Schulden unterschreitet. Dabei bestimmt sich der Begriff des Ertrages aus der Differenz zwischen Ein- und Auszahlungen, d.h. dem Einzahlungsüberschuß.[663]

WPg 1995, 802.

661 **Plate** DB 1980, 221; **Groth** S. 105; **Temme** S. 131.

662 Gegen eine Bestimmung der Fortführungswerte eines Unternehmens nach dem Substanzwertverfahren wird darüber hinaus angeführt, daß sie keinen Rückschluß auf den Gefährdungsgrad der Gläubiger zuließe, was sich insbesondere am Beispiel einer Fehlinvestition zeige, vgl. **Temme** S. 130f.; **Burger/ Schellberg** BB 1995, 266; **Fischer** DB 1981, 1346; **Penzlin** S. 86f.; **Penzlin** NZG 2000, 466; **Groth** S. 104f.; **Plate** DB 1980, 221. Kurze Zeit nach dem Kauf entspräche nämlich der Substanzwert etwa einer gekauften Maschine auch bei Ansatz der Reproduktionskosten noch fast dem Neuwert. Nach den Substanzwertverfahren bliebe der Gefährdungsgrad der Gläubiger daher nahezu unverändert. Dabei habe der Kauf der Maschine richtigerweise die Gefährdung für die Gläubiger erheblich erhöht. Stelle sich nämlich bald nach dem Kauf die Maschine als Fehlinvestition heraus, so lassen sich mit ihr einerseits keine Erträge zur Schuldendeckung erwirtschaften. Andererseits aber ist der Kaufpreis für die Maschine ausgegeben und kann daher auch nicht mehr zur Schuldentilgung oder für andere Investitionen eingesetzt werden. Diese letzte Annahme scheint indes nur eingeschränkt zutreffend: Wird die Maschine nämlich rasch nach ihrem Kauf als Fehlinvestition erkannt, so läßt sie sich in der Regel ohne allzu große Wertverluste auch wieder am Markt verkaufen und der erzielte Kaufpreis kann anschließend zur Schuldentilgung oder für neue Investitionen eingesetzt werden. Dies gilt nur dann nicht, wenn die gekaufte Maschine individuell für das Unternehmen gefertigt wurde und in dieser Form nur von ihm sinnvoll eingesetzt werden kann. In solchen Fällen kann das Beispiel der Fehlinvestition in der Tat als weiteres Gegenargument gegen das Substanzwertverfahren angeführt werden.

663 Daneben wird teilweise auch auf Erträge im Sinne einer Gewinn- und Verlustrechnung abgestellt, vgl. in diese Richtung **Höfner** S. 211ff.; **Egner/ Wolff** AG 1978, 104. Zur Kritik an die-

Letztlich verbirgt sich damit genaugenommen auch hinter der zweiten Prüfungsebene der Überschuldungsbilanz ein im formalen Bilanzrahmen verstecktes Prognoseelement, wenn dieser nach einer positiven Fortführungsprognose die Fortführungswerte zugrunde zu legen sind.[664] Das Ertragswertverfahren mißt nämlich anders als das Substanzwertverfahren der Bestimmung der Fortführungswerte eines Unternehmens eine Ausrichtung auf die Zukunft bei. Dies erscheint sachgerecht, da die zuvor angestellte Prognose ergab, daß die Fortführung des Unternehmens in Zukunft überwiegend wahrscheinlich ist. Im Gegensatz zu einer Überschuldungsbilanz nach Liquidationswerten können jedoch die Erträge, die ein Unternehmen als Ganzheit erwirtschaftet, nicht einzelnen Gegenständen, etwa einer Büroausstattung oder einem Firmenwagen, zugeordnet werden. Befürwortet man daher den Ansatz des Ertragswertverfahrens zur Bestimmung der Fortführungswerte eines Unternehmens, so muß sich eine entsprechende Überschuldungsbilanz zwangsläufig vom Grundsatz der Einzelbewertung des Vermögens lösen.[665]
Ferner ist zu beachten, daß das Ertragswertverfahren zunächst als Verfahren zur betriebswirtschaftlichen Unternehmensbewertung entwickelt wurde und insofern von einer fiktiven, ewigen Lebensdauer des Unternehmens ausgeht, was zur Folge hat, daß grundsätzlich die Erträge einer endlosen Anzahl von Perioden in die Berechnung eingehen.[666] Bei einer Übertragung dieses Verfahrens auf die Prüfung einer Überschuldung müssen insofern Modifikationen vorgenommen werden: Nach § 19 II 1 InsO liegt Überschuldung vor, wenn das Vermögen die bestehenden Verbindlichkeiten nicht mehr deckt. Der Schuldner kann damit seine Überschuldung nicht schon unter Verweis auf irgendwelche, möglicherweise erst in ferner Zukunft anfallenden Erträge abwenden. Vielmehr markiert das Merkmal der *bestehenden* Verbindlichkeiten in § 19 II 1 InsO wie im Bereich der drohenden Zahlungsunfähigkeit eine äußerste Zeitgrenze. Verbindlichkeiten, deren Fälligkeitstermin nach dem spätesten Fälligkeitstermin der im Prüfungszeitpunkt bereits bestehenden Verbindlichkeiten liegt, haben demnach bei der Prüfung einer Überschuldung ebenso außer Betracht zu bleiben. Damit können aber auch zu Gunsten des Schuldners auf der aktiven Seite der Bilanz nur solche Ertragswerte berücksichtigt werden, die bis

---

sem Ansatz aber zutreffend **Groth** S. 107ff.; **Temme** S. 134f.; **Burger/ Schellberg** BB 1995, 266. Hinsichtlich der genauen Bestimmung der zukünftigen Erträge werden in der Betriebswirtschaft pauschale und analytische Methoden unterschieden, vgl. hierzu im einzelnen **Höfner** S. 211ff.; **Temme** S. 138ff.; **Harneit** S. 29ff.; **Lütkemeyer** S. 163ff.; **Piltz** S. 20ff.; **Fischer** Überschuldungsbilanz S. 65ff.; LK-**Tiedemann** vor § 283, Rz. 157.

664 Ebenso auch **Haas** in Insolvenzrecht 1998, S. 16; FK-**Schmerbach** § 19, Rz. 19; **Jauernig** § 54 II 3., S. 256f.; **Bähner** KTS 1988, 443; **Schlosser** in Insolvenzrecht im Umbruch S. 13.

665 **Harneit** S. 38; **Höfner** S. 194; **Temme** S. 148; vgl. auch **Penzlin** S. 133; **Penzlin** NZG 2000, 466f.

666 **Haas** in Insolvenzrecht 1998, S. 26; **Großfeld** S. 22, 59; **Höfner** S. 200; **Temme** S. 135; **Piltz** S. 16.

zu diesem Zeitpunkt anfallen. Erst später zur Verfügung stehende Erträge können dagegen nicht mehr zur Erfüllung der bestehenden Verbindlichkeiten bei deren Fälligkeit verwendet werden und haben aus diesem Grund bei der Erstellung einer Überschuldungsbilanz nach Fortführungswerten außer Betracht zu bleiben. Um Mißbrauchsmöglichkeiten zu verhindern, kann es jedoch im Einzelfall erforderlich sein, diese Zeitgrenze auf einen Zeitpunkt vorzuverlegen, in dem zwar noch nicht alle, so doch aber bereits der größte Teil der bestehenden Verbindlichkeiten fällig ist. Der Schuldner könnte sonst eine im Vergleich zu seiner Gesamtschuld finanziell unbedeutende, aber enorm langfristige Forderung gegen sich begründen, die es ihm ermöglichte, seine Erträge bis zu deren letzten, späten Fälligkeitszeitpunkt zu berücksichtigen, um so seine Überschuldung abzuwenden.[667]

Legt man der Bestimmung der Fortführungswerte das Ertragswertverfahren zugrunde, so kann schließlich die bereits angesprochene Möglichkeit, daß im Einzelfall bei positiver Prognose, aber negativer Bilanz nach Fortführungswerten zwar Überschuldung, nicht aber zugleich auch drohende Zahlungsunfähigkeit vorliegt, nochmals veranschaulicht werden: Die Prognose ergab hier, daß der Schuldner auch künftig voraussichtlich zahlungsfähig sein wird, allerdings stehen bilanziell seinen bestehenden Verbindlichkeiten nicht genügend künftige Erträge gegenüber. Das Ergebnis der Bilanz ist daher negativ. Der Schuldner kann seine Zahlungsfähigkeit nur auf Grund seiner Fremdfinanzierung, etwa durch Kredite, aufrecht erhalten und ist daher als überschuldet anzusehen. Ferner zeigt sich einmal mehr, daß nach § 19 II 2 InsO ein positives Prognoseergebnis allein im Gegensatz zur bislang hM das Vorliegen einer Überschuldung nicht mehr ausschließt, was die Überschneidungsbereiche der beiden Insolvenzgründe und Krisenmerkmale reduziert.[668]

bb) Die Überschuldungsbilanz nach Liquidationswerten

Bei negativem Ergebnis der Fortführungsprognose sind der Überschuldungsbilanz die Liquidationswerte zugrunde zu legen. Nach diesem Bewertungsansatz ist zu fragen, welche Erlöse sich aus einem fiktiven Verkauf der einzelnen Vermögensteile erzielen ließen. Der Liquidationsgesamtwert entspricht dann der Summe dieser Erlöse.[669]

---

667 Ebenso **Temme** S. 136f., der auch entsprechende Fallbeispiele anführt.

668 Vgl. ausführlich zum Verhältnis der Überschuldung zur drohenden Zahlungsunfähigkeit oben Dritter Teil, Kapitel 2 C. II. 2. b) bb).

669 Vgl. zu Bestimmung der Liquidationswerte im allgemeinen **Bork** Rz. 92; FK-**Schmerbach** § 19, Rz. 10; **Burger/ Schellberg** BB 1995, 266; Nerlich/ Römermann-**Mönning** § 19, Rz. 27; **Temme** S. 145f.; **Krüger-Knief** S. 35; **Haas** in Insolvenzrecht 1998, S. 23ff.; **Fischer** Überschuldungsbilanz S. 52; **Auler** DB 1976, 2170; **Kuhn/ Uhlenbruck** § 102, Rz. 6k und aus strafrechtlicher Sicht LK-**Tiedemann** vor § 283, Rz. 156.

Berücksichtigt werden können bei einer Bewertung nach Liquidationswerten also nur diejenigen Vermögenswerte des Schuldners, die im Falle eines Insolvenzverfahrens zu den verwertbaren Bestandteilen der Masse gehören.
Im wesentlichen wird die Höhe der Liquidationswerte von zwei Faktoren, der *Auflösungsgeschwindigkeit* und der *Auflösungsintensität*, beeinflußt.

α) Die Auflösungsgeschwindigkeit

Die Auflösungsgeschwindigkeit beschreibt den Zeitraum, der für die Veräußerung zur Verfügung steht. Eine höhere Auflösungsgeschwindigkeit ist stets mit einem geringeren Erlös verbunden. Im Schrifttum wird entsprechend bei der Bewertung unterschieden, ob die Auflösung *unter Normalbedingungen* oder *unter Zeitdruck* erfolgt, wobei die sich unter Zeitdruck ergebenden Werte häufig als Zerschlagungswerte bezeichnet werden.[670] Im Regelfall sind allerdings nicht diese, sondern vielmehr die im allgemeinen höheren Werte anzusetzen, die sich bei einer Veräußerung unter Normalbedingungen ergeben.[671] Der den Zerschlagungswerten innewohnende Zeitdruck entsteht erst bei einer Veräußerung im Rahmen eines Insolvenzverfahrens. Bei der Überschuldungsprüfung aber geht es gerade darum, ob ein solches Verfahren überhaupt eröffnet werden muß oder ob es nicht etwa möglich ist, das Unternehmen im normalen Geschäftsablauf zu liquidieren. Die Rechtsfolgen der Überschuldung würden damit beim Ansatz von Zerschlagungswerten unzulässigerweise vorweggenommen, es bestünde die Gefahr eines Zirkelschlusses.[672] Auch aus strafrechtlicher Sicht erscheint es im Hinblick auf Art. 103 II GG sachgerechter, Überschuldung nur in eindeutigen Fällen anzunehmen.[673]

β) Die Auflösungsintensität

Die zweite im Hinblick auf die Höhe der Liquidationswerte bedeutsame Größe bildet die Auflösungsintensität, die den Einzelveräußerungsgrad ausdrückt. Es ist danach zu fragen, ob die Möglichkeit besteht, bestimmte, geschlossene Unternehmensteile oder sogar das Unternehmen als Ganzes zu veräußern, anstatt die unter-

---

670 **Krüger-Knief** S. 35; FK-**Schmerbach** § 19, Rz. 10; **Temme** S. 146; Hachenburg-**Ulmer** § 63, Rz. 39; **Burger/ Schellberg** BB 1995, 266; **Macke/ Wegener** INF 1998, 570; **Fischer** Überschuldungsbilanz S. 52; aus dem strafrechtlichen Schrifttum **Bittmann** wistra 1999, 11.

671 So die hM, vgl. Nerlich/ Römermann-**Mönning** § 19, Rz. 27; **Haas** in Insolvenzrecht 1998, S. 25; **Temme** S. 146; **Krüger-Knief** S. 35f.; **Uhlenbruck** GmbH & Co.KG S. 283; **Kuhn/ Uhlenbruck** § 102, Rz. 6i; Hachenburg-**Ulmer** § 63, Rz. 39; Jäger-**Weber** §§ 207, 208, Rz. 20; ebenso aus dem strafrechtlichen Schrifttum **Bittmann** wistra 1999, 11.

672 Ebenso **Krüger-Knief** S. 36; **Temme** S. 146f. An der Tatsache aber, *daß* das Unternehmen nicht mehr fortgeführt werden kann, sondern liquidiert werden muß, führt allerdings mit überwiegender Wahrscheinlichkeit kein Weg mehr vorbei. Dies ergab sich aus der zuvor angestellten Fortführungsprognose.

673 Ebenso **Bittmann** wistra 1999, 11.

schiedlichen Vermögensgegenstände einzeln zu verwerten, was regelmäßig zu einem niedrigeren Wertansatz führt. Im Schrifttum wird von einer hM gefordert, im Zweifel von Einzelveräußerungswerten auszugehen und nur dann die Veräußerung des gesamten Unternehmens oder zumindest einzelner Teile zugrunde zu legen, wenn Umstände erkennbar sind, die mit an Sicherheit grenzender Wahrscheinlichkeit eine derartige Verwertung erwarten lassen.[674] Eine andere Ansicht will dagegen die Wettbewerbsfähigkeit der einzelnen Unternehmensteile im jeweiligen Einzelfall mittels einer Prognose bestimmen und bei positivem Ergebnis von deren Veräußerung en bloc ausgehen.[675]
Im Hinblick auf das Bestimmtheitsgebot erscheint es vorzugswürdig, auf weitere Prognoseentscheidungen in einer Überschuldungsprüfung zu verzichten und damit grundsätzlich im Sinne der hM die Einzelveräußerung zugrunde zu legen. Nur wenn im Ausnahmefall besondere Umstände und konkrete Anhaltspunkte für ein andersartiges Verwertungsszenario vorliegen, scheint es angebracht, diese Werte in Richtung auf den Gesamtwert des Unternehmens oder einzelner Unternehmensteile zu korrigieren. Dieser Ansatz dient ferner den geschützten Gläubigerinteressen, denn schon allein das negative Ergebnis der Fortführungsprognose deutet auf deren Gefährdung hin, die nicht noch zusätzlich durch eine sachwidrige Festlegung der Wertmaßstäbe in der Überschuldungsbilanz vergrößert werden sollte.

d) Die Passivierung von eigenkapitalersetzenden Gesellschafterdarlehen im Überschuldungsstatus

Grundsätzlich kann eine bilanzielle Bewertung des Vermögens auf der Aktivseite als Einzel- oder als Gesamtbewertung erfolgen. Für die vorliegende Arbeit allerdings stellen sich die Probleme einer Einzelbewertung auf Grund der Entscheidung, die Fortführungswerte des Unternehmens mit Hilfe des Ertragswertverfahrens zu bestimmen, nur nach einer negativen Prognose bei der Aufstellung einer Überschuldungsbilanz nach Liquidationswerten.[676] Insofern wird hinsichtlich verschiedener Positionen kontrovers diskutiert, ob und gegebenenfalls in welcher Höhe sie in der Überschuldungsbilanz in Ansatz zu bringen sind.[677] Ebenso stellt die Bewertung der Verbindlichkeiten auf der passiven Seite der Bilanz vor eine Fülle von Einzelproblemen.[678] Der Großteil dieser Bewertungsfragen bestand allerdings in

---

[674] **Haas** in Insolvenzrecht 1998, S. 25; **Auler** DB1976, 2170; **Kühn** DB 1970, 551; Scholz-**K. Schmidt** § 63, Rz. 11, 18.

[675] **Temme** S. 148; **Krüger-Knief** S. 36; Hachenburg-**Ulmer** § 63, Rz. 39.

[676] Vgl. nochmals oben Dritter Teil, Kapitel 2 C. II. 2. c) aa) α).

[677] Schwierigkeiten bereitet etwa die Bewertung sämtlicher immaterieller Vermögensgegenstände. Hierunter fallen Patente, Gebrauchsmuster, Warenzeichen, Konzessionen, vor allem aber auch der Firmen- oder Geschäftswert des Unternehmens.

[678] Umstritten ist hier z.B., inwieweit Rückstellungen bei einer Überschuldungsprüfung zu berück-

gleicher Weise bereits vor dem Inkrafttreten der InsO. Im Hinblick auf die Fragestellung und Zielsetzung dieser Arbeit kann somit hier auf deren Erörterung im einzelnen verzichtet werden.[679]
Durch die Insolvenzrechtsreform um neue Gesichtspunkte ergänzt wurde dagegen die Diskussion der Frage, ob eigenkapitalersetzende Gesellschafterdarlehen im Überschuldungsstatus zu passivieren sind. Zu dieser Frage ist daher im folgenden Stellung zu nehmen.[680]
Bereits vor Inkrafttreten des neuen Insolvenzrechts war die Behandlung von eigenkapitalersetzenden Gesellschafterdarlehen in einer Überschuldungsbilanz umstritten. Bestand zwar noch weitgehend Einigkeit, daß eigenkapitalersetzende Gesellschafterdarlehen mit Rangrücktrittserklärung in der Überschuldungsbilanz nicht zu berücksichtigen sind[681], so wurden Fälle, in denen eine solche Rangrücktrittsvereinbarung nicht vorlag, unterschiedlich beurteilt: Die hM[682] nahm dann eine Passivierungspflicht an; ihr stand aber eine gewichtige Mindermeinung gegenüber.[683]

---

sichtigen sind.

679 Vgl. näher dazu **Müller/ Haas** in Kölner Schrift S. 1809ff., Rz. 25ff., S. 1811ff., Rz. 30ff.; **Wolf** Überschuldung S. 64ff., S. 106ff.; **Wolf** DStR 1995, 859ff.; Kübler/ Prütting-**G. Pape** § 19, Rz. 10ff., 13f.; **Temme** S. 148ff., 161ff.; Nerlich/ Römermann-**Mönning** § 19, Rz. 34ff., 37ff.; HK-**Kirchhof** § 19, Rz. 18ff., 23ff.; **Vonnemann** Überschuldung Rz. 113ff., 145ff.; **Krüger-Knief** S. 37f., 39ff.

680 Letztlich sind die Bewertungsfragen, die im Zusammenhang mit eigenkapitalersetzenden Gesellschafterdarlehen auftauchen, gleichermaßen auch für die Prüfung einer Zahlungsunfähigkeit relevant. Hier stellt sich nämlich die parallele Frage, ob Forderungen aus kapitalersetzenden Gesellschafterdarlehen als fällige Zahlungspflichten iSd § 17 II 1 InsO zu berücksichtigen sind. Die im folgenden zu treffenden Entscheidungen sind daher entsprechend zu übertragen. Ebenso **Haas** NZI 1999, 209; **Bittmann** wistra 1999, 15.

681 BGH WM 1962, 765; BGH ZIP 1987, 574; LK-**Tiedemann** vor § 283, Rz. 152; **Muhler** wistra 1994, 288; **Bilo** GmbHR 1981, 106f.; **Fleischer** ZIP 1996, 774; Scholz-**K. Schmidt** § 63, Rz. 27; **K. Schmidt** in K. Schmidt/ Uhlenbruck Rz. 511; **Kuhn/ Uhlenbruck** § 102, Rz. 6v; Hachenburg-**Ulmer** § 63, Rz. 46f.; Baumbach/ Hueck-**Schulze-Osterloh** § 63, Rz. 15; **Fleck** GmbHR 1989, 313.

682 OLG Hamburg WM 1986, 1112; OLG Düsseldorf DB 1996, 1226; LG München ZIP 1983, 66; Schloz-**K. Schmidt** §§ 32a und b, Rz. 60, § 63, Rz. 27; Kilger/ **K. Schmidt** § 32a KO, Anm. 3) d), S. 202f.; **Rowedder** § 63, Rz. 14; **Haack** Überschuldung S. 139; **Kuhn/ Uhlenbruck** § 102, Rz. 6u; **Landfermann** KTS 1989, 772; **Wolf** Überschuldung S. 134; ebenso aus strafrechtlicher Perspektive **Bilo** GmbHR 1981, 106f.; **Hartung** NJW 1996, 230; NK-**Kindhäuser** vor § 283, Rz. 94; **Muhler** wistra 1994, 288; **Tiedemann** in HWiStR, Art. Konkursstraftaten, S. 8; LK-**Tiedemann** vor § 283, Rz. 152.

683 OLG München NJW 1994, 3114; OLG München NJW 1996, 2366; OLG Düsseldorf WM 1997, 1866; LG Waldshut-Tingen BB 1995, 2365; **Fleischer** ZIP 1996, 773ff., 779; Hachenburg-**Ulmer** § 63, Rz. 46f.; Baumbach/ Hueck-**Schulze-Osterloh** § 63, Rz. 15; **Lutter/ Hommelhoff** § 64, Rz. 17; **Hommelhoff** in FS Döllerer S. 256; **Fleck** GmbHR 1989, 322; **Groth** S. 79ff., 138ff.; **Fleck** in FS Döllerer S. 125; **Rowedder** § 63, Rz. 14; **Groh** BB 1993, 1883, Fn. 4; **D. Joecks** BB 1986, 1681f.

An diesen grundsätzlichen Positionen hat sich seit dem 1.1.1999 nichts geändert, beide werden auch heute noch vertreten.[684] Ohne auf den Streit unter der Geltung des alten Rechts im Detail einzugehen, sind nach Auffassung dieser Arbeit Forderungen aus eigenkapitalersetzenden Gesellschafterdarlehen jedenfalls heute nach der Insolvenzrechtsreform grundsätzlich als Passiva in einer Überschuldungsbilanz zu berücksichtigen.

Zunächst müssen nach allgemeinen Bilanzierungsgrundsätzen auch im Falle der Überschuldungsbilanz auf passiver Seite sämtliche Verbindlichkeiten eingestellt werden, die im Falle einer Verfahrenseröffnung Insolvenzforderungen darstellen. Insoweit ließ sich daher zwar früher gegen die Passivierung vortragen, daß die Geltendmachung von eigenkapitalersetzenden Gesellschafterdarlehen im Konkurs nach § 32a GmbHG a.F. ausgeschlossen war.[685] Seit dem 1.1.1999 hat sich die Rechtslage insofern allerdings grundlegend geändert. Nach dem durch Art. 48 Nr. 2a) EGInsO geänderten § 32a GmbHG[686] und der neu eingefügten Vorschrift des § 39 I Nr. 5 InsO sind die Forderungen auf Rückgewähr eines kapitalersetzenden Gesellschafterdarlehens heute wenn auch nur nachrangig, so doch jedenfalls grundsätzlich als Insolvenzforderungen anzusehen, was für deren Passivierung im Überschuldungsstatus spricht.[687]

---

684 Vgl. aus dem neuen Schrifttum einerseits für eine Passivierungspflicht **Haas** NZI 1999, 209ff.; **Müller/ Haas** in Kölner Schrift S. 1815ff., Rz. 40ff.; **Macke/ Wegener** INF 1998, 570; **K. Schmidt** GmbHR 1999, 9ff.; **Beintmann** BB 1999, 1543ff.; **Janssen** NWB 1998, 1405ff.; **Livonius** ZInsO 1998, 309ff.; **Temme** S. 178ff.; **Altmeppen** ZIP 1997, 1176; **Hess/ Weis** InVo 1999, 33ff.; **Hess/ Obermüller** Rechtsstellung Rz. 66; Kübler/ Prütting-**G. Pape** § 19, Rz. 14; Kübler/ Prütting-**Holzer** § 39, Rz. 22a; Nerlich/ Römermann-**Mönning** § 19, Rz. 38, sowie aus der strafrechtlichen Literatur **Lackner/ Kühl** § 283, Rz. 6; **Bieneck** StV 1999, 46; **Bieneck** in Müller-Gugenberger/ Bieneck, § 80, Rz. 27; **Bittmann** wistra 1999, 15; **Reck** ZInsO 1999, 201; **Reck** BuW 1997, 747; **Tröndle/ Fischer** vor § 283, Rz. 7; **Moosmayer** S. 164; **Uhlenbruck** wistra 1996, 6.

Andererseits dagegen **Lutter** ZIP 1999, 645ff.; **Niesert** InVo 1998, 242ff.; **Noack** in Insolvenzrecht 1996, S. 209f.; **Teller** S. 85ff., 167ff.

685 So etwa **Hommelhoff** in FS Döllerer S. 256ff.; **Groth** S. 84ff.; **Fleischer** ZIP 1996, 777f.; **D. Joecks** BB 1986, 1682.

686 Für die KG findet sich ein Verweis auf die Regelungen des § 32a GmbHG in § 172a HGB.

687 **Bieneck** in Müller-Gugenberger/ Bieneck, § 76, Rz. 14, 20, § 80, Rz. 28; **Bieneck** StV 1999, 45f.; **Moosmayer** S. 164; **Bittmann** wistra 1999, 15; **Weyand** S. 50ff.; **Reck** BuW 1997, 747; **Reck** ZInsO 1999, 201; **Uhlenbruck** wistra 1996, 6 und aus dem zivilrechtlichen Schrifttum **Livonius** ZInsO 1998, 309f.; **Beintmann** BB 1999, 1548; Kübler/ Prütting-**G. Pape** § 19, Rz. 14f.; Kübler/ Prütting-**Holzer** § 39, Rz. 22a; **Wolf** Überschuldung S. 124f., 134ff., 155; **Hess/ Weis** InVo 1999, 34; **Ehlers** DStR 1998, 1758; **Temme** S. 187; **Janssen** NWB 1998, 1405ff.; **Krüger-Knief** S. 40.

Im Gegensatz dazu ergibt sich nach **Lutter** ZIP 1999, 645ff.; **Haas** NZI 1999, 210; **Müller/ Haas** in Kölner Schrift S. 1814f., Rz. 38; **Teller** S. 167ff.; **K. Schmidt** GmbHR 1999, 11f.; **K. Schmidt** in Kölner Schrift S. 1207ff., Rz. 14ff., 23 und **Niesert** InVo 1998, 243f. aus den §§ 39 I Nr. 5 InsO, 32a GmbHG kein Argument für eine Passivierungspflicht. Diese sehen die Vor-

Ferner konnte früher gegen die Passivierung von eigenkapitalersetzenden Gesellschafterdarlehen ein ansonsten bestehender Wertungswiderspruch zur Schutzfunktion des Konkursrechts vorgebracht werden. Wie das heutige Insolvenzverfahren zielte auch dieses auf den Schutz der materiellen Befriedigungsinteressen der Gesamtgläubigerschaft. Unter diesen Voraussetzungen, so wurde hervorgehoben, erschiene es widersprüchlich, Forderungen im Überschuldungsstatus zu passivieren, die im Konkursverfahren nach § 32a GmbHG a.F. ausgeschlossen waren, da dies dazu führen könnte, ein Verfahren auf Grund von Forderungen zu eröffnen, deren Schutz dieses Verfahren nicht zum Gegenstand habe.[688] Auch dieses Argument hat nach der Insolvenzrechtsreform an Überzeugungskraft verloren. Die §§ 32a GmbHG, 39 I Nr. 5 InsO erklären heute Forderungen aus eigenkapitalersetzenden Gesellschafterdarlehen zu nachrangigen Insolvenzforderungen. Im Gegensatz zum vormaligen Konkursverfahren berücksichtigt also das Insolvenzverfahren wenngleich nachrangig auch die Interessen solcher Gläubiger. In der Passivierung ihrer

---

schriften ausschließlich als Ausdruck eines Sinnwandels im Recht der Gesellschaftsinsolvenz. Nach der Insolvenzrechtsreform solle nicht mehr ein nur teilabgewickelter Torso in die Freiheit entlassen und die Aufgabe der Restabwicklung wie bisher den Liquidatoren aufgebürdet werden. Vielmehr ziele das neue Insolvenzrecht auf die Vollabwicklung des Unternehmensträgers bis hin zu dessen Löschung (§ 199 InsO). Damit müßten aber zwangsläufig auch Forderungen aus eigenkapitalersetzenden Gesellschafterdarlehen in irgendeiner Form in das Verfahren einbezogen werden. Lediglich diese Einbeziehung regelten die §§ 32a GmbHG, 39 InsO. Den Vorschriften lasse sich darüber hinaus aber keine Entscheidung entnehmen, wie solche Forderungen in einer Überschuldungsbilanz zu behandeln seien.
Überdies erkläre § 39 I Nr. 5 InsO eigenkapitalersetzende Gesellschafterdarlehen zu lediglich nachrangigen Insolvenzforderungen. Sie könnten also nur bedient werden, wenn alle anderen Insolvenzgläubiger zuvor und in voller Höhe bedient worden seien. Die Gläubiger iSd § 39 I InsO stünden damit mit allen übrigen Gläubigern der Gesellschaft in keiner Konkurrenz; hier bestünde kein Verteilungskonflikt. Gerade und nur dem Schutz dieser übrigen Gläubiger aber diene die Durchführung eines Insolvenzverfahrens. Dies zeige auch die Vorschrift des § 174 III InsO, wonach nachrangige Forderungen nur nach einer besonderen Aufforderung durch das Insolvenzgericht zum Verfahren anzumelden sind. Daraus könne zum einen gefolgert werden, daß Forderungen aus eigenkapitalersetzenden Gesellschafterdarlehen nicht dazu dienten, ein Insolvenzverfahren im Interesse der Gläubiger in Gang zu setzen, zum anderen, daß das Insolvenzverfahren regelmäßig nicht auf die Befriedigung nachrangiger Insolvenzgläubiger ziele.
Im Ergebnis lehnen allerdings lediglich Lutter, Niesert und Teller die Passivierung eigenkapitalersetzender Gesellschafterdarlehen ab, K. Schmidt und Haas dagegen wollen sie aus anderen Gründen im Überschuldungsstatus berücksichtigen und verzichten nur auf die Heranziehung der §§ 39 I Nr. 5 InsO, 32a GmbHG als Argument. Für dieses Argument läßt sich allerdings neben den Ausführungen im Text einwenden, daß die Befriedigungsinteressen der Gläubigergesamtheit in Abhängigkeit zum zivilen Insolvenzrecht als individuelles Schutzgut auch der Insolvenzdelikte herausgearbeitet wurden, ohne daß dabei zwischen unterschiedlichen Gläubigern je nach dem Rang ihrer Befriedigung differenziert worden wäre. Überschuldung muß daher auch dann angenommen werden, wenn das Vermögen des Schuldners ausschließlich zur Erfüllung der nachrangigen Forderungen nicht ausreicht, vgl. speziell zu diesem Fall auch **Beintmann** BB 1999, 1548.

688 So etwa **Fleck** in FS Döllerer S. 123ff.; **Hommelhoff** in FS Döllerer S. 248, 255, 260; **Groth** S. 79; **Fleischer** ZIP 1996, 778.

Forderungen ließe sich daher heute allenfalls noch insofern ein Wertungswiderspruch sehen, als damit Forderungen eine Überschuldung begründen können, auf die im Insolvenzverfahren nur nachrangig Rücksicht genommen wird.[689]
Unter diesem Blickwinkel ist auch der Wortlaut des § 19 II 1 InsO genau zu beachten. Danach sind zur Feststellung einer Überschuldung dem Vermögen des Schuldner auf aktiver Seite *die bestehenden Verbindlichkeiten* als Passiva gegenüber zu stellen. Es spielt also nach der Überschuldungskonzeption der InsO keine Rolle, ob eine Verbindlichkeit in einem späteren Insolvenzverfahren als normale oder als nachrangige Insolvenzforderung zu behandeln wäre. Vorausgesetzt wird lediglich das Bestehen der Verbindlichkeit. Der kapitalersetzende Charakter eines Darlehens aber führt nicht zum Erlöschen des Rückzahlungsanspruchs. Vielmehr tritt eine Entsperrung des Darlehens ein und der Gläubiger kann sein Geld zurückfordern, wenn die Gesellschaft ihre Krise iSd § 32a GmbHG[690] überwunden hat.[691] Aus der Vorschrift des § 19 II 1 InsO kann somit ein weiteres Argument für eine Passivierungspflicht gewonnen werden.
Weiter würde die in § 39 InsO vorgesehene Befriedigung nachrangiger Gläubiger unmöglich gemacht, wenn man auf die Passivierung dieser Forderungen verzichtete. Ein Verfahren wegen Überschuldung könnte dann nämlich erst eröffnet werden, wenn die Aktiva nicht einmal zur Deckung der erstrangigen Verbindlichkeiten ausreichten. Zur Befriedigung der nachrangigen Gläubiger stünden dann in solchen Fällen regelmäßig keine Mittel mehr zur Verfügung. Die Vorschrift des § 39 InsO liefe mithin in der Praxis leer.
Darüber hinaus entspricht die von dieser Arbeit getroffene Entscheidung dem Willen des Gesetzgebers: Aus der Begründung zur InsO ergibt sich, daß dieser von einer Passivierung auch nachrangiger Verbindlichkeiten ausging. Explizit werden in diesem Zusammenhang als Beispiel Zahlungspflichten aus kapitalersetzenden Gesellschafterdarlehen genannt.[692]

---

689 Ebenso **Temme** S. 181.

690 Der Begriff der Krise der Gesellschaft iSd § 32a GmbHG darf dabei nicht mit dem insolvenzstrafrechtlichen Begriff der Krise gleichgesetzt werden, sondern beschrieb hier einen vorgelagerten Zustand, vgl. **Bieneck** in Müller-Gugenberger/ Bieneck, § 80, Rz. 11, 23; **Bieneck** StV 1999, 46 und **Penzlin** S. 101, Fn. 474.

691 Scholz-**K. Schmidt** §§ 32a und b, Rz. 50; **Temme** S. 187.

692 BT Drs. 12/ 2443, S. 115; **Livonius** ZInsO 1998, 310; **Wolf** Überschuldung S. 134, Fn. 4; **Temme** S. 187f.; **Lutter** ZIP 1999, 645f.; **Beintmann** BB 1999, 1548; FK-**Schmerbach** § 19, Rz. 18; **Hess** InsO § 19, Rz. 40; **Hess/ Weis** InVo 1999, 34; krit. zu den Ausführungen in der Gesetzesbegründung **Haas** NZI 1999, 210; **Müller/ Haas** in Kölner Schrift S. 1816, Rz. 41; **Niesert** InVo 1998, 243; **Lutter** ZIP 1999, 646.
Der Wille des Gesetzgebers wurde bereits vor Inkrafttreten der Insolvenzordnung insofern als Argument für die Passivierung eigenkapitalersetzender Gesellschafterdarlehen angeführt, als die Vorschrift § 32a I 5 des Regierungsentwurfes einer GmbH-Novelle von 1980 explizit eine solche Passivierungspflicht festsetzte. Diese Vorschrift wurde zwar nie Gesetz; aus den Materialien

Ferner sprechen Gesichtspunkte der Rechtssicherheit für eine Berücksichtigung auf der passiven Seite der Überschuldungsbilanz. Die Feststellung, ob die Voraussetzungen eines eigenkapitalersetzenden Gesellschafterdarlehens vorliegen, ist auch heute noch vielfach mit großen Schwierigkeiten verbunden und mündet oft in gerichtliche Auseinandersetzungen.[693] Wären daher eigenkapitalersetzende Darlehen im Gegensatz zu sonstigen nicht zu passivieren, so erlangten diese Feststellungsschwierigkeiten im Rahmen einer Überschuldungsprüfung enorme Relevanz, was nicht zuletzt im Hinblick auf die Bindung des Strafrechts an das Bestimmtheitsgebot des Art. 103 II GG zu Bedenken an der Verfassungsmäßigkeit des Überschuldungsmerkmals Anlaß gäbe.
Schließlich liegt bei einer Passivierung der Forderungen aus eigenkapitalersetzenden Gesellschafterdarlehen der Insolvenzgrund, bzw. das Krisenmerkmal der Überschuldung in der Praxis häufiger vor. Auf diese Weise kann also der Eröffnungszeitpunkt eines Insolvenzverfahrens vorverlagert und so eines der zentralen Anliegen der Insolvenzrechtsreform unterstützt werden, was letztlich dem zivilrechtlich wie strafrechtlich intendierten Schutz aller Gläubiger dient.[694] Dieses Ergebnis erscheint auch sachgerecht: Schon die Qualifizierung eines Gesellschafterdarlehens

---

ergibt sich aber, daß die Streichung der Regelung auf Vorschlag des Rechtsausschusses ausschließlich aus Gründen der Überschaubarkeit und Handhabbarkeit des Gesetzes, nicht aber um einer materiellen Änderung willen vorgenommen wurde, vgl. BT Drs. 8/ 1347, S. 9, 40; BT Drs. 8/ 3908, S. 16, 73ff. Allerdings begegnete eine solche Argumentation unter der Geltung früheren Rechts methodischen Bedenken, da der Wille des Gesetzgebers nur insoweit als Kriterium zur Auslegung einer Norm herangezogen werden kann, als er in ihr in irgendeiner Form Niederschlag gefunden hat. Dies aber ist erst seit dem 1.1.1999 auf Grund der Regelungen der §§ 39 I Nr. 5 InsO, 32a GmbHG der Fall, vgl. hierzu **Fleischer** ZIP 1996, 775; **Groth** S. 57f.; **Temme** S. 183f.; **Hommelhoff** in FS Döllerer S. 251; **Beintmann** BB 1999, 1543f.

693 **Haas** NZI 1999, 212ff.; **Müller/ Haas** in Kölner Schrift S. 1816, Rz. 42; **Temme** S. 184; **Janssen** NWB 1998, 1405ff.; **K. Schmidt** GmbHR 1999, 14f.; **Beintmann** BB 1999, 1544ff.; **Hess/ Weis** InVo 1999, 34; Kübler/ Prütting-**G. Pape** § 19, Rz. 14 und aus dem strafrechtlichen Schrifttum **Weyand** S. 51f. Ebenso aus der Literatur vor der Insolvenzrechtsreform **K. Schmidt** ZIP 1980, 334; **Knobbe-Keuk** ZIP 1983, 129.
So bereitet u.a. etwa die Bestimmung des maßgeblichen Krisenzeitpunktes, ab dem ein Gesellschafterdarlehen nicht mehr als normales Fremdkapital sondern als eigenkapitalersetzend anzusehen ist, Schwierigkeiten. Zwar stellt mittlerweile die überwiegende Ansicht in dieser Frage auf den Zeitpunkt der Kreditunwürdigkeit ab und umschriebt damit ein Stadium, ab dem die Gesellschaft von dritter Seite keinen Kredit mehr zu marktüblichen Bedingungen ohne Besicherung durch den Gesellschafter erhält und daher ohne Kapitalzufuhr liquidiert werden müßte. Die genaue Feststellung aber, ab wann eine solche Kreditwürdigkeit anzunehmen ist, ist nach wie vor mit einer Fülle von Unwägbarkeiten verbunden. Krit. dagegen **Lutter** ZIP 1999, 646 und **Fleischer** ZIP 1996, 775, 778, die betonen, daß die Aufstellung einer Überschuldungsbilanz auch in anderen Bereichen Bewertungsschwierigkeiten aufwerfe, ohne daß dort eine generelle Passivierungspflicht auch nur diskutiert würde.

694 **Haas** NZI 1999, 214; **Müller/ Haas** in Kölner Schrift S. 1817, Rz. 44; **Beintmann** BB 1999, 1548; **Hess/ Weis** InVo 1999, 34; **Temme** S. 188.

als eigenkapitalersetzend setzt eine Krise der Gesellschaft iSd § 32a GmbHG voraus. Kann die Gesellschaft in einer solchen Phase zwar noch alle nichtnachrangigen, nicht mehr aber die Gläubiger iSd § 39 InsO befriedigen, so befindet sie sich bereits in einem wirtschaftlich schwierigen und für die gesamte Gläubigerschaft gefährlichen Zustand, der die Annahme einer Überschuldung rechtfertigt.

Als Zwischenergebnis kann damit festgehalten werden, daß Forderungen aus eigenkapitalersetzenden Gesellschafterdarlehen grundsätzlich auf der passiven Seite einer Überschuldungsbilanz zu berücksichtigen sind. Entgegen einiger Stimmen in der Literatur wird hier ferner die Auffassung vertreten, daß sich ein gewichtiges Argument für dieses Ergebnis auch aus den seit 1.1.1999 neu in Kraft getretenen, bzw. geänderten Vorschriften der §§ 39 I Nr. 5 InsO, 32a GmbHG ergibt.

Gemeinsames Ziel von Gesellschaft und Gesellschafter ist es aber in der Regel gerade, die Überschuldung und damit das Insolvenzverfahren und eine Insolvenzstrafbarkeit abzuwenden. Es ist daher nach Möglichkeiten zu suchen, wie die Parteien die Passivierung von Forderungen aus eigenkapitalersetzenden Gesellschafterdarlehen vermeiden können. Dabei ist im einzelnen umstritten, ob im Sinne der früher hM auch heute bereits die Vereinbarung eines Rangrücktritts genügt[695] oder ob es weitergehend eines aufschiebend bedingten Erlasses der Darlehensforderung für den Fall der Eröffnung eines Insolvenzverfahrens bedarf.[696]

Bezieht man in die Überlegungen ein, daß durch die unterschiedlichen Gestaltungen nicht nur die Passivierung der Gläubigerforderung vermieden, sondern auch die Rechtsstellung des Gläubigers nur so wenig wie nötig eingeschränkt werden soll, so gestaltet sich unter dem letztgenannten Aspekt zunächst die Rangrücktrittslösung für den Gläubiger vorteilhafter, da er hiernach seiner Forderung auch im

---

[695] So **Temme** S. 196ff.; **K. Schmidt** GmbHR 1999, 10, 13ff.; **Livonius** ZInsO 1998, 309ff.; **Ehlers** DStR 1998, 1758; **Brüggemann** NZG 1999, 811ff.; **Müller/ Haas** in Kölner Schrift S. 1817ff., Rz. 43f., 45ff.; **Altmeppen** ZIP 1997, 1176; **Krüger-Knief** S. 41 und aus strafrechtlicher Sicht **Bittmann** wistra 1999, 15.

[696] So BT Drs. 12/ 2443, S. 115, ferner aus strafrechtlicher Sicht **Bieneck** StV 1999, 46; **Bieneck** in Müller-Gugenberger/ Bieneck, § 76, Rz. 14, § 80, Rz. 29; **Tröndle/ Fischer** vor § 283, Rz. 7; **Uhlenbruck** wistra 1996, 6; **Weyand** S. 52f.; **Reck** BuW 1997, 747 und aus der zivilrechtlichen Literatur **Janssen** NWB 1998, 1405ff.; Kübler/ Prütting-**Holzer** § 39, Rz. 22a; **Wolf** Überschuldung S. 134f., Fn. 1; **Macke/ Wegener** INF 1998, 570; **Hess/ Weis** InVo 1999, 35. Unklar dagegen **Moosmayer** S. 164f., der zunächst einen bedingten Erlaß zu fordern scheint, anschließend aber daneben vom Fortbestehen der Möglichkeit ausgeht, die Überschuldung auch durch eine Rangrücktrittsvereinbarung zu vermeiden.

Lehnt man eine Pflicht zur Passivierung von eigenkapitalersetzenden Gesellschafterdarlehen grundsätzlich ab, so stellt sich folgerichtig die Frage, ob man diese Pflicht durch eine Rangrücktrittsvereinbarung oder durch einen bedingten Erlaß vermeiden kann, nicht mehr. Dennoch rät **Lutter** ZIP 1999, 646 aus Zweckmäßigkeitsgründen zum Abschluß einer Rangrücktrittsvereinbarung.

Falle der Insolvenz nicht verlustig wird[697]; im Falle des Erlasses erlischt dagegen das Schuldverhältnis nach § 397 I BGB. Ferner sprechen auch praktische Gesichtspunkte für einen Rangrücktritt. Forderte man nämlich einen bedingten Erlaß, so wären die bislang geschlossenen Rangrücktrittsvereinbarungen nunmehr zwangsläufig als unzureichend anzusehen. Eine Umdeutung nach § 140 BGB müßte regelmäßig auf Grund der weiterreichenden Wirkungen des Erlasses gegenüber dem Rangrücktritt ausscheiden.[698] Ohne eine entsprechende Abänderung der Vereinbarungen zwischen Gesellschaftergläubiger und Gesellschaft wäre damit eine Vielzahl deutscher Unternehmen als überschuldet anzusehen.[699]

Dennoch hält die vorliegende Arbeit eine Rangrücktrittsvereinbarung für nicht ausreichend und fordert zur Vermeidung der Passivierung eigenkapitalersetzender Gesellschafterdarlehen einen bedingten Erlaß der Gläubigerforderung für den Fall der Insolvenzeröffnung.

Ein gewichtiges Argument ergibt sich wiederum aus § 39 InsO. Nach § 39 II InsO stellen nunmehr nämlich auch Forderungen, für die der Nachrang im Insolvenzverfahren vereinbart worden ist, nachrangige Insolvenzforderungen dar, die im Zweifel nach den in § 39 I Nr. 1-5 InsO aufgelisteten Forderungen bedient werden.[700] War aber zum einen eben aus dem Umstand, daß eigenkapitalersetzende Gesellschafterdarlehen nunmehr nach §§ 39 I Nr. 5 InsO, 32a GmbHG in einem Insolvenzverfahren zumindest nachrangig geltend gemacht werden können, geschlossen worden, daß diese Forderungen in einem Überschuldungsstatus zu passivieren sind, und haben ferner zum anderen Rangrücktrittsvereinbarungen nach § 39 II InsO lediglich zur Folge, daß die Forderungen dieser Gläubiger im Insolvenzverfahren nach-nachrangig, dennoch aber ebenso als Insolvenzforderungen geltend gemacht werden können, so müssen konsequenterweise auch sie in einen Überschuldungsstatus aufgenommen werden. Es erschiene widersprüchlich, auf der einen Seite eine gesetzlich nachrangige Forderung zu passivieren, auf der anderen Seite aber davon wieder abzusehen, wenn deren Nachrang zusätzlich nochmals vertraglich vereinbart würde.[701]

---

697 Vgl. im einzelnen zu den unterschiedlichen Formen und Formulierungsmöglichkeiten eines Rangrücktritts **Janssen** NWB 1998, 1405ff.; **Teller** S. 4ff.; **Temme** S. 198f.; **Livonius** ZInsO 1998, 310; **K. Schmidt** GmbHR 1999, 13; **Müller/ Haas** in Kölner Schrift S. 1818f., Rz. 48 und aus strafrechtlicher Sicht **Hartung** NJW 1995, 1187.

698 Palandt-**Heinrichs** § 140, Rz. 6.

699 **Niesert** InVo 1998, 242f.; **Bittmann** wistra 1999, 15. Darüber hinaus weisen **K. Schmidt** GmbHR 1999, 11 und **Brüggemann** NZG 1999, 812 auch auf nachteilige steuerrechtliche Folgen einer Umorientierung vom Rangrücktritt auf den Forderungserlaß hin.

700 Genau genommen handelt es sich damit bei den Forderungen iSd § 39 II InsO also um nach-nachrangige Forderungen, vgl. hierzu BT Drs. 12/ 2443, S. 123; **Teller** S. 167f.; **Livonius** ZInsO 1998, 310.

701 Ebenso **Bieneck** StV 1999, 46; **Bieneck** in Müller-Gugenberger/ Bieneck, § 80, Rz. 29; vgl.

Ferner konnte oben gezeigt werden, daß § 19 InsO nur auf das Bestehen der Verbindlichkeiten abstellt, mit der Folge, daß grundsätzlich auch nachrangige und nach-nachrangige Verbindlichkeiten zu passivieren sind. Dabei kann es aber keine Rolle spielen, ob dieser Nachrang auf dem Gesetz (§ 39 I InsO) oder auf einer Rangrücktrittsvereinbarung (§ 39 II InsO) beruht. In gleicher Weise lassen sich auch die übrigen Argumente für die Passivierung von Forderungen iSd § 39 I Nr. 5 InsO auf Forderungen iSd § 39 II InsO übertragen.
Schließlich läßt sich für die Ansicht dieser Arbeit wiederum der Wille des Gesetzgebers anführen: Explizit heißt es in der Begründung zu § 23 EInsO (heute § 19 InsO), *dem Bedürfnis der Praxis, durch den Rangrücktritt eines Gläubigers den Eintritt einer Überschuldung zu vermeiden oder eine bereits eingetretene Überschuldung wieder zu beseitigen, kann in der Weise Rechnung getragen werden, daß die Forderung des Gläubigers für den Fall der Eröffnung eines Insolvenzverfahrens erlassen wird.*[702] Auch der Gesetzgeber hält also nach Inkrafttreten des neuen Insolvenzrechts bloße Rangrücktrittsvereinbarungen für nicht mehr ausreichend.
Nach Auffassung von Temme und Livonius dagegen stehen Gesetzesbegründung und Gesetzestext zueinander in einem Verhältnis der Widersprüchlichkeit. Einerseits solle zur Überwindung oder Vermeidung einer Überschuldung ein Erlaß für den Fall der Insolvenzeröffnung erklärt werden. Andererseits solle die vom Rangrücktritt betroffene Forderung gem. § 39 II InsO am Verfahren teilnehmen. Eine Forderung aber, die mit Eröffnung des Verfahrens erlassen werde, könne nicht mehr teilnehmen, da sie nicht mehr bestehe.
Erklärbar wäre dieser Widerspruch nur, wenn der Gesetzgeber in § 39 II InsO andere Rangrücktrittsvereinbarungen als solche zur Überwindung oder Vermeidung einer Überschuldung gemeint hätte. In der Praxis würden solche Vereinbarungen aber ausschließlich zu diesem Zwecke getroffen. Nach hier vertretener Auffassung verlöre damit das Rechtsinstitut des Rangrücktritts jegliche Bedeutung. Dann aber könnte nicht erklärt werden, warum der Gesetzgeber überhaupt in § 39 II InsO eine spezielle Regelung der vertraglich nachrangigen Forderungen in das Gesetz aufgenommen hat. Nähme man die Gesetzesbegründung beim Wort, liefe diese Vorschrift in der Praxis leer.[703]
Ferner wird auf den seltenen Fall verwiesen, daß trotz Befriedigung aller Gläubiger iSd §§ 38, 39 I Nr. 1-5 InsO noch Vermögen übrig bleibt. Dieser Überschuß müßte im Falle eines Erlasses nach § 199 S. 2 InsO an die Gesellschafter ausgezahlt werden und brächte so nur diesen Vorteile. Ein Erlaß verlangte damit vom Darlehens-

---

auch **K. Schmidt** GmbHR 1999, 10.

[702] BT Drs. 12/ 2443, S. 115.

[703] **Temme** S. 197; **Livonius** ZInsO 1998, 310; vgl. auch **Teller** S. 168ff.; **Müller/ Haas** in Kölner Schrift S. 1818, Rz. 47.

gläubiger ein Opfer, das zum einen zum Schutze der ihm gegenüber vorrangigen Gläubiger nicht nötig sei, da diese ohnehin nicht mehr als in voller Höhe befriedigt werden könnten, und das ihn zum anderen wegen § 199 S. 2 InsO gegenüber den übrigen Gesellschaftern schlechter stellte.[704]

Gegen diese Argumentation kann zunächst vorgebracht werden, daß sie nicht strikt zwischen den beiden unterschiedlichen Gestaltungen des Rangrücktritts und des bedingten Erlasses trennt. Einigen sich die Parteien auf den Erlaß für den Fall der Insolvenzeröffnung, so bleibt die Forderung des Gläubigers im Verfahren zwar in der Tat unberücksichtigt und es entfällt aus diesem Grund und wie angestrebt auch ihre Passivierung im Überschuldungsstatus. Darin liegt aber kein Widerspruch zum Gesetzestext, da § 39 II InsO diesen Fall gar nicht regelt. Diese Vorschrift setzt nämlich die Vereinbarung eines Rangrücktritts als aliud an Stelle eines bedingten Erlasses voraus. Dann nimmt die Darlehensforderung als nach-nachrangige Insolvenzforderung am Verfahren teil und muß nach Auffassung dieser Arbeit bereits aus diesem Grunde passiviert werden. Diesen Fall wiederum meint aber die Gesetzesbegründung nicht; auch bei dieser Gestaltung ergibt sich also kein Widerspruch zwischen ihr und dem Gesetzestext. Das Widerspruchsargument Temmes und Livonius‘ überzeugt daher nicht.

Zutreffend an ihrer Argumentation erscheint dagegen, daß nach Ansicht dieser Arbeit der eigentlich verfolgte Zweck, eine Überschuldung zu vermeiden oder zu beseitigen, heute mit einer Rangrücktrittsvereinbarung nicht mehr erreicht werden kann. Aus diesem Grunde verliert zwar das Rechtsinstitut nach der Insolvenzrechtsreform an Bedeutung. Diese praktischen Gesichtspunkte allein können aber keine Änderung der dogmatisch zwingenden Entscheidung für einen bedingten Erlaß zur Vermeidung der Passivierung herbeiführen.[705]

Schließlich läßt sich auch bei einer solchen Entscheidung das angesprochene Ergebnis nach § 199 S. 2 InsO im seltenen Falle der vollständigen Erfüllung aller Gläubigerforderungen iSd §§ 38, 39 I Nr. 1-5 InsO befriedigend erklären. Der Gesellschaftergläubiger hätte hier auf seinen Erlaß verzichten und so die frühere Auslösung eines Insolvenzverfahrens herbeiführen können, in dem er dann als nachrangiger oder nach-nachrangiger Gläubiger nach § 39 I Nr. 5 oder II InsO berücksichtigt worden wäre. Entscheidet er sich dagegen für einen bedingten Erlaß für den Fall der Insolvenzeröffnung in der Hoffnung den Eintritt dieser Bedingung zu vermeiden, so trägt er dazu bei, die Überschuldung seiner Gesellschaft zunächst abzuwenden und diese weiterzuführen, was ebenfalls in seinem Interesse liegen kann. Scheitert die Gesellschaft später dennoch wirtschaftlich, so hat er dann sein

---

[704] **Temme** S. 197; **Livonius** ZInsO 1998, 311; vgl. auch **Teller** S. 170.

[705] Vgl. insofern auch **Hess/ Weis** InVo 1999, 35.

eingegangenes Risiko zu tragen, das sich lediglich im seltenen Fall der vollständigen Befriedigung aller übrigen Gläubiger verwirklicht. Führte demgegenüber schon der Rangrücktritt zur Nichtpassivierung, so könnte der Gesellschafter in diesem Fall zusätzlich zur zumindest vorläufigen Vermeidung der Überschuldung seiner Gesellschaft auch sein eigenes, letztrangiges Befriedigungsrecht nach § 39 II InsO erhalten. Die hier vertretene Lösung gewährt ihm diese Vorteile dagegen nur alternativ und wird so der Entscheidung des Gesetzgebers in § 39 II InsO gerecht, nunmehr auch vertraglich nachrangige Forderungen als nach-nachrangige Insolvenzforderungen im Verfahren zu berücksichtigen.[706]
Im Ergebnis kann also die Passivierung von Forderungen aus eigenkapitalersetzenden Gesellschafterdarlehen nur vermieden werden, wenn zwischen dem Gesellschaftergläubiger und der Gesellschaft ein aufschiebend bedingter Erlaß für den Fall der Eröffnung eines Insolvenzverfahrens vereinbart wird.

III. Die Auswirkungen der Legaldefinition des § 19 II InsO auf das Insolvenzstrafrecht

Die Übernahme der zivilrechtlichen Überschuldungskonzeption nach § 19 II InsO hat zur Folge, daß auch das strafrechtliche Krisenmerkmal der Überschuldung heute häufiger vorliegt. Im Gegensatz zur vormaligen Rechtslage vermag ein positives Prognoseergebnis allein das Vorliegen einer Überschuldung nicht mehr auszuschließen. Ferner stärkt die Legaldefinition die Bestimmtheit des wort- und inhaltsgleichen insolvenzstrafrechtlichen Begriffs.

Kapitel 3: Die Abhängigkeit der objektiven Strafbarkeitsbedingung des Insolvenzstrafrechts vom zivilen Insolvenzrecht nach der Insolvenzrechtsreform

Neben der parallelen Schutzrichtung und der Verwendung identischer und inhaltsgleich auszulegender Begriffe zur Umschreibung der Insolvenzgründe, bzw. der wirtschaftlichen Krisensituationen zeigt sich das enge Abhängigkeitsverhältnis des Insolvenzstrafrechts vom zivilen Insolvenzrecht ferner im Erfordernis und in der Ausgestaltung der objektiven Strafbarkeitsbedingung des § 283 VI StGB.[707] Die

[706] Ebenso auch **H.-P. Müller** in Kölner Schrift[1] S. 113, Rz. 42.
[707] Verweise auf diese Regelung finden sich für die übrigen Insolvenzdelikte in §§ 283b III und 283c III StGB. Ferner enthält § 283d IV StGB eine inhaltlich entsprechende Regelung, die auf die Besonderheit der Personenverschiedenheit von Schuldner und Täter bei der Schuldnerbe-

Strafbarkeit des Schuldners setzt danach neben Bankrotthandlung und Krise seine Zahlungseinstellung, die Eröffnung eines Insolvenzverfahrens über sein Vermögen oder die Ablehnung des Eröffnungsantrags mangels Masse voraus und knüpft auf diese Weise jeweils an zivilrechtlich vorgeprägte Begrifflichkeiten oder zivilverfahrensförmige Akte des Insolvenzgerichts an.
Im folgenden Kapitel ist nach einer Darstellung der Gründe für die Einfügung der objektiven Strafbarkeitsbedingung in das StGB im Jahre 1976 zunächst das Begriffsverständnis der drei Varianten des § 283 VI StGB nach der Insolvenzrechtsreform zu konkretisieren. Sodann sind die materiellen Auswirkungen der InsO auf das Insolvenzstrafrecht zu untersuchen. In diesem Zusammenhang ist insbesondere auf die bereits oben aufgezeigte funktionale Inkongruenz zwischen § 18 InsO und der objektiven Strafbarkeitsbedingung de lege lata einzugehen.[708]

A. § 283 VI StGB als objektive Strafbarkeitsbedingung

Aus dem Wortlaut des § 283 VI StGB, der die drei einzelnen Bedingungen mit einem logischen *oder* verknüpft, ergibt sich, daß diese alternativ und gleichberechtigt nebeneinander stehen. Einhellig werden diese Bedingungen als objektive Strafbarkeitsbedingung interpretiert.[709] Gesetzestechnisch wird dies durch die Regelung in einem gesonderten Absatz jenseits der Umschreibung des eigentlichen Tatbestandes und durch die Form eines Bedingungssatzes zum Ausdruck gebracht.[710]
Objektive Strafbarkeitsbedingungen sind selbständige, außerhalb von Tatbestandsmäßigkeit, Rechtswidrigkeit und Schuld stehende Strafbarkeitsvoraussetzungen. Bereits der Begriff *objektiv* macht deutlich, daß sie von Vorsatz oder Fahrlässigkeit nicht umfaßt zu sein brauchen.[711] Tritt eine objektive Strafbarkeitsbedin-

---

günstigung zugeschnitten ist.

708 Vgl. nochmals Dritter Teil, Kapitel 2 B. I. 4. a) bb).

709 BT Drs. 7/ 3441, S. 33; BR Drs. 5/ 75, S. 33; **Lackner/ Kühl** § 283, Rz. 26; **Arzt/ Weber** § 16, Rz. 53; **Wessels/ Hillenkamp** BT 2, Rz. 468; **Tröndle/ Fischer** vor § 283, Rz. 5, 12; **Bieneck** in Müller-Gugenberger/ Bieneck, § 76, Rz. 62; **Hörl** S. 61; **Weyand** S. 64ff.; **Penzlin** S. 165; **Heinz** GA 1977, 218; Sch/Sch-**Stree/ Heine** vor § 283, Rz. 1, § 283, Rz. 59; **Stree** JuS 1965, 470; **W. Joecks** vor § 283, Rz. 3, § 283, Rz. 6; **Otto** BT § 61, Rz. 102; **Otto** in GS Bruns S. 281; **Beck** in Wabnitz/ Janovsky 2/ 289; **Gössel** § 28, Rz. 10ff.; **Tiedemann** ZRP 1975, 132; **Tiedemann** NJW 1977, 782; LK-**Tiedemann** vor § 283, Rz. 89, 143, 163, § 283, Rz. 223; **Schäfer** wistra 1990, 86; **Ohde** S. 51; **Zirpins/ Terstegen** S. 920f., 929; **Maurach/ Schroeder/ Maiwald** BT 1, § 48, Rz. 7; **Uhlenbruck** ZInsO 1998, 251; **Herbert Wagner** KR 1998, 659; ausführlich schließlich **Geisler** S. 468ff.

710 BT Drs. 7/ 3441, S. 33; **Böhle-Stamschräder**[12] § 283, Anm. 2), S. 528f.

711 Vgl. allgemein zu objektiven Strafbarkeitsbedingungen **Kühl** AT 5/ 18; **Lackner/ Kühl** vor § 30, Rz. 30; **Stree** JuS 1965, 465ff.; Sch/Sch-**Lenckner** vor § 13, Rz. 124ff.; **Tröndle/ Fischer** § 16, Rz. 32; **Roxin** § 23, Rz. 21ff.; **Jescheck/ Weigend** § 53, S. 554ff.; **Maurach/ Zipf** AT 1, § 21, Rz. 16ff.; **Wessels/ Beulke** AT Rz. 148ff.

gung nicht ein, so scheidet eine Strafbarkeit zwangsläufig aus. Allen Varianten des § 283 VI StGB kommt damit eine strafbarkeitseinschränkende Wirkung zu.[712]

B. Gründe für die Einfügung einer objektiven Strafbarkeitsbedingung in § 283 StGB

Der Gesetzgeber des 1. WiKG 1976 sah zwar bei der Umgestaltung der Insolvenzdelikte und deren Überführung in das StGB bereits die Verbindung einer Bankrotthandlung mit einer wirtschaftlichen Krisensituation als strafwürdige Unrechtsmaterie an, die tatbestandlich gefaßt sowohl als Grundlage für einen Schuldvorwurf ausgereicht, als auch rechtsstaatlichen Anforderungen genügt hätte, da den Bankrotthandlungen typischerweise eine abstrakte Gefährlichkeit innewohne.[713] Insofern hätte es also nicht noch zusätzlich der Einfügung einer objektiven Strafbarkeitsbedingung bedurft. Dennoch übernahm der Gesetzgeber dieses bereits in den §§ 239ff. KO a.F. enthaltene Erfordernis auch in die neuen Tatbestände der §§ 283ff. StGB.[714]
Als Begründung führte er dabei zum einen an, daß ein Verzicht auf eine objektive Strafbarkeitsbedingung für viele wirtschaftlich angeschlagene Unternehmer mit einer permanenten Gefahr verbunden gewesen wäre, angezeigt und in ein Strafverfahren verwickelt zu werden, was dann möglicherweise erst die wahre Ursache für ihren wirtschaftlichen Zusammenbruch dargestellt hätte. Hinter § 283 VI StGB stehe daher zunächst die kriminalpolitische Überlegung, die Krise nicht noch zusätzlich zu verschärfen.[715] Ferner sprächen auf Grund der Eignung der objektiven Strafbarkeitsbedingung, das Vorhandensein einer Krise bei einer bestimmten Bankrotthandlung zu erhärten, auch prozessuale Gesichtspunkte der Beweiserleichterung für deren Beibehaltung.[716] Als entscheidend allerdings hob der Gesetzgeber

---

[712] **Lackner/ Kühl** § 283, Rz. 26; **Arzt/ Weber** § 16, Rz. 52; Preisendanz-**Bieneck** vor § 283, Anm. 1.d), S. 885; LK-**Tiedemann** vor § 283, Rz. 89f.; **Tiedemann** ZRP 1975, 132; **Maurach/ Schroeder/ Maiwald** BT 1, § 48, Rz. 16; **Otto** in GS Bruns S. 281.

[713] BT Drs. 7/ 3441, S. 33; ferner **Lackner/ Kühl** § 283, Rz. 26; **Bieneck** in Müller-Gugenberger/ Bieneck, § 76, Rz. 63; **Tröndle/ Fischer** vor § 283, Rz. 5; **Geisler** S. 474; **Maurach/ Schroeder/ Maiwald** BT 1, § 48, Rz. 16; LK-**Tiedemann** vor § 283, Rz. 87; **Tiedemann** NJW 1977, 783; **Hiltenkamp-Wisgalle** S. 328.

[714] Im einzelnen erweiterte der Gesetzgeber die objektive Strafbarkeitsbedingung sogar um eine dritte Variante. Während die §§ 239ff. KO allein auf die Zahlungseinstellung oder die Eröffnung des Konkursverfahrens abstellt hatten, fügte er noch dessen Ablehnung mangels Masse hinzu.

[715] BT Drs. 7/ 3441, S. 33; BR Drs. 5/ 75, S. 33; **Gössel** § 28, Rz. 10; **Biletzki** NStZ 1999, 540; LK-**Tiedemann** vor § 283, Rz. 87; **Tiedemann** NJW 1977, 783; **Tröndle/ Fischer** vor § 283, Rz. 5; NK-**Kindhäuser** vor § 283, Rz. 106; **Arzt/ Weber** § 16, Rz. 52; **Ohde** S. 52; **Bieneck** in Müller-Gugenberger/ Bieneck, § 76, Rz. 63; Preisendanz-**Bieneck** § 283, Anm. 4., S. 888.

[716] BT Drs. 7/ 3441, S. 33; BR Drs. 5/ 75, S. 33; **Arzt/ Weber** § 16, Rz. 52; Preisendanz-**Bieneck**

den Umstand hervor, daß zwar tatbestandliches Handeln nach § 283 StGB auch bei Verzicht auf eine objektive Strafbarkeitsbedingung strafwürdig sei, daß aber das Strafbedürfnis im starkem Maße an Erheblichkeit verliere, wenn es dem Schuldner im Einzelfall gelinge, den endgültigen wirtschaftlichen Zusammenbruch, wie er in den Varianten der objektiven Strafbarkeitsbedingung umschrieben wird, zu vermeiden.[717]
Im weiteren Verlauf der Untersuchung wird es von maßgeblicher Bedeutung sein, daß der Gesetzgeber diesen Ausführungen zufolge eindeutig nur dann den Eintritt der objektiven Strafbarkeitsbedingung annehmen, nur dann also ein Eingreifen des Insolvenzstrafrechts zulassen wollte, wenn die wirtschaftliche Krisensituation nicht zu überwinden war, sondern eskalierte, was sich nach außen hin entweder faktisch in einer Zahlungseinstellung oder formal in der Eröffnung eines Konkursverfahrens, bzw. dessen Ablehnung mangels Masse zeigen konnte.

C. Das Begriffsverständnis der drei Bedingungsvarianten im einzelnen

Nach diesen grundsätzlichen Überlegungen ist nun das Begriffsverständnis der drei Bedingungen des § 283 VI StGB im einzelnen näher zu bestimmen. Dabei ist im besonderen auf die mit der Insolvenzrechtsreform verbunden Veränderungen einzugehen. Als erste Bedingung nennt das Gesetz die Zahlungseinstellung.

I. Die Zahlungseinstellung, § 283 VI, 1. Var. StGB

1. Die Abhängigkeit der insolvenzstrafrechtlichen Definition der Zahlungseinstellung vom Begriffsverständnis des zivilen Insolvenzrechts

Neben der eingetretenen und drohenden Zahlungsunfähigkeit, sowie der Überschuldung kommt auch der Zahlungseinstellung Bedeutung sowohl im Insolvenzstrafrecht wie auch im zivilen Insolvenzrecht zu. Nach § 283 VI, 1. Var. StGB stellt sie strafrechtlich eine der drei objektiven Strafbarkeitsbedingungen dar. Daneben bildet sie zivilrechtlich nach § 17 II 2 InsO ein Indiz für das Vorliegen einer Zahlungsunfähigkeit. Allerdings enthält die InsO keine Legaldefinition der

---

§ 283, Anm. 4., S. 888; LK-**Tiedemann** vor § 283, Rz. 87.

[717] BT Drs. 7/ 3441, S. 33; BGH JZ 1979, 75ff.; BGH JZ 1979, 275; **Biletzki** NStZ 1999, 540; **Moosmayer** S. 183; **Arzt/ Weber** § 16, Rz. 51f.; **Bieneck** in Müller-Gugenberger/ Bieneck, § 76, Rz. 71a; NK-**Kindhäuser** vor § 283, Rz. 106; **Krause** S. 222f., 226ff.; **Kribs-Drees** S. 129; **Gössel** § 28, Rz. 10; Sch/Sch-**Stree/ Heine** § 283, Rz. 59; **Stree** JuS 1965, 472; **Heinz** GA 1977, 218; LK-**Tiedemann** vor § 283, Rz. 89; **Tiedemann** NJW 1977, 783. Vgl. ferner zu den Begriffen der Strafwürdigkeit und der Strafbedürftigkeit eines Verhaltens oben Zweiter Teil, Kapitel 2 A. I.

Zahlungseinstellung. Es ist im folgenden aber dennoch entsprechend zu fragen, ob die zivilrechtliche Auslegung des Begriffs auf das Insolvenzstrafrecht zu übertragen ist, ob mithin auch in diesem Bereich über die begriffliche Parallele hinaus eine inhaltliche Akzessorietät besteht.

a) Argumentation an Hand des Wortlautes

Wie im Bereich der Krisensituationen sprechen auch hier die wortgleiche Verwendung des Begriffs in beiden Rechtsgebieten und damit die Gedanken der Rechtsklarheit, der Rechtssicherheit und der Einheit der Rechtsordnung für ein identisches Begriffsverständnis.

b) Historische Betrachtung

Die KO enthielt bereits seit ihrem Inkrafttreten am 1.10.1879 zunächst in § 94 II KO, später in § 102 II KO eine dem heutigen § 17 II 2 InsO entsprechende Regelung, wonach Zahlungsunfähigkeit insbesondere dann anzunehmen war, wenn Zahlungseinstellung vorlag.
Ebenso kannte auch das anfänglich in den §§ 209-214 KO, seit 1898 in den §§ 239-244 KO geregelte Bankrottstrafrecht eine objektive Strafbarkeitsbedingung in Form der Zahlungseinstellung, die im Zuge des 1. WiKG 1976 in die §§ 283ff. StGB übernommen wurde.
Trotz unterschiedlicher Funktionen als Indiz für das Vorliegen einer Zahlungsunfähigkeit und als objektive Strafbarkeitsbedingung verwendete der Gesetzgeber also seit jeher im zivilrechtlichen und im strafrechtlichen Zusammenhang den identischen Begriff der Zahlungseinstellung und verzichtete darauf, diesen Begriff etwa adjektivisch zu ergänzen oder gar gänzlich verschiedene Begrifflichkeiten zu wählen. Ferner zeigen die Anknüpfungen der Begründungen zu Art. I Nr. 5 des 1. WiKG und zu § 21 II 2 EInsO, dem heutigen § 17 II 2 InsO, an die entsprechenden Regelungen der §§ 239, 240 KO, bzw. des § 102 II KO, daß der Gesetzgeber weder 1976 mit der Umgestaltung und Überführung des Bankrottstrafrechts in das StGB noch mit der Neuregelung des zivilen Insolvenzrechts im Zuge der Insolvenzrechtsreform eine Bedeutungsänderung des Begriffs der Zahlungseinstellung anstrebte.[718]
Damit spricht neben dem Wortlaut auch eine historische Betrachtung für eine zivilrechtsakzessorische Bestimmung der Zahlungseinstellung im Insolvenzstrafrecht.

---

[718] Vgl. BT Drs. 7/ 3441, S. 19 zu Art. I Nr. 5 des 1. WiKG und BT Drs. 12/ 2443, S. 114 zu § 21 II 2 EInsO.

c) Systematische Argumentation

Darüber hinaus lassen sich aus der Gesetzessystematik verschiedene Argumente für ein inhaltsgleiches Begriffsverständnis gewinnen:
Zunächst unterstreicht die mehrfache Verwendung des Begriffs der Zahlungseinstellung in zivilrechtlicher und in strafrechtlicher Hinsicht innerhalb desselben Gesetzes bis 1976 die enge Verzahnung beider Rechtsgebiete, der bereits damals eine unterschiedliche Auslegung je nach Funktionszusammenhang nicht gerecht geworden wäre. Dieser Gedanke läßt sich auch auf die heutige Rechtslage übertragen, da sowohl das StGB seit 1976 wie auch die InsO seit 1999 den Begriff jeweils in inhaltlich unverändertem Zusammenhang übernahmen.
Daneben konnte im Laufe der bisherigen Untersuchung festgestellt werden, daß die Auslegung der Zahlungsunfähigkeit im Strafrecht inhaltsakzessorisch an der zivilrechtlichen Legaldefinition des § 17 II 1 InsO zu orientieren ist. Zudem steht zivilrechtlich die Regelung des § 17 II 2 InsO, die das Merkmal der Zahlungseinstellung enthält, in sachlich engem Zusammenhang mit dem Insolvenzgrund der Zahlungsunfähigkeit nach § 17 I, II 1 InsO und der Tatbestand des Bankrotts verwendet die beiden Begriffe in § 283 I und VI StGB ebenso in einer Vorschrift. Damit erscheint es auch insofern unter systematischen Gesichtspunkten angezeigt, der Zahlungseinstellung im Strafrecht das entsprechende Begriffsverständnis des Zivilrechts zugrunde zu legen.

d) Teleologische und funktionale Argumentation

Schließlich kann parallel zur Diskussion im Rahmen der Krisenmerkmale auch im Bereich der Zahlungseinstellung von der grundsätzlichen Identität der Regelungszwecke des zivilen Insolvenz- und des Insolvenzstrafrechts auf eine inhaltsgleiche Auslegung des wortgleichen Begriffs in beiden Rechtsgebieten geschlossen werden. Dessen unterschiedliche Funktionen in § 283 VI StGB und in § 17 II 2 InsO stehen dem nicht entgegen, da sowohl die mögliche Eröffnung eines Insolvenzverfahrens wie auch die mögliche Auslösung einer Strafverfolgung letztlich gleichermaßen dem Schutze der materiellen Befriedigungsinteressen der Gesamtgläubigerschaft dienen.[719]

[719] Ebenso **Moosmayer** S. 180f.

e) Zwischenergebnis zu 1.

Neben der eingetretenen und drohenden Zahlungsunfähigkeit sowie der Überschuldung kommt auch dem Merkmal der Zahlungseinstellung Bedeutung im zivilen Insolvenzrecht und im Insolvenzstrafrecht zu. Dabei besteht auch hier über die begriffliche Identität hinaus eine inhaltliche Akzessorietät des Strafrechts.

2. Die Begriffsbestimmung der Zahlungseinstellung

Damit ist im folgenden der Begriff der Zahlungseinstellung einheitlich iSd § 17 II 2 InsO und des § 283 VI StGB zu bestimmen:
Einigkeit besteht dabei insoweit, als allgemein gefordert wird, daß die Zahlungseinstellung nach außen hin zumindest für die beteiligten Verkehrskreise erkennbar sein muß. Dadurch wird klargestellt, daß die Zahlungseinstellung anders als die Zahlungsunfähigkeit nicht die wirtschaftliche Lage des Täters beschreibt, sondern vielmehr ein nach außen gewandtes, faktisches Verhalten darstellt.[720]
Umstritten sind dagegen im wesentlichen zwei Fragen, auf die im folgenden einzugehen ist: Zwar folgt aus der Regelung des § 17 II 2 InsO, daß sich die Begriffe der Zahlungsunfähigkeit und der Zahlungseinstellung zumindest teilweise überschneiden müssen. Andernfalls könnte der Zahlungseinstellung keine Indizwirkung für das Vorliegen einer Zahlungsunfähigkeit zukommen. Sowohl im zivilrechtlichen wie auch im strafrechtlichen Schrifttum wird aber zum einen kontrovers beurteilt, inwieweit im einzelnen die Definitionsmerkmale der Zahlungsunfähigkeit auf die der Zahlungseinstellung zu übertragen sind. Konkret wird zu untersuchen sein, ob auch die Zahlungseinstellung lediglich auf einem Mangel an Geldmitteln beruhen kann. Steht dann der Kreis der Ursachen einer Zahlungseinstellung fest, ist im Anschluß zum anderen zu erörtern, ob die Bestimmung des Begriffs im übrigen an den Definitionsmerkmalen der früheren konkursrechtlichen oder der neuen insolvenzrechtlichen Definition der Zahlungsunfähigkeit zu orientieren ist. Auch insoweit werden unterschiedliche Ansichten vertreten.

[720] **Lackner/ Kühl** § 283, Rz. 27; **Bieneck** StV 1999, 45; **Bieneck** in Müller-Gugenberger/ Bieneck, § 76, Rz. 64; LK-**Tiedemann** vor § 283, Rz. 145; Sch/Sch-**Stree/ Heine** § 283, Rz. 60; **Tröndle/ Fischer** vor § 283, Rz. 13; **Weyand** S. 65; NK-**Kindhäuser** vor § 283, Rz. 109 und aus dem zivilrechtlichen Schrifttum FK-**Schmerbach** § 17, Rz. 26, 29; **Bork** Rz. 85; Nerlich/ Römermann-**Mönning** § 17, Rz. 23; **Kallmeyer** in GmbH-Handbuch Band II, I. Teil, Rz. 4002; Smid-**Smid** § 17, Rz. 9; **Krüger-Knief** S. 29; **Jauernig** § 54 II 1, S. 255; HK-**Kirchhof** § 17, Rz. 26ff.; **Häsemeyer** Rz. 7.21; **Uhlenbruck** in Gottwald (Hrsg.), Insolvenzrechtshandbuch § 9, Rz. 3 sowie BGH NJW 1984, 1953; BGH NJW 1991, 981.

a) Der Umfang der Abhängigkeit der Definition der Zahlungseinstellung von der Definition der Zahlungsunfähigkeit

Eine erste Ansicht versteht unter Zahlungseinstellung kundgetane Zahlungsunfähigkeit. Zahlungseinstellung ist hiernach also dann gegeben, wenn alle Merkmale der Zahlungsunfähigkeit vorliegen und diese zusätzlich nach außen erkennbar geworden ist.[721]

Nach einer zweiten, vor allem im Strafrecht vor und nach der Insolvenzrechtsreform stark vertretenen Ansicht dagegen unterscheidet sich die Zahlungseinstellung von der Zahlungsunfähigkeit in einem weiteren, zweiten Punkt. Neben dem einhellig anerkannten, zusätzlichen Merkmal der äußeren Erkennbarkeit sei auch der Kreis der Ursachen weiter zu ziehen. Eine Zahlungseinstellung könne nicht nur auf dem Mangel an Geldmitteln, sondern auch auf sämtlichen anderen Ursachen, wie etwa böswilliger Zahlungsunwilligkeit oder irrtümlicher Zahlungsverweigerung beruhen.[722] Dieser Ansicht folgt auch die vorliegende Arbeit.

Konsequenz der ersten Ansicht wäre, daß es keinen Fall einer Zahlungseinstellung ohne Zahlungsunfähigkeit gäbe. Zahlungseinstellung setzt nach ihr ja Zahlungsunfähigkeit plus ein zusätzliches Element, nämlich die Erkennbarkeit nach außen hin, voraus.[723] Dieses Begriffsverständnis läßt sich aber mit der Vorschrift des § 17 II 2

---

[721] **Wessels/ Hillenkamp** BT 2, Rz. 468; LK-**Tiedemann** vor § 283, Rz. 144; Scholz-**Tiedemann** § 84, Rz. 44; **Moosmayer** S. 178ff. und aus dem zivilrechtlichen Schrifttum FK-**Schmerbach** § 17, Rz. 26f.; Nerlich/ Römermann-**Mönning** § 17, Rz. 23; **Kallmeyer** in GmbH-Handbuch Band II, I. Teil, Rz. 4002; **Bork** Rz. 85; HK-**Kirchhof** § 17, Rz. 26; Smid-**Smid** § 17, Rz. 9; **Breuer** Insolvenzrecht S. 41; ähnlich **Häsemeyer** Rz. 7.21. Auch die Kommission für Insolvenzrecht sah in der Zahlungseinstellung eine nach außen erkennbare Zahlungsunfähigkeit, vgl. Erster Kommissionsbericht S. 110 (Leitsatz 1.2.5). Ferner aus dem Schrifttum zum früheren Konkursrecht **Kilger/ K. Schmidt** § 30 KO, Anm. 5), S. 169ff., § 102, Anm. 3), S. 396f.; **Kuhn/ Uhlenbruck** § 102, Rz. 2f.; **Uhlenbruck** in Gottwald (Hrsg.), Insolvenzrechtshandbuch § 9, Rz. 3.

[722] RGSt 14, 221f.; RGSt 41, 311ff.; BGH bei Herlan GA 1953, 73; **Lackner/ Kühl** § 283, Rz. 27; **Bieneck** StV 1999, 45; **Bieneck** in Müller-Gugenberger/ Bieneck, § 76, Rz. 64; **Bieneck** wistra 1992, 89f.; Preisendanz-**Bieneck** § 283, Anm. 4.a), S. 889; **Weyand** S. 65; **Tröndle/ Fischer** vor § 283, Rz. 13; **H.-J. Bruns** S. 239; **Otto** BT § 61, Rz. 102; Sch/Sch-**Stree/ Heine** § 283, Rz. 60; **Gössel** § 28, Rz. 12; NK-**Kindhäuser** vor § 283, Rz. 108; SK-**Samson** vor § 283, Rz. 13; **Maurach/ Schroeder/ Maiwald** BT 1, § 48, Rz. 15; **Böhle-Stamschräder**[12] § 283, Anm. 2a), S. 529 und aus dem zivilrechtlichen Schrifttum **Krüger-Knief** S. 28f.; **Temme** S. 38f.; Smid-**Smid** § 17, Rz. 9.
Eine Zwischenposition vertritt schließlich **Penzlin** S. 170ff., 177f., der sich nach der Insolvenzrechtsreform auch hier für eine strafrechtlich eigenständige Auslegung ausspricht. Danach setzt eine Zahlungseinstellung zwar im Bankrottstrafrecht, nicht aber im zivilen Insolvenzrecht Zahlungsunfähigkeit voraus. Gegen dessen Ansicht lassen sich aber bereits die oben Dritter Teil, Kapitel 3 C. I. 1. genannten Gesichtspunkte anführen.

[723] Entsprechend bezeichnen **Kuhn/ Uhlenbruck** § 102, Rz. 2f und **Breuer** Insolvenzrecht S. 41 die Zahlungseinstellung als stärkste Form der Zahlungsunfähigkeit, vgl. ferner FK-**Schmerbach** § 17, Rz. 27; Nerlich/ Römermann-**Mönning** § 17, Rz. 23, sowie aus strafrechtlicher Sicht **Wes-**

InsO nicht in Einklang bringen, wonach bei Zahlungseinstellung eben gerade nicht immer, sondern nur in der Regel Zahlungsunfähigkeit anzunehmen ist. Nach § 17 II 2 InsO begründet die Zahlungseinstellung lediglich eine widerlegliche Vermutung für das Vorliegen einer Zahlungsunfähigkeit, setzt aber eine solche keineswegs notwendigerweise voraus.[724]
Faßte man ferner die Zahlungseinstellung als eine um das Merkmal der äußeren Erkennbarkeit erweiterte Zahlungsunfähigkeit auf, so wären an ihre Feststellung höhere Anforderungen als an die einer Zahlungsunfähigkeit zu stellen. Damit aber bliebe die eigenständige Bedeutung des Merkmals in der Praxis gering. Nach hier vertretener Ansicht ist es dagegen denkbar, daß ein Schuldner seine Zahlungen einstellt, ohne daß zugleich auch eine Zahlungsunfähigkeit vorliegt, wenn dies nämlich nicht auf einem Mangel an Geldmitteln beruht. Damit gestaltet sich der Nachweis einer Zahlungseinstellung im Vergleich erheblich einfacher, was die Praktikabilität des zivil- und strafrechtlichen Schutzes erhöht.[725]
Dagegen geht Moosmayer davon aus, der Schuldner könne bei bloßer Zahlungsunwilligkeit oder irrtümlicher Zahlungsverweigerung jederzeit den Anschein des § 17 II 2 InsO widerlegen, und folgert daraus, daß eine Zahlungseinstellung nur dann von Relevanz sein könne, wenn sich hinter ihr eine echte, auf Geldmangel beruhende Zahlungsunfähigkeit verberge.[726] Eine solcher Schluß aber verkennt den Charakter des § 17 II 2 InsO als widerlegliche Vermutung, deren Bedeutung sich gerade dann zeigt, wenn dem Schuldner der Gegenbeweis nicht gelingt. Ferner schließen Moosmayer und Penzlin aus der Tatsache, daß die § 283 VI, 2. und 3. Var. StGB offensichtlich das Vorliegen eines Insolvenzgrundes erfordern, systematisch, daß dies auch bei der ersten Variante so sein müsse: Zahlungseinstellung setze daher Zahlungsunfähigkeit voraus.[727] Hiergegen ist jedoch einzuwenden, daß zwar alle Varianten der objektiven Strafbarkeitsbedingung die Auslösung der Strafverfolgung an den nach außen erkennbar gewordenen wirtschaftlichen Zusammenbruch des Schuldners binden. Im einzelnen geschieht dies allerdings auf grundsätzlich unterschiedliche Weise, nämlich durch ein Anknüpfen entweder an verfahrensförmige Gerichtsakte oder an ein rein faktisches Verhalten des Schuldners. Diese Andersartigkeit der einzelnen Bedingungen steht einem systematischen Schluß von der zweiten und dritten auf die erste Variante des § 283 VI StGB im Sinne von Moosmayer und Penzlin entgegen.

---

sels/ Hillenkamp BT 2, Rz. 468.
[724] **Bieneck** StV 1999, 45 und aus der zivilrechtlichen Literatur **Temme** S. 38f.; **Krüger-Knief** S. 28f.
[725] Ebenso **Temme** S. 39.
[726] **Moosmayer** S. 180.
[727] **Moosmayer** S. 181; **Penzlin** S. 171, 177.

b) Orientierung der Definition der Zahlungseinstellung an der früheren konkursrechtlichen oder der heutigen insolvenzrechtlichen Definition der Zahlungsunfähigkeit ?

Damit steht fest, daß sich das Begriffsverständnis der Zahlungseinstellung von dem der Zahlungsunfähigkeit hinsichtlich der äußeren Erkennbarkeit und der möglichen Ursachen unterscheidet. Im übrigen aber ist eine Orientierung an der Definition der Zahlungsunfähigkeit geboten. Diese Orientierung wird jedoch im Schrifttum keineswegs einheitlich vorgenommen:
Eine erste Ansicht beschränkt nämlich die Auswirkungen der Legaldefinition in § 17 II 1 InsO auf das geänderte Verständnis des Insolvenzgrundes und Krisenmerkmals der Zahlungsunfähigkeit. Darüber hinausgehend sei dieser Definition bei der Bestimmung des Begriffs der Zahlungseinstellung auf Grund deren andersartigen, faktischen Charakters keine Bedeutung beizumessen. Vielmehr sei hier an den vormaligen Definitionsmerkmalen der Zahlungsunfähigkeit, also an den Kriterien des ernsthaften Einforderns, der Dauerhaftigkeit und der Wesentlichkeit, festzuhalten.[728] Weitergehend wird sogar teilweise gefordert, diese noch stärker auszuprägen: Nur wenn die Zahlungseinstellung für voraussichtlich unbegrenzte Zeit bestehen bleibe und das Liquiditätsdefizit 50% oder mehr der ernsthaft eingeforderten Forderungen betreffe, könne sichergestellt werden, daß mit der Zahlungseinstellung auch wirklich ein Unternehmenszusammenbruch markiert werde.[729]
Eine zweite Ansicht überträgt dagegen die Neuerungen des § 17 II 1 InsO auch auf die Definition der Zahlungseinstellung.[730]
Diesem Begriffsverständnis schließt sich auch die vorliegende Arbeit an. Zahlungseinstellung iSd § 17 II 2 InsO und des § 283 VI, 1. Var. StGB liegt danach vor, wenn der Schuldner nach außen hin erkennbar nicht mehr in der Lage ist, seine fälligen Zahlungsverpflichtungen über einen gewissen Zeitraum zu erfüllen, wobei die Ursache für dieses Verhalten nicht nur ein Mangel an Geldmitteln sein kann. Das zeitliche Kriterium dient wie bei der Zahlungsunfähigkeit der Unterscheidung einer relevanten Zahlungseinstellung von einer Zahlungsstockung, deren Dauer da-

---

728 **Lackner/ Kühl** § 283, Rz. 27. Vor dem Inkrafttreten der Legaldefinition des § 17 II 1 InsO entsprach eine solche Orientierung der Zahlungseinstellungsdefinition an der früheren, konkursrechtlichen Zahlungsunfähigkeitsdefinition der einhelligen Ansicht, vgl. etwa **G. Hoffmann** MDR 1979, 715; Preisendanz-**Bieneck** § 283, Anm. 4.a), S. 889; **Bieneck** wistra 1992, 90; NK-**Kindhäuser** vor § 283, Rz. 108; SK-**Samson** vor § 283, Rz. 13.

729 **Bieneck** StV 1999, 45; **Bieneck** in Müller-Gugenberger/ Bieneck, § 76, Rz. 64; **Penzlin** S. 172, 178; ferner **Otto** BT § 61, Rz. 102; **Gössel** § 28, Rz. 12 und Fn. 9; LK-**Tiedemann** vor § 283, Rz. 145; **Moosmayer** S. 175. Sch/Sch-**Stree/ Heine** § 283, Rz. 60 halten sogar einen noch höheren Anteil von 2/3 für gut vertretbar.

730 Diese Ansicht wird vor allem im zivilrechtlichen Schrifttum vertreten, vgl. **Temme** S. 38f.; FK-**Schmerbach** § 17, Rz. 26; Kübler/ Prütting-**G. Pape** § 17, Rz. 17; HK-**Kirchhof** § 17, Rz. 41f., aber auch aus der strafrechtlichen Literatur **Weyand** S. 64.

her wie dort auf maximal drei Wochen zu begrenzen ist. Ebenso kann hinsichtlich des Merkmals der Fälligkeit auf die identische Auslegung im Rahmen der Zahlungsunfähigkeit verwiesen werden, auf das ernsthafte Einfordern von Gläubigerseite aus kommt es nicht mehr an. Schließlich muß sich nach der Insolvenzrechtsreform die Zahlungseinstellung nicht mehr auf einen wesentlichen Teil der Verbindlichkeiten des Schuldners beziehen.

Für diese Entscheidung sprechen verschiedene Gründe: Zunächst erscheint es unter Beachtung des Willens des Gesetzgebers der InsO widersprüchlich, einerseits die vormalige Definition der Zahlungsunfähigkeit durch § 17 II 1 InsO zu ersetzen, ihr aber zugleich andererseits weiterhin mittelbar Bedeutung bei der Auslegung der Zahlungseinstellung zu belassen. Nur die von dieser Arbeit befürwortete Ansicht aber beseitigt die Bedenken gegen die früheren Definitionsmerkmale des ernsthaften Einforderns, der Dauerhaftigkeit und der Wesentlichkeit in vollem Umfang und liefert damit durch ihre Angleichung an § 17 II 1 InsO im Verhältnis Zahlungsunfähig-keit – Zahlungseinstellung sowohl für das zivile Insolvenzrecht wie auch für das inhaltsakzessorische Insolvenzstrafrecht eng aufeinander abgestimmte, harmonierende und konsequente Ergebnisse.

Weiter ist zu beachten, daß die Zielvorstellung einer Vorverlagerung des Insolvenzverfahrens im Zuge der Insolvenzrechtsreform den Anlaß für die Abkehr von den vormaligen Definitionsmerkmalen gab. Ein Rückgriff auf diese im Bereich der Zahlungseinstellung liefe damit auch diesem zivilreformerischen Telos entgegen. Gleichzeitig bliebe strafrechtlich der Zeitpunkt des Eintritts der objektiven Strafbarkeitsbedingung trotz bereits bestehender Gefahr für die materiellen Befriedigungsinteressen der Gläubiger nach hinten verschoben.

Darüber hinaus sprechen auch hier Gesichtspunkte der Praktikabilität gegen die erste Ansicht. Nach § 17 II 2 InsO stellt die Zahlungseinstellung ein Indiz für das Vorliegen von Zahlungsunfähigkeit dar. Es leuchtet aber wiederum nicht ein, an die Feststellung eines Indizes für einen gewissen Zustand höhere Anforderungen zu stellen als an den Zustand selbst. Genau das wäre aber der Fall, bestimmte man die Zahlungseinstellung nach wie vor an Hand der Merkmale des ernsthaften Einforderns, der Dauerhaftigkeit und der Wesentlichkeit.

Nach Ansicht dieser Arbeit dagegen wird die Feststellbarkeit einer Zahlungseinstellung gegenüber der einer Zahlungsunfähigkeit durch die Ausweitung des Kreises möglicher Ursachen erleichtert, da das zusätzliche Kriterium der äußerlichen Erkennbarkeit in aller Regel keine besonderen Nachweisschwierigkeiten aufwirft und auf zusätzlich einschränkende Merkmale der früheren Zahlungsunfähigkeitsdefinition verzichtet wird. Die Konzeption der vorliegenden Arbeit führt daher insofern neuerlich zu einer Vereinfachung der zivilrechtlichen Insolvenzeröffnung und der strafrechtlichen Ermittlungsarbeiten und dient so jeweils dem Schutz der Gläubigerinteressen.

c) Zwischenergebnis zu 2.

Zahlungseinstellung beschreibt ein faktisches Verhalten, das sich zusätzlich zu seiner äußerlichen Erkennbarkeit in einem zweiten Punkt von der Zahlungsunfähigkeit unterscheidet. Neben einem Mangel an Geldmitteln kommen auch sämtliche anderen Ursachen, wie etwa Zahlungsunwilligkeit oder irrtümliche Zahlungsverweigerung, in Betracht. Im übrigen hat sich die Begriffsbestimmung einer Zahlungseinstellung an der durch § 17 II 1 InsO neu geschaffene Rechtslage zu orientieren. Die frühere Zahlungsunfähigkeitsdefinition dagegen hat ihre Bedeutung auch für die Bestimmung des Begriffs der Zahlungseinstellung verloren.
Zahlungseinstellung iSd § 17 II 2 InsO und des begriffs- und inhaltsakzessorischen § 283 VI, 1. Var. StGB liegt damit vor, wenn der Schuldner aus welchem Grund auch immer nach außen hin erkennbar seine fälligen Zahlungsverpflichtungen über einen mindestens drei Wochen andauernden Zeitraum nicht erfüllt.

II. Die Eröffnung des Insolvenzverfahrens über das Vermögen des Täters, § 283 VI, 2. Var. StGB

Als zweite Variante der objektiven Strafbarkeitsbedingung nennt § 283 VI StGB die Eröffnung des Insolvenzverfahrens über das Vermögen des Täters. Das bis 1999 enthaltene Wort „Konkursverfahren" wurde durch Art. 60 Nr. 2b) EGInsO durch „Insolvenzverfahren" ersetzt, um § 283 VI StGB an die neue Rechtslage anzupassen.[731]
Am Beginn eines jeden Insolvenzverfahrens steht ein Antrag des Schuldners oder des Gläubigers nach § 13 InsO. Dieser Antrag leitet das Eröffnungsverfahren (§§ 11ff. InsO) ein, in dem das nach §§ 2, 3 InsO zuständige Insolvenzgericht die Eröffnungsvoraussetzungen prüft, namentlich ob ein Insolvenzeröffnungsgrund nach §§ 16ff. InsO vorliegt und genügend Masse vorhanden ist, um die Verfahrenskosten zu decken (§ 26 InsO). In dieser früheren Phase können bereits Sicherungsmaßnahmen angeordnet, insbesondere ein vorläufiger Insolvenzverwalter bestellt und ein allgemeines Verfügungsverbot erlassen werden (§§ 21ff. InsO). Liegen die Eröffnungsvoraussetzungen vor, so wird das eigentliche Insolvenzverfahren durch einen Eröffnungsbeschluß nach §§ 27ff. InsO eingeleitet.

---

[731] Vgl. nochmals BT Drs. 12/ 3803, S. 100 und oben Erster Teil, Kapitel 1. Zu den mit dieser Änderung verbundenen materiellen Auswirkungen auf das Insolvenzstrafrecht sogleich Dritter Teil, Kapitel 3 D., E. und F.

Auf diesen formalrechtlichen Akt nimmt die neu gefaßte objektive Strafbarkeitsbedingung des § 283 VI, 2. Var. StGB Bezug.[732]
Die insolvenzgerichtliche Entscheidung stellt einen unbedingten Akt mit Tatbestandswirkung auch für das Strafrecht dar. Im Unterschied zur Zahlungseinstellung hat der Strafrichter nicht mehr zu prüfen, ob tatsächlich die Voraussetzungen der Insolvenzeröffnung vorlagen.[733] Abzustellen ist allein auf die Rechtskraft des eröffnenden Beschlusses, die mit Ablauf der zweiwöchigen Rechtsmittelfrist nach §§ 34 II, 6, 4 InsO iVm § 577 II 1 ZPO[734], einer bestätigenden Entscheidung des Beschwerdegerichts oder dem Verzicht des Rechtsmittelberechtigten auf das Rechtsmittel eintritt.[735] Keine Rolle spielt es ferner für den Eintritt der objektiven Strafbarkeitsbedingung, wenn das Insolvenzverfahren zwar zunächst eröffnet, dann aber zu einem späteren Zeitpunkt etwa mangels Masse nach §§ 207, 211ff. InsO wieder eingestellt wird.[736]

III. Die Abweisung des Eröffnungsantrags mangels Masse, § 283 VI, 3. Var. StGB

Zum dritten schließlich tritt die objektive Strafbarkeitsbedingung nach § 283 VI, 3. Var. StGB ein, wenn der Eröffnungsantrag mangels Masse abgewiesen wird. Dabei ist auf den formalrechtlichen Beschluß des Insolvenzgerichts nach § 26 InsO abzustellen, an den der Strafrichter wiederum gebunden ist.[737] Auch hier wird aber die

[732] **Lackner/ Kühl** § 283, Rz. 28; **Tröndle/ Fischer** vor § 283, Rz. 14; Sch/Sch-**Stree/ Heine** § 283, Rz. 61; **Weyand** S. 65. Ohne Bedeutung für den Bedingungseintritt nach § 283 VI, 2. Var. StGB ist daher, ob das Insolvenzverfahren zur Liquidation oder zur Sanierung des schuldnerischen Unternehmens im Rahmen eines Insolvenzplans führt. Auch im letzteren Falle ist trotz der Fortführung allein der formelle Akt der Eröffnung des Insolvenzverfahrens nach § 27 InsO entscheidend.

[733] RGSt 26, 37; **Lackner/ Kühl** § 283, Rz. 28; **Bieneck** in Müller-Gugenberger/ Bieneck, § 76, Rz. 64; **Weyand** S. 65f.; LK-**Tiedemann** vor § 283, Rz. 162ff.; Sch/Sch-**Stree/ Heine** § 283, Rz. 61; NK-**Kindhäuser** vor § 283, Rz. 110; SK-**Samson** vor § 283, Rz. 14; **Beck** in Wabnitz/ Janovsky 2/ 290; **Hiltenkamp-Wisgalle** S. 306; **Moosmayer** S. 177, 181; **Zirpins/ Terstegen** S. 929; **Maurach/ Schroeder/ Maiwald** BT 1, § 48, Rz. 15.

[734] Nach Ablauf dieser Notfrist ist die sofortige Beschwerde nur nach Maßgabe des § 4 InsO iVm § 577 II 3 ZPO, d.h. bei Vorliegen der Voraussetzungen einer Nichtigkeits- oder Restitutionsklage zulässig.

[735] RGSt 26, 37; RGSt 44, 52; **Lackner/ Kühl** § 283, Rz. 28; LK-**Tiedemann** vor § 283, Rz. 162; Sch/Sch-**Stree/ Heine** § 283, Rz. 61; **Tröndle/ Fischer** vor § 283, Rz. 14; **Weyand** S. 66; **Penzlin** S. 165; NK-**Kindhäuser** vor § 283, Rz. 110; SK-**Samson** vor § 283, Rz. 14; **Bieneck** in Müller-Gugenberger/ Bieneck, § 76, Rz. 65.

[736] BGH GA 1955, 364; **Lackner/ Kühl** § 283, Rz. 28; **Tröndle/ Fischer** vor § 283, Rz. 14; **Weyand** S. 66; Sch/Sch-**Stree/ Heine** § 283, Rz. 61; **Bieneck** in Müller-Gugenberger/ Bieneck, § 76, Rz. 65; **Zirpins/ Terstegen** S. 929; NK-**Kindhäuser** vor § 283, Rz. 110; LK-**Tiedemann** vor § 283, Rz. 162.

[737] **Lackner/ Kühl** § 283, Rz. 28; **Moosmayer** S. 177; **Tröndle/ Fischer** vor § 283, Rz. 15; LK-**Tiedemann** vor § 283, Rz. 165; **Weyand** S. 65f.; Sch/Sch-**Stree/ Heine** § 283, Rz. 62; SK-

objektive Strafbarkeitsbedingung solange nicht ausgelöst, bis der Beschluß nicht mehr durch sofortige Beschwerde nach §§ 34 I, 6, 4 InsO iVm § 577 II 1 ZPO beseitigt werden kann. Den maßgeblichen Zeitpunkt bildet mithin ebenso die Rechtskraft des Beschlusses nach § 26 InsO.[738] Eine spätere Verfahrenseinstellung nach §§ 207, 211ff. InsO kann wiederum den Eintritt der objektiven Bedingung nachträglich nicht mehr aufheben.[739]

D. Auswirkungen der Insolvenzrechtsreform auf die objektive Strafbarkeitsbedingung des § 283 VI StGB

Der Einfluß der Insolvenzrechtsreform auf die objektive Strafbarkeitsbedingung des § 283 VI StGB ist nicht auf die dargestellten Neuerungen bei der Begriffsbestimmung der drei Bedingungsvarianten beschränkt. Vielmehr sind mit ihr darüber hinaus weitere weitreichende Veränderungen in materieller Hinsicht verbunden, die im folgenden aufgezeigt und näher untersucht werden.

I. Veränderung der sachlichen Anwendungsbereiche der einzelnen Bedingungsvarianten des § 283 VI StGB

1. Der sachliche Anwendungsbereich des § 283 VI, 2. und 3. Var. StGB

Maßgeblicher Bezugspunkt der zweiten und dritten Variante des § 283 VI StGB ist seit der Änderung durch Art. 60 Nr. 2b) EGInsO nicht mehr das frühere Konkursverfahren, sondern das heutige Insolvenzverfahren, das sich von jenem in vielen Punkten unterscheidet.[740] Wie gesehen verfolgte der Gesetzgeber des EGInsO mit dieser Änderung des StGB den Zweck, die Insolvenzdelikte an die durch die InsO geschaffene neue Terminologie anzupassen, maß ihr aber im übrigen keine weiteren Auswirkungen bei.[741] Die folgenden Ausführungen zeigen dagegen, daß die Insolvenzrechtsreform in mehrerlei Hinsicht zu einer Erweiterung des sachlichen Anwendungsbereichs der § 283 VI, 2. und 3. Var. StGB und damit letztlich des gesamten Insolvenzstrafrechts geführt hat.

Samson § 283, Rz. 15; **Beck** in Wabnitz/ Janovsky 2/ 290; **Maurach/ Schroeder/ Maiwald** BT 1, § 48, Rz. 15.

738 **Lackner/ Kühl** § 283, Rz. 28; **Bieneck** in Müller-Gugenberger/ Bieneck, § 76, Rz. 65; **Tröndle/ Fischer** vor § 283, Rz. 15; **Weyand** S. 65; **Penzlin** S. 165; Sch/Sch-**Stree/ Heine** § 283, Rz. 62; NK-**Kindhäuser** vor § 283, Rz. 111; LK-**Tiedemann** vor § 283, Rz. 165.

739 **Bieneck** in Müller-Gugenberger/ Bieneck, § 76, Rz. 65; **Tröndle/ Fischer** vor § 283, Rz. 15; **Weyand** S. 66.

740 Vgl. zu den für das Insolvenzstrafrecht bedeutungsvollen Neuregelungen der InsO im Vergleich zum alten Recht nochmals oben Zweiter Teil, Kapitel 1 C.

741 Vgl. nochmals BT Drs. 12/ 3803, S. 40, 100 und oben Erster Teil, Kapitel 1.

a) Erweiterung durch Einbindung des vormaligen Vergleichsverfahrens in das heutige Insolvenzverfahren

Das vormalige zivile Insolvenzrecht der alten Bundesländer war von einem strengen Dualismus gekennzeichnet: Dem Konkursverfahren auf der einen stand das Vergleichsverfahren auf der anderen Seite gegenüber. Die frühere Fassung der § 283 VI, 2. und 3. Var. StGB knüpfte jedoch lediglich an die Eröffnung eines Konkursverfahrens, bzw. dessen Ablehnung mangels Masse an. Die Eröffnung eines Vergleichsverfahrens blieb demgegenüber ohne strafrechtliche Relevanz.[742] Bankrotthandlungen, die innerhalb eines Vergleichsverfahrens begangen wurden, konnten daher früher grundsätzlich nicht nach §§ 283ff. StGB sanktioniert werden, es sei denn, die objektive Strafbarkeitsbedingung trat ausnahmsweise anderweitig, namentlich in Gestalt einer Zahlungseinstellung ein, die als faktische Gegebenheit seit jeher immer und unabhängig von jedem gerichtlichen Verfahren vorliegen konnte.[743]

In der Praxis der Vergangenheit waren solche Fälle allerdings selten. Die Bankrottdelikte der §§ 283ff. StGB kamen im Bereich des ehemaligen Vergleichsverfahrens so gut wie nie zur Anwendung. Dies lag zum einen daran, daß die Zivilgerichte den Strafverfolgungsbehörden nur die Eröffnung eines Konkursverfahrens oder dessen Abweisung mangels Masse mitteilten. Bei Vergleichsverfahren dagegen fehlte eine entsprechende Mitteilungspflicht. Gerade diese konkursgerichtlichen Mitteilungen aber boten den Strafverfolgungsbehörden vielfach unmittelbaren Anlaß für Ermittlungen.[744] Daneben sollte zum anderen der im Vergleichsverfahren angestrengte Sanierungsprozeß nicht durch strafrechtliche Ermittlungen gefährdet und so dazu beigetragen werden, den endgültigen wirtschaftlichen Zusammenbruch des Schuldners zu vermeiden.[745]

---

[742] Wurde andererseits die Eröffnung des Vergleichsverfahrens bei Vorliegen eines Grundes nach §§ 17 Nr. 1-9, 18 Nr. 1-4 VglO abgelehnt, so war nach § 19 I VglO zugleich von Amts wegen über die Eröffnung eines Konkursverfahrens zu entscheiden. Dabei lehnte sich die Vorschrift des § 17 Nr. 6 VglO eng an die des § 107 I KO an, der die Abweisung eines Konkursverfahrens mangels Masse regelte. Im Gegensatz zu den Fällen eines eröffneten Vergleichsverfahrens kam es damit bei dessen Ablehnung in aller Regel zum Eintritt einer der Bedingungsvarianten des § 283 VI, 2. oder 3. Var. StGB.

[743] **Moosmayer** S. 174; **Penzlin** S. 170; **Renger** in Moderne Wirtschaftsdelikte, S. 78. Bis 1976 existierte dagegen neben dem Konkursstrafrecht der §§ 239ff. KO ein eigenes Vergleichsstrafrecht in den §§ 122, 123 VglO. Dieses wurde jedoch im Rahmen der Reform des Wirtschaftsstrafrechts durch Art. 6 Nr. 1d) des 1. WiKG von 1976 aufgehoben, da der Gesetzgeber zum einen § 122 VglO keine eigenständige Bedeutung neben dem Betrug nach § 263 StGB mehr beimaß und zum anderen § 123 VglO auf Grund seiner bisherigen, geringen Anwendungsquote für gänzlich entbehrlich hielt. Vgl. im einzelnen hierzu BT Drs. 7/ 550, S. 381, BT Drs. 3441, 12f., 49 und **Moosmayer** S. 174, Fn. 123.

[744] Vgl. zu diesen sog. Mitteilungen in Zivilsachen (MiZi) bereits oben Erster Teil, Kapitel 3 F.

[745] **Moosmayer** S. 175f.; **Penzlin** S. 170.

Die InsO hat nun die starre Zweiteilung in Konkurs- und Vergleichsverfahren aufgegeben. Beide ehemaligen Verfahren sind im neuen einheitlichen Insolvenzverfahren aufgegangen. Genau auf dieses einheitliche Insolvenzverfahren stellt auch die seit dem 1.1.1999 geänderte Fassung des § 283 VI StGB ab. Damit lösen heute solche Verfahren *immer* die objektive Strafbarkeitsbedingung aus, die früher als Vergleichsverfahren nur in den seltenen Fällen strafrechtliche Relevanz erlangen konnten, in denen zugleich auch eine Zahlungseinstellung als faktische Gegebenheit vorgelegen hatte.[746]

b) Erweiterung durch Einbindung des vormaligen Gesamtvollstreckungsverfahrens in das heutige Insolvenzverfahren

Auf der einen Seite waren die Bankrottdelikte des StGB nach der deutschen Wiedervereinigung im ganzen Bundesgebiet in Kraft. Andererseits aber erfolgte die zivilrechtliche Abwicklung von Insolvenzfällen bis zum 1.1.1999 nicht einheitlich nach der KO oder der VglO. Vielmehr galt in den neuen Bundesländern die GesO der DDR in modifizierter Form fort.
Die Anwendbarkeit des Insolvenzstrafrechts stieß daher dort auf Probleme, da in § 283 VI StGB nur auf das Konkursverfahren, nicht aber auf das Gesamtvollstreckungsverfahren Bezug genommen wurde. Aus diesem Grund wurde und wird teilweise eine Sanktionierung von Bankrotthandlungen, die vor dem 1.1.1999 im Beitrittsgebiet begangen wurden, nach §§ 283ff. StGB für nicht möglich gehalten.[747] Folgte man dieser Ansicht, so erfuhr der sachliche Anwendungsbereich des Insolvenzstrafrechts nach der Ersetzung des Wortes Konkursverfahren durch Insolvenzverfahren insofern eine weitere Ausdehnung, da jedenfalls die heutige, auf dieses gesamtdeutsch einheitliche Insolvenzverfahren nach der InsO abstellende Strafbarkeitsbedingung nach § 283 VI, 2. oder 3. Var. StGB auch die Fälle, in denen früher in den neuen Bundesländern ein Gesamtvollstreckungsverfahren eröffnet oder mangels Masse abgelehnt wurde (vgl. §§ 4, 5 GesO), mitumfaßt.

---

746 **Moosmayer** S. 176; **Uhlenbruck** NZI 1998, 33; **Penzlin** S. 177.

747 So etwa **Rotsch** wistra 2000, 6ff., der sogar in den erfolgten Verurteilungen einen Verstoß gegen Art. 103 II GG sieht. LK-**Tiedemann** vor § 283, Rz. 9 begründet dagegen über die Vorschrift des § 1 IV 2 GesO die Anwendbarkeit der §§ 283ff. StGB im Beitrittsgebiet auch vor dem 1.1.1999.

c) Erweiterung durch Einführung der drohenden Zahlungsunfähigkeit als Insolvenzgrund

Das frühere Konkursrecht kannte nur die Eröffnungsgründe der eingetretenen Zahlungsunfähigkeit und der Überschuldung. Diesen fügt die InsO neu die drohende Zahlungsunfähigkeit hinzu. Auch unter diesem Blickwinkel schließlich führt die Ersetzung des früheren Konkursverfahrens durch das Insolvenzverfahren als Bezugspunkt zu einer Erweiterung des sachlichen Anwendungsbereichs der objektiven Strafbarkeitsbedingung:
In Fällen, in denen die Zahlungsunfähigkeit des Schuldners zwar bereits drohte, aber noch nicht eingetreten war, und in denen zudem keine Überschuldung vorlag, konnte nämlich nach altem Recht noch keine Entscheidung über die Eröffnung eines Konkursverfahrens herbeigeführt werden, weswegen hier zwangsläufig auch der Eintritt der objektiven Strafbarkeitsbedingung nach § 283 VI, 2. oder 3. Var. StGB a.F. ausblieb. Eine Strafbarkeit des Schuldners kam dann nur noch bei Zahlungseinstellung nach § 283 VI, 1. Var. StGB in Betracht. Heute dagegen gewährt § 18 InsO dem Schuldner bei drohender Zahlungsunfähigkeit ein Antragsrecht. Macht er davon Gebrauch und wird dann ein Insolvenzverfahren eröffnet oder mangels Masse abgelehnt, so tritt damit die objektive Bedingung unabhängig vom Vorliegen einer Zahlungseinstellung nach § 283 VI, 2. oder 3. Var. StGB in gleicher Weise ein, wie wenn einer der Insolvenzgründe nach §§ 17 oder 19 InsO vorgelegen hätte.[748]
Dabei ist zu bemerken, daß die Erweiterung des sachlichen Anwendungsbereichs der objektiven Strafbarkeitsbedingung nach § 283 VI, 2. oder 3. Var. StGB durch die Einführung der drohenden Zahlungsunfähigkeit als Insolvenzgrund über die durch die Einbindung des früheren Vergleichsverfahrens in das heutige Insolvenzverfahren bewirkte hinausgeht. Zwar sollte einerseits durch das Vergleichsverfahren der Konkurs vermieden und das Schuldnervermögen einer Reorganisation zugeführt werden und andererseits wird auch der einen frühen Insolvenzantrag nach § 18 InsO stellende Schuldner in aller Regel die feste Absicht haben, die Liquidation seines Unternehmens durch eine insolvenzplanförmige Sanierung abzuwenden. Wie das Konkursverfahren konnte aber auch das Vergleichsverfahren auf Grund der Verweisung des § 2 I 3 VglO nur bei eingetretener Zahlungsunfähigkeit oder bei Überschuldung, nicht jedoch bei drohender Zahlungsunfähigkeit eröffnet werden.[749]

---

[748] Vgl. hierzu bereits oben Dritter Teil, Kapitel 2 B. I. 4. a) bb).
[749] **Kilger/ K. Schmidt** Einleitung VglO, Anm. I. 1), S. 577f., § 2 VglO, Anm. 4), S. 584f.

2. Der sachliche Anwendungsbereich des § 283 VI, 1. Var. StGB

Verglichen mit § 283 VI, 2. und 3. Var. StGB bleibt der sachliche Anwendungsbereich des § 283 VI, 1. Var. StGB nach der Insolvenzrechtsreform weitgehend unverändert. Dennoch ergeben sich aus dem Vorgesagten auch Auswirkungen für die objektive Strafbarkeitsbedingung der Zahlungseinstellung:
Bot sie noch unter der Geltung des alten Insolvenzrechts die einzige Möglichkeit auch Bankrotthandlungen innerhalb eines eröffneten Vergleichsverfahrens nach den §§ 283ff. StGB zu sanktionieren, so ist ihr Vorliegen in dieser Konstellation nunmehr zwar weiterhin denkbar, aber bedeutungslos geworden, da die InsO die früheren Konkurs- und Vergleichsverfahren im einheitlichen Insolvenzverfahren verbindet und daher die objektive Strafbarkeitsbedingung insofern heute immer schon nach § 283 VI, 2. Var. StGB eintritt.
Ebenso verliert die Zahlungseinstellung an Relevanz in der Konstellation des drohend zahlungsunfähigen Schuldners, der einen Insolvenzantrag stellt, woraufhin ein Verfahren eröffnet oder mangels Masse abgewiesen wird. Auch hier stellte sie nach altem Recht die einzige Möglichkeit zur Verwirklichung des § 283 VI StGB dar, während solche Fälle nach neuer Rechtslage regelmäßig bereits von § 283 VI, 2. oder 3. Var. StGB erfaßt werden.
Eigene Bedeutung behält die Zahlungseinstellung als objektive Strafbarkeitsbedingung nach der Insolvenzrechtsreform daher nur noch im außergerichtlichen Bereich, in Fällen also, in denen weder ein Insolvenzverfahren eröffnet, noch dessen Eröffnung mangels Masse abgewiesen wird.[750] In den übrigen Fällen dagegen bewirkt ihr Vorliegen lediglich, daß die objektive Bedingung des § 283 VI StGB in einer zweiten Variante zusätzlich eintritt.

3. Zwischenergebnis zu I.

Insgesamt betrachtet hat die Insolvenzrechtsreform zu einer Ausdehnung des sachlichen Anwendungsbereichs des § 283 VI StGB geführt. Diese Ausdehnung betrifft die Fälle, in denen heute entweder ein Insolvenzverfahren an Stelle eines früheren Vergleichsverfahrens eröffnet oder auf Grund von drohender Zahlungsunfähigkeit eröffnet oder mangels Masse abgewiesen wird, ohne daß gleichzeitig eine Zahlungseinstellung des Schuldners vorliegt. Dann ist nämlich heute ein Eintritt der Bedingung nach § 283 VI, 2. oder 3. Var. StGB gegeben, während nach früherer Fassung keine Bedingungsvariante verwirklicht war.

---

[750] **Moosmayer** S. 176; **Penzlin** S. 177.

II. Veränderung der zeitlichen Anwendungsbereiche der einzelnen Bedingungsvarianten des § 283 VI StGB

Mit der Insolvenzrechtsreform verbinden sich ferner auch Veränderungen des zeitlichen Anwendungsbereichs des § 283 VI StGB.
Im bisherigen Verlauf der Arbeit konnte zum einen gezeigt werden, daß den Definitionsmerkmalen des ernsthaften Einforderns, der Dauerhaftigkeit und der Wesentlichkeit seit Inkrafttreten der InsO auch für die Auslegung der Zahlungseinstellung keine Bedeutung mehr zukommt. Vielmehr hat sich deren Begriffsbestimmung seither ebenso an den Vorgaben der Legaldefinition des § 17 II 1 InsO zu orientieren.[751] Wie die Zahlungsunfähigkeit tritt folglich die Zahlungseinstellung und damit die objektive Strafbarkeitsbedingung nach § 283 VI, 1. Var. StGB heute im Vergleich zur früheren Rechtslage zeitlich früher ein.
Ferner kann heute zum anderen die Entscheidung über die Eröffnung eines Insolvenzverfahrens insbesondere auf Grund des vorverlagerten Begriffsverständnisses der eingetretenen Zahlungsunfähigkeit nach § 17 II 1 InsO sowie der Einfügung des Insolvenzgrundes der drohenden Zahlungsunfähigkeit in § 18 InsO früher gefällt werden. Damit liegt zwangsläufig auch die objektive Strafbarkeitsbedingung nach § 283 VI, 2. oder 3. Var. StGB früher vor.[752]
Alle drei Varianten der objektiven Strafbarkeitsbedingung treten damit nach der Insolvenzrechtsreform zeitlich früher ein als unter der Geltung des vormaligen Konkursrechts.[753] Die bereits festgestellte Erweiterung des sachlichen Anwendungsbereichs des § 283 VI StGB wird also von einer Erweiterung auch des zeitlichen Anwendungsbereichs begleitet. Damit sind Strafbarkeiten nach §§ 283ff. StGB heute früher und häufiger möglich.[754]

---

[751] Vgl. nochmals oben Dritter Teil, Kapitel 3 C. I. 2. b).

[752] Ebenso **Moosmayer** S. 176f.; **Penzlin** S. 176; Sch/Sch-**Stree/ Heine** vor § 283, Rz. 1a, 59; LK-**Tiedemann** vor § 283, Rz. 10.

[753] Vgl. daneben zur Diskussion um den Endzeitpunkt möglicher Bankrotthandlungen **Lackner/ Kühl** § 283, Rz. 29; LK-**Tiedemann** vor § 283, Rz. 10, 100; **Moosmayer** S. 195ff.; **Penzlin** S. 197, Fn. 887; Sch/Sch-**Stree/ Heine** § 283, Rz. 59; **Tröndle/ Fischer** vor § 283, Rz. 16; **Bieneck** in Müller-Gugenberger/ Bieneck, § 76, Rz. 74ff. Insofern ergeben sich allerdings keine wesentlichen Neuerungen im Vergleich zur alten Rechtslage.

[754] Im Ergebnis ebenso **Lackner/ Kühl** § 283, Rz. 26; LK-**Tiedemann** vor § 283, Rz. 88, 180; Sch/Sch-**Stree/ Heine** § 283, Rz. 1a, 59; **Wessels/ Hillenkamp** BT 2, Rz. 457; **Uhlenbruck** ZInsO 1998, 251f.; **Uhlenbruck** NZI 1998, 33; **Moosmayer** S. 174ff.; **Geisler** S. 503, Fn. 108.

Zu diesen Folgewirkungen auf § 283 VI StGB hat sich der insolvenzrechtliche Reformgesetzgeber nicht geäußert. Es ist daher im folgenden die Frage aufzuwerfen, ob sie einer Korrektur bedürfen. Dabei kann nach den bisherigen Ergebnissen der Untersuchung den Ausdehnungen des Anwendungsbereichs des § 283 VI StGB jedenfalls nicht durch eine strafrechtlich eigenständige, engere Auslegung der drei Bedingungsvarianten des § 283 VI StGB entgegengewirkt werden. Vielmehr sind diese nach den obigen Ausführungen streng inhaltsakzessorisch an den zivilinsolvenzrechtlichen Vorgaben zu orientieren.[755]
Es bleiben daher nur zwei Möglichkeiten: Überlegungen zur Strafwürdigkeit und Strafbedürftigkeit von Bankrotthandlungen können es einerseits als sachgerecht erscheinen lassen, an den de lege lata entstandenen Ausweitungen der Insolvenzdelikte festzuhalten. Andererseits könnten diese Überlegungen aber auch zum gegenteiligen Ergebnis führen, was dann zu interpretatorischen oder gesetzlichen Korrekturen im Rahmen des § 283 VI StGB zwänge.
Die Begründungen des Gesetzgebers der InsO und des EGInsO führen insofern nicht weiter, da dieser seinen Änderungen des StGB wie gesehen lediglich terminologisch anpassende Bedeutung beimaß, sich darüber hinaus aber jeden Kommentars enthielt, inwieweit die damit zugleich verbundenen Erweiterungen der Insolvenzdelikte in sachlicher und zeitlicher Hinsicht zu billigen seien, was ernsthafte Zweifel daran aufkommen läßt, ob er diese überhaupt gesehen hat.[756] Zurückgegriffen werden kann aber auf die Begründung des Gesetzgebers des 1. WiKG. Dieser hatte seine Entscheidung, bei der Überführung der Bankrottdelikte in das StGB am Erfordernis einer objektiven Strafbarkeitsbedingung festzuhalten, in erster Linie damit begründet, daß ein ausreichendes Strafbedürfnis nur dann bestehe, wenn es tatsächlich zum endgültigen wirtschaftlichen Zusammenbruch des Schuldners gekommen sei. Hinreichend sichere Indizien dafür sah er zum einen im faktischen Einstellen der Zahlungen durch den Schuldner, sowie zum anderen in der formellen Eröffnung des Konkursverfahrens, bzw. in dessen Ablehnung mangels Masse. Fraglich und im folgenden zu prüfen ist nun, ob § 283 VI StGB auch heute noch diesen Anforderungen des Gesetzgebers von 1976 gerecht wird. Dabei ist zwischen den im einzelnen verschiedenartigen Ausweitungen des Anwendungsbereichs der objektiven Bedingung zu differenzieren.

---

[755] Vgl. nochmals Dritter Teil, Kapitel 3 C.

[756] Ähnliche Zweifel hegen zu Recht auch **Bieneck** in Müller-Gugenberger/ Bieneck, § 76, Rz. 71a; **Uhlenbruck** ZInsO 1998, 251 und **Moosmayer** S. 176.

I. Korrekturbedürftigkeit auf Grund der Einbindung des Vergleichs- und des Gesamtvollstreckungsverfahrens in das heutige Insolvenzverfahren

Zunächst zwingt die Ausdehnung des sachlichen Anwendungsbereichs des Insolvenzstrafrechts durch die Einbindung der früheren Vergleichs- und Gesamtvollstreckungsverfahren in das heutige Insolvenzverfahren nicht zu Korrekturen.[757] Hierfür sprechen zunächst praktische Erwägungen. Der Anteil der Vergleichsverfahren an den Insolvenzfällen insgesamt war in den letzten Jahren vor 1999 stetig und bis zur praktischen Bedeutungslosigkeit gesunken.[758] Zusätzlich ist zu berücksichtigen, daß die mit der Insolvenzrechtsreform verbundene Ausdehnungswirkung gar nicht alle Fälle früherer Vergleichsverfahren betrifft, sondern nur diejenigen, in denen nicht zugleich eine Zahlungseinstellung des Schuldners vorlag, was dazu führt, daß sie rein quantitativ eine noch untergeordnetere Rolle spielt.

Entscheidend aber ist, daß bei Zugrundelegung der Vorgaben des Gesetzgebers von 1976 zumindest insofern kein Grund zu einer interpretatorischen oder gesetzlichen Einschränkung der objektiven Strafbarkeitsbedingung besteht. Wie das Konkursverfahren konnten nämlich auch das Vergleichsverfahren nach § 2 I 3 VglO und das Gesamtvollstreckungsverfahren nach § 1 I GesO nur bei eingetretener Zahlungsunfähigkeit oder bei Überschuldung eröffnet werden. Die Ausdehnung des Insolvenzstrafrechts betrifft damit in diesem Zusammenhang keine Fälle, in denen das endgültige wirtschaftliche Scheitern des Schuldners noch aussteht und deren Strafbedürftigkeit aus diesem Grunde bezweifelt werden müßte.

II. Korrekturbedürftigkeit auf Grund der Neubestimmung der Insolvenzgründe der eingetretenen Zahlungsunfähigkeit und der Überschuldung

Ferner besteht auch kein Anlaß die durch die Neubestimmungen der bisherigen Insolvenzgründe nach §§ 17, 19 InsO entstandenen Ausdehnungen des Insolvenzstrafrechts zu korrigieren.

Zwar führt besonders die Legaldefinition der eingetretenen Zahlungsunfähigkeit nach § 17 II 1 InsO gegenüber dem früheren Recht zu einer deutlichen Vorverlagerung der Entscheidung über die Eröffnung eines Insolvenzverfahrens und damit zu

[757] Vgl. nochmals oben Dritter Teil, Kapitel 3 D. I. 1. b) und Fn. 747 zur umstrittenen Frage, ob mit der Einbindung des Gesamtvollstreckungsverfahrens in das heutige Insolvenzverfahren überhaupt eine Ausdehnung des Anwendungsbereichs der §§ 283ff. StGB verbunden ist, oder ob nicht vielmehr die Eröffnung oder Ablehnung eines solchen Verfahrens mangels Masse bereits unter die § 283 VI, 2. oder 3. Var. StGB a.F. subsumiert werden konnten. Die folgenden Ausführungen zeigen allerdings, daß eine Stellungnahme und Entscheidung zu dieser Streitfrage für die Fragestellung der vorliegenden Arbeit ohne Relevanz ist.

[758] Vgl. hierzu nochmals oben Zweiter Teil, Kapitel 1 A. II.

einem früheren Eintritt der objektiven Strafbarkeitsbedingung nach § 283 VI, 2. oder 3. Var. StGB.
Dennoch aber knüpft das Insolvenzstrafrecht hier nach wie vor an Situationen an, in denen die wirtschaftliche Krisensituation bereits eskaliert ist. Auch nach der Neubestimmung der Insolvenzgründe der eingetretenen Zahlungsunfähigkeit und der Überschuldung in §§ 17 und 19 InsO setzt es also insoweit weiterhin einen endgültigen wirtschaftlichen Zusammenbruch des Schuldners voraus; lediglich einzelne Voraussetzungen für diesen endgültigen Zusammenbruch sind auf Grund der Abhängigkeit des Strafrechts an die geänderten Vorgaben des Zivilrechts anzupassen. Bedenken im Hinblick auf die Strafbedürftigkeit von Bankrotthandlungen, die in entsprechenden Situationen begangenen werden, ergeben sich dabei solange nicht, wie das zivile Insolvenzrecht den Zeitpunkt der möglichen Verfahrenseröffnung, bzw. Abweisung mangels Masse nicht vor den der Eskalation der Krise des Schuldners vorverlegt.

III. Korrekturbedürftigkeit auf Grund der Einfügung der drohenden Zahlungsunfähigkeit als Insolvenzgrund

Zuletzt bleiben damit die Ausdehnungen des sachlichen und zeitlichen Anwendungsbereichs des § 283 VI StGB auf Grund der Einfügung der drohenden Zahlungsunfähigkeit als Insolvenzgrund zu untersuchen. Insofern hat sich die Rechtslage nach der Insolvenzrechtsreform grundlegend geändert: Bereits im Rahmen der Untersuchung, inwieweit sich eine insolvenzstrafrechtliche Begriffsbestimmung der Krise der drohenden Zahlungsunfähigkeit an den Vorgaben der zivilrechtlichen Legaldefinition nach § 18 II InsO zu orientieren hat, war auf die funktionale Inkongruenz hingewiesen worden, die sich aus der Verwendung des Merkmals in den beiden Rechtsgebieten ergab.[759]
Beim Vorliegen nur drohender Zahlungsunfähigkeit kann der Täter heute ferner den Eintritt der objektiven Strafbarkeitsbedingung nach § 283 VI, 2. oder 3. Var. StGB bereits im Vorfeld der eigentlichen Insolvenz, also vor dem endgültigen wirtschaftlichen Zusammenbruch herbeiführen. Die objektive Strafbarkeitsbedingung ist damit insofern auch nicht mehr in der Lage, die ihr vom Gesetzgeber zugedachte Funktion, das Eingreifen des Insolvenzstrafrechts auf eindeutig strafbedürftige Verhaltensweisen zu beschränken, zu erfüllen. Diese Ausweitung des Insolvenzstrafrechts bedarf daher einer Korrektur.[760]

---

[759] Vgl. nochmals oben Dritter Teil, Kapitel 2 B. I. 4.

[760] Ebenso **Bieneck** in Müller-Gugenberger/ Bieneck, § 76, Rz. 71a; **Moosmayer** S. 191ff.; **Uhlenbruck** ZInsO 1998, 251f.; **Uhlenbruck** NZI 1998, 33; Sch/Sch-**Stree/ Heine** § 283, Rz. 59. Vgl. ferner LK-**Tiedemann** vor § 283, Rz. 88, 180 und **Penzlin** S. 192f., die allerdings letztlich

F. Einschränkung des Anwendungsbereichs des § 283 VI StGB

Im abschließenden Teil dieses Kapitels werden somit verschiedene Alternativen untersucht, die auf unterschiedliche Weise der Einschränkung des Anwendungsbereichs der § 283 VI StGB und damit letztlich des gesamten Insolvenzstrafrechts dienen. Grundlegendes Ziel muß es dabei sein, im Sinne des Strafgesetzgebers von 1976 solche Fälle auf Grund fehlender Strafbedürftigkeit wieder aus dem Anwendungsbereich des § 283 VI StGB herauszunehmen, in denen der totale wirtschaftliche Untergang des Schuldners entweder zwar eintritt, aber mit der Bankrotthandlung während der Krise in keinerlei Zusammenhang steht (I), oder gänzlich ausbleibt (II).

I. Straflosigkeit des Täters bei fehlendem Zusammenhang zwischen Bankrotthandlung in der Krise und objektiver Strafbarkeitsbedingung

Bereits seit langer Zeit wird über eine Straflosigkeit des Täters bei zunächst erfolgreicher Überwindung der Krise und einem anschließenden, auf völlig anderen Umständen beruhenden wirtschaftlichen Zusammenbruch diskutiert. Dabei geht es im Kern um die Frage, ob und gegebenenfalls inwieweit zwischen der Bankrotthandlung während der wirtschaftlichen Krisensituation und der objektiven Strafbarkeitsbedingung ein Zusammenhang bestehen muß. Gedacht ist dabei etwa an Fälle folgender Art:

Ein unternehmerisch tätiger Schuldner droht zahlungsunfähig zu werden und befindet sich damit in einer relevanten Krisensituation nach § 283 I StGB. In diesem Zustand schafft er einen Vermögensgegenstand vorsätzlich, rechtswidrig und schuldhaft iSd § 283 I Nr. 1 StGB beiseite. Es gelingt ihm aber dennoch neue Geschäftspartner für sein Unternehmen zu gewinnen. Dadurch kann die wirtschaftliche Krisensituation überwunden und das Unternehmen in der Folgezeit wirtschaftlich auf sichere Beine gestellt werden. Erst als es mehrere Jahre später auf Grund der fortgeschrittenen technischen Entwicklung den Hauptabnehmer seines Produktes verliert, muß über sein Vermögen ein Insolvenzverfahren eröffnet werden.

In diesem Fall liegen rein formal alle Voraussetzungen einer Bankrottstrafbarkeit vor. Auch kann nicht zugunsten des Täters auf die dreijährige Verjährungsfrist nach § 78 III Nr. 5 StGB verwiesen werden, da diese nach § 78a S. 1 StGB erst mit dem Eintritt der objektiven Strafbarkeitsbedingung und nicht schon mit der Vor-

---

eine Korrekturbedürftigkeit des Insolvenzstrafrechts auf Grund der Einfügung der drohenden Zahlungsunfähigkeit als Insolvenzgrund ablehnen.

nahme der Bankrotthandlung in der Krise zu laufen beginnt.[761] Allerdings fehlt jeder Zusammenhang zwischen der Vornahme der Bankrotthandlung während der Krise und dem späteren Eintritt der objektiven Bedingung. Aus diesem Grunde werden vielfach Zweifel an der Sachgerechtigkeit dieses Ergebnisses erhoben, die zu unterschiedlichen Meinungen im Schrifttum geführt haben.[762]

1. Meinungsstand und Stellungnahme

Die hM fordert über den Wortlaut des § 283 StGB hinaus einen Zusammenhang zwischen der Bankrotthandlung in der Krise und der objektiven Bedingung, der zeige, daß dem Schuldner die Überwindung der Krise nicht gelungen sei, sondern sich diese vielmehr bis hin zum Eintritt einer der Bedingungsvarianten fortentwickelt habe.[763]
Dieser Zusammenhang wird insbesondere von der Rechtsprechung lediglich als ein äußerer oder tatsächlicher Zusammenhang umschrieben. Dessen Vorliegen sei einzelfallbezogen etwa dann zu bejahen, wenn die Bankrotthandlung direkt die Insolvenzmasse schmälert, wenn dieselben Gläubiger sowohl durch die Bankrotthandlung benachteiligt wie auch vom Eintritt der objektiven Bedingung betroffen sind, wenn Forderungen jetziger Insolvenzgläubiger bereits zur Zeit der Bankrotthandlung bestanden oder wenn die zur Zeit der Bankrotthandlung bestehenden Forderungen nur durch das Eingehen neuer Verbindlichkeiten getilgt werden konnten. Fehle ein solcher Zusammenhang, wie etwa im oben gebildeten Fallbeispiel, so

---

761 **Lackner/ Kühl** § 283, Rz. 31; **Biletzki** NStZ 1999, 540; **Tröndle/ Fischer** vor § 283, Rz. 17; **Bieneck** in Müller-Gugenberger/ Bieneck, § 76, Rz. 66; LK-**Tiedemann** vor § 283, Rz. 91; § 283, Rz. 221; Sch/Sch-**Stree/ Heine** § 283, Rz. 69; kritisch **Geisler** S. 510.

762 Die nachstehenden Ausführungen lassen sich auch auf § 283b StGB übertragen, der das Erfordernis der wirtschaftlichen Krise nicht aufweist. Hier stellt sich die parallele Frage, ob ein Schuldner, der die tatbestandliche Handlung vorgenommen hat, bestraft werden kann, wenn er später aus völlig anderen Gründen insolvent wird. Vgl. ebenso BGHSt 28, 233f.; LK-**Tiedemann** vor § 283, Rz. 92, 97, § 283b, Rz. 14f.; **Moosmayer** S. 189, Fn. 18; **Bieneck** in Müller-Gugenberger/ Bieneck, § 76, Rz. 73.

763 RGSt 55, 30; BGHSt 1, 191; BGHSt 28, 233f.; BGH JZ 1979, 76f.; BGH bei Herlan GA 1971, 38; BGH bei Holtz MDR 1981, 454; OLG Düsseldorf NJW 1980, 1292f.; **Lackner/ Kühl** § 283, Rz. 29; LK-**Tiedemann** vor § 283, Rz. 91ff.; **Tiedemann** NJW 1977, 782f.; **Tiedemann** NJW 1979, 254; **Tiedemann** in HWiStR, Art. Konkursstraftaten, S. 2; **Weyand** S. 66f.; **Moosmayer** S. 188ff.; **Penzlin** S. 181f.; Sch/Sch-**Stree/ Heine** § 283, Rz. 59, § 283b, Rz. 7; **Uhlenbruck** ZInsO 1998, 251f.; Jäger-**Klug** vor § 239, Rz. 6f.; SK-**Samson** vor § 283, Rz. 12; **Otto** in GS Bruns S. 281ff.; **Otto** BT § 61, Rz. 104; **Otto** AktG vor § 399, Rz. 69; **Biletzki** NStZ 1999, 540; **Ohde** S. 54; NK-**Kindhäuser** vor § 283, Rz. 112ff.; **Kindhäuser** Gefährdung S. 318ff.; **Hiltenkamp-Wisgalle** S. 325ff.; **Tröndle/ Fischer** vor § 283, Rz. 17; **W. Joecks** § 283, Rz. 6; **Zirpins/ Terstegen** S. 929; **Maurach/ Schroeder/ Maiwald** BT 1, § 48, Rz. 17; **Wessels/ Hillenkamp** BT 2, Rz. 469; **Gössel** § 28, Rz. 12; **Krause** S. 226ff.; **Schlüchter** JR 1979, 513f.

müsse der Täter straflos bleiben.[764] Ein darüber hinausgehender Kausalzusammenhang wird dagegen überwiegend abgelehnt.[765]
Im Schrifttum wird demgegenüber der Zusammenhang von einigen Autoren auch als Gefährdungs- oder Risikozusammenhang interpretiert. Ihrer Ansicht nach müsse sich in der objektiven Strafbarkeitsbedingung gerade die Gefahrensituation realisieren, die in der Krise ihren Ausdruck fand. Die Krise sei als Vorstufe zur objektiven Bedingung aufzufassen, letztere beschreibe also die auf die Spitze getriebene Eskalation der Krisensituation. Daraus folge, daß der Zusammenhang nicht nur äußerer oder tatsächlicher Natur sein könne.[766]
Insoweit ist jedoch der Einschätzung Penzlins zuzustimmen, wonach diese beiden Ansätze in der Praxis zumeist zu gleichen Ergebnissen gelangen, da die von der Rechtsprechung aufgestellten, einzelfallbezogenen Kriterien zugleich auch als wichtige Anzeichen dafür angesehen werden können, daß sich die wirtschaftliche Krisensituation im Eintritt der objektiven Strafbarkeitsbedingung realisiert hat.[767]
Teilweise wird zur Konkretisierung des Zusammenhanges ferner der Gedanke des Gegenbeweises der Ungefährlichkeit bei abstrakten Gefährdungsdelikten aufgegriffen. Die Bankrotthandlungen werden demnach grundsätzlich als widerlegbare

---

[764] Vgl. BGHSt 1, 191; BGH bei Herlan GA 1971, 38; BGH bei Holtz MDR 1981, 454; BGH wistra 2001, 306ff. = BGH NJW 2001, 1874ff.; ferner **Lackner/ Kühl** § 283 Rz. 29; **Moosmayer** S. 189; **Tröndle/ Fischer** vor § 283 Rz. 17; NK-**Kindhäuser** vor § 283, Rz. 114; **Biletzki** NStZ 1999, 540; krit. im Hinblick auf die Situation der Gläubigeridentität Sch/Sch-**Stree/ Heine** § 283, Rz. 59; **Otto** in GS Bruns S. 283; **Penzlin** S. 182, Fn. 835, S. 183f. und **Bieneck** wistra 1992, 91; **Bieneck** in Müller-Gugenberger/ Bieneck, § 76, Rz. 70, nach deren Ansicht der erforderliche Zusammenhang auf Grund der Existenz auch eines überindividuellen Rechtsgutes von der Identität der Gläubiger unabhängig sein müsse.

[765] BGHSt 28, 233f.; BGH bei Holtz MDR 1981, 454; ferner **Lackner/ Kühl** § 283, Rz. 29; **Wessels/ Hillenkamp** BT 2, Rz. 469; **Biletzki** NStZ 1999, 540; **Regner** S. 15; **Weyand** S. 66; **Tröndle/ Fischer** vor § 283, Rz. 17; NK-**Kindhäuser** vor § 283, Rz. 112; **Gössel** § 28, Rz. 12; Sch/Sch-**Stree/ Heine** § 283, Rz. 59; **Ohde** S. 54; Jäger-**Klug** vor § 239, Rz. 6f.

[766] **Otto** in GS Bruns S. 281ff., **Otto** BT § 61, Rz. 104; **Otto** AktG vor § 399, Rz. 69; SK-**Samson** § 283, Rz. 12 und NK-**Kindhäuser** vor § 283, Rz. 106; **Maurach/ Schroeder/ Maiwald** BT 1, § 48, Rz. 17; **Penzlin** S. 183f.; vgl. ferner LK-**Tiedemann** vor § 283, Rz. 95; **Tiedemann** NJW 1979, 254; **Tiedemann** NJW 1977, 783; **Uhlenbruck** ZInsO 1998, 251 und BGH JZ 1979, 77, wonach es ein Zusammenhang zwischen Krisensituation und objektiver Strafbarkeitsbedingung jedenfalls gegeben sei, wenn *die Krise linear zum Konkurs geführt hätte.*

[767] Vgl. **Penzlin** S. 183. Unpraktikabel erscheint dagegen dessen im folgenden zum Erfordernis eines Zusammenhangs vertretene und auf der Entscheidung gegen eine inhaltliche Akzessorietät des Insolvenzstrafrechts bei der Bestimmung der Krisenmerkmale beruhende Ansicht S. 188f., wonach trotz Zahlungsunfähigkeit iSd § 17 II InsO nicht jede zivilrechtliche Verfahrenseröffnung, bzw. Abweisung mangels Masse von Bedeutung für § 283 VI, 2., bzw. 3. Var. StGB sein soll, sondern nur eine solche bei der ununterbrochen zugleich eine von Penzlin enger verstandene Zahlungsunfähigkeit im strafrechtliche Sinne vorgelegen hat. Abgesehen von den grundsätzlich gegen die Auffassung Penzlins bestehenden Bedenken (vgl. dazu nochmals oben Dritter Teil, Kapitel 2 A. I., B. I., C. I. und Dritter Teil, Kapitel 3 C. I.) erwiese sich eine solche Differenzierung für die Ermittlungsbehörden in der Praxis als nicht durchführbar.

Symptome einer Gläubigergefährdung aufgefaßt und folglich das Bestehen eines Zusammenhanges nur dann verneint, wenn dem Täter der entsprechende Gegenbeweis gelingt. Zweifel gingen dabei zu seinen Lasten.[768] Dieser Ansicht entspricht auch der Vorschlag des § 192 II AE StGB.[769] An einem solchen Verständnis des Zusammenhanges wird allerdings innerhalb der hM selbst zutreffend Kritik geübt: Während diese Auslegung zwar de lege ferenda vorzugswürdig sei, bestünden de lege lata erhebliche Zweifel an ihrer Vereinbarkeit mit dem Grundsatz in dubio pro reo. Überdies lasse sie sich mit dem grundsätzlich strafbarkeitseinschränkenden Charakter der objektiven Bedingung nicht vereinbaren.[770]
Gegen diese hM lehnt eine Mindermeinung die Anerkennung jeden Zusammenhangs zwischen Bankrotthandlung in der Krise und objektiver Bedingung ab.[771] Neben dem Wortlaut des § 283 StGB, der anders als etwa § 192 II AE StGB ein solches zusätzliches Erfordernis nicht nenne, wird als weiteres Argument angeführt, daß mit dem Eintritt einer der Varianten der objektiven Strafbarkeitsbedingung die gescheiterte, wirtschaftliche Situation nach außen hin so deutlich geworden sei, daß kein Grund mehr bestehe, das Eingreifen des strafrechtlichen Schutzes der §§ 283ff. StGB durch ungeschriebene Einschränkungen noch weiter zurückzudrängen.[772] Folglich bleibt nach dieser Ansicht jede einmal eingetretene schuldnerische Krise, auch wenn sie zwischenzeitlich vollkommen überwunden werden konnte, strafrechtlich relevant und führt zu einer Strafbarkeit nach §§ 283ff. StGB, falls es nur irgendwann einmal später zum Eintritt einer der objektiven Bedingungen kommt.
Dieser Ansicht kann aus verschiedenen Gründen nicht gefolgt werden: Für einen Zusammenhang im Sinne der hM spricht zunächst schon die mehrfache Bedeutung der Begriffe der drohenden und eingetretenen Zahlungsunfähigkeit sowie der Überschuldung im Straf- und im Zivilrecht. Sie dienen wie gesehen sowohl der Umschreibung der insolvenzstrafrechtlichen Krisensituationen als auch der zivilrechtlichen Insolvenzeröffnungsgründe, die ihrerseits wiederum mittelbar materielle Voraussetzungen der objektiven Strafbarkeitsbedingung des § 283 VI, 2. und 3. Var. StGB sind. Dabei sind diese Begriffe in ihren jeweiligen Funktionszusam-

---

[768] LK-**Tiedemann** vor § 283, Rz. 92ff.; **Tiedemann** NJW 1977, 782f.; Scholz-**Tiedemann** § 84, Rz. 17, 89f.; **Tiedemann** in HWiStR, Art. Konkursstraftaten, S. 2; **Tröndle/ Fischer** vor § 283, Rz. 17; SK-**Samson** § 283, Rz. 12; **Heinz** GA 1977, 218; **Schlüchter** JR 1979, 515; Sch/Sch-**Stree/ Heine** § 283, Rz. 59; **Krause** S. 227; vgl. ferner OLG Hamburg NJW 1987, 1342ff.

[769] **Lampe/ Lenckner/ Stree/ Tiedemann/ Weber** AE StGB – Straftaten gegen die Wirtschaft, S. 80, 82f.

[770] **Lackner/ Kühl** § 283, Rz. 29; **Penzlin** S. 186f.; **Otto** in GS Bruns S. 282; NK-**Kindhäuser** vor § 283, Rz. 114 und **Bieneck** wistra 1992, 91; **Bieneck** in Müller-Gugenberger/ Bieneck, § 76, Rz. 72, vgl. dagegen wiederum LK-**Tiedemann** vor § 283, Rz. 93, 97; **Krause** S. 227f.

[771] **Schäfer** wistra 1990, 86ff.; **Geisler** S. 499ff.; **Bieneck** wistra 1992, 91.

menhängen inhaltsgleich auszulegen. Diese begriffliche und inhaltliche Identität macht deutlich, daß die beiden Tatbestandskomponenten der Krise und der objektiven Bedingung nicht beziehungslos nebeneinander stehen können. Entsprechend führt auch die Begründung des Gesetzgebers des 1. WiKG aus, die objektive Bedingung ergebe sich im allgemeinen aus der Krise.[773]
Das entscheidende Argument für die hM ergibt sich aber aus dem Entfallen eines Strafbedürfnis in Konstellationen, in denen ein Schuldner zwar letztlich den Eintritt einer Bedingungsvariante nach § 283 VI StGB nicht verhindern konnte, er aber die zur Zeit der Vornahme der Bankrotthandlung existierende Krise zwischenzeitlich überwunden hatte und der endgültige wirtschaftliche Zusammenbruch nunmehr auf einer davon völlig unabhängigen, neuerlichen Krise beruht.[774] Der Zustand der Insolvenz bildet nach heutigem Verständnis lediglich eine zivilrechtliche Zäsur im Verhältnis des Schuldners zu seinem Vermögen, deren bloßer Eintritt zunächst für das Strafrecht ohne Bedeutung bleibt. Erst in Verbindung mit einer Bankrotthandlung entsteht strafwürdiges und nach Eintritt der objektiven Strafbarkeitsbedingung auch strafbedürftiges Unrecht. Diesem Umstand aber wird die Mindermeinung nicht gerecht, die damit auch die strafbarkeitseinschränkende Funktion der objektiven Strafbarkeitsbedingung mißachtet.[775]
Schließlich führte diese Ansicht zu einer beträchtlichen Einengung der Initiativen eines Unternehmens im Wirtschaftsleben, da jede einmal eingetretene Krise trotz mittlerweile erfolgreicher Überwindung strafrechtlich relevant bliebe und bei Verwirklichung einer der objektiven Bedingungen eine Bankrottstrafbarkeit nach sich ziehen könnte.[776]

---

772 So **Schäfer** wistra 1990, 87.

773 BT Drs. 7/ 3441, S. 33.

774 BGHSt 28, 234; LK-**Tiedemann** vor § 283, Rz. 92; **Tiedemann** NJW 1977, 783; **Tiedemann** NJW 1979, 254; **Wessels/ Hillenkamp** BT 2, Rz. 469; **Moosmayer** S. 188; Sch/Sch-**Stree/ Heine** § 283, Rz. 59; NK-**Kindhäuser** vor § 283, Rz. 112. Ebenso wird die ausdrückliche Normierung eines Zusammenhanges in § 192 II AE StGB mit dem anderweitigen Entfallen eines Strafbedürfnisses begründet, vgl. **Lampe/ Lenckner/ Stree/ Tiedemann/ Weber** AE StGB, Straftaten gegen die Wirtschaft, S. 83.
Ab wann eine Überwindung der Krise anzunehmen ist, wird im einzelnen unterschiedlich beurteilt: Während LK-**Tiedemann** vor § 283, Rz. 175f.; Scholz-**Tiedemann** vor § 82, Rz. 31; **Tiedemann** NJW 1979, 254; **Penzlin** S. 184f.; NK-**Kindhäuser** vor § 283, Rz. 113 und **Moosmayer** S. 193f. eine vorübergehende Wiederherstellung der Liquidität und eine kurzfristige Beseitigung der Überschuldung für ausreichend erachten, fordern die Rechtsprechung (BGH JZ 1979, 75f.) sowie **Hiltenkamp-Wisgalle** S. 332ff.; **Otto** in GS Bruns S. 282 und Fn. 59 und **Bieneck** in Müller-Gugenberger/ Bieneck, § 76, Rz. 71 weitergehend im Hinblick auf das Schutzgut der materiellen Befriedigungsinteressen der Gläubiger und um vordergründigen finanziellen Manipulationen durch den Schuldner vorzubeugen eine wirkliche Konsolidierung des Schuldners.

775 **Otto** in GS Bruns S. 281; LK-**Tiedemann** vor § 283, Rz. 98; **Moosmayer** S. 188f., 190f.; **Penzlin** S. 181f.

776 **Tiedemann** NJW 1977, 783.

Mit der hM ist damit eine Strafbarkeit nach § 283 StGB zu verneinen, wenn der Eintritt der objektiven Strafbarkeitsbedingung und die Vornahme der Bankrotthandlung in keinem Zusammenhang stehen.[777]

2. Reichweite dieser Einschränkung

Die Diskussion um eine Einschränkung der Insolvenzdelikte bei fehlendem Zusammenhang zwischen Bankrotthandlung in der Krise und objektiver Bedingung entbrannte bereits lange Zeit vor der Insolvenzrechtsreform und wurde durch diese weder argumentativ erweitert noch gelöst. Die Anerkennung der Notwendigkeit eines solchen Zusammenhanges reicht daher allein nicht aus, um den heute durch die Insolvenzrechtsreform entstandenen Ausweitungen des Insolvenzstrafrechts entgegenzuwirken. Sie betrifft vielmehr alle Varianten der objektiven Bedingung in gleichem Maße, ist jedoch nicht auf die besonders problematische und als nicht sachgerecht erkannte Sanktionierung von Bankrotthandlungen nach §§ 283ff. StGB vor Eintritt des endgültigen wirtschaftlichen Zusammenbruchs zugeschnitten.

II. Modelle zur Überwindung der funktionalen Inkongruenz zwischen § 283 VI StGB und § 18 InsO

Insofern hatte sich strafrechtlich eine Korrekturbedürftigkeit auf Grund der Einführung der drohenden Zahlungsunfähigkeit als Insolvenzgrund ergeben. Gerade hier befindet sich nämlich der Schuldner wirtschaftlich in einer zwar angeschlagenen und heiklen, aber noch nicht desolaten, vollauf gescheiterten Situation. Die funktionelle Erweiterung des Merkmals der drohenden Zahlungsunfähigkeit gem. § 18 InsO führte ferner zu einer Inkongruenz zwischen dem zivilen Insolvenz- und dem Insolvenzstrafrecht, die es im folgenden zu beseitigen gilt.

---

[777] Trotz dieses Ergebnisses kann der Eintritt einer der objektiven Bedingung der Bankrotthandlung im Einzelfall durchaus auch zeitlich vorausgehen. Das zeigt sich bereits daran, daß eine nachträglich begangene Bankrotthandlung ganz offensichtlich die materielle Befriedigung der Gläubiger beeinträchtigt und daher in einem solchen Fall schon aus diesem Grund der erforderliche Zusammenhang gegeben ist. Ebenso RGSt 11, 386f.; RGSt 65, 416f.; BGHSt 1, 191; BGH bei Herlan GA 1971, 38; **Lackner/ Kühl** § 283, Rz. 29; **Krause** S. 228, Fn. 160; Sch/Sch-**Stree/ Heine** § 283, Rz. 50, 59; LK-**Tiedemann** vor § 283, Rz. 96; **Böhle-Stamschräder** KTS 1957, 180ff.; **Otto** in GS Bruns S. 282; NK-**Kindhäuser** vor § 283, Rz. 107; **Hiltenkamp-Wisgalle** S. 335ff.; Preisendanz-**Bieneck** § 283, Anm. 4., S. 888; **Zirpins/ Terstegen** S. 929; **Maurach/ Schroeder/ Maiwald** BT 1, § 48, Rz. 17.

1. Lösungsvorschlag von Moosmayer und Uhlenbruck – Strafbefreiende Wirkung einer insolvenzplanförmigen Sanierung

Bislang existiert im Schrifttum in dieser Hinsicht allerdings erst ein einziger Lösungsvorschlag von Moosmayer und Uhlenbruck.[778] Ihrem Modell liegt ebenso wie dieser Arbeit das Bestreben zugrunde, im Sinne des Gesetzgebers des 1. WiKG von 1976 Strafbarkeiten nach §§ 283ff. StGB auszuschließen, wenn es nicht zum endgültigen Unternehmenszusammenbruch kommt und somit kein Strafbedürfnis besteht.[779] Nach der Konzeption von Moosmayer und Uhlenbruck ist allerdings einer insolvenzrechtlichen Verfahrenseröffnung wegen drohender Zahlungsunfähigkeit nicht generell die strafrechtliche Relevanz abzusprechen. Vielmehr könne nur dann von Straffreiheit ausgegangen werden, wenn erstens ein Insolvenzverfahren auf Grund von drohender Zahlungsunfähigkeit eröffnet und zweitens innerhalb dieses Verfahrens ein Insolvenzplan aufgestellt werde, drittens dieser Plan nicht etwa eine Liquidation oder eine übertragende Sanierung zum Inhalt habe, sondern eine originäre Sanierung vorsehe und somit Unternehmen und Unternehmensträger als Einheit einer Krisenüberwindung zuführe und schließlich viertens dieses im Insolvenzplan angelegte Sanierungsvorhaben gelinge, wenn also die Krise des Schuldners tatsächlich bewältigt werden könne.[780]

2. Eigener Lösungsvorschlag – Gesetzliche Umgestaltung des § 283 VI StGB

Der eigene Lösungsvorschlag dehnt dagegen den Strafausschluß weiter aus. Im Gegensatz zum rein interpretatorischen Modell von Moosmayer und Uhlenbruck wird eine gesetzliche Umgestaltung der objektiven Strafbarkeitsbedingung des § 283 VI StGB vorgeschlagen. De lege ferenda führt danach die Eröffnung eines Insolvenzverfahrens oder dessen Ablehnung mangels Masse bei noch nicht eingetretener, sondern nur drohender Zahlungsunfähigkeit nicht mehr zum Eintritt der objektiven Strafbarkeitsbedingung.

---

[778] **Moosmayer** S. 191ff.; **Uhlenbruck** ZInsO 1998, 251f.; **Uhlenbruck** NZI 1998, 33; zustimmend Sch/Sch-**Stree/ Heine** § 283, Rz. 59. Vgl. ferner zur Problematik LK-**Tiedemann** vor § 283, Rz. 180; **Penzlin** S. 190ff.; **Beck** in Wabnitz/ Janovsky 2/ 76.

[779] **Moosmayer** S. 191 und Fn. 29.

[780] **Moosmayer** S. 191ff.; **Uhlenbruck** ZInsO 1998, 251f.

Gesetzestechnisch ist § 283 VI StGB hierzu wie folgt zu ändern:

§ 283 VI StGB de lege lata
Die Tat ist nur dann strafbar, wenn der Täter seine Zahlungen eingestellt hat oder über sein Vermögen das Insolvenzverfahren eröffnet oder der Eröffnungsantrag mangels Masse abgewiesen worden ist.

Vorläufiger Entwurf des § 283 VI StGB de lege ferenda[781]
Die Tat ist nur dann strafbar, wenn der Täter seine Zahlungen eingestellt hat oder *wenn auf Grund von eingetretener Zahlungsunfähigkeit oder Überschuldung* *1.* über sein Vermögen das Insolvenzverfahren eröffnet oder *2.* der Eröffnungsantrag mangels Masse abgewiesen worden ist.

Dieser Ansicht hat sich jüngst Bieneck unter Hinweis auf die vorliegende Arbeit angeschlossen.[782]

3. Stellungnahme

Im folgenden ist näher zu begründen, warum diese Arbeit den Vorschlag einer gesetzlichen Umgestaltung des § 283 VI StGB dem interpretatorischen Auslegungsmodell Moosmayers und Uhlenbrucks vorzieht. Dazu wird den Ausführungen zunächst ein Beispiel vorgestellt, das verdeutlicht, in welchen Fällen die beiden Ansätze zu unterschiedlichen Ergebnissen führen.

a) Fallbeispiel

Die A-GmbH, die B-GmbH, die C-GmbH und die D-GmbH sind drohend zahlungsunfähig, haben aber ihre Zahlungen nicht eingestellt. In allen vier Fällen liegt eine vorsätzliche, rechtswidrige und schuldhafte Bankrotthandlung nach § 283 I Nr. 1 StGB des jeweiligen Geschäftsführers vor.
In dieser Phase der wirtschaftlichen Krise stellt der Geschäftsführer der A-GmbH einen frühen Insolvenzantrag nach §§ 13, 18 InsO, und ein Insolvenzverfahren wird auf Grund der drohenden Zahlungsunfähigkeit eröffnet. Es kommt zur Aufstellung, Annahme und gerichtlichen Bestätigung eines Insolvenzplans, der ein Sanierungskonzept enthält. Der endgültige wirtschaftliche Kollaps bleibt aus.

---

781 Die Vorläufigkeit dieses Formulierungsvorschlages ergibt sich aus dem Umstand, daß die vorliegende Arbeit später noch eine weitere gesetzliche Änderung des § 283 VI StGB vorschlägt. In diesem Zusammenhang ist dann ein endgültiger Entwurf der objektiven Strafbarkeitsbedingung de lege ferenda vorzustellen. Vgl. insofern unten Dritter Teil, Kapitel 4 A. III.

782 **Bieneck** in Müller-Gugenberger/ Bieneck, § 76, Rz. 71b, Fn. 116c.

Ebenso stellt auch der Geschäftsführer der B-GmbH einen Antrag nach §§ 13, 18 InsO. Während des ebenfalls eröffneten Verfahrens aber verschlechtert sich die wirtschaftliche Lage weiter und es tritt später endgültig Zahlungsunfähigkeit ein. Letztendlich mißlingen die Sanierungsbemühungen und die B-GmbH wird liquidiert.
Im Falle der C-GmbH wird dagegen das Antragsrecht nach § 18 InsO zunächst nicht ausgeübt. Auch bei ihr weiten sich jedoch die Zahlungsschwierigkeiten aus, bis Zahlungsunfähigkeit iSd § 17 II 1 InsO eintritt. Nunmehr wird zwangsweise wegen §§ 64 I, 84 I Nr. 2 GmbHG ein Insolvenzantrag – allerdings nach §§ 13, 17 InsO – gestellt. Das Insolvenzverfahren wird daraufhin auch im Fall der C-GmbH eröffnet. In dessen Verlauf einigen sich Gläubiger und Schuldner auf einen auf Sanierung gerichteten Insolvenzplan, den das Gericht beschließt.
Schließlich verzichtet man im Falle der D-GmbH wie bei der C-GmbH auf einen Antrag nach § 18 InsO, die wirtschaftliche Situation verschlechtert sich, es tritt Zahlungsunfähigkeit iSd § 17 II 1 InsO ein. Auch über das Vermögen der D-GmbH wird dann ein Insolvenzverfahren eröffnet, das allerdings zur Liquidation der D-GmbH führt.

Prüft man die Strafbarkeiten der vier Geschäftsführer wegen Bankrotts nach beiden dargestellten Auffassungen, so führt dies im einzelnen zu folgenden Ergebnissen:
Sowohl nach der Ansicht von Moosmayer und Uhlenbruck als auch nach dem Vorschlag dieser Arbeit tritt im Falle der A-GmbH die objektive Strafbarkeitsbedingung nach § 283 VI StGB nicht ein und eine Bankrottstrafbarkeit ist somit nicht gegeben. In Anbetracht der Begründung des Gesetzgebers des 1. WiKG ist im Fall der A-GmbH die Strafbedürftigkeit des Verhaltens des Geschäftsführers zu verneinen, da das letztendliche wirtschaftliche Scheitern der A-GmbH ausblieb. Die beiden Auffassungen unterscheiden sich damit hier lediglich in ihrem methodischen Vorgehen. Während die Gegenauffassung das Ergebnis aus einer restriktiven Auslegung des § 283 StGB de lege lata gewinnt, unterfällt dem Vorschlag dieser Arbeit nach der Sachverhalt schon nicht mehr dem Wortlaut des § 283 VI StGB de lege ferenda.
Ebenso einhellig haben sich die Geschäftsführer der C-GmbH und der D-GmbH nach beiden Ansichten nach §§ 283, 14 StGB strafbar gemacht. Im Gegensatz zur A-GmbH konnte hier jeweils der wirtschaftliche Zusammenbruch nicht verhindert werden. Somit entfällt das Strafbedürfnis hinsichtlich der während der wirtschaftlichen Krise iSd § 283 I StGB vorgenommenen Bankrotthandlung nicht. Daran ändert auch die Tatsache nichts, daß im Falle der C-GmbH an Stelle einer Liquidation ein auf Sanierung gerichteter Insolvenzplan aufgestellt, angenommen und gerichtlich bestätigt wurde. Vielmehr ist allein entscheidend, daß das endgültige wirtschaftliche Scheitern bereits bei Eintritt der objektiven Bedingung in Form der ein-

getretenen Zahlungsunfähigkeit nach § 17 II 1 InsO feststand.[783] Die Gegenauffassung sieht damit keine Veranlassung, den an sich gegebenen Eintritt der objektiven Bedingung nach § 283 VI, 2. Var. StGB mit Hilfe ihrer restriktiven Auslegung zu korrigieren. Nach der Konzeption dieser Arbeit tritt die Bedingung nach § 283 VI, 2. Var. StGB de lege ferenda ebenso ein, da das Insolvenzverfahren auf Grund eingetretener Zahlungsunfähigkeit eröffnet wurde.
Zu unterschiedlichen Ergebnissen gelangen die Ansichten dagegen bei der Frage nach der Strafbarkeit des Geschäftsführers der B-GmbH nach §§ 283, 14 StGB: Hier verneint die Gegenauffassung eine Strafbefreiung, da es auch im Falle der B-GmbH trotz der frühen Antragstellung nach § 18 InsO letztlich zum endgültigen wirtschaftlichen Zusammenbruch gekommen sei. Wie die C- und D-GmbH habe auch die B-GmbH letztlich den Eintritt der Zahlungsunfähigkeit nicht abwenden können. Aus diesem Grund sei der Geschäftsführer der B-GmbH nach §§ 283, 14 StGB zu bestrafen. Nach der Ansicht dieser Arbeit genügt dagegen die Tatsache, daß das Insolvenzverfahren hier auf Grund von drohender Zahlungsunfähigkeit eröffnet wurde, um den Eintritt der objektiven Bedingung nach § 283 VI StGB zu verneinen und damit Straflosigkeit des Geschäftsführers der B-GmbH anzunehmen.

b) Unterschiede zwischen den beiden Ansichten

Die Unterschiede zwischen den beiden Modellen lassen sich damit wie folgt zusammenfassen:
Moosmayer und Uhlenbruck knüpfen die Straflosigkeit neben dem Antrag nach § 18 InsO zusätzlich an weitere Voraussetzungen. Ihrer Ansicht nach muß ein Insolvenzverfahren eröffnet werden, in dem es zur Aufstellung eines Insolvenzplans kommt, der ein originäres Sanierungskonzept enthält, das schließlich gelingt. Klammert man allerdings zunächst einmal die letzte Voraussetzung des Gelingens des Sanierungsvorhabens aus, so unterscheidet sich die Ansicht Moosmayers und Uhlenbrucks zwar methodisch grundlegend, in der Sache aber nur noch unwesentlich von der hier vertretenen:
Dies liegt zunächst daran, daß das Insolvenzantragsrecht nach § 18 InsO auf den Schuldner beschränkt ist. Anträge von Gläubigerseite aus, die etwa um ihre materielle Befriedigung fürchten, kommen in diesem frühen Stadium noch nicht in Betracht. Ferner ist das Antragsrecht nicht mit einer Antragspflicht verbunden. Der Schuldner wird daher in der Praxis einen frühen Insolvenzantrag nach § 18 InsO nur stellen, wenn eine konkrete Aussicht besteht, das Unternehmen im Verfahren trotz angeschlagener wirtschaftlicher Situation zu erhalten und einer Sanierung zuzuführen. Andernfalls wird er seinen Betrieb so lange wie möglich weiterführen

[783] **Moosmayer** S. 194.

und vielleicht auf außergerichtlichem Wege eine Sanierung versuchen, jedenfalls einen Insolvenzantrag erst dann stellen, wenn die finanzielle Situation ausweglos geworden, d.h. der endgültige wirtschaftliche Kollaps iSd §§ 17 oder 19 InsO eingetreten ist. Vielfach trifft ihn dann sogar eine gesetzliche Pflicht zur Antragstellung.[784]

Weiter ist zu berücksichtigen, daß der Verwirklichung eines verfahrensförmigen Sanierungsvorhabens gerade das neue Rechtsinstitut des Insolvenzplans dient. Festzustellen bleibt damit, daß der Schuldner einen Insolvenzantrag nach § 18 InsO in aller Regel nur dann stellt, wenn gute Aussichten auf die Eröffnung des Verfahrens bestehen und er eine verfahrensförmige Sanierung auf der Grundlage eines Insolvenzplans anstrebt. Mit anderen Worten: Liegt die erste Voraussetzung für eine Strafbefreiung nach dem Ansatz der Gegenmeinung, also der Insolvenzantrag bei nur drohender Zahlungsunfähigkeit, vor, so sind vielfach die weiteren Voraussetzungen der Verfahrenseröffnung und der Aufstellung eines Insolvenzplans, der ein originäres Sanierungskonzept enthält, ebenfalls gegeben.

Unterschiede zwischen dem dieser Arbeit eigenen, gesetzesändernden Vorschlag und dem interpretatorischen Ansatz Moosmayers und Uhlenbrucks zeigen sich aber dann, wenn das anvisierte insolvenzplanförmige Sanierungsvorhaben nicht gelingt. Die vorliegende Arbeit bezieht auch solche Fälle in den Bereich der Straflosigkeit ein. Ihr genügt es, daß zunächst ein Verfahren nach § 18 InsO beantragt und anschließend eröffnet oder mangels Masse abgewiesen wurde. Moosmayer und Uhlenbruck lehnen eine Strafbefreiung dagegen ab, wenn das Verfahren nach § 18 InsO mangels Masse abgewiesen wird oder zwar zur Eröffnung gelangt, das angestrengte Sanierungskonzept auf der Grundlage eines Insolvenzplans aber mißlingt und schließlich trotz früher Antragstellung der wirtschaftliche Kollaps des Schuldners nicht ausbleibt. Ihrer Ansicht nach tritt also Straflosigkeit des Täters seltener, nämlich nur dann ein, wenn es zur tatsächlichen Krisenbewältigung im Rahmen eines insolvenzplanförmigen Sanierungskonzepts kommt. Im Fallbeispiel zeigen sich diese Unterschiede an der Situation der B-GmbH.

c) Argumente für die Ansicht von Moosmayer und Uhlenbruck

Moosmayer und Uhlenbruck führen für ihre Ansicht im wesentlichen zwei Argumente an:

Zum einen biete die Verfahrenseröffnung nach § 18 InsO allein noch keine ausreichende Gewähr dafür, daß eine Sanierung von den Beteiligten auch tatsächlich an-

[784] Vgl. nochmals die §§ 92 II AktG, 64 I GmbHG, 99 I GenG, 130a I, 177a HGB, 42 II BGB und oben Dritter Teil, Kapitel 2 B. I. 4. a) bb).

gestrengt werde, geschweige denn gelinge.[785] Das Strafbedürftigkeit einer während der Krisensituation vorgenommenen Bankrotthandlung entfalle aber nur dann, wenn der wirtschaftliche Zusammenbruch wirklich ausbleibe. Führe dagegen ein Insolvenzverfahren trotz frühzeitiger Einleitung nach § 18 InsO im Ergebnis zur Liquidation des Unternehmens oder könne ein Verfahren gar nicht eröffnet werden, so müsse, um untragbare Ungleichbehandlungen zu vermeiden, eine strafrechtliche Haftung des Schuldners in gleicher Weise möglich bleiben, wie wenn eine manifeste Krise bereits im Zeitpunkt des Insolvenzantrags vorgelegen hätte, wie wenn also ein Insolvenzverfahren nach §§ 17 oder 19 InsO eröffnet oder mangels Masse abgewiesen worden wäre. Der Unwertgehalt von Bankrotthandlungen bleibe nämlich unabhängig davon, ob sich das in der Krise angelegte Scheitern früher (wie in den Fällen der C- und der D-GmbH) oder später (wie im Falle der B-GmbH) realisiere, stets der gleiche.[786]
Zum zweiten wird weiter argumentiert, dürfe aus diesen Gründen auch nicht jedem in einem Insolvenzverfahren nach § 18 InsO aufgestellten Insolvenzplan strafbefreiende Wirkung zukommen. Sei der Plan nämlich ausnahmsweise auf eine Liquidation gerichtet, so könne die wirtschaftliche Krisensituation nicht als überwunden angesehen und folglich eine Strafbefreiung nicht angenommen werden.[787] Gleiches gelte für den Fall einer übertragenden Sanierung, da auch hier die Krise nicht vom Schuldner selbst bewältigt werde, sondern vielmehr das Unternehmen von seinem bisherigen Unternehmensträger auf Grund dessen mangelnder Sanierungsfähigkeit zu trennen sei.[788] Straflosigkeit des Schuldners könne folglich nur dann eintreten, wenn innerhalb des nach § 18 InsO eingeleiteten Verfahrens eine Entscheidung zu Gunsten eines Insolvenzplans falle, dieser eine originäre Sanierung vorsehe, die dann in der Tat auch gelinge.
Damit stellt sich für Moosmayer und Uhlenbruck das Folgeproblem, einen Zeitpunkt bestimmen zu müssen, ab dem die Krise als bewältigt anzusehen, mithin Strafbefreiung des Täters anzunehmen ist. Insofern wird zunächst ein Abstellen auf den Zeitpunkt der Rechtskraft der gerichtlichen Bestätigung des Insolvenzplans gem. § 248 InsO erwogen, da damit das Insolvenzverfahren aufgehoben und dem Schuldner sein Verfügungsrecht über die Insolvenzmasse zurückgegeben werde (§§ 258f. InsO).[789] Allerdings bestehe zu diesem Zeitpunkt noch keine endgültige Gewißheit hinsichtlich der Überwindung der Krise. Dies zeige sich schon daran, daß die InsO selbst in den §§ 260-269 InsO die Möglichkeit eines Planüberwa-

---

[785] **Moosmayer** S. 192; vgl. insofern auch LK-**Tiedemann** vor § 283, Rz. 180.
[786] **Moosmayer** S. 192.
[787] **Moosmayer** S. 192f.
[788] **Moosmayer** S. 192f.
[789] **Moosmayer** S. 193 und Fn. 33.

chungsverfahrens vorsehe, das den Gläubigern weiterhin verschiedene Kontrollbefugnisse hinsichtlich der Umsetzung des Insolvenzplans einräume. Daher sei für den Fall, daß sich die Gläubiger für die Durchführung eines solchen Verfahrens entscheiden, der Zeitpunkt der Aufhebung der Planüberwachung nach § 268 InsO als maßgeblich anzusehen. Falls dagegen ein Planüberwachungsverfahren nicht stattfinde, könne auf den Zeitpunkt des § 248 InsO abgestellt werden.[790]

d) Argumente für den eigenen Lösungsvorschlag

Zwar kann gegen die Konzeption von Moosmayer und Uhlenbruck zunächst nicht vorgebracht werden, daß das Zustandekommen eines sanierenden Insolvenzplans auch von der Zustimmung der Gläubiger abhinge, die somit mittelbar eine Entscheidung über die strafrechtliche Haftung des Schuldners fällten.[791] Zum einen können nämlich die Gläubiger unstreitig auch auf andere Weise durch eigenes Einwirken eine Strafbarkeit des Schuldners nach §§ 283ff. StGB verhindern. So kann etwa das Vorliegen einer wirtschaftlichen Krisensituation iSd § 283 I StGB durch eine Stundung oder einen Forderungserlaß abgewendet werden.[792] Zum anderen dienen sowohl die zivilinsolvenzrechtlichen wie auch die insolvenzstrafrechtlichen Regelungen dem Schutz der materiellen Befriedigungsinteressen der Gläubiger. Dies rechtfertigt es, das Eingreifen der insolvenzstrafrechtlichen Verantwortlichkeit bis zu einem gewissen Grade vom Verhalten dieser Gläubiger abhängig zu machen.[793] Daneben ist auch im Hinblick auf die überindividuelle Schutzrichtung der Bankrottdelikte kein Eingreifen des Strafrechts geboten, wenn das Insolvenzverfahren über das Institut des Insolvenzplans zu einem sanierenden Erhalt des Unternehmens führt und somit gesamtwirtschaftliche Belange nicht beeinträchtigt werden.
Dennoch aber ist dem Vorschlag dieser Arbeit im Ergebnis gegenüber dem Lösungsmodell von Moosmayer und Uhlenbruck aus folgenden Gründen den Vorzug zu geben.

aa) Methodische Gesichtspunkte

Zunächst steht der Auslegung der Gegenposition der Wortlaut des § 283 VI StGB entgegen, der den Eintritt der objektiven Strafbarkeitsbedingung immer und ohne Rücksicht auf den jeweils vorliegenden Insolvenzgrund vorsieht, wenn ein Insol-

---

790 **Moosmayer** S. 193f.; **Uhlenbruck** ZInsO 1998, 252; **Uhlenbruck** NZI 1998, 33.

791 Bedenken insofern hegt allerdings **Uhlenbruck** ZInsO 1998, 251f. Wie hier dagegen **Moosmayer** S. 195 selbst und LK-**Tiedemann** vor § 283, Rz. 180. Vgl. ferner **Hörl** S. 61; **Uhlenbruck** wistra 1996, 4.

792 **Moosmayer** S. 195; LK-**Tiedemann** vor § 283, Rz. 170, 180; vgl. auch **Hörl** S. 61.

793 **Moosmayer** S. 195.

venzverfahren eröffnet oder mangels Masse abgelehnt wird.[794] Der Vorschlag dieser Arbeit vermeidet dagegen Bedenken gegen die Vereinbarkeit mit dem Wortlaut, indem er diesen ändert.
Ferner löst sich die Interpretation der Gegenmeinung von dem in § 283 VI StGB angelegten Grundsatz der Zivilrechtsakzessorietät in seiner jetzigen Form. Nach dem hier befürworteten Modell führt zwar ebenso nicht mehr pauschal jede Eröffnung, bzw. Abweisung eines Insolvenzverfahrens mangels Masse zum Eintritt der objektiven Strafbarkeitsbedingung, sondern es wird je nach Insolvenzgrund differenziert. Auch mit ihm ist damit in gewissen Grenzen eine Lockerung der Zivilrechtsakzessorietät verbunden, die aber methodisch vorzugswürdig nicht durch eine dem Gesetz entgegenstehende Auslegung des § 283 StGB, sondern durch entsprechende Änderung dieses Gesetzes geschieht.

bb) Gesichtspunkt der Praktikabilität

Neben diesen methodischen Gesichtspunkten vermag die Ansicht Moosmayers und Uhlenbrucks zweitens auch inhaltlich nicht zu überzeugen, da sie zu untragbaren Ergebnissen in der Praxis führte.[795] Zwischen dem Zeitpunkt der Verfahrenseröffnung und ihrer Entscheidung über die strafbefreiende Wirkung eines Insolvenzplans liegt in aller Regel eine erhebliche Zeitspanne, da letztere frühestens nach Vorliegen der rechtskräftigen Bestätigung des Insolvenzplans, gegebenenfalls sogar erst im Zeitpunkt der Aufhebung der Planüberwachung getroffen werden kann. Die Strafverfolgungsbehörden wären somit zunächst gezwungen, Ermittlungen im Hinblick auf mögliche Insolvenzstrafbarkeiten einzuleiten, müßten diese aber später wieder einstellen oder aussetzen[796], wenn es zur Aufstellung eines Insolvenzplans käme, dieser ein originäres Sanierungskonzept enthielte und im maßgeblichen Zeitpunkt (§§ 248, 258, bzw. 268 InsO) die Krise als überwunden anzusehen wäre.[797] Folge der Konzeption Moosmayers und Uhlenbrucks wäre damit in vielen Fällen eine unnütze Inanspruchnahme der Strafverfolgungsorgane, die sich auch dann nicht vermeiden ließe, wenn die Ermittlungen trotz Verfahrenseröffnung zunächst faktisch zurückgestellt oder auf Beweissicherungsmaßnahmen vorläufig

[794] So auch **Bieneck** in Müller-Gugenberger/ Bieneck, § 76, Rz. 71b. Zweifel an der Vereinbarkeit mit der Verfassung können allerdings insofern gegen diese Auffassung nicht vorgebracht werden, da sie keine Analogie zu Lasten des Täters vornimmt, sondern im Gegenteil die Strafbarkeit nach §§ 283ff. StGB zugunsten des Täters einengt.

[795] So auch **Bieneck** in Müller-Gugenberger/ Bieneck, § 76, Rz. 71, 71b; vgl. ferner **Penzlin** S. 196f.

[796] Vgl. speziell hierzu LK-**Tiedemann** vor § 283, Rz. 180; ferner **Uhlenbruck** ZInsO 1998, 251; **Bieneck** in Müller-Gugenberger/ Bieneck, § 76, Rz. 71; **Penzlin** S. 197.

[797] Dabei ist zu beachten, daß sich eine Planüberwachung gem. § 268 I Nr. 2 InsO über einen Zeitraum von bis zu 3 Jahren erstrecken kann.

verzichtet würde. Würden die Strafverfolgungsbehörden nämlich erst dann tätig, wenn sich ein Sanierungskonzept als gescheitert herausgestellt hat, so kämen sie in den meisten Fällen zu spät, um den Sachverhalt noch hinreichend aufklären zu können.[798] Überdies bliebe fraglich, ob ein solches faktisches Zurückstellen im Hinblick auf die Bindung der Strafverfolgungsorgane an das Legalitätsprinzip überhaupt möglich wäre.[799]

Bei einer gesetzlichen Änderung der objektiven Bedingung im hier vorgeschlagenen Sinne entstehen solche praktischen Schwierigkeiten dagegen nicht. Beruht die Verfahrenseröffnung auf einem Insolvenzgrund nach §§ 17 oder 19 InsO, dann liegt die objektive Bedingung nach § 283 VI, 2. Var. StGB vor und strafrechtliche Ermittlungen können aufgenommen werden, wohingegen ein Bedingungseintritt ausbleibt, wenn als Insolvenzgrund eine drohende Zahlungsunfähigkeit nach § 18 InsO gegeben ist. Dabei ist für die Strafverfolgungsbehörden regelmäßig sofort und ohne Schwierigkeiten feststellbar, welcher Insolvenzgrund im Einzelfall zur Verfahrenseröffnung geführt hat.

cc) Telos und Funktion des § 18 InsO

Ein drittes Argument für den Lösungsvorschlag dieser Arbeit ergibt sich schließlich aus Telos und Funktion des § 18 InsO. Anders als die Auslösetatbestände der §§ 17 und 19 InsO weist der Insolvenzgrund der drohenden Zahlungsunfähigkeit nach § 18 InsO neben gläubigerschützenden auch schuldnerschützende Aspekte auf, um der Vorschrift zu einem möglichst großen Anwendungsbereich in der Praxis zu verhelfen. Diese Zielvorstellung ließ sich jedoch mit der strafrechtlichen Funktion der drohenden Zahlungsunfähigkeit als Krisenmerkmal nicht in Einklang bringen: Während § 18 InsO einerseits für die Gläubiger wie auch für den Schuldner in zivilrechtlicher Hinsicht eine Chance darstellt, wirkt andererseits das Insolvenzstrafrecht dieser Chance de lege lata dadurch entgegen, daß es *jede* Verfahrenseröffnung, also auch die auf Grund drohender Zahlungsunfähigkeit, mit dem Eintritt der objektiven Strafbarkeitsbedingung nach § 283 VI, 2. Var. StGB verbindet und so den Schuldner zwangsläufig in das Risiko einer potentiellen Strafbarkeit bringt.[800]

Das Lösungsmodell von Moosmayer und Uhlenbruck nimmt nun dem Schuldner dieses Risiko nur teilweise ab, weil er hiernach nur bei einer erfolgreichen, originären Sanierung auf der Grundlage eines Insolvenzplans Strafbefreiung erlangen

---

798 Ebenso **Bieneck** in Müller-Gugenberger/ Bieneck, § 76, Rz. 71.

799 Nach § 152 II StPO ist die Staatsanwaltschaft *verpflichtet* einzuschreiten, sobald tatsächliche Anhaltspunkte für strafbares Verhalten vorliegen.

800 Vgl. nochmals oben Dritter Teil, Kapitel 2 B. I. 4. a) bb).

kann.[801] Kommt es jedoch wie etwa im Fall der B-GmbH trotz des früh eröffneten Verfahrens letztlich zum wirtschaftlichen Kollaps und zur Liquidation oder findet eine übertragende Sanierung statt, so bleibt es nach dieser Konzeption beim Eintritt der objektiven Bedingung nach § 283 VI, 2. Var. StGB. Das hier vorgeschlagene Lösungsmodell überwindet die funktionale Inkongruenz zwischen § 18 InsO und § 283 VI StGB dagegen vollumfänglich. Hiernach ist ein auf § 18 InsO gestützter Antrag für den Schuldner strafrechtlich völlig risikolos handhabbar. Unabhängig davon, zu welchen Ergebnissen das Insolvenzverfahren führt, ist mit dessen Eröffnung jedenfalls nicht mehr der Eintritt der objektiven Bedingung nach § 283 VI, 2. Var. StGB verbunden. Ebenso bleibt auch die Verfahrensabweisung mangels Masse bei nur drohender Zahlungsunfähigkeit insolvenzstrafrechtlich irrelevant.[802] Das Insolvenzstrafrecht stellt somit künftig im Gegensatz zur heutigen Rechtslage kein Hindernis für die frühe Antragstellung nach § 18 InsO mehr dar, sondern bietet umgekehrt sogar Anreize für ein solches Verhalten.[803]

Der Schuldner kann sich entscheiden, ob er von seinem Recht nach § 18 InsO Gebrauch macht, sich also einem frühen Insolvenzverfahren unterwirft und dafür mit dem Nichteintritt der objektiven Bedingung nach § 283 VI, 2., bzw. 3. Var. StGB belohnt wird, oder ob er mit der Stellung eines Insolvenzantrags noch zuwartet, dann aber in Kauf nimmt, daß mit einer späteren Verfahrenseröffnung, bzw. Abweisung mangels Masse bei eingetretener Zahlungsunfähigkeit oder Überschuldung zugleich zwangsläufig auch die objektive Strafbarkeitsbedingung vorliegt und somit das Risiko einer potentiellen Insolvenzstrafbarkeit entsteht.

Die vorgeschlagene Änderung des § 283 VI StGB kommt auch den Gläubigern zugute. Eine frühere Verfahrenseröffnung erhält ihnen nämlich weiterreichende Ges-

---

[801] Auch **Otto** NJW 1999, 555 wendet kritisch ein, daß dem Strafrechtsausschluß nach der Ansicht Moosmayers und Uhlenbrucks ein zu enger Rahmen eingeräumt werde. **Moosmayer** S. 192 selbst hält demgegenüber seine Konzeption im Hinblick auf die Überwindung der Dysfunktionalität im Bereich der drohenden Zahlungsunfähigkeit für weitreichend genug. Wie Otto ferner, trotz seiner im Ergebnis grundsätzlich gegensätzlichen Entscheidung auch **Penzlin** Jura 1999, 56; **Penzlin** WM 1999, 984; **Penzlin** S. 194ff., der darüber hinaus bemängelt, daß Moosmayer und Uhlenbruck die Strafbefreiung an die tatsächliche Bewältigung der Krise knüpfen, ohne dabei auf den in der Praxis regelmäßigen auftauchenden Fall einer nur teilweisen Befriedigung der Gläubiger im Insolvenzverfahren einzugehen. Penzlin vermißt insofern eine Auseinandersetzung der beiden Autoren mit der Frage, ob auch solchen sanierenden Insolvenzplanverfahren, die nur zu geringen Befriedigungsquoten für die Gläubiger führen, strafbefreiende Wirkung zuteil kommen kann und bei welcher Quotenhöhe gegebenenfalls die Grenze zu ziehen ist. Dieses Problem stellt sich für den Vorschlag dieser Arbeit nicht, da hiernach *alle* Fälle einer Verfahrenseröffnung nach § 18 InsO unabhängig von ihrem weiteren Verlauf und Ausgang aus dem Anwendungsbereich des § 283 VI, 2. Var. StGB ausgeklammert werden.

[802] Unberührt bleibt dagegen die Möglichkeit einer Bankrottstrafbarkeit des Schuldners bei Vorliegen einer Zahlungseinstellung nach § 283 VI, 1. Var. StGB.

[803] Im Ergebnis ebenso **Bieneck** in Müller-Gugenberger/ Bieneck, § 76, Rz. 71b.

taltungsmöglichkeiten und bedeutet für den Fall der Liquidation den Zugriff auf eine größere schuldnerische Vermögensmasse und so bessere Befriedigungsmöglichkeiten, da die Zwischenzeit bis zum Eintritt des endgültigen wirtschaftlichen Zusammenbruchs iSd §§ 17, 19 InsO in aller Regel die Masse weiter verkürzt. Insgesamt engt damit der Lösungsvorschlag dieser Arbeit zwar den strafrechtlichen Schutz der Gläubiger ein, leistet aber dafür einen wesentlichen Beitrag zur Verbesserung ihrer zivilrechtlichen Befriedigung.

Gegen dieses Modell kann auch nicht im Sinne Moosmayers eingewandt werden, es führe zu nicht hinnehmbaren Ungleichbehandlungen, da es den wirtschaftlichen Zusammenbruch des Schuldners vor und nach Einleitung des Verfahrens anders beurteile.[804] Zwar kommt es in der Tat nach der Konzeption dieser Arbeit einerseits immer zum Eintritt der objektiven Strafbarkeitsbedingung, wenn das endgültige wirtschaftliche Scheitern des Schuldners bereits bei Verfahrenseröffnung, bzw. Abweisung mangels Masse iSd §§ 17 oder 19 InsO feststand, während die Bedingung andererseits dann stets ausbleibt, wenn im Zeitpunkt der Entscheidung des Gerichts lediglich eine Krise nach § 18 InsO vorlag, was im Fallbeispiel an Hand der B- und der D-GmbH gezeigt werden konnte. Ein rechtfertigender Grund für diese Ungleichbehandlung besteht aber darin, daß bei der D-GmbH mit der Stellung eines Insolvenzantrags gewartet wurde, bis eine gesetzliche Pflicht zur Antragstellung nach §§ 17 InsO, 64 GmbHG entstanden war, während die B-GmbH freiwillig von ihrem Recht nach § 18 InsO Gebrauch gemacht hat. Dies ist zivilrechtlich in hohem Maße erwünscht und soll daher unabhängig von der Eröffnung, bzw. vom Verlauf des Verfahrens de lege ferenda in strafrechtlicher Hinsicht durch das Ausbleiben der objektiven Bedingung nach § 283 VI, 2. und 3. Var. StGB gefördert werden.

Aus dieser Argumentation ergibt sich schließlich, daß weitere gesetzliche oder interpretatorische Korrekturen zur Einschränkung des § 283 VI StGB nicht vorgenommen werden können, um das Ziel der hier vorgeschlagenen Änderung nicht zu unterlaufen. Gäbe es nämlich für den Schuldner zusätzliche Möglichkeiten, auch bei eingetretener Zahlungsunfähigkeit oder bei Überschuldung den Eintritt der Bedingung zu vermeiden, so verhielte sich das kontraproduktiv zu dieser Zielsetzung, da der Schuldner dann wiederum auf den frühen Antrag nach § 18 InsO verzichten und auf solche Möglichkeiten spekulieren könnte.[805] Weitere Änderungen müssen aber auch nicht mehr vorgenommen werden, da mit der Herausnahme der Eröffnung, bzw. Abweisung eines Insolvenzverfahrens mangels Masse bei nur drohen-

---

[804] So aber **Moosmayer** S. 192; **Uhlenbruck** ZInsO 1998, 252; **Uhlenbruck** NZI 1998, 33.

[805] Auch die Konzeption von Moosmayer und Uhlenbruck hält jede Einschränkung der objektiven Strafbarkeitsbedingung für ausgeschlossen, wenn die Verfahrenseröffnung nach §§ 17 oder 19 InsO erfolgte, vgl. **Moosmayer** S. 194.

der Zahlungsunfähigkeit der Eintritt der objektiven Strafbarkeitsbedingung nach § 283 VI, 2. und 3. Var. StGB wieder im Sinne des Gesetzgebers von 1976 auf strafbedürftige Fälle begrenzt wird, in denen ein wirtschaftlicher Zusammenbruch des Schuldners eingetreten ist.
Der Vorschlag dieser Arbeit ist daher im Ergebnis der Konzeption, wie sie von Moosmayer und Uhlenbruck vertreten wird, vorzuziehen.

Kapitel 4: Die Ausgestaltung des § 283 StGB als Sonderdelikt für Schuldner und die Abhängigkeit dieses Täterkreises von den zivilrechtlichen Neuerungen der Insolvenzrechtsreform

Neben den Krisenmerkmalen des § 283 I StGB und den einzelnen Varianten der objektiven Strafbarkeitsbedingung des § 283 VI StGB bestimmen die §§ 283ff. StGB mit Ausnahme des § 283d StGB auch den Kreis der tauglichen Täter in Abhängigkeit zum Zivilrecht. Angeknüpft wird an die Eigenschaft des Täters als Schuldner. Die §§ 283ff. StGB sind aus diesem Grunde der Gruppe der Sonderdelikte zuzurechnen. Im folgenden ist dieser Sonderdeliktscharakter mit seinen Folgen zunächst am Beispiel des § 283 StGB herauszuarbeiten. Danach sind die Auswirkungen der Insolvenzrechtsreform auf den solchermaßen konkretisierten Täterkreis des Bankrotts zu untersuchen. Besondere Bedeutung kommt dabei der Einführung des neuen Verbraucherinsolvenzverfahrens nach §§ 304ff. InsO zu.

A. § 283 StGB als Sonderdelikt

Als Sonderdelikte bezeichnet man solche Straftaten, bei denen eine im Gesetz ausdrücklich umschriebene oder der Sache nach geforderte Eigenschaft des Handlungssubjekts den Täterkreis begrenzt. Ihr Tatbestand kann damit nicht von jedermann, sondern nur von bestimmten Tätern erfüllt werden.[806]
§ 283 StGB stellt nach ganz hM sogar unter zwei Gesichtspunkten ein solches Sonderdelikt dar: Zum einen kommen als Täter des § 283 I Nr. 5, 7 StGB nur Kaufleute iSd HGB in Betracht, da sich die in Bezug genommenen, handelsrechtlichen Buchführungs- und Bilanzierungspflichten nur an sie richten.[807] Zum anderen

[806] **Lackner/ Kühl** vor § 13, Rz. 33; **Wessels/ Beulke** AT, Rz. 38ff.; Sch/Sch-**Lenckner** vor § 13, Rz. 131; **Tröndle/ Fischer** vor § 13, Rz. 35; **M. Grub** S. 4 ; **Baumann/ Weber/ Mitsch** § 8, Rz. 31f., § 13, Rz. 20.
[807] BGH wistra 2001, 306ff. = BGH NJW 2001, 1874ff.; LK-**Tiedemann** vor § 283, Rz. 59;

können alle Tatvarianten des § 283 StGB ausschließlich vom Schuldner begangen werden.[808] Diese Beschränkung findet sich zwar nicht explizit im Wortlaut des § 283 StGB, der vordergründig betrachtet jedermann als tauglichen Täter ansieht, wenn er allgemein von „wer“ spricht.[809] Sie ergibt sich aber zwangsläufig mittelbar aus der Verwendung des Possesivpronomens „sein“ in § 283 I, II und VI StGB.[810] So setzt der Tatbestand voraus, daß der Täter Bestandteile *seines* Vermögens beiseite schafft (Nr. 1) oder die Übersicht über *seinen* Vermögensstand erschwert (Nr. 5, 6, 7a), daß er es unterläßt die Bilanz *seines* Vermögens aufzustellen (Nr. 7b) oder in einer anderen den Anforderungen einer ordnungsgemäßen Wirtschaft grob widersprechenden Weise *seinen* Vermögensstand verringert oder *seine* wirklichen geschäftlichen Verhältnisse verheimlicht oder verschleiert. Absatz 2 stellt den Täter, der *seine* Überschuldung oder Zahlungsunfähigkeit herbeiführt, dem Täter des Absatzes 1 gleich. Und die objektive Strafbarkeitsbedingung des Absatzes 6 tritt nur dann ein, wenn der Täter *seine* Zahlungen eingestellt hat oder über *sein* Vermögen das Insolvenzverfahren eröffnet oder mangels Masse abgewiesen wurde. Aus dieser Fassung des § 283 StGB folgt, daß der Täter jemandem zur Zahlung verpflichtet sein muß und diese Eigenschaft kennzeichnet eben typischerweise den Schuldner.

Tröndle/ Fischer vor § 283, Rz. 18f.; **Weyand** S. 31; **Otto** AktG vor § 399, Rz. 66; **Ohde** S. 34; **Grosche** S. 29. Gleiches gilt auch für § 283b StGB.

[808] BGH wistra 2001, 306ff. = BGH NJW 2001, 1874ff.; **Lackner/ Kühl** § 283, Rz. 2; SK-**Samson** § 283, Rz. 28; **Arzt/ Weber** § 16, Rz. 67; **Weber** StV 1988, 16; Preisendanz-**Bieneck** § 283, Anm. 3., S. 888; **Bieneck** in Müller-Gugenberger/ Bieneck, § 77, Rz. 1ff.; **Weyand** S. 30ff.; NK-**Kindhäuser** vor § 283, Rz. 38ff.; Sch/Sch-**Stree/ Heine** § 283, Rz. 65; **Tröndle/ Fischer** vor § 283, Rz. 18, 20; LK-**Tiedemann** vor § 283, Rz. 59ff.; **Tiedemann** NJW 1979, 254; **Tiedemann** NJW 1977, 779; **Tiedemann** in HiWiStr, Art. Konkursstraftaten, S. 2f.; Scholz-**Tiedemann** vor § 82, Rz. 29; **Moosmayer** S. 57; **Penzlin** S. 55; **Ohde** S. 33; **Mohr** S. 39; **H. Richter** GmbHR 1984, 142; **Hiltenkamp-Wisgalle** S. 63ff.; **Otto** BT § 61, Rz. 89; **Otto** AktG vor § 399, Rz. 66; **Maurach/ Schroeder/ Maiwald** BT 1, § 48, Rz. 19; **Winkelbauer** JR 1988, 33; **Geers** S. 54ff.; **Grosche** S. 29; **Wauschkuhn** S. 23; **Baumgarte** wistra 1992, 46; **Wessels/ Hillenkamp** BT 2, Rz. 470; **Matzen** S. 18. Zutreffend weist **M. Grub** S. 4ff., 15ff., 24 darauf hin, daß unter dem Begriff des Schuldners in diesem Zusammenhang der *Gemein*schuldner zu verstehen ist. Gleiches gilt im übrigen auch für die sonstigen Insolvenzdelikte der §§ 283ff. StGB (speziell zu § 283c StGB **Vormbaum** GA 81, 129) mit Ausnahme des § 283d StGB: Hier können nach dem Wortlaut der Vorschrift („einem anderen“) gerade umgekehrt nur außenstehende Dritte, nicht aber der Schuldner selbst Täter sein.

[809] Die Bankrottdelikte der KO (§§ 239ff. KO) benannten dagegen den Schuldner ausdrücklich als Normadressat. Erst seit dem 1. WiKG von 1976 findet sich die offene Formulierung „Wer (...) wird bestraft“, vgl. **M. Grub** S. 4; **Grosche** S. 29; **Ohde** S. 33; **Penzlin** S. 55, Fn. 272; LK-**Tiedemann** vor § 283, Rz. 59. Die Gesetzesmaterialien zeigen jedoch, daß der Gesetzgeber des 1. WiKG insofern keine Abweichungen gegenüber der früheren Rechtslage beabsichtigte, sondern es vielmehr als selbstverständlich voraussetzte, daß auch nach § 283 StGB nur Schuldner taugliche Täter des Bankrotts sein können, vgl. BT Drs. 7/ 3441, S. 19.

[810] **Geers** S. 54ff.; **Moosmayer** S. 57; **Penzlin** S. 55; LK-**Tiedemann** vor § 283, Rz. 59; **M. Grub** S. 5; **Ohde** S. 34; **Mohr** S. 39.

I. Der Begriff des Schuldners

Mit der Feststellung allein, daß taugliche Täter des § 283 StGB nur Schuldner sein können, ist allerdings noch nicht allzu viel gewonnen. Es bleibt vielmehr zu klären, wie der Inhalt des Begriffs des Schuldners näher bestimmt werden kann: In Abhängigkeit zum zivilrechtlichen Begriffsverständnis sieht dabei auch das strafrechtliche Schrifttum als Schuldner solche Personen an, die aus welchem Rechtsgrund auch immer zivilrechtlich zur Erfüllung einer Verbindlichkeit oder zur Duldung der Zwangsvollstreckung verpflichtet sind.[811] Nach dieser Definition kann also grundsätzlich jedermann Schuldner sein. Die Insolvenzdelikte sind in ihrem Anwendungsbereich de lege lata nicht auf den kaufmännischen Wirtschaftsverkehr beschränkt, sondern gelten ebenso für Angehörige freier Berufe und Privatleute.

II. Strafbarkeit von juristischen Personen oder Personenvereinigungen nach §§ 283ff. StGB

Besondere Probleme ergeben sich aus dem Charakter des § 283 StGB als Sonderdelikt nur für Schuldner im Bereich von Unternehmensschuldnern. Während sich zivilrechtlich einerseits z.B. aus § 124 HGB für die OHG und iVm § 161 HGB auch für die KG, aus § 13 GmbHG für die GmbH, aus § 17 GenG für die Genossenschaft oder aus § 1 AktG für die Aktiengesellschaft die Möglichkeit ergibt, selbst Schuldner zu sein, und andererseits § 11 I, II Nr. 1 InsO deren Insolvenzfähigkeit festschreibt, kreist die Diskussion um eine insolvenzstrafrechtliche Verantwortlichkeit einer nicht natürlichen Person als Schuldner letztlich um die generelle Frage nach einer Strafbarkeit von juristischen Personen und Personenvereinigungen. Diese Frage zählt zu den umstrittensten Bereichen im deutschen Strafrecht überhaupt. Auf sie ist im folgenden kurz einzugehen.

---

[811] Vgl. ausführlich **M. Grub** S. 15ff.; ferner **Lackner/ Kühl** § 283, Rz. 2; NK-**Kindhäuser** vor § 283, Rz. 39; LK-**Tiedemann** vor § 283, Rz. 60; **Grosche** S. 29.
Nach verbreiteter Meinung ist dieser Schuldnerbegriff teleologisch durch den Gesichtspunkt der Haftung zu ergänzen. Demnach ist z.B. auch die Ehefrau, die mit dem Schuldner in Gütergemeinschaft (§ 1437 BGB) lebt, als Schuldnerin iSd § 283 StGB anzusehen, nicht dagegen der Kommanditist, der nach Erbringung seiner Einlage nach § 171 HGB zivilrechtlich nicht mehr haftet, vgl. RGSt 68, 109; RGSt 69, 68f.; **H.-J. Bruns** S. 238; **M. Grub** S. 54ff., 63ff.; NK-**Kindhäuser** vor § 283, Rz. 39f.; LK-**Tiedemann** vor § 283, Rz. 60; **Ohde** S. 38, ein instruktives Fallbeispiel hierzu findet sich bei **Matzen** S. 18f.

1. Generelle Einwände gegen die Möglichkeit einer Strafbarkeit von juristischen Personen oder Personenvereinigungen

Dem römisch-rechtlichen Grundsatz „societas delinquere non potest“ entsprechend kennt das deutsche Strafrecht de lege lata keine Strafbarkeit von juristischen Personen oder Personenvereinigungen.[812] Trotz in neuer Zeit stärker aufkommender Kritik wird den Verbandspersonen nach wie vor zumeist die Handlungsfähigkeit oder die Schuldfähigkeit abgesprochen.[813] Begründet wird diese Ansicht zum einen mit dem Hinweis, daß juristische Personen oder Personenvereinigungen mangels eigener psychisch-geistiger Substanz nicht in der Lage seien, sich selbst zu äußern. Ihnen fehle daher die eigene Willensfähigkeit als Voraussetzung für die strafrechtliche Handlungsfähigkeit. Auch zivilrechtlich könnten nur natürliche Personen als Organe für den Personenverband handeln. Auf diese Organe müsse daher die Möglichkeit einer Strafbarkeit beschränkt werden.[814] Zum anderen enthalte eine Strafe nach dem deutschen Strafrechtsverständnis stets eine sozialethisch begründete Mißbilligung persönlich vorwerfbaren, d.h. schuldhaft begangenen Unrechts. Ein solcher Schuldvorwurf könne jedoch einer juristischen Person oder einer Personenvereinigung nicht gemacht werden. Das Schuldurteil enthalte nämlich den sachlichen Vorwurf, der Täter habe eine bestimmte Einzeltat nicht begehen dürfen. Schuld sei somit als Verantwortung zu verstehen, so daß ein Schuldurteil nur verantwortliche Rechtssubjekte betreffen kann. Eine sittliche Verantwortung aber komme ausschließlich dem Einzelmensch als natürliche Person zu.[815]

---

812 In anderen Rechtsordnungen, vor allem im anglo-amerikanischen Rechtskreis, wurde dagegen die Diskussion und der Umgang mit einer Verbandsstrafe wesentlich pragmatischer vorangetrieben als in Deutschland. Hier wurde ein strafrechtliches Vorgehen direkt gegen eine juristische Person oder eine Personengesellschaft kriminalpolitisch oft als wirkungsvoller angesehen als die Haftbarmachung ihrer Organe. Entsprechend sind Verbandsstrafen dort heute häufig gesetzlich zulässig. Vgl. insofern rechtsvergleichend **Tiedemann** in Freiburger Begegnungen S. 30ff.; **Moosmayer** S. 89ff.; **Roxin** § 8, Rz. 59; LK-**Schünemann** § 14, Rz. 74ff.; **Volk** JZ 1993, 431 Fn. 14 und rechtshistorisch **Jescheck/ Weigend** § 23 VII 1., S. 227; **Tiedemann** NJW 1988, 1169ff.; **Maurach**/ Zipf AT 1, § 15, Rz. 7.

813 RGSt 16, 123; RGSt 47, 91; BGHSt 3, 132; BGHSt 12, 245; **Jescheck/ Weigend** § 23 VII 1., S. 227ff.; LK-**Jescheck** vor § 13, Rz. 35; LK-**Tiedemann** vor § 283, Rz. 63; **Tiedemann** NJW 1988, 1172; Sch/Sch-**Cramer** vor § 25, Rz. 118f.; **Matzen** S. 19f.; **Labsch** wistra 1985, 3; **Roxin** § 8, Rz. 58ff.; **Maurach/ Zipf** AT 1, § 15, Rz. 6ff.; **M. Grub** S. 7; **Schmidhäuser** AT 5/ 22, 8/ 15; **Grosche** S. 30; **Wehleit** S. 13; **Mohr** S. 39f.

814 **Roxin** § 8, Rz. 58; **Jescheck/ Weigend** § 23 VII 1., S. 227; vgl. auch **Müller-Gugenberger** in Müller-Gugenberger/ Bieneck, § 23, Rz. 30; anders dagegen **Baumann/ Weber/ Mitsch** § 13, Rz. 15, die umgekehrt gerade auf Grund der zivilrechtlichen Handlungsfähigkeit eines Personenverbandes durch seine Organe auch dessen eigene strafrechtliche Handlungsfähigkeit bejahen wollen. Gegen eine solche Gleichsetzung des Handlungsbegriffs im Zivilrecht und im Strafrecht aber **Maurach/ Zipf** AT 1, § 15, Rz. 8.

815 **Jescheck/ Weigend** § 23 VII 1., S. 227; **Grosche** S. 30; LK-**Tiedemann** vor § 283, Rz. 63;

Nach diesem Verständnis kann also das kriminalpolitisch erwünschte Ziel, den Verbandspersonen mit ihrem juristisch selbständigen Vermögen die durch Straftaten ihrer Organe erlangten Gewinne wieder abzunehmen, nicht durch Verhängung einer eigenen, gegen diesen Verband gerichteten Kriminalstrafe, sondern lediglich auf andere Weise, etwa durch Einziehung, Verfall oder Abführung des Mehrerlöses (vgl. §§ 73 III, 75 StGB, § 10 II WiStG), erreicht werden.[816] Daneben bietet sich eine weitere Vorgehensmöglichkeit gegen Unternehmen im Ordnungswidrigkeitenrecht: § 30 OWiG ermöglicht hier die Verhängung einer Geldbuße bis zu einer Million DM, wenn ein Organ oder ein Vertreter eine Straftat oder eine Ordnungswidrigkeit begangen hat, durch die Pflichten verletzt worden sind, welche den Verband treffen oder durch die der Verband bereichert wurde oder bereichert werden sollte.[817] Als solche Pflichtverletzung kommt insbesondere die Verletzung einer Aufsichtspflicht nach § 130 OWiG in Betracht.[818] Ferner kann die Geldbuße unter den Voraussetzungen § 30 IV OWiG auch unabhängig vom Verfahren gegen den handelnden Täter selbständig festgesetzt werden.[819] Dennoch ändert § 30 OWiG letztlich nichts daran, daß sich eine Strafe als Rechtsfolge nur gegen eine für das Unternehmen handelnde natürliche Person, nicht aber gegen das Unternehmen als solches richten kann.

Allerdings ist die Diskussion, ob und wie man das Verhalten von Verbandspersonen mit strafrechtlichen Sanktionen belegen kann, in den letzten Jahren nicht stillgestanden.[820] So halten einige Autoren aus dem neueren Schrifttum eine originäre

---

Tiedemann NJW 1988, 1172; vgl. auch **Müller-Gugenberger** in Müller-Gugenberger/ Bieneck, § 23, Rz. 30.

[816] **Achenbach** JuS 1990, 605; **Roxin** § 8, Rz. 59; **Baumann/ Weber/ Mitsch** § 13, Rz. 16, § 35, Rz. 13-16; **Weber** ZStW 1984 (96), 415ff.; **Jescheck/ Weigend** § 23 VII 1., S. 227; **Mohr** S. 40.

[817] Vgl. hierzu **Roxin** § 8, Rz. 59; **Weber** ZStW 1984 (96), 411ff.; **Baumann/ Weber/ Mitsch** § 13, Rz. 16; **Jescheck/ Weigend** § 23 VII 2., S. 228; **Mohr** S. 40; **Jakobs** 6/ 43; **Müller-Gugenberger** in Müller-Gugenberger/ Bieneck, § 23, Rz. 33ff. Der Gesetzgeber des 2. WiKG hat diese Möglichkeit einer Geldbuße gegen Unternehmen durch die Streichung des Merkmals „Nebenfolge“ in § 30 OWiG erweitert. Im Schrifttum ist insoweit umstritten, ob von dieser Änderung auch materielle Auswirkungen auf die hier zu untersuchende Frage nach der strafrechtlichen Adressatenschaft von Unternehmen ausgehen, vgl. hierzu ausführlich **Tiedemann** in Criminal Legislation S. 168ff.; **Tiedemann** NJW 1988, 1169 und **Achenbach** JuS 1990, 605.

[818] Vgl. etwa BGH NStZ 1986, 79.

[819] Die Vorschriften der §§ 30 III, 17 IV OWiG unterstreichen dabei nochmals den Zweck von Sanktionen direkt gegen eine juristische Person oder eine Personenvereinigung: Zum einen soll so der Begehung von Straftaten und Ordnungswidrigkeiten durch Organe des Personenverbandes wirksam entgegengetreten; zum anderen der dem Verband zugeflossene Gewinn abgeschöpft werden, ebenso **Jescheck/ Weigend** § 23 VII 2., S. 228.

[820] Vgl. z.B. **Alwart** ZStW 1993 (105), 752ff.; **Weber** ZStW 1984 (96), 411ff.; **Achenbach** JuS 1990, 601ff.; **Otto** Strafbarkeit von Unternehmen, S. 5ff.; **Tiedemann** in Freiburger Begegnungen S. 30ff.; **Tiedemann** NJW 1986, 1842ff.; **Tiedemann** NJW 1988, 1169ff.; **Volk** JZ 1993,

Handlungs- und Schuldfähigkeit juristischer Personen oder Personenvereinigungen für grundsätzlich denkbar.[821] Hinsichtlich der Sanktionen zielen die Vorschläge dabei über die heutige Geldstrafe, die auch gegen eine Verbandsperson verhängt werden könnte, hinaus auf ein eigenes Maßregelmodell.[822] Methodisch wird zumeist die Möglichkeit der Einführung einer Strafbarkeit von Verbandspersonen durch Einfügung einer Legaldefinition de lege ferenda, die etwa die Bedeutung des Wortes „wer" zu Beginn der Straftatbestände auch auf juristische Personen und Personenvereinigungen erstrecken könnte, aus rechtsstaatlichen Gründen dem Wege der Auslegung vorgezogen.[823]

2. Stellungnahme im Hinblick auf das Insolvenzstrafrecht

Im Hinblick auf die Zielsetzung dieser Arbeit kann im folgenden eine umfassende Untersuchung, inwieweit ein solches Vorgehen grundsätzlich kriminalpolitisch sinnvoll wäre und mit der deutschen Strafrechtsdogmatik in Einklang gebracht werden könnte, nicht geführt werden. Vielmehr ist die Diskussion speziell auf den Bereich der Insolvenzdelikte zu begrenzen.
Hier aber sprechen neben den bereits vorgebrachten Bedenken zusätzliche Gesichtspunkte gegen die Einführung einer Verbandsstrafe, so daß eine solche nach Auffassung dieser Arbeit jedenfalls in diesem Zusammenhang abzulehnen ist.
Zunächst war das frühere Konkursrecht ganz vorrangig auf die Liquidation des schuldnerischen Unternehmens ausgerichtet. Eine solche Zielrichtung machte eine Sanktion unmittelbar gegen das Unternehmen in aller Regel überflüssig. Wird das Unternehmen nämlich liquidiert, so steht kein Haftungssubjekt mehr zur Verfügung gegen das sich die Sanktion richten könnte. Nach der InsO ist dagegen die

---

429ff.; **Schünemann** Unternehmenskriminalität S. 1ff.

821 **Baumann/ Weber/ Mitsch** § 13, Rz. 15ff., § 18, Rz. 27; **Weber** ZStW 1984 (96), 411ff.; **Jakobs** 6/ 44f.; **Müller-Gugenberger** in Müller-Gugenberger/ Bieneck, § 23, Rz. 45ff.; **Otto** Strafbarkeit von Unternehmen, S. 14ff.; **Tiedemann** in Freiburger Begegnungen S. 52ff.; LK-**Schünemann** § 14, Rz. 77f.; **Lampe** JZ 1994, 132; **Volk** JZ 1993, 429ff.; **Alwart** ZStW 1993 (105), 752ff.

822 Vorstellbar wäre etwa neben finanziellen Sanktionen (vgl. hierzu **Otto** Strafbarkeit von Unternehmen S. 25ff.) die Verhängung einer Freiheitsstrafe, die dann von einem Verantwortlichen innerhalb des Unternehmens verbüßt werden müßte. Rein theoretisch denkbar wäre ferner eine Art Todesstrafe gegen die juristische Person, bzw. die Personenvereinigung in Form einer Zwangsliquidation auf Grund einer Auflösungsanordnung. Daneben wird im Schrifttum die Verhängung weiterer Sanktionen vorgeschlagen, etwa die Anordnung einer Sequestration in Form einer treuhänderischen Verwaltung, vgl. **Schmitt** S. 170ff.; **Seiler** S. 156ff., oder eine Unternehmenskuratel, vgl. LK-**Schünemann** § 14, Rz. 78; **Schünemann** in Deutsche Wiedervereinigung Band III, S. 129ff.; **Lampe** JZ 1994, 132; **Tiedemann** in Freiburger Begegnungen S. 35ff., 39 und ferner Art 4 §§ 1-4 des Entwurf eines Gesetzes zur Bekämpfung der Unternehmenskriminalität in Deutsche Wiedervereinigung Band III, S. 146ff.

823 **Tiedemann** in Freiburger Begegnungen S. 52f.

Eröffnung des zivilrechtlichen Verfahrens nicht mehr zwangsläufig mit dem Untergang des Unternehmens verbunden, vielmehr bieten sich auch Möglichkeiten zu einer verfahrensförmigen Sanierung des Schuldners. Kann damit nach neuem Recht ein Unternehmen unter Umständen trotz seiner Insolvenz fortgeführt werden, so läßt sich zwar in einem solchen Fall die obige Argumentation heute nicht mehr aufrecht erhalten. Vielmehr ist hier die Frage nach der Strafbarkeit einer Verbandsperson nach der Insolvenzrechtsreform neu zu stellen. Diese ist aber im Ergebnis wie früher zu beantworten, denn es ist zu bedenken, daß als primäre Sanktion gegen ein im Sanierungsprozeß befindliches Unternehmen die Geldstrafe in Betracht käme. Damit würden jedoch auf strafrechtlichem Wege gerade Unternehmen zur Zahlung verpflichtet, die sich bereits in einer wirtschaftlichen Krisensituation befunden haben oder noch befinden. Auch wenn die Liquidation zumindest vorläufig zugunsten eines Sanierungskonzeptes abgewendet werden konnte, befindet sich das Unternehmen jedenfalls zunächst nach wie vor in einer wirtschaftlich schwierigen Situation. Eine in diesem Zustand zusätzlich verhängte Kriminalstrafe in Form einer Geldstrafe wirkte sich daher in aller Regel kontraproduktiv auf den Verlauf des Sanierungsprozesses aus.[824]

Ferner muß auch hier die Parallelität der Regelungszwecke von zivilem Insolvenzrecht und Insolvenzstrafrecht beachtet werden. Zivilrechtlich wird nach neuem Insolvenzrecht unter Ausbau der Dispositionsbefugnisse der Gläubiger vermehrt eine Lösung in Form einer Sanierung des Schuldners auf der Grundlage eines Insolvenzplans angestrebt. Dabei konnte im Verlauf der Arbeit gezeigt werden, daß nach § 1 S. 1 InsO Sanierung und Liquidation als gleichrangige Alternativen anzusehen sind, die beide ausschließlich dem letztlichen Ziel einer bestmöglichen materiellen Befriedigung der Gläubiger im Einzelfall dienen. Diese materiellen Befriedigungsinteressen der Gläubiger bilden auch das individuelle Schutzgut des Bankrotts, das die gestärkten Gestaltungsinteressen als unselbständigen Bestandteil umfaßt. Dieser Intention stünde die Möglichkeit einer Geldstrafe gegen ein Unternehmen oder gar der Verhängung einer Auflösungsanordnung unvereinbar entgegen. Damit würde nämlich die Durchführung eines andernfalls möglicherweise aussichtsreichen Sanierungsvorhabens und dessen Gelingen erschwert oder unmöglich gemacht und so unzulässigerweise in die Dispositionsrechte der Gläubiger und damit letztlich in ihre Befriedigungsinteressen eingegriffen.[825]

---

824 Ebenso **Moosmayer** S. 119.

825 Ebenso **Moosmayer** S. 119f. Strebte das zivile Insolvenzrecht dagegen nicht aus Gläubigerschutzgründen, sondern etwa aus wirtschafts- und arbeitsmarktpolitischen Gesichtspunkten eine Sanierung des Schuldners an, so erschiene insofern umgekehrt ein Vorgehen eines zweckkonformen Insolvenzstrafrechts gegen Unternehmen möglich, die in diesem Sanierungsprozeß rechtsuntreu agieren, vgl. hierzu **Moosmayer** S. 90ff., 93ff., 119f., der darauf hinweist, daß sich eine solche zivilinsolvenzrechtliche Zielrichtung etwa in Frankreich findet. Trotz ganz ähnlicher

Aus diesen Gründen reichen jedenfalls aus der Sicht des Insolvenzstrafrechts die vorhandenen Sanktionsmöglichkeiten des Strafrechts gegen Organe und Vertreter eines Unternehmens aus.

3. Die Überwälzungsnorm des § 14 StGB

Die fehlende Möglichkeit einer Strafbarkeit von Unternehmen nach § 283 StGB führt allerdings zunächst zu einem ersten Problem. Oftmals ist nämlich gerade die juristische Person oder die Personenvereinigung selbst Schuldner und besäße so an sich die für § 283 StGB erforderliche Täterqualifikation. Auf den ersten Blick betrachtet könnte damit im zentralen Bereich der Unternehmensinsolvenz trotz Erfüllung aller tatbestandlichen Voraussetzungen keine Strafe verhängt werden, was zu kriminalpolitisch nicht hinnehmbaren Ergebnissen führte: Der Schuldner, d.h. die juristische Person oder die Personenvereinigung, müßte straflos bleiben, da diese – wie eben gesehen – insolvenzstrafrechtlich grundsätzlich nicht belangt werden können. Die handelnden natürlichen Personen könnten aber ebensowenig bestraft werden, da ihnen die vom Tatbestand vorausgesetzte Täterqualifikation als Schuldner fehlte. Schließlich müßte auch eine Strafbarkeit als Teilnehmer nach §§ 26, 27 StGB nach dem Prinzip der limitierten Akzessorietät ausscheiden, da keine tatbestandsmäßige, rechtswidrige Haupttat vorläge. Diese Strafbarkeitslücke schließt § 14 StGB.[826] Nach dieser Vorschrift können die beim vertretenen Unternehmen vorhandenen Tätereigenschaften einzelnen, für das Unternehmen handelnden Personen zugerechnet werden. § 14 StGB stellt dabei allerdings keine generelle Regelung für die strafrechtliche Haftung natürlicher Personen im Bereich des Unternehmensstrafrechts dar, sondern findet nur bei Sonderdelikten Anwendung.[827]

Bedenken wie in Deutschland habe sich daher dort die Auffassung durchsetzen können, daß über eine Zurechnung des strafrechtlichen Handels der für das Unternehmen tätigen Organe und Vertreter eine direkte Sanktionierung des Unternehmens selbst nicht ausgeschlossen sei. Folgerichtig hat Frankreich in Art. 121-2 Code pénal eine Unternehmensstrafbarkeit eingeführt.

[826] Eine nahezu inhaltsgleiche Vorschrift findet sich für das Ordnungswidrigkeitenrecht in § 9 OWiG.

[827] Zu beachten ist ferner, daß eine Zurechnung nach § 14 StGB nur dann stattfindet, wenn der Vertreter *als* vertretungsberechtigtes Organ oder auf Grund des Auftrages handelt. In welchen Fällen dies vorliegt, ist streitig. Insbesondere von der Rechtsprechung wird vertreten, daß dies dann der Fall sei, wenn der Vertreter im Interesse des Vertretenen tätig werde (sog. Interessentheorie), während dagegen im Schrifttum vielfach darauf abgestellt wird, ob das fragliche Handeln oder Unterlassen dem funktionalen Tätigkeitsbereich des Vertreters zuzurechnen ist (sog. Funktionstheorie). Vgl. dazu auch Fn. 29.
Ein weiteres Problem stellt die Frage dar, ob § 14 StGB nur auf faktische Vertreter iSd § 14 III StGB anzuwenden ist, bei denen der Bestellungsakt nichtig oder unwirksam ist oder auch auf sonstige Organe, die ohne jeden Bestellungsakt faktisch für den Vertretenen handeln. Vgl. hierzu etwa BGHSt 21, 103; BGHSt 31, 118; **Tiedemann** NJW 1986, 1845; **Schäfer** wistra 1990, 81; LK-**Schünemann** § 14, Rz. 67ff.; **Lackner/ Kühl** § 14, Rz. 6.

Welche besonderen Eigenschaften, Verhältnisse oder Umstände im einzelnen erfaßt werden, ist umstritten. Die hM geht davon aus, daß trotz gleicher Formulierung der Begriff des besonderen persönlichen Merkmals anders als in § 28 I StGB zu verstehen ist.[828] Nahezu allgemein anerkannt ist dagegen, daß die vom Bankrott vorausgesetzte Schuldnereigenschaft eine solches Merkmal iSd § 14 StGB ist.[829] Auf ein zweites Problem in diesem Zusammenhang hat schließlich Penzlin aufmerksam gemacht:[830] Dieser stellt zunächst fest, daß nach der Regelung des § 11 I Nr. 2 InsO ein Insolvenzverfahren seit dem 1.1.1999 erstmalig nicht nur über das Vermögen einer juristischen Person oder einer Personenhandelsgesellschaft, sondern auch über das einer Gesellschaft bürgerlichen Rechts stattfinden kann.[831] Daneben unterschieden die §§ 101 I, 227 II InsO ausdrücklich zwischen dem Schuldner im Sinne des zivilen Insolvenzrechts und dessen persönlich haftenden Gesellschaftern. Aus einer systematischen Zusammenschau dieser Vorschriften mit § 11 I Nr. 2 InsO folgert Penzlin sodann, daß nach der Insolvenzrechtsreform allein die GbR und nicht ihre Gesellschafter als Gemeinschuldner angesehen werden muß.[832] Damit komme im Falle der Insolvenz einer GbR die Strafbarkeit eines handelnden Gesellschafters nur in Betracht, wenn diesem die Gemeinschuldnerrolle zugerechnet werden könne. § 14 I Nr. 2 StGB sei aber auf Personen*handels*gesellschaften zugeschnitten und erfasse also die GbR gerade nicht.[833] De lege lata

---

[828] **Lackner/ Kühl** § 14, Rz. 9; Sch/Sch-**Lenckner** § 14, Rz. 8; AK-**Marxen** § 14, Rz. 24; SK-**Samson** § 14, Rz. 9ff.; differenzierend LK-**Schünemann** § 14, Rz. 31ff.; **Schünemann** Unternehmenskriminalität S. 127, 227; a. A. **Langer** in FS Lange S. 254.

[829] BGHSt 28, 371; BGH NJW 1969, 1494; BayObLG NJW 1969, 1495f.; **Lackner/ Kühl** § 283, Rz. 3; Sch/Sch-**Lenckner** § 14, Rz. 11; Sch/Sch-**Stree/ Heine** § 283, Rz. 65; **Otto** AktG vor § 399, Rz. 67; **M. Grub** S. 8; **Ohde** S. 39; **Maurach/ Schroeder/ Maiwald** BT 1, § 48, Rz. 19; **Matzen** S. 18; **Wehleit** S. 12f.; **Tröndle/ Fischer** vor § 283, Rz. 19, 21; NK-**Kindhäuser** vor § 283, Rz. 45; Preisendanz-**Bieneck** § 283, Anm. 4.d), S. 889; SK-**Samson** § 283, Rz. 28; differenzierend LK-**Tiedemann** vor § 283, Rz. 68ff.

[830] **Penzlin** S. 55ff.; 61ff.

[831] Nach hM konnte das frühere Konkursverfahren mangels einer § 209 KO entsprechenden Vorschrift im Falle einer GbR nur über die Vermögensmasse der einzelnen Gesellschafter, nicht aber über das der Gesellschaft eröffnet werden, vgl. BGH NJW 1991, 922; Nerlich/ Römermann-**Mönning** § 11, Rz. 67; Kübler/ Prütting-**Prütting** § 11, Rz. 21; **Prütting** ZIP 197, 1725ff.; **Bork** Rz. 34; **Kuhn/ Uhlenbruck** § 207, Rz. 1; **Penzlin** S. 61; a.A. dagegen **Neumann** S. 17ff.; **Kilger/ K. Schmidt** § 209 KO, Anm. 4) a), S. 536.

[832] Vgl. insofern auch BT Drs. 12/ 2443, S. 112f. zu § 13 EInsO (heute § 11 InsO) und hierzu **Moosmayer** S. 68; **Penzlin** S. 58f. und Fn. 288, sowie unzulässig verkürzend **M. Grub** S. 32. In dieser Begründung heißt es wörtlich: *„Schuldner" im Sinne des Entwurfs der Insolvenzordnung können also nicht nur natürliche und juristische Personen sein, sondern auch der nicht rechtsfähige Verein und die in Absatz 2 bezeichneten Gesellschaften und Sondervermögen, ohne daß deren Rechtsnatur dadurch präjudiziert wird.*

[833] Auch im Falle einer Personenhandelsgesellschaft ist die Anwendbarkeit des § 14 I Nr. 2 StGB nicht unumstritten. Abgelehnt wird sie etwa von **M. Grub** S. 25ff., 44ff.; **Winkelbauer** wistra 1986, 18f.; **Richter** GmbHR 1984, 143 und Sch/Sch-**Lenckner** § 14, Rz. 21, für die sich die in-

entstünden daher kriminalpolitisch unerwünschte Strafbarkeitslücken, deren Ausmaß zwar zum einen dadurch eingeschränkt werde, daß die Insolvenz der GbR auch heute in der Praxis oftmals von der Insolvenz der einzelnen Gesellschafter begleitet werde, womit dann die Notwendigkeit einer Zurechnung der Gesamtschuldnereigenschaft entfalle. Zum anderen verbleibe im Einzelfall ein Rückgriff auf § 14 II StGB. Dennoch aber hält Penzlin de lege ferenda eine gesetzliche Klarstellung für wünschenswert, wobei er im einzelnen vertretungsberechtigte und nichtvertretungsberechtigte Gesellschafter derselben Strafdrohung unterwerfen will, um ein andernfalls mögliches manipulatives Zusammenwirken zulasten der Gläubiger zu vermeiden.[834]
Wie in anderen Bereichen hat sich der Gesetzgeber auch hier mit der strafrechtlichen Dimension der Insolvenzrechtsreform nicht befaßt. Anerkennt die InsO heute die GbR als möglichen Gesamtschuldner, so sind zwangsläufig auch die Bedingungsvarianten des § 283 VI StGB auf diese zu beziehen. Einer Bestrafung der insolventen GbR als solcher stehen aber die bereits erwähnten Gesichtspunkte entgegen.[835] Damit ist der Forderung Penzlins nach Schaffung eigener strafrechtlicher Zurechnungsregeln für diesen Fall grundsätzlich beizutreten.

III. Die Kontroverse um eine berichtigende Auslegung des § 283 VI StGB

Nach dem Wortlaut des § 283 VI StGB tritt die objektive Strafbarkeitsbedingung ein, wenn der *Täter* seine Zahlungen eingestellt hat oder wenn über das Vermögen des *Täters* das Insolvenzverfahren eröffnet oder mangels Masse abgewiesen wurde. Im Falle eines Unternehmensschuldners ergibt sich aus dieser Fassung des Gesetzes de lege lata ein weiteres Problem: Schuldet nämlich ein Unternehmen als juristische Person oder als Personenvereinigung, so sind einerseits auch die drei Varianten der Strafbarkeitsbedingung auf dieses und nicht auf den handelnden Vorder-

---

solvenzstrafrechtliche Verantwortlichkeit in diesem Bereich unmittelbar aus den §§ 283ff. StGB ergibt, da hier die einzelnen Gesellschafter und nicht die Gesellschaft als Schuldner anzusehen seien. Nach dieser Ansicht liefe folglich die Vorschrift des § 14 I Nr. 2 StGB leer; ihre Beschränkung auf vertretungsberechtigte Gesellschafter entfiele. Dagegen zutreffend **Penzlin** S. 57ff.; LK-**Tiedemann** vor § 283, Rz. 65; LK-**Schünemann** § 14, Rz. 46; NK-**Kindhäuser** vor § 283, Rz. 47; **Lackner/ Kühl** § 14, Rz. 2; Preisendanz-**Bieneck** § 283, Anm. 4.d), S. 889; **Bieneck** in Müller-Gugenberger/ Bieneck, § 77, Rz. 9; **Moosmayer** S. 65ff., sowie BT Drs. 12/ 2443, S. 112f.

[834] Offen läßt **Penzlin** S. 66f. dabei, ob eine Ergänzung des § 14 StGB mit den übrigen Delikten des Strafgesetzbuchs vereinbar wäre. Für diesen Fall schlägt er folgende Formulierung des § 14 I Nr. 2 StGB de lege ferenda vor: „*als ~~vertretungsberechtigter~~ Gesellschafter einer Personenhandelsgesellschaft oder einer Personengesellschaft*". Andernfalls habe die Zurechnung durch entsprechende Änderungen innerhalb der Bankrottdelikte zu erfolgen. Vgl. zu den Reformvorschlägen Penzlins auch **Bieneck** wistra 2001, 53f.; **Röhm** NZI 2000, 467.

mann zu beziehen. Andererseits kann ein Unternehmen nach den eben getroffenen Feststellungen nicht Täter im strafrechtlichen Sinne sein. Bei einer streng am Wortlaut orientierten Auslegung müßte damit § 283 StGB im zentralen Bereich der Insolvenzen von juristischen Personen oder Personenvereinigungen ohne Anwendung bleiben. Strafrechtlich belangt werden könnte lediglich eine natürliche Person des Personenverbandes, wenn sie selbst als Täter ihre Zahlungen eingestellt hätte oder über ihr eigenes Vermögen und nicht das des Verbandes, dem sie angehört, das Insolvenzverfahren eröffnet oder mangels Masse abgewiesen worden wäre.[836]

Nach einhelliger Auffassung vermag ein solches Ergebnis kriminalpolitisch in keiner Weise zu befriedigen. Ohne bislang auf dieses Problem eingegangen zu sein, geht die Rechtsprechung wie selbstverständlich und ohne nähere Begründung auch in den Fällen einer Unternehmensinsolvenz von einer grundsätzlichen Anwendbarkeit der §§ 283, 14 StGB aus.[837] In der Literatur werden demgegenüber verschiedene Ansätze diskutiert, wie dieses Ergebnis dogmatisch erreicht werden kann.

Die hM will insofern den Begriff des Täters in § 283 VI StGB berichtigend als Schuldner auslegen.[838] Argumentiert wird dabei, daß sich die zur Verwirklichung des § 283 StGB erforderliche Schuldnereigenschaft ohnehin erst aus dem Gesamtzusammenhang der Norm ergebe. Es fände somit lediglich eine interpretatorische Ersetzung des Begriffs des Täters durch den des Tatbestandsadressaten statt, die vom Wortlaut des Gesetzes als äußerste Grenze jeder strafrechtlichen Auslegung noch gedeckt sei. Labsch und Matzen sehen dagegen in einer solchen berichtigenden Auslegung einen Verstoß gegen das verfassungsrechtliche Analogieverbot des Art 103 II GG. Um die auch von ihnen als äußerst unerwünscht erachtete Konsequenz der Unanwendbarkeit der §§ 283ff. StGB in zentralen Bereichen zu vermeiden, fordern sie eine rasche Gesetzesänderung in Form einer Ersetzung des Beg-

---

835 Vgl. nochmals oben Dritter Teil, Kapitel 4 A. II.

836 Im Gegensatz dazu waren die objektiven Strafbarkeitsbedingungen der §§ 239 I, 240 I KO a.F. nicht auf den Täter, sondern auf den Schuldner bezogen und warfen daher keine vergleichbaren Schwierigkeiten auf, vgl. insofern BayObLG NJW 1969, 1495ff.

837 Vgl. etwa BGH NStZ 1995, 347; BGH NStZ 1996, 543f.; BGH StV 1998, 423f., die allesamt die hier aufgeworfene Frage nicht ansprechen, obwohl in den genannten Fällen der Schuldner jeweils eine GmbH oder eine KG war.

838 **Tiedemann** NJW 1977, 780; **Tiedemann** in FS Dünnebier S. 535; LK-**Tiedemann** vor § 283, Rz. 63; Schloz-**Tiedemann** vor § 82, Rz. 29; **Lackner/ Kühl** § 283, Rz. 26; NK-**Kindhäuser** vor § 283, Rz. 38, 44; **Penzlin** S. 55f.; **Tröndle/ Fischer** vor § 283, Rz. 21; **Ohde** S. 40; **Deutscher/ Körner** wistra 1996, 12; Sch/Sch-**Stree/ Heine** § 283, Rz. 59a; **Otto** BT § 61, Rz. 102; **Otto** AktG vor § 399, Rz. 66; **Weyand** S. 32ff.; **M. Grub** S. 11ff.; **H. Richter** GmbHR 1984, 142; **Grosche** S. 31f.; **Lampe** GA 1987, 249, Fn. 17; **Moosmayer** S. 61ff.; ebenso schließlich **Bieneck** in Müller-Gugenberger/ Bieneck, § 76, Rz. 61, der es zu Recht für bedauerlich hält, daß der Gesetzgeber die Gelegenheit der Insolvenzrechtsreform nicht genutzt hat, auch insoweit im Gesetz für eine Klarstellung zu sorgen.

riffs Täter durch Schuldner in § 283 VI StGB.[839] Nach Ansicht von Wehleit schließlich kann das Problem über § 14 StGB gelöst werden.[840] Diese Vorschrift verlange nämlich nicht, daß der Vertretene das besondere persönliche Merkmal selbst *erfüllen* könne, vielmehr müsse dieses bei ihm nur *vorliegen*.

Abzulehnen ist in dieser Kontroverse zunächst die von Wehleit vorgeschlagene Differenzierung zwischen „erfüllen“ und „vorliegen“, die sich bei näherer Betrachtung als ein bloßes Wortspiel entpuppt. Nach dem oben Gesagten können eine juristische Person oder eine Personenvereinigung das Merkmal des Täterseins im strafrechtlichen Sinne weder erfüllen, noch kann es bei ihnen vorliegen. Ausgangspunkt des Problems ist die mißglückte Fassung des § 283 VI StGB, eine Lösung kann daher nicht über § 14 StGB erreicht werden. Diese Vorschrift betrifft den Fall, daß ein besonderes persönliches Merkmal beim vertretenen Unternehmen vorliegt und beim handelnden Organ oder Vertreter fehlt. Hier aber gilt es die Schwierigkeit zu überwinden, daß gerade das Unternehmen nicht Täter sein kann, wie dies vom Wortlaut des § 283 VI StGB gefordert wird.[841]

Die beiden anderen Ansichten dagegen stellen im Wege der Auslegung, bzw. der Gesetzesänderung auf die Schuldnereigenschaft ab, die auch bei juristischen Personen und Personenvereinigungen vorliegen und folglich nach § 14 StGB übergewälzt werden kann. Im einzelnen führt die hM bereits de lege lata zu praktikableren Ergebnissen, während die Auffassung von Labsch und Matzen dogmatisch vorzugswürdig erscheint. Letztlich kann eine Entscheidung hier aber offen bleiben, da die vorliegende Arbeit bereits aus anderen Gründen eine gesetzliche Umgestaltung des § 283 VI StGB vorgeschlagen hat. In diesem Zusammenhang könnte dann klarstellend auch die folgende Korrektur des § 283 VI StGB vorgenommen werden:

Endgültiger Entwurf des § 283 VI StGB de lege ferenda

Die Tat ist nur dann strafbar, wenn der ~~Täter~~ *Schuldner* seine Zahlungen eingestellt hat oder *wenn auf Grund von eingetretener Zahlungsunfähigkeit oder Überschuldung*

1. über sein Vermögen das Insolvenzverfahren eröffnet oder

2. der Eröffnungsantrag mangels Masse abgewiesen worden ist.

---

839 **Labsch** wistra 1985, 4, ihm folgend **Matzen** S. 20; kritisch im Hinblick auf Art. 103 II GG äußert sich auch **Tiedemann** NJW 1977, 780; **Tiedemann** in FS Dünnebier S. 535.

840 **Wehleit** S. 12ff.; ihm folgend gewinnen auch **Mohr** S. 42 und SK-**Samson** § 283, Rz. 28 das gewünschte Ergebnis aus einer Auslegung des § 14 StGB.

841 Ebenso auch **Labsch** wistra 1985, 4; **M. Grub** S. 11ff.; **Matzen** S. 20.

B. Die Regelung der Verbraucherinsolvenz nach §§ 304ff. InsO und ihre Auswirkungen auf das Insolvenzstrafrecht

Besteht nach den bisherigen Ergebnissen der vorliegenden Arbeit auch hinsichtlich der Begrenzung der Täterkreise der §§ 283-283c StGB auf Schuldner ein enges Abhängigkeitsverhältnis zwischen dem Insolvenzstrafrecht und dem zivilen Insolvenzrecht, so scheinen Auswirkungen auf Grund der Einführung eines besonderen Verfahrens zur Abwicklung von Verbraucherinsolvenzen nach §§ 304ff. InsO auf diese Delikte naheliegend: Zwar stand die Durchführung eines Konkursverfahrens grundsätzlich seit jeher auch privaten Schuldnern offen, faktisch aber erweitert die InsO ihren Anwendungsbereich gegenüber dem vormaligen Konkursrecht, wenn sie für diese Schuldnergruppe die Durchführung eines auf die besonderen Bedürfnisse zugeschnittenen Verfahrens vorsieht. Auf Grund der generellen Anbindung des strafrechtlichen Täterkreises an dessen zivilrechtliche Eigenschaft als Schuldner kommt damit heute untrennbar verbunden auch dem Insolvenzstrafrecht in diesem Bereich zusätzliche Bedeutung zu. Bankrotthandlungen privater Verbraucherschuldner konnten unter Geltung des früheren Konkursrechts nur selten über die §§ 283ff. StGB erfaßt werden, da es vielfach am Eintritt einer objektiven Strafbarkeitsbedingung nach § 283 VI StGB fehlte. Wurde nämlich über das Vermögen eines Verbraucherschuldners kein Konkursverfahren eröffnet oder mangels Masse abgelehnt (§ 283 VI, 2. und 3. Var. StGB a.F.), blieb eine Strafbarkeit wegen Bankrotts nur noch bei Zahlungseinstellung des Täters (§ 283 VI, 1. Var. StGB) möglich. Stellt heute aber das zivile Insolvenzrecht besondere Regelungen für private Verbraucher als Schuldner zur Verfügung und wird daher neben den Fällen einer Unternehmensinsolvenz vermehrt auch über die Vermögensmassen solcher Schuldner ein Insolvenzverfahren eröffnet, so tritt zwangsläufig die objektive Strafbarkeitsbedingung nach § 283 VI, 2. Var. StGB, bzw. bei Abweisung der Insolvenzeröffnung mangels Masse nach § 283 VI, 3. Var. StGB ein, und ein zentrales Anwendungshindernis, das bislang der Sanktionierung von Bankrotthandlungen privater Schuldner entgegenstand, ist beseitigt. Auf den ersten Blick betrachtet hat daher die Einführung eines Verbraucherinsolvenzverfahrens im Rahmen der Insolvenzrechtsreform zu einer Ausdehnung des Anwendungsbereichs des Insolvenzstrafrechts geführt.

Diese Folgen hat der insolvenzrechtliche Reformgesetzgeber allerdings nicht bedacht. Sie sind im folgenden im einzelnen herauszuarbeiten und zu begründen. Daran anschließend ist zu untersuchen, ob sich die gesetzestechnisch im wesentlichen unverändert gebliebenen Insolvenzdelikte überhaupt zur Erfassung von Bankrotthandlungen privater Verbraucherschuldner eignen. Die vorliegende Arbeit verneint dies und unterbreitet aus diesem Grund Vorschläge zu einer gesetzlichen Umgestaltung des Insolvenzstrafrechts de lege ferenda.

I. Das Verhältnis von Unternehmensinsolvenzen zu Insolvenzfällen privater Verbraucherschuldner unter der Geltung früheren Rechts

Zur Stützung der eben aufgestellten Thesen kann zunächst die folgende Insolvenzstatistik angeführt werden:[842]

Jahr	*1950*	*1960*	*1970*	*1980*	*1990*
Unternehmensinsolvenzen in %	86,0	70,6	64,7	69,1	65,8
Insolvenzen natürlicher Personen in %	4,1	6,2	13,4	16,8	18,8

Jahr	*1991*	*1992*	*1993*	*1994*	*1995*
Unternehmensinsolvenzen in %	66,3	71,4	74,6	75,6	77,6
Insolvenzen natürlicher Personen in %	18,1	15,8	14,8	15,3	13,9

Jahr	*1996*	*1997*	*1998*
Unternehmensinsolvenzen in %	81,1	82,3	81,9
Insolvenzen natürlicher Personen in %	10,8	10,1	10,5

Aus dieser Statistik wird deutlich, daß der Anteil der Unternehmensinsolvenzen an den Gesamtinsolvenzen in der Vergangenheit seit 1950 stets rund zwei Drittel oder mehr betrug und seit 1993 sogar bei rund 75%-80% lag. Während der letzten Jahre des früheren Konkursrechts stieg er zudem noch kontinuierlich leicht an. Umgekehrt verhielt es sich dagegen mit dem Anteil der Insolvenzen natürlicher Personen. Er bewegte sich zwischen 1993 und 1998 nur zwischen 10% und 15% und zeigte dabei konstant eine leicht abfallende Tendenz.[843]
Überdies ist zu berücksichtigen, daß der Anteil der nach früherem Recht abgewickelten echten Verbraucherinsolvenzen noch weit geringer war als der in der Statistik ausgewiesene Anteil der Insolvenzen natürlicher Personen. Vielfach handelte es

[842] Statistisches Bundesamt Fachserie 2, R 4.1. 12/98, Seite 8; Statistisches Jahrbuch 1999, S. 138ff., FAZ vom 11. Mai 1999, Seite 30; **Angele** WiSta 1997, 228; **Angele** WiSta 1994, 210.
[843] Die zu 100% verbleibenden Anteile betreffen vor allem Nachlaßinsolvenzen.

sich nämlich hier um eng mit einer Unternehmensinsolvenz in Zusammenhang stehende Insolvenzfälle von Gesellschaftern einer Personenhandelsgesellschaft, die mit ihrem Privatvermögen hafteten, oder einer juristischen Person, bei denen die Durchgriffshaftung zum Tragen kam.[844] Private Verbraucherschuldner aber, für die heute das Verbraucherinsolvenzverfahren nach §§ 304ff. InsO vornehmlich in Frage kommt, zählten dazu nur in geringem Maße.[845]
Dieser Umstand wirkt heute insofern um so besorgniserregender, als Schätzungen davon ausgehen, daß derzeit rund 2,5 Millionen deutsche Haushalte überschuldet sind, und daß die Verschuldungssituation immer dramatischere Formen annimmt.[846] Dabei stellen die zunächst rein finanziellen Probleme in vielen Fällen auch Auslöser und Ursachen für weitergehende und tiefgreifende soziale und psychische Konflikte dar.

II. Die zivilrechtliche Behandlung von Insolvenzen privater Verbraucherschuldner und die Konsequenzen für das Insolvenzstrafrecht nach früherem Recht

Aus der Insolvenzstatistik allein können aber noch keine Gründe entnommen werden, warum die Anzahl der nach der KO, der VglO oder der GesO abgewickelten Verbraucherinsolvenzfälle in der Vergangenheit fast vernachlässigenswert gering geblieben ist.
Zwar konnte de iure grundsätzlich über das Vermögen eines jeden Gemeinschuldners ein Konkursverfahren eröffnet und durchgeführt werden.[847] Allerdings war ein solches Verfahren auf die Abwicklung einer privatschuldnerischen Insolvenz nicht zugeschnitten. Während ein Unternehmen im Konkursverfahren vielfach der Liquidation zugeführt wurde und daraufhin zwangsweise aufhörte zu existieren, ließ sich die Existenz eines privaten Schuldners nicht gleichermaßen auslöschen. Dieser überlebte im wahrsten Sinne des Wortes ein Konkursverfahren. Im Anschluß aber

---

[844] **Angele** WiSta 1997, 226f.; Statistisches Bundesamt Fachserie 2, R 4.1. 12/98, Seite 8.

[845] Genaue Zahlenangaben existieren insoweit nicht, **Balz** in Verbraucherkredit und Verbraucherinsolvenz S. 250f.; **Balz** ZRP 1986, 12; **Lutz** S. 36f. und **Moosmayer** S. 27f. schätzen den Anteil echter Verbraucherinsolvenzfälle in der Vergangenheit auf nur etwa 5%.

[846] BT Drs. 14/ 2496, S. 1; **Vallender** ZIP 1999, 125, Fn. 3; **Vallender** InVo 1998, 169; **Heyer** Verbraucherinsolvenzverfahren S. 7; **Hess/ Wienberg/ Titze-Fischer** NZI 2000, 97; **H. Hoffmann** Verbraucherinsolvenz Vorwort V; **Weinbörner** INF 1995, 51. Nach **Haarmeyer/ Wutzke/ Förster** 10/ 54 ist statistisch jeder Haushalt in Deutschland zur Zeit mit mehr als 15.000 DM verschuldet. Ferner ausführlich zur Überschuldungssituation privater Schuldner in Deutschland **S. Veit/ Reifner** S. 15ff., sowie **Uhlenbruck** DGVZ 1992, 33ff.; **Kothe** ZIP 1994, 184ff.; **Forsblad** S. 22ff., 40ff.; **Krug** S. 9ff.

[847] **Balz** in Verbraucherkredit und Verbraucherinsolvenz S. 250; Breutigam/ Blersch/ Goetsch-**Goetsch** § 304, Rz. 2; **Lutz** S. 36f.; **Zirpins/ Terstegen** S. 930; **Heyer** Verbraucherinsolvenzverfahren S. 12.

sah das frühere Recht keine mit dem heutigen Institut der Restschuldbefreiung vergleichbare Möglichkeit für den Schuldner vor, sich seiner restlichen Schulden dauerhaft zu entledigen. Vielmehr hatte er zu befürchten, daß die Gläubiger weiter gegen ihn die Vollstreckung betrieben, was gem. § 164 I KO auch nach der Durchführung eines Verfahrens möglich blieb. Das frühere Recht bot damit dem privaten Verbraucher keine grundlegende, einen wirtschaftlichen Neubeginn ermöglichende Schuldenbereinigung an und enthielt so für diesen Schuldnerkreis wenig Anreize.[848] Daneben gestaltete sich ein Vorgehen nach der KO zur Verteilung einer privaten Vermögensmasse aber auch für die Gläubiger als wenig aussichtsreich, da das Konkursverfahren für den Fall eines privaten Verbraucherschuldners zumeist zu aufwendig ausgestaltet und mit hohen Kosten verbunden war. Zudem standen diesen Kosten in aller Regel keine entsprechenden Vorteile gegenüber, da insolvente Privatpersonen häufig über kaum nennenswertes, verwertbares Vermögen verfügen und somit ein Konkursverfahren ohnehin in den meisten Fällen mangels Masse hätte abgelehnt werden müssen.[849] Insofern mußte auch die Durchführung eines Vergleichsverfahrens in den allermeisten Fällen bereits von vorneherein scheitern, da der insolvente Privatschuldner die unrealistisch hohe Vergleichsquote von 35% nach § 7 I 2 VglO nur äußerst selten bieten konnte.

Ferner bilden bis heute Zahlungspflichten aus Konsumentendarlehen den Großteil der Verbindlichkeiten eines privaten Verbraucherschuldners.[850] Die Gläubiger dieser Forderungen aber waren häufig dinglich gesichert, hatten so von einem Konkurs- oder einem Vergleichsverfahren weder Vor- noch Nachteile zu erwarten und folglich kein besonderes Interesse an der Durchführung eines solchen. Für die ungesicherten Gläubiger bestand daneben auf Grund der Auszehrung der Konkursmasse durch konkursfeste Sicherheiten und der Konkursfreiheit des Neuerwerbs vielfach keinerlei Befriedigungsaussicht und somit ebenfalls kein Interesse an einem Konkursverfahren.[851] Davon abgesehen konnte ein Konkursverfahren nur dann Vorteile bieten, wenn der Kreditgeber mit einer größeren Zahl anderer Gläubiger konkurrierte. Privaten Verbraucherschuldnern steht aber häufig nur ein einziger Kreditgeber als Gläubiger gegenüber. Dieser konnte dann den gleichen wirt-

---

[848] **Balz** in Verbraucherkredit und Verbraucherinsolvenz S. 251 spricht bildhaft vor der Eröffnung eines Konkursverfahrens als einer Art bürgerlichen Todes. Vgl. ferner **Balz** ZRP 1986, 14f.; **Weinbörner** INF 1995, 51; **N. Preuß** Rz. 1; **Lutz** S. 38; **Heyer** Verbraucherinsolvenzverfahren S. 12; **H. Hoffmann** Verbraucherinsolvenz Vorwort V; **Moosmayer** S. 28.

[849] **Balz** in Verbraucherkredit und Verbraucherinsolvenz S. 251; **H. Hoffmann** Verbraucherinsolvenz Vorwort V; **Moosmayer** S. 28; **Lutz** S. 37.

[850] Vgl. ausführlich zur Konsumentenkreditaufnahme und der daraus resultierenden Verbraucherüberschuldung **Holzscheck** in Verbraucherkredit und Verbraucherinsolvenz S. 66ff.; **Holzscheck/ Hörmann/ Daviter** S. 17f.; **Hörmann/ Holzscheck** ZIP 1982, 1172ff.; **Lutz** S. 1ff.

[851] **Balz** in Verbraucherkredit und Verbraucherinsolvenz S. 252ff.; **Lutz** S. 38.

schaftlichen Erfolg kostengünstiger über den Weg der Einzelzwangsvollstreckung erreichen.[852]

Schließlich war das frühere Konkursrecht in seinen letzten Jahren zur Abwicklung von Verbraucherinsolvenzen auch strukturell nicht mehr geeignet. Die Kreditpraxis war immer mehr dazu übergegangen, Verbraucherkredite durch Lohnabtretungen abzusichern, während die Schuldenhaftung mit Vermögen an Bedeutung verlor. Kreditfähigkeit und Konsumentenkreditgeschäft beruhten zunehmend auf dem Vertrauen in die Arbeitskraft des Verbraucherschuldners und deren Nutzung.[853] Unterstützt wurde diese Entwicklung im deutschen Recht dadurch, daß es das BGB gestattet, neben bestehenden Ansprüchen auch solche aus einem künftigen Arbeitsverhältnis nach § 398 BGB abzutreten, sofern diese Ansprüche nur hinreichend bestimmbar sind.[854] Als Konkursmasse stand aber den Gläubigern nach § 1 KO nur das dem Schuldner bei Verfahrenseröffnung gehörende Vermögen zur Verfügung. Künftige Einkünfte des Schuldner, also insbesondere dessen Arbeitseinkommen, fielen nicht in die Masse und unterlagen so dem Zugriff der Gläubiger nicht. Sie waren als konkursfreier Neuerwerb anzusehen.[855]

Sedes materiae der Verbraucherinsolvenz war daher in der Vergangenheit verstärkt das Einzelzwangsvollstreckungsrecht geworden, während das eigentliche Konkursrecht in diesem Bereich mehr und mehr ausfiel.[856] Dabei bestanden zum Teil erhebliche Unterschiede zwischen den beiden Verfahren. Zum Beispiel gestattete es die ZPO den Gläubigern, neben dem vorhandenen Vermögen des Schuldners mit Ausnahme der nach § 811 ZPO unpfändbaren Sachen auch dessen laufende Einkünfte bis zu den Grenzen der §§ 850ff. ZPO zu pfänden.[857] Vor allem aber ging das Verfahren der Zwangsvollstreckung nicht vom Leitbild einer par condicio creditorum aus, zielte also nicht auf eine gleichmäßige, anteilige Befriedigung aller Gläubiger, sondern kannte als obersten Grundsatz das Prioritätsprinzip.[858] Wie das Konkursverfahren bot allerdings auch der Weg über die Einzelzwangsvollstreckung keine

---

852 Smid-**Krug/ Haarmeyer** § 304, Rz. 9; **Balz** in Verbraucherkredit und Verbraucherinsolvenz S. 254; **Moosmayer** S. 28.

853 Schätzungen gehen heute davon aus, daß rund drei Viertel der von privaten Haushalten aufgenommenen Krediten durch Lohnabtretung besichert werden, dagegen nur ein Drittel durch Sicherungsübereignung und ein Fünftel durch Bürgschaft, vgl. **Balz** ZRP 1986, 15; **Holzscheck/ Hörmann/ Daviter** S. 230f.; **Hörmann/ Holzscheck** ZIP 1982, 1175; **Lutz** S. 37.

854 Palandt-**Heinrichs** § 398, Rz. 14.

855 **H. Hoffmann** Verbraucherinsolvenz Vorwort V. Zur abweichenden Behandlung des Neuerwerbs nach § 35 InsO und oben Zweiter Teil, Kapitel 1 C. V. 1.

856 **Balz** in Verbraucherkredit und Verbraucherinsolvenz S. 254; **Balz** ZRP 1986, 15; **Lutz** S. 39; **Penzlin** S. 199.

857 **Balz** in Verbraucherkredit und Verbraucherinsolvenz S. 254; **Lutz** S. 40.

858 **Balz** ZRP 1986, 16; **Lutz** S. 39; **Baur/ Stürner** Zwangsvollstreckungs-, Konkurs- und Vergleichsrecht Rz. 6.2.

Möglichkeit, das aus sozialen Gründen angestrebte Ziel einer vollständigen Entschuldung des Verbrauchers im Sinne einer Restschuldbefreiung zu erreichen.
Diese Schwächen des vormaligen Konkursrechts bei der Abwicklung von Verbraucherinsolvenzen blieben nicht ohne Auswirkungen auf die Strafbarkeit eines sich fehlverhaltenden Privatschuldners. Die Bankrottdelikte waren und sind unter anderem über die objektive Strafbarkeitsbedingung des § 283 VI StGB eng an das zivile Insolvenzrecht gekoppelt. Fand aber bei Insolvenz eines privaten Verbraucherschuldners gar keine Entscheidung des Gerichts über die Eröffnung eines Verfahrens mehr statt, weil die Einzelzwangsvollstreckung in diesem Bereich eine kostengünstigere, weniger zeitaufwendige und effektivere Abwicklung ermöglichte, so konnte die objektive Strafbarkeitsbedingung nur noch nach § 283 VI, 1. Var. StGB verwirklicht werden, wenn der Schuldner seine Zahlungen eingestellt hatte. Der Eintritt der objektiven Bedingung nach § 283 VI, 2. Var. oder 3. Var. StGB war dagegen durch die zivilrechtliche Entwicklung nahezu unmöglich gemacht und somit die Anwendbarkeit der eigentlichen Insolvenzdelikte nach §§ 283ff. StGB im Bereich privater Verbraucherschuldner weit eingeschränkt worden. Lag keine Zahlungseinstellung des Schuldners vor, verblieb letztlich aus strafrechtlicher Sicht allein der Rückgriff auf § 288 StGB.[859]
Diese Schlußfolgerungen lassen sich empirisch an Hand kriminologischer Untersuchungen über die Auswertung aufgedeckter Delikte nach §§ 283ff. StGB belegen. Diese hatten ergeben, daß die große Mehrzahl von Bankrotthandlungen im Zusammenhang mit Unternehmensinsolvenzen von Geschäftsführern oder Gesellschaftern von Personenhandelsgesellschaften oder juristischen Personen begangen wurden. Dabei nahm die Gesellschaftsform der GmbH eine herausragende Stellung ein. Im Bereich der Privatverbraucher dagegen spielte die Konkurskriminalität in der Vergangenheit stets eine untergeordnete Rolle.[860]
Ebenso wie die zivilrechtlichen Verfahren nach der KO und der ZPO unterscheiden sich jedoch auch die Tatbestände der §§ 283ff. StGB und des § 288 StGB immens: § 288 StGB enthält einen für den Schuldner weit günstigeren Strafrahmen. Seine Höchststrafe liegt mit 2 Jahren deutlich unter der des Bankrotts von 5 Jahren. Anders als die Bankrottdelikte kann das Vereiteln der Zwangsvollstreckung nach § 288 II StGB nur auf Antrag verfolgt werden. Ferner kennt § 288 StGB weder eine Fahrlässigkeitshaftung noch sieht die Vorschrift eine Versuchsstrafbarkeit vor (§ 23 I StGB). Darüber hinaus enthält der objektive Tatbestand des § 288 StGB keinen Katalog, der auch nur in etwa dem des § 283 I Nr. 1-8 StGB entspräche. Vielmehr wird lediglich das Veräußern oder Beiseiteschaffen von Vermögensbe-

---

859 **Moosmayer** S. 60; **Penzlin** S. 199; **Beck** in Wabnitz/ Janovsky 2/ 69.
860 Vgl. zum Ablauf des Verbraucherinsolvenzverfahrens im einzelnen nochmals oben Erster Teil, Kapitel 3 F.

standteilen bestraft, was sich ungefähr mit der Regelung des § 283 I Nr. 1 StGB vergleichen läßt. Der subjektive Tatbestand des § 288 StGB läßt dagegen Vorsatz nicht genügen, sondern verlangt die Absicht des Schuldners, die Befriedigung des Gläubigers zu vereiteln.[861] Ferner setzt § 288 StGB objektiv nicht das Vorliegen einer wirtschaftlichen Krisensituation iSd § 283 StGB voraus, sondern verlangt lediglich, daß dem Schuldner eine Zwangsvollstreckung droht. Schließlich verzichtet der Tatbestand auf eine objektive Strafbarkeitsbedingung, die etwa eine Strafbarkeit von einer entsprechenden zivilverfahrensförmigen Entscheidung eines Gerichts oder von einer Zahlungseinstellung abhängig machte. Dennoch stellt sich § 288 StGB aus den zunächst genannten Gründen als die im Vergleich zu § 283 StGB eindeutige mildere Vorschrift dar.

Zusammenfassend stand also unter der Geltung des früheren Konkursrechts gegen einen insolventen, sich fehlverhaltenden Privatverbraucher neben den vielfach nicht zur Anwendung gelangenden §§ 283ff. StGB als strafrechtliches Sanktionsmittel lediglich § 288 StGB zur Verfügung. Aus den polizeilichen Kriminalstatistiken ergibt sich jedoch, daß auch der Anteil der Delikte nach § 288 StGB vernachlässigenswert gering blieb.[862] Dies lag zum einen an den hohen Erfordernissen im subjektiven Bereich und am Antragserfordernis des § 288 II StGB.[863] Einen nicht zu unterschätzender Grund für diesen statistischen Befund bildete zum anderen aber auch die fehlende Möglichkeit der Staatsanwaltschaft zur Kenntnisnahme entsprechender Vorfälle. Zwar gaben die Amtsgerichte den Ermittlungsbehörden nach der Verwaltungsanordnung über Mitteilungen in Zivilsachen (MiZi) die Eröffnung eines Konkursverfahrens oder dessen Ablehnung mangels Masse bekannt und lösten so vielfach erste Ermittlungen im Hinblick auf Bankrottdelikte aus. Eine vergleichbare Mitteilungspflicht der Amtsgerichte gab es aber bei Einzelzwangsvollstreckungen nicht.[864]

---

861 Die hM läßt für diese Benachteiligungsabsicht dolus directus genügen. Es reicht demnach aus, daß der Täter die Benachteiligung des Gläubigers als sichere Nebenfolge voraussieht. Vgl. RGSt 27, 241; RGSt 59, 314; **Lackner/ Kühl** § 288, Rz. 6; Sch/Sch-**Eser** § 288, Rz. 19-22; **Wessels/ Hillenkamp** BT 2, Rz. 453; LK[10]-**Schäfer** § 288, Rz. 36; **Maurach/ Schroeder/ Maiwald** BT 1, § 47, Rz. 10.

862 Der registrierte Anteil der Delikte nach § 288 StGB ist sogar so gering geblieben, daß er in den polizeilichen Kriminalstatistiken nicht einmal gesondert aufgeführt wurde, vgl. **Moosmayer** S. 61.

863 **Moosmayer** S. 61.

864 Mitteilungspflichtig war hier nur die Anberaumung eines Termins zur eidesstattlichen Versicherung nach § 807 ZPO, sofern das Verfahren eine AG, KG auf Aktien, GmbH, OHG, KG oder Genossenschaft betraf, vgl. **Moosmayer** S. 61; **Baumgarte** wistra 1991, 172ff.; **Müller/ Wabnitz/ Janovsky** 6/ Rz. 9; **U. Richter** in Tagungsberichte III, Anlage 4, S. 2f.

Damit konnten Bankrotthandlungen privater Verbraucherschuldner unter der Geltung des früheren Konkursrechts sowohl über die §§ 283ff. StGB wie auch über § 288 StGB nur eingeschränkt erfaßt werden.

III. Die zivilrechtliche Behandlung von Insolvenzen privater Verbraucherschuldner und die Konsequenzen für das Insolvenzstrafrecht nach geltendem Recht

Die InsO weicht in §§ 304ff. InsO vom Regelinsolvenzverfahren ab und sieht ein eigenes, mehrstufiges Verfahren zur Abwicklung von Verbraucherinsolvenzen vor. Während das Regelinsolvenzverfahren allein auf die bestmögliche Befriedigung der Gesamtgläubigerschaft ausgerichtet ist, verfolgt das besondere Verfahren nach §§ 304ff. InsO auch eine soziale Zielsetzung. Dem Schuldner soll insbesondere im Zusammenhang mit dem Restschuldbefreiungsverfahren nach §§ 286ff. InsO ein Ende der ewigen Schuldenhaft in Aussicht gestellt und ein wirtschaftlicher Neuanfang ermöglicht werden. Um die Gerichte zu entlasten und damit auch die Verfahrenskosten niedrig zu halten, schaltet die InsO dem eigentlichen Verbraucherinsolvenzverfahren zunächst die zwei Stufen des außergerichtlichen Einigungsversuches und des Schuldenbereinigungsplanverfahrens vor. Nur für den Fall, daß die Parteien auf diesen Ebenen noch keine Einigung erzielen, sehen die §§ 311ff. InsO im Anschluß die Durchführung eines verschlankten Insolvenzverfahrens vor, das gegenüber dem Regelinsolvenzverfahren zahlreiche Vereinfachungen enthält.[865]
Das neue Insolvenzrecht beseitigt so wesentliche Hindernisse, die einer Abwicklung von Verbraucherinsolvenzen nach der KO entgegenstanden. Nach dem Inkrafttreten der InsO wird damit die Behandlung von Verbraucherinsolvenzen wieder in größerem Maße aus dem Bereich der Einzelzwangsvollstreckung verdrängt und in den des eigentlichen Insolvenzrechts zurückgeführt.[866]
Wird aber im Falle privater Insolvenz wieder vermehrt eine Entscheidung über die Eröffnung eines (Verbraucher-)Insolvenzverfahrens getroffen, so tritt zwangsläufig in diesem Bereich auch die objektive Strafbarkeitsbedingung nach § 283 VI, 2. oder 3. Var. StGB wieder häufiger ein. Aus der Sicht des Insolvenzstrafrechts hat die Insolvenzrechtsreform also hier mit der Einfügung eines besonderen Verbraucherinsolvenzverfahrens in den §§ 304ff. InsO ein wesentliches Anwendungshindernis beseitigt, das zuvor vielfach dazu gezwungen hatte, Bankrotthandlungen von Verbraucherschuldnern an Stelle der §§ 283ff. StGB über § 288 StGB zu erfassen.[867] Diese Auswirkungen der Reform sind keineswegs unproblematisch. Zwar begrenzt das Insolvenzstrafrecht der §§ 283-283c StGB seit jeher seinen Anwen-

[865] Vgl. nochmals oben Zweiter Teil, Kapitel 1 C. VIII. 2. e).
[866] Ebenso BGH wistra 2001, 306ff. = BGH NJW 2001, 1874; vgl. ferner **Moosmayer** S. 28.
[867] **Moosmayer** S. 63f.; **Penzlin** S. 199.

dungsbereich in Abhängigkeit zum Zivilrecht auf Schuldner jeglicher Art, ohne weitere Einschränkungen vorzunehmen, und bot so zumindest de iure grundsätzlich auch Sanktionsmöglichkeiten für privatschuldnerisches Fehlverhalten. Allerdings führte die korrespondierende zivilrechtliche Ausgestaltung des Konkursrechts lange Zeit dazu, daß im Falle der Verbraucherinsolvenz nur selten der Eintritt einer Variante der objektiven Bedingung des § 283 VI StGB ausgelöst wurde und somit die §§ 283ff. StGB hier weitgehend unanwendbar blieben. De facto verbindet sich daher mit der Insolvenzrechtsreform eine Vergrößerung des Anwendungsbereichs des Insolvenzstrafrechts. Dies zwingt dazu, nachstehend zu untersuchen, ob der Bankrottatbestand de lege lata dieser veränderten Situation überhaupt gerecht werden, ob er also zur strafrechtlichen Sanktionierung auch von Verbraucherbankrotthandlungen herangezogen werden kann.

C. Eignung des § 283 StGB zur Erfassung von Verbraucherbankrotthandlungen ?

Dabei sprechen sechs Gründe gegen eine Erfassung von privatschuldnerischen Bankrotthandlungen nach § 283 StGB in seiner jetzigen Form. Diese sind im folgenden darzustellen.

I. Inkongruenz der Schutzzwecke des zivilrechtlichen Verbraucherinsolvenzverfahrens nach §§ 304ff. InsO und des Bankrottatbestandes nach § 283 StGB

Nach den bisherigen Ergebnissen dieser Arbeit hatte sich als grundlegend für das enge Abhängigkeitsverhältnis des Insolvenzstrafrechts vom zivilen Insolvenzrecht dessen parallele Zielrichtung erwiesen. Beide Rechtsgebiete dienen grundsätzlich dem Schutz und der Sicherung der Interessen der Gläubigergesamtheit an einer bestmöglichen, materiellen Befriedigung. In zivilrechtlicher Hinsicht allerdings steht dieses Ziel im Gegensatz zur Unternehmensinsolvenz bei der Verbraucherinsolvenz nicht ausschließlich im Vordergrund. Vielmehr berücksichtigen die §§ 304ff. InsO vor allem auch soziale Bedürfnisse. Das Gesetz strebt auf unterschiedlichem Wege Einigungen zwischen wirtschaftlich gescheiterten Privatschuldnern und ihren Gläubigern an und bietet für den Fall des Scheiterns nach Durchführung eines vereinfachten Verfahrens mit der Möglichkeit zur Restschuldbefreiung nach §§ 286ff. InsO Perspektiven für die Zukunft an.[868]

Weist damit die Einführung und Ausgestaltung eines besonderen Verbraucherinsolvenzverfahrens nach §§ 304ff. InsO iVm §§ 286ff. InsO auch schuldnerfreundliche Aspekte auf, so stehen die Auswirkungen der Neuregelung in strafrechtlicher

[868] Vgl. nochmals eben Dritter Teil, Kapitel 4 B. III. und Zweiter Teil, Kapitel 1 C. VIII. 2. e).

Hinsicht dieser Zielsetzung diametral entgegen. Der Umstand nämlich, daß die Sanktionierung grob unwirtschaftlicher Verhaltensweisen eines insolventen Privatschuldners nach der Insolvenzrechtsreform wesentlich seltener nach § 288 StGB erfolgt, da heute in diesem Bereich vermehrt der Anwendungsbereich der eigentlichen Insolvenzdelikte der §§ 283ff. StGB eröffnet ist, wirkt sich für die Person des Verbraucherschuldners nachteilig aus: Wie gesehen stellt § 288 StGB gegenüber § 283 StGB eine in mehrerlei Hinsicht mildere Strafvorschrift dar.[869] Die ihrer Grundkonzeption nach zumindest auch den Belangen des Privatschuldners dienliche Neuregelung der §§ 304ff. InsO hätte somit strafrechtlich betrachtet eine verschärfte Haftung zur Folge. Zwischen der Regelungsintention des zivilrechtlichen Verbraucherinsolvenzverfahrens und den damit verbundenen strafrechtlichen Folgewirkungen besteht mithin eine Inkongruenz, die gegen die Erfassung von Verbraucherbankrotthandlungen nach § 283 StGB spricht.

II. Strukturelle Inkongruenz zwischen zivilem Insolvenzrecht und Insolvenzstrafrecht bei einer Erfassung von Verbraucherbankrotthandlungen über § 283 StGB

Eine Sanktionierung privatschuldnerischer Bankrotthandlungen über § 283 StGB führte daneben zu einer strukturellen Inkongruenz zwischen dem zivilen Insolvenzrecht und dem Insolvenzstrafrecht. Zur Begründung dieser These ist zunächst kurz auf die grundsätzliche Konzeption der InsO einzugehen:
Einerseits weist diese zwar in mehrerlei Hinsicht einen vereinheitlichenden Charakter auf. So wurde mit ihrem Inkrafttreten am 1.1.1999 die frühere Trennung zwischen Konkurs- und Vergleichsverfahren aufgegeben. Ferner beansprucht das neue Gesetz Geltung im gesamten Bundesgebiet und stellt so erstmalig eine innerdeutsche Insolvenzrechtseinheit her. Im Vergleich zur vormaligen Rechtslage erscheint das Verfahren nach der InsO somit auf den ersten Blick als die Umsetzung des Idealbildes einer Universalinsolvenz. Dieser Eindruck wird zusätzlich verstärkt durch die einheitliche Vermögensorientierung des Insolvenzverfahrens. Wie gesehen begreift die InsO auch die in weiterem Umfang als früher angestrebte Sanierung des Schuldners letztlich lediglich als eine der Liquidation gleichgeordnete Verwertung seines Vermögens zur materiellen Befriedigung der Gesamtgläubigerschaft.[870]
Andererseits aber wird auch die InsO diesem Idealbild nicht vollumfänglich gerecht. Gerade in der Ausgestaltung eines besonderen Verbraucherinsolvenzverfahrens in den §§ 304ff. InsO zeigt sich neuerlich eine dualistische Tendenz. Das vor-

---

869 Vgl. Dritter Teil, Kapitel 4 B. II.
870 Vgl. nochmals oben Dritter Teil, Kapitel 1 A. II.

malige Konkursrecht kannte kein selbständiges Institut des Unternehmenskonkurses im Sinne eines abgeschlossenen Regelungssystems. Entsprechend findet sich in der Gesetzesbegründung zur InsO der Hinweis, ein Sonderrecht für unternehmerisch tätige Schuldner sei auch nach der Neuordnung des Insolvenzrechts entbehrlich. Statt dessen erschien dem Gesetzgeber das Insolvenzverfahren nach der InsO in seiner Grundstruktur als passend für alle Schuldner ohne Rücksicht auf den Umfang ihrer wirtschaftliche Tätigkeit.[871] Dieser Konzeption des Gesetzgebers steht allerdings die Tatsache entgegen, daß die Anwendung des besonderen Verfahrens nach §§ 304ff. InsO doppelt exklusiv ist. Zum einen können Personen, die die Voraussetzungen des § 304 InsO nicht erfüllen, dieses Verfahren nicht in Anspruch nehmen. Ihnen steht lediglich das Regelinsolvenzverfahren offen. Zum anderen hat auch der in § 304 InsO bestimmte Personenkreis keine Wahlmöglichkeit. Für ihn sieht das Gesetz ausschließlich die Durchführung des Verbraucherinsolvenzverfahrens vor. Dies gilt auch dann, wenn im Einzelfall etwa wegen erheblichen Vermögens oder unübersichtlicher Haftungsverhältnisse die Durchführung des Regelinsolvenzverfahrens vernünftiger wäre.[872] Damit unterwirft die InsO einen Schuldner also je nachdem, ob er in den Anwendungsbereich des § 304 InsO fällt oder nicht, verfahrensmäßig unterschiedlichen Regelungen. Zwar bestehen zwischen dem Regel- und dem Verbraucherinsolvenzverfahren teilweise Gemeinsamkeiten. Daneben sehen jedoch die §§ 312-314 InsO auch bedeutungsvolle Abweichungen für das vereinfachte Verbraucherinsolvenzverfahren vor.[873] Ferner ist das gesamte Verfahren nach §§ 304ff. InsO im Gegensatz zum allgemeinen Verfahren mehrstufig aufgebaut.

Insgesamt wird daher auch das neue Insolvenzrecht dem Idealbild eines gänzlich einheitlichen Universalinsolvenzverfahrens nicht gerecht, sondern hat faktisch zu einer Trennung zwischen unternehmerisch tätigen und Verbraucherschuldnern geführt.[874]

---

871 BT Drs. 12/ 2443, S. 83.

872 AG Köln NZI 1999, 242; FK-**Kothe**, § 304, Rz. 2, 26; **Schulte-Kaubrügger** DZWir 1999, 96; Kübler/ Prütting-**Wenzel** § 304, Rz. 2c; **Windel** Jura 1999, 8; **Bork** Rz. 411; **Jauernig** § 65 I, II, S. 290f.; **Häsemeyer** 29.07; **Kögel** DZWir 1999, 235; Nerlich/ Römermann-**Römermann** § 304, Rz. 12; **N. Preuß** Rz. 17.

873 Vgl. zu den Abweichungen des Verbraucherinsolvenzverfahrens gegenüber dem Regelverfahren nochmals oben Zweiter Teil, Kapitel 1 C. VIII. 2. c) und die in Fn. 150 angegebenen Stellen.

874 Ebenso FK-**Kothe**, § 304, Rz. 2; Smid-**Krug**/ **Haarmeyer** § 304, Rz. 1; **Forsblad** S. 198; **Döbereiner** JA 1996, 724f.; **Schmidt-Räntsch** Insolvenzordnung S. 45, Rz. 147; **Schmidt-Räntsch** MDR 1994, 321; **Scholz** FLF 1995, 89; **Bork** Rz. 13, 29ff., 410ff. und aus strafrechtlicher Sicht **Moosmayer** S. 29ff. Die InsO trägt damit Stimmen aus dem Schrifttum Rechnung, die seit langem einen Paradigmenwechsel dahingehend forderten, dem Insolvenzrecht nicht wie bisher die Privatinsolvenz, sondern die Unternehmensinsolvenz als Grundtyp zugrunde zu legen und die besonderen Probleme der Unternehmensinsolvenz stärker in den Vordergrund zu rücken, vgl. etwa **K. Schmidt** Gutachten 54. DJT 1982, S. 39f.; **K. Schmidt** Unternehmensinsolvenz S.

Die Existenz dieser Trennung unterstreicht die Formulierung der zentralen Zielbestimmung des § 1 S. 1 InsO, wenn sie ausdrücklich das Unternehmen als Schuldner hervorhebt. Damit wird deutlich, daß die InsO der Unternehmensinsolvenz innerhalb des Gesamtsystems eine herausragende Stellung beimißt.[875] Ebenso betont der neue § 11 II Nr. 1 InsO die Ausrichtung der InsO auf die Situation der Unternehmensinsolvenz, wenn er erstmalig die Insolvenzfähigkeit der Gesellschaft bürgerlichen Rechts, der Partenreederei und der Europäischen wirtschaftlichen Interessenvereinigung festlegt, da diese alle häufig Träger von Unternehmen sind.[876]
Diese faktische Trennung zwischen wirtschaftlich tätigen und Verbraucherschuldnern fände nun auf insolvenzstrafrechtlicher Ebene keine Entsprechung, würde

---

23; **Lutz** S. 36; **F. Weber** in Einhundert Jahre KO, S. 341. Noch weitergehend forderte der baden-württembergische Justizminister *Thomas Schäuble* sogar, den Adressatenkreis der InsO ganz auf Unternehmen zu beschränken, vgl. Staatsanzeiger Baden-Württemberg vom 23.6.1993, S. 3.
Interessant und zutreffend ist in diesem Zusammenhang ferner der Hinweis von **Moosmayer** S. 32, daß die Leitvorstellung einer Universalinsolvenz reformgeschichtlich noch aus der Begründung des Regierungsentwurfes stammt. Die Vorschriften der §§ 304ff. InsO in ihrer heutigen Fassung als Verbraucherinsolvenzverfahren an Stelle des ursprünglich vorgesehenen Verfahrens für Kleininsolvenzen wurden allerdings erst danach in der Schlußphase der Reform durch die Beratungen im Rechtsausschuß des Deutschen Bundestages eingefügt, vgl. BT Drs. 12/ 7302, S. 189ff. Insofern wird vor dem geschichtlichen Hintergrund die schrittweise Aufgabe dieser Zielvorstellung deutlich: Immer stärker trat im Verlauf des Reformprozesses die Ausrichtung des allgemeinen Insolvenzverfahrens auf den Bereich der unternehmerisch tätigen Schuldner hervor. **Moosmayer** S. 32 und **Uhlenbruck** Insolvenzrecht S. 117 gehen sogar davon aus, daß die Regelungen der Verbraucherinsolvenz letztlich durchaus auch außerhalb der InsO hätten geregelt werden können.

875 So auch **Moosmayer** S. 26. Allerdings ist zu beachten, daß § 1 S. 1 InsO seinem Wortlaut nach darauf abstellt, daß *in einem Insolvenzplan eine abweichende Regelung insbesondere zum Erhalt des Unternehmens getroffen wird*. Da aber die Vorschriften über den Insolvenzplan nach § 312 III InsO im Insolvenzfall privater Schuldner gar nicht anwendbar sind, konnten sie an dieser Stelle im Gesetz auch nicht erwähnt werden. Dennoch spricht die explizite Verwendung des Begriffs Unternehmen anstatt des ebenso möglichen, allgemeineren Begriffs Schuldner für die besondere Bedeutung der Unternehmensinsolvenz nach der InsO.

876 BT Drs. 12/ 2443, S. 112f.; **Baur/ Stürner** Zwangsvollstreckungs-, Konkurs- und Vergleichsrecht Rz. 33.1; **K. Schmidt** Unternehmensinsolvenz S. 29f.; **Moosmayer** S. 27. Vgl. hierzu auch die früheren Regelungen der §§ 207, 209, 212a, 213 KO.
Es kann aber auf der anderen Seite auch nicht von einem in sich geschlossenen Rechtsinstitut der Unternehmensinsolvenz gesprochen werden. Zum einen ergibt sich das Unternehmensverständnis der InsO nur im Umkehrschluß aus § 304 InsO. Zum anderen differenziert das Insolvenzrecht de lege lata zwischen verschiedenen Unternehmensträgern. Beispielhaft zeigt sich dies an den Insolvenzeröffnungstatbeständen. So stellt die Überschuldung keineswegs für alle Unternehmen einen Insolvenzgrund dar, sondern nur für solche, deren Träger juristische Personen oder kapitalistische Gesellschaften sind. Für den Kaufmann iSd HGB, für die Gesellschaft bürgerlichen Rechts und für die Personenhandelsgesellschaften, die ebenfalls häufig Träger von Unternehmen sind, sind dagegen allein die drohende und eingetretene Zahlungsunfähigkeit maßgeblich. Ferner trifft diese Schuldner keine strafbewährte Insolvenzantragspflicht, vgl. hierzu **Moosmayer** S. 30f.

§ 283 StGB auch zur Erfassung von Verbraucherbankrotthandlungen herangezogen. Private Schuldner würden dann zwar zivilrechtlich einem speziell auf ihre besondere Situation angepaßten Verfahren nach §§ 304ff. InsO unterworfen; die Strafbarkeit von Bankrotthandlungen wäre dagegen, unabhängig davon, von welchem Schuldnertyp sie vorgenommen werden, einheitlich nach § 283 StGB zu beurteilen. Insoweit bestünde eine strukturelle Inkongruenz zwischen den beiden Rechtsgebieten. Hier wird ein gesetzgeberisches Versäumnis erkennbar, das darin besteht, im Zuge der Insolvenzrechtsreform zwar zivilrechtlich dem Regelinsolvenzverfahren in den §§ 304ff. InsO ein besonderes, auf Verbraucher zugeschnittenes Verfahren beigeordnet, gleichzeitig aber das Insolvenzstrafrecht keinen parallelen, materiellen Änderungen unterworfen zu haben.

III. Historische Gesichtspunkte

Zum dritten konnten die Ausführungen zur historischen Entwicklung der Bankrottdelikte zeigen, daß ein für alle Schuldner einheitliches Bankrottstrafrecht in der Vergangenheit nicht immer existierte.[877] Bereits im frühen 18. Jahrhundert wurde zwischen schuldnerischen Fehlhandlungen, die einerseits die Haushalts- und andererseits die Geschäftsführung betrafen, unterschieden.[878] Tatbestandlich getrennte Regelungen sah erstmalig das Preußische Allgemeine Landrecht von 1794 vor. Dieses differenzierte u.a. zwischen dem mutwilligen Bankrott (§§ 1458-1465 PrALR), der vornehmlich auf den privaten Lebensbereich zugeschnitten war und von jedermann begangen werden konnte, und dem unbesonnenen Bankrott (§§ 1473, 1474 PrALR), der umgekehrt kaufmännisches Fehlverhalten betraf. Ebenso waren die Täterkreise der §§ 259, 261 des preußischen StGB von 1851 und der §§ 281ff. RStGB von 1871 auf Kaufleute beschränkt. Eine solche Beschränkung entfiel erst mit Inkrafttreten der KO und deren Regelung des Bankrottstrafrechts im Jahre 1879.[879]
Eine Heranziehung desselben Bankrottstraftatbestandes, sowohl zur Sanktionierung von unternehmerischem wie auch von privatschuldnerischem Fehlverhalten erscheint daher bei einer historischen Betrachtung keineswegs zwingend. Vielmehr lassen sich die Regelungen des 18. und 19. Jahrhunderts umgekehrt als weiteres

---

877 Vgl. nochmals oben Zweiter Teil, Kapitel 2 B.

878 Vgl. etwa das Preußische Edikt von 1715 oder die Nürnberger Fallitenordnung von 1717 und oben Fn. 214.

879 Auch das bis dahin in Deutschland gültige zivile Konkursrecht sah für den Fall, daß der Schuldner Inhaber eines Unternehmens war, vielfach Sonderregeln vor. So unterschied etwa die Preußische Konkursordnung 1855 den kaufmännischen Konkurs nach §§ 113ff. PreußKO vom gemeinen Konkurs nach §§ 319ff. PreußKO. Vgl. hierzu **K. Schmidt** in Einhundert Jahre KO, S. 249ff., 270.

Argument für eine strafrechtlich eigenständige Erfassung von Verbraucherbankrotthandlungen anführen.

IV. Mangelnde Eignung der Krisendeterminante der Überschuldung zur Beschreibung einer wirtschaftlichen Krisensituation im Falle eines Verbraucherschuldners

Neben diesen grundsätzlichen Gesichtspunkten zeigt sich ferner auch die gesetzestechnische Ausgestaltung des Bankrotts de lege lata als nicht auf die Situation eines privatschuldnerischen Fehlverhaltens zugeschnitten. Dies ist im folgenden an Hand einzelner Tatbestandselemente aufzuzeigen.

Zunächst kommt dem Krisenmerkmal der Überschuldung im Bereich der Verbraucherschuldner keine Bedeutung zu. Im Gegensatz zu einem wirtschaftlich tätigen und unternehmerisch organisierten Schuldner können bei einem privaten Schuldner nicht Fortführung und Liquidation als alternative Bewertungsprämissen unterschieden werden.[880]

Zum einen sind bei einem Unternehmen Erlös- und Entwicklungschancen in der Organisation des Unternehmens, in seiner Stellung am Markt und in seinem Haftungsvermögen so weitgehend objektiviert, daß sie relativ genau ermittelt werden und so als Ertragswerte Grundlage einer Überschuldungsbilanz nach der Fortführungsprämisse im Sinne des § 19 II 2 InsO sein können, während der voraussichtliche zukünftige Erfolgswert des privaten Verbrauchers allein auf seiner Arbeitskraft und seinem Willen, diese zu nutzen, beruht, was bilanziell nicht hinreichend konkret bestimmt werden kann.

Zum anderen dauert die Existenz des Verbrauchers als natürliche und lebende Person auf jeden Fall über das Insolvenzverfahren hinaus an. Auch eine Liquidation des privaten Schuldners im Sinne einer Beendigung seiner Existenz ist daher innerhalb eines Insolvenzverfahrens nicht denkbar. Schließlich läßt sich aus der Verwendung des Merkmals der Überschuldung im Zivilrecht ebensowenig ein Maßstab für die strafrechtliche Prüfung einer Überschuldung im Falle eines privaten Verbrauchers finden, da der Anwendungsbereich des Insolvenzgrundes der Überschuldung nach § 19 I, III InsO wie im früheren Konkursrecht auf juristische Personen und kapitalistische Gesellschaften, mithin auf nicht natürliche Personen beschränkt ist.

Nach alledem muß eine Überschuldungsprüfung nach den Vorgaben des § 19 II InsO bei einem privaten Verbraucherschuldner als nicht durchführbar angesehen

---

[880] Vgl. dazu bereits oben Dritter Teil, Kapitel 2 C. I. 4. c). Ebenso wie hier **Otto** in GS Bruns S. 274; **Moosmayer** S. 165, 172; **Penzlin** S. 205; vgl. ferner **F. Weber** in Tagungsberichte II, Anlage 4, S. 37f.; **Heidland** in Tagungsberichte II, Anlage 4, S. 22f.

werden. Zöge man daher § 283 StGB auch im Bereich dieser Schuldner heran, so bliebe der Tatbestand hier in Bezug auf die Krisensituation der Überschuldung nach § 283 I StGB unerfüllbar.

V. Fehlender Zuschnitt des Tathandlungskatalogs des § 283 I Nr. 1-8 StGB auf privatschuldnerisches Fehlverhalten

Neben der Krisensituation der Überschuldung stellt sich auch der Katalog der Tathandlungen des § 283 I Nr. 1-8 StGB bei näherer Betrachtung als weitgehend ungeeignet zur strafrechtlichen Erfassung privatschuldnerischer Fehlverhalten heraus. Dieser weist nämlich einen klaren Zuschnitt auf wirtschaftlich tätige Schuldner auf. So setzen die § 283 I Nr. 5 und 7 StGB eine Kaufmannseigenschaft voraus, die dem Verbraucherschuldner gerade fehlt. Diese beiden Tatvarianten können daher von ihm von vorneherein nicht verwirklicht werden. Aber auch die übrigen Tathandlungen beschreiben zum Großteil Verhaltensweisen, die im Falle insolventer Verbraucherschuldner allenfalls selten eine Rolle spielen. Die typische Bankrotthandlung ist hier das Beiseiteschaffen oder Verheimlichen von Vermögensgegenständen iSd § 283 I Nr. 1, 1. Alt. StGB.[881] Die Tathandlungen der § 283 I Nr. 2, 1. Alt., Nr. 3, oder Nr. 6 StGB dagegen sind an unternehmerischem Handeln orientiert und verwenden entsprechend auch eine speziell auf diese Fälle zugeschnittene Terminologie. Private Verbraucher kommen dagegen mit Verlust-, Spekulations-, oder Differenzgeschäften (Nr. 2), mit Wertpapiergeschäften auf Kreditbasis (Nr. 3) oder mit Handelsbüchern oder sonstigen nach Handelsrecht aufbewahrungspflichtigen Gegenständen (Nr. 6) entweder gar nicht oder nur in Ausnahmefällen in Berührung.

Neben der Krise der Überschuldung bliebe damit bei einer strafrechtlichen Erfassung privatschuldnerischer Fehlverhalten über § 283 StGB auch dessen ausdifferenzierter Tathandlungskatalog weitgehend ohne Anwendung.

VI. Die Ungeeignetheit des Tatbestandsmerkmals „in einer den Anforderungen einer ordnungsgemäßen Wirtschaft widersprechenden Weise“ in § 283 StGB zur Erfassung von Verbraucherbankrotthandlungen

Schließlich ergibt sich aus der Verwendung des Tatbestandsmerkmals des ordnungsgemäßen Wirtschaftens ein gewichtiges Argument gegen die Sanktionierung privater Bankrotthandlungen über § 283 StGB. Dies liegt daran, daß zum einen

---

881 Ebenso **Moosmayer** S. 115f. und Fn. 101 und **Penzlin** S. 209; vgl. auch **U. Richter** in Tagungsberichte III, Anlage 4, S. 29.

letztlich alle Tatbestandsvarianten einen Verstoß gegen das ordnungsgemäße Wirtschaften voraussetzen und daß dieses Tatbestandsmerkmal zum anderen zwar für den kaufmännischen Wirtschafter, nicht aber für den privaten Verbraucher ein taugliches Kriterium zur Begrenzung der Strafbarkeit darstellt.[882] Diese beiden Aussagen sind im folgenden zu begründen.

1. Bedeutung des Merkmals innerhalb des Bankrottatbestandes

Der Tatbestand des Bankrotts verwendet das Merkmal „in einer den Anforderungen einer ordnungsgemäßen Wirtschaft widersprechenden Weise" explizit zum einen im Rahmen der Tathandlungen der § 283 I Nr. 1-3 StGB, zum anderen in der Generalklausel des § 283 I Nr. 8 StGB. Bereits diese mehrfache Erwähnung innerhalb des Tatbestandes macht deutlich, daß es sich hier um einen der Grundbegriffe des Bankrottstrafrechts überhaupt handelt.[883] Die Verwendung des Merkmals in § 283 I Nr. 8 StGB zeigt darüber hinaus, daß letztlich alle Bankrotthandlungen als Verstöße gegen die Anforderungen ordnungsgemäßen Wirtschaftens anzusehen sind. Die den Tatbestand abschließende Generalklausel umfaßt nämlich, wie sich dem Wortlaut „in einer anderen Weise" entnehmen läßt, sozialschädliche Verhaltensweisen, die denen der unvollkommenen, kasuistischen Aufzählung in § 283 I Nr. 1-7 StGB ähnlich sind und bildet so den Grundtatbestand des gesamten § 283 StGB. Sämtliche dieser übrigen Bankrotthandlungen können zur Konkretisierung der Generalklausel herangezogen werden, sie stellen lediglich ausformulierte Beispiele der Regelung in § 283 I Nr. 8 StGB dar.[884]

---

[882] So auch nahezu einhellig die Auffassung der strafrechtlichen Literatur seit dem Inkrafttreten der InsO, vgl. **Lackner/ Kühl** § 283, Rz. 11; **Wessels/ Hillenkamp** BT 2, Rz. 463; **Bieneck** StV 1999, 43; **Moosmayer** S. 79f.; LK-**Tiedemann** vor § 283, Rz. 110f.; Sch/Sch-**Stree/ Heine** § 283, Rz. 7a; **Beck** in Wabnitz/ Janovsky 2/ 70; **Otto** NJW 1999, 555; **Penzlin** Jura 1999, 56; **Penzlin** WM 1999, 984; **Penzlin** S. 203f.

[883] Ebenso LK-**Tiedemann** vor § 283, Rz. 101; **Tiedemann** KTS 1984, 546ff., 557; **Moosmayer** S. 70; NK-**Kindhäuser** vor § 283, Rz. 61; **Kindhäuser** Gefährdung S. 318.

[884] BT Drs. 7/ 3441, S. 34ff.; LK-**Tiedemann** vor § 283, Rz. 101ff., § 283, Rz. 9ff., 155ff.; Scholz-**Tiedemann** vor § 82, Rz. 41; NK-**Kindhäuser** § 283, Rz. 89; **Krause** S. 42ff.; Sch/Sch-**Stree/ Heine** § 283, Rz. 49; **Tröndle/ Fischer** § 283, Rz. 30; SK-**Samson** § 283, Rz. 21; **Schöne** JZ 1973, 450; **Dreiss/ Eitel-Dreiss** S. 157; **Mohr** S. 124f.; **Moosmayer** S. 70; **Bieneck** in Müller-Gugenberger/ Bieneck, § 76, Rz. 8.
Vgl. ferner zu den verfassungsrechtlichen Bedenken gegenüber der Regelung des § 283 I Nr. 8 StGB im Hinblick auf das Bestimmtheitsgebot **Höfner** S. 44ff., 79; **Tiedemann** Wirtschaftsstrafrecht I, S. 98; **Tiedemann** KTS 1984, 558; **Tiedemann** ZIP 1983, 521; **Schöne** JZ 1973, 450; **Dreiss/ Eitel-Dreiss** S. 157; **Hiltenkamp-Wisgalle** S. 200ff.; **Schlüchter** Grenzbereich S. 47f., 53f.; **Grosche** S. 51f.; **Tröndle/ Fischer** § 283, Rz. 30; **Heinz** GA 1977, 217, 226; **H. Richter** GmbHR 1984, 148; NK-**Kindhäuser** § 283, Rz. 92; SK-**Samson** § 283, Rz. 21; **Maurach/ Schroeder/ Maiwald** BT 1, § 48, Rz. 29. Um die Vereinbarkeit mit Art. 103 II GG sicherzustellen, hielt es der Gesetzgeber für ausreichend, das Korrektiv des *groben* Verstoßes ein-

Diesem Verständnis steht auch die Ansicht Kindhäusers nicht entgegen. Dieser beschränkt zwar ausgehend vom Wortlaut des § 283 StGB das Tatbestandsmerkmal zunächst scheinbar auf die bestandsbezogenen Bankrotthandlungen und merkt an, bei den informationsbezogenen Bankrotthandlungen fehle eine parallele Formulierung im Gesetz. Kindhäuser führt dann allerdings aus, dies läge nur daran, daß letztere entweder bereits per se gegen gesetzlich normierte Pflichten verstießen oder jedenfalls schon ihrer Natur nach unerlaubt riskant seien. Anders als den bestandsbezogenen Bankrotthandlungen wohne ihnen daher keine vergleichbare Ambivalenz inne, die zusätzlich nochmals explizit einen Verstoß gegen die Anforderungen ordnungsgemäßen Wirtschaftens als Tatbestandsvoraussetzung erforderlich machte. Auch Kindhäuser sieht damit letztlich im ordnungsgemäßen Wirtschaften einen Maßstab, an dem sämtliche Bankrotthandlungen, sei es explizit oder implizit, zu messen sind.[885]

2. Materieller Inhalt der Anforderungen ordnungsgemäßen Wirtschaftens

Demgegenüber ist die Bestimmung des materiellen Inhalts der Anforderungen ordnungsgemäßen Wirtschaftens umstritten. Die Gesetzgebungsmaterialien betonen insofern lediglich den strafbarkeitseinschränkenden Charakter des Tatbestandsmerkmals, enthalten aber keine weiteren Hinweise zur Konkretisierung.[886] Daneben ist es auf Grund der differierenden Schutzrichtungen nicht möglich, Auslegungskriterien der Treuwidrigkeit iSd § 266 StGB auf das ordnungswidrige Wirtschaften iSd § 283 StGB zu übertragen, obwohl sich die beiden Merkmale in Teilbereichen überschneiden.[887] Im Schrifttum werden daher im wesentlichen zwei unterschiedliche Ansätze vorgeschlagen, die sich jedoch beide zur Inhaltsbestimmung des Tatbestandsmerkmals im Falle eines privaten Verbraucherschuldners nicht eignen.

---

zuführen und durch den Passus *„in einer anderen Weise"* an vorstehend näher beschriebene Verhaltensweisen anzuknüpfen, vgl. BT Drs. 7/ 3441, S. 36.

[885] NK-**Kindhäuser** § 283, Rz. 61ff.; **Kindhäuser** Gefährdung S. 318. Ebenso auch LK-**Tiedemann** vor § 283, Rz. 101, § 283, Rz. 12; **Tiedemann** KTS 1984, 557; **Hammerl** 117, 126; **Mohr** S. 124f.; **Grosche** S. 51.

[886] BT Drs. 7/ 3441, S. 34ff.; vgl. ferner NK-**Kindhäuser** vor § 283, Rz. 64; LK-**Tiedemann** vor § 283, Rz. 102.

[887] NK-**Kindhäuser** vor § 283, Rz. 66; **Krause** S. 391ff.; vgl. weitergehend zum Verhältnis zwischen § 283 StGB und § 266 StGB oben Fn. 29 und Fn. 827.

a) Der Ansatz von Tiedemann: Konkretisierung unter Zuhilfenahme spezialgesetzlicher Sorgfaltspflichten

Tiedemann zunächst befürwortet eine Konkretisierung unter Zuhilfenahme spezialgesetzlicher Sorgfaltspflichten. Im einzelnen will er im Falle eines kaufmännischen Wirtschafters oder eines Inhabers eines wirtschaftlichen Unternehmens die Bestimmung der Anforderungen ordnungsgemäßen Wirtschaftens an Hand des allgemeinen Sorgfaltsmaßstabes für einen ordentlichen Kaufmann nach § 347 I HGB vornehmen. Dieser werde zum einen für einzelne Bereiche durch die §§ 43 I GmbHG, 93 I 1 AktG, 34 I 1 GenG zusätzlich spezifiziert. Zum anderen ergäben sich auch aus den unterschiedlichen Handlungsmodalitäten der § 283 I Nr. 1-8 StGB Auslegungshilfen, wenn diese wie etwa die § 283 I Nr. 5 und 7 StGB auf die Grundsätze ordnungsgemäßer Buchführung und Bilanzierung nach §§ 238ff. HGB Bezug nähmen.[888] Letztlich setzt Tiedemann dann den Begriff des ordnungsgemäßen Wirtschaftens mit den Grundregeln ordnungsgemäßer Unternehmensführung gleich, wobei deren Inhalt zusätzlich im Einzelfall vom Gegenstand des Unternehmens, seiner Branche, seiner Größe, seiner Rechtsform und seiner konkreten wirtschaftlichen Situation abhängig gemacht werden müsse.[889] Im Falle eines wirtschaftlich tätigen Schuldners zieht Tiedemann also zur Konkretisierung des innerstrafrechtlichen Merkmals außerstrafrechtliche Maßstäbe heran.
Gegen den Vorwurf, seine Auslegung sei im Ergebnis nicht gewinnbringend, da sie nur einen unbestimmten Rechtsbegriff durch einen anderen, ebenso unbestimmten Rechtsbegriff ersetze[890], wendet Tiedemann ein, daß die handelsrechtliche Verkehrssitte und die zusätzlichen Spezialnormen des Handels- und Gesellschaftsrechts zu einer weitreichenden Verfestigung und Konkretisierung seines Maßstabes geführt hätten. Von einer mangelnden gesetzlichen Bestimmtheit könne daher nicht gesprochen werden, vielmehr ermögliche es umgekehrt gerade die Offenheit des Maßstabes, die Auslegung des Begriffs des ordnungsgemäßen Wirtschaftens wandelbaren Standards anzupassen.[891] Darüber hinaus wird gegen seinen Ansatz vorgebracht, die genannten zivilrechtlichen Vorschriften seien zur Auslegung des strafrechtlichen Tatbestandsmerkmals zumindest insoweit ungeeignet, als sie sich nur auf das Innenverhältnis etwa des Geschäftsführers einer GmbH zu seiner Ge-

---

[888] LK-**Tiedemann** vor § 283, Rz. 111ff.; **Tiedemann** KTS 1984; 546ff.; **Tiedemann** ZIP 1983, 521f.; vgl. auch **Grosche** S. 51; **Moosmayer** S. 70ff., 77f.; **Harneit** S. 90ff.

[889] LK-**Tiedemann** vor § 283, Rz. 111ff.; **Tiedemann** ZIP 1983, 521f., **Tiedemann** KTS 1984, 546ff.; vgl. ferner **Harneit** S. 90ff.; Scholz-**U. H. Schneider** § 43, Rz. 70ff., 77; **Zainhofer** KR 1992, 509ff., 515; **Müller-Gugenberger** in Müller-Gugenberger/ Bieneck, § 22, Rz. 84; **Bieneck** in Müller-Gugenberger/ Bieneck, § 86, Rz. 8; **Moosmayer** S. 71f.

[890] Kritisch insofern etwa **Mohr** S. 131ff.; ferner **Krause** S. 87ff. und NK-**Kindhäuser** vor § 283, Rz. 70.

[891] LK-**Tiedemann** vor § 283, Rz. 112ff.; ferner **Grosche** S. 51.

sellschaft bezögen.[892] Demgegenüber betont Tiedemann, daß das Gesetz an einen Einzelkaufmann weitgehend identische Sorgfaltsanforderungen wie etwa an den Leiter einer Kapitalgesellschaft richte, obwohl bei ersterem gar kein Innenverhältnis bestehe, und folgert daraus, daß sämtlichen seiner Grundregeln maßgebliche Bedeutung über den Innenbereich hinaus auch als allgemeine Verkehrsregeln zum Schutze der Gläubiger zukomme.
Auf den privaten Wirtschafter können dagegen die Grundregeln ordnungsgemäßer Unternehmensführung nicht übertragen werden. Für ihn ist ein ordnungsgemäßes Wirtschaften im Sinne etwa einer rationalen Haushaltsführung weder von der Rechtsordnung vorgeschrieben noch existiert eine gefestigte Verkehrssitte.[893] Über sein Vermögen kann ein Verbraucherschuldner vielmehr grundsätzlich nach eigenem Gutdünken verfügen. Allenfalls die Gläubiger, im Falle privater Schuldner meist die kreditgewährende Bank, sind in der Lage, diese Freiheit des Schuldners durch entsprechende Kreditvertragsgestaltungen zu beschränken.[894] Diese Vereinbarungen unterliegen jedoch in vollem Umfang der Privatautonomie der Parteien. Über den einzelvertraglichen Bereich hinaus kann daher auch insofern kein allgemeiner Maßstab festgelegt werden. Dem Merkmal des ordnungsgemäßen Wirtschaftens kommt damit nach der Konzeption Tiedemanns im Falle eines privaten Verbraucherschuldners keine eigene Bedeutung als Korrektiv im Sinne eines objektiven Standards zu.[895]

b) Der Ansatz von Krause und Kindhäuser: Konkretisierung unter Zuhilfenahme der Lehre vom erlaubten Risiko

Im Gegensatz dazu zielt der Ansatz von Krause und Kindhäuser darauf ab, den Begriff des ordnungsgemäßen Wirtschaftens einheitlich so zu bestimmen, daß er auf alle Schuldnertypen in gleicher Weise bezogen werden kann.
Beide betonen zunächst, wirtschaftliches Handeln am Markt sei grundsätzlich in einem ökonomisch positiven Sinne riskant. Aus diesem Grunde könne das Insolvenzstrafrecht erst dann eingreifen, wenn die Grenzen dieser Handlungsfreiheit überschritten worden seien. Dabei werde dem Tatbestandsmerkmal des ordnungsgemäßen Wirtschaftens die Funktion beigemessen, noch zulässiges von bereits un-

---

[892] So **Krause** S. 87ff.

[893] So auch LK-**Tiedemann** vor § 283, Rz. 110 und **Tiedemann** KTS 1984, 546 selbst; vgl. ferner Sch/Sch-**Stree/ Heine** § 283, Rz. 7a; **Penzlin** S. 204. Zutreffend weist **Moosmayer** S. 79, Fn. 83 in diesem Zusammenhang darauf hin, daß auch die speziellen Verbraucherschutzgesetze, wie etwa das VerbKrG, keine entsprechenden Verhaltenspflichten für einen Konsumenten festschreiben.

[894] So LK-**Tiedemann** vor § 283, Rz. 110; ferner **Höfner** S. 44; **Grosche** S. 51; **Moosmayer** S. 71, 79f.

[895] Im Ergebnis wie hier **Moosmayer** S. 79f.; **Penzlin** S. 204; Sch/Sch-**Stree/ Heine** § 283, Rz. 7a.

zulässigem Handeln zu unterscheiden, also verschiedene Risikobereiche voneinander abzuschichten, um so letztlich die Strafbarkeit nach § 283 StGB auf strafwürdige und strafbedürftige Fälle zu begrenzen.[896]
Davon ausgehend legen Krause und Kindhäuser ihrem Ansatz dann anstelle der spezialgesetzlichen Sorgfaltspflichten die Lehre vom erlaubten Risiko zugrunde. Ein Einhalten der Regeln ordnungsgemäßen Wirtschaftens sei gegeben, solange sich der Schuldner noch innerhalb der Grenzen des erlaubten Risikos bewege.[897] Dazu müsse der Schuldner zum ersten beim Umgang mit seinem Vermögen eine wirtschaftliche Zielsetzung verfolgen, die nicht konträr zu den Zielen des Insolvenzrechts stehe. Zweitens sei er verpflichtet, eine sorgfältige und vertretbare Risikoabwägung vorzunehmen. Dabei müsse das im Rahmen der Vermögensdisposition eingegangene Risiko mit Blick auf die schuldnerische Vermögenslage geeignet, erforderlich und angemessen zur Erreichung eines zulässigen Zwecks und vereinbar mit den berechtigten Gläubigerinteressen sein. Drittens schließlich wird vorausgesetzt, daß die Entscheidung des Schuldners auf einer hinreichenden und sachgemäßen Informationsgrundlage beruht, wobei im Einzelfall auf die Vermögenslage des Schuldners, auf die maßgebliche Verkehrssitte und auf die schuldnerische Planung der zukünftigen Entwicklungen abzustellen sei.[898]
Überzeugend hat allerdings Moosmayer nachgewiesen, daß sich auch diese Begriffsbestimmung Krauses und Kindhäusers entgegen deren Prämisse am Leitbild des unternehmerisch tätigen Schuldners orientiert und keinen konkretisierenden Maßstab für den Fall des privaten Verbraucherschuldners zur Verfügung stellt.[899]
Grundsätzlich schränkt die Lehre vom erlaubten Risiko die strafrechtliche Haftung im Rahmen der Fahrlässigkeitsdelikte in einer hochtechnisierten Industriegesellschaft für gewisse Lebensbereiche über die allgemeinen Maßstäbe der Voraussehbarkeit und Vermeidbarkeit hinaus ein, wenn sich die Rechtsgutsverletzung als ein erlaubtes Risiko darstellt. Historisch ist die um die Jahrhundertwende einsetzende Entwicklung dieser Lehre eng an den mit einer Vielzahl von Risikofaktoren verbundenen Betrieb industrieller und unternehmerischer Anlagen gekoppelt.[900] Wegen des einer solchen Unternehmung regelmäßig innewohnenden sozialen Werts

---

896 **Krause** S. 42ff., 47ff.; NK-**Kindhäuser** vor § 283, Rz. 71.

897 **Krause** S. 71ff., 84ff., 188ff., 356ff., 365ff.; NK-**Kindhäuser** vor § 283, Rz. 69f., 71ff. Vgl. ferner generell zu Lehre vom erlaubten Risiko im Strafrecht **Kühl** AT 4/ 43ff.; 7/ 22ff.; 17/ 25, 55; **W. Preuß** S. 30ff.; **Prittwitz** S. 267ff.; **Hilgendorf** S. 89ff.; **Roxin** § 11, Rz. 55ff.; Sch/Sch-**Cramer** § 15, Rz. 144ff.; **Maurach/ Zipf** AT 1, § 28, Rz. 20ff.; **Harneit** S. 81f.

898 **Krause** S. 363f., 365ff.; NK-**Kindhäuser** vor § 283, Rz. 75ff.

899 **Moosmayer** S. 74ff.; ihm folgend **Penzlin** S. 204; vgl. ferner Sch/Sch-**Stree/ Heine** § 283, Rz. 7a.

900 Vgl. zur geschichtlichen Entwicklung der Lehre vom erlaubten Risiko **W. Preuß** S. 30ff.; **Kienapfel** S. 7ff.; **Prittwitz** S. 267ff.; **Harneit** S. 81; **Hilgendorf** S. 89ff.; **Maurach/ Zipf** AT 1,

und Nutzens wird ein unvermeidlicher Rest der ebenso typisch mit ihr verbundenen Gefahren von der Rechtsordnung hingenommen, da andernfalls nur die Möglichkeit eines Verbotes verbliebe. Das erlaubte Risiko kann damit als Ausdruck sozialer Adäquanz definiert werden, die dazu zwingt, kausale Handlungen aus dem Bereich des Strafbaren auszuscheiden, sofern sie für die Aufrechterhaltung des sozialen Lebens und Verkehrs unerläßlich oder zumindest nützlich und von der Gesellschaft toleriert sind. Nach der Lehre vom erlaubten Risiko findet also letztlich eine Abwägung zwischen der Risikoimmanenz einer Handlung auf der einen und ihrer sozialen Nützlichkeit und Erforderlichkeit auf der anderen Seite statt, wenn ein übergeordnetes Interesse an einer Verhaltensweise besteht, diese aber nicht ohne voraussehbare Gefahren für ein Rechtsgut vorgenommen werden kann.[901]

Damit unterstreicht zum einen die historische Entwicklung der Lehre deren einseitige Ausrichtung am unternehmerisch tätigen Schuldner.[902] Zum anderen hat die Lehre vom erlaubten Risiko trotz ihrer mittlerweile bestehenden Ausdehnungen nach wie vor ausschließlich die Begrenzung der strafrechtlichen Haftung bei einerseits zwar riskoschaffenden, andererseits aber auch gesamtgesellschaftlich nützlichen Verhaltensweisen zum Gegenstand. Hinsichtlich beider dieser Elemente bestehen allerdings zwischen einem wirtschaftlich tätigen und einem privaten Verbraucherschuldner weitreichende Unterschiede:

Unternehmerisches Handeln ist grundsätzlich im Vergleich zum Wirtschaften eines privaten Verbraucherschuldners durch eine anders dimensionierte Risikoimmanenz gekennzeichnet, was sich besonders deutlich am Beispiel einer Kreditaufnahme zeigt. Private Schuldner setzen die Kreditsumme in aller Regel ein, um eigene Konsumbedürfnisse zu befriedigen, nicht aber um unternehmerisch tätig zu werden. Entsprechend unterschiedlich stellt sich die Risikobetrachtung auch aus der Sicht der Kreditgeber dar. Bei einem Kredit für ein Unternehmen nimmt der Kreditgeber selbst am unternehmerischen Risiko teil. Durch seine Kreditgewährung

---

§ 28, Rz. 20; **Moosmayer** S. 74; Sch/Sch-**Cramer** § 15, Rz. 144.

901 Sch/Sch-**Cramer** § 15, Rz. 144ff.; **Harneit** S. 81; **Maurach/ Zipf** AT 1, § 28, Rz. 20; **Moosmayer** S. 74f. Während insoweit Einigkeit besteht, sind Voraussetzungen und Grenzen der Lehre vom erlaubten Risiko im einzelnen stark umstritten, vgl. insofern **Lackner/ Kühl** § 15, Rz. 38f., vor § 32, Rz. 29; **Kühl** AT 4/ 43ff., 7/ 22ff., 17/ 25, 55; **Maurach/ Zipf** AT 1, § 28, Rz. 21ff.; **Roxin** § 11, Rz. 59ff.; **Jescheck/ Weigend** § 36, S. 400ff., § 56 III 1., S. 541; **Jakobs** 7/ 35ff.; **Baumann/ Weber/ Mitsch** § 17, Rz. 46ff.; **Harneit** S. 82ff.; **Wessels/ Beulke** AT, Rz. 283.

902 Vgl. **Moosmayer** S. 74. Bis heute findet die Lehre vom erlaubten Risiko zumeist Erwähnung im Zusammenhang mit dem Betrieb von Fabriken und Unternehmen der Industriegesellschaft und den unvermeidlichen Gefahren des Straßen-, Bahn-, Luft- und Schiffahrtsverkehrs. Über diese beiden Hauptanwendungsfelder hinaus wird sie mittlerweile aber auch in anderen Bereichen, etwa bei der Ausübung gefährlicher Sportarten, der ärztlichen Heilbehandlung, der Vornahme naturwissenschaftlicher Experimente, der Errichtung von Bauwerken oder der Verwendung moderner Energiequellen, namentlich von Kernreaktoren, diskutiert.

ermöglicht er vielfach erst das unternehmerische Handeln, das dann auch dazu dienen soll, seinen Gewinn zu erwirtschaften. Ein vergleichbar an eine Gewinnerwartung gekoppeltes Risiko geht der Kreditgewährende dagegen im Verbraucherbereich nicht ein. Hier besteht lediglich ein Vertrauen darauf, daß der private Schuldner den Kredit auf Grund seiner im übrigen ausreichenden wirtschaftlichen Potenz wird zurückzahlen können. Damit richtet sich die Risikosetzung eines privaten Verbrauchers ganz vorrangig gegen die eigene Existenz, während unternehmerische Risiken darüber hinaus regelmäßig einen Außenbezug aufweisen.[903]
Ferner wohnt dem wirtschaftlichen Verhalten eines privaten Verbraucherschuldners in aller Regel keine gesellschaftliche Unverzichtbarkeit oder auch nur Nützlichkeit inne. Allenfalls könnte man in der Inanspruchnahme eines Konsumentenkredits durch einen Privatverbrauchers mittelbar Ausstrahlungswirkungen auf das Kreditgewerbe oder die dahinter stehende Gesamtwirtschaft annehmen. Das wirtschaftliche Handeln des einzelnen Verbrauchers im übrigen hat aber per se keinen herausgehobenen Wert oder Nutzen für die Allgemeinheit.[904]
Liegen somit der Lehre vom erlaubten Risiko einerseits ein erhöhtes Risiko- und Gefahrpotential eines Verhaltens sowie andererseits dessen gesellschaftlicher Nutzen als Grundvoraussetzungen zugrunde, so muß eine an dieser Lehre ausgerichtete Konkretisierung des Merkmals des ordnungsgemäßen Wirtschaftens im Falle eines privaten Verbraucherschuldners zwangsläufig scheitern, da sein Handeln diese Eigenschaften beide nicht aufweist.

c) Zwischenergebnis zu 2.

Die vorstehenden Überlegungen haben gezeigt, daß dem Tatbestandsmerkmal des ordnungsgemäßen Wirtschaftens in § 283 StGB zum einen Bedeutung für alle Tathandlungen zukommt, daß es aber zum anderen im Falle eines privaten Verbraucherschuldners ohne konkretisierbaren Inhalt bleibt und somit für diesen Bereich keine straflimitierende Wirkung entfalten kann. Aus der Verwendung dieses Tatbestandsmerkmals in § 283 StGB ergibt sich damit ein sechstes Argument gegen die Erfassung von Verbraucherbankrotthandlungen über diese Vorschrift.

VII. Zwischenergebnis zu A.-C.

Als Zwischenergebnis dieses Kapitels kann damit folgendes festgehalten werden: Zivilrechtlich bot das frühere Konkursrecht lediglich theoretisch, nicht aber in der Praxis Möglichkeiten zur Abwicklung einer privatschuldnerischen Insolvenz, wes-

---

903 **Moosmayer** S. 74f., 79f.; ferner LK-**Tiedemann** vor § 283, Rz. 110, 111ff.
904 **Moosmayer** S. 75.

halb die Gläubiger vielfach den Weg der Einzelzwangsvollstreckung wählten, um zu materieller Befriedigung zu gelangen. Parallel erfolgte dann in der Vergangenheit die strafrechtliche Erfassung von privatschuldnerischem Fehlverhalten zwangsläufig über die Vorschrift des § 288 StGB an Stelle der eigentlichen Insolvenzdelikte der §§ 283ff. StGB.
Demgegenüber sieht die InsO in den §§ 304ff. InsO ein eigens ausgestaltetes Verbraucherinsolvenzverfahren vor und beseitigt so ein wesentliches Anwendungshindernis für das Insolvenzstrafrecht: Dessen Eröffnung oder Abweisung mangels Masse hat nämlich wie die Eröffnung oder Abweisung eines Regelinsolvenzverfahrens den Eintritt der objektiven Strafbarkeitsbedingung nach § 283 VI, 2. oder 3. Var. StGB zur Folge. Die Strafbarkeit eines sich fehlverhaltenden Verbraucherschuldners ist in diesen Fällen folglich heute grundsätzlich nicht mehr nach § 288 StGB, sondern nach §§ 283ff. StGB zu beurteilen.
In Teil C. dieses Kapitels konnte allerdings deutlich gemacht werden, daß sich der Bankrottatbestand de lege lata aus verschiedenen Gründen zur Sanktionierung von Verbraucherbankrotthandlungen nicht eignet. Damit bleiben nur drei Möglichkeiten denkbar:

- Die Bankrotthandlungen von Verbrauchern können mit anderen Tatbestände des StGB erfaßt werden.
- Die Bankrotthandlungen von Verbrauchern sind als straflos zu werten.
- Es ist ein neuer, speziell auf Verbraucherbankrotthandlungen zugeschnittener Tatbestand zu schaffen.

Zu diesen Möglichkeiten ist im folgenden Stellung zu nehmen.

D. Eignung sonstiger Vorschriften des StGB zur Erfassung von Verbraucherbankrotthandlungen ?

Zu untersuchen ist also zunächst, ob und inwieweit sich andere Tatbestände des StGB als der des § 283 StGB zur strafrechtlichen Erfassung von Verbraucherbankrotthandlungen eignen. In Betracht kommen insoweit die §§ 288, 263, 266 StGB.

I. Verbraucherbankrotthandlungen als Vereiteln der Zwangsvollstreckung

§ 288 StGB bot zwar vor der Insolvenzrechtsreform eine Möglichkeit, das Fehlverhalten eines privaten Wirtschafters strafrechtlich zu sanktionieren.
Ähnlich wie bei den Insolvenzdelikten der §§ 283ff. StGB besteht jedoch auch hinsichtlich der Vorschrift des § 288 StGB ein enges Abhängigkeitsverhältnis zu entsprechenden zivilrechtlichen Vorgaben. So setzt dessen objektiver Tatbestand das

Drohen einer Zwangsvollstreckung voraus, das erst dann vorliegt, wenn konkrete Anhaltspunkte darauf hindeuten, daß ein Gläubiger beabsichtigt, seinen Anspruch alsbald zwangsweise durchzusetzen.[905] Nach der Einführung eines besonderen Verbraucherinsolvenzverfahrens in den §§ 304ff. InsO im Rahmen der Insolvenzrechtsreform aber tritt wie gesehen die Einzelzwangsvollstreckung als Instrument zur Gläubigerbefriedigung im Falle eines wirtschaftlich gescheiterten Verbraucherschuldners mehr und mehr zurück. Damit scheidet § 288 StGB heute in einer Vielzahl von Fällen bereits seinem objektiven Tatbestand nach zur Erfassung von Verbraucherbankrotthandlungen aus.

II. Verbraucherbankrotthandlungen als Betrug

Zu prüfen ist ferner, ob der Betrugstatbestand (§ 263 StGB) die durch den Ausfall des § 283 StGB im Bereich der Verbraucherschuldner entstandene Strafbarkeitslücke schließen kann. Nahe liegt dies z.B. in Fällen, in denen der Schuldner seine Gläubiger durch Vorlage eines fehlerhaften oder unvollständigen Vermögensverzeichnisses nach § 305 I Nr. 3 InsO über das Vorhandensein weiterer Vermögensgegenstände täuscht.

Allerdings sprechen die folgenden Überlegungen gegen eine Heranziehung des § 263 StGB zur Sanktionierung von Verbraucherbankrotthandlungen:

Zum ersten erscheint der Betrugstatbestand bereits auf Grund seiner Deliktsnatur ungeeignet. Während die Strafbarkeit wegen Bankrotts nach § 283 StGB bereits die abstrakte Gefährdung der Befriedigungsinteressen der Gläubiger unter Strafe stellt, ist der Betrug ein Erfolgsdelikt. Die Tatvollendung setzt hier neben Täuschungshandlung, Irrtumserregung und Vermögensverfügung den Eintritt eines Vermögensschadens, bzw. einer schadensgleichen Vermögensgefährdung[906] voraus. Der strafrechtliche Schutz der Gläubiger gegenüber Bankrotthandlungen privater Schuldner über § 263 StGB setzte so kriminalpolitisch unbefriedigend erst spät ein.[907]

Zum zweiten konnte gezeigt werden, daß der Katalog des § 283 I Nr. 1-8 StGB nicht auf das Fehlverhalten privater Verbraucherschuldner zugeschnitten ist, bzw. teilweise von diesen sogar gar nicht erfüllt werden kann. Die typische Bankrotthandlung ist hier das Beiseiteschaffen von Vermögensbestandteilen. Gerade ein

---

[905] RGSt 63, 341; BGH bei Holtz MDR 1977, 638; BGH NJW 1991, 2420; **Lackner/ Kühl** § 288, Rz. 2; **Arzt/ Weber** § 16, Rz. 36ff.; **Küper** S. 454ff.; **Wessels/ Hillenkamp** BT 2, Rz. 448; Sch/Sch-**Eser** § 288, Rz. 5ff.; **Gössel** § 28, Rz. 73; **Tröndle/ Fischer** § 288, Rz. 4; SK-**Hoyer** § 288, Rz. 9f.

[906] Vgl. hierzu **Lackner/ Kühl** § 263, Rz. 40; LK[10]-**Lackner** § 263, Rz. 151ff.; Sch/Sch-**Cramer** § 263, Rz. 143ff.

[907] Ebenso **Moosmayer** S. 114.

solches Beiseiteschaffen von Vermögensgegenständen kann aber in aller Regel nicht über § 263 StGB erfaßt werden, da es schon an einer betrugsrelevanten Täuschung fehlt. Unter einer Täuschung ist ein zur Irreführung bestimmtes und damit der Einwirkung auf das intellektuelle Vorstellungsbild eines anderen dienendes Gesamtverhalten zu verstehen. Die Täuschung muß immer an einen Menschen gerichtet sein. Dagegen bleibt das bloße Verändern von Tatsachen als solches ohne subjektiven Zweckbezug für § 263 StGB irrelevant. Im einzelnen muß die Einwirkung auf die Vorstellung des anderen zwar nicht durch ausdrückliche oder stillschweigende Erklärungen, sondern kann auch durch Manipulationen an und mit Gegenständen geschehen. § 263 StGB ist nicht zwangsläufig ein Äußerungsdelikt. Voraussetzung ist aber stets, daß das Handeln des Täters auf eine Fehlvorstellung des anderen gerichtet ist.[908] Ein Beiseiteschaffen von Vermögensbestandteilen im Sinne des Bankrottstrafrechts setzt dagegen lediglich voraus, daß ein Vermögensgegenstand in eine veränderte tatsächliche oder rechtliche Lage gebracht wird, in der den Gläubigern ein alsbaldiger Zugriff unmöglich gemacht oder erschwert wird.[909] Ein solchermaßen vorgehender Schuldner wirkt damit grundsätzlich nicht täuschend auf ein fremdes Vorstellungsbild ein, sein Handeln dient nicht der Irreführung einer Person. Im Gegenteil entspricht es in der Regel gerade umgekehrt seinem Willen, daß seine Handlung den Gläubigern gänzlich verborgen bleibt.[910]
Insoweit läßt sich das Beiseiteschaffen mit den Fällen des sog. Selbstbedienungstankens vergleichen, in denen ein vollendeter Betrug ebenfalls entfällt, wenn der Tankwart den Kunden vorübergehend nicht im Blickfeld hat und in denen auch ein versuchter Betrug nicht vorliegt, wenn der Kunde zusätzlich nicht mit der Anwesenheit des Tankwartes rechnet und somit ein entsprechender Tatentschluß fehlt.[911]

---

[908] Insofern enthält also bereits das objektiven Tatbestandsmerkmal der Täuschung eine subjektive Komponente, vgl. hierzu **Lackner/ Kühl** § 263, Rz. 6; **Rengier** BT 1, § 13, Rz. 5; **Küper** S. 257ff.; **Bockelmann** in FS Eb. Schmidt S. 438f.; LK[10]-**Lackner** § 263, Rz. 17ff.; Sch/Sch-**Cramer** § 263, Rz. 11; **Tröndle/ Fischer** § 263, Rz. 6; SK-**Samson/ Günther** § 263, Rz. 7, 22f.; **Krey** BT 2, Rz. 337ff., 342f.; **Otto** BT § 51, Rz. 9ff.; **Gauf** NStZ 1983, 506; **Gössel** § 21, Rz. 8ff.; **Wessels/ Hillenkamp** BT 2, Rz. 493ff.; **Maurach/ Schroeder/ Maiwald** BT 1, § 41, Rz. 25ff.; kritisch dagegen **Mitsch** § 7, Rz. 25, der zwar dem Täuschungsbegriff kein subjektives Element beimessen will, der dann aber im Ergebnis auf Grund fehlenden Vorsatzes eine Betrugsstrafbarkeit ebenso verneint, wenn das Handeln des Täters nicht zur Irreführung des Opfers bestimmt ist.

[909] RGSt 64, 140; RGSt 66, 131; OLG Frankfurt NStZ 1997, 551; **Lackner/ Kühl** § 283, Rz. 10; **Tröndle/ Fischer** § 283, Rz. 4; LK-**Tiedemann** § 283, Rz. 25; **Weyand** S. 71f.; NK-**Kindhäuser** § 283, Rz. 12ff.; Sch/Sch-**Stree/ Heine** § 283, Rz. 4; **Hartwig** in FS Bemmann S. 317; **Beck** in Wabnitz/ Janovsky 2/ 300; **Hiltenkamp-Wisgalle** S. 162ff.; **Wessels/ Hillenkamp** BT 2, Rz. 464.

[910] Im Ergebnis ebenso **Moosmayer** S. 114f.; **Penzlin** S. 208.

[911] Vgl. etwa BGH NJW 1983, 2827; OLG Düsseldorf NStZ 1982, 249; OLG Hamm NStZ 1983, 266; ferner hierzu **Borchert/ Hellmann** NJW 1983, 2799f.; **Wessels/ Hillenkamp** BT 2, Rz.

Auf Grund seines Charakters als Erfolgsdelikt und auf Grund des Tatbestandsmerkmals der Täuschung stellt damit auch § 263 StGB keinen geeigneten Tatbestand zur Erfassung von Verbraucherbankrotthandlungen dar.

III. Verbraucherbankrotthandlungen als Untreue

Schließlich sprechen verschiedene Gesichtspunkte gegen die Möglichkeit einer Bestrafung von Verbraucherbankrotthandlungen als Untreue (§ 266 StGB).
Wie § 263 StGB stellt auch § 266 StGB ein Erfolgsdelikt dar, das erst bei Eintritt eines Vermögensschadens vollendet ist. Insoweit führte daher die Heranziehung des § 266 StGB ebenso zu kriminalpolitisch unerwünschten Strafbarkeitslücken. Darüber hinaus bestünden erhebliche Zweifel am Vorliegen einer Vermögensbetreuungspflicht des Schuldners.[912] Um einer Ausuferung des Tatbestandes entgegen zu wirken, setzt § 266 StGB im Verhältnis des Täters zum Vermögensinhaber nach allgemeiner Ansicht eine besonders qualifizierte Pflichtenstellung voraus. Die Pflicht zur Wahrnehmung fremder Vermögensinteressen muß den typischen und wesentlichen Inhalt ihrer Beziehung bilden, muß also deren Hauptgegenstand und nicht eine bloße Nebenpflicht sein. Erforderlich ist eine gewisse Selbständigkeit und ein eigener Entscheidungsspielraum des Verpflichteten.[913]
Bei den Gläubigern eines Verbraucherschuldners handelt es sich nun wie gesehen zumeist um Konsumentenkredite gewährende Geldinstitute. Grundsätzlich fehlt es aber gerade im Bereich von Kontokorrentverhältnissen, Darlehensverträgen und sonstigen Kreditvereinbarungen an einer solchen Fürsorgepflicht des Schuldners.[914] Dieser hat gegenüber seinen Kreditgläubigern keine eigenen Entscheidungsspielräume und keine selbständige Stellung.

184; Sch/Sch-**Cramer** § 263, Rz. 28; **Rengier** BT 1, § 13, Rz. 17; **Gauf** NStZ 1983, 506; **Krey** BT 2, Rz. 153.

[912] Nach mittlerweile hM setzten sowohl der Treubruchstatbestand wie auch der Mißbrauchstatbestand die Verletzung einer Vermögensbetreuungspflicht voraus, vgl. BGHSt 24, 386f.; OLG Köln NJW 1988, 3219; **Lackner/ Kühl** § 266, Rz. 4; **Wessels/ Hillenkamp** BT 2, Rz. 750; **Krey** BT 2, Rz. 542; **Arzt/ Weber** § 22, Rz. 10f., 36, 68, 79; **Rengier** BT 1 § 18, Rz. 2, 8; SK-**Samson/ Günther** § 266, Rz. 3ff.; **Maurach/ Schroeder/ Maiwald** BT 1, § 45, Rz. 18; kritisch dagegen Sch/Sch-**Lenckner** § 266, Rz. 2; **Otto** BT § 54, Rz. 4ff.; **Bockelmann** § 18 III 1., S. 140f.

[913] Vgl. **Lackner/ Kühl** § 266, Rz. 9ff.; **Arzt/ Weber** § 22, Rz. 37ff.; **Rengier** BT 1, § 18, Rz. 9ff.; **Tröndle/ Fischer** § 266, Rz. 14; Sch/Sch-**Lenckner** § 266, Rz. 23ff.; **Wessels/ Hillenkamp** BT 2, Rz. 769ff.; SK-**Samson/ Günther** § 266, Rz. 22ff.; **Maurach/ Schroeder/ Maiwald** BT 1, § 45, Rz. 23ff.; **Otto** BT § 54, Rz. 19ff.; **Krey** BT 2, Rz. 564ff.

[914] BGH NStZ 1984, 118; BGH NStZ 1989, 72; OLG Düsseldorf wistra 1995, 72; **Lackner/ Kühl** § 266, Rz. 12; **Hartwig** in FS Bemmann S. 314, Fn. 21; SK-**Samson/ Günther** § 266, Rz. 26; Sch/Sch-**Lenckner** § 266, Rz. 26; **Tröndle/ Fischer** § 26, Rz. 12a.

Bankrotthandlungen privater Schuldner können damit in aller Regel auch über § 266 StGB nicht erfaßt werden.[915]

E. Straflosigkeit von Verbraucherbankrotthandlungen ?

Zu überlegen ist daher in einem zweiten Schritt, ob das weder über § 283 StGB noch über sonstige Strafvorschriften des StGB erfaßbare Fehlverhalten eines Verbraucherschuldners als straflos gewertet werden kann.
Dafür ließe sich auf den ersten Blick betrachtet anführen, daß der Gesetzgeber mit Einfügung der §§ 304ff. InsO einen Beitrag dazu leisten wollte, finanziell angeschlagenen oder gescheiterten Verbraucherschuldnern unter staatlicher Hilfe eine Bereinigung ihrer Vermögenssituation und anschließend einen wirtschaftlichen Neubeginn zu ermöglichen. Diese soziale Zielsetzung der §§ 304ff. InsO scheint zunächst der Verhängung strafrechtlicher Sanktionen gegen solche Verbraucherschuldner grundsätzlich entgegen zu stehen.
Die vorliegende Arbeit lehnt jedoch im Ergebnis die Möglichkeit der Straflosigkeit von Verbraucherbankrotthandlungen ab.
Ein gewichtiges Argument hierfür ergibt sich zunächst aus der InsO selbst: Um sich nach Durchführung eines förmlichen Verfahrens aller Schulden zu entledigen, stellt diese das Institut der Restschuldbefreiung zur Verfügung. Im einzelnen liegt den §§ 286ff. InsO eine Abwägung zwischen den Interessen des Schuldners an der Erteilung der Restschuldbefreiung nach Ablauf einer Wohlverhaltensperiode und denen der Gläubiger an der Beibehaltung ihrer Forderungen zugrunde. Dabei ist nach § 1 S. 2 InsO grundsätzlich den ersteren der Vorzug zu geben. Fehlt es dagegen in den Fällen der §§ 290 I Nr. 1-6, 296ff. InsO an der Redlichkeit des Schuldners, so werden ausnahmsweise die Gläubigerinteressen als schutzwürdiger erachtet, und die Restschuldbefreiung ist auf Antrag zu versagen. Einer dieser Fälle ist die rechtskräftige Verurteilung wegen einer Insolvenzstraftat nach den §§ 283-283c StGB gem. §§ 290 I Nr. 1, 297 InsO.[916] Die InsO setzt damit selbst die Möglichkeit einer Insolvenzstrafbarkeit auch eines Verbraucherschuldners, für den das Restschuldbefreiungsverfahren nach §§ 286ff. InsO vornehmlich in Betracht kommt, voraus. Eine generelle Straflosigkeit von Verbraucherbankrotthandlungen ließe

[915] Im Ergebnis ebenso **Moosmayer** S. 114f.; **Penzlin** S. 208.

[916] Vgl. dazu **Haarmeyer/ Wutzke/ Förster** 10/ 59, 80; **Bork** Rz. 388, 395; FK-**Ahrens** § 290, Rz. 10ff., § 297, Rz. 1ff.; HK-**Landfermann** § 290, Rz. 3f., § 297, Rz. 1ff.; **Schmidt-Räntsch** in Kölner Schrift[1] S. 1181, Rz. 15. **Häsemeyer** Rz. 26.19 und FK-**Ahrens** § 290, Rz. 15 bemängeln, daß für die Berücksichtigung einer solchen Straftat keine zeitliche Grenze gesetzt wurde und plädieren in der Praxis für eine Orientierung an den für das Strafregister maßgebenden Tilgungsfristen des § 46 I BZRG.

sich mithin mit dem gesetzlich ausdifferenzierten Abwägungssystem der §§ 286ff. InsO nicht in Einklang bringen.[917]

Überdies bestehen auch an der Strafwürdigkeit und Strafbedürftigkeit von Verbraucherbankrotthandlungen keine Zweifel: Gerade die sozialpolitisch motivierte Zielsetzung einer vollständigen Restschuldbefreiung und die Perspektive eines wirtschaftlichen Neuanfangs stellen für betroffene Schuldner auf der einen Seite wesentliche Vorzüge des neuen Insolvenzrechts dar, stärken aber andererseits auch die Versuchung, diese Ziele auf illegalem Wege zu erreichen. Insofern bietet die InsO gerade auch privaten Schuldnern neue Tatanreize zur Begehung von Insolvenzstraftaten. Die Gefährdung der Befriedigungsinteressen der Gläubiger hat daher hier seit dem Inkrafttreten der InsO zugenommen.[918] Konnten aber bereits unter der Geltung des früheren Konkursrechts Bankrotthandlungen privater Schuldner auch bei Ausfall des lediglich de iure anwendbaren Bankrottstrafrechts der §§ 283ff. StGB in der Praxis zumindest theoretisch über § 288 StGB erfaßt werden, so dürfen sie heute, um einen mißbrauchsfreien Ablauf des mehrstufigen Verbraucherinsolvenz- und des Restschuldbefreiungsverfahrens zu gewährleisten, erst recht nicht generell straflos bleiben.

Schließlich stellt § 288 StGB nach wie vor und unumstritten gläubigergefährdende Verhaltensweisen des Schuldners in der Einzelzwangsvollstreckung unter Strafe. Dessen Fehlverhalten im Rahmen einer Gesamtvollstreckung gestaltet sich demgegenüber als mindestens ebenso gefährlich für die betroffenen Gläubiger. Gründe, die dafür sprächen, Verbraucherbankrotthandlungen als straflos zu werten, sind daher auch insofern nicht ersichtlich.[919]

F. Tatbestandliche Sonderung des Verbraucherbankrotts de lege ferenda

Im Ergebnis bleibt somit nur der Weg, Verbraucherbankrotthandlungen strafrechtlich de lege ferenda in einem gesonderten Tatbestand zu erfassen. Entsprechende Vorschläge sind vom Schrifttum bereits gemacht worden.[920] Diese sind im folgenden zunächst vorzustellen und zu erörtern. Im Anschluß daran spricht sich die vorliegende Arbeit allerdings für ein eigenes Lösungsmodell aus.

---

[917] Ebenso **Moosmayer** S. 114.

[918] So auch **Moosmayer** S. 114; vgl. ferner **Penzlin** S. 208.

[919] Ebenso **Penzlin** S. 208.

[920] **Lampe/ Lenckner/ Stree/ Tiedemann/ Weber** AE StGB – Straftaten gegen die Wirtschaft, S. 80ff.; **U. Richter** in Tagungsberichte III, Anlage 4, S. 22ff.; **Moosmayer** S. 116f.; **Penzlin** S. 207ff.; ebenso fordert auch **Bieneck** in Müller-Gugenberger/ Bieneck, § 75, Rz. 61 de lege ferenda spezielle Strafnormen für Verbraucherschuldner, ohne dabei aber einen konkreten Formulierungsvorschlag zu machen.

I. Das Lösungsmodell des Alternativentwurfs zum StGB von 1977

Zunächst enthält der Alternativentwurf eines Strafgesetzbuches aus dem Jahre 1977 eine eigene Regelung des Konkursstrafrechts in den §§ 192-196 AE StGB, auf die hier nicht in allen Einzelheiten eingegangen werden muß und kann. Für die im folgenden zu untersuchende Fragestellung nach der strafrechtlichen Erfassung von Verbraucherbankrotthandlungen genügt es, sich die grundsätzliche Konzeption der Entwurfstatbestände vor Augen zu führen.

§ 192 AE StGB (Konkursträchtiges Verhalten) erfaßt ein besonders unwirtschaftliches Verhalten, das als solches bereits die Gefahr einer Insolvenz in sich trägt. § 193 AE StGB (Pflichtwidriges Verhalten in Krisensituationen) betrifft nicht tragbare Verhaltensweisen einer Person, die sich bereits in einer wirtschaftlichen Krisensituation befindet. Nach § 194 AE StGB (Pflichtwidriges Herbeiführen der Überschuldung) ist ein Täter zu bestrafen, der vorsätzlich oder leichtfertig seine wirtschaftliche Krise mit der Folge des endgültigen wirtschaftlichen Zusammenbruchs herbeiführt. § 195 AE StGB stellt die Schuldnerbegünstigung unter Strafe und § 196 AE StGB schließlich sanktioniert die Schmälerung der Konkursmasse nach Verfahrenseröffnung.[921]

Damit verzichtet das insolvenzstrafrechtliche System des Alternativentwurfs 1977 zwar auf einen gesonderten, speziell auf Verbraucherschuldner zugeschnittenen Tatbestand. Dennoch aber enthält der Entwurf Ansätze, unternehmerisches Fehlverhalten von solchem privater Schuldner zu trennen. So ist der Anwendungsbereich des § 194 AE StGB auf Kaufleute und Inhaber eines Unternehmens, das nach Art und Umfang einen in kaufmännischer Weise eingerichteten Geschäftsbetrieb erfordert, begrenzt, was mit der besonderen, wirtschaftlichen Verantwortung, die dieser Tätergruppe obliege, begründet wird.[922]

Die übrigen Tatbestände des Alternativentwurfs unterscheiden dagegen nicht zwischen privaten und unternehmerisch tätigen Schuldnern. Dies ist insofern mißlich, als auch nach § 192 I Nr. 2 oder § 193 I Nr. 2 AE StGB der Verstoß gegen die Anforderung eines ordnungsgemäßen Wirtschaftens ein Tatbestandsmerkmal darstellt. Im Verlauf der Arbeit konnte bereits gezeigt werden, daß dieses Merkmal im Falle eines Verbraucherschuldners ohne konkretisierbaren Inhalt bleibt und somit hier seine strafbarkeitseinschränkende Wirkung verliert.[923] Ferner knüpfen verschiedene Tathandlungen des Alternativentwurfs wie etwa die §§ 192 I Nr. 3, 193 I Nr. 6 und

[921] **Lampe/ Lenckner/ Stree/ Tiedemann/ Weber** AE StGB – Straftaten gegen die Wirtschaft, S. 80ff.

[922] **Lampe/ Lenckner/ Stree/ Tiedemann/ Weber** AE StGB – Straftaten gegen die Wirtschaft, S. 87.

[923] Vgl. nochmals oben Dritter Teil, Kapitel 4 C. VI.

7 AE StGB an handelsrechtliche Verpflichtungen an, die bereits de iure Verbraucherschuldner nicht treffen. Andere Tathandlungen wie etwa die §§ 192 I Nr. 1, 2, 193 I Nr. 1, 5, 8 AE StGB werden praktisch ebenso nahezu ausschließlich von kaufmännisch und unternehmerisch tätigen Schuldnern begangen.
Insgesamt erweisen sich daher auch die Regelungen des AE StGB zur strafrechtlichen Erfassung von Verbraucherbankrotthandlungen als ungeeignet.

II. Das Lösungsmodell von U. Richter

Eingehend mit der Situation des sich fehlverhaltenden Privatschuldners beschäftigt sich ferner das von U. Richter in einer Stellungnahme zur 3. Arbeitstagung der Sachverständigenkommission zur Bekämpfung des Wirtschaftsstrafrechts 1973 vorgestellte Lösungsmodell.[924] Dessen Konzeption sieht erstmalig eine strikte, tatbestandliche Trennung zwischen kaufmännisch tätigen und privaten Schuldnern vor.
Zur Begründung stellt U. Richter zunächst dar, daß ein Großteil der Tathandlungen des damals noch innerhalb der KO geregelten Bankrottstrafrechts, namentlich die §§ 239 I Nr. 3, 4, 240 Nr. 1-4 KO, nicht anders als heute ohnehin nur von Kaufleuten oder Gewerbetreibenden begangen werden konnte. Ferner sprächen ein Vergleich mit ausländischen Rechtsordnungen und die Entstehungsgeschichte der Bankrottdelikte für eine solche Trennung. Schließlich führt U. Richter eine Vielzahl aufschlußreicher Statistiken an, die belegen, daß der Anteil von Insolvenzen natürlicher Personen verglichen mit der Gesamtzahl aller Insolvenzen seit jeher sehr klein war, und daß sich daher auch die Ermittlungen und Verurteilungen wegen Bankrottstraftaten in der Vergangenheit nahezu ausschließlich gegen Kaufleute und Gewerbetreibende richteten.[925]
Im einzelnen schlägt U. Richter vor, die bisherigen Bankrottdelikte zu einem Sonderrecht für Kaufleute und sonstige Gewerbetreibende zu machen, typische Bankrotthandlungen privater Schuldner dagegen über einen umgestalteten Tatbestand der Vollstreckungsvereitlung zu erfassen, da auch diese ein Vermögensverschiebungsdelikt darstelle.[926] Gesetzestechnisch formuliert U. Richter diesen wie folgt:

---

[924] **U. Richter** in Tagungsberichte III, Anlage 4, S. 22ff.
[925] **U. Richter** in Tagungsberichte III, Anlage 4, S. 22ff.; 34ff. Vgl. zu diesen Statistiken auch oben Dritter Teil, Kapitel 4 B I.
[926] **U. Richter** in Tagungsberichte III, Anlage 4, S. 24, 28.

§ e (Vereiteln der Zwangsvollstreckung)

(1) Wer, wenn ihm eine Zwangsvollstreckung oder ein Konkursverfahren droht, Bestandteile seines Vermögens zerstört, beschädigt, unbrauchbar macht, beiseite schafft oder verheimlicht, und dadurch die Befriedigung eines oder mehrerer Gläubiger ganz oder teilweise vereitelt, wird mit Freiheitsstrafe bis zu 2 Jahren bestraft.

(2) Ebenso wird bestraft, wer die Tat für einen begeht, dem eine Zwangsvollstreckung oder ein Konkursverfahren droht, oder wer in einem solchen Verfahren für sich, den Schuldner oder einen Dritten ein nicht bestehendes Recht geltend macht.

(3) Der Versuch ist strafbar.

(4) Die Tat wird nur auf Antrag verfolgt.

III. Das Lösungsmodell von Moosmayer

Ein ganz ähnliches Lösungskonzept wird heute von Moosmayer vertreten. Auch dessen Vorschlag trennt wie das Modell von U. Richter strikt zwischen Bankrotthandlungen von unternehmerisch tätigen und von Verbraucherschuldnern und auch Moosmayer spricht sich für eine Erfassung der Verbraucherbankrotthandlungen über einen umgestalteten Tatbestand der Vollstreckungsvereitlung (§ 288 StGB) aus.[927] Im einzelnen möchte Moosmayer diesen wie folgt formulieren:

§ 288

Wer bei einer ihm drohenden Zwangsvollstreckung oder einem ihm drohenden Insolvenzverfahren in der Absicht, die Befriedigung eines oder mehrerer Gläubiger zu vereiteln, Bestandteile seines Vermögens veräußert, verheimlicht oder beiseite schafft, wird mit Freiheitsstrafe bis zu zwei Jahren oder mit Geldstrafe bestraft.[928]

Gleichzeitig möchte Moosmayer den Anwendungsbereich der Bankrottdelikte auf unternehmerisch tätige Schuldner begrenzen. Dieses Ziel erreicht er gesetzestechnisch durch die Anfügung eines Absatzes 7 an § 283 StGB:

§ 283 VII

Schuldner im Sinne des Absatzes 6 sind nur Betriebe und Unternehmen unabhängig von ihrem Gegenstand.

---

[927] **Moosmayer** S. 113, 115ff.

[928] An Stelle des Wortes *bestraft* verwendet Moosmayer den Begriff *bedroht*. Wie aber bereits **Penzlin** S 209, Fn. 933 zutreffend bemerkt hat, kann es sich hierbei nur um eine irrtümliche Verwechslung Moosmayers handeln.

Zusätzlich seien dann bei den §§ 283c, 283d StGB entsprechende Verweisungen auf diesen Absatz 7 einzufügen.

IV. Das Lösungsmodell von Penzlin

Auf den Vorschlägen von U. Richter und Moosmayer baut schließlich das Lösungsmodell von Penzlin auf.[929] Auch danach sind Verbraucherbankrotthandlungen künftig über den Tatbestand des § 288 StGB zu erfassen, den Penzlin um einen neuen Absatz 2 wie folgt ergänzen will:

§ 288

(1) Wer bei einer ihm drohenden Zwangsvollstreckung in der Absicht, die Befriedigung des Gläubigers zu vereiteln, Bestandteile seines Vermögens veräußert oder beiseite schafft, wird mit Freiheitsstrafe bis zu zwei Jahren oder mit Geldstrafe bestraft.

(2) Wer bei Zahlungsunfähigkeit in der Absicht, die Befriedigung seiner Gläubiger zu vereiteln, Bestandteile seines Vermögens veräußert, verheimlicht oder beiseite schafft, wird mit Freiheitsstrafe bis zu zwei Jahren oder mit Geldstrafe bestraft.

(3) Die Tat wird nur auf Antrag verfolgt.

Daneben möchte auch Penzlin den Anwendungsbereich der Bankrottdelikte in einem gesetzlich an § 283 StGB anzufügenden Absatz 7 beschränken. Diesen formuliert er wie folgt:

§ 283 VII

Schuldner im Sinne des Absatzes 6 sind nur Betriebe und Unternehmen, soweit sie nicht dem Anwendungsbereich der §§ 304ff. InsO unterfallen.

---

[929] **Penzlin** S. 207ff., 210.

Im Gegensatz zum AE StGB 1977, dessen Nachteile im Bereich des Verbraucherbankrotts bereits festgestellt wurden, sehen die weitgehend ähnlichen Vorschläge von U. Richter, Moosmayer und Penzlin eine Bestrafung von Bankrotthandlungen unternehmerisch tätiger und privater Schuldner nach unterschiedlichen Tatbeständen vor. Eine solche tatbestandliche Sonderung erscheint auf Grund der fehlenden Eignung des § 283 StGB zur strafrechtlichen Erfassung von verbraucherschuldnerischem Fehlverhalten zwingend. Insofern ist daher diesen Vorschlägen zunächst grundsätzlich zuzustimmen.
Für den Bankrottatbestand ergeben sich dadurch keine großen Veränderungen: Zum einen fand § 283 StGB in der Praxis bis zur Insolvenzrechtsreform ohnehin nahezu ausschließlich im Bereich unternehmerisch tätiger Schuldner Anwendung. Zum anderen hat der Anwendungsbereich des Tatbestandes zwar seit dem 1.1.1999 auf Grund der Einführung eines besonderen Verbraucherinsolvenzverfahrens und der akzessorischen Anbindung über § 283 VI, 2. und 3. Var. StGB an dieses de iure eine Ausdehnung in den Bereich der Verbraucherschuldner hinein erfahren. § 283 StGB kann aber dennoch auch heute de facto aus mehreren Gründen nicht zur Erfassung von Verbraucherbankrotthandlungen herangezogen werden.[930] Die Ausgrenzung von Verbraucherschuldnern aus dem Täterkreis des § 283 StGB stellt damit weniger eine materielle Neuerung als vielmehr eine Klarstellung der bereits und seit jeher bestehenden Rechtslage dar.
Gewichtige Einwände lassen sich jedoch gegen die von U. Richter, Moosmayer und Penzlin befürwortete Heranziehung eines modifizierten § 288 StGB zur strafrechtliche Erfassung von Verbraucherbankrotthandlungen vorbringen:
Zwar ist allgemein anerkannt, daß gewisse Parallelen zwischen dem Insolvenzstrafrecht und § 288 StGB bestehen und daß einige der zu §§ 283ff. StGB entwickelten Grundsätze auch für die Auslegung des § 288 StGB nutzbar gemacht werden können.[931] Daneben bestehen allerdings zwischen den Bankrottdelikten und dem Vereiteln der Zwangsvollstreckung auch gravierende Unterschiede. Insbesondere dient § 288 StGB unstreitig allein dem Schutz des Einzelgläubigers in seinem sachlich begründeten und vollstreckungsfähigen Recht auf Befriedigung aus dem Schuldnervermögen im Rahmen der Einzelvollstreckung.[932] Erfaßte man daher schuldne-

---

930 Vgl. nochmals oben Dritter Teil, Kapitel 4 C. VI.

931 RGSt 66, 131; RGSt 71, 230; LK[10]-**Schäfer** § 288, Rz. 3; Sch/Sch-**Eser** § 288, Rz. 3; **Matzen** S. 59.

932 RGSt 71, 230; BGHSt 16, 334; **Lackner/ Kühl** § 288, Rz. 1; Sch/Sch-**Eser** § 288, Rz. 1; **H. Bruns** ZStW 1934 (53), 468; LK[10]-**Schäfer** § 288, Rz. 2; **Otto** BT § 50, Rz. 12; **Krey** BT 2, Rz. 288; **Maurach/ Schroeder/ Maiwald** BT 1, § 47, Rz. 3; **Tröndle/ Fischer** § 288, Rz. 1; **Rengier** BT 1, § 27, Rz. 1; **Geppert** Jura 1987, 427.

risches Fehlverhalten bei drohender Einzelzwangsvollstreckung und in der Insolvenz über den gleichen Tatbestand, so führte dies zu einer problematischen Normspaltung und zu schwierigen Auslegungsfragen.[933] Ein im Sinne U. Richters und Moosmayers veränderter § 288 StGB schützte nämlich, was seine insolvenzstrafrechtliche Komponente betrifft, die Befriedigungsinteressen einer Gläubigergesamtheit. Eine zweite dem widerstreitende Schutzrichtung beträfe dagegen das bereits bislang geschützte Recht eines Einzelgläubigers auf materielle Befriedigung. Diese Schwierigkeiten ließen sich auch durch die von Penzlin vorgeschlagene Unterteilung des § 288 StGB in zwei unterschiedliche Absätze nicht vermeiden. Das Problem der Normspaltung tauchte dann zwar nicht mehr innerhalb eines Absatzes, wohl aber innerhalb einer Norm auf, da diese die Regelung zweier Tatbestände mit grundsätzlich unterschiedlicher Schutzrichtung zum Gegenstand hätte. Entgegen der Auffassung Penzlins ist die Kritik gegenüber den Vorschlägen Richters und Moosmayers nicht nur gegen deren Erfassung unterschiedlicher schuldnerischer Fehlverhalten in einem Absatz, sondern gegen die Erfassung von Verbraucherbankrotthandlungen über einen wie auch immer veränderten § 288 StGB generell zu richten.[934]

Gegen eine gesetzliche Veränderung des § 288 StGB läßt sich ferner ein Argument aus der gesetzlichen Systematik gewinnen. Das StGB regelt die Insolvenzstraftaten in einem eigenen Abschnitt. Auf Grund der parallelen Schutzrichtung und der zumindest in Teilbereichen identischen Begehungsformen kennzeichnet Verbraucherbankrotthandlungen eine besondere Nähe zu diesen Bankrottdelikten, was eine Eingliederung des Verbraucherbankrotts innerhalb dieses 24. Abschnitts des StGB nahelegt. § 288 StGB stellt demgegenüber keinen Tatbestand zur Erfassung von genuinem Bankrottunrecht zur Verfügung, sondern ist dem 25. Abschnitt des StGB (Strafbarer Eigennutz) zuzurechnen.

Schließlich sprechen auch historische Gründe gegen eine Lösung über § 288 StGB: Erstens war die vor dem Inkrafttreten der InsO bestehende Möglichkeit, § 288 StGB zur Sanktionierung von privatschuldnerischem Fehlverhalten heranzuziehen, allein auf die früher andersartige Vorgehensweise der Gläubiger im Insolvenzfall ihres Privatschuldners zurückzuführen, hatte mithin also rechtstatsächliche Gründe. Nach Inkrafttreten der §§ 304ff. InsO sollte diese Möglichkeit heute nicht länger durch eine gesetzliche Korrektur im Sinne von U. Richter, Moosmayer und Penzlin aufrecht erhalten werden. Erweist sich der Bankrottatbestand als ungeeignet zur Er-

---

933 Dies gesteht **Moosmayer** S. 116 selbst ein. Vgl. ferner hierzu **Röhm** NZI 2000, 467.

934 Zutreffend erscheinen daher die von **Penzlin** S. 210, Fn. 937 am Rande angestellten Überlegungen, alternativ zu seinem Lösungsmodell Verbraucherbankrotthandlungen künftig über einer eigenständigen Norm zu erfassen, die seiner Ansicht nach entweder als § 288a oder als § 283e in das StGB eingefügt werden könnte.

fassung verbraucherschuldnerischer Bankrotthandlungen, so sind vielmehr entsprechende Korrekturen innerhalb des eigentlichen Insolvenzstrafrechts angezeigt. Zweitens sah der Entwurf eines Strafgesetzbuches von 1962 die Zusammenfassung der Insolvenzdelikte und des Tatbestandes der Zwangsvollstreckungsvereitlung in einem gemeinsamen Abschnitt des StGB vor.[935] Dieser Abschnitt sollte die Überschrift *„Vereiteln von Gläubigerrechten“* erhalten. Hieraus lassen sich zwei Argumente gegen eine Eingliederung von Verbraucherbankrotthandlungen in den Tatbestand der Zwangsvollstreckungsvereitlung gewinnen: Zum einen ist der Entwurf insoweit nie Gesetz geworden, der Gesetzgeber selbst hielt offenbar zwar eine Rückführung der Insolvenzstraftaten aus der KO in das StGB für möglich und nötig, nicht aber deren Zusammenfassung mit dem Tatbestand der Vollstreckungsvereitlung in einem gemeinsamen Abschnitt.[936] Zum anderen sah selbst dieser Entwurf keine vollständige Zusammenführung der Delikte vor. Vielmehr trennte er die Insolvenzdelikte durch die Einführung einer Zwischenüberschrift „Konkursstraftaten“ von den übrigen Delikten dieses Abschnitts ab. Als Begründung für diese Abtrennung findet sich in den Gesetzgebungsmaterialien in erster Linie die bessere Übersicht.[937] Sicherlich dürften aber auch Überlegungen zum geschützten Rechtsgut und systematische Gründe eine Rolle gespielt haben.

---

[935] BT Drs. 4/ 650, S. 6, 54ff., 441, 444ff.; vgl. dazu **Zirpins/ Terstegen** S. 925, 933ff.

[936] Dies bedauern **Maurach/ Schroeder/ Maiwald** BT 1, § 48, Rz. 10.

[937] BT Drs. 4/ 650, S. 441.

VI. Eigenes Lösungsmodell

Diese vorstehenden Überlegungen machen deutlich, daß die strafrechtliche Erfassung von Verbraucherbankrotthandlungen de lege ferenda nicht innerhalb des § 288 StGB stattfinden kann. Vielmehr scheint die Herausbildung eines eigenen, neuen Tatbestandes des Verbraucherbankrotts innerhalb des Insolvenzstrafrechts vorzugswürdig. Dieser muß gegenüber dem Bankrottatbestand de lege lata entsprechend vereinfacht und speziell auf die Situation des Verbraucherschuldners zugeschnitten werden. Die vorliegende Arbeit schlägt vor, diesen Tatbestand als § 283e in das StGB einzufügen und wie folgt zu formulieren:

> § 283e – Verbraucherbankrott
>
> (1) Mit Freiheitsstrafe bis zu zwei Jahren oder mit Geldstrafe wird bestraft, wer keine oder nur eine geringfügige selbständige wirtschaftliche Tätigkeit ausübt und bei drohender oder eingetretener Zahlungsunfähigkeit Bestandteile seines Vermögens, die im Falle der Eröffnung des Insolvenzverfahrens zur Insolvenzmasse gehören, beiseite schafft oder verheimlicht.
>
> (2) Ebenso wird bestraft, wer durch eine der in Absatz 1 bezeichneten Handlungen seine Zahlungsunfähigkeit herbeiführt.
>
> (3) Die Tat ist nur dann strafbar, wenn der Schuldner seine Zahlungen eingestellt hat oder wenn auf Grund von eingetretener Zahlungsunfähigkeit
>
> 1. über sein Vermögen das Insolvenzverfahren eröffnet oder
> 2. der Eröffnungsantrag mangels Masse abgewiesen worden ist.
>
> (4) Die Tat wird nur auf Antrag verfolgt.

Darüber hinaus müssen die Verweise in §§ 290 I Nr. 1, 297 I InsO auch auf § 283e erstreckt werden. Dessen Ausgestaltung im einzelnen ist im folgenden näher zu begründen:

1. Die Täterkreise des Bankrotts und des Verbraucherbankrotts de lege ferenda

Eine tatbestandliche Sonderung des Verbraucherbankrotts setzt zunächst zwingend eine exakte Abschichtung der beiden unterschiedlichen Täterkreise des Bankrotts und des Verbraucherbankrotts voraus. Gesetzestechnisch muß dabei einerseits gewährleistet sein, daß die Anwendungsbereiche beider Tatbestände kumulativ die Bankrotthandlungen aller Schuldnertypen erfassen, andererseits müssen sie sich zugleich aber auch exklusiv gegenüberstehen. Kein Schuldner darf sich zugleich wegen Bankrotts und wegen Verbraucherbankrotts strafbar machen können.

Es ist daher zu überlegen, an Hand welcher Kriterien und wie genau im einzelnen die Grenzlinie zwischen Schuldnern, die künftig dem Bankrott nach § 283 StGB, bzw. dem neuen Tatbestand des Verbraucherbankrotts unterfallen sollen, zu ziehen ist. In Anbetracht der Tatsache, daß die Notwendigkeit eines eigenen Verbraucherbankrottatbestandes durch die Einführung des Verbraucherinsolvenzverfahrens in den §§ 304ff. InsO ausgelöst worden war, liegt es nahe, sowohl das Abgrenzungskriterium wie auch die Abgrenzung des zivilen Insolvenzrechts in ihren Einzelheiten auf das Strafrecht zu übertragen. Dem Anwendungsbereich des § 283e unterfiele dann der Schuldnerkreis, für den das zivile Insolvenzrecht das besondere Verfahren der §§ 304ff. InsO vorsieht. Dieser Anwendungsbereich ist daher im folgenden zunächst darzustellen. Anschließend ist die Übertragbarkeit der gewonnenen Ergebnisse auf die strafrechtliche Abgrenzung des Verbraucherbankrotts vom Bankrott zu prüfen. Die vorliegende Arbeit hält dabei eine strenge Orientierung an den Vorgaben des zivilen Insolvenzrechts für möglich und nötig.

a) Der Anwendungsbereich des § 304 InsO

Nach § 304 I InsO steht das besondere zivilrechtliche Verfahren der §§ 304ff. InsO zwei unterschiedlichen Schuldnergruppen offen, deren Gemeinsamkeit in ihrer Eigenschaft als *natürliche Person* besteht. Dem muß entweder das Ausüben *keiner* selbständigen wirtschaftlichen Tätigkeit oder das Ausüben einer *nur geringfügigen* selbständigen wirtschaftlichen Tätigkeit hinzukommen.[938] Nach § 304 II InsO ist die Geringfügigkeit einer selbständigen wirtschaftlichen Tätigkeit insbesondere dann anzunehmen, wenn sie nach Art oder Umfang einen in kaufmännischer Weise eingerichteten Gewerbebetrieb nicht erfordert. Das besondere Verfahren der §§ 304ff. InsO ist also nicht nur auf Verbraucherschuldner im engeren Sinne sondern auch auf sog. Kleinunternehmer anzuwenden. Ausgeschlossen sind dagegen alle juristischen Personen und sämtliche Gesellschaften, einschließlich der Gesellschaften bürgerlichen Rechts, sowie natürliche Personen, die eine mehr als nur geringfügig selbständige wirtschaftliche Tätigkeit ausüben.[939]

---

[938] Aus den Begründungen zu § 357a EInsO (heute § 304 InsO) ergibt sich, daß sich der Gesetzgeber bei der Ausgestaltung des Anwendungsbereichs der §§ 304ff. InsO an der „flexiblen Formulierung" des § 347 II Nr. 2 EInsO orientierte. Vgl. BT Drs. 12/ 7302, S. 189f.; BT Drs. 12/ 2443, S. 227. Diese Vorschrift sah die Möglichkeit einer Eigenverwaltung ohne Sachwalter bei Kleinverfahren vor, wobei der Begriff des Kleinverfahrens ebenfalls auf Schuldner bezogen war, die als natürliche Person keine oder nur eine geringfügige selbständige wirtschaftliche Tätigkeit ausübten.

[939] Nerlich/ Römermann-**Römermann** § 304, Rz. 4; HK-**Landfermann** § 304, Rz. 2; **Fuchs** ZInsO 1999, 185; **Arnold** DGVZ 1996, 131f.; **Vallender** InVo 1998, 169; FK-**Kothe**, § 304, Rz. 18; Smid-**Krug/ Haarmeyer** § 304, Rz. 7; **Hess** InsO § 304, Rz. 11; Breutigam/ Blersch/ Goetsch-**Goetsch** § 304, Rz. 7, Fn. 7; mißverständlich **Haarmeyer/ Wutzke/ Förster** 10/ 23.

aa) Die Gruppe der Verbraucherschuldner im engeren Sinne

Der Begriff des Verbrauchers taucht zwar explizit in der Überschrift vor §§ 304ff. InsO auf. Eine Legaldefinition findet sich aber in der InsO anders als etwa in § 1 I VerbKrG oder in § 24a AGB-Gesetz nicht. Diese Vorschriften bestimmen jedoch den Verbraucherbegriff lediglich für einen speziellen und konkret abgeschlossenen Kreis von Normen eines bestimmten Sachzusammenhangs und enthalten darüber hinaus keine für die gesamte Rechtsordnung gültige Definition. Sie werden daher allgemein als ungeeignet zur Auslegung und Konkretisierung des Begriffs des Verbrauchers iSd §§ 304ff. InsO angesehen.[940] Statt dessen ist der Begriff auch hier unter Berücksichtigung seiner Funktion innerhalb der InsO eigenständig zu bestimmen. Dabei ergibt sich ein Ausgangspunkt aus § 304 InsO, der den Verbraucher insolvenzrechtlich als eine natürliche Person umschreibt, die keiner selbständigen wirtschaftlichen Tätigkeit nachgeht. Kennzeichnend ist also der Erwerb von Gütern zum eigenen Verbrauch und nicht mit dem Ziel einer gewinnbringenden Weiterveräußerung. Das Merkmal der selbständigen wirtschaftlichen Tätigkeit erfordert ein planmäßiges Auftreten am Markt, welches nur dann vorliegt, wenn die wirtschaftliche Tätigkeit in eigenem Namen, für eigene Rechnung und in eigener Verantwortung geschieht. Daraus folgt, daß Selbständigkeit iSd § 304 InsO nur dann bejaht werden kann, wenn sich die Tätigkeit des Schuldners zu einer Organisation verdichtet hat, mithin wenn der Schuldner ein Unternehmen betreibt. Eine nur gelegentliche Tätigkeit stellt dagegen keine selbständige wirtschaftliche Tätigkeit dar.[941] Beispiele für Verbraucher im Sinne des Insolvenzrechts bilden damit etwa abhängig beschäftigte Angestellte oder Arbeiter, sowie Beamte, Rentner, Pensionäre, Arbeitslose und Sozialhilfeempfänger.[942]

Demgegenüber spielt der Umfang des Vermögens keine Rolle. Der Verbraucherbegriff der InsO enthält keine Beschränkung auf den „armen Schuldner“. Vielmehr kann das Verfahren nach §§ 304ff. InsO ebenso im Falle eines Geschäftsführers oder Gesellschafters, der für die Schulden der Gesellschaft persönlich in Anspruch genommen wird, oder im Falle eines leitenden Angestellten u.U. auch über große

---

[940] Nerlich/ Römermann-**Römermann** § 304, Rz. 6; Smid-**Krug/ Haarmeyer** § 304, Rz. 1; FK-**Kothe**, § 304, Rz. 3f.; **Forsblad** S. 198; **Hess** InsO § 304, Rz. 12; **Häsemeyer** Rz. 29.04; **N. Preuß** Rz. 7; **Wittig** WM 1998, 159; **Fuchs** ZInsO 1999, 185.

[941] FK-**Kothe**, § 304, Rz. 6f.; Nerlich/ Römermann-**Römermann** § 304, Rz. 8; **Fuchs** ZInsO 1999, 185; **Arnold** DGVZ 1996, 131.

[942] **Fuchs** ZInsO 1999, 185; **Munz** ZInsO 2000, 85; **Arnold** DGVZ 1996, 131; Nerlich/ Römermann-**Römermann** § 304, Rz. 8; Kübler/ Prütting-**Wenzel** § 304, Rz. 3; Breutigam/ Blersch/ Goetsch-**Goetsch** § 304, Rz. 4; FK-**Kothe**, § 304, Rz. 6; Smid-**Krug/ Haarmeyer** § 304, Rz. 9; **Wigo Müller** NZI 1999, 173; **H. Hoffmann** Verbraucherinsolvenz S. 52; **Häsemeyer** Rz. 29.13f.

Vermögensmassen zu eröffnen sein.[943] Im Gegensatz zu den Verbraucherdefinitionen der §§ 24a AGB-Gesetz, 1 I VerbKrG bedarf es gleichfalls keines Eingehens einer bestimmten Forderung oder eines bestimmten Forderungstyps; abzustellen ist ausschließlich auf die Person des Schuldners und seine Tätigkeit.

bb) Die Gruppe der Kleinunternehmer

Neben den Verbrauchern im engeren Sinne steht das Verfahren nach §§ 304ff. InsO auch solchen natürlichen Personen offen, die als Kleinunternehmer eine geringfügige selbständige wirtschaftliche Tätigkeit ausüben. Der Gesetzgeber sah deren wirtschaftliche Verhältnisse denen privater Schuldner so weit angenähert, daß ihm die besonderen Regelungen der §§ 304ff. InsO auch für diesen Personenkreis passend erschienen.[944]

Was die nähere Bestimmung des Begriffs der selbständigen wirtschaftlichen Tätigkeit anbelangt, so kann auf die Ausführungen zur Gruppe der Verbraucher im engeren Sinne verwiesen werden.[945] Zur Konkretisierung des Merkmals der Geringfügigkeit greift § 304 II InsO bewußt ein Kriterium auf, das früher handelsrechtlich der Abgrenzung zwischen Voll- und Minderkaufleuten diente (vgl. § 4 I HGB a.F.) und das nach heutigem Handelsrecht[946] Voraussetzung für die Annahme eines Handelsgewerbes ist (§ 1 II HGB).[947] Für die Beurteilung, ob eine Tätigkeit einen in kaufmännischer Weise eingerichteten Geschäftsbetrieb erfordert, kommt es regelmäßig auf das Gesamtbild der konkreten, tatsächlichen Umstände des Einzelfalles, nicht dagegen auf die objektive Erforderlichkeit oder den geplanten Zuschnitt an.[948] Maßgebliche Gesichtspunkte bilden etwa die Zahl der Beschäftigten, die Art

---

[943] **Wittig** WM 1998, 160; **Bork** ZIP 1999, 302; Nerlich/ Römermann-**Römermann** § 304, Rz. 8; HK-Landfermann § 304, Rz. 5; **Vallender** InVo 1998, 169; Kübler/ Prütting-**Wenzel** § 304, Rz. 3; Smid-**Krug/ Haarmeyer** § 304, Rz. 9.

[944] BT Drs. 12/ 7302, S. 189f.; ferner **Schmidt-Räntsch** MDR 1994, 323; Kübler/ Prütting-**Wenzel** § 304, Rz. 3; FK-**Kothe**, § 304, Rz. 8; **Forsblad** S. 198; **Munz** ZInsO 2000, 86.

[945] Vgl. eben Dritter Teil, Kapitel 4 F. VI. 1. a) aa).

[946] Die Änderungen wurden durch das Handelsrechtsreformgesetz vom 22. Juni 1998, BGBl 1998 I, 1474, herbeigeführt, vgl. hierzu BR Drs. 340/ 97.

[947] BT Drs. 12/ 7302, S. 189f.; AG Köln NZI 1999, 241; HK-**Landfermann** § 304, Rz. 3; Breutigam/ Blersch/ Goetsch-**Goetsch** § 304, Rz. 5; Kübler/ Prütting-**Wenzel** § 304, Rz. 4a; **Wigo Müller** NZI 1999, 173ff.; **Vallender/ Fuchs/ Rey** NZI 1999, 218; **Kögel** DZWir 1999, 235f.; FK-**Kothe**, § 304, Rz. 9; Smid-**Krug/ Haarmeyer** § 304, Rz. 2; **Haarmeyer/ Wutzke/ Förster** 10/ 21ff.; **Forsblad** S. 197; **Schmidt-Räntsch** MDR 1994, 322f.; **Hess** InsO § 304, Rz. 10.; **Kirchhof** ZInsO 1998, 54; **N. Preuß** Rz. 8; **H. Hoffmann** Verbraucherinsolvenz S. 52f.; **Maier/ Krafft** BB 1997, 2173; **Häsemeyer** Rz. 29.15; **Scholz** DB 1996, 765; **Huber** JuS 1998, 1140f.; **Bork** Rz. 411; **G. Pape** NWB Fach 19, 2406 und aus der strafrechtlichen Literatur **Penzlin** S. 200.

[948] FK-**Kothe**, § 304, Rz. 12; Kübler/ Prütting-**Wenzel** § 304, Rz. 4a; **Vallender** ZIP 1999, 129; **Kögel** DZWir 1999, 236; Smid-**Krug/ Haarmeyer** § 304, Rz. 3.

ihrer Tätigkeit, die Struktur des Betriebes, die Höhe des Umsatzes und des Gewinns oder des Anlage- und Betriebskapitals, der Umfang der Teilnahme des Betroffenen am Wirtschaftsverkehr, die Vielfalt der im Betrieb erbrachten Leistungen oder die Zahl der Kunden und die Geschäftsbeziehungen, sowie die Art und Häufigkeit der Inanspruchnahme von Kredit und die Teilnahme am Wechselverkehr.[949] Allerdings ist die Tätigkeit der Gruppe der Kleinunternehmer nach dem Wortlaut des § 304 I, II InsO nicht auf den Betrieb eines Gewerbes begrenzt. Ihr unterfallen daher neben früheren Minderkaufleuten auch Angehörige freier Berufe und Landwirte, sofern ihre Tätigkeit das Maß der Geringfügigkeit nicht übersteigt.[950]

cc) Der maßgebliche Beurteilungszeitpunkt

Im Zivilrecht umstritten ist, zu welchem Zeitpunkt beim Schuldner die persönlichen Voraussetzungen eines Verbrauchers oder eines Kleinunternehmers vorliegen müssen.

Relevant wird diese Auseinandersetzung z.B. dann, wenn ein zunächst noch wirtschaftlich in großem Umfang tätiger Unternehmer seinen Geschäftsbetrieb völlig eingestellt, übertragen oder reduziert hat und nunmehr als nicht mehr selbständig

---

[949] Vgl. ausführlich zu diesen Kriterien AG Köln NZI 1999, 241ff.; FK-**Kothe**, § 304, Rz. 12ff.; **Hess** InsO § 304, Rz. 10ff.; Smid-**Krug/ Haarmeyer** § 304, Rz. 3f.; **Wigo Müller** NZI 1999, 173ff.; **Kögel** DZWir 1999, 235f. Zum Teil wird zur Bestimmung des Begriffs der Kleinunternehmer auch eine Orientierung an steuerrechtlichen Vorschriften befürwortet, vgl. etwa **Haarmeyer/ Wutzke/ Förster** 10/ 21ff.; Breutigam/ Blersch/ Goetsch-**Goetsch** § 304, Rz. 7; Smid-**Krug/ Haarmeyer** § 304, Rz. 5ff.; **Hess/ Obermüller** Insolvenzplan Rz. 705. So werden in § 19 UStG Kleinunternehmer an Hand bestimmter Umsatzgrößen definiert. In ähnlicher Weise begründet § 141 AO ab einem gewissen Umsatz und/ oder Jahresgewinn eine Buchführungspflicht. Allerdings verweist § 304 II InsO ausdrücklich auf handelsrechtliche Kriterien zur Abgrenzung der Kleinunternehmer von mehr als nur geringfügig selbständig wirtschaftlich tätigen Schuldnern. Aus dem Wortlaut „insbesondere" ergibt sich dabei zwar, daß daneben auch noch andere Kriterien zugelassen werden können. Bewußt verzichtet hat der Gesetzgeber allerdings auf bezifferte Abgrenzungsmerkmale. Die genannten steuerrechtlichen Vorschriften können daher im Bereich des Insolvenzrechts allenfalls subsidiär herangezogen werden, wenn die Prüfung nach handelsrechtlichen Kriterien kein eindeutiges Ergebnis zuläßt. Wie hier Nerlich/ Römermann-**Römermann** § 304, Rz. 11; Kübler/ Prütting-**Wenzel** § 304, Rz. 5; FK-**Kothe**, § 304, Rz. 14; **N. Preuß** Rz. 8; **Ahnert** S. 39.

[950] **Kögel** DZWir 1999, 235; HK-**Landfermann** § 304, Rz. 3; FK-**Kothe**, § 304, Rz. 1, 6; Kübler/ Prütting-**Wenzel** § 304, Rz. 4a; **Scholz** FLF 1995, 89; **Döbereiner** JA 1996, 604; **Forsblad** S. 197f.; **Hess** InsO § 304, Rz. 10; **Krug** S. 47f.; **N. Preuß** Rz. 8; **Häsemeyer** Rz. 29.15; **Vallender** InVo 1998, 169. In diese Richtung ging bereits der Vorschlag von **Scholz** ZIP 1988, 1161. Teile des Schrifttums und auch die Gesetzesbegründung bezeichnen die geringfügig selbständig wirtschaftlich tätigen Schuldner nicht als Kleinunternehmer, sondern als Kleingewerbetreibende, vgl. BT Drs. 12/ 7302, S. 189; **Wigo Müller** NZI 1999, 173; **Penzlin** S. 207. Insoweit ist mit FK-**Kothe**, § 304, Rz. 8 und Nerlich/ Römermann-**Römermann** § 304, Rz. 10 darauf hinzuweisen, daß dieser Begriff zumindest mißverständlich ist, da § 304 InsO eben keine gewerbliche Tätigkeit voraussetzt. Die Verwendung des Begriffs Kleinunternehmer stellt dagegen klar, daß

wirtschaftlich tätiger Privatmann oder als Kleinunternehmer einen Insolvenzantrag über sein Vermögen stellt. In der Praxis sind sogar Fälle denkbar, in denen ein Unternehmen gerade stillgelegt, übertragen oder reduziert wird, um den Anwendungsbereich des § 304 InsO zu eröffnen:
Zwar können sich die unter Umständen zeitraubende Mehrstufigkeit und die Komplexität des Verbraucherinsolvenzverfahrens im Einzelfall auch als Behinderung herausstellen.[951] Auf der anderen Seite aber besteht nur bei einem Verfahren nach §§ 304ff. InsO auf Antrag des Schuldners für alle Beteiligten der Zwang, sich vor der Durchführung des eigentlichen Insolvenzverfahrens auf ein außergerichtliches und gegebenenfalls zusätzlich auf ein gerichtlich vermitteltes Schuldenbereinigungsverfahren einzulassen. Ferner stellt sich die Kostenregelung des § 310 InsO als für den Schuldner günstig dar.[952] Kommt es schließlich in den ersten beiden Phasen des Verfahrens zu keiner Einigung und wird daraufhin ein vereinfachtes Insolvenzverfahren nach §§ 311ff. InsO eröffnet, so besteht ein weiterer Vorteil für den Schuldner in dem Umstand, daß an die Stelle des Insolvenzverwalters des Regelinsolvenzverfahrens ein Treuhänder tritt, dessen Befugnisse weniger weit reichen. Insbesondere die Insolvenzanfechtung ist nach § 313 II InsO von den Gläubigern geltend zu machen. Diese erfahren aber in der Praxis nur schwierig von anfechtbaren Vorgängen. Darüber hinaus ist ein Erfolg für den Einzelgläubiger allenfalls indirekt insofern von Nutzen, als er die an alle Gläubiger zu verteilende Masse vergrößert. Unter diesem Gesichtspunkt wird er sich in der Praxis gut überlegen, ob er den Weg der Anfechtung beschreiten will, zumal er dabei zunächst nach § 313 II 2 InsO auf eigenes Kostenrisiko handelt.[953] Das Verbraucherinsolvenzverfahren bietet somit aus der Sicht des Schuldners gegenüber dem Regelinsolvenzverfahren einige Anreize. Der Bestimmung des Zeitpunktes, in welchem die Voraussetzungen des § 304 InsO vorliegen müssen, kommt daher in der Praxis große Bedeutung zu. Insoweit werden im Zivilrecht drei unterschiedliche Ansichten vertreten:

---

auch Freiberufler und Landwirte erfaßt sein können.

[951] AG Köln NZI 1999, 242; **Bork** ZIP 1999, 302.

[952] **Bork** ZIP 1999, 301.

[953] AG Köln NZI 1999, 242; **Bork** ZIP 1999, 301f.; **Munz** ZInsO 2000, 85.

Eine erste Ansicht will bereits auf einen Zeitpunkt vor Eintritt der Insolvenz[954], eine zweite auf den der Insolvenzantragsstellung[955] und eine dritte schließlich auf den Zeitpunkt der Entscheidung des Gerichts über die Zulässigkeit der beantragten Verfahrensart[956] abstellen.
Die erste Ansicht führt für ihren frühen Zeitpunkt an, daß der Schuldner nicht durch die Wahl des Zeitpunkts seines Antrags das auf ihn anzuwendende Verfahren bestimmen können dürfe. Ferner stelle auch das Insolvenzverfahren über das Vermögen eines nunmehr nicht mehr existierenden oder reduzierten Unternehmens einen Fall einer Unternehmensinsolvenz dar und sei somit sachgerechter innerhalb des Regelinsolvenzverfahrens abzuwickeln.[957]
Dem stehen allerdings Konzeption und Wortlaut des Gesetzes entgegen, das in § 304 InsO allein an persönliche Eigenschaften des Schuldners und nicht daran anknüpft, ob ein Unternehmen abzuwickeln ist. Ferner ist § 304 InsO präsentisch formuliert („ausübt" statt „ausübte"), was zeigt, daß der Gesetzgeber nicht auf Tätigkeiten des Schuldners in der Vergangenheit abstellen wollte.[958] Insofern kann auch nicht mit der Sachgerechtigkeit eines abweichenden Ergebnisses argumentiert werden. In anderer Hinsicht bestehen ebenso Zweifel an der Sachgerechtigkeit der in § 304 InsO getroffenen Abgrenzung unterschiedlicher Schuldnergruppen: So wurde das Verbraucherinsolvenzverfahren in der Gesetzesbegründung zwar als Kleinverfahren für Schuldner mit überschaubaren Vermögensverhältnissen bezeichnet, deren Abwicklung typischerweise keine besonderen Probleme verursacht.[959] De lege lata kann das Verfahren im Einzelfall allerdings wie gesehen auch über große und kompliziert angelegte Schuldnervermögen etwa eines leitenden Angestellten oder eines persönlich in Anspruch genommenen Geschäftsführers oder Gesellschafters eröffnet werden. Die verfahrensmäßige Behandlung solcher Schuldner nach §§ 304ff. InsO mag genauso wenig als sachgerecht erscheinen.[960]

---

[954] LG Kassel NJW-RR 1999, 1654; HK-**Landfermann** § 304, Rz. 4; **Munz** ZInsO 2000, 85.
[955] AG Köln NZI 1999, 241; **Ahnert** S. 41; **H. Hoffmann** Verbraucherinsolvenz S. 7, 53f.; Breutigam/ Blersch/ Goetsch-**Goetsch** § 304, Rz. 8ff., 12; **Vallender** ZIP 1999, 129; **Vallender/ Fuchs/ Rey** NZI 1999, 219; **Schulte-Kaubrügger** DZWir 1999, 95f.; **Hess/ Obermüller** Insolvenzplan Rz. 706; **Hess** InsO § 304, Rz. 12; Kübler/ Prütting-**Wenzel** § 304, Rz. 4; **N. Preuß** Rz. 5; Nerlich/ Römermann-**Römermann** § 304, Rz. 7.
[956] **Bork** ZIP 1999, 302ff.; **Fuchs** ZInsO 1999, 188; FK-**Kothe** § 304, Rz. 17.
[957] LG Kassel NJW-RR 1999, 1654; HK-**Landfermann** § 304, Rz. 4; **Munz** ZInsO 2000, 85f.
[958] Ebenso **Fuchs** ZInsO 1998, 187; **Bork** ZIP 1999, 302; Breutigam/ Blersch/ Goetsch-**Goetsch** § 304, Rz. 10.
[959] BT Drs. 12/ 7302, S. 189, BT Drs. 12/ 2443, S. 227.
[960] Kritisch äußern sich etwa **Windel** Jura 1999, 8; FK-**Kothe** § 304, Rz. 10f., 14; Kübler/ Prütting-**Wenzel** § 304, Rz. 5; **Häsemeyer** Rz. 29.04; **Beule** InVo 1997, 202 und **Schulte-Kaubrügger** DZWir 1999, 96, die vorschlagen, nicht an die Selbständigkeit der wirtschaftlichen Betätigung, sondern an die Größe des schuldnerischen Vermögens, die Summe seiner Verbindlichkeiten und die Komplexität der Haftungsverhältnisse anzuknüpfen.

Trotzdem aber ist die in § 304 InsO getroffene Entscheidung, auch sie auf Grund ihrer fehlenden oder nur geringfügig selbständigen wirtschaftlichen Tätigkeit dem Verbraucherinsolvenzverfahren zu unterwerfen, als verbindlich anzuerkennen.[961] Schließlich machte die erste Ansicht bereits bei der Klärung der Frage, welche Verfahrensart richtig ist, erhebliche gerichtliche Ermittlungen in die Vergangenheit erforderlich und begegnete so zusätzlich praktischen Einwänden.[962] Auf einen Zeitpunkt vor dem Eintritt der Insolvenz kann also nicht abgestellt werden.
Hinsichtlich der beiden übrigen Zeitpunkte spricht sich die vorliegende Arbeit mit der dritten Ansicht für den Zeitpunkt der Entscheidung des Gerichts über die Zulässigkeit der beantragten Verfahrensart als maßgeblichen Beurteilungszeitpunkt für die Voraussetzungen des § 304 InsO aus. Nach allgemeinen prozessualen Grundsätzen ist für den Inhalt einer gerichtlichen Entscheidung nicht auf den Zeitpunkt der Antragstellung, sondern auf den der gerichtlichen Entscheidung abzustellen. Die gilt zum Beispiel auch für die Feststellung des Vorliegens eines Eröffnungsgrundes.[963] Die Übertragung dieser Grundsätze auf die vorliegende Situation setzt allerdings voraus, daß das Gericht bei Einleitung eines Verfahrens überhaupt eine entsprechende Entscheidung trifft: Zwar ist eine förmliche Zwischenentscheidung über die Verfahrensart in der InsO nicht vorgesehen. Das Gericht hat aber auf Grund der doppelten Exklusivität des Verfahrens nach §§ 304ff. InsO jedenfalls intern festzustellen, ob die Voraussetzungen des § 304 InsO vorliegen.[964] Bei deren Fehlen hat es nämlich den Verbraucherinsolvenzantrag in das Regelverfahren abzugeben[965], bzw. im umgekehrten Fall den Schuldner zur Ergänzung seines Antrags nach § 305 III InsO aufzufordern.[966]

---

961 So auch AG Köln NZI 1999, 242; **Vallender/ Fuchs/ Rey** NZI 1999, 219

962 Ebenso **Bork** ZIP 1999, 302f.; **H. Hoffmann** Verbraucherinsolvenz S. 7; **Fuchs** ZInsO 1999, 187f.; **Vallender/ Fuchs/ Rey** NZI 1999, 219; **Vallender** ZIP 1999, 129; Breutigam/ Blersch/ Goetsch-**Goetsch** § 304, Rz. 11; Kübler/ Prütting-**Wenzel** § 304, Rz. 4a; a.A. **Munz** ZInsO 2000, 86.

963 **Bork** Rz. 86 und Fn. 9; **Fuchs** ZInsO 1999, 188; **Penzlin** S. 127.

964 Vgl. AG Köln NZI 1999, 242f.; **Bork** ZIP 1999, 303; FK-**Kothe** § 304, Rz. 26ff., 29; **Häsemeyer** Rz. 29.16ff.; HK-**Landfermann** § 304, Rz. 6; Breutigam/ Blersch/ Goetsch-**Goetsch** § 304, Rz. 13ff.; **Kirchhof** ZInsO 1998, 54f.; Kübler/ Prütting-**Wenzel** § 304, Rz. 2aff.; **H. Hoffmann** Verbraucherinsolvenz S. 53f.; **Vallender** ZIP 1999, 129f.; **Vallender/ Fuchs/ Rey** NZI 1999, 219; Smid-**Krug/ Haarmeyer** § 304, Rz. 1; **Haarmeyer/ Wutzke/ Förster** 3/ 13; **N. Preuß** Rz. 17. Zur doppelten Exklusivität der §§ 304ff. InsO oben Dritter Teil, Kapitel 4 C. II.

965 Streitig ist dabei, ob dies von Amts wegen (so **Bork** ZIP 1999, 303, der § 17a II GVG analog anwenden will) oder nur auf Antrag des Schuldners geschehen kann, so AG Köln NZI 1999, 242; FK-**Kothe** § 304, Rz. 29 und Kübler/ Prütting-**Wenzel** § 304, Rz. 2d; **Vallender/ Fuchs/ Rey** NZI 1999, 219, Fn. 12, die eine Anwendung des § 263 ZPO über § 4 InsO erwägen. Nach deren Auffassung ist der Antrag auf Eröffnung der nicht einschlägigen Verfahrensart dann als unzulässig zurückzuweisen, wenn ein Antrag auf Umstellung auf die zulässige Verfahrensart nicht gestellt wird.

966 Umstritten ist ferner, ob das Gericht im Streitfall um die richtige Verfahrensart eine Zwischen-

Abzustellen ist damit immer auf den Zeitpunkt der Entscheidung des Gerichts über die Zulässigkeit der beantragten Verfahrensart. Ist zu diesem Zeitpunkt das Unternehmen vollständig und endgültig stillgelegt, übertragen oder längerfristig[967] auf nur noch geringfügiges Niveau herabgesunken, so ist trotz andersartiger Vergangenheit das Verfahren nach §§ 304ff. InsO durchzuführen.[968]

b) Die Anwendungsbereiche der §§ 283, 283e StGB de lege ferenda

Die Untersuchung des § 304 InsO hat gezeigt, daß zivilrechtlich der Umfang der selbständigen wirtschaftlichen Tätigkeit des Schuldners über die Frage entscheidet, ob der Anwendungsbereich des Regel- oder des Verbraucherinsolvenzverfahrens eröffnet ist.

Für das Insolvenzstrafrecht enthalten demgegenüber bislang lediglich die Arbeiten Moosmayers und Penzlins einen konkreten Vorschlag, wie die dem Bankrott, bzw. dem Verbraucherbankrott unterfallenden Schuldnergruppen voneinander abgeschichtet werden könnten: Moosmayer sieht vor, den Anwendungsbereich des § 283 StGB durch die Einfügung eines Absatzes 7 auf Betriebe und Unternehmen unabhängig von ihrem Gegenstand zu beschränken. Eine Orientierung an der Abgrenzung der InsO zieht er demgegenüber gar nicht in Betracht. Auch Penzlin setzt zur Abgrenzung zunächst das Kriterium des betrieblichen oder unternehmerischen Tätigseins ein, verweist dann aber in seinem § 283 VII hinsichtlich der Abgrenzung im einzelnen auf die Regelungen der §§ 304ff. InsO, um so künftig neben den Verbraucherschuldnern im engeren Sinne auch die Gruppe der Kleinunternehmer aus der Strafbarkeit nach § 283 StGB herauszunehmen.

Der Vorschlag dieser Arbeit übernimmt dagegen zur Unterscheidung der Täterkreise der §§ 283, 283e StGB de lege ferenda sowohl das Abgrenzungskriterium des § 304 InsO wie auch dessen Abgrenzung im einzelnen. Diese Entscheidung ist im folgenden zu begründen.

---

entscheidung nach § 17a III 2 GVG analog erlassen und ob eine solche Entscheidung mit einer sofortigen Beschwerde nach § 17a IV 3 GVG, bzw. § 34 InsO analog angegriffen werden kann, bejahend **Bork** ZIP 1999, 303; **Häsemeyer** Rz. 29.16ff.; **N. Preuß** Rz. 17; FK-**Kothe** § 304, Rz. 29; verneinend AG Köln NZI 1999, 241f.; LG Kassel NJW-RR 1999, 1654; Breutigam/ Blersch/ Goetsch-**Goetsch** § 304, Rz. 13ff.; **Vallender**/ **Fuchs**/ **Rey** NZI 1999, 219, Fn. 12 und Kübler/ Prütting-**Wenzel** § 304, Rz. 2a unter Hinweis auf § 6 InsO.

967 FK-**Kothe** § 304, Rz. 17 fordert insofern einen Zeitraum von mindestens sechs Monaten.

968 Abweichendes muß nach **Fuchs** ZInsO 1999, 188f. und **Bork** ZIP 1999, 304 allerdings dann gelten, wenn die Voraussetzungen des § 304 InsO mißbräuchlich herbeigeführt worden sind. Motivation für solche Mißbräuche bietet nach dem Gesagten z.B. die Chance, im Verfahren nach §§ 304ff. InsO eine Insolvenzanfechtung zu vermeiden. Stehe ein solcher Mißbrauch fest, so sei das besondere Insolvenzverfahren nach §§ 304ff. InsO wegen treuwidrigen Verhaltens unzulässig und statt dessen ein Regelinsolvenzverfahren durchzuführen.

aa) Übernahme des zivilrechtlichen Abgrenzungskriteriums des selbständigen wirtschaftlichen Tätigseins nach § 304 InsO

Zunächst ist festzustellen, daß sich das Abgrenzungskriterium Moosmayers und Penzlins von der hier vorgeschlagenen nicht wesentlich unterscheidet. Eine selbständige wirtschaftliche Tätigkeit iSd § 304 InsO erfordert nämlich wie gezeigt ein Auftreten am Markt mit einer gewissen Planmäßigkeit und kann somit nur bejaht werden, wenn der Schuldner in einer gewissen Form organisiert ist, d.h. ein Unternehmen betreibt.[969] Entsprechend wird im Schrifttum darauf hingewiesen, daß die Terminologie der InsO hier Definitionen entspricht, mit denen in anderen Rechtsordnungen Verbraucher und Unternehmer voneinander abgegrenzt werden.[970] Damit spielt eine Entscheidung zwischen den Kriterien des *selbständig wirtschaftlichen* und des *betrieblichen oder unternehmerischen* Tätigseins letztlich lediglich eine untergeordnete Rolle. Dennoch wurde im obigen Formulierungsvorschlag eine solche gefällt und muß daher hier begründet werden:
Für das Kriterium Moosmayers und Penzlins spricht dabei vor allem, daß bei einem Abstellen auf eine betriebliche oder unternehmerische Tätigkeit des Schuldners an Begrifflichkeiten angeknüpft würde, die sich bereits de lege lata mehrfach an anderen Stellen im Strafrecht finden und die dort allgemein als mit dem Bestimmtheitsgebot des Art. 103 II GG vereinbar angesehen werden. So beziehen sich § 14 II StGB und § 9 II OWiG zunächst auf Betriebe, enthalten dann aber jeweils Regelungen, wonach dem Betrieb das Unternehmen gleichzustellen ist (§ 14 II 2 StGB, § 9 II 2 OWiG). Ferner findet sich die Formulierung „Betrieb oder Unternehmen" in den §§ 264 VII, 265b I StGB, 130 I OWiG. Schließlich enthält der Tatbestand des Kreditbetruges sogar eine Legaldefinition in § 265b III Nr. 1 StGB.[971] Die im Rahmen der Auslegung dieser Normen entwickelten Maßstäbe ließen sich dann auch auf die wortgleichen Begriffe im Insolvenzstrafrecht übertragen, so daß neben einer einheitlichen Terminologie auch ein inhaltlich einheitliches Begriffsverständnis im Strafrecht gewährleistet wäre.
Folgte man dieser Lösung, käme es zur Beantwortung der Frage, ob ein Betrieb oder ein Unternehmen vorliegt, auf die konkrete Rechtsform nicht an. Inhaber eines Betriebes oder eines Unternehmens kann nämlich eine juristische Person, eine Per-

[969] Vgl. nochmals oben Dritter Teil, Kapitel 4 F. VI. 1. a) aa).
[970] FK-**Kothe**, § 304, Rz. 7 unter Hinweis auf das österreichische Konsumentenschutzgesetz; vgl. zur österreichischen Regelung näher Krejci/ Schilcher/ Steininger-**Krejci** § 1, Rz. 14ff.
[971] **Lackner/ Kühl** § 11, Rz. 15, § 14, Rz. 3, § 264, Rz. 8, § 265b, Rz. 2; **Tröndle/ Fischer** § 14, Rz. 8, § 264, Rz. 11, § 265b, Rz. 7; LK-**Tiedemann** § 264, Rz. 38ff., § 265b, Rz. 22ff.; Sch/Sch-**Lenckner** § 14, Rz. 28f., § 264, Rz. 20ff., § 265b, Rz. 6ff.; **Rengier** BT 1, § 17, Rz. 4, 12; **Krey** BT 2, Rz. 533; **Otto** BT § 61, Rz. 29f.; **Maurach/ Schroeder/ Maiwald** BT 1, § 41, Rz. 189; **Müller-Gugenberger** in Müller-Gugenberger/ Bieneck, § 23, Rz. 1ff.

sonengesellschaft, aber auch eine Gesellschaft bürgerlichen Rechts oder eine Einzelperson sein.[972] Strafrechtlich betrachtet ist unter einem Betrieb eine nicht nur vorübergehende, organisatorische, meist auch räumlich zusammengefaßte Einheit von Personen und Sachmitteln unter einheitlicher Leitung zu verstehen, die den auf eine gewisse Dauer gerichteten arbeitstechnischen Zweck verfolgt, bestimmte Leistungen oder Güter materieller oder immaterieller Art hervorzubringen oder zur Verfügung zu stellen. Erfaßt werden damit Gewerbe- und Produktionsbetriebe, Büros der verschiedensten Art, Reparaturwerkstätten, Handelsgeschäfte, Geldinstitute, sowie Arzt-, Apotheken-, Architekten- und Anwaltspraxen. Jedenfalls auszuklammern sind dagegen private Haushalte.[973] Die nebeneinander stehende Erwähnung von Betrieb und Unternehmen diente ferner wie in den genannten Vorschriften dazu, Strafbarkeitslücken zu vermeiden, die auf Grund einer möglicherweise zu engen Auslegung einer der Begriffe entstehen könnten. Darüber hinaus würde der Streit um eine exakte begriffliche Unterscheidung zwischen Betrieb und Unternehmen durch die gleichrangige Nennung beider Begriffe nebeneinander entschärft.[974] Üblicherweise wird insofern dem Unternehmen eine stärker kaufmännische, dem Betrieb eine mehr technische Ausrichtung zugesprochen. Der Betrieb ist als technisch-organisatorische, das Unternehmen als rechtlich-wirtschaftliche Einheit zu sehen.[975]

Moosmayer ergänzt schließlich sein vorgeschlagenes Abgrenzungskriterium des betrieblichen oder unternehmerischen Tätigseins noch um den Zusatz „unabhängig von ihrem Gegenstand".[976] Für diesen Zusatz kann angeführt werden, daß die bisherige Untersuchung zwar zeigen konnte, daß § 283 StGB de lege lata zwar ganz vorrangig auf die Sanktionierung von Bankrotthandlungen unternehmerischer Schuldner ausgerichtet ist, daß die Vorschrift aber keine zusätzliche Differenzierung etwa im Hinblick auf bestimmte Branchentypen oder Geschäftsbereiche vornimmt.

---

972 **Müller-Gugenberger** in Müller-Gugenberger/ Bieneck, § 23, Rz. 15ff.; **Lackner/ Kühl** § 11, Rz. 15; Sch/Sch-**Lenckner** § 14, Rz. 28; **Tröndle/ Fischer** § 14, Rz. 8.

973 **Lackner/ Kühl** § 11, Rz. 15; **Müller-Gugenberger** in Müller-Gugenberger/ Bieneck, § 23, Rz. 1ff., 9ff.; Sch/Sch-**Lenckner** § 14, Rz. 28; AK-**Marxen** § 14, Rz. 52; **Tröndle/ Fischer** § 14, Rz. 8; LK-**Schünemann** § 14, Rz. 54; LK-**Gribbohm** § 11, Rz. 74; **Göhler** § 9, Rz. 43; KK-OWiG-**Cramer** § 9, Rz. 39.

974 BT Drs. 5/ 1319, S. 65 zur Einfügung des Merkmals in § 14 StGB; ferner **Lackner/ Kühl** § 11, Rz. 15; **Müller-Gugenberger** in Müller-Gugenberger/ Bieneck, § 23, Rz. 9; Sch/Sch-**Lenckner** § 14, Rz. 28.

975 Vgl. zu den Unterscheidungsmerkmalen zwischen Betrieb und Unternehmen im übrigen Sch/Sch-**Lenckner** § 14, Rz. 29; **Müller-Gugenberger** in Müller-Gugenberger/ Bieneck, § 23, Rz. 9ff.; **Göhler** § 9, Rz. 44.

976 Dieser Zusatz findet sich de lege lata bereits in § 265b III Nr. 1 StGB.

Dennoch übernimmt diese Arbeit den Vorschlag Moosmayers und Penzlins an dieser Stelle nicht, sondern nimmt die Abschichtung der unterschiedlichen Schuldnergruppen in §§ 283, 283e StGB de lege ferenda in Anlehnung an § 304 InsO an Hand des Kriteriums des selbständigen wirtschaftlichen Tätigseins vor.
Für eine Orientierung an diesem Kriterium spricht zunächst die bereits hinsichtlich der Krisensituationen und der einzelnen Varianten der objektiven Strafbarkeitsbedingung festgestellte enge tatbestandliche Anbindung der Insolvenzdelikte an das korrespondierende zivile Insolvenzrecht, sowie dessen Ausgestaltung als Sonderdelikt nur für Schuldner. Die künftige Formulierung des § 283e untermauert durch wort- und inhaltsgleiche Begrifflichkeiten dieses zwischen beiden Normkomplexen bestehende Abhängigkeitsverhältnis.
Ferner war die hier vorgeschlagene Einführung eines eigenen Tatbestandes des Verbraucherbankrotts in das StGB gerade durch die Ausgestaltung eines eigenen Verbraucherinsolvenzverfahrens im Zuge der Insolvenzrechtsreform erforderlich geworden. Auf die Einführung eines abweichenden Merkmals im Sinne Moosmayers und Penzlins kann daher – mag es sich auch inhaltlich nur unwesentlich von dem hier geforderten unterscheiden und bereits an anderen Stellen auch im Strafrecht eingesetzt werden – im Hinblick auf die strenge Akzessorietät des Insolvenzstrafrechts dann verzichtet werden, wenn das zivile Insolvenzrecht in § 304 InsO seinerseits ein Abgrenzungskriterium vorgibt und sich dieses ohne Schwierigkeiten in das Strafrecht übertragen läßt. Und in der Tat bestehen auch bei einem Abstellen auf das Kriterium der selbständigen wirtschaftlichen Tätigkeit des Schuldners keine Bedenken an der Vereinbarkeit des Verbraucherbankrotts mit dem verfassungsrechtlichen Bestimmtheitsgebot des Art. 103 II GG: Hinreichende Konkretisierungsmaßstäbe lassen sich dem zivilen Insolvenzrecht, bzw. dem Handelsrecht (vgl. §§ 304 I, II InsO, § 1 I, II HGB) entnehmen, auf die ferner bereits de lege lata an anderer Stelle innerhalb des Strafrechts, nämlich in § 265b III Nr. 1 StGB, zur Bestimmung der dort verwendeten Begriffe Betrieb und Unternehmen Bezug genommen wird. Insofern erscheint daher insbesondere der Vorschlag von Penzlin, einerseits zwar die Abgrenzung der unterschiedlichen Täterkreise des Bankrotts und des Verbraucherbankrott im einzelnen an Hand und unter Verweis auf die §§ 304ff. InsO vorzunehmen, andererseits aber als Abgrenzungskriterium nicht das von der InsO vorgegebene, sondern das des betrieblichen oder unternehmerischen Tätigseins einzusetzen, in gewissen Grenzen inkonsequent.[977] Allerdings macht der Umstand, daß sowohl die Legaldefinition des § 265b III Nr. 1 StGB zur Bestimmung der Begriffe Betrieb und Unternehmen wie auch § 304 II InsO zur Konkretisierung der Geringfügigkeit einer selbständigen wirtschaftlichen Tätigkeit auf das

---

[977] Vgl. nochmals **Penzlin** S. 207.

identische Erfordernis eines in kaufmännischer Weise eingerichteten Geschäftsbetriebes abstellen, nochmals deutlich, wie weit sich die von Moosmayer und Penzlin, bzw. von dieser Arbeit vorgeschlagenen Abgrenzungskriterien inhaltlich entsprechen.
Schließlich stellt sich auch für das Insolvenzstrafrecht die Frage nach dem relevanten Beurteilungszeitpunkt. Während die Zuordnung eines Schuldners zu einer bestimmten Schuldnergruppe zivilrechtlich darüber entscheidet, ob die Regelungen des Regelinsolvenz- oder des mehrstufigen Verbraucherinsolvenzverfahrens Anwendung finden, bemißt sich nach ihr strafrechtlich, ob der Schuldner dem Täterkreis des § 283 StGB oder des § 283e zuzurechnen ist. Daher kann insofern die strafrechtliche Auslegung nicht an der des zivilen Insolvenzrechts orientiert werden. Weder die Strafbarkeit nach § 283 StGB noch die nach § 283e setzen nämlich, wie sich aus §§ 283 VI, 1. Var. StGB, 283e III, 1. Var. ergibt, zwangsläufig voraus, daß das Insolvenzgericht eine Entscheidung über die Zulässigkeit der beantragten Verfahrensart trifft.[978] Vielmehr ist hier gem. § 8 StGB auf den Zeitpunkt der Tat abzustellen. Die Bankrottstrafbarkeit eines Schuldners ist also de lege ferenda je nach Umfang seiner selbständigen wirtschaftlichen Tätigkeit zum Zeitpunkt der Vornahme der tatbestandlichen Handlung nach §§ 283 StGB oder 283e zu beurteilen.

bb) Übernahme der zivilrechtlichen Abgrenzung nach § 304 InsO im einzelnen

Damit ist nunmehr die Abgrenzung der Täterkreise des Bankrotts und des Verbraucherbankrotts im einzelnen an Hand des Kriteriums des selbständigen wirtschaftlichen Tätigseins vorzunehmen. Das zivile Insolvenzrecht unterscheidet insofern drei Schuldnergruppen: Bei Schuldnern, die mehr als nur geringfügig selbständig wirtschaftlich tätig sind, findet das Regelinsolvenzverfahren Anwendung. Schuldner dagegen, die keinerlei selbständig wirtschaftliche Tätigkeit ausüben, unterliegen dem Verfahren nach §§ 304ff. InsO. Eine Zwischenstellung nehmen schließlich die geringfügig selbständig wirtschaftlich tätigen Kleinunternehmer ein. § 304 InsO stellt sie zivilrechtlich den Verbrauchern im engeren Sinne gleich. Diese Dreiteilung kann auch insolvenzstrafrechtlich übernommen werden. Zu begründen bleibt somit lediglich, die Zuordnung der einzelnen Schuldnergruppen zu den Tatbeständen des Bankrotts und des Verbraucherbankrotts.
Unzweifelhaft ist zunächst die Bankrottstrafbarkeit von mehr als nur geringfügig selbständig wirtschaftlich tätigen Schuldnern auch künftig nach § 283 StGB zu beurteilen. Der Bankrottatbestand war stets de facto auf unternehmerisches Fehlver-

[978] Beim Vorliegen einer Zahlungseinstellung muß sogar nicht einmal ein Insolvenzantrag gestellt worden sein.

halten zugeschnitten. Dieser Zuschnitt wird nun lediglich durch die Einfügung des § 283e in das StGB auch de iure explizit gemacht. Für diese Schuldnergruppe ergeben sich daher insofern keine Veränderungen. Ebenso unzweifelhaft müssen Verbraucherschuldner im engeren Sinne, die keine selbständige wirtschaftliche Tätigkeit ausüben, künftig dem Anwendungsbereich des § 283e unterfallen. Gerade der Umstand, daß § 283 StGB aus verschiedenen Gründen zur strafrechtlichen Erfassung von Bankrotthandlungen dieser Schuldnergruppe nicht herangezogen werden kann, macht die Einfügung eines eigenen Verbraucherbankrottatbestandes notwendig.

Demgegenüber stellt die Zuordnung der Kleinunternehmer vor Schwierigkeiten: Einerseits bestehen vor allem unter kriminalpolitischen Gesichtspunkten Bedenken gegen eine parallel zum Zivilrecht einheitliche Beurteilung der Bankrotthandlungen von Kleinunternehmern und Verbrauchern im engeren Sinne im Strafrecht nach § 283e: Das wirtschaftliche Verhalten eines Kleinunternehmers steht hinsichtlich seiner Organisation und Verwaltung, sowie seiner Zielsetzung und Strategie dem eines großumfänglich unternehmerisch tätigen Schuldners wesentlich näher als das eines privaten Verbraucherschuldners. Darüber hinaus unterscheiden sich die Vertragsbeziehungen, die finanziellen Dimensionen und das Risikoverhalten beider Schuldnertypen erheblich. Während sich ein Verbraucherschuldner oftmals etwa mit seiner Hausbank nur einem einzigen Kreditgeber gegenüber sieht, ist ein kleinunternehmerisch tätiger Schuldner Berichten aus der Praxis zufolge nicht selten mehr als einhundert Gläubigern gleichzeitig verpflichtet.[979] Ferner übersteigt das finanzielle Volumen auch einer nur geringfügig selbständigen wirtschaftlichen Tätigkeit das eines privaten Verbrauchers zum Teil erheblich. Schließlich dienen

---

[979] Diesen Wert nennt *Graf-Schlicker* in einem Bericht der FAZ vom 7.4.2000, S. 22 als Vorsitzende einer Bund-Länder-Arbeitsgruppe, die über Vorschläge zur Änderung der Insolvenzordnung berät. Aus diesem Grunde und um die hohe Kostenbelastung des Staates im Rahmen des Schuldenbereinigungsplanverfahrens zu senken, wird sogar erwogen, Schuldner, die eine geringfügige selbständige wirtschaftliche Tätigkeit ausüben, de lege ferenda aus dem Verfahren nach §§ 304ff. InsO herauszunehmen und in das allgemeine Regelinsolvenzverfahren zu überführen. Der Zwischenbericht der Bund-Länder-Arbeitsgruppe (vgl. hierzu **Graf-Schlicker/ Remmert** ZInsO 2000, 321ff.) sieht de lege ferenda folgende Neufassung des § 304 InsO vor:

§ 304 InsO-E

(1) Ist der Schuldner eine natürliche Person, die keine selbständige wirtschaftliche Tätigkeit ausübt oder ausgeübt hat, so gelten für das Verfahren die allgemeinen Vorschriften, soweit in diesem Teil nichts anderes bestimmt ist. Eine selbständige wirtschaftliche Tätigkeit im Sinne von Satz 1 ist auch eine freiberufliche Tätigkeit.

(2) Die Voraussetzungen des Abs. 1 gelten auch dann als erfüllt, wenn der Schuldner eine natürliche Person ist, zum Zeitpunkt des Antrags auf Eröffnung des Insolvenzverfahrens keine selbständige wirtschaftliche Tätigkeit mehr ausübt, zu diesem Zeitpunkt nicht mehr als 20 Gläubiger hat und gegen ihn keine Forderungen aus gegenwärtigen oder früheren Arbeitsverhältnissen bestehen.

die von Verbrauchern getätigten Ausgaben wie gesehen nahezu ausschließlich der Befriedigung privater Konsumbedürfnisse, während der geringfügig selbständig wirtschaftlich tätige Schuldner investiert, um in begrenztem Umfang unternehmerische Gewinne zu erzielen. Seine Kreditgeber nehmen somit zwar in wesentlich geringerem Ausmaß, im Grundsatz aber ebenso wie die eines großumfänglich unternehmerisch tätigen Schuldners am Risiko der Unternehmung teil. Das Risiko des Kreditgebers eines privaten Schuldners besteht demgegenüber lediglich im Vertrauen darauf, daß dessen wirtschaftliche Leistungs- und Arbeitsfähigkeit in Zukunft ausreichen wird, um den gewährten Kredit zurückzuzahlen.[980] Insgesamt bestehen damit für Gläubiger eines Kleinunternehmers im Vergleich zu Gläubigern eines Verbraucherschuldners im engeren Sinn weit größere Gefahren, die eine erhöhte Schutzbedürftigkeit ihrer Positionen gegenüber Bankrotthandlungen des Schuldners begründen, was dafür sprechen könnte, die Gruppe der Kleinunternehmer strafrechtlich § 283 StGB zu unterstellen.[981]

Dennoch sieht diese Arbeit vor, die Bankrotthandlungen von Kleinunternehmern und Verbraucherschuldnern im engeren Sinn gleichermaßen über den neu einzufügenden Tatbestand des Verbraucherbankrotts nach § 283e zu erfassen:[982] Zunächst konnte im Verlauf der Arbeit festgestellt werden, daß ein enges Abhängigkeitsverhältnis des Insolvenzstrafrechts zum zivilen Insolvenzrecht besteht, das auf der parallelen Schutzrichtung beider Rechtsgebiete beruht. Besonders deutlich zeigte sich diese Abhängigkeit bei der Untersuchung der Krisensituationen und der Bedingungsvarianten des § 283 I, VI StGB. Gesetzestechnisch wird die tatbestandliche Anbindung des Bankrotts an das zivile Insolvenzrecht durch die Verwendung wort- und inhaltsgleicher Merkmale in § 283 I, VI, 1. Var. StGB und §§ 17-19 InsO, bzw. durch Bezugnahmen auf zivilverfahrensförmige Akte in § 283 VI, 2. und 3. Var. StGB erreicht. Im hier interessierenden Zusammenhang stellt nun das zivile Insolvenzrecht in § 304 InsO die Gruppe der geringfügig selbständig wirtschaftlich tätigen Schuldner verfahrensmäßig den rein privaten Schuldnern ohne jede selbständige wirtschaftliche Tätigkeit gleich. Unterstellte man somit kleinunternehmerisch tätige Schuldner insolvenzstrafrechtlich dem Bankrott an Stelle des Verbrau-

[980] Vgl. hierzu nochmals oben Dritter Teil, Kapitel 4 C. VI. 2. b).

[981] In diese Richtung **Bieneck** in Müller-Gugenberger/ Bieneck, § 75, Rz. 61, der sich im Grundsatz ebenso für eine tatbestandliche Sonderung des Verbraucherbankrotts de lege ferenda ausspricht, dabei aber diejenigen Schuldner ausklammern möchte, die ein Gewerbe betreiben und lediglich mangels Notwendigkeit eines eingerichteten Geschäftsbetriebs keine Kaufmannseigenschaft besitzen, obwohl sie zivilrechtlich damit dem Anwendungsbereich des § 304 InsO unterfallen. Abgesehen von den sogleich im Text geäußerten, generellen Einwänden gegen diese Ansicht bleibt im besonderen unklar, warum Bieneck seine Ansicht nur auf gewerbetreibende Kleinunternehmer und nicht auf sämtliche geringfügig selbständig wirtschaftlich tätigen Schuldner bezieht.

[982] Insoweit entspricht sie damit dem Vorschlag von **Penzlin** S. 207.

cherbankrotts, so löste man insofern die im übrigen vielfältig und eng bestehende Parallelität der beiden Rechtsgebiete auf. Zivilrechtlich stünden die Kleinunternehmer den privaten Verbrauchern, strafrechtlich dagegen den großumfänglich unternehmerisch tätigen Schuldnern gleich. Bezieht man in die Überlegungen ein, daß gerade die Ausgestaltung des Verfahrens nach §§ 304ff. InsO die Einfügung des § 283e erforderlich macht, so beinhaltete eine solche Zuordnung zwangsläufig einen strukturellen Bruch.[983]

Darüber hinaus können die für den Verbraucherbereich bereits dargestellten dogmatischen Einwände in gleicher Weise auch gegen eine strafrechtliche Erfassung kleinunternehmerischer Bankrotthandlungen über § 283 StGB vorgebracht werden: Insbesondere läßt sich das für alle Tatvarianten des § 283 StGB bedeutungsvolle Tatbestandsmerkmal des ordnungsgemäßen Wirtschaftens auch im Falle des geringfügig selbständig wirtschaftlich tätigen Schuldners nicht ausreichend konkretisieren und kann somit auch hier seine strafbarkeitseinschränkende Funktion nicht erfüllen. Eine Bestimmung an Hand handelsrechtlicher Sorgfaltsmaßstäbe muß scheitern, da diese Maßstäbe für Kleinunternehmer mangels Kaufmannseigenschaft nach § 1 I, II HGB nicht gelten. Grundregeln ordnungsgemäßer Unternehmensführung im von Tiedemann vorgeschlagenen Sinne existieren damit in diesem Bereich nicht. Ebensowenig kann das Merkmal für Kleinunternehmer im Sinne Krauses und Kindhäusers unter Zuhilfenahme der Lehre vom erlaubten Risiko bestimmt werden, da auch diesem Ansatz das Leitbild des uneingeschränkt selbständig wirtschaftenden, unternehmerisch tätigen Schuldners zugrunde liegt.

Ferner erweist sich hinsichtlich der Krisenmerkmale des § 283 I StGB die Überschuldung als nicht auf den geringfügig selbständig wirtschaftlich tätigen Schuldner zugeschnitten. Zum einen kennzeichnet diese Schuldnergruppe die enge Verknüpfung von natürlicher Person und Unternehmen. Anders als etwa bei juristischen Personen oder Personenhandelsgesellschaften kann hier das Unternehmen von seinem Unternehmensträger nicht unterschieden werden.[984] Folglich kann die Frage nach einer voraussichtlichen Fortführung, bzw. einer Liquidation wie im Bereich der Verbraucher im engeren Sinne auch hier in Bezug auf einen Kleinunternehmer nicht sinnvoll gestellt werden. Zum anderen wird die Aufstellung einer Überschuldungsbilanz in diesem Bereich ohnehin auf Grund der fehlenden Buchführungs- oder Bilanzierungspflicht nach §§ 238ff., 242ff. HGB allenfalls unter Schwierigkeiten möglich sein.

Schließlich erweist sich der Tathandlungskatalog des § 283 I, Nr. 1-8 StGB erneut als ungeeignet. Die Tathandlungen der § 283 I Nr. 5, 7 StGB können bereits de iure

[983] Im Ergebnis ebenso **Penzlin** S. 207.

[984] Vgl. ausführlich zu den Begriffen des Unternehmens und des Unternehmensträgers **Müller-Gugenberger** in Müller-Gugenberger/ Bieneck, § 23, Rz. 13ff.

von Kleinunternehmern nicht erfüllt werden. Andere Handlungen wie etwa die § 283 I Nr. 2, 1. Alt., Nr. 3, oder Nr. 6 StGB spielen auch hier in der Praxis eine allenfalls untergeordnete Rolle.
Der vorgeschlagene Entwurf des § 283e unterstellt aus diesen Gründen die kleinunternehmerisch tätigen Schuldner dem Tatbestand des Verbraucherbankrotts. Den kriminalpolitischen Bedenken im Hinblick auf die anders dimensionierte Risiko- und Finanzgestaltung dieser Schuldnergruppe kann dabei auf der Rechtsfolgenseite bei der Strafzumessung (§ 46 II StGB) ausreichend Rechnung getragen werden.

2. Systematische Einordnung des Tatbestandes

Der Tatbestand ist nach den Vorstellungen dieser Arbeit innerhalb des 24. Abschnitts des StGB als § 283e einzufügen, um die systematische Nähe zu den übrigen Insolvenzstraftaten des StGB zum Ausdruck zu bringen. Nach diesen Delikten kann § 283e als privilegierender Tatbestand für Verbraucherschuldner am Ende des Abschnittes eingefügt werden.

3. Benennung des Tatbestandes

Der Vorschlag dieser Arbeit überschreibt § 283e als Verbraucherbankrott und verdeutlicht so neuerlich den engen Zusammenhang zu den übrigen Insolvenzdelikten nach §§ 283ff. StGB, insbesondere zum Zentraltatbestand des Bankrotts nach § 283 StGB.
Weiter läßt sich der Benennung des Tatbestandes zugleich die Beschränkung des ihr unterworfenen Täterkreises entnehmen. Die Verwendung des Begriffs Verbraucher lehnt sich an die Überschrift des neunten Teils der InsO (§§ 304-314 InsO) an, der die Regelung der Verbraucherinsolvenz- und sonstiger Kleinverfahren zum Gegenstand hat. Zusätzlich werden die beiden § 283e unterworfenen Schuldnergruppen der nicht, bzw. der geringfügig selbständig wirtschaftlich Tätigen in Absatz 1 explizit genannt, so daß auf eine Legaldefinition des Täterkreises in § 283e verzichtet werden kann. Im Umkehrschluß ergibt sich ferner aus § 283e I, daß dem Bankrott nach § 283 StGB künftig nur noch mehr als geringfügig selbständig wirtschaftlich tätige Schuldner als Täter unterfallen. Auch hier kann mithin auf die Anfügung einer Legaldefinition etwa in Form eines Absatzes 7, wie von Moosmayer oder Penzlin vorgeschlagen, verzichtet werden.

§ 283e dient wie der Bankrott nach § 283 StGB dem Schutz der materiellen Befriedigungsinteressen der Gesamtgläubigerschaft.[985] Daneben allerdings wohnt dem Verbraucherbankrott keine zusätzliche überindividuelle Schutzrichtung in Bezug auf die Gesamtwirtschaft inne:
Zum ersten ließ sich die überindividuelle Schutzrichtung des § 283 StGB im Tatbestand insbesondere am Merkmal des ordnungsgemäßen Wirtschaftens festmachen. Die risikobegrenzende Verpflichtung zur Einhaltung gewisser Standards im Wirtschaftsverkehr dient nämlich nicht nur der Sicherung der individuell betroffenen Gläubigerinteressen, sondern gewährleistet darüber hinaus auch die Funktionsfähigkeit des gesamtwirtschaftlichen Systems. Die bisherige Untersuchung aber konnte zeigen, daß gerade dieses Merkmal für die § 283e unterworfenen Schuldner nicht konkretisierbar ist. Läßt sich somit deren Fehlverhalten nicht an den Maßstäben des ordnungsgemäßen Wirtschaftens messen, so kann ihm grundsätzlich auch keine Relevanz im Hinblick auf die Funktionsfähigkeit der Gesamtwirtschaft zugewiesen werden.[986]
Ferner kann auch nicht von hohen finanziellen Schäden oder weiteren nachteilhaften Folgen für das gesamte Wirtschaftssystem, auf die Existenz eines überindividuellen Schutzgutes geschlossen werden, da die Auswirkungen verbraucherschuldnerischer Bankrotthandlungen regelmäßig nicht das Ausmaß unternehmerischer Insolvenzkriminalität erreichen.
Zum dritten sprechen die unterschiedlichen Funktionen des Kredits gegen einen Schutz der Gesamtwirtschaft durch § 283e. Während unternehmerisches Wirtschaften ohne Kredite heute praktisch nicht mehr denkbar ist, bedingen sich die Existenz des Verbraucherschuldners und der Kredit wie gesehen nicht in vergleichbarer Weise.[987] Kredite dienen hier nach dem Vorgesagten nicht der Ermöglichung der Lebensführung, sondern erlauben primär die Befriedigung zusätzlicher Konsumbedürfnisse. Unternehmerisches Handeln kennzeichnet so im Vergleich zu privatem Wirtschaften bereits vom Ausgangspunkt her eine wesentlich engere Verbindung zum Kreditwesen als Teilbereich der Gesamtwirtschaft.[988] Damit in Zusammenhang stehen die grundsätzlich unterschiedlichen Vertrauensbeziehungen und Risikokonstellationen für Kreditgeber privat verbrauchender, bzw. unternehmerisch tätiger Schuldner. Das Gewinnstreben eines Unternehmers ist auf das engste mit den

985 Vgl. hierzu nochmals oben Dritter Teil, Kapitel 1 A. I. und II. Die dortigen Ausführungen zum Bankrott lassen sich ebenso auf den Tatbestand des Verbraucherbankrotts übertragen.
986 Vgl. nochmals oben Dritter Teil Kapitel 1 B I. und Dritter Teil, Kapitel 2 C. VI., ferner im Ergebnis ebenso **Moosmayer** S. 136ff.
987 Vgl. hierzu nochmals Dritter Teil, Kapitel 4 C. VI. 2. b) und F. VI. 1. b) bb).

Interessen des Kreditgebers verflochten, der auf diese Weise maßgeblich an dessen unternehmerischem Risiko teilnimmt. Entsprechend vertraut der Kreditgeber hier nicht nur auf eine ausreichende wirtschaftliche Potenz seines Schuldners, sondern auch darauf, daß sich dieser als Teilnehmer im Wirtschaftsverkehr ordnungsgemäß verhält. Bei ihm besteht damit indirekt auch ein abstraktes Vertrauen in den ordnungsgemäßen Ablauf des gesamtwirtschaftlichen Systems, das durch Bankrotthandlungen des Schuldners erschüttert wird, was zur Anerkennung einer entsprechenden überindividuellen Schutzrichtung des § 283 StGB zwingt. Der Gläubiger eines privaten Schuldners geht demgegenüber kein vergleichbares Risiko ein; er setzt wie gesehen keine Gewinnerwartungen in seinen Schuldner, sondern verläßt sich lediglich darauf, daß dessen individuelle wirtschaftliche Leistungsstärke als konstantes Arbeitseinkommen zur Rückzahlung des Kredites ausreicht. Darüber hinaus begründet er aber kein zusätzliches Vertrauen in das ordnungsgemäße Funktionieren der Gesamtwirtschaft.[989]

Schutzgut des § 283e sind somit allein die individuellen Befriedigungsinteressen der Gläubiger, ein überindividuelles Rechtsgut wird vom Verbraucherbankrott nicht geschützt.

§ 283e kann daher im Gegensatz zu § 283 StGB nicht der Gruppe der Wirtschaftsdelikte zugerechnet werden. Dennoch aber verzichtet § 283e im Gegensatz zum Entwurf U. Richters auf das Erfordernis eines Vermögensschadens der Gläubiger und ist so wie § 283 StGB den abstrakten Gefährdungsdelikten zuzuordnen. Auf diese Weise wird zum einen nochmals der enge sachliche Zusammenhang zum Bankrottatbestand zum Ausdruck gebracht sowie zum anderen ein effektiver Schutz der Gläubiger ermöglicht.

5. Struktur des Tatbestandes

Der vorgeschlagene § 283e entspricht in seiner Tatbestandsstruktur in Teilbereichen dem Bankrottatbestand des § 283 StGB: So setzt auch § 283e I eine Tathandlung während einer wirtschaftlichen Krisensituation voraus und verlangt gem. § 283e III den Eintritt einer § 283 VI StGB weitgehend entsprechenden objektiven Strafbarkeitsbedingung. § 283e II betrifft wie § 283 II StGB Fälle, in denen der Schuldner durch seine Handlung die Krisensituation herbeiführt. Diese strukturelle Parallele unterstreicht wiederum die sachliche Zugehörigkeit des § 283e zu den übrigen Bankrottdelikten.

Auf der anderen Seite stellen lediglich die § 283 I und II StGB reine Vorsatzdelikte dar. Daneben werden in § 283 IV StGB die fahrlässige Verkennung der Krisensitu-

---

[988] **Lutz** S. 1ff.; **Baudrexel** JuS 1996, 700; **Moosmayer** S. 137.

[989] **Moosmayer** S. 137f.

ation und deren leichtfertige Verursachung sowie in § 283 V StGB zusätzlich die fahrlässige Begehung einzelner Bankrotthandlungen unter Strafe gestellt.[990] § 283e verzichtet dagegen auf eine Parallele zu § 283 IV, V StGB und stellt so ein ausschließlich vorsätzlich begehbares Delikt dar (§ 15 StGB). Auf Grund der Tatsache, daß § 283e nur die individuellen Gläubigerinteressen, nicht aber zusätzlich ein überindividuelles Rechtsgut schützt, bestünden zum einen ohnehin Zweifel an der Strafwürdigkeit und der Strafbedürftigkeit nicht vorsätzlichen Handelns eines krisenbefangenen Verbraucherschuldners. Zum anderen schafft die vorgeschlagene Ausgestaltung des § 283e im Interesse der Praxis eine für Verbraucherschuldner klare und voraussehbare Regelung.[991] Schließlich vermeidet § 283e auf diese Weise eine Verschärfung der strafrechtlichen Haftung eines Verbraucherschuldners im Vergleich zur Rechtslage vor dem 1.1.1999, da auch die damals in diesem Bereich zur Anwendung gekommene Vorschrift des § 288 StGB auf vorsätzliches Handeln beschränkt ist.

6. Die Krisenmerkmale

§ 283e hält wie der Bankrottatbestand am Erfordernis einer wirtschaftlichen Krisensituation fest, umschreibt diese allerdings lediglich mit den Begriffen der drohenden und der eingetretenen Zahlungsunfähigkeit.[992] Es konnte bereits gezeigt werden, daß die Prüfung einer Überschuldung bei Verbrauchern im engeren Sinne und bei Kleinunternehmern nicht durchführbar ist.[993] Auf dieses Krisenmerkmal wurde daher in § 283e I und II verzichtet. Demgegenüber lassen sich drohende oder eingetretene Zahlungsunfähigkeit hier genauso wie bei einem großumfänglich unternehmerisch tätigen Schuldner feststellen. Sie bilden folglich de lege ferenda die einzigen Krisendeterminanten im Tatbestand des Verbraucherbankrotts.

---

[990] **Lackner/ Kühl** § 283, Rz. 24; Sch/Sch-**Stree/ Heine** § 283, Rz. 57f.; Preisendanz-**Bieneck** § 283, Anm. 10., 11., S. 903; SK-**Samson** § 283, Rz. 26f.; **Tröndle/ Fischer** § 283, Rz. 34ff.; NK-**Kindhäuser** § 283, Rz. 102ff.; LK-**Tiedemann** § 283, Rz. 204ff.; **Tiedemann** in HWiStR, Art. Konkursstraftaten, S. 9; **Maurach/ Schroeder/ Maiwald** BT 1, § 48, Rz. 33; **Otto** BT § 61, Rz. 100f.; **Arzt/ Weber** § 16, Rz. 57; **Gössel** § 28, Rz. 50ff.; **Bockelmann** § 21 II 3., S. 157; **Hess** KO Anhang III, § 283, Rz. 47f. Ein anschaulicher Überblick über die Schuldformen bei Insolvenzstraftaten findet sich bei **Bieneck** in Müller-Gugenberger/ Bieneck, § 75, Rz. 42.

[991] So daher auch **Moosmayer** S. 139; **Penzlin** S. 209.

[992] **Penzlin** S. 210 stellt dagegen allein auf die eingetretene Zahlungsunfähigkeit ab und begründet dies mit dem Bedürfnis nach einer für Verbraucherschuldner deutlich erkennbaren und vorhersehbaren Regelung.

[993] Vgl. Dritter Teil, Kapitel 2 C. I. 4. c) sowie Dritter Teil, Kapitel 4 C. IV. und F. VI. 1. b) bb).

Die Entwürfe U. Richters und Moosmayers sehen dagegen vor, § 288 StGB umzugestalten und in diesem Tatbestand die wirtschaftliche Krisensituation abweichend von § 283 StGB mit drohendem Konkurs-, bzw. drohendem Insolvenzverfahren zu beschreiben.[994]

Moosmayer wählt seine Formulierung, um eine Parallele zum Terminus der drohenden Zwangsvollstreckung in § 288 StGB zu schaffen. Auf diese Weise könne zum Ausdruck gebracht werden, daß das Verbraucherinsolvenzverfahren nach der InsO gerade als Alternative zur bislang im Falle privater Insolvenz primär zur Anwendung gekommenen Einzelzwangsvollstreckung konzipiert worden sei.[995] Ferner sei bei einer Privatperson im Unterschied zu einem Unternehmen regelmäßig leichter feststellbar, ob die wirtschaftliche Gesamtsituation objektiv auf eine Insolvenz hindeutet, weswegen das drohende Insolvenzverfahren als einziges Kriterium zur Umschreibung der Krisensituation genüge.[996]

Diese Vorschläge sehen sich auch insofern Einwänden ausgesetzt: Zwar führen die Formulierungen U. Richters und Moosmayers in der Praxis vielfach zu allenfalls unwesentlichen Unterschieden, da auch der Vorschlag dieser Arbeit die drohende Zahlungsunfähigkeit als Krisenmerkmal des § 283e vorsieht und somit ebenso wie das Kriterium des drohenden Insolvenzverfahrens an eine Situation vor dem Eintritt der eigentlichen Insolvenz anknüpft. Zu berücksichtigen ist aber, daß nach allgemeiner Ansicht das Merkmal des Drohens in § 283 StGB (drohende Zahlungsunfähigkeit) und in § 288 StGB (drohende Zwangsvollstreckung) unterschiedlich auszulegen ist. § 288 StGB stellt insoweit maßgeblich auf den Vollstreckungswillen des einzelnen Gläubigers ab, während für das Insolvenzstrafrecht grundsätzlich eine Gesamtbeurteilung der schuldnerischen Situation entscheidend ist. Entsprechend wäre daher auch das von U. Richter und Moosmayer vorgeschlagene Merkmal des drohenden Konkurs-, bzw. Insolvenzverfahrens auszulegen, was zur Folge hätte, daß § 288 StGB einen inhaltlich mit unterschiedlichen Bedeutungen versehenen Begriff des Drohens zweimal wortgleich im selben Tatbestand verwendete.[997]

Statt dessen übernimmt der hier vorgeschlagene § 283e die Krisenmerkmale der drohenden und der eingetretenen Zahlungsunfähigkeit vom Bankrottatbestand und verdeutlicht so ein weiteres Mal die Nähe des Verbraucherbankrotts zu § 283 StGB. Der gesamte 24. Abschnitt des StGB bestimmt damit de lege ferenda die wirtschaftlichen Krisensituationen des Schuldners mit einheitlichen Begrifflichkeiten. Überdies verwendet auch das zivile Insolvenzrecht diese Begriffe inhaltsgleich in §§ 17, 18 InsO als Insolvenzgründe. Das Merkmal des drohenden Insolvenzver-

[994] **U. Richter** in Tagungsberichte III, Anlage 4, S. 28, 33; **Moosmayer** S. 117, 172f.
[995] **Moosmayer** S. 172.
[996] **Moosmayer** S. 117.
[997] Vgl. dazu bereits oben Dritter Teil, Kapitel 2 B. II. 1., ferner Dritter Teil, Kapitel 4 F. V.

fahrens dagegen hat zivilrechtlich keine Bedeutung. Eine Umschreibung der Verbraucherkrise als drohende oder eingetretene Zahlungsunfähigkeit unterstreicht daher auch die bestehende, enge Abhängigkeit des Bankrottstrafrechts vom zivilen Insolvenzrecht. Die Krisendeterminante U. Richters und Moosmayers dagegen verknüpfte die beiden Rechtsgebiete auf bislang unbekannte Weise.[998]

7. Die Tathandlungen

Im Gegensatz zu § 283 StGB verzichtet § 283e auf einen umfangreichen Tathandlungskatalog. Unter Strafe gestellt werden im Interesse einer übersichtlichen und einfach strukturierten Regelung mit dem Beiseiteschaffen und Verheimlichen von eigenen Vermögensbestandteilen lediglich die typischerweise im Verbraucherbereich begangenen Bankrotthandlungen. Die sonstigen Handlungen des § 283 I Nr. 1-8 StGB sind wie gezeigt für die § 283e unterworfenen Schuldner entweder bereits de iure nicht anwendbar oder spielen hier jedenfalls eine praktisch unbedeutende Rolle.[999]

Ferner konnte im bisherigen Verlauf der Arbeit gezeigt werden, daß der Begriff des ordnungsgemäßen Wirtschaftens für Verbraucherschuldner im engeren Sinne und für Kleinunternehmer keine Bedeutung als Korrektiv hat. Auf ein solches Tatbestandsmerkmal ist daher in § 283e zu verzichten. Vielmehr stellen das Beiseiteschaffen oder Verheimlichen von Vermögensgegenständen durch einen krisenbefangenen Schuldner bereits per se eine strafwürdige Gefährdung der Befriedigungsinteressen der Gesamtgläubigerschaft dar.[1000] Aus diesem Grunde fordert auch der Wortlaut § 283 I Nr. 1, 1. Alt. StGB an dieser Stelle nicht zusätzlich explizit einen Verstoß gegen das ordnungsgemäße Wirtschaften.[1001]

Im einzelnen kann die Auslegung der Tathandlungen des Beiseiteschaffens und des Verheimlichens nach § 283 StGB auf § 283e übertragen werden.[1002] Insofern stellt daher insbesondere der Verbrauch von Geld oder anderen Gegenständen zum angemessenen Lebensunterhalt kein Beiseiteschaffen dar. Die Angemessenheit des Lebensunterhalts kann sich allerdings wie auch im Rahmen des § 283 StGB nicht allein nach dem bisherigen Lebenszuschnitt bestimmen; der Schuldner hat sich auf die Krise einzustellen und sich ihr entsprechend einzuschränken.[1003]

---

998 Gegen diesen Vorschlag auch **Penzlin** S. 210.

999 Vgl. Dritter Teil, Kapitel 4 C. V. und F. VI. 1. b) bb).

1000 Ebenso **Moosmayer** S. 136f.

1001 NK-**Kindhäuser** § 283, Rz. 15; Sch/Sch-**Stree/ Heine** § 283, Rz. 4; Preisendanz-**Bieneck** § 283, Anm. 6.a), bb), S. 894; **Wessels/ Hillenkamp** BT 2, Rz. 464; **Tiedemann** in HWiStR, Art. Konkursstraftaten, S. 5.

1002 Vgl. zum Beiseiteschaffen nochmals oben Dritter Teil, Kapitel 4 D. II.

1003 RGSt 66, 88; BGH NJW 1952, 898; BGH bei Herlan GA 1959, 340f.; BGH JR 1982, 29;

Auch die Entwürfe Moosmayers und Penzlins greifen zunächst lediglich die Varianten des Beiseiteschaffens und Verheimlichens von Vermögensbestandteilen (§ 283 I Nr. 1, 1. Alt. StGB) auf.[1004] Beide halten dann aber darüber hinaus an der bereits de lege lata in § 288 StGB enthaltenen Variante des Veräußerns auch für die Situation des Verbraucherbankrotts fest. Der von U. Richter vorgeschlagen § e (Vereiteln der Zwangsvollstreckung) spannt den Kreis möglicher Tathandlungen sogar noch weiter, wenn er auch das Zerstören, Beschädigen und Unbrauchbarmachen miteinbezieht. Diese Vorschläge begegnen Bedenken: Selbst der künftig nur noch auf großumfänglich selbständig wirtschaftlich tätige Schuldner anwendbare Bankrott bestraft solche Verhaltensweisen nämlich nach § 283 I Nr. 1, 2. Alt., Nr. 3 StGB nicht generell, sondern nur, wenn sie in einer den Anforderungen ordnungsgemäßen Wirtschaftens widersprechenden Weise vorgenommen werden.[1005] Da dieses Merkmal für Verbraucherschuldner keine straflimitierende Wirkung entfalten kann, würden sie also insofern härter bestraft, was kriminalpolitisch nicht zu rechtfertigen wäre.

8. Die objektive Strafbarkeitsbedingung

Im Gegensatz zu den Entwürfen eines umgestalteten § 288 StGB im Sinne U. Richters und Moosmayers ist die Strafbarkeit nach § 283e über dessen Absatz 3 an den Eintritt einer § 283 VI StGB weitgehend entsprechenden objektiven Strafbarkeitsbedingung geknüpft. Die von dieser Arbeit vorgeschlagenen Änderungen des § 283 VI StGB sind dabei auch auf den Verbraucherbankrott zu übertragen: So ersetzt § 283e III das in § 283 VI StGB de lege lata enthaltene Wort Täter klarstellend durch das Wort Schuldner. Ferner verzichtet auch der Verbraucherbankrott auf einen Bedingungseintritt nach § 283e III, 2. oder 3. Var., wenn ein Insolvenzverfahren auf Grund von drohender Zahlungsunfähigkeit eröffnet oder mangels Masse abgewiesen wurde und begegnet so einer funktionalen Inkongruenz im Verhältnis

---

Lackner/ Kühl § 283, Rz. 10; **Tröndle/ Fischer** § 283, Rz. 4; Sch/Sch-**Stree/ Heine** § 283, Rz. 4; **Otto** BT § 61, Rz. 92; **Maurach/ Schroeder/ Maiwald** BT 1, § 48, Rz. 22; Preisendanz-**Bieneck** § 283, Anm. 6.a), bb), S. 894; ebenso auch **Bieneck** in Müller-Gugenberger/ Bieneck, § 78, Rz. 14 und **Schlüchter** JR 1982, 29ff., die insoweit zur Bestimmung einer Höchstgrenze der Angemessenheit die pfändungsfreien Beträge nach § 850c ZPO heranziehen wollen, speziell dagegen allerdings NK-**Kindhäuser** § 283, Rz. 13; SK-**Samson** § 283, Rz. 8; LK-**Tiedemann** § 283, Rz. 31.

1004 Nach Ansicht von **Moosmayer** S. 116 lassen sich diese Handlungen bedenkenlos in § 288 StGB integrieren, da sie geeignet seien, die Gläubigerinteressen auch in der Einzelzwangsvollstreckung zu vereiteln.

1005 Die Veräußerung von Vermögensbestandteilen ist überdies nach § 283 I Nr. 3 StGB nur unter Strafe gestellt, wenn sie zudem auf Kredit beschaffte Waren oder Wertpapiere oder die aus diesen Waren hergestellten Sachen betrifft und erheblich unter Wert erfolgt.

zu § 18 InsO.[1006] Schließlich spielt drittens der Insolvenzgrund der Überschuldung nach § 19 InsO im Verbraucherbereich keine Rolle. § 19 InsO ist nämlich nur auf juristische Personen und kapitalistische Gesellschaften anwendbar, während unter den Begriff des Verbrauchers ausschließlich natürliche Personen fallen. Konsequenterweise ist daher auch das Merkmal der Überschuldung wie aus § 283e I, II auch aus § 283e III, 2. und 3. Var. herausgenommen worden.

Daneben allerdings sieht § 283e III gegenüber § 283 VI StGB keine weiteren Änderungen vor. Die objektive Strafbarkeitsbedingung des Verbraucherbankrotts enthält insbesondere keinen Zuschnitt auf die verfahrensrechtlichen Besonderheiten der §§ 304ff. InsO. Wie § 283 VI, 2. und 3. Var. StGB stellt auch sie ausschließlich auf die Eröffnung eines Insolvenzverfahrens oder dessen Abweisung mangels Masse ab. Damit fehlt der zivilrechtlich bei Antrag des Schuldners zwingend vorgeschriebenen Mehrstufigkeit des Verbraucherinsolvenzverfahrens eine Entsprechung auf strafrechtlicher Ebene. Diese Entscheidung ist im folgenden zu begründen:

Zunächst kann jedenfalls das Erreichen der ersten Stufe des Verfahrens nicht zum Eintritt der objektiven Strafbarkeitsbedingung führen, da diese sonst ihrer Funktion nicht gerecht würde, das Eingreifen des Insolvenzstrafrechts an ein endgültiges wirtschaftliches Scheitern des Schuldners zu binden, um so Bedenken an der Strafbedürftigkeit zu begegnen.[1007] Der außergerichtliche Einigungsversuch kann nämlich nach § 305 I Nr. 1 InsO bis zu sechs Monate vor dem Antrag auf Eröffnung eines Insolvenzverfahrens stattgefunden haben. Zu diesem Zeitpunkt muß die wirtschaftlich angeschlagene Situation des Schuldners noch nicht zwangsläufig eskaliert gewesen sein.

Nach dem Vorschlag dieser Arbeit bleibt darüber hinaus aber auch die Phase des gerichtlichen Schuldenbereinigungsplanverfahrens nach §§ 305ff. InsO für den Eintritt der objektiven Bedingung ohne Relevanz; Bankrotthandlungen während dieser Zeit können daher insolvenzstrafrechtlich nach § 283e nur sanktioniert werden, wenn der Täter seine Zahlungen eingestellt hat (§ 283e III, 1. Var.).[1008] Diese Entscheidung führt zwar zu einer unterschiedlichen Behandlung verschiedener Verbraucherschuldner: Kommt es nämlich etwa im Falle eines Verbraucherschuldners A zu einer Einigung mit den Gläubigern im Schuldenbereinigungsplanverfahren nach §§ 305ff. InsO und wird diese nach § 308 I 1, 2. HS InsO gerichtlich festgestellt, so gelten die Anträge auf Verfahrenseröffnung nach § 308 II InsO als zu-

[1006] Vgl. parallel dazu Dritter Teil, Kapitel 4 A. III. und Dritter Teil, Kapitel 3 F. II. 2. und 3. Für **Moosmayer** S. 173 stellt sich demgegenüber das Problem einer funktionalen Inkongruenz im Verhältnis zu § 18 InsO im Falle der Verbraucherinsolvenz nicht mehr, da sein Entwurf eines umgestalteten § 288 StGB auf eine objektive Strafbarkeitsbedingung ganz verzichtet.

[1007] Vgl. oben Dritter Teil, Kapitel 3 B.

[1008] Kritisch insofern **Moosmayer** S. 64, 118; **Penzlin** S. 206f.

rückgenommen. Der gerichtlich bestätigte Schuldenbereinigungsplan steht damit dem Eintritt der objektiven Bedingung nach § 283e III, 2. oder 3. Var. entgegen. Kommt dagegen im Falle eines anderen Verbraucherschuldners B eine Einigung mit den Gläubigern in dieser Verfahrensstufe nicht zustande, so wird das bis dahin ruhende Verfahren über den Eröffnungsantrag nach § 311 InsO von Amts wegen wieder aufgenommen. Damit kann für B die objektive Strafbarkeitsbedingung nach § 283e III, 2. oder 3. Var. eintreten und er gerät so nach Eröffnung des Verfahrens oder bei dessen Ablehnung mangels Masse in das Risiko einer potentiellen Strafbarkeit wegen Verbraucherbankrotts. Nehmen also A und B daraufhin während einer wirtschaftlichen Krisensituation jeweils vorsätzlich, rechtswidrig und schuldhaft eine Verbraucherbankrotthandlung iSd § 283e I vor und haben beide ihre Zahlungen nicht eingestellt, so bleibt A straflos, während sich B nach § 283e strafbar macht. Gegen dieses Ergebnis könnte nun angeführt werden, daß die Vorlage eines Schuldenbereinigungsplans stets zeitgleich mit der Stellung eines Insolvenzantrags verbunden ist (§ 305 I Nr. 4 InsO). Auch der Schuldner A befand sich damit bereits seit Beginn des Schuldenbereinigungsplanverfahrens in einer wirtschaftlich jedenfalls prekären Situation. Aus Sicht der Gläubiger und ihrer Befriedigungsinteressen bestand damit ebenso eine gesteigerte Gefährdung und somit eine erhöhte Schutzbedürftigkeit, was Überlegungen zur Einbeziehung des Schuldenbereinigungsplanverfahrens in die objektive Strafbarkeitsbedingung nahelegt.

Zusätzlich ist zu berücksichtigen, daß die InsO erstmalig und nur für Schuldner iSd § 304 InsO die Durchführung eines besonderen Schuldenbereinigungsplanverfahrens vorsieht. Wurde unter der Geltung des früheren Konkursrechts ein Antrag auf Verfahrenseröffnung über das Vermögen eines beliebigen Schuldners gestellt, so hatte das Gericht ohne vorherige Durchführung eines auf Einigung gerichteten Vorverfahrens die Voraussetzungen dieses Antrags zu prüfen. Ebenso ist heute im Falle eines mehr als nur geringfügig selbständig wirtschaftlich tätigen Schuldners zu verfahren. Im Falle eines Verbraucherschuldners dagegen ruht zunächst das Verfahren über den von ihm selbst gestellten Eröffnungsantrag bis zur Entscheidung über den Schuldenbereinigungsplan (§ 306 I InsO). Damit wird dieser Schuldnergruppe mit § 283e trotz gestelltem Insolvenzantrag im Vergleich zur Rechtslage vor dem 1.1.1999 und im Vergleich zu den künftig § 283 StGB unterworfenen Schuldnern für die Dauer des Schuldenbereinigungsplanverfahrens ein zusätzlicher insolvenzstrafrechtlicher Freiraum eingeräumt.

Dennoch aber knüpft § 283e III an das Verfahren nach §§ 305ff. InsO noch keinen Eintritt der objektiven Strafbarkeitsbedingung des Verbraucherbankrotts.

Für diese Lösung lassen sich zunächst grundlegende Unterschiede der einerseits § 283 StGB und andererseits § 283e unterworfenen Schuldner anführen. So liegt dem wirtschaftlichen Verhalten einer kleinunternehmerisch tätigen oder einer rein privat verbrauchenden natürlichen Person im Vergleich zu einem großumfänglich unternehmerisch tätigen Schuldner eine vollkommen andersartige Risiko- und Finanzgestaltung zugrunde.[1009] Folglich wohnt ihm aus der Sicht der Gläubiger auch ein grundsätzlich geringeres Gefährdungspotential inne, was dafür spricht verbraucherschuldnerischem Fehlverhalten nicht schon während des auf Einigung mit den Gläubigern gerichteten Verfahrens nach §§ 305ff. InsO strafrechtliche Relevanz beizumessen, sondern insofern ebenso wie § 283 VI, 2. und 3. Var. StGB auf die Eröffnung des (vereinfachten) Insolvenzverfahrens, bzw. dessen Abweisung mangels Masse abzustellen.

Ferner führt die Insolvenzrechtsreform aus der Sicht des Strafrechts ohnehin in vielerlei Hinsicht zu Vorverlagerungen. So treten auf Grund der akzessorischen Anbindung der Bankrottdelikte an die §§ 17-19 InsO die Krisenmerkmale des § 283 I StGB und die objektive Bedingung nach § 283 VI, 1. Var. StGB heute wesentlich früher ein. Ebenso ist mit der frühzeitigeren Verfahrenseröffnung zugleich der frühzeitigere Eintritt der objektiven Bedingung nach § 283 VI, 2. und 3. Var. StGB verbunden. Diese Vorverlagerungen betreffen den Verbraucherbankrott nach § 283e gleichermaßen und begründen so kriminal- und rechtspolitische Einwände, den Eintritt der objektiven Strafbarkeitsbedingung nach § 283e III nochmals weiter in den Bereich des Verfahrens nach §§ 305ff. InsO vorzuverlagern.

Entscheidend allerdings stützen die beiden folgenden Gesichtspunkte die Konzeption dieser Arbeit:

Zum einen führte die Einfügung einer zusätzlichen, auf das Schuldenbereinigungsplanverfahren abstellenden Bedingungsvariante in § 283e III zu einer Schlechterstellung der Verbraucher gegenüber den § 283 StGB unterworfenen Schuldnern: Wird nämlich ein Insolvenzverfahren über das Vermögen eines letzteren beantragt, so hat das Gericht ohne Unterbrechung die Zulässigkeit und Begründetheit dieses Antrags zu prüfen und gegebenenfalls ein Verfahren zu eröffnen, bzw. mangels Masse abzuweisen, es sei denn der Antrag wurde vor der Entscheidung des Gerichts wieder zurückgenommen (§ 13 II InsO).[1010] Diese Prüfung der Eröffnungsvoraussetzungen, insbesondere des Insolvenzgrundes, nimmt in der Regel einige Zeit in Anspruch. In zivilrechtlicher Hinsicht kann das Gericht daher während dieses Zeitraums Sicherungsmaßnahmen nach § 21 I, II InsO ergreifen.[1011] Insolvenzstrafrechtlich dagegen löst diese Phase noch keinen Bedingungseintritt nach § 283 VI, 2. oder 3. Var. StGB aus, allenfalls kann bereits eine Zahlungseinstellung des Schuldners (§ 283 VI, 1. Var. StGB) vorliegen. Beantragt nun ein Verbraucherschuldner die Durchführung eines Insolvenzverfahrens über sein Vermögen, so

---

1009 Vgl. Dritter Teil, Kapitel 4 C. VI. 2. b), F. VI. 1. b) bb) und F. VI. 4.

1010 LG Göttingen ZIP 1998, 571f.; **Bork** Rz. 79; **Hess/ Obermüller** Insolvenzplan Rz. 856f.; Nerlich/ Römermann-**Römermann** § 311, Rz. 4.

1011 Vgl. dazu Zweiter Teil, Kapitel 1 C. III.

ruht das Verfahren über den Insolvenzantrag zwar zunächst für die Dauer des Schuldenbereinigungsplanverfahrens gem. § 306 I InsO. Führt dieses aber zu keiner Einigung, so hat das Gericht anschließend das Verfahren über den Insolvenzantrag nach § 311 InsO wieder aufzunehmen und daher ebenso wie im Falle eines unternehmerisch tätigen Schuldners dessen Zulässigkeit und Begründetheit zu prüfen. Ferner können ebenso Sicherungsmaßnahmen nach § 21 I, II InsO bereits während des Ruhens gem. § 306 II InsO oder während dieses Eröffnungsverfahrens angeordnet werden.[1012] Die objektive Strafbarkeitsbedingung tritt dagegen auch hier nach § 283e III, 2. oder 3. Var. erst ein, wenn das vereinfachte Insolvenzverfahren eröffnet oder die Eröffnung mangels Masse abgelehnt wurde. Auf Grund der Regelung des § 306 I InsO kann eine solche Entscheidung des Gerichts zwar im Vergleich zum Regelinsolvenzverfahren erst später getroffen werden.[1013] Dennoch muß aber sichergestellt sein, daß auch für den Verbraucherschuldner jedenfalls die Phase zwischen der Stellung des Insolvenzantrags und dieser Entscheidung ebenso wie für den § 283 StGB unterworfenen Schuldner insolvenzstrafrechtlich ohne Bedeutung bleibt. Dies ist nur bei einer Ausgestaltung des § 283e III im hier vorgeschlagenen Sinne möglich. Enthielte dagegen § 283e III zusätzlich eine auf das Verfahren nach §§ 305ff. InsO abstellende Variante, so läge die objektive Strafbarkeitsbedingung des Verbraucherbankrotts zwangsläufig auch während der sich daran anschließenden Phase des Eröffnungsverfahrens nach Scheitern des Schuldenbereinigungsplans vor. Während dieses Zeitraumes könnten somit Bankrotthandlungen von Verbraucherschuldnern, die ihre Zahlungen nicht eingestellt haben, nach § 283e sanktioniert werden, wohingegen großumfänglich wirtschaftlich tätige Schuldner in derselben Situation nach § 283 StGB straflos blieben. Im Ergebnis würde also der Verbraucherschuldner gegenüber dem Unternehmer insoweit schlechter gestellt.

Zum anderen muß das Schuldenbereinigungsplanverfahren auch im Hinblick auf den Sinn und Zweck der §§ 304ff. InsO insolvenzstrafrechtlich irrelevant bleiben. Diese Vorschriften stellen ein mehrstufiges Verbraucherinsolvenzverfahren zur Verfügung, um die Anzahl einvernehmlicher Schuldenbereinigungen zu vergrößern und so die Arbeits- und Finanzbelastung der Gerichte sowie die Kostenbelastung der Beteiligten zu reduzieren.[1014] Dabei ist allerdings zu beachten, daß das Verfah-

---

1012 Eine Besonderheit ergibt sich lediglich insofern, als an die Stelle des vorläufigen Insolvenzverwalters der vorläufige Treuhänder tritt. Vgl. dazu **N. Preuß** Rz. 48, 173ff., 176; **Häsemeyer** Rz. 29.47; **H. Hoffmann** Verbraucherinsolvenz S. 92, vgl. ferner zum Eröffnungsverfahren im Verbraucherinsolvenzverfahren FK-**Kothe** § 311, Rz. 4ff.; HK-**Landfermann** § 311, Rz. 2; 176.

1013 § 306 I 2 InsO gibt insoweit eine maximale Zeitgrenze von drei Monaten vor, währenddessen das Eröffnungsverfahren ruhen kann.

1014 Vgl. Zweiter Teil, Kapitel 1 C. VIII. 1.

ren in seiner mehrstufigen Form nur nach einem schuldnerischen Antrag durchgeführt werden kann. Beantragt dagegen ein Gläubiger die Verfahrenseröffnung und verzichtet der Schuldner darauf, seinerseits ebenfalls einen Insolvenzantrag zu stellen, so findet in diesem Fall lediglich ein einstufiges Verfahren nach §§ 311ff. InsO statt; das außergerichtliche Einigungs- und das gerichtliche Schuldenbereinigungsplanverfahren fallen dann dagegen aus. Der Tatbestand des Verbraucherbankrotts bietet daher mit dem Verzicht auf eine Anbindung der objektiven Strafbarkeitsbedingung des § 283e III an das Schuldenbereinigungsplanverfahren einen Anreiz für den Verbraucherschuldner, nach einem Antrag der Gläubigerseite und nach der gerichtlichen Aufforderung gem. § 306 III InsO selbst noch einen zusätzlichen Insolvenzantrag zu stellen und so die Mehrstufigkeit des Verfahrens zu erzwingen. Gelingt es dann tatsächlich in den Vorstufen nach §§ 305ff. InsO eine Einigung herbeizuführen, so gelten die Eröffnungsanträge gem. § 308 II InsO als zurückgenommen und die objektive Strafbarkeitsbedingung nach § 283e III, 2. oder 3. Var. bleibt aus. Der Verbraucherschuldner kann in einer solchen Situation abgesehen vom Fall der Zahlungseinstellung mit Straffreiheit nach § 283e rechnen. Unter diesem Blickwinkel stärkt der Vorschlag der vorliegenden Arbeit damit auch seine Bereitschaft, sich ernsthaft und nachhaltig um eine Einigung mit den Gläubigern über den Schuldenbereinigungsplan zu bemühen und so die Durchführung eines Verfahrens nach §§ 311ff. InsO abzuwenden. Insgesamt betrachtet trägt die vorgeschlagene Ausgestaltung des § 283e III also dazu bei, frühzeitige Einigungen auf der Grundlage eines Schuldenbereinigungsplans zu ermöglichen, was zivilrechtlich aus der Sicht aller Beteiligten zu begrüßen ist.
Wie der außergerichtliche Einigungsversuch muß daher auch das Schuldenbereinigungsplanverfahren nach §§ 305ff. InsO insolvenzstrafrechtlich für § 283e III ohne Relevanz bleiben.

9. Die subjektive Tatseite

In subjektiver Hinsicht verlangt § 283e wie der Tatbestand des Bankrotts nach § 283 I, II StGB Vorsatz, wobei dolus eventualis genügt. Im Gegensatz zum Entwurf Moosmayers ist für die Strafbarkeit des Verbraucherschuldners nach § 283e eine Absicht, die Befriedigungsinteressen der Gläubiger zu vereiteln, nicht erforderlich.
Zum einen wird so ein weiteres Mal die sachliche Nähe zu § 283 StGB zum Ausdruck gebracht. § 283e setzt ebenso wie dieser neben der Bankrotthandlung das Vorliegen einer wirtschaftlichen Krisensituation und den Eintritt einer objektiven Strafbarkeitsbedingung voraus. Eines die Strafbarkeit des Verbraucherschuldner

zusätzlich beschränkenden Absichtsmerkmals bedarf es damit auch hier nicht.[1015] Zum anderen begegnete der Nachweis eines solchen Merkmals gerade bei einem Verbraucherschuldner vielfach großen praktischen Schwierigkeiten, was einem effektiven strafrechtlichen Schutz der Gläubiger entgegenstünde.[1016]

10. Die fehlende Versuchsstrafbarkeit

Im Interesse einer klaren und eng begrenzten Regelung verzichtet § 283e im Gegensatz zu § 283 III StGB auf die Normierung einer Versuchsstrafbarkeit. Der Versuch des Verbraucherbankrotts ist damit nach §§ 22, 23 I, 12 I StGB straflos. Gerade im Bereich der Verbraucherschuldner muß die Strafe in einem besonderen Maße kalkulierbar sein. Ferner ist § 283e wie § 283 StGB als abstraktes Gefährdungsdelikt ausgestaltet; der Eintritt eines Vermögensschadens der Gläubiger wird vom Tatbestand nicht vorausgesetzt. Die Strafbarkeit setzt damit bereits zu einem frühen Zeitpunkt ein. Darüber hinaus erfahren die Merkmale der drohenden und der eingetretenen Zahlungsunfähigkeit auf Grund der Akzessorietät des Insolvenzstrafrechts zum zivilen Insolvenzrecht ebenso wie die objektiven Bedingungsvarianten des § 283e III eine Vorverlagerung gegenüber dem früheren Konkursrecht. Zudem stellt § 283e anders als der Bankrott ein ausschließlich die individuellen Gläubigerinteressen schützendes Delikt dar. Auf eine zusätzliche Vorverlegung des strafrechtlichen Schutz der Gläubiger in Form einer Versuchsstrafbarkeit ist daher zu verzichten.

11. Der Strafrahmen

Gegen die Erfassung von Verbraucherbankrotthandlungen über § 283 StGB war im Rahmen der Untersuchung die Gefahr von Wertungswidersprüchen angeführt worden.[1017] Auf der einen Seite hat das zivile Insolvenzrecht aus sozialen Gründen neue Wege eingeführt, um auch privaten Schuldnern ein geordnetes Verfahren und einen Ausweg aus einer anderweitig drohenden, lebenslangen Schuldenhaft zu er-

---

1015 Auch der von **U. Richter** in Tagungsberichte III, Anlage 4, S. 28 vorgeschlagene § e läßt zwar Vorsatz in Form von dolus eventualis ausreichen. U. Richter fordert aber andererseits objektiv die Vereitlung der Befriedigung eines oder mehrerer Gläubiger und verzichtet dann darüber hinaus auf das Erfordernis einer objektive Strafbarkeitsbedingung.

1016 **Moosmayer** S. 117 begegnet diesen Einwänden mit dem Argument, daß für § 288 StGB de lege lata dolus directus ausreiche, also keine Absicht im technischen Sinne verlangt werde. Diese Auslegung sei entsprechend auch auf den umgestalteten Tatbestand de lege ferenda zu übertragen. Besondere Nachweisschwierigkeiten stellten sich damit nicht. Einem Verbraucherschuldner könne nämlich anders als einem Unternehmer bei Schmälerung seiner Haftungsmasse kaum das Vorbringen gelingen, er habe hierbei eine Gefährdung der Gläubiger nicht als sichere Nebenfolge vorhergesehen.

1017 Vgl. nochmals Dritter Teil, Kapitel 4 C. I.

möglichen. Damit kann auf der anderen Seite keine Verschärfung der strafrechtlichen Haftung einher gehen. Allerdings weist § 288 StGB, der bis zum Inkrafttreten der InsO primär zur strafrechtlichen Sanktionierung von verbraucherschuldnerischen Fehlverhalten herangezogen wurde, gegenüber § 283 StGB, der insofern heute zumindest de iure an dessen Stelle getreten ist, einen erheblich milderen Strafrahmen auf. Strafrechtlich würde der private Schuldner damit nach § 283 StGB gegenüber der früheren Rechtslage und entgegen der Intention des Gesetzgebers der §§ 304ff., 286ff. InsO schlechter gestellt. Um solche Wertungswidersprüche zwischen Zivil- und Strafrecht zu vermeiden übernimmt § 283e I den Strafrahmen des § 288 StGB und bewirkt insofern eine Gleichstellung der Verbraucherschuldner vor und nach der Insolvenzrechtsreform.[1018] Ferner wird so auch auf der Rechtsfolgenseite berücksichtigt, daß die Gefährdung der Gläubiger bei Bankrotthandlungen privat verbrauchender oder kleinunternehmerisch tätiger Schuldner verglichen mit den § 283 StGB unterworfenen Schuldnern finanziell regelmäßig ein geringeres Ausmaß erreicht.

12. Das Antragserfordernis

Schließlich stellt § 283e gem. Absatz 4 ein Antragsdelikt dar.[1019] Insofern lehnt sich die Vorschrift neuerlich an § 288 StGB an und vermeidet so wiederum eine Schlechterstellung des Verbraucherschuldners gegenüber der Rechtslage vor dem 1.1.1999. Überdies erscheint es auch im Hinblick auf eine Reduzierung des Ermittlungsaufwandes der Strafverfolgungsbehörden angebracht, in wirtschaftspolitisch kleinbedeutenden Fällen das Legalitätsprinzip zu lockern und den Offizialdelikten der §§ 283-283d StGB mit § 283e ein Antragsdelikt für Verbraucherschuldner beizustellen.[1020]

1018 Insoweit entspricht der Vorschlag dieser Arbeit daher den Lösungsmodellen von **U. Richter** in Tagungsberichte III, Anlage 4, S. 28; **Moosmayer** S. 117 und **Penzlin** S. 209.

1019 Ebenso die Lösungsmodelle von **U. Richter** in Tagungsberichte III, Anlage 4, S. 28; **Moosmayer** S. 117f. und **Penzlin** S. 210.

1020 Ähnliche Überlegungen de lege ferenda stellt auch **Herbert Wagner** KR 1998, 664 an.

Vierter Teil: Zusammenfassung der Ergebnisse der Arbeit

Damit können im abschließenden vierten Teil die wesentlichen Ergebnisse der Arbeit thesenartig wie folgt zusammengefaßt werden:

1. Nach der Insolvenzrechtsreform besteht eine vergrößerte Legitimationsgrundlage für das Insolvenzstrafrecht. (2. Teil, Kapitel 2 A.)

2. Den Änderungen des Strafrechts im Rahmen der Insolvenzrechtsreform kommt keine Rückwirkung nach § 2 III StGB zu. Vielmehr ist der zeitliche Anwendungsbereich der §§ 283ff. StGB nach den allgemeinen Regeln des § 2 I, II StGB zu bestimmen. (2. Teil, Kapitel 2 C.)

3. In individueller Hinsicht dient § 283 StGB wie das zivile Insolvenzrecht dem Schutz der materiellen Befriedigungsinteressen der Gesamtgläubigerschaft in der Insolvenz des Schuldners. Der Schutz der durch die Insolvenzrechtsreform gestärkten Gestaltungsinteressen der Gläubiger wird davon mitumfaßt. Ein entsprechendes eigenständiges Schutzgut des Bankrotts existiert nicht. (3. Teil, Kapitel 1 A. I. und II.)

4. Dem Bankrott wohnt eine zweite, überindividuelle Schutzrichtung inne. Neben den individuellen Befriedigungsinteressen der Gläubiger ist gleichrangig auch die Gesamtwirtschaft als Schutzgut des § 283 StGB anzuerkennen. (3. Teil, Kapitel 1 B.)

5. Die Bestimmung des Krisenmerkmals der eingetretenen Zahlungsunfähigkeit in § 283 I StGB hat sich nach Inkrafttreten der Insolvenzrechtsreform an der Legaldefinition des § 17 II 1 InsO auszurichten. Über die begriffliche Parallelität hinaus besteht damit insoweit auch eine inhaltliche Abhängigkeit des Insolvenzstrafrechts von den Vorgaben des zivilen Insolvenzrechts. (3. Teil, Kapitel 2 A. I.)

6. Als Ursache einer Zahlungsunfähigkeit kommt nur ein Mangel an Geldmitteln in Betracht. Sonstige Ursachen wie etwa eine Erkrankung oder Überlastung des Schuldners spielen keine Rolle. Insbesondere kann auch eine echte Zahlungsunwilligkeit nicht als Zahlungsunfähigkeit angesehen werden. (3. Teil, Kapitel 2 A. II. 2. a))

7. Berücksichtigungsfähige Zahlungsmittel sind lediglich die Geldmittel des Schuldners, d.h. sein Bar- und Buchgeld. Das liquidierbare Anlagevermögen hat bei der Beurteilung, ob eine Zahlungsunfähigkeit vorliegt, außer Betracht zu bleiben. (3. Teil, Kapitel 2 A. II. 2. b))

8. § 17 II 1 InsO verzichtet im Gegensatz zur früheren Definition auf das Merkmal des ernsthaften Einforderns einer Forderung und setzt nur noch deren Fälligkeit voraus. Unterschiede zur früheren Rechtslage ergeben sich damit insoweit, als heute auch solche Forderungen zu berücksichtigen sind, deren Gläubiger seit Eintritt der Fälligkeit keine Anstrengung unternommen haben, diese einzutreiben. (3. Teil, Kapitel 2 A. II. 2. d))

9. Die Legaldefinition des § 17 II 1 InsO enthält auch das Merkmal der Dauerhaftigkeit nicht mehr. Dennoch ist die eingetretene Zahlungsunfähigkeit nicht als strikte Zeitpunktilliquidität aufzufassen. Vielmehr muß weiterhin im Sinne einer zeitraumbezogenen Betrachtungsweise in geringen Grenzen eine noch unbeachtliche Zahlungsstockung von der eigentlichen Zahlungsunfähigkeit unterschieden werden. In Anlehnung an die gesellschaftsrechtlichen Fristen zur Stellung eines Insolvenzantrags ist die zeitliche Obergrenze einer Zahlungsstockung heute für alle Schuldner einheitlich bei drei Wochen anzusetzen. (3. Teil, Kapitel 2 A. II. 2. e))

10. § 17 II 1 InsO nimmt schließlich das Merkmal der Wesentlichkeit nicht mehr auf. Entgegen der überwiegenden Ansicht im Schrifttum ist insofern unter der Geltung des neuen Insolvenzrechts auf jede Beibehaltung eines entsprechenden Geringfügigkeitskriteriums zu verzichten. Jede summenmäßig auch noch so kleine Liquidationslücke kann damit heute ein Insolvenzverfahren auslösen, bzw. das Vorliegen einer insolvenzstrafrechtlich relevanten Krisensituation begründen. (3. Teil, Kapitel 2 A. II. 2. f))

11. Insgesamt betrachtet liegt Zahlungsunfähigkeit im Vergleich zur vormaligen Definition heute zeitlich früher vor. Die Insolvenzrechtsreform führt damit hier zu einer ersten Vorverlagerung der Strafbarkeit nach § 283 StGB. (3. Teil, Kapitel 2 A. III.)

12. Auch das Krisenmerkmal der drohenden Zahlungsunfähigkeit in § 283 I StGB ist inhaltsakzessorisch im Sinne der Legaldefinition des § 18 II InsO auszulegen. (3. Teil, Kapitel 2 B. I.)

13. Bezugspunkt der Prüfung einer drohenden Zahlungsunfähigkeit sind lediglich die im Prüfungszeitpunkt bereits zur Entstehung gelangten Forderungen. Kann der Schuldner diese voraussichtlich im Zeitpunkt ihrer Fälligkeit nicht erfüllen, so liegt drohende Zahlungsunfähigkeit vor. In die erforderliche Prognoseprüfung allerdings sind neben diesen Forderungen auch solche einzustellen, die zwar erst in Zukunft entstehen, die aber ihrerseits vor dem spätesten Fälligkeitstermin der im Prüfungszeitpunkt schon bestehenden Forderungen selbst fällig werden. Diese Forderungsmenge bildet den Prüfungsmaßstab. (3. Teil, Kapitel 2 B. II. 2. c))

14. Die Prognoseprüfung ist an Hand eines zukunftsgerichteten Finanzplans vorzunehmen, der die vorhandenen Geldmittel und die voraussichtlichen Einnahmen den voraussichtlichen Verbindlichkeiten gegenüberstellt. Nach dem Wortlaut der Legaldefinition ist die Prüfung zwar grundsätzlich auf den Zeitraum bis zur spätesten Fälligkeit der bereits bestehenden Forderungen zu beziehen. Liegt diese Zeitgrenze aber weiter als ein Jahr vom Prüfungszeitpunkt entfernt, so ist die Prüfung auf den Zeitraum von einem Jahr zu begrenzen. Dieser Grenzwert gewährleistet die Praktikabilität des Begriffs der drohenden Zahlungsunfähigkeit und stellt dessen Vereinbarkeit mit dem verfassungsrechtlichen Bestimmtheitsgrundsatz des Art. 103 II GG sicher. (3. Teil, Kapitel 2 B. II. 2. d))

15. Insgesamt betrachtet tritt auf Grund der Neudefinition der eingetretenen Zahlungsunfähigkeit nach § 17 II 1 InsO auch das Krisenmerkmal der drohenden Zahlungsunfähigkeit zeitlich früher ein als unter der Geltung des vormaligen Konkursrechtes. Die Einfügung der drohenden Zahlungsunfähigkeit als zusätzlicher Insolvenzgrund und deren Legaldefinition in § 18 II InsO führen daneben zwar zu keiner weiteren nennenswerten Vorverlagerung des Insolvenzstrafrechts. Allerdings erhöht § 18 II InsO die Bestimmtheit des wort- und inhaltsgleichen Begriffs in § 283 I StGB. (3. Teil, Kapitel 2 B. III.)

16. Die zivilrechtlichen Vorgaben der Legaldefinition des § 19 II InsO sind ebenfalls in das Strafrecht zu übernehmen. Auch hinsichtlich der dritten Krise der Überschuldung besteht damit nicht nur eine begriffliche, sondern auch eine inhaltliche Abhängigkeit des Insolvenzstrafrechts vom zivilen Insolvenzrecht. (3. Teil, Kapitel 2 C. I.)

17. Entgegen der Rechtsprechung des BGH und der bislang hM im Schrifttum hat damit heute die Feststellung einer Überschuldung auch im Insolvenzstrafrecht nicht mehr nach der modifizierten sondern nach der herkömmlichen zweistufigen Methode zu erfolgen. Danach entscheidet letztlich immer die bilanzielle Prüfung über das Vorliegen einer Überschuldung. Das Ergebnis der Fortführungsprognose legt lediglich den ihr zugrunde zu legenden Bewertungsansatz fest. (3. Teil, Kapitel 2 C. II. 2.)

18. Die Fortführungsprognose zielt neben der Feststellung der Fortführungsabsicht des Schuldners auf die Ermittlung der künftigen wirtschaftlichen Lebens- und Leistungsfähigkeit des Unternehmens. Letztere ist an Hand des Kriteriums der künftigen Zahlungsfähigkeit zu bestimmen. Der Prognosezeitraum ist dabei auf maximal ein Jahr zu begrenzen. Überschuldung und drohende Zahlungsunfähigkeit liegen damit in der Praxis zwar häufig, nicht aber zwangsläufig gleichzeitig vor. (3. Teil, Kapitel 2 C. II. 2. b))

19. Im Falle einer positiven Fortführungsprognose ist die Überschuldungsbilanz nach den Fortführungswerten aufzustellen. Diese sind nach dem Ertragswertverfahren zu bestimmen. Im Falle einer negativen Fortführungsprognose basiert die Überschuldungsbilanz auf den Liquidationswerten. Der Vermögenswert entspricht dabei der Summe der Erlöse aus einem fiktiven Verkauf der einzelnen Vermögensteile. Hier ist im Regelfall von einer Einzelveräußerung unter Normalbedingungen auszugehen. (3. Teil, Kapitel 2 C. II. 2. c) aa) und bb))

20. Forderungen aus eigenkapitalersetzenden Gesellschafterdarlehen sind nach der Insolvenzrechtsreform grundsätzlichen in einer Überschuldungsbilanz zu passivieren. Diese Passivierung kann nur dann vermieden werden, wenn zwischen dem Gesellschaftergläubiger und der Gesellschaft ein aufschiebend bedingter Erlaß der Forderung für den Fall der Eröffnung eines Insolvenzverfahrens vereinbart wird. (3. Teil, Kapitel 2 C. II. 2. d))

21. Die insolvenzstrafrechtliche Krise der Überschuldung tritt heute insgesamt betrachtet häufiger ein, da ein positives Prognoseergebnis allein im Gegensatz zur Rechtsprechung des BGH und zur bislang hM das Vorliegen einer Überschuldung nicht mehr auszuschließen vermag. Ferner dient die neue Legaldefinition einer Vergrößerung der Bestimmtheit des insolvenzstrafrechtlichen Krisenmerkmals. (3. Teil, Kapitel 2 C. III.)

22. Neben den drei Krisenmerkmalen besteht auch hinsichtlich des Begriffs der Zahlungseinstellung eine begriffliche und inhaltliche Abhängigkeit des Insolvenzstrafrechts vom zivilen Insolvenzrecht. Das zivilrechtliche Begriffsverständnis nach § 17 II 2 InsO ist auf die Auslegung des § 283 VI, 1. Var. StGB zu übertragen. (3. Teil, Kapitel 3 C. I. 1.)

23. Zahlungseinstellung liegt vor, wenn der Schuldner aus welchem Grund und in welchem Umfang auch immer nach außen hin erkennbar seine fälligen Zahlungsverpflichtungen über einen mindestens drei Wochen andauernden Zeitraum nicht erfüllt. (3. Teil, Kapitel 3 C. I. 2.)

24. Die Einbindung der früheren Vergleichsverfahren in das heutige Insolvenzverfahren, die Neubestimmung der eingetretenen Zahlungsunfähigkeit und der Überschuldung sowie die Einführung der drohenden Zahlungsunfähigkeit als Insolvenzgrund führen zu einer Ausweitung des Anwendungsbereichs der objektiven Strafbarkeitsbedingung und damit des gesamten Insolvenzstrafrechts in sachlicher und zeitlicher Hinsicht. (3. Teil, Kapitel 3 D.)

25. Hinsichtlich der drohenden Zahlungsunfähigkeit ergibt sich dabei eine funktionale Inkongruenz zwischen zivilem Insolvenzrecht und Insolvenzstrafrecht, die einer Korrektur bedarf. Nach dem Vorschlag dieser Arbeit ist § 283 VI StGB gesetzlich umzugestalten. De lege ferenda bleibt hiernach die Eröffnung eines Insolvenzverfahrens oder dessen Ablehnung mangels Masse bei drohender Zahlungsunfähigkeit ohne insolvenzstrafrechtliche Relevanz. Daneben ist mit der bereits bislang hM auch in Zukunft eine Strafbarkeit nach § 283 StGB zu verneinen, wenn der Eintritt einer Bedingungsvariante des § 283 VI StGB mit der Vornahme der Bankrotthandlung in keinerlei Zusammenhang steht. (3. Teil, Kapitel 3 E. und F.)

26. Die Abhängigkeit des Insolvenzstrafrechts vom zivilen Insolvenzrecht zeigt sich schließlich im Sonderdeliktscharakter des Bankrotts. Als taugliche Täter kommen nach § 283 StGB nur Gesamtschuldner im Sinne des zivilen Insolvenzrechts in Betracht. Schuldende juristische Personen oder Personenvereinigungen können sich nach derzeit herrschender Strafrechtsdogmatik nicht strafbar machen. Daran ist jedenfalls für das Insolvenzstrafrecht auch in Zukunft festzuhalten. Für den Fall der insolventen GbR drohen de lege lata Strafbarkeitslücken, da eine Zurechnung ihrer Gesamtschuldnereigenschaft auf den handelnden Gesellschafter über § 14 I Nr. 2 StGB nicht erfolgen kann. Hier ist de lege ferenda ein eigenes Zurechnungsmodell zu entwickeln. (3. Teil, Kapitel 4 A. I und II.)

27. Im Rahmen der vorgeschlagenen Änderung des § 283 VI StGB ist das dort enthaltene Wort Täter klarstellend durch Schuldner zu ersetzen. (3. Teil, Kapitel 4 A. III.)

28. Die Einführung eines besonderen Verbraucherinsolvenzverfahrens in den §§ 304ff. InsO hat zur Folge, daß heute die objektive Strafbarkeitsbedingung nach § 283 VI, 2. oder 3. Var. StGB im Falle insolventer Verbraucherschuldner vermehrt eintritt. Damit entfällt ein wesentliches Hindernis, das der Anwendung des § 283 StGB in diesem Bereich bislang entgegengestanden und statt dessen zur Heranziehung des § 288 StGB geführt hatte. (3. Teil, Kapitel 4 B.)

29. Gegen die Erfassung von Verbraucherbankrotthandlungen über § 283 StGB lassen sich gravierende kriminalpolitische und dogmatische Einwände vorbringen. Insbesondere kann das für alle Tatvarianten des Bankrotts bedeutungsvolle Tatbestandsmerkmal des ordnungsgemäßen Wirtschaftens im Falle eines Verbraucherschuldners nicht konkretisiert werden. Ferner können Verbraucherbankrotthandlungen weder über die Tatbestände der §§ 288, 263, 266 StGB hinreichend erfaßt werden noch dürfen sie straflos bleiben. (3. Teil, Kapitel 4 C., D. und E.)

30. Aus diesen Gründen ist de lege ferenda die Einführung eines eigenen Tatbestandes des Verbraucherbankrotts in das StGB als § 283e notwendig. Dem Anwendungsbereich des Verbraucherbankrotts unterfallen neben den privaten Verbraucherschuldnern in Anlehnung an das zivilrechtliche Verfahren nach §§ 304ff. InsO auch die geringfügig selbständig wirtschaftlich tätigen Kleinunternehmer. Die vorgeschlagenen Änderungen des § 283 VI StGB sind auf die objektive Strafbarkeitsbedingung des Verbraucherbankrotts nach § 283e III zu übertragen. Ferner muß das Schuldenbereinigungsplanverfahren nach §§ 305ff. InsO insolvenzstrafrechtlich ohne Relevanz bleiben. Im übrigen paßt § 283e die Strafbarkeit wegen Verbraucherbankrotts an die Besonderheiten des ihm unterworfenen Täterkreises an. Wie § 288 StGB sieht schließlich auch § 283e einen Strafrahmen bis zu zwei Jahren vor und ist als Antragsdelikt ausgestaltet (3. Teil, Kapitel 4 F.)

Verzeichnis der zitierten Literatur

Achenbach, Hans, Die Sanktionen gegen die Unternehmensdelinquenz im Umbruch in JuS 1990, Seite 601-608

Ackmann, Hans-Peter, Neue Wege zur Bereinigung von Verbraucherinsolvenzen? – Die Vorschläge der Insolvenzrechtsreformkommission im Vergleich mit Kapitel 13 des U.S. Bankruptcy Code in KTS 1986, Seite 555-607

Ahnert, Sascha, Verbraucherinsolvenz und Restschuldbefreiung, Stuttgart, 1998

Aktiengesetz Großkommentar, herausgegeben von Klaus J. Hopt und Herbert Wiedemann, 4. Auflage, 8. Lieferung: §§ 399-410, Bearbeiter: Harro Otto, Berlin, New York, 1997, zit. Bearbeiter AktG

Alternativkommentar, Kommentar zum Strafgesetzbuch, Reihe Alternativkommentare, Gesamtherausgeber Rudolf Wassermann, Band 1, §§ 1-21, Neuwied, 1990, zit.: AK-Bearbeiter

Altmeppen, Holger, Probleme der Konkursverschleppungshaftung in ZIP 1997, Seite 1173-1185

Alwart, Heiner, Über die Hypertrophie eines Unikums (§ 265a StGB) – Die unbemerkte Straflosigkeit des Schwarzfahrens im Massenverkehr in JZ 1986, Seite 563-569

ders., Strafrechtliche Haftung des Unternehmens – vom Unternehmenstäter zum Täterunternehmen in ZStW 1993, Seite 752-773

Angele, Jürgen, Die Unternehmensinsolvenzen in der Bundesrepublik Deutschland aus der Sicht der Statistik – unter besonderer Berücksichtigung des Zeitraums 1970-1980 in ZIP 1981, Seite 463-466

ders., Insolvenzen 1993 in WiSta 1994, Seite 205-210

ders., Insolvenzen 1996 in WiSta 1997, Seite 226-231

Arens, Norbert, Ertragswertorientierte Überschuldungsprüfung, Frankfurt, 1991

Arloth, Frank, Zur Abgrenzung von Untreue und Bankrott bei der GmbH in NStZ 1990, Seite 570-575

ders., Buchbesprechung: Daniel-Marcus Krause, Ordnungsgemäßes Wirtschaften und erlaubtes Risiko. Grund- und Einzelfragen des Bankrotts (§ 283 StGB) – zugleich ein Beitrag zur Dogmatik des Konkursstrafrechts, Berlin, 1995 in GA 1997, Seite 143-145

Arnold, Hans, Das Insolvenzverfahren für Verbraucher und Kleingewerbetreibende nach der Insolvenzordnung von 1994 in DGVZ 1996, Seite 129-136

Arzt, Günther; Weber, Ulrich, Strafrecht Besonderer Teil – Lehrbuch, Bielefeld, 2000

Auler, Wolf D., Der Überschuldungsstatus als Bewertungsproblem in DB 1976, Seite 2169-2173

Bähner, Eberhard, Die Fortbestehensprognose im Rahmen der zweistufigen Überschuldungsrechnung in KTS 1988, Seite 443-453

Baetge, Joerg; Huß, Michael; Niehaus, Hans-Jürgen, Die statistische Auswertung von Jahresabschlüssen zur Informationsgewinnung bei der Abschlußprüfung in WPg 1986, Seite 605-613

Baier, C. G., Vermögensaufgabe und Überschuldung in NJW 1956, Seite 1302-1305

Balz, Manfred, Insolvenzverfahren für Verbraucher ? in ZRP 1986, Seite 12-20

ders., Der Verbraucher im Insolvenzrecht – Rechtspolitische Überlegungen in: Verbraucherkredit und Verbraucherinsolvenz – Perspektiven für die Rechtspolitik aus Europa und USA, Tagung des Zentrums für Europäische Rechtspolitik (ZERP) in Bremen am 18. und 19. April 1985, herausgegeben von Günter Hörmann, Bremen, 1986, Seite 250-278, zit.: Balz in Verbraucherkredit und Verbraucherinsolvenz

ders., Aufgaben und Strukturen des künftigen, einheitlichen Insolvenzverfahrens in ZIP 1988, Seite 273-294

ders., Die Ziele des Reformentwurfs in: Neuordnung des Insolvenzrechts, herausgegeben von Bruno M. Kübler, Köln, 1989, Seite 1-19, zit.: Balz in Neuordnung des Insolvenzrechts

Baudrexel, Robert, Grundzüge des Insolvenzrechts in JuS 1996, Seite 691-702

Baumann, Jürgen, Wirtschaftsstrafrecht in: Staatslexikon – Recht, Wirtschaft, Gesellschaft, herausgegeben von der Görres-Gesellschaft, Achter Band, Verbände bis Zypern, Freiburg, 6. Auflage, 1963, Seite 822-827, zit.: Baumann in Staatslexikon^{6}, Art. Wirtschaftsstrafrecht

ders., Strafrecht und Wirtschaftskriminalität in JZ 1983, Seite 935-939

Baumann, Jürgen; Weber, Ulrich; Mitsch, Wolfgang, Strafrecht – Allgemeiner Teil, Lehrbuch, 10. Auflage, Bielefeld, 1995

Baumbach, Adolf; Hueck, Alfred, GmbH-Gesetz, 16. Auflage, München, 1996, zit.: Baumbach/ Hueck-Bearbeiter

Baumgarte, Christian, Die Mitteilungen in Zivilsachen (MiZi) als Erkenntnisquelle für die Strafverfolgungsbehörden in Wirtschaftsstrafverfahren in wistra 1991, Seite 171-174

ders., Die Strafbarkeit von Rechtsanwälten und anderen Beratern wegen unterlassener Konkursanmeldung in wistra 1992, Seite 41-47

Baur, Fritz; Stürner, Rolf, Zwangsvollstreckungs-, Konkurs- und Vergleichsrecht – Ein Lehrbuch, Band II, Insolvenzrecht, 12. Auflage, Heidelberg, 1990, zit.: Baur/ Stürner Zwangsvollstreckungs-, Konkurs- und Vergleichsrecht

dies., Insolvenzrecht – Ein Lehrbuch, 3. Auflage, Heidelberg, 1991, zit.: Baur/ Stürner Insolvenzrecht

Bea, F. X.; Kötzle, A., Ursachen von Unternehmenskrisen und Maßnahmen zur Krisenvermeidung in DB 1983, Seite 565-571

Bechtel, Heinrich, Wirtschafts- und Sozialgeschichte Deutschlands, München, 1967

Beeck, Volker, Die Konkursantragstellung als gläubigerspezifisches Entscheidungsproblem – Notwendigkeit und planerische Gestaltung der Entscheidungsfindung im Vorfeld der Schuldnerinsolvenz, Schwarzenbek, 1979

Beintmann, Ulrike, Eigenkapitalersetzende Gesellschafterdarlehen im Überschuldungsstatus in BB 1999, Seite 1543-1548

Berges, August Maria, Die Sanierung des Konkurses in BB 1976, Seite 387-389

Berz, Ulrich, Das Erste Gesetz zur Bekämpfung der Wirtschaftskriminalität in BB 1976, Seite 1435-1441

von Bethmann-Holweg, Moritz August, Der Civilprozeß des gemeinen Rechts in geschichtlicher Entwicklung, Bonn, Erster Band: Legis actiones, 1864, Zweiter Band: Formulae, 1865, Dritter Band: Cogitiones, 1866

Beule, Dieter, Aktuelles zur Insolvenzrechtsreform in InVo 1997, Seite 197-203

Bieneck, Klaus, Die Zahlungseinstellung in strafrechtlicher Sicht in wistra 1992, Seite 89-91

ders., Strafrechtliche Relevanz der Insolvenzordnung und aktueller Änderungen des Eigenkapitalersatzrechts in StV 1999, Seite 43-47

ders., Buchbesprechung: Dietmar Penzlin, Strafrechtliche Auswirkungen der Insolvenzordnung, 2000 in wistra 2001, Seite 53-54

Biermann, Manfred, Die Überschuldung als Voraussetzung zur Konkurseröffnung, Hamburg, 1963

Biletzki, Gregor C., Strafrechtlicher Gläubigerschutz bei fehlerhafter Buchführung durch den GmbH-Geschäftsführer in NStZ 1999, Seite 537-541

Bilo, Franz, Zum Problemkreis der Überschuldung im strafrechtlichen Bereich in GmbHR 1981, Seite 73-78 (Teil 1) und in GmbHR 1981, Seite 104-109

Birner, Klaus, Anmerkung zum Beschuß des BayObLG vom 14.4.1987 in BB 1988, Seite 1840-1841

Bittmann, Folker, Zahlungsunfähigkeit und Überschuldung nach der Insolvenzordnung in wistra 1998, Seite 321-326 (Teil 1) und in wistra 1999, Seite 10-18 (Teil 2)

Blei, Hermann, Strafrecht Allgemeiner Teil, 18. Auflage, München, 1983, zit.: Blei AT

Blumers, Wolfgang, Überschuldung als Konkursgrund bei der GmbH & Co.KG in BB 1976, Seite 1441-1443

Bockelmann, Paul, Betrug verübt durch Schweigen in: Festschrift für Eberhard Schmidt zum 70. Geburtstag, herausgegeben von Paul Bockelmann und Wilhelm Gallas, Göttingen, 1961, Seite 437-458, zit.: Bockelmann in FS Eb. Schmidt

ders., Strafrecht – Besonderer Teil/ 1 (Vermögensdelikte), 2. Auflage, München, 1982

Böhle-Stamschräder, Aloys, Zur Neuordnung des Konkursstrafrechts in KTS 1957, Seite 177-183

ders., Konkursordnung, 12. Auflage, München, 1976, zit.: Böhle-Stamschräder[12]

Bora, Alfons; Liebl, Karlhans; Poerting, Peter; Risch, Hedwig, Polizeiliche Bearbeitung von Insolvenzkriminalität, Wiesbaden, 1992

Borchert, Uwe; Hellmann, Uwe, „Tanken ohne zu zahlen" – eine Problemklärung in Sicht ? in NJW 1983, Seite 2799-2803

Bork, Reinhard, Einführung in das neue Insolvenzrecht, 2. Auflage, Tübingen, 1998

ders., Prozeßkostenhilfe für den Schuldner des Insolvenzverfahrens ? in ZIP 1998, Seite 1209-1218

ders., Ex-Unternehmer als Verbraucher ? in ZIP 1999, Seite 301-304

Borup, Peter, Die eingetretene Zahlungsunfähigkeit aus der Sicht der Betriebswirtschaftslehre und das Problem ihrer Meßbarkeit in BB 1986, Seite 1882-1887

ders., Die drohende Zahlungsunfähigkeit aus der Sicht der Betriebswirtschaftslehre und ihre Meßbarkeit in wistra 1988, Seite 88-92

Bottke, Wilfried, Das Wirtschaftsstrafrecht in der Bundesrepublik Deutschland in wistra 1991, Seite 1-10 (Teil 1) und in wistra 1991, Seite 52-56 (Teil 2)

ders., Zur Legitimität des Wirtschaftsstrafrechts im engeren Sinne und seiner spezifischen Deliktsbeschreibungen in: Bausteine des europäischen Wirtschaftsstrafrechts – Madrid-Symposium für Klaus Tiedemann, herausgegeben von Bernd Schünemann und Carlos Suárez Gonzáles, Köln, Berlin, Bonn, München, 1994, Seite 109-123, zit.: Bottke in Madrid-Symposium

Boujong, Karlheinz (Herausgeber), Karlsruher Kommentar zum Gesetz über Ordnungswidrigkeiten, München, 1989, zit.: KK-OWiG-Bearbeiter

Brandhuber, Klaus, Die Insolvenz eines Familienkonzernes, 3. Auflage, Köln, 1997

Brandstätter, Jörn, Die Prüfung der Sanierungsfähigkeit notleidender Unternehmen – Grundlagen, Durchführung und Unterstützung durch Expertensysteme, München, 1993

Braun, Eberhard; Uhlenbruck, Wilhelm, Unternehmensinsolvenz – Grundlagen, Gestaltungsmöglichkeiten, Sanierung mit der Insolvenzordnung, Düsseldorf, 1997

Bretzke, Ulrike, Der Begriff der „drohenden Zahlungsunfähigkeit“ im Konkursstrafrecht – Analyse und Darlegung der Konsequenzen aus betriebswirtschaftlicher Sicht, Köln, 1984

Breuer, Wolfgang, Das Regelinsolvenzverfahren in Beilage zu NJW Heft 1/ 1999, Seite 3-22

ders., Das neue Insolvenzrecht, München, 1998, zit.: Breuer Insolvenzrecht

Breutigam, Axel; Blersch, Jürgen; Goetsch, Hans-W., Insolvenzrecht – Kommentierung der Insolvenzordnung mit Antragsmustern für die Rechtspraxis, Band 1: §§ 1-173 InsO, Band 2: §§ 174-335 InsO, Berlin, Stand: September 1999, zit.: Breutigam/ Blersch/ Goetsch-Bearbeiter

Brüggemann, Christian, Die Rangrücktrittserklärung im Lichte der InsO in NZG 1999, Seite 811-814

von Brunegg, L. Segesser, Die Konkursverbrechen des deutschen Rechts – Eine dogmatische Studie in Der Gerichtssaal 1914, Seite 218-288

Bruns, Hans-Jürgen, Die Befreiung des Strafrechts vom zivilistischen Denken, Berlin, 1938

Bruns, Hermann, Gläubigerschutz gegen Vollstreckungsvereitlung in ZStW 1934 (53), Seite 457-490

Buchmann, Peter, Bestimmungsgründe für betriebliche Insolvenzen in Sparkasse 1987, Seite 384-388

Buchner, Helmut, Restschuldbefreiung in WM 1992, Seite 1268

Büschgen, Hans E., Zur Eigenkapitalausstattung der GmbH und GmbH & Co.KG in GmbHR 1974, Seite 25-35 (Teil 1) und in GmbHR 1974, Seite 49-53 (Teil 2)

Bundesministerium der Finanzen (Herausgeber), Amtliches Einkommensteuerhandbuch 1996, Fulda, 1996

Bundesministerium der Justiz (Herausgeber), Tagungsberichte der Sachverständigenkommission zur Bekämpfung der Wirtschaftskriminalität – Reform des Wirtschaftsstrafrechts, 2. und 3. Band, Bonn, 1973, zit.: Referent in Tagungsberichte

dass., Erster Bericht der Kommission für Insolvenzrecht, Köln, 1985, zit.: Erster Kommissionsbericht

dass., Zweiter Bericht der Kommission für Insolvenzrecht, Köln, 1986, zit.: Zweiter Kommissionsbericht

dass., Diskussionsentwurf – Gesetz zur Reform des Insolvenzrechts, Band 1: Entwurf einer Insolvenzordnung (EInsO) und anderer Reformvorschriften mit Begründung und Anhang, Köln, 1988, Band 2: Ergänzungen, Köln, 1989, zit.: Diskussionsentwurf

dass., Referentenentwurf, Band 1: Gesetz zur Reform des Insolvenzrechts mit Begründung, Köln, 1989, Band 2: Einführungsgesetz zum Gesetz zur Reform des Insolvenzrechts, Gesetzestext mit Begründung, Köln, 1990, zit.: Referentenentwurf

Burger, Anton, Zahlungsschwierigkeiten und ihre insolvenzrechtliche Bedeutung in AG 1988, Seite 286-293

ders., Zahlungsunfähigkeit und drohende Zahlungsunfähigkeit nach der geplanten Insolvenzordnung (InsO) in DB 1992, Seite 2149-2152

Burger, Anton; Buchhart, Anton, Zur Notwendigkeit des neuen Insolvenztatbestands „drohende Zahlungsunfähigkeit" in WPg 1999, Seite 155-162

Burger, Anton; Schellberg, Bernhard, Der Insolvenzplan im neuen Insolvenzrecht in DB 1994, Seite 1833-1837

dies., Die Auslösetatbestände im neuen Insolvenzrecht in BB 1995, Seite 261-266

dies., Zur Vorverlagerung der Insolvenzauslösung durch das neue Insolvenzrecht in KTS 1995, Seite 563-577

Centrale für GmbH Dr. Otto Schmidt (Herausgeber), GmbH-Handbuch – Gesellschaftsrecht, Rechnungswesen, Steuerrecht, Arbeits- und Sozialversicherungsrecht, Verträge und Formulare, Band II: Gesellschaftsrecht (Fortsetzung), Rechnungswesen, 15. Auflage, Köln, 1998, zit.: Bearbeiter in GmbH-Handbuch

Cohn, Robert, Zur Lehre vom strafbaren Bankerutt in GA 1893, Seite 198-221

Däubler, Wolfgang, Sinn und Unsinn der Insolvenzdelikte – Zugleich ein Beitrag zur Reform des Vermögensstrafrechts in Studien zum Wirtschaftsstrafrecht, herausgegeben von Jürgen Baumann und Gerd Dähn, Tübingen, 1972, Seite 1-16, zit.: Däubler in Studien zum Wirtschaftsstrafrecht

Dahl, Sven, Die Bewertung bei der Ermittlung einer Überschuldung nach § 63 GmbHG in GmbHR 1964, Seite 112-115

Dahm, Georg, Das Strafrecht Italiens im ausgehenden Mittelalter, Untersuchungen über die Beziehungen zwischen Theorie und Praxis im Strafrecht des Spätmittelalters, namentlich im XIV. Jahrhundert, Berlin, Leipzig, 1931

Damm, Gerhard, Zur Problematik von Statistiken über Wirtschaftsdelikte in wistra 1986, Seite 43-49

Dannecker, Gerhard, Die Neuregelung der Abzugsfähigkeit von Parteispenden als gesetzliche Milderung im Steuerstrafrecht in: Parteispendenproblematik, herausgegeben von Wolfgang de Boor, Gerd Pfeiffer und Bernd Schünemann, Köln, 1986, Seite 91-118, zit.: Dannecker in Parteispendenproblematik

ders., Das intertemporale Strafrecht, Tübingen, 1993, zit.: Dannecker Intertemporales Strafrecht

Deutler, Karl-F., Änderungen handels- und konkursrechtlicher Vorschriften durch das Erste WiKG in GmbHR 1977, Seite 36-41

Deutscher, Jörg; Körner, Peter, Strafrechtlicher Gläubigerschutz in der Vor-GmbH in wistra 1996, Seite 8-14

Dieckmann, Albrecht, Zur Behandlung des „Neuerwerbs" in: Insolvenzrecht im Umbruch – Analysen und Alternativen, Würzburger Arbeitstagung der Vereinigung der Zivilprozeßrechtslehrer zum Referentenentwurf einer Insolvenzordnung, herausgegeben von Dieter Leipold, Köln, Berlin, Bonn, München, 1991, Seite 127-138, zit.: Dieckmann in Insolvenzrecht im Umbruch

Döbereiner, Stefan, Das Schuldenbereinigungsverfahren nach der neuen Insolvenzordnung in JA 1996, Seite 603-607

ders., Die Restschuldbefreiung nach der neuen Insolvenzordnung in JA 1996, Seite 724-729

Doehring, Carl, Insolvenzverluste und Insolvenzursachen – Eine Auswertung statistischer Unterlagen in KTS 1969, Seite 34-40

ders., Insolvenzen und Wirtschaftskriminalität im Blickfeld neuerer statistischer Daten in KTS 1986, Seite 613-625

Dreiss, Wolfgang; Eitel-Dreiss, Monika, Erstes Gesetz zur Bekämpfung der Wirtschaftskriminalität mit Erläuterungen, Bergisch-Gladbach, 1977

Drukarczyk, Jochen, Unternehmen und Insolvenz – Zur effizienteren Gestaltung des Kreditsicherungs- und Insolvenzrechts unter Mitarbeit von Reinhard Rieger und Josef Duttle, Wiesbaden, 1987, zit.: Drukarczyk Unternehmen und Insolvenz

ders., Insolvenzrecht als Versuch marktkonformer Gestaltung von Verwertungsentscheidungen und Verteilungsregeln in ZIP 1989, Seite 341-351

ders., Kapitalerhaltungsrecht, Überschuldung und Konsistenz – Besprechung der Überschuldungsdefinition in BGH WM 1992, 1650 in WM 1994, Seite 1737-1746

Drukarczyk, Jochen; Schüler, Andreas, Die Eröffnungsgründe der InsO: Zahlungsunfähigkeit, drohende Zahlungsunfähigkeit und Überschuldung in: Kölner Schrift zur Insolvenzordnung, herausgegeben vom Arbeitskreis für Insolvenzgerichts- und Schiedsgerichtswesen e.V., 2. Auflage, Köln, Berlin, 2000, Seite 95-139, zit.: Drukarczyk/ Schüler in Kölner Schrift

Düll, Rudolf, Das Zwölftafelgesetz – Texte, Übersetzungen und Erläuterungen, 6. Auflage, München, Zürich, 1989

Ebermayer, Ludwig; Lobe, Adolf; Rosenberg, Werner, Das Reichsstrafgesetzbuch mit besonderer Berücksichtigung der Rechtsprechung des Reichsgerichts, 2. Auflage, Berlin, Leipzig, 1922

Egner, Henning; Wolff, Gerhardt, Zur Unbrauchbarkeit des Überschuldungstatbestands als gläubigerschützendes Instrument in AG 1978, Seite 99-106

Ehlers, Harald, Die Überschuldungssituation einer GmbH, ihre Rechtsfolgen und deren Abwendung in DStR 1998, Seite 1756-1761

Eickmann, Dieter; Flessner, Axel; Irschlinger, Friedrich; Kirchhof, Hans Peter; Kreft, Gerhart; Landfermann, Hans-Georg; Marotzke, Wolfgang, Heidelberger Kommentar zur Insolvenzordnung, Heidelberg, 1999, zit.: HK-Bearbeiter

Eisele, Wolfgang, Technik des betrieblichen Rechnungswesens – Buchführung und Bilanzierung, Kosten- und Leistungsrechnung, Sonderbilanzen, 6. Auflage, München, 1999

Eisenberg, Ulrich, Kriminologie, 4. Auflage, Köln, Berlin, Bonn, München, 1995

Engelhard, Hans A., Politische Akzente einer Insolvenzrechtsreform in ZIP 1986, Seite 1287-1291

Erbs, Georg; Kohlhaas, Max, Strafrechtliche Nebengesetze, herausgegeben von Friedrich Ambs, München, 5. Auflage, 134. Ergänzungslieferung, Stand: September 1999, zit.: Erbs/ Kohlhaas-Bearbeiter

Eucken, Walter, Grundsätze der Wirtschaftspolitik, 6. Auflage, Tübingen, 1990

Fachausschuß Recht des IDW, Empfehlungen zur Überschuldungsprüfung bei Unternehmungen in WPg 1997, Seite 22-25

Fenske, Ralf, Zur Unbrauchbarkeit des Überschuldungstatbestandes in AG 1997, Seite 554-559

Fischer, Werner, Die Überschuldungsbilanz, Köln, Berlin, 1980, zit.: Fischer Überschuldungsbilanz

ders., Dynamische Überschuldungsprüfung als Insolvenzindikator in DB 1981, Seite 1345-1351

Fleck, Hans-Joachim, Die Bilanzierung kapitalersetzender Gesellschafterdarlehen in der GmbH in: Handelsrecht und Steuerrecht, Festschrift für Georg Döllerer, herausgegeben von Brigitte Knobbe-Keuk, Franz Klein und Adolf Moxter, Düsseldorf, 1988, Seite 109-131, zit.: Fleck in FS Döllerer

ders., Das kapitalersetzende Gesellschafterdarlehen in der GmbH – Verbindlichkeit oder Eigenkapital in GmbHR 1989, Seite 313-323

Fleischer, Holger, Eigenkapitalersetzende Gesellschafterdarlehen und Überschuldungsstatus in ZIP 1996, Seite 773-779

Forsblad, Kirsten, Restschuldbefreiung und Verbraucherinsolvenz im künftigen deutschen Insolvenzrecht, Frankfurt, Berlin, Bern, New York, Paris, Wien, 1997

Franzheim, Horst, Probleme der Wirtschaftskriminalität aus der Sicht des Staatsanwalts in: Die Verbrechen in der Wirtschaft – Neue Aufgaben für Strafjustiz und Strafrechtsreform, herausgegeben von Klaus Tiedemann, Karlsruhe, 1970, Seite 93-107, zit.: Franzhcim in Verbrechen in der Wirtschaft

ders., Das Tatbestandsmerkmal der Krise im Bankrottstrafrecht in NJW 1980, Seite 2500-2504

ders., Der strafrechtliche Überschuldungsbegriff in wistra 1984, Seite 212-213

Freund, Georg, Strafrecht Allgemeiner Teil – Personale Straftatlehre; Berlin, Heidelberg, New York, 1998

Früh, Hans-Joachim, Anforderungen an den Wirtschaftsprüfer im Vorfeld der Insolvenz in WPg 1995, Seite 794-803

Fuchs, Karlhans, Behandlung und Abgrenzung von Insolvenzanträgen nach § 304ff. InsO in ZInsO 1999, Seite 185-190

ders., Verbraucherinsolvenzverfahren und Restschuldbefreiung in: Kölner Schrift zur Insolvenzordnung, herausgegeben vom Arbeitskreis für Insolvenzgerichts- und Schiedsgerichtswesen e.V., 2. Auflage, Köln, Berlin 2000, Seite 1679-1762, zit.: Fuchs in Kölner Schrift

Funke, Rainer, Zum Stand der inhaltlichen Diskussion über den Entwurf der Insolvenzordnung in AnwBl 1993, Seite 446-448

ders., Der Insolvenzplan des Entwurfs der Insolvenzordnung im Lichte der Erfahrung mit dem amerikanischen Reorganisations- und Schadensregulierungsrecht in: Für Recht und Staat, Festschrift für Herbert Helmrich zum 60. Geburtstag, herausgegeben von Klaus Letzgus, Hermann Hill, Hans Hugo Klein, Detlef Kleinert, Georg-Berndt Oschatz und Hans de With, München, 1994, Seite 627-641, zit.: Funke in FS Helmrich

ders., Die bestmögliche Befriedigung der Gläubiger als Hauptziel des Insolvenzverfahrens in BFuP 1995, Seite 26-39

ders., Restschuldbefreiung und Prozeßkostenhilfe in ZIP 1998, Seite 1708-1711

Gallandi, Volker, Straftaten im Bankrott – Normprogramm und komplexe Vorgänge in wistra 1992, Seite 10-13

Gauf, Heinrich, Anmerkung zum Urteil des BGH vom 5.5.1983 in NStZ 1983, Seite 505-507

Geerds, Detlev, Wirtschaftsstrafrecht und Vermögensschutz, Lübeck, 1990

Geers, Marion, Der taugliche Täter im Konkursstrafrecht, Freiburg, 1985

Geisler, Claudius, Zur Vereinbarkeit objektiver Bedingungen der Strafbarkeit mit dem Schuldprinzip – Zugleich ein Beitrag zum Freiheitsbegriff des modernen Schuldstrafrechts, Berlin, 1998

Geppert, Klaus, Vollstreckungsvereitlung (§ 288 StGB) und Pfandkehr (§ 289 StGB) in Jura 1987, Seite 427-434

Gerhardt, Walter, Aspekte zur Wechselwirkung zwischen Konkursrecht und Wirtschaftsleben in: Festschrift für Friedrich Weber zum 70. Geburtstag am 19. Mai 1975, herausgegeben von Erhard Bökelmann, Wolfram Henckel und Günther Jahr, Berlin, New York, 1975, Seite 181-196, zit.: Gerhardt in FS F. Weber

Gessner, Volkmar; Rhode, Barbara; Strate, Gerhard; Ziegert, Klaus A., Die Praxis der Konkursabwicklung in der Bundesrepublik Deutschland, Köln, 1978

Giebeler, Norbert, Die Feststellung der Überschuldung einer Unternehmung unter besonderer Berücksichtigung der Beziehung zur Zahlungsunfähigkeit, Frankfurt, 1982

Göhler, Erich, Gesetz über Ordnungswidrigkeiten unter Mitarbeit von Hans Buddendiek, 12. Auflage, München, 1998

Göhler, Erich; Wilts, Walter, Das Erste Gesetz zur Bekämpfung der Wirtschaftskriminalität in DB 1976, Seite 1609-1615 (Teil 1) und in DB 1976, Seite 1657-1662 (Teil 2)

Gössel, Karl Heinz, Strafrecht Besonderer Teil, Band 2, Straftaten gegen materielle Rechtsgüter des Individuums, Heidelberg, 1996

Gössweiner-Saiko, Theodor, Die Insolvenzkriminalität im Lichte marktwirtschaftlicher Kriterien – Ein wirtschaftskriminologischer Beitrag zur Praxis des Konkursstrafrechts in Archiv für Kriminologie 1982 (170), Seite 35-51

Gottwald, Peter (Herausgeber), Insolvenzrechtshandbuch, München, 1990, zit.: Bearbeiter in Gottwald (Hrsg.), Insolvenzrechtshandbuch

Graf-Schlicker, Marie Luise; Remmert, Andreas, Das neue Insolvenzrecht auf dem Prüfstand – Zum Zwischenbericht der Bund-Länder-Arbeitsgruppe „Insolvenzrecht" in ZInsO 2000, Seite 321-327

Gravenbrucher Kreis, Stellungnahme zu den Reformvorschlägen der Kommission für Insolvenzrecht, herausgegeben von Volker Grub, Bruno M. Kübler und Josef Wellensiek in BB Beilage 15/ 1986 zu Heft 29/ 1986, Seite 1-19

ders., Stellungnahme zum Diskussionsentwurf eines Insolvenzrechtsreformgesetzes in ZIP 1989, Seite 468-475

ders., Große Insolvenzrechtsreform gescheitert in ZIP 1990, Seite 476-479

ders., „Große" oder „kleine" Insolvenzrechtsreform in ZIP 1992, Seite 657-661

Groh, Manfred, Eigenkapitalersatz in der Bilanz in BB 1993, Seite 1882-1892

Gropp, Walter, Strafrecht Allgemeiner Teil, Berlin, Heidelberg, 1997

Grosche, Ernst-Joachim, Die Generalklausel des § 283 I Nr. 8 StGB im Deutschen Bankrottstrafrecht – Eine funktionale Untersuchung ihrer Berechtigung mit Blick auf das US-amerikanische Insolvenzdeliktsrecht, Würzburg, 1992

Groß, Paul J.; Hess, Harald, Die Zahlungsunfähigkeit als Insolvenzauslösegrund in WPg 1999, Seite 422-427

Großfeld, Bernhard, Unternehmens- und Anteilsbewertung im Gesellschaftsrecht – Zur Barabfindung ausscheidender Gesellschafter, 3. Auflage, Köln, 1994

Grote, Hugo, Restschuldbefreiungsantrag des Verbraucherschuldners im Insolvenzverfahren, das auf Gläubigerantrag eröffnet wurde in ZInsO 2000, Seite 146-148

Groth, Matthias, Überschuldung und eigenkapitalersetzende Gesellschafterdarlehen – Eine konkursrechtliche und konkursstrafrechtliche Untersuchung, Baden-Baden, 1995

Grub, Maximilian, Die insolvenzstrafrechtliche Verantwortlichkeit der Gesellschafter von Personenhandelsgesellschaften – Eine Untersuchung insbesondere im Hinblick auf die Anwendungsproblematik des § 14 StGB, Pfaffenweiler, 1995

Grub, Volker, Handlungsspielräume des Insolvenzverwalters in: Neuordnung des Insolvenzrechts, herausgegeben von Bruno M. Kübler, Köln, 1989, Seite 79-95, zit.: Grub in Neuordnung des Insolvenzrechts

ders., Neuerungen der künftigen Insolvenzordnung in AnwBl 1993, Seite 458-460

ders., Der Regierungsentwurf der Insolvenzordnung ist sanierungsfeindlich ! in ZIP 1993, Seite 393-398

ders., Überjustizialisierung und Eigenverwaltung des Pleitiers in WM 1994, Seite 880-881

Grub, Volker; Rinn, Katja, Die neue Insolvenzordnung – ein Freifahrschein für Bankrotteure ? in ZIP 1993, Seite 1583-1587

Grub, Volker; Smid, Stefan, Verbraucherinsolvenz als Ruin des Schuldners – Strukturprobleme des neuen Insolvenzrechts in DZWir 1999, Seite 1-8

Günther, Thomas; Scheipers, Thomas, Insolvenzursachen – Zum Stand der empirischen Ursachenforschung in DStR 1993, Seite 447-453

dies., Ergebnisse der empirischen Insolvenzprognoseforschung auf Basis von Jahresabschlußinformationen in DStR 1993, Seite 1077-1083

Haack, Michael, Der Konkursgrund der Überschuldung bei Kapital- und Personengesellschaften, Frankfurt, 1980, zit.: Haack Überschuldung

ders., Überschuldung – ein deskriptives Tatbestandsmerkmal in NJW 1981, Seite 1353

Haarmeyer, Hans; Wutzke, Wolfgang; Förster, Karsten, Handbuch zur Insolvenzordnung, 2. Auflage, München, 1998

Haas, Ulrich, Eröffnungsgründe: Zahlungsunfähigkeit/ drohende Zahlungsunfähigkeit/ Überschuldung in: Insolvenzrecht 1998 – Tagungsband zum RWS-Forum am 11. und 12. Oktober 1998 in Berlin, herausgegeben von Wolfram Henckel und Gerhart Kreft, Köln, 1999, Seite 1-28, zit.: Haas in Insolvenzrecht 1998

ders., Eigenkapitalersetzende Gesellschafterdarlehen und Feststellung der Überschuldung oder Zahlungsunfähigkeit in NZI 1999, Seite 209-215

Hachenburg, Max, Gesetz betreffend die Gesellschaften mit beschränkter Haftung (GmbHG) – Großkommentar, herausgegeben von Peter Ulmer, Dritter Band, §§ 53-85, Register, Berlin, New York, 8. Auflage, 1997, zit.: Hachenburg-Bearbeiter

Hälschner, Hugo, Das gemeine deutsche Strafrecht, Zweiter Band, Der besondere Theil des Systems, Erste Abtheilung, Bonn, 1884

Häsemeyer, Ludwig, Insolvenzrecht, 2. Auflage, Köln, Berlin, Bonn, München, 1998, ebenfalls zitiert: 1. Auflage, 1992

Haffke, Bernhard, Symbolische Gesetzgebung ? – Das Wirtschaftsstrafrecht in der Bundesrepublik Deutschland in KritV 1991, Seite 165-176

Hahn, Carl; Mugdan, Benno (Herausgeber), Die gesamten Materialien zu den Reichsjustizgesetzen auf Veranlassung des Kaiserlichen Justizamtes
Vierter Band. Materialien zu der Konkursordnung und dem Einführungsgesetz zu derselben vom 1. Februar 1877, sowie zu dem Gesetze, betreffend die Anfechtung von Rechtshandlungen eines Schuldners außerhalb des Konkursverfahrens vom 21. Juli 1879, Berlin, 1881
Siebenter Band. Materialien zum Gesetz über die Angelegenheiten der freiw. Gerichtsbarkeit. Materialien zum Gesetz, betr. Änderungen der Konkursordnung nebst Einführungsgesetz, Berlin, 1898

Hammerl, Horst, Die Bankrottdelikte – Zur strafrechtlichen und kriminologischen Problematik des einfachen und schweren Bankrotts (§§ 239, 240 KO), Frankfurt, 1970

Hanisch, Hans, Zur Reformbedürftigkeit des Konkurs- und Vergleichsrechts in ZZP 1977, Seite 1-38

Hansen, Herbert, Die unbefriedigende Kapitalstruktur deutscher Unternehmen in GmbHR 1996, Seite 327-330

Harneit, Paul, Überschuldung und erlaubtes Risiko, Köln, 1984

Hartung, Wolfgang, Der Rangrücktritt eines GmbH-Gläubigers – eine Chance für Wirtschaftskriminelle ? in NJW 1995, Seite 1186-1191

ders., Kapitalersetzende Darlehen – eine Chance für Wirtschaftskriminelle ? in NJW 1996, Seite 229-236

ders., Probleme bei der Feststellung der Zahlungsunfähigkeit – Kritische Bemerkungen eines Wirtschaftsstaatsanwalts in wistra 1997, Seite 1-12

Hartwig, Sven, Der strafrechtliche Gläubigerbegriff in § 283c StGB in: Festschrift für Günter Bemmann zum 70. Geburtstag am 15. Dezember 1997, herausgegeben von Joachim Schulz und Thomas Vormbaum, Baden-Baden, 1997, Seite 311-338, zit.: Hartwig in FS Bemmann

Heinz, Wolfgang, Die Bekämpfung der Wirtschaftskriminalität mit strafrechtlichen Mitteln – unter besonderer Berücksichtigung des 1. WiKG in GA 1977, Seite 193-221 (Teil 1) und in GA 1977, Seite 225-229 (Teil 2)

ders., Konzeption und Grundsätze des Wirtschaftsstrafrechts (einschließlich Verbraucherschutz) – Kriminologischer Teil in ZStW 1984 (96), Seite 417-451

Henckel, Wolfram, Deregulierung im Insolvenzverfahren in KTS 1989, Seite 477-494

ders., Verbraucherinsolvenzverfahren in: Festschrift für Hans Friedhelm Gaul zum 70. Geburtstag am 19. November 1997, herausgegeben von Eberhard Schilken, Ekkehard Becker-Eberhard und Walter Gerhardt, Bielefeld, 1997, Seite 199-216, zit.: Henckel in FS Gaul

Herget, Rudolf, Das Zurücktreten mit Forderungen bei Überschuldung der Aktiengesellschaft in AG 1974, Seite 137-143

Hess, Harald, Kommentar zur Konkursordnung, 6. Auflage, Neuwied, Kriftel, Berlin, 1998, zit.: Hess KO

ders., Das Insolvenzeröffnungsverfahren nach der Insolvenzordnung in FLF 1995, Seite 8-12

ders., InsO – Kommentar zur Insolvenzordnung mit EGInsO, Band 1 – Insolvenzordnung, Heidelberg, 1999, zit.: Hess InsO

Hess, Harald; Kranemann, Karl Robert; Pink, Andreas, InsO '99 – Das neue Insolvenzrecht, Köln, 1998

Hess, Harald; Obermüller, Manfred, Die Rechtsstellung der Verfahrensbeteiligten nach der Insolvenzordnung, Heidelberg, 1996, zit.: Hess/ Obermüller Rechtsstellung

dies., Insolvenzplan, Restschuldbefreiung und Verbraucherinsolvenz, Heidelberg, 1998, zit.: Hess/ Obermüller Insolvenzplan

Hess, Harald; Pape, Gerhard, InsO und EGInsO – Grundzüge des neuen Insolvenzrechts, Köln, 1995, zit.: Hess/ G. Pape

Hess, Harald; Weis, Michaela, Die Ausweitung der Insolvenzeröffnungstatbestände nach der InsO in InVo 1996, Seite 29-30

dies., Die Insolvenzmasse nach der Insolvenzordnung in InVo 1998, Seite 273-276

dies., Die Berücksichtigung nachrangiger Gesellschafterverbindlichkeiten im Überschuldungsstatus nach der Insolvenzordnung in InVo 1999, Seite 33-36

Hess, Harald; Wienberg, Rüdiger; Titze-Fischer, Patricia, Zur Notwendigkeit einer Reform des Verbraucherinsolvenzverfahrens in NZI 2000, Seite 97-102

Hey, Andreas, Wirtschaftsstraftaten und Wirtschaftsstraftäter in den neuen Bundesländern – Bankrottdelikte in ZAP Ost v. 10.2.1999, Fach 21, Seite 197-210

Heyer, Hans-Ulrich, Der „Null-Plan" im Verbraucherinsolvenzverfahren in JR 1996, Seite 314-317

ders., Verbraucherinsolvenzverfahren und Restschuldbefreiung – Ein Leitfaden für Verbraucher und Berater, Köln, 1997, zit.: Heyer Verbraucherinsolvenzverfahren

Hilgendorf, Eric, Strafrechtliche Produzentenhaftung in der „Risikogesellschaft", Berlin, 1993

Hiltenkamp-Wisgalle, Ursula, Die Bankrottdelikte, Gelsenkirchen, 1987

Hintzen, Udo, Insolvenzantrag und Antrag auf Eigenverwaltung in ZInsO 1998, Seite 15-18

Hirsch, Ernst E., Zur Auslegung und Reform der Überschuldungsbestimmungen im Gesellschaftsrecht in: Beiträge zum Arbeits- Handels- und Wirtschaftsrecht – Festschrift für Alfred Hueck zum 70. Geburtstag, herausgegeben von Rolf Dietz, Hans Carl Nipperdey, Eugen Ulmer, München, Berlin, 1959, Seite 307-319, zit.: Hirsch in FS Hueck

Höffner, Dietmar, Überschuldung: Ein Tatbestandsmerkmal im Schnittpunkt von Bilanz-, Insolvenz- und Strafrecht in BB 1999, Seite 198-205 (Teil 1) und in BB 1999, Seite 252-254 (Teil 2)

Höfner, Klaus-Dieter, Die Überschuldung als Krisenmerkmal des Konkursstrafrechts, Frankfurt, 1981

Hörl, Ulrich, Das strafrechtlich geschützte Vermögen im Konkurs des Gemeinschuldners, Bonn, 1998

Hörmann, Günter; Holzscheck, Knut, Rechtstatsachen zum Konsumentenkredit – Ausgewählte Ergebnisse einer empirischen Untersuchung in ZIP 1982, Seite 1172-1176

Hoffmann, Helmut, Verbraucherinsolvenz und Restschuldbefreiung, München, 1998, zit.: Hoffmann Verbraucherinsolvenz

Hoffmann, Günther, Zahlungsunfähigkeit und Zahlungseinstellung in MDR 1979, Seite 713-717

ders., Drohende und eingetretene Zahlungsunfähigkeit im neuen Konkursstrafrecht in DB 1980, Seite 1527-1530

Hofmann, Werner, Zur Geschichte der Reform des Insolvenzrechts in DRiZ 1994, Seite 411-417

Hohloch, Gerhard, Gläubigerpositionen in einem Sanierungsverfahren – Rechtsvergleichende Bemerkungen zur Insolvenzrechtsreform in ZIP 1982, Seite 1029-1038

Hohmeier, Hans-Jürgen; Krehl, Harald, Betriebliche Schwachstellenanalyse: Ein Instrument zur Diagnose von Unternehmenskrisen in DSWR 1985, Seite 62-67

Hoiningen, Hans Freiherr von, gen. Huene, Beiträge zur geschichtlichen Entwicklung des strafbaren Bankerutts in Deutschland, Bonn, 1878

Holzscheck, Knut; Hörmann, Günter; Daviter, Jürgen, Die Praxis des Konsumentenkredits in der Bundesrepublik Deutschland – Eine empirische Untersuchung zur Rechtssoziologie und Ökonomie des Konsumentenkredits, Köln, 1982

Holzscheck, Knut, Konsumentenkreditaufnahme und Verbraucherverschuldung in der Bundesrepublik Deutschland in: Verbraucherkredit und Verbraucherinsolvenz – Perspektiven für die Rechtspolitik aus Europa und USA, Tagung des Zentrums für Europäische Rechtspolitik (ZERP) in Bremen am 18. und 19. April 1985, herausgegeben von Günter Hörmann, Bremen, 1986, Seite 66-85, zit.: Holzscheck in Verbraucherkredit und Verbraucherinsolvenz

Hommelhoff, Peter, Eigenkapitalersetzende Gesellschafterdarlehen und Konkursantragspflicht in: Handelsrecht und Steuerrecht, Festschrift für Georg Döllerer, herausgegeben von Brigitte Knobbe-Keuk, Franz Klein und Adolf Moxter, Düsseldorf, 1988, Seite 245-268, zit.: Hommelhoff in FS Döllerer

Huber, Michael, Neues Insolvenzrecht – eine Einführung mit Fallbeispielen in JuS 1998, Seite 437-441 (Teil 1), in JuS 1998, Seite 543-546 (Teil 2), in JuS 1998, Seite 644-648 (Teil 3), in JuS 1998, Seite 744-747 (Teil 4), in JuS 1998, Seite 830-833 (Teil 5), in JuS 1998, Seite 924-926 (Teil 6), in JuS 1998, Seite 1036-1039 (Teil 7) und in JuS 1998, Seite 1140-1142 (Teil 8)

Hundertmark, Dedo; Herms, Volkmar, Zur Überschuldung von Kapitalgesellschaften in BB 1972, Seite 1118-1120

Jäger, Ernst (Begründer), Konkursordnung mit Einführungsgesetzen, Zweiter Band, 1. Halbband, §§ 71-206 und Zweiter Band, 2. Halbband, §§ 207-244, 8. Auflage, Berlin, New York, 1973, sowie §§ 1-42, Register, 9. Auflage, 1997, zit.: Jäger-Bearbeiter

Jäger, Karl-Heinz, Die Zahlungsunfähigkeit nach geltendem und nach geplantem Insolvenzrecht in DB 1986, Seite 1441-1447

ders., Die Zahlungsunfähigkeit im neuen Insolvenzrecht in BB 1997, Seite 1575-1577

Jakobs, Günther, Strafrecht Allgemeiner Teil – Die Grundlagen und die Zurechnungslehre, 2. Auflage, Berlin, New York, 1991

Janovsky, Thomas, Ermittlungen in Wirtschaftsstrafsachen – Eine Handlungsanleitung in KR 1998, Seite 269-277 (Teil 1) und Seite 331-341 (Teil 2)

Janssen, Bernhard, Überschuldung trotz Rangrücktritts nach der neuen Insolvenzordnung in NWB Nr. 18 vom 27.4.1998, Seite 1405ff.[1021]

Jauernig, Othmar, Zwangsvollstreckungs- und Insolvenzrecht – Ein Studienbuch, 21. Auflage, München, 1999

Jescheck, Hans-Heinrich; Weigend, Thomas, Lehrbuch des Strafrechts – Allgemeiner Teil, 5. Auflage, Berlin, 1996

Joecks, Detlev, Kapitalersetzende Gesellschafterdarlehen und Pflicht zur Konkursanmeldung in BB 1986, Seite 1681-1682

Joecks, Wolfgang, Strafgesetzbuch – Studienkommentar, 2. Auflage, München, 2000

Kaiser, Günther, Kriminologie – Ein Lehrbuch, 3. Auflage, Heidelberg, 1996

Kaiser, Günther; Schöch, Heinz, Kriminologie – Jugendstrafrecht – Strafvollzug, 4. Auflage, München, 1994

Kallmeyer, Harald, Good will und Überschuldung nach neuem Insolvenzrecht in GmbHR 1999, Seite 16-18

Kienapfel, Diethelm, Das erlaubte Risiko im Strafrecht – Zur Lehre vom sozialen Handlungsbegriff, Frankfurt, 1966

Kilger, Joachim, Der Konkurs des Konkurses in KTS 1975, Seite 142-166

ders., Grundzüge eines Reorganisationsverfahrens in ZIP 1982, Seite 779-787

ders., Die Reorganisation insolventer Gesellschaften in ZRP 1984, Seite 46-52

Kilger, Joachim; Schmidt, Karsten, Insolvenzgesetze KO/ VglO/ GesO, 17. Auflage, München, 1997

Kindhäuser, Urs, Gefährdung als Straftat – Rechtstheoretische Untersuchungen zur Dogmatik der abstrakten und konkreten Gefährdungsdelikte, Frankfurt, 1989, zit.: Kindhäuser Gefährdung

Kirchhof, Hans-Peter, Das Verbraucherinsolvenzverfahren aus Gläubigersicht in ZInsO 1998, Seite 54-61

ders., Leitfaden zum Insolvenzrecht, Herne, Berlin, 1999, zit.: Kirchhof Leitfaden

Klar, Michael B., Überschuldung und Überschuldungsbilanz, Köln, Berlin, Bonn, München, 1987, zit.: Klar Überschuldung

ders., Änderungen in der Auslegung des Überschuldungstatbestands – Ein Beitrag zur Reform des Insolvenzrechts in DB 1990, Seite 2077-2081

[1021] Der Aufsatz war mir in gedruckter Form nicht zugänglich. Er wurde mir in einer E-Mail direkt vom Verlag Herne zugeschickt. In dieser Form enthält er allerdings im Gegensatz zur Loseblattsammlung der NWB keine genauen, einer Printausgabe entsprechenden Seitenangaben. Der Aufsatz wird daher immer als Janssen in NWB 1998, 1405ff. zitiert.

Klebba, W., Von der Zahlungsstockung zur Zahlungseinstellung in WPg 1959, Seite 16-18 (Teil 1) und in WPg 1959, Seite 41-44 (Teil 2)

Klopp, Onno, Restschuldbefreiung und Schuldenregulierung nach französischen und deutschem Recht in KTS 1992, Seite 347-367

Klug, Ulrich, Aktuelle Probleme des Konkursstrafrechts in KTS 1962, Seite 65-74

Knieper, Rolf, Konkurs und Sanierung – Zum einhundertjährigen Bestehen der Konkursordnung in BB 1977, Seite 622-627

Knobbe-Keuk, Brigitte, Stille Beteiligung und Verbindlichkeit mit Rangrücktritt im Überschuldungsstatus und in der Handelsbilanz des Geschäftsinhabers in ZIP 1983, Seite 127-131

Knorr, Ernst, Der Zahlungsplan im Vergleichsverfahren in KTS 1955, Seite 81-89

Koch, Asja, Die Eigenverwaltung nach der Insolvenzordnung, Frankfurt, 1998

Kögel, Steffen, Der Zugang von Unternehmen zum Verbraucherinsolvenzverfahren in DZWir 1999, Seite 235-240

Köhler, Michael, Strafrecht Allgemeiner Teil, Berlin, Heidelberg, New York, 1996

Köstlin, Reinhold, Darstellung der Lehre vom strafbaren Bankerott, überhaupt und besonders nach der neueren deutschen Gesetzgebung in GA 1857, Seite 721-744

Kommission Rechnungswesen im Verband der Hochschullehrer für Betriebswirtschaft e.V., Stellungnahme zu einem vorbeugenden Sanierungsverfahren und zur Definition des Konkursgrundes Zahlungsunfähigkeit in ZIP 1981, Seite 212-215

Kothe, Wolfhard, Schuldenbereinigungsverfahren – ein untauglicher Versuch in ZIP 1994, Seite 184-187

Krause, Daniel-Marcus, Ordnungsgemäßes Wirtschaften und erlaubtes Risiko. Grund- und Einzelfragen des Bankrotts (§ 283 StGB) – zugleich ein Beitrag zur Dogmatik des Konkursstrafrechts, Berlin, 1995

ders., Zur Berücksichtigung „beiseitegeschaffter“ Vermögenswerte bei der Feststellung der Zahlungsunfähigkeit im Rahmen des § 283 II StGB in NStZ 1999, Seite 161-165

Krejci, Heinz; Schilcher, Bernd; Steininger, Viktor, Konsumentenschutzgesetz, ABGB und Verfahrensrecht, Wien, 1978, zit.: Krejci/ Schilcher/ Steininger-Bearbeiter

Kressin, Kurt, Die Einleitung des Insolvenzverfahrens für Unternehmen – Ursachen, Zeitpunkt und Gründe. Eine Untersuchung unter betriebswirtschaftlichen und juristischen Aspekten, Frankfurt, 1990

Krey, Volker, Strafrecht Besonderer Teil, Band 2, Vermögensdelikte, 12. Auflage, Stuttgart, Berlin, Köln, 1999, zit.: Krey BT 2

Kribs-Drees, Jutta, Die Bedeutung von Zahlungseinstellung und Konkurseröffnung für Entwicklung und Reform des Konkursstrafrechts, Köln, 1978

Krüger-Knief, Hannelore, Das neue Insolvenzrecht – Ein praxisorientierter Leitfaden, Stuttgart, 1999

Krug, Peter, Der Verbraucherkonkurs, Halle, 1998

Kübler, Bruno M.; Prütting, Hanns (Herausgeber), InsO – Kommentar zur Insolvenzordnung, Band I (§§ 1-147 InsO) und Band II (§§ 148-335 InsO), Köln, Stand: November 1999, zit.: Kübler/ Prütting-Bearbeiter

Kühl, Kristian, Umfang und Grenzen des strafrechtlichen Vermögensschutzes in JuS 1989, Seite 505-513

ders., Strafrecht Allgemeiner Teil, 3. Auflage, 2000, zit.: Kühl AT

Kühn, Günter, Bewertungsprobleme bei der Feststellung der Überschuldung einer GmbH in DB 1970, Seite 549-555

Küper, Wilfried, Strafrecht Besonderer Teil – Definitionen mit Erläuterungen, 3. Auflage, Heidelberg, 1999

Kuhn, Georg; Uhlenbruck, Wilhelm, Konkursordnung, Kommentar, 11. Auflage, München, 1994

Kupsch, Peter, Zur Problematik der Überschuldungsmessung in BB 1984, Seite 159-165

Labsch, Karl Heinz, Die Strafbarkeit des GmbH-Geschäftsführers im Konkurs der GmbH in wistra 1985, Seite 1-9

Lackner, Karl; Kühl, Kristian, StGB – Strafgesetzbuch mit Erläuterungen, 24. Auflage, München, 2001, ebenfalls zitiert: 22. Auflage, München, 1997

Lampe, Ernst-Joachim, Unternehmensaushöhlung als Straftat in GA 1987, Seite 241-260

ders., Wirtschaftsstrafrecht in: Handwörterbuch der Wirtschaftswissenschaft (HdWW), Neunter Band: Wirtschaft und Politik bis Zölle, Nachtrag, Stuttgart, New York, Tübingen, Göttingen, Zürich, 1988, Seite 310-326, zit.: Lampe in HdWW, Art. Wirtschaftsstrafrecht

ders., Der neue Tatbestand der Geldwäsche in JZ 1994, Seite 123-132

Lampe, Ernst-Joachim; Lenckner, Theodor; Stree, Walter; Tiedemann, Klaus; Weber, Ulrich, Alternativ-Entwurf eines Strafgesetzbuches, Besonderer Teil, Straftaten gegen die Wirtschaft, Tübingen, 1977, zit.: Lampe/ Lenckner/ Stree/ Tiedemann/ Weber AE StGB – Straftaten gegen die Wirtschaft

Landfermann, Hans-Georg, Massearmut und Insolvenzrechtsreform in KTS 1989, Seite 763-786

ders., Zur Gestaltung und Formulierung der Insolvenzordnung in: Festschrift für Wolfram Henckel zum 70. Geburtstag am 21. April 1995, herausgegeben von Walter Gerhardt, Uwe Diedrichsen, Bruno Rimmelspacher und Jürgen Costede, Berlin, New York, 1995, Seite 515-532, zit.: Landfermann in FS Henckel

ders., Der Ablauf eines künftigen Insolvenzverfahrens in BB 1995, Seite 1649-1657

Langer, Winrich, Zum Begriff der „besonderen persönlichen Merkmale" in: Festschrift für Richard Lange zum 70. Geburtstag, herausgegeben von Günter Warda, Heribert Waider, Reinhard von Hippel, Dieter Meurer, Berlin, New York, 1976, Seite 241-264, zit.: Langer in FS Lange

Leipold, Dieter, Die Eigenverwaltung mit Sachwalter und die Eigenverwaltung bei Kleinverfahren in: Insolvenzrecht im Umbruch – Analysen und Alternativen, Würzburger Arbeitstagung der Vereinigung der Zivilprozeßrechtslehrer zum Referentenentwurf einer Insolvenzordnung, herausgegeben von Dieter Leipold, Köln, Berlin, Bonn, München, 1991, Seite 165-182, zit.: Leipold in Insolvenzrecht im Umbruch

Leipziger Kommentar, Großkommentar zum StGB, 11. Auflage, herausgegeben von Burkhard Jähnke, Heinrich Wilhelm Laufhütte und Walter Odersky, Berlin, New York, zit.: LK-Bearbeiter
1. Lieferung: Einleitung, §§ 1, 2, Bearbeiter: Hans-Heinrich Jescheck, Günter Gribbohm, 1992; 26. Lieferung: §§ 3-12, Bearbeiter: Günter Gribbohm, 1997; 11. Lieferung: §§ 13-14, Bearbeiter: Hans-Heinrich Jescheck, Bernd Schünemann, 1993; 32. Lieferung: §§ 144-165, Bearbeiter: Eckhart von Bubnoff, Ernst Walter Hanack, Hartmuth Horstkotte, Wolfgang Ruß, 2000; 24. Lieferung: §§ 264-265b, Bearbeiter: Klaus Tiedemann, 1997; 21. Lieferung: §§ 283-283d, Bearbeiter: Klaus Tiedemann, 1996; 25. Lieferung: §§ 311c-314; 324-335a, Bearbeiter: Joachim Steindorf, Hagen Wolff, Hans-Heinrich Jescheck, 1997; ebenfalls zitiert: Strafgesetzbuch Leipziger Kommentar, Großkommentar, 10. Auflage, herausgegeben von Hans-Heinrich Jescheck, Wolfgang Ruß und Günther Willms, Berlin, New York, Erster Band: Einleitung, §§ 1-31, 1985, Sechster Band: §§ 263-302a, 1988

Lenz, Tobias; Seit, Holger, Neuerungen im Insolvenzrecht: Insolvenzeröffnung, Verbraucherinsolvenz und Restschuldbefreiung in INF 1998, Seite 335-339

Levy, Fritz, Der Konkurs der Aktiengesellschaft, Heidelberg, 1933

Liebl, Karlhans, Schwerpunktstaatsanwaltschaften zur Bekämpfung der Wirtschaftskriminalität in wistra 1987, Seite 13-18

ders., Geplante Konkurse ?, 2. Auflage, Pfaffenweiler, 1988, zit.: Liebl Geplante Konkurse

Livonius, Barbara, Passivierung von Forderungen mit Rangrücktritt im Überschuldungsstatus nach der Insolvenzordnung in ZInsO 1999, Seite 309-311

Lüderssen, Klaus, Der Begriff der Überschuldung in § 84 GmbHG in: Gedächtnisschrift für Armin Kaufmann, herausgegeben von Gerhard Dornseifer, Eckhard Horn, Gerhard Schilling, Wolfgang Schöne, Eberhard Struensee, Diethart Zielinski, Köln, Berlin, Bonn, München, 1989, Seite 675-689, zit.: Lüderssen in GS Kaufmann

Lütkemeyer, Jörg, Die Überschuldung der GmbH – Ein Beitrag zum Recht der Unternehmensbewertung, Gelsenkirchen, Münster, 1983

Lutter, Marcus, Zahlungseinstellung und Überschuldung nach der neuen Insolvenzordnung in ZIP 1999, Seite 641-647

Lutter, Marcus; Hommelhoff, Peter, GmbH-Gesetz, 15. Auflage, Köln, 2000

Lutz, Gesa, Verbraucherüberschuldung – Vergleich und Bewertung der Lösungsvorschläge im deutschen und französischen Recht, München, 1992

Lwowski, Hans-Jürgen; Heyn, Benedict, Die Rechtsstellung des absonderungsberechtigten Gläubigers nach der Insolvenzordnung in WM 1998, Seite 473-483

Macke, Heinrich; Wegener, Wolfgang, Neudefinition der Insolvenztatbestände durch die Insolvenzrechtsreform in INF 1998, Seite 567-570

Maier, Werner, Insolvenzordnung und Prozeßkostenhilfe in Rpfleger 1999, Seite 1-5

Maier, Werner; Krafft, Gernot M., Verbraucherinsolvenzen und Restschuldbefreiung nach der Insolvenzordnung in BB 1997, Seite 2173-2181

Matzen, Klaus, Der Begriff der drohenden und eingetretenen Zahlungsunfähigkeit im Konkursstrafrecht, Baden-Baden, 1993

Maul, Karl-Heinz, Die §§ 283ff. StGB als Grundlage für die Ableitung von Grundsätzen ordnungsgemäßer Buchführung in DB 1979, Seite 1757-1762

Maurach, Reinhart; Schroeder, Friedrich-Christian; Maiwald, Manfred, Strafrecht Besonderer Teil – Teilband 1, Straftaten gegen Persönlichkeits- und Vermögenswerte, 8. Auflage, Heidelberg, 1995, zit.: Maurach/ Schroeder/ Maiwald BT 1

Maurach, Reinhart; Zipf, Heinz, Strafrecht Allgemeiner Teil, Teilband 1 – Grundlehren des Strafrechts und Aufbau der Straftat, 8. Auflage, Heidelberg, 1992, zit.: Maurach/ Zipf AT 1

Mazurek, Per, Zum Rückwirkungsgebot gem. § 2 Abs. 3 StGB in JZ 1976, Seite 233-238

Medicus, Dieter, Allgemeiner Teil des BGB, 7. Auflage, Heidelberg, 1997, zit.: Medicus AT

Meyer, K., Anmerkung zum Beschluß des BayObLG vom 20.3.1974 in JR 1975, Seite 69-71

Meyer-Cording, Ulrich, Mehr Klarheit für die Insolvenztatbestände ! in BB 1985, Seite 1925-1927

ders., Die Bedeutung der Eröffnungstatbestände für die Funktion des Konkurses in ZIP 1989, Seite 485-487

Mezger, Edmund, Die zeitliche Herrschaft der Strafgesetze in ZStW 1921 (42), Seite 348-383

Mitsch, Wolfgang, Strafrecht Besonderer Teil 2 – Vermögensdelikte (Kernbereich)/ Teilband 1; Berlin, Heidelberg, 1998

Möhlmann, Thomas, Der Nachweis eingetretener und drohender Zahlungsunfähigkeit im neuen Insolvenzverfahren – Anforderungen und Aufgaben für Steuerberater und Wirtschaftsprüfer in WPg 1998, Seite 947-961

Mohr, Randolf, Bankrottdelikte und übertragende Sanierung, Köln, 1993

Mohrbotter, Kurt, Garantiefunktion und zeitliche Herrschaft der Strafgesetze am Beispiel des § 250 StGB in ZStW 1976 (88), Seite 923-959

Mommsen, Theodor, Insolvenzen im Spiegel der Statistik – Entwicklung der Konkurse und Vergleiche in Westdeutschland von 1895-1953 in: Moderne Wirtschaftsdelikte, herausgegeben von Theodor Mommsen, Lübeck, 1954, Seite 137-148, zit.: Mommsen in Moderne Wirtschaftsdelikte

Montenbruck, Axel; Kuhlmey, René; Enderlein, Uwe, Die Tätigkeit des Staatsanwalts in Wirtschaftsstrafverfahren – Einführung in die Probleme in JuS 1987, Seite 713-719 (Teil 1), in JuS 1987, Seite 803-808 (Teil 2) und in JuS 1987, Seite 967-971 (Teil 3)

Moosmayer, Klaus, Einfluß der Insolvenzordnung 1999 auf das Insolvenzstrafrecht, Pfaffenweiler, 1997

Moosmayer, Klaus; Smeets, Christa, Das neue Insolvenzrecht in NJ 1998, Seite 511-518

Moxter, Adolf, Finanzwirtschaftliche Risiken in: Handwörterbuch der Finanzwirtschaft, herausgegeben von Hans E. Büschgen, Stuttgart, 1976, Spalte 630-641, zit.: Moxter in Handwörterbuch der Finanzwirtschaft

Müller, Hans-Peter; Haas, Ulrich, Bilanzierungsprobleme bei der Erstellung eines Überschuldungsstatus nach § 19 Abs. 2 InsO in: Kölner Schrift zur Insolvenzordnung, herausgegeben vom Arbeitskreis für Insolvenzgerichts- und Schiedsgerichtswesen e.V., 2. Auflage, Köln, Berlin, 2000, Seite 1799-1823, zit.: Müller/ Haas in Kölner Schrift, ebenfalls zitiert: 1. Auflage, 1997, Seite 97-114, zit.: Müller in Kölner Schrift[1]

Müller, Lutz, Konkursstraftaten in: Lexikon des Rechts – Strafrecht, Strafverfahrensrecht, herausgegeben von Gerhard Ulsamer, Neuwied, 1989, Seite 459-464, zit.: Müller in LdR/ StrafR

Müller, Rudolf; Wabnitz, Heinz-Bernd; Janovsky, Thomas, Wirtschaftskriminalität – Eine Darstellung der typischen Erscheinungsformen mit praktischen Hinweisen zur Bekämpfung, 4. Auflage, München, 1997

Müller, Welf, Der Wert der Unternehmung in JuS 1973, Seite 603-606 (Teil 1), in JuS 1973, Seite 745-749 (Teil 2), in JuS 1974, Seite 147-151 (Teil 3), in JuS 1974, Seite 288-291 (Teil 4), in JuS 1974, Seite 424-429 (Teil 5), in JuS 1974, Seite 558-561 (Teil 6), in JuS 1975, Seite 489-494 (Teil 7) und in JuS 1975, Seite 553-558 (Teil 8)

Müller, Wigo, Der „Verbraucher" in der Insolvenzordnung in NZI 1999, Seite 172-175

Müller-Emmert, Adolf; Maier, Bernhard, Das Erste Gesetz zur Bekämpfung der Wirtschaftskriminalität in NJW 1976, Seite 1657-1664

Müller-Gugenberger, Christian; Bieneck, Klaus (Herausgeber), Wirtschaftsstrafrecht – Handbuch des deutschen Wirtschaftsstraf- und –ordnungswidrigkeitenrechts, 3. Auflage, Münster, Köln, 2000, zit.: Bearbeiter in Müller-Gugenberger/ Bieneck

Muhler, Manfred, Darlehen von GmbH-Gesellschaftern im Strafrecht in wistra 1994, Seite 283-289

Munz, Christoph, Die Anwendung des Verbraucherinsolvenzverfahrens auf ehemals selbständige natürliche Personen in ZInsO 2000, Seite 84-87

Nerlich, Jörg; Römermann, Volker (Herausgeber), Insolvenzordnung – Kommentar, München, Stand: 1. Januar 1999, zit.: Nerlich/ Römermann-Bearbeiter

Neubauer, Uwe, Konkursdelikte im LG-Bezirk Düsseldorf (1948-1959), Bonn, 1963

Neumann, Dieter, Der Konkurs der BGB-Gesellschaft, Bielefeld, 1986

Neumeyer, Karl, Historische und dogmatische Darstellung des strafbaren Bankrotts unter besonders eingehender Untersuchung der Schuldfrage, München, 1891

Niesert, Burkhard, Das Recht der Aus- und Absonderung nach der neuen Insolvenzordnung in InVo 1998, Seite 85-91 (Teil 1) und in InVo 1998, Seite 141-147 (Teil 2)

ders., Die Passivierung von eigenkapitalersetzenden Gesellschafterdarlehen mit Rangrücktritt im Überschuldungsstatus nach der Insolvenzordnung in InVo 1998, Seite 242-244

Noack, Ulrich, Kapitalersatz nach geltendem und künftigem Recht in: Insolvenzrecht 1996, herausgegeben von Hanns Prütting, Köln, 1997, Seite 195-210, zit.: Noack in Insolvenzrecht 1996

Nomos Kommentar, Kommentar zum Strafgesetzbuch, Gesamtredaktion Ulfrid Neumann, Ingeborg Puppe und Wolfgang Schild, Band 1: Allgemeiner Teil, Band 2: Besonderer Teil, Baden-Baden, 1. Auflage, 5. Lieferung, Stand: 31.10.1998, zit.: NK-Bearbeiter

Obermüller, Manfred, Konkursanmeldung bei Zahlungsunfähigkeit und Überschuldung in DB 1973, Seite 267-270

Obermüller, Manfred; Hess, Harald, InsO – Eine systematische Darstellung der Insolvenzordnung unter Berücksichtigung kreditwirtschaftlicher und arbeitsrechtlicher Aspekte, Heidelberg, 1995, zit.: Obermüller/ Hess InsO

Ohde, Erik, Wirtschaftsstrafrecht und Handelsrecht, Hamburg, 1998

Otto, Harro, Strafwürdigkeit und Strafbedürftigkeit als eigenständige Deliktskategorien ? – Überlegungen zum Deliktsaufbau in: Gedächtnisschrift für Horst Schröder, herausgegeben von Walter Stree, Theodor Lenckner, Peter Cramer und Albin Eser, München, 1978, Seite 53-71, zit.: Otto in GS Schröder

ders., Der Zusammenhang zwischen Krise, Bankrotthandlung und Bankrott im Konkursstrafrecht in: Gedächtnisschrift für Rudolf Bruns, herausgegeben von Johannes Baltzer, Gottfried Baumgärtei, Egbert Peters und Helmut Pieper, München 1980, Seite 265-283, zit.: Otto in GS Bruns

ders., Konzeption und Grundsätze des Wirtschaftstrafrechts (einschließlich Verbraucherschutz) – Dogmatischer Teil I in ZStW 1984 (96), Seite 339-375

ders., Die Tatbestände gegen Wirtschaftskriminalität im Strafgesetzbuch – Kriminalpolitische und damit verbundene rechtsdogmatische Probleme von Wirtschaftsdelikten in Jura 1989, Seite 24-35

ders., Die Strafbarkeit von Unternehmen und Verbänden – Vortrag gehalten vor der Juristischen Gesellschaft zu Berlin am 26. Mai 1993, Berlin, New York, 1993, zit.: Otto Strafbarkeit von Unternehmen

ders., Grundkurs Strafrecht – Die einzelnen Delikte, 5. Auflage, Berlin, New York, 1998, zit.: Otto BT

ders., Buchbesprechung: Klaus Moosmayer, Einfluß der Insolvenzordnung 1999 auf das Insolvenzstrafrecht, 1997 in NJW 1999, Seite 554-555

Palandt, Otto (Begründer), Bürgerliches Gesetzbuch, 59. Auflage, München, 2000, zit.: Palandt-Bearbeiter

Pape, Gerhard, Muß es eine Restschuldbefreiung geben ? in ZRP 1993, Seite 285-290

ders., Einführung in das neue Insolvenzrecht in NWB Nr. 30 v. 24.7.1995, Fach 19, Seite 2121ff.[1022]

[1022] Zur Zitierweise vgl. oben Fn. 1021.

ders., Zur Regelung der Insolvenz privater Verbraucher nach der Insolvenzordnung (InsO) – Abriß über die Besonderheiten von Kleininsolvenzen und des Restschuldbefreiungsverfahrens in Rpfleger 1995, Seite 133-138

ders., Fünf Jahre Gesamtvollstreckungsordnung in DtZ 1995, Seite 218-225

ders., Restschuldbefreiung und Masselosigkeit in Rpfleger 1997, Seite 237-244

ders., Zur Insolvenzfähigkeit und zu den Insolvenzauslösetatbeständen nach der Insolvenzordnung in NWB Nr. 11 v. 9.3.1998, Fach 19, Seite 2323-2332

ders., Das Insolvenzverfahren für private Verbraucher und Kleingewerbetreibende in NWB Nr. 47 v. 16.11.1998, Fach 19, Seite 2405-2420

ders., Insolvenzgründe im Verbraucherinsolvenzverfahren in WM 1998, Seite 2125-2129

ders., Ein Jahr Verbraucherinsolvenz – eine Zwischenbilanz in ZIP 1999, Seite 2037-2047

Pape, Irmtraut, Zur Finanzierung der Verfahrenskosten im Verbraucherbankrott in NZI 1999, Seite 89-93

Papke, Horst, Zum Begriff der Zahlungsunfähigkeit in DB 1969, Seite 736-737

Penzlin, Dietmar, Buchbesprechung: Klaus Moosmayer, Einfluß der Insolvenzordnung 1999 auf das Insolvenzstrafrecht, 1997 in Jura 1999, Seite 56

ders. Buchbesprechung: Klaus Moosmayer, Einfluß der Insolvenzordnung 1999 auf das Insolvenzstrafrecht, 1997 in WM 1999, Seite 983-984

ders., Kritische Anmerkungen zum Insolvenzeröffnungsgrund der Zahlungsunfähigkeit (§ 17 InsO) in NZG 1999, Seite 1203-1208

ders, Kritische Anmerkungen zu den Insolvenzeröffnungsgründen der drohenden Zahlungsunfähigkeit und der Überschuldung (§§ 18 und 19 InsO) in NZG 2000, Seite 464-470

ders., Strafrechtliche Auswirkungen der Insolvenzordnung, Herbholzheim, 2000

Perridon, Louis; Steiner, Manfred, Finanzwirtschaft der Unternehmung, 10. Auflage, München, 1999

Petersen, Harald, Buchbesprechung: Klaus Tiedemann, Insolvenzstrafrecht, 2. Auflage, 1996 in WM 1997, Seite 895-896

Pick, Eckhart, Die (neue) Insolvenzordnung – ein Überblick in NJW 1995, Seite 992-997

Piltz, Detlev Jürgen, Die Unternehmensbewertung in der Rechtsprechung, 3. Auflage, Düsseldorf, 1994

Plate, Georg, Eignung von Zahlungsunfähigkeit und Überschuldung als Indikatoren für die Insolvenzreife einer Unternehmung in DB 1980, Seite 217-222

Preisendanz, Holger, Strafgesetzbuch – Lehrkommentar, 30. Auflage, Berlin, 1978, zit.: Preisendanz-Bearbeiter

Preuß, Wilhelm, Untersuchungen zum erlaubten Risiko im Strafrecht, Berlin, 1974

Preuß, Nicola, Verbraucherinsolvenzverfahren und Restschuldbefreiung – Eine systematische Darstellung des Sonderinsolvenzverfahrens für Verbraucher und Kleingewerbetreibende einschließlich der Grundlagen des allgemeinen Insolvenzrechts sowie des Restschuldbefreiungsverfahrens, Berlin, 1999

Pribilla, Max E., Die Überschuldungsbilanz in KTS 1958, Seite 1-8 (Teil 1) und in KTS 1958, Seite 17-24 (Teil 2)

Prittwitz, Cornelius, Strafrecht und Risiko – Untersuchungen zur Krise von Strafrecht und Kriminalpolitik in der Risikogesellschaft, Frankfurt, 1993

Prütting, Hanns, Restschuldbefreiung in ZIP 1992, Seite 882-889

ders., Ist die Gesellschaft bürgerlichen Rechts insolvenzfähig ? in ZIP 1997, Seite 1725-1734

Ransiek, Andreas, Unternehmensstrafrecht – Strafrecht, Verfassungsrecht, Regelungsalter-nativen, Heidelberg, 1996, zit.: Ransiek Unternehmensstrafrecht

Reck, Reinhard, Das Insolvenzgesetz, eine strafrechtliche Betrachtung aus betriebswirtschaftlicher Sicht in BuW 1997, Seite 743-748

ders., Wirtschaftsstraftaten und Wirtschaftsstraftäter in den neuen Bundesländern – Gesamtvollstreckungsverschleppung und Bankrott in ZAP Ost v. 23.9.1998, Fach 21, Seite 153-164

ders., Auswirkungen der Insolvenzordnung auf die Insolvenzverschleppung, Bankrottstraftaten, Betrug und Untreue in ZInsO 1999, Seite 195-201

ders., Auswirkungen der Insolvenzordnung auf die GmbH aus strafrechtlicher Sicht in GmbHR 1999, Seite 267-274

Regner, Reinhard G., Fahrlässigkeit bei Konkursdelikten, Hamburg, 1998

Renger, Walter, Insolvenzdelikte in Konkurs- und Vergleichsfällen in: Moderne Wirtschaftsdelikte, herausgegeben von Theodor Mommsen, Lübeck, 1954, Seite 76-88, zit.: Renger in Moderne Wirtschaftsdelikte

Rengier, Rudolf, Strafrecht Besonderer Teil I – Vermögensdelikte, 3. Auflage, München, 1999, zit.: Rengier BT 1

Reulecke, Gunther, Die Feststellung der Zahlungsunfähigkeit in der wirtschaftsstrafrechtlichen Praxis in KR 1984, Seite 80-84

ders., Wirtschaftskriminalistik als fachübergreifende Disziplin in wistra 1986, Seite 21-22

ders., EDV-gestützte Feststellung der Zahlungsunfähigkeit in CR 1990, Seite 230-233

Richter, Hans, Der Konkurs der GmbH aus der Sicht der Strafrechtspraxis in GmbHR 1984, Seite 113-121 (Teil 1) und in GmbHR 1984, Seite 137-150 (Teil 2)

Richter, U., siehe unter Bundesministerium der Justiz

Riggert, Rainer, Das Insolvenzplanverfahren – Strategische Probleme aus der Sicht absonderungsberechtigter Banken in WM 1998, Seite 1521-1525

Röhm, Peter M., Buchbesprechung: Dietmar Penzlin, Strafrechtliche Auswirkungen der Insolvenzordnung, 2000 in NZI 2000, Seite 467

Römer, Josef, Diskussionsbeitrag zur Frage „Welche strafrechtlichen Mittel empfehlen sich für die wirksamere Bekämpfung der Wirtschaftskriminalität ?" in Verhandlungen des neunundvierzigsten deutschen Juristentages, Sitzungsbericht über die Verhandlung der strafrechtlichen Abteilung, Band II, Seite M 42-M 44, München, 1972

Rotsch, Thomas, Zur Unanwendbarkeit der §§ 283 StGB, 84 GmbHG in den neuen Bundesländern vor Inkrafttreten der Insolvenzordnung in wistra 2000, Seite 5-10

Rowedder, Heinz, Gesetz betreffend die Gesellschaften mit beschränkter Haftung (GmbHG) – Kommentar, 3. Auflage, München, 1997

Roxin, Claus, Strafrecht – Allgemeiner Teil, Band 1: Grundlagen, Der Aufbau, Die Verbrechenslehre, 3. Auflage, München, 1997

Rudolphi, Hans-Joachim; Horn, Eckhard; Samson, Erich; Günther, Hans-Ludwig, Systematischer Kommentar zum Strafgesetzbuch, Band 1, Allgemeiner Teil (§§ 1-79b), Neuwied, Kriftel, Berlin, 6. Auflage, 29. Lieferung, Stand: Oktober 1998, Band 2, Besonderer Teil (§§ 80-358), Neuwied, Kriftel, Berlin, 6. Auflage, 46. Lieferung, Stand: September 1998, zit.: SK-Bearbeiter

Schäfer, Helmut, Die Entwicklung der Rechtsprechung zum Konkursstrafrecht in wistra 1990, Seite 81-89

Schaub, Bernhard, Die GmbH in der Krise – Kriterien für die Feststellung von Zahlungsunfähigkeit, Überschuldung und Kreditunwürdigkeit in DStR 1993, Seite 1483-1489

Schedlbauer, Hans, Auslösung und Durchführung von Insolvenzprüfungen in DB 1984, Seite 2205-2213

Schlosser, Peter, Die Eröffnung des Insolvenzverfahrens in: Insolvenzrecht im Umbruch – Analysen und Alternativen, Würzburger Arbeitstagung der Vereinigung der Zivilprozeßrechtslehrer zum Referentenentwurf einer Insolvenzordnung, herausgegeben von Dieter Leipold, Köln, Berlin, Bonn, München, 1991, Seite 9-20, zit.: Schlosser in Insolvenzrecht im Umbruch

Schlüchter, Ellen, Der Grenzbereich zwischen Bankrottdelikten und unternehmerischen Fehlleistungen, Tübingen, 1977, zit.: Schlüchter Grenzbereich

dies., Die Krise im Sinne des Bankrottstrafrechts in MDR 1978, Seite 265-269

dies., Tatbestandsmerkmal der Krise – überflüssige Reform oder Versöhnung des Bankrottstrafrechts mit dem Schuldprinzip in MDR 1978, Seite 977-981

dies., Anmerkung zum Urteil des BGH vom 20.12.1978 in JR 1979, Seite 513-515

dies., Anmerkung zum Urteil des BGH vom 10.2.1981 in JR 1982, Seite 29-31

dies., Zur Bewertung der Aktiva für die Frage der Überschuldung in wistra 1984, Seite 41-46

dies., Zweites Gesetz zur Bekämpfung der Wirtschaftskriminalität – Kommentar mit einer kriminologischen Einführung, Heidelberg, 1987, zit.: Schlüchter 2. WiKG

Schmidhäuser, Eberhard, Strafrecht Allgemeiner Teil unter Mitarbeit von Heiner Alwart, 2. Auflage, Tübingen, 1984, zit.: Schmidhäuser AT

ders., Strafrecht Besonderer Teil, 2. Auflage, Tübingen, 1983, zit.: Schmidhäuser BT

Schmidt, Georg, Der strafbare Bankrott in historisch-dogmatischer Entwicklung mit besonderer Berücksichtigung der Schuldfrage, München, 1893

Schmidt, Karsten, Unternehmenskonkurs – Unternehmensträgerkonkurs – Gesellschafterkonkurs in: Einhundert Jahre Konkursordnung 1877 – 1977, Festschrift des Arbeitskreises für Insolvenz- und Schiedsgerichtswesen e.V. zum einhundertjährigen Bestehen der Konkursordnung vom 10. Februar 1877, herausgegeben von Wilhelm Uhlenbruck, Bernd Klasmeyer und Bruno M. Kübler, Köln, Berlin, Bonn, München, 1977, Seite 247-270, zit.: K. Schmidt in Einhundert Jahre KO

ders., Konkursgründe und präventiver Gläubigerschutz – Ein Beitrag zur Diskussion um den Konkursgrund der Überschuldung in AG 1978, Seite 334-340

ders., Vom Konkursrecht der Gesellschaften zum Insolvenzrecht der Unternehmen in ZIP 1980, Seite 233-238

ders., Organverantwortlichkeit und Sanierung im Insolvenzrecht der Unternehmen in ZIP 1980, Seite 328-337

ders., Sinnwandel und Funktion des Überschuldungstatbestandes – Rechtspolitische Perspektiven der Verfahrenseröffnung im Insolvenzrecht in JZ 1982, Seite 165-174

ders., Möglichkeiten der Sanierung von Unternehmen durch Maßnahmen im Unterneh-mens-, Arbeits-, Sozial- und Insolvenzrecht – Unternehmens- und insolvenzrechtlicher Teil, Gutachten D für den 54. Deutschen Juristentag, München, 1982, zit.: K. Schmidt Gutachten zum 54. DJT

ders., Konkursverschleppungshaftung und Konkursverursachungshaftung – Überlegungen zum Haftungsrecht der GmbH und der GmbH & Co. in ZIP 1988, Seite 1497-1508

ders., Wege zum Insolvenzrecht der Unternehmen, Köln, 1990, zit.: Unternehmensinsolvenz

ders., Eigenkapitalersatz und Überschuldungsfeststellung – Ein Diskussionsbeitrag gegen Fehlschlüsse aus der Insolvenzordnung in GmbHR 1999, Seite 9-15

ders., Insolvenzordnung und Unternehmensrecht – Was bringt die Reform ? in: Kölner Schrift zur Insolvenzordnung, herausgegeben vom Arbeitskreis für Insolvenzgerichts- und Schiedsgerichtswesen e.V., 2. Auflage, Köln, Berlin, 2000, Seite 1199-1217, zit.: K. Schmidt in Kölner Schrift

Schmidt, Karsten; Uhlenbruck, Wilhelm (Herausgeber), Die GmbH in Krise, Sanierung und Insolvenz, Köln, 1997, zit.: Bearbeiter in K. Schmidt/ Uhlenbruck

Schmidt-Räntsch, Ruth, Die Insolvenzrechtsreform im Überblick – Verfahrensstand und wesentliche Inhalte in DStR 1992, 1477-1479

dies., Das neue Verbraucherinsolvenzverfahren in MDR 1994, Seite 321-326

dies., Insolvenzordnung mit Einführungsgesetz – Erläuternde Darstellung des neuen Rechts anhand der Materialien, Köln, 1995, zit.: Schmidt-Räntsch Insolvenzordnung

dies., Verbraucherinsolvenzverfahren und Restschuldbefreiung in: Kölner Schrift zur Insolvenzordnung, herausgegeben vom Arbeitskreis für Insolvenzgerichts- und Schiedsgerichtswesen e.V., Köln, Berlin 1997, Seite 1177-1203, zit.: Schmidt-Räntsch in Kölner Schrift[1]

Schmitt, Rudolf, Strafrechtliche Maßnahmen gegen Verbände – Gleichzeitig ein Beitrag zur Lehre von den strafrechtlichen Unrechtsfolgen, Stuttgart, 1958

Schneider, Dieter, Eine Warnung vor Frühwarnsystemen – Statistische Jahresabschlußanalyse als Prognose zur finanziellen Gefährdung einer Unternehmung ? in DB 1985, Seite 1489-1994

Schneider, Hans Joachim, Wirtschaftskriminalität in: Handwörterbuch der Kriminologie, herausgegeben von Rudolf Sieverts und Hans Joachim Schneider, Band 3: Rechtsfriedensdelikte-Zwillingsforschung, 2. Auflage, Berlin, New York, 1975, Seite 656-668, zit.: Schneider in Handwörterbuch der Kriminologie

ders., Jugendstrafrecht, Wirtschaftsstrafrecht, Strafvollzug, 3. Auflage, München, 1992

Scholz, Franz, Kommentar zum GmbH-Gesetz mit Nebengesetzen und Anhang Konzernrecht, 8. Auflage, I. Band, §§ 1-44 GmbHG, Anh. Konzernrecht, Köln, 1993, II. Band, §§ 45-85 GmbHG, Köln, 1995, zit.: Scholz-Bearbeiter

Scholz, Franz Josef, Schwerpunkte einer Verbraucherinsolvenz-Regelung in ZIP 1988, Seite 1157-1165

ders., Verbraucherinsolvenz und Restschuldbefreiung nach der Insolvenzordnung (InsO) in FLF 1995, Seite 88-93 (Teil 1) und in FLF 1995, Seite 145-150 (Teil 2)

ders., Verbraucherkonkurs und Restschuldbefreiung nach der neuen Insolvenzordnung in DB 1996, Seite 765-770

Schöne, Wolfgang, Strafrechtsreform im Einführungsgesetz in JZ 1973, Seite 446-451

Schönke, Adolf; Schröder, Horst, Strafgesetzbuch Kommentar, 26. Auflage, München, 2001, zit.: Sch/Sch-Bearbeiter

Schünemann, Bernd, Unternehmenskriminalität und Strafrecht – Eine Untersuchung der Verantwortlichkeit der Unternehmen und ihrer Führungskräfte nach geltendem und geplantem Straf- und Ordnungswidrigkeitenrecht, Köln, Berlin, Bonn, München, 1979, zit.: Schünemann Unternehmenskriminalität

ders. (Herausgeber), Plädoyer zur Einführung einer Unternehmenskuratel in: Deutsche Wiedervereinigung – Die Rechtseinheit. Ein Förderprogramm der Fritz Thyssen Stiftung, Arbeitskreis Strafrecht, Band III, Unternehmenskriminalität, herausgegeben von Bernd Schünemann, Köln, Berlin, Bonn, München, 1996, Seite 129-142, zit.: Bearbeiter in Deutsche Wiedervereinigung Band III

Schüppen, Matthias, Systematik und Auslegung des Bilanzstrafrechts, Köln, 1993

ders., Aktuelle Fragen der Konkursverschleppung durch den GmbH-Geschäftsführer in DB 1994, Seite 197-204

Schürer, Heinz, Der Tatbestand der Überschuldung im deutschen Insolvenzrecht – Eine Stellungnahme aus betriebswirtschaftlicher Sicht, München, 1962

Schulte-Kaubrügger, Christoph, Das Verbraucherinsolvenzverfahren aus der Sicht der Gläubiger in DZWir 1999, Seite 95-99

Seiler, Walter, Strafrechtliche Maßnahmen als Unrechtsfolgen gegen Personenverbände, Freiburg/ Schweiz, 1967

Smid, Stefan, Restschuldbefreiung in: Insolvenzrecht im Umbruch – Analysen und Alternativen, Würzburger Arbeitstagung der Vereinigung der Zivilprozeßrechtslehrer zum Referentenentwurf einer Insolvenzordnung, herausgegeben von Dieter Leipold, Köln, Berlin, Bonn, München, 1991, Seite 139-164, zit.: Smid in Insolvenzrecht im Umbruch

ders., Grundzüge des neuen Insolvenzrechts – Bemerkungen aus Anlaß der Verabschiedung der Insolvenzordnung in DZWir 1994, Seite 278-286

ders., Gesamtvollstreckungsordnung, Kommentar, Das Insolvenzrecht der fünf neuen Bundesländer und Ostberlins, 3. Auflage, Baden-Baden, 1996/ 1997, zit.: Smid GesO

ders., Das neue Insolvenzrecht – Probleme, Widersprüche, Chancen. Im Blickpunkt Haftung und Sanierung in BB 1999, Seite 1-6

ders. (Herausgeber), Insolvenzordnung (InsO) mit Insolvenzrechtlicher Vergütungsverordnung (InsVV), Stuttgart, Berlin, Köln, 1999, zit.: Smid-Bearbeiter

Statistisches Bundesamt (Herausgeber), Statistisches Jahrbuch für die Bundesrepublik Deutschland 1999, Wiesbaden, 1999, zit.: Statistisches Jahrbuch 1999

Stein Ursula, § 6 Abs. 2 Satz 2 GmbHG, § 76 Abs. 3 Satz 2 AktG: Verfassungswidrige Berufsverbote ? in AG 1987, Seite 165-176

Stötter, Viktor, Konkurrenzfragen bei den Bankrottdelikten – Sind die einzelnen Bankrotthandlungen selbständige Delikte oder nur Bestandteil einer gesetzlichen Deliktseinheit ? in KTS 1963, Seite 12-21

Stratenwerth, Günter, Die Definitionen im Allgemeinen Teil des Entwurfs 1962 in ZStW 1964 (76), Seite 669-706

Stree, Walter, Objektive Bedingungen der Strafbarkeit in JuS 1965, Seite 465-474

Stürner, Rolf, Aufstellung und Bestätigung des Insolvenzplans in: Insolvenzrecht im Umbruch – Analysen und Alternativen, Würzburger Arbeitstagung der Vereinigung der Zivilprozeßrechtslehrer zum Referentenentwurf einer Insolvenzordnung, herausgegeben von Dieter Leipold, Köln, Berlin, Bonn, München, 1991, Seite 41-49, zit.: Stürner in Insolvenzrecht im Umbruch

Stypmann, Rolf, Statische oder dynamische Überschuldungskonzeption – Zugleich ein Plädoyer für die Handelsbilanz als Grundlage der Überschuldungsbilanz in wistra 1985, Seite 89-94

Sudhoff, Heinrich, Der Antrag auf Eröffnung des Konkurs- oder Vergleichsverfahrens in NJW 1973, Seite 1829-1832

Teller, Horst, Rangrücktrittsvereinbarungen zur Vermeidung der Überschuldung bei der GmbH, 2. Auflage, Köln, 1995

Temme, Ulrich, Die Eröffnungsgründe der Insolvenzordnung, Münster, 1997

Teufel, Manfred, Betrügerischer Bankrott und Kriminalistik, Hamburg, 1972, zit.: Teufel Betrügerischer Bankrott

ders., Insolvenzkriminalität – Zur Kriminologie und Kriminalistik der Insolvenzdelikte und zu ihrer strafrechtlichen Problematik, Lübeck, 1981, zit.: Teufel Insolvenzkriminalität

Thomas, Jürgen, Mindestquote als Voraussetzung für die Restschuldbefreiung in: Kölner Schrift zur Insolvenzordnung, herausgegeben vom Arbeitskreis für Insolvenzgerichts- und Schiedsgerichtswesen e.V., 2. Auflage, Köln, Berlin, 2000, Seite 1763-1778, zit.: Thomas in Kölner Schrift

Tiedemann, Klaus, Tatbestandsfunktionen im Nebenstrafrecht, Tübingen, 1969, zit.: Tiedemann Tatbestandsfunktionen

ders., Entwicklung und Begriff des Wirtschaftsstrafrechts in GA 1969, Seite 71-90

ders., Welche strafrechtlichen Mittel empfehlen sich für eine wirksamere Bekämpfung der Wirtschaftskriminalität ? Gutachten C für den 49. Deutschen Juristentag, München, 1972, zit.: Tiedemann Gutachten 49. DJT

ders., Objektive Strafbarkeitsbedingungen und die Reform des deutschen Konkursstrafrechts in ZRP 1975, Seite 129-135

ders., Der Entwurf eines ersten Gesetzes zur Bekämpfung der Wirtschaftskriminalität in ZStW 1975 (87), Seite 253-296

ders., Wirtschaftsstrafrecht und Wirtschaftskriminalität, Band 1: Allgemeiner Teil, Band 2: Besonderer Teil, Reinbeck, 1976, zit.: Tiedemann Wirtschaftsstrafrecht I und II

ders., Grundfragen bei der Anwendung des neuen Konkursstrafrechts in NJW 1977, Seite 777-783

ders., Die Überschuldung als Tatbestandsmerkmal des Bankrotts in: Gedächtnisschrift für Horst Schröder, herausgegeben von Walter Stree, Theodor Lenckner, Peter Cramer und Albin Eser, München, 1978, Seite 289-305, zit.: Tiedemann in GS Schröder

ders., Der BGH zum neuen Konkursstrafrecht in NJW 1979, Seite 254-255

ders., Handhabung und Kritik des neuen Wirtschaftsstrafrechts – Versuch einer Zwischenbilanz in: Festschrift für Hanns Dünnebier zum 75. Geburtstag am 12. Juni 1982, herausgegeben von Ernst-Walter Hanack, Peter Rieß und Günter Wendisch, Berlin, New York, 1982, Seite 519-540, zit.: Tiedemann in FS Dünnebier

ders., Insolvenzstraftaten aus der Sicht der Kreditwirtschaft in ZIP 1983, Seite 513-522

ders., Generalklauseln im Konkursstrafrecht in KTS 1984, Seite 539-558

ders., Die strafrechtliche Vertreter- und Unternehmenshaftung in NJW 1986, Seite 1842-1846

ders., Die „Bebußung“ von Unternehmen nach dem 2. Gesetz zur Bekämpfung der Wirtschaftskriminalität in NJW 1988, Seite 1169-1174

ders., Wirtschaftsstrafrecht – Einführung und Übersicht in JuS 1989, Seite 689-698

ders., Strafbarkeit und Bußgeldhaftung von juristischen Personen und ihren Organen in: Old Ways and New Needs in Criminal Legislation – Documentation of a German-Icelandic Colloquium on the Development of Penal Law in General an Economic Crime in Particular, edited by Albin Eser and Jonatan Thormundsson, Freiburg, 1989, Seite 157-185, zit.: Tiedemann in Criminal Legislation

ders., Konkursstraftaten in: Handbuch des Wirtschafts- und Steuerstrafrechts mit Ordnungswidrigkeiten- und Verfahrensrecht, herausgegeben von Wilhelm Krekeler, Klaus Tiedemann, Klaus Ulsenheimer und Günther Weinmann, Heidelberg, Stand: Mai 1990, Seite 1-13, zit.: Tiedemann in HWiStR, Art. Konkursstraftaten

ders., Strafbarkeit von juristischen Personen ? – Eine rechtsvergleichende Bestandsaufnahme mit Ausblicken für das deutsche Recht in: Freiburger Begegnungen – Dialog mit Richtern des Bundesgerichtshofes, Heidelberg, 1996, Seite 30-54, zit.: Tiedemann in Freiburger Begegnungen

Tiedemann, Klaus; Sasse, Christoph, Delinquenzprophylaxe, Kreditsicherung und Datenschutz in der Wirtschaft, Limburg/ Lahn, 1973

Tobias, Uwe, Die Annahme des Schuldenbereinigungsplans nach § 308 InsO in DZWir 1999, Seite 66-68

Tröndle, Herbert; Fischer, Thomas, Strafgesetzbuch und Nebengesetze, 50. Auflage, München, 2001, ebenfalls zitiert: Dreher, Eduard; Tröndle, Herbert, Strafgesetzbuch und Nebengesetze, 46. Auflage, München, 1993

Uhlenbruck, Wilhelm, Zur Krise des Insolvenzrechts in NJW 1975, Seite 897-903

ders., Grundzüge eines künftigen Insolvenzrechts nach den Vorstellungen der Reformkommission in BB 1984, Seite 1949-1961

ders., Die Pflichten des Geschäftsführers einer GmbH oder GmbH & Co.KG in der Krise des Unternehmens in BB 1985, Seite 1277-1284

ders., Strafrechtliche Aspekte der neuen Insolvenzgründe in einem künftigen Insolvenzrechts-Reformgesetz in: Sozialkontrolle über Insolvenzen und Konkursdelikte, Arbeitstagung der Deutschen Kriminologischen Gesellschaft am 19. Oktober 1984 in Frankfurt/ Main, herausgegeben von der Deutschen Kriminologischen Gesellschaft e.V., Heidelberg, 1986, Seite 67-79, zit.: Uhlenbruck in Sozialkontrolle

ders., Zahlungsunfähigkeit und Überschuldung nach den Vorstellungen der Kommission für Insolvenzrecht in KTS 1986, Seite 27-47

ders., Die GmbH & Co.KG in Krise, Konkurs und Vergleich, 2. Auflage, Köln, 1988, zit.: Uhlenbruck GmbH & Co.KG

ders., Zum Diskussionsentwurf eines Gesetzes zur Reform des Insolvenzrechts in ZRP 1988, Seite 471-475

ders., Zum Regierungs-Entwurf einer Insolvenzordnung und dem Entwurf eines Einführungsgesetzes in KTS 1992, Seite 499-520

ders., Die Restschuldbefreiung nach dem Regierungsentwurf einer Insolvenzordnung (InsO) in DGVZ 1992, Seite 33-39

ders., Die juristische Person als Insolvenzverwalter nach dem Entwurf einer Insolvenzordnung (InsO) in AnwBl 1993, Seite 453-458

ders., Das neue Insolvenzrecht – Insolvenzordnung und Einführungsgesetz nebst Materialien mit Praxishinweisen, Herne, Berlin, 1994, zit.: Uhlenbruck Insolvenzrecht

ders., Die neue Insolvenzordnung in WiB 1994, Seite 849-857

ders., Probleme des Eröffnungsverfahrens nach dem Insolvenzrechts-Reformgesetz 1994 in KTS 1994, Seite 169-183

ders., Die neue Insolvenzordnung – Auswirkungen auf das Recht der GmbH und GmbH & Co.KG in GmbHR 1995, Seite 81-87 (Teil 1) und in GmbHR 1995, Seite 195-211 (Teil 2)
ders., Strafrechtliche Aspekte der Insolvenzrechtsreform 1994 in wistra 1996, Seite 1-8
ders., Strafbefreiende Wirkung des Insolvenzplans ? in ZInsO 1998, Seite 250-252
ders., Buchbesprechung: Klaus Moosmayer, Einfluß der Insolvenzordnung 1999 auf das Insolvenzstrafrecht, 1997 in NZI 1998, Seite 33
Uhlenbruck, Wilhelm; Brandenburg, Joachim C.; Grub, Volker; Schaaf, Wilhelm A.; Wellensiek, Jobst, Die Insolvenzrechtsreform – Ein typischer Fall der Überjustizialisierung in BB 1992, Seite 1734-1738
Ulmer, Peter, Konkursantragspflicht bei Überschuldung der GmbH und Haftungsrisiken bei Konkursverschleppung in KTS 1981, Seite 469-492
Vallender, Heinz, Einzelzwangsvollstreckung im neuen Insolvenzrecht in ZIP 1997, Seite 1993-2002
ders., Eigenverwaltung im Spannungsfeld zwischen Schuldner- und Gläubigerautonomie in WM 1998, Seite 2129-2139
ders., Das Verbraucherinsolvenz- und Restschuldbefreiungsverfahren – Eine wirkliche Chance für überschuldete Verbraucher ? in InVo 1998, Seite 169-180
ders., Erste gerichtliche Erfahrungen mit dem Verbraucherinsolvenzverfahren in ZIP 1999, Seite 125-130
Vallender, Heinz; Fuchs, Karlhans; Rey, Andreas, Der Ablauf des Verbraucherinsolvenzverfahrens beim Eigenantrag bis zur Eröffnungsentscheidung in NZI 1999, Seite 218-222
Veit, Klaus-Rüdiger, Die Definition der Zahlungsunfähigkeit als Konkursgrund in ZIP 1982, Seite 273-279
Veit, Susanne; Reifner, Udo, Außergerichtliches Verbraucherinsolvenzverfahren – Anfoderungs- und Ausstattungsprofil der Schuldnerberatungsstellen, Ausgestaltung des außergerichtlichen Vergleichs, Gutachten des Instituts Für Finanzdienstleistungen e.V. (IFF) im Auftrag des Bundesministeriums der Justiz und der Arbeitsgemeinschaft der Verbraucherverbände e.V. (AgV), Köln, 1998
Voerste, Rüdiger, Nochmals: § 6 Abs. 2 S. 2 GmbHG, § 76 Abs. 3 S. 2 AktG: Verfassungswidrige Berufsverbote ? in AG 1987, Seite 376-377
Volk, Klaus, Strafrecht und Wirtschaftskriminalität – Kriminalpolitische Probleme und dogmatische Schwierigkeiten in JZ 1982, Seite 85-92
ders., Zur Bestrafung von Unternehmen in JZ 1993, Seite 429-435

Vonnemann, Wolfgang, Die Feststellung der Überschuldung, Köln, Berlin, Bonn, München, 1989, zit.: Vonnemann Überschuldung

ders., Die Feststellung der Überschuldung in BB 1991, Seite 867-872

Vormbaum, Thomas, Probleme der Gläubigerbegünstigung – Zur Auslegung des § 283c StGB in GA 1981, Seite 101-133

Wabnitz, Heinz-Bernd; Janovsky, Thomas, Handbuch des Wirtschafts- und Steuerstrafrechts, München, 2000, zit.: Bearbeiter in Wabnitz/ Janovsky

Wagner, Harald, Der Konkurs der „Muster-Bau-GmbH" – Oder: Steht die Bearbeitung von Konkursermittlungsverfahren vor dem Bankrott ? in KR 1998, Seite 659-664

Wagner, Herbert, Insolvenzordnung, Taschenkommentar, Baden-Baden, 1998

Wagner, Wolfgang, Die Messung der Überschuldung in: Neuorientierung der Rechenschaftslegung – Eine Herausforderung für Unternehmer und Wirtschaftsprüfer, Bericht über die Fachtagung 1994 des Instituts der Wirtschaftsprüfer in Deutschland e.V. vom 27.-28. Oktober 1994 in Stuttgart, Düsseldorf, 1995, Seite 171-190, zit.: Wagner in Neuorientierung der Rechenschaftslegung

Warrikoff, Alexander, Die Möglichkeiten zum Unternehmenserhalt nach dem neuen Insolvenzrecht in KTS 1996, Seite 489-504

Wauschkuhn, Ulf, Das Merkmal „Gläubiger" im objektiven Tatbestand des § 283c StGB – Eine konkursstrafrechtliche Untersuchung, Tübingen, 1990

Weber, Friedrich, Ziele und Wege der Insolvenzrechtsreform in: Einhundert Jahre Konkursordnung 1877 – 1977, Festschrift des Arbeitskreises für Insolvenz- und Schiedsgerichtswesen e.V. zum einhundertjährigen Bestehen der Konkursordnung vom 10. Februar 1877, herausgegeben von Wilhelm Uhlenbruck, Bernd Klasmeyer und Bruno M. Kübler, Köln, Berlin, Bonn, München, 1977, Seite 321-360, zit.: F. Weber in Einhundert Jahre KO

Weber, Ulrich, Konzeption und Grundsätze des Wirtschaftstrafrechts (einschließlich Verbraucherschutz) – Dogmatischer Teil II: Das Wirtschaftsstrafrecht und die allgemeinen Lehren und Regeln des Strafrechts in ZStW 1984 (96), Seite 376-416

ders., Anmerkung zum Urteil des BGH vom 6.11.1986 in StV 1988, Seite16-18

Wehleit, Burkhard, Die Abgrenzung von Bankrott und Untreue – Zugleich ein Beitrag zur strafrechtlichen Vertreterhaftung, Hamburg, 1985

Weiland, Heiner, Vermeidung und Bewältigung von Unternehmenskrisen in INF 1995, Seite 85-89 (Teil 1), in INF 1995, Seite 114-117 (Teil 2) und in INF 1995, Seite 150-154 (Teil 3)

ders., Financial-Leasing: Insolvenzvirus in eigenkapital- und ertragschwachen Unternehmen in INF 1995, Seite 375-380 (Teil 1) und in INF 1995, Seite 405-409

Weinbörner, Udo, Das neue Insolvenzrecht – Teil 1: Notwendigkeit und Grundzüge der Reform in INF 1995, Seite 18-21

ders., Das neue Insolvenzrecht – Teil 2: Die Kernpunkte: Insolvenzplan, Stellung des Gemeinschuldners und Restschuldbefreiung in INF 1995, Seite 50-53

Weisel, Eckhard, Ansätze einer Theorie der Verursachung von Unternehmungsinsolvenzen, Gießen, Thun, 1982

Wenner, Gerd, Anmerkung zum Beschluß des BayObLG vom 20.3.1974 in MDR 1975, Seite 161-162

Wenzel, Frank, Der private Konkurs nach der Insolvenzrechtsreform in ZRP 1993, Seite 161-164

Wessels, Johannes; Beulke, Werner, Strafrecht Allgemeiner Teil, 28. Auflage, Heidelberg, 1998, zit.: Wessels/ Beulke AT

Wessels, Johannes; Hillenkamp, Thomas, Strafrecht Besonderer Teil/ 2, Straftaten gegen Vermögenswerte, 22. Auflage, Heidelberg, 1999, zit.: Wessels/ Hillenkamp BT 2, ebenfalls zitiert: Wessels, Johannes – Strafrecht Besonderer Teil/ 2, 20. Auflage, 1997, zit.: Wessels[20] BT 2

Weyand, Raimund, Insolvenzdelikte, Unternehmenszusammenbruch und Strafrecht, 4. Auflage, Bielefeld, 1998

Wiesner, Hans, Der Konkurs der Gesellschaft mit beschränkter Haftung in Archiv für Bürgerliches Recht 1906 (28), Seite 298-376

Wilda, Wilhelm-Eduard, Geschichte des deutschen Strafrechts, 1. Band – Das Strafrecht der Germanen, Halle, 1842

Wimmer, Klaus, Jüngste Gesetzesänderungen vor Inkrafttreten der Insolvenzordnung in DZWir 1999, Seite 62-66

ders. (Herausgeber), Frankfurter Kommentar zur Insolvenzordnung, 2. Auflage, Neuwied, Kriftel, 1999, zit.: FK-Bearbeiter

Wimmer, Richard, Die Haftung des GmbH-Geschäftsführers – Insbesondere im Fall der Zahlungsunfähigkeit und der Überschuldung in NJW 1996, Seite 2546-2551

Windel, Peter A., Die Insolvenzordnung: Reform im Banner von Masseanreicherung, Unternehmenssanierung und Schuldbefreiung in Jura 1999, Seite 1-10

Winkelbauer, Wolfgang, Strafrechtlicher Gläubigerschutz im Konkurs der KG und der GmbH & Co.KG in wistra 1986, Seite 17-20

ders., Anmerkung zum Urteil des BGH vom 6.11.1986 in JR 1988, Seite 33-36

Wittig, Arne, Insolvenzordnung und Konsumentenkredit in WM 1998, Seite 157-169 (Teil 1) und in WM 1998, Seite 209-225 (Teil 2)

ders., Beseitigung der Insolvenzgründe mit Bankenbeiträgen als Voraussetzung der freien Unternehmenssanierung in NZI 1998, Seite 49-57

Wolf, Thomas C., Bewertung von Vermögensgegenständen im Überschuldungsstatus in DStR 1995, Seite 859-863

ders., Überschuldung – Entstehung, Bilanzierung und Auswege, Herne, Berlin, 1998, zit.: Wolf Überschuldung

Zainhofer, Rudolf, Insolvenzstrafrecht und das Risiko des Unternehmers – Interdependenzen und Korrelationen in KR 1992, Seite 507-518

Zilias, Manfred, Unterbilanz und Überschuldung der Aktiengesellschaft in WPg 1977, Seite 445-455

Zirpins, Walter; Terstegen, Otto, Wirtschaftskriminalität – Erscheinungsformen und ihre Bekämpfung, Lübeck, 1963

Studien zum Wirtschaftsstrafrecht

○ *Cobet, Hans*
Fehlerhafte Rechnungslegung. Eine strafrechtliche Untersuchung zum neuen Bilanzrecht am Beispiel von § 331, Abs. 1, Nr. 1 des HGB
Band 1, 1991, 140 S., br., ISBN 978-3-89085-544-8 , 19,43 € / 34,– sFr

○ *Hamann, Hartmut*
Das Unternehmen als Täter im europäischen Wettbewerbsrecht
Band 2, 1992, 260 S., br., ISBN 978-3-89085-619-3 , 32,72 € / 58,– sFr

○ *Stöckel, Joachim*
Der strafrechtliche Schutz der Arbeitskraft
Band 3, 1993, 230 S., br., ISBN 978-3-89085-778-7 , 24,54 € / 44,50 sFr

○ *Weerth, Jan de*
Die Bilanzordnungswidrigkeiten nach § 334 HGB unter besonderer Berücksichtigung der europäischen Bezüge
Band 4, 1993, 236 S., br., ISBN 978-3-89085-881-4, 39,88 € / 71,– sFr

○ *Grub, Maximilian*
Die insolvenzstrafrechtliche Verantwortlichkeit der Gesellschafter von Personenhandelsgesellschaften
Band 5, 1995, 204 S., br., ISBN 978-3-8255-0006-1, 39,88 € / 71,– sFr

○ *Schwinge, Christina*
Strafrechtliche Sanktionen gegenüber Unternehmen im Bereich des Umweltstrafrechts
Band 6, 1996, 300 S., br., ISBN 978-3-8255-0059-7, 50,11 € / 89,– sFr

○ *Schünemann, Bernd (Hg.)*
Die Stellung des Betrugs im Strafrechtssystem
Band 7, 2002, ca. 250 S., br., ISBN 978-3-8255-0153-2 , ca. 30,70 € / 54,50 sFr

○ *Moosmayer, Klaus*
Einfluß der Insolvenzordnung 1999 auf das Insolvenzstrafrecht
Band 8, 1997, 246 S., br., ISBN 978-3-8255-0176-1, 30,88 € / 71,– sFr

○ *Luipold, Ann*
Die Bedeutung von Anfechtungs-, Widerrufs-, Rücktritts- und Gewährleistungsrechten für das Schadensmerkmal des Betrugstatbestandes
Band 9, 1998, 220 S., br., ISBN 978-3-8255-0211-9, 40,80 € / 72,– sFr

Studien zum Wirtschaftsstrafrecht

◆ *Protzen, Peer Daniel G.*
Der Vermögensschaden beim sog. Anstellungsbetrug – unter besonderer Berücksichtigung des Verschweigens ehemaliger Tätigkeit für das MfS – Zugleich ein Beitrag zur Lehre vom Vermögensschaden beim Betrug
Band 10, 2000, 384 + IV S., br., ISBN 978-3-8255-0278-2, 40,80 € / 72,– sFr

◆ *Penzlin, Dietmar*
Strafrechtliche Auswirkungen der Insolvenzordnung
Band 11, 2000, 270 S., br., ISBN 978-3-8255-0292-8, 40,80 € / 72,– sFr

◆ *Berger, Sebastian*
Der Schutz öffentlichen Vermögens durch § 263 StGB. Zur Anwendbarkeit des § 263 StGB und zum Vorliegen eines Vermögensschadens bei Angriffen auf inländisches öffentliches Vermögen sowie auf Vermögen der Europäischen Gemeinschaften
Band 12, 2000, 334 S., br., ISBN 978-3-8255-0307-9, 40,39 € / 72,– sFr

◆ *Martens, Jürgen*
Subventionskriminalität zum Nachteil der Europäischen Gemeinschaften
Eine Untersuchung zu Straftaten nach § 264 StGB als einer Form von Unregelmäßigkeiten bei Ausgaben aus Gemeinschaftsmitteln
Band 13, 2001, 340 S., br., ISBN 978-3-8255-0319-2, 30,58 € / 54,– sFr

◆ *Stein, Henrike*
Die Regelung von Täterschaft und Teilnahme im europäischen Strafrecht am Beispiel Deutschlands, Frankreichs, Spaniens, Österreichs und Englands
Band 14, 2002, ca. 460 S., br., ISBN 978-3-8255-0327-7, ca. 40,90 € / 72,50 sFr

◆ *Papakiriakou, Theodoros*
Das griechische Verwaltungsrecht in Kartellsachen.
Zugleich ein Beitrag zur Lehre vom Verwaltungs- und Unternehmensstrafrecht
Band 15, 2002, 380 S., br., ISBN 978-3-8255-0359-8, ca. 35,70 € / 59,– sFr

◆ *Ludwig, Martin*
Betrug und betrugsähnliche Delike im spanischen und deutschen Strafrecht
Band 16, 2002, ca. 600 S., br., ISBN 978-3-8255-0352-9, ca. 40,90 € / 67,30 sFr

◆ *Papakiriakou, Theodoros*
Das europäischen Unternehmensstrafrecht in Kartellsachen.
Beitrag zur materiellrechtlichen Ausgestaltung eines rechtsstaatlichen und effektiven Verwaltungs- bzw. Unternehmensstrafrechts am Beispiel ausgewählter Grundprobleme des europäischen Kartellbußgeldrechts
Band 17, 2002, 380 S., br., ISBN 978-3-8255-0359-8, ca. 35,70 € / 59,– sFr

FSC
www.fsc.org
MIX
Papier | Fördert
gute Waldnutzung
FSC® C083411

Kolibri 360 GmbH
Ferdinand-Jühlke-Straße 7
99095 Erfurt, Deutschland
produktsicherheit@kolibri360.de